Alexander Baumgartner

Goethe und Schiller Weimars Glanzperiode

Alexander Baumgartner

Goethe und Schiller Weimars Glanzperiode

ISBN/EAN: 9783743336261

Hergestellt in Europa, USA, Kanada, Australien, Japan

Cover: Foto ©Thomas Meinert / pixelio.de

Manufactured and distributed by brebook publishing software (www.brebook.com)

Alexander Baumgartner

Goethe und Schiller Weimars Glanzperiode

Göthe und Schiller.

Weimars Glanzperiode.

Von

Alexander Baumgartner S. J.

> „Wie leicht ward er dahingetragen,
> Was war dem Glücklichen zu schwer!
> Wie tanzte vor des Lebens Wagen
> Die luftige Begleitung her:
> Die Liebe mit dem süßen Lohne,
> Das Glück mit seinem gold'nen Kranz,
> Der Ruhm mit seiner Sternenkrone,
> Die Wahrheit in der Sonne Glanz!"
>
> Schiller.

> „Was ist denn überhaupt am Leben? Man macht alberne Streiche, beschäftigt sich mit niederträchtigem Zeug, geht dumm auf's Rathhaus, klüger herunter, am andern Morgen noch dümmer hinauf."
>
> Göthe.

(Ergänzungshefte zu den „Stimmen aus Maria-Laach". — 33. 34.)

Freiburg im Breisgau.
Herder'sche Verlagshandlung.
1886.
Zweigniederlassungen in Straßburg, München und St. Louis, Mo.

Inhalt.

1. Der Musenhof von Weimar und Wieland, sein Patriarch.

Weimar nach Göthe's Rückkehr aus Italien 1. — Herzog Karl August als preußischer Generalmajor und ungarischer Throncandidat 2. 3. — Des Herzogs kranke Zehe und unglückliche Liebe, Göthe als Tröster 4. — Anna Amalia's italienische Reise. Wieland als Stammherr des Musenhofes 5. — Wielands Merkur, Vielschreiberei und Dichtung 6. 7. — Wieland als Recensent. Seine literarischen Verdienste. Sein Privatleben 8. 9. — Gegen Freigeisterei 10. — Für Freigeisterei 11. — Verhältniß zu Göthe; Göthe's Beiträge zum Merkur 12. — Wielands Unbehaglichkeit in Weimar 13.

2. Herders Ideen und Schulden.

Herders Stellung. Seine Überlegenheit über Göthe als Gelehrter 14. — Jugendpläne und Jugendklagen 15. — Fragmentarische Thätigkeit 16. — Universalismus. Streben zu einer Centralwissenschaft 17. — „Die Stimmen der Völker." „Ideen zur Geschichte der Menschheit." Plan des Werkes. Mangel einer philosophischen Grundlage. Christus höflich abgesetzt. Das Christenthum humanisirt. Mittelalter und Kirche 18—22. — Scheitern des Werkes an der Reformationsepoche. „Briefe zur Beförderung der Humanität." Gebet an Aphrodite 23. — Göthe's Zustimmung zu Herders Humanitätslehre 24. — Herders Reise nach Italien und Berufung nach Göttingen 25. — Verstimmung über Weimar und Göthe. Göthe gewinnt Herders Frau 26. 27. — Herders Schulden und Gehaltszulage. Kehrseite der Humanität 28. 29.

3. Friedrich Schillers Anstellung in Jena.

Schillers Ankunft in Weimar. Gegensatz zu Göthe 30. — Erste Begegnung der beiden Dichter in Stuttgart 31. — Schillers Kinderjahre 32. — An der Karlsschule. Sturm und Drang 33. — „Die Räuber" und Schillers Flucht 34. — In Bauerbach, Mannheim und Dresden 35. — Die Anthologie und die Laura-Oden. Schillers Liebesgeschichten 36. — Ideale Streiflichter mitten in den Verirrungen 37. — Religiöse, philosophische und historische Bildung. „Verschwörungen" um des lieben Geldes willen 38. — Gegensatz zur Weimarer Gesellschaft. Don Karlos 39. 40. — „Die Götter Griechenlands" 41. — Zusammenkunft mit Göthe. Die Egmont-Recension 42—44. — Wielands Merkur in Todesnöthen; Plan einer Neubelebung 45. — Göthe's gehorsamstes Promemoria. Schiller „übertölpelt" 46. 47. — Göthe und Moritz. Göthe „ein Egoist in ungewöhnlichem Grade" 48. 49. — Schillers Professur, Heirath, häusliches Leben und Krankheit 50. 51. — Etwas Madeira aus Weimar und 3000 Thaler aus Dänemark 52.

4. Göthe und der Herzog Karl August.

Göthe's unbedingte Diensthuldigung 53. 54. — Freundschaftliches Verhältniß zu seinem Augustus und Mäcenas 55. — Heiteres Poetenleben und geschäftliches Vielerlei 56. 57. — Schloßbau. Bruch mit der Loge. Göthe erklärt die Freimaurer für „Narren und Schelme" 58. — Späterer Wiedereintritt in die Loge. Ovationen derselben. Aus Marbachs Katechismusreden 59. 60.

5. Die schlesische Reise. (1790.)

Die französische Revolution und ihre Einwirkung auf Deutschland 61. 62. — Hertzbergs Politik. Karl August in Schlesien 63. — Göthe's Epigramme gegen die Revolution 64. — Epigramme gegen das Christenthum. Mittelstellung zwischen Revolution und Christenthum 65. — Reise nach Breslau. Der Reichenbacher Vertrag. Soldatenleben im Frieden 66. 67. — Ausflug nach Krakau, Tarnowitz und Wieliczka 68. — Versuche mit Büttners Prismen. Die große optische Entdeckung. Der Kampf gegen Newton eröffnet 69—72.

6. Das Hoftheater. (1791—1795.)

Ende des Liebhabertheaters. Der Theaterbau von 1780. Bellomo 73. — Gründung des Hoftheaters. Göthe wird Theaterintendant 74. — Aufgabe des Theaters nach Lessing, Schiller und St. Thomas von Aquin. Zustand der deutschen Bühne 75. — Die Weimarer Bühnengesellschaft. Krako. Leißring. Malcolmi. Sophie Ackermann. J. J. Graff. F. Haide. Vohs 76—78. — Knickerei der Firma Göthe-Kirms. Schlechte Bezahlung des Schwagers Vulpius 79. 80. — Göthe's Selbstrecension. — Christiane Neumann, Göthe's „Euphrosyne", 81—83. — Das Repertorium der Hofbühne in den ersten Jahren. Kotzebue und Iffland an der Tagesordnung. Wenig angestrengtes Dirigiren 84. 85. — Die Freitagsgesellschaft 86.

7. Die Campagne in Frankreich. (1792.)

Das Manifest des Herzogs von Braunschweig. Die Heerschau in Koblenz 87. — Göthe in Frankfurt und Verdun 88. — Sorgen des Herzogs wegen der Jenaischen Literaturzeitung 89. — Die Kanonade von Valmy 90. — Brief aus dem Zelte bei Hans 91. — Die Unterhandlungen zwischen Dumouriez und Manstein 92. 93. — Der Jammer im preußischen Lager. Der Rückzug. Thorheiten in's Große 94. 95. — Emigranten-Gerüchte gegen Göthe 96. — Unwahrscheinlichkeit derselben. Was hatte Göthe in der Champagne zu thun? 97. 98. — Göthe's Gleichgiltigkeit gegen beide Parteien. Sein Patriotismus 99. 100.

8. Der Besuch in Münster. (1792.)

Die Frankfurter verlangen Göthe in ihren Stadtrath 101. — Rast in Pempelfort und Münster. Die Fürstin Amalie von Gallitzin und ihre Freunde 102. 103. — „Der neue Amor" und sein Gegenbild 104. — Die Gemmensammlung der Fürstin. Abschied. „Die rechte Seite der Tapete am Sonntag" 105. — Bemühungen der Fürstin, Göthe zu gewinnen. St. Augustin über die Liebe Gottes 106. — Urtheil der Fürstin über Göthe 107. — Ablehnende Haltung Göthe's gegen die Fürstin und den Katholicismus überhaupt. Myrons Kuh 108—110.

9. Dichtungen aus der Revolutionszeit. (1790—1794.)

Die Franzosen in Deutschland 111. — Kriegshilfe des Herzogthums Sachsen-Weimar 112. — Der Herzog und Göthe bei der Belagerung von Mainz 113. — Kriegsthaten des Herzogs. Sein Rücktritt von der Armee 114. 115. — Sieg der Revolution. Ihr Eindruck auf das deutsche Volk. Vier Hauptrichtungen 116. 117. — Göthe's unerfreuliche Mittelstellung 118. — „Der Großkophta." Spitzbuben- und Narrenpoesie. Cagliostro 119. 120. — „Der Bürgergeneral" und die Kritik des Prinzen August von Gotha 121. 122. — „Die Aufgeregten." Der kluge Hofrath und die schöne Gräfin 123. 124. — Der Königsmord in Paris. „Reineke Fuchs" 125—127. — Friedr. Vischer über Göthe's Dichtungen in dieser Periode 128. 129.

10. Die Horen. (1794. 1795.)

Göthe's Haus in Weimar. Christiane Vulpius als Köchin und Haushälterin 130. 131. — Öffentliche Stellung 132. — Schillers weitere Entwicklung in Jena. Plan der „Horen" 133. 134. — Göthe's Einladung und Beitritt 135. 136. — Gegenseitige Artigkeiten. Charakteristik mit Bücklingen 137—139. — Göthe's leere Mappe 140. — „Unterhaltungen deutscher Ausgewanderter." Standpunkt der Baronesse und des Abbé 141. 142. — Sechs Liebesnovellen und ein Märchen 143. — Weitere Beiträge. Cotta mit der Geldkatze 144. — Die Lebensbeschreibung „Benvenuto Cellini's" 145. 146. — Schillers Beiträge. „Briefe über die ästhetische Erziehung des Menschen." Schiller vermittelnd zwischen Kant und Göthe. Freipaß für schöne Seelen 147—149.

11. Die Xenien. (1796.)

Widerspruch gegen die Horen 150. 151. — Die Kritik über Schillers und Göthe's Beiträge 152. — Bemerkungen über Genie-Cultus, Sturm- und Drangperiode und den neuen Hellenismus 153. 154. — Idee und Plan der Xenien 155. — Erweiterung des Planes. Das Ärgerniß an Stolbergs Plato 156. 157. — Epigramme auf die früheren Freunde Reichardt und Voggesen. Classische Grobheit 158. 159. — Philosophische und naturwissenschaftliche Epigramme 160. — Ein neuer Delinquent: Friedrich Schlegel 161. 162. — Gruppirung der Xenien 163. 164. — Gegen-Xenien. Stellungnahme Wielands und Herders 165. 166. — Sieg des Duumvirats 167.

12. Wilhelm Meisters Lehrjahre. (1777—1796.)

Entstehungsgeschichte des Romans 168. 169. — Einspruch Herders. Göthe's Trennung von ihm 170. 171. — Druck und Vollendung des Romans unter Schillers Belobigung und Mithilfe 172. — Einschränkung auf's bürgerliche Kleinleben 173. — Wilhelm und Marianne 174. 175. — Wilhelm unter den Schauspielern. Seine Bildungsschule bei Mignon und Philine 176. — Bekenntnisse einer schönen Seele 177. — Wilhelms weitere Bildung im adeligen Kreise; der Abbé, Lothario und Compagnie 178—180. — Therese und Natalie. Mignons Tod und Wilhelms Heirath. Göthe's Selbstkritik. „Der allerelendeste Stoff" 181. 182. — Urtheile Eichendorffs und Hartmanns 183. — Der Schluß von Wilhelm Meister und Voltaire's Candide 184. — Idee des Romans 185. — Fr. Vischer über dessen Moralität 186. — Die schöne Seele und ihr Christenthum 187. 188. — Ästhetische Würdigung des Romans 189. 190.

13. Hermann und Dorothea. (1796. 1797.)

Die Elegie „Hermann und Dorothea" 191. — Beginn der Dichtung und Verlauf derselben für tausend Thaler 192. — Göthe und Schiller über Aristoteles 193. — Vollendung der Dichtung; ihre Vorlage, die „Luise" von Voß 194. 195. — Geschichte der Salzburger Vertriebenen 196. — Abänderung der Fabel; Lösung der Revolutionsfrage 197. — Vorzüge der Dichtung 198. — Idyllische Beschränkung auf's Kleinstädtische. Ein Liebesroman in antikem Metrum 199. 200. — Charakteristik Hermanns. Ein paar verdächtige Verse 201. — Verwandtschaft des Gedichtes mit anderen Göthe'schen Dichtungen. Mangel einer religiösen Inspiration. Moses und Cellini 202. 203.

14. Die Musenalmanache und Göthe's Lyrik. (1796—1804.)

Die Xenien in ihrer Verbindung mit dem Musenalmanach 204. — Schillers kleinere Dichtungen 205. — Das Balladenjahr 206. — Göthe's Beiträge zu den Musenalmanachen 207. — Künstliche Gruppirung seiner Lyrik in den Werken 208. — Sein glänzendes Dichtertalent 209. — Beschränkung seiner Dichtung auf das Irdische, besonders auf Liebespoesie 210. — Der Unterschied zwischen christlicher Minnedichtung und heidnischer Erotik 211. — Göthe „merkwürdig lang jung geblieben" 212. — Seine Lyrik, seine Elegien und Balladen 213. — Die Braut von Korinth 214.

15. Die dritte Schweizerreise. Die Propyläen. (1797—1800.)

Der neue Pausias in Wirklichkeit 215. — Besuch in Frankfurt. Studium der Vaterstadt nach Schemata und Schablonen 216. 217. — Zunehmende Feierlichkeit 218. — Von Frankfurt nach Stäfa und auf den Gotthard 219. — Verbindung mit Heinrich Meyer. Gründung der Propyläen 220. — Göthe's mangelhafte Kenntnisse auf dem Gebiete der bildenden Kunst 221. — Grundirrthum und verfehltes Ziel der neuen Zeitschrift 222. 223. — Das weitausschauende Programm und Meyers Beiträge 224. 225. — Göthe's Beiträge. Fiasko der Zeitschrift. Rückkehr aus Hellas zu Voltaire und Diderot 228. — Die Preisaufgaben 229. — Kritik des Malers Ph. O. Runge über das ganze Unternehmen 229. 230. — Das Aufblühen deutscher und fremder Kunst unabhängig von Göthe 231.

16. Die erste Aufführung des Wallenstein. (1798. 1799.)

Literarischer Wirrwarr der Aufklärungsepoche 232. — Neue Weltanschauungen und dramatische Ungeheuer 233. — Schillers Emporringen aus dem Wallenstein-Chaos 234. — Rückkehr zum dramatischen Jambus 235. — Göthe's buntes Treiben nach der Schweizerreise. Das Bauerngut in Oberroßla 236. — Schwierigkeiten, eine Primadonna zu finden. Die Fräulein Koch und Karoline Jagemann 237. — Schillers Eintritt in die Leitung des Theaters. Ifflands Gastspiel. Ein neues Theater 238. — Zerlegung des Wallenstein in drei Stücke 239. — Der Prolog und Wallensteins Lager 240. — Die Piccolomini und Wallensteins Tod 241. — Literaturgeschichtliche Bedeutung der Wallenstein-Trilogie 242. 243.

17. Göthe und Schiller. (1795—1805.)

Schillers religiöser Standpunkt 244. — Seine Annäherung an den Katholicismus. Mortimers Rede 245. — Dramatische Anziehungskraft katholischer Stoffe 246. Maria Stuart 247. — Voltaire's Pucelle und die Jungfrau von Orleans 248. — Turandot. Die Braut von Messina 249. — Tell und Demetrius 250. — Die Huldigung der Künste. Phädra. Katholische Elemente der Balladen. Schillers

Poesie „eine Stimme nach oben" 251. — Gegensatz Göthe's zu Schillers ganzer Richtung. Praktisch-materielle Freundschaftsprobe 252. — Göthe über Schillers finanzielle Verhältnisse 253. — Schillers heldenmüthige Thätigkeit 254. — Die Sorge des Herzogs und Göthe's für Schiller 255. — Gründe, in Weimar zu bleiben. Schillers Lotte 256. — Göthe's Einfluß auf Schillers Dichtungen 257. — Freundschaftliche Allianz der zwei literarischen Großmächte 258. — Harmonische Elemente 259. — Verschiedenheiten 260. — Freundliches Zusammentreffen 261.

18. Achilleis. Helena. Mahomet. Tancred. (1797—1801.)

Stockung der poetischen Thätigkeit bei Göthe 262. — Mangel an Wollen. Plan der Achilleis 263. — Versuch, einen tragischen Stoff episch zu machen 264. — Homerische Götter und Gleichnisse 265. — Der Torso der Achilleis. Seine moderne Sentimentalität 266. 267. — Fr. Aug. Wolf und die Achilleis 268. — Wiederaufnahme des Faust. Dunst- und Nebelweg 269. 270. — Zueignung. Prolog. Vorspiel 271. — Schiller über die Helena. Die alexandrinische Heirath der Helena 272. 273. — Aus Griechenland zurück in Voltaire's Paris. Mahomet 274. 275. — Schillers Protest gegen Mahomet. Aufführung desselben 276. 277. — Voltaire's Tancred. Schwierigkeit der Jungfrau von Orleans in Weimar 278. — Krankheit Göthe's (im Januar 1801) 279. — Genesung. Sein Brief an Reichardt. Bedürfniß nach Musik 280. 281.

19. Häusliches und geschäftliches Leben. (1798—1805.)

Göthe's Kinder. Ein leeres Haus 282. — Heinrich Meyer als Hausfreund und Christiane Vulpius 283. — Nikolaus Meyer und die Maus-Anatomie. Vertrauliches aus Göthe's Küche 284. — Christiane's unbegrenzte Tanzlust 285. — Ihre traurigen Stunden und begründete Furcht 286. — Mangel an Liebe im Hause des größten Liebesdichters 287. — Göthe's Hofstellung und Geschäftsnoth 288. — Christian Gottlob Voigt, der Premierminister von Weimar 289. — Göthe's politische Kannegießerei 290. — Duodez-Bureaukratie in Weimar 291. — Göthe's Geschäftskreise. Bergbau in Ilmenau. Schloßbau in Weimar. Anstalten für Wissenschaft und Kunst. Büttners Bibliothek in Jena 292. 293. — Polypenartige Natur der Geschäfte. Billets um Wein. Göthe als Ökonom 294. 295. — Die moderne Philosophie in Jena. Fichte's Händel und Schellings Anstellung 296. 297.

20. Göthe der Meister. (1798—1803.)

Lessing, Herder und Nicolai 298. — Ausgeistern der Sturm- und Drangperiode. Klopstocks Schule ohne Nachwuchs. Schluß der Correspondenz mit der Wetzlarer Lotte 299. 300. — Göthe tritt an die Spitze der jüngern Generation. Die beiden Humboldt. Die romantische Schule 301. — Charakteristik der ersten Romantiker 302. 303. — „Der Statthalter des poetischen Geistes auf Erden" 304. — Unterschiede der Romantiker von Göthe. Novalis' Fragment „Europa oder die Christenheit" 305. — „Heinrich von Ofterdingen" 306. — Die Gebrüder Schlegel und Göthe 307. — Blüthe der romantischen Poesie 308. — Jean Paul und die Thurmspitzenfrage 309. — Herder, Wieland und Schiller zurückgedrängt. Göthe der „Altmeister" 310. — Kotzebue's Fehde gegen die Romantiker 311. — Die Aufführung des „Jon" und des „Alarkos". Göthe's Cour d'amour und Kotzebue's Intriguen 312. — Abzug der Romantiker aus Jena. Krach der Universität 313. — Weitere Entwicklung der Romantik 314. 315.

21. Die natürliche Tochter.

Plan eines neuen Stückes 316. — Geschichte der Stephanie de Bourbon-Conti 317. — Aristokratisch-vornehmere Stellung Göthe's zu der überwundenen Revolution 318. — Anlage und Charakteristik des Stückes 319—321. — „Die natürliche Tochter" und „Die Jungfrau von Orleans". Urtheile Fichte's und Schillers 322.

22. Herders und Schillers Tod. (1803—1805.)

Göthe's Bemühungen um die Jenaische Literaturzeitung 323. — Besuch der Madame de Staël 324. 325. — Herders letzte Lebenszeit. Vielfache Leiden 326. — Stellung der classischen Literatur zur Kanzel. Herders Unentschiedenheit 327. — Trennung Herders von Göthe und Anschluß an Gleim 328. 329. — Versuche, den christlichen Glauben wieder zu beleben. Metakritik. Kalligone 330. — Adrastea. Mahnungen an die zeitgenössische Literatur 331. — Der Kampf zwischen Theater und Kanzel 332. — Streifzüge in katholisches Gebiet. Der Cid. Letzte Krankheit 333. — Herders Tod. Göthe sucht den Glauben an's Leben zu stärken 334. — Der junge Voß in Weimar. Bühnenbearbeitung des „Götz" 335. — Eine russische Erbprinzessin. Göthe wird „Excellenz" 336. — „Der Neffe des Rameau." Göthe's Unabhängigkeitserklärung 337. — Charakteristik des Diderot'schen Dialogs und der Übersetzung 338. — Schillers letzter Brief an Göthe über Voltaire 339. — Göthe und Wieland über Voltaire; Voltaire ist Göthe's Schriftsteller-Ideal 340. — Schillers Tod und Todtenfeier 341. 342.

23. Göthe's Hochzeit. (1806.)

Prosaisches Treiben 343. — „Windelmann und sein Jahrhundert", eine verdeckte Streitschrift gegen die Romantik 344. 345. — Windelmanns Charakteristik. Seine Conversion. Seine Verdienste. Unrecht Göthe's gegen ihn 346. 347. — Göthe als Recensent 348. — Besuch Jacobi's und Fr. Aug. Wolfs in Weimar 349. — Reise mit Wolf nach Helmstedt. Ovation daselbst. Das Heidenthum in der classischen Philologie 350. — Göthe's Jugendsünden auf dem Weimarer Theater 351. — Badekur in Karlsbad. Die europäische Weltkatastrophe 352. — Ludens Besuch. Am Vorabend der Schlacht von Jena 353. — „Die großen Charaktere." Schicksal des Herzogs Karl August 354. — Die Franzosen in Weimar 355. — Göthe in Lebensgefahr, von Christiane gerettet 356. — Herzogin Luise und Napoleon 357. — Göthe's Trauung 358. — Müllers Sendung zu Napoleon 359. — Die Weimarische Kriegscontribution. Voigts Verdienste. Göthe's Sorgen und Berichte. Abbé Henry 360. 361.

24. Göthe vor Napoleon. (1808.)

Bedrängte Lage Weimars 362. — Karl August in peinlicher Klemme 363. — Göthe's gesellige Behäbigkeit. Die angebliche Brandrede bei Falk 364. — Napoleon „die höchste Erscheinung, die in der Geschichte möglich war" 365. — J. von Müllers Lobrede auf Friedrich II. von Göthe übersetzt 366. — Der Patriotismus im Prophetenmantel b. i. Schlafrock 367. — Göthe's Virtuosität in Liebhaberrollen und Deutschlands „ideale Güter" 368. — Göthe's Leichenpredigt auf Anna Amalia 369. — Bettina das Kind und Minna Herzlieb 370. 371. — Die Romantiker und Göthe's „echte Sinnesart" 372. 373. — Der Fürstentag in Erfurt 374—376. — Göthe's Audienz bei Napoleon 377. — Voltaire's „Cäsar" auf der Weimarer Bühne. Napoleon und Wieland 378—380. — Voilà un homme! Zerwürfnisse auf der Weimarer Bühne 381. 382. — Göthe's Demission 383. — Rückblick 384.

1. Der Musenhof von Weimar und Wieland, sein Patriarch.

> „Sparsam gleichmäßig und still lebende Beamte gaben den Ton an und die Jahre waren schon gute, die nicht geradezu schlechte waren."
> Hermann Grimm, Göthe. I. 277.

> „Des Herzogs Neigung zum Militärwesen hatte Göthe nie gebilligt; indem er sie jetzt gewähren lassen mußte, brachte er Opfer, die ihm nicht angenehm waren, jedoch nicht besonders viel an Theilnahme kosteten."
> Göbeke, Göthe 273.

Als Göthe aus Rom wieder nach Hause kam, war es mit dem Musenhof in Thüringen nicht sehr glänzend bestellt. Weimar glich weder dem Athen des Perikles, noch dem Rom des Augustus, noch dem Paris Ludwig' XIV. Es hatte noch keine 800 Häuser und keine 7000 Einwohner. Das neue Schloß war noch nicht gebaut, der Park nicht vollendet. Der ewige Fasching der siebenziger Jahre hatte aufgehört, das Theater war zur vollständigsten Unbedeutenheit herabgesunken, sogar die Freimaurerloge war eingegangen. Der jugendliche Genierausch hatte einer philiströsen Ernüchterung Platz gemacht. Jedermann lebte egoistisch für sich; kleinliche Abneigungen und Cabalen störten alle Gemüthlichkeit; Jeder lamentirte in Briefen und Tagebüchern, verdeckt und offen, über alle Anderen [1].

Herzog Karl August, der früher mit seinem Freunde Göthe die widerstrebenden Atome einigermaßen zusammengehalten hatte, gehörte, seitdem er sich auf die hohe Politik geworfen, nicht mehr recht seinem Weimar

---

[1] „Die Herzogin-Mutter," schreibt Göthe an Knebel (October 1790), „ist schon seit einem Jahr mit der Göchhausen radicaliter brouillirt; es ist nicht möglich, daß sich das Verhältniß wiederherstelle." — „Der gar liebe Knebel," schreibt Lotte von Lengenfeld (5. November 1789) an Schiller, „scheint mir nicht tragen zu können, daß Göthe neben ihm glänzt und ihn vielleicht verdunkelt." Charlotte von Kalb hatte „griefs gegen Schiller" und bessen neue Lotte; Frau von Stein war „in eine stille Trauer über ihr Verhältniß mit Göthe gesunken"; bei der Imhoff stand „das Maß von Liebe und Vernunft nicht ganz im Gleichgewicht" u. s. w. u. s. w. S. Dünzer, Charlotte von Stein. 1874. I. S. 328 ff.

an. Viel Lorbeeren hatte er dabei nicht gepflückt. Für seine vielen diplomatischen Reisen an den kleinen Höfen herum hatte er den Spitznamen „Kurier des Fürstenbundes" erhalten. Man schrieb ihm sogar die von Johannes von Müller verfaßte Schrift „Erwartungen Deutschlands vom Fürstenbunde" zu [1]. Allein diese Erwartungen blieben unerfüllt [2]. Sie scheiterten an der Politik des preußischen Staatsministers Hertzberg, welcher als Zweck jenes Bundes lediglich die Erhaltung der alten Reichsverfassung bezeichnete, von einer Verbesserung derselben im Sinne des jungen Fürsten aber wegen der unabsehbaren damit verknüpften Schwierigkeiten nichts wissen wollte. Ihm schwebte als Ziel ja nicht die utopische Neubelebung „teutscher Freiheiten, Sitten und Gesetze" vor, von welchen Karl August und seine Mainzer Bundesgenossen träumten, sondern der alte Plan Friedrichs II., Preußen auf Kosten Österreichs zu vergrößern, und dazu schienen ihm europäische Bündnisse dienlicher, als die Erweiterung des Fürstenbundes durch Zutritt noch mehrerer der kleinen deutschen Potentaten [3]. Karl August war zu sehr Realist, um den getäuschten Hoffnungen trauernd nachzubrüten. Er war mit König Friedrich Wilhelm II. eng befreundet und hatte sich bei ihm in Berlin wiederholt trefflich erlustigt [4]. Auf Wunsch des königlichen Freundes übernahm er im Januar 1788 die Stelle eines preußischen Generalmajors bei dem in Aschersleben stationirten Rohr'schen Kürassierregiment, brachte fortan

---

[1] Müllers Werke. XVIII. 350. 356. — Düntzer, Göthe und Karl August. I. 302.

[2] „Der erste Versuch einer deutschen Politik," meint J. G. Droysen (Karl August und die deutsche Politik. Jena 1857. S. 11 ff.), „war vollständig gescheitert. . . . Sie hätte einen Nationalgeist gefordert, zu dem kaum erst die Keime sich regten. Sie war verfrüht."

[3] L. Häusser, Deutsche Geschichte. Berlin 1869. I. 212—217.

[4] Anschauliche Bilder aus dem Berliner Hofleben jener Zeit theilt Ranke (Werke. XXXI. u. XXXII. 556—568) aus einer „geschriebenen Zeitung" mit. Im Gefolge des Königs besuchte Karl August z. B. im December 1786 den Christmarkt und sah sich das künstliche Bergwerk an, welches der Kaufmann Aschenborn an der Breiten Straße in seinem Laden aufgestellt hatte. „Der Unterschied der Stände hörte auf dieser Promenade ganz auf. Bald war neben einer Prinzessin und Hof-Dame ein Adelicher und ein Karrenschieber, bald ein junger Offizier, ein Stutzer und Handwerksbursche. Mit vieler Beschwehrlichkeit kam der Monarch und sein schönes Gefolge endlich im Aschenbornschen Laden. Der König besah das Bergwerk und der Kaufmann declamirte, wie es ihm geziemt, mit vieler Wärme, was dieß und jenes zu bedeuten habe. . . . Sehr Vieles von Kostbarkeiten steckte der König bei sich. Man schätzt den Werth des Gekauften gegen 180 Thlr., worunter für 100 Thlr. Eventaillen. Der Herzog von Sachsen-Weymar hat ohngefähr gegen 70 Thlr. gekauft und beschenkte die Dames" u. s. w.

1. Der Musenhof von Weimar und Wieland, sein Patriarch.

einen Theil des Jahres mit Militärübungen oder auch am Hofe in Berlin zu, und fand an dem „centaurischen Leben" nicht geringes Gefallen. Er widmete sich dem preußischen Dienst mit solcher Hingabe, daß er beim König hoch in Gnaden stieg. Als Anfangs 1790 die Ungarn so weit gekommen waren, wegen angeblicher Verletzung der Verfassung ihre Dynastie für ungesetzlich zu erklären und sich eine andere zu suchen, wandten sie sich nach Berlin. „Eine Gesandtschaft traf bei König Friedrich Wilhelm ein, um sich einen deutschen Fürsten zum König auszubitten. Der König empfahl ihnen den Herzog von Weimar, der denn, wenn es die Verhältnisse so mit sich gebracht hätten, nicht abgeneigt gewesen wäre, darauf einzugehen."[1] Es war damals, wie Ranke meint, „einer der gefährlichsten Momente für die Existenz von Österreich, den die Weltgeschichte nachweist".

Wie der König Friedrich Wilhelm sich Ende Mai 1787 die Fräulein Julie von Voß in der Schloßkapelle zu Charlottenburg durch den Hofprediger Zöllner als zweite Gemahlin antrauen ließ[2], ein Jahr nach ihrem Tode (25. März 1789) die Hofdame Gräfin Dönhoff „Meine liebe Frau" nannte, und bei diesen und andern Verhältnissen noch seiner früheren Maitresse, der Frau des Kämmerers Rietz, „treu" blieb: so schwärmte sein Freund Karl August ebenfalls nicht bloß für Pferde und Königskronen, sondern auch für Damen. Als 1788 der Engländer Gore mit zwei Töchtern nach Weimar kam, fühlte er sich zu Elise, der ältern, „leidenschaftlich hingezogen"[3], aß mit ihr Kirschkuchen und trank mit ihr Spiritus[4], lernte Englisch, um sich besser mit ihr unterhalten zu können, und wurde sich und seiner ganzen Umgebung unleidlich, als er sich durch eine Unklugheit den Fuß verletzte, und nun, ans Lager gefesselt, seinem romantischen Abenteuer nicht weiter nachgehen konnte. Göthe selbst fing darüber zu jammern und zu moralisiren an:

---

[1] Ranke, Werke. XXXI u. XXXII. 407.

[2] „Das Consistorium erklärte eine solche (Trauung zur linken Hand) für zulässig unter Berufung auf die von Melanchthon erlaubte Doppelehe Philipps des Großmüthigen. Vorläufig sollte dieselbe jedoch ein Geheimniß bleiben" (Neunundsechzig Jahre am preußischen Hofe. Leipzig 1876. S. 124). Als die Todesnachricht der unglücklichen „Frau" nach Weimar kam, schrieb Göthe trocken: „Der Tod der Gräfin Ingenheim ist wohl Jedermann sehr unerwartet gewesen; Niemand macht aber dabei eine andere Reflection, als daß der Platz nicht lange unbesetzt bleiben werde" (6. April 1789. — Briefwechsel des Großherzogs Karl August mit Göthe. I. 145).

[3] Dünzer, Göthe und Karl August. I. 303.   [4] Ebds. 306.

„Es ist wieder ein rechtes Probestückgen, wie er sich und andern das Leben sauer macht. Ich mache ein so gut Gesicht als möglich und bin in einer innerlichen Verzweiflung, nicht über diesen besondern Fall, sondern weil dieser Fall wieder sein und unser ganzes Schicksal repräsentirt."[1]

„Des Herzogs böser Fuß hält ihn wider seinen Willen hier und auf dem Kanapee; er nimmt sich jetzt, da er die Nothwendigkeit sieht, sehr zusammen und läßt sich nicht merken, wie fatal es ihm ist; innerlich aber ist er in einer schlimmen Lage. Er hat sich in der Neigung zu dem Mädchen so ganz indulgirt, wie in seinem politischen Getreibe: Beides hat keinen Zweck; wie soll es Zufriedenheit gewähren? Die Herzogin leistet ihm treue Gesellschaft mit guter Laune und Geduld. Ich esse alle Tage mit ihnen und bin auch einen großen Theil des Tages dorten, wenn niemand anders da ist. So vergeht eine Zeit nach der andern; man wird des Lebens weder gewahr noch froh. — Das Wetter ist immer sehr betrübt und ertödtet meinen Geist; wenn das Barometer tief steht und die Landschaft keine Farben hat, wie kann man leben?"[2]

Eine so edle Gattin, wie Herzogin Luise war, mußte diese neue Untreue, nach so manch andern Kränkungen, tief empfinden. Sie ließ es ihren Gemahl jedoch nicht entgelten; wenn er da war, so zeigte sie sich wie immer mild und lieb gegen ihn; wenn er abwesend war, zog sie sich in ihren stillen häuslichen Kreis zurück, widmete sich mit treuer Sorglichkeit der Erziehung ihres Prinzen, und erholte sich anspruchslos in dem engen Cirkel ihrer Hoffrauen und anderer befreundeter Damen. Unter den verschiedenartigsten Gemüthsanwandlungen und Dichterlaunen hatte Göthe auch bisweilen diejenige, sie zu bewundern. Im Herbst 1788 sprach er sogar den Vorsatz aus, sich den nächsten Winter ganz an die Herzogin zu halten, als an „die einzige", welche ihm geblieben sei. So sprach er, nachdem er kaum das Verhältniß mit seinem „Blumenmädchen" angeknüpft hatte: es war das bloß ein Seufzer an die Adresse der Frau von Stein, als er diese noch neben Christiane als Freundin behalten zu können hoffte. Auf den Herzog konnte sein Moralisiren natürlich wenig Einfluß ausüben, da dieser sein Herzensgeheimniß kannte und auf Beispiele mehr als auf Worte gab.

Als der Herzog, ohne die Heilung seines Fußes abzuwarten (im September 1788), nach Dresden abreiste, erreichte die Verstimmung bei Hofe einen ziemlich hohen Grad. Knebel schrieb damals an Herder: „Der Herzog ist nach dem sächsischen Lager abgereist, und wir leben, bei zur Ruh gesetzter Ehre und Vernunft, ein Leben, das kein Leben

---

[1] Schöll (Fielitz), Göthe's Briefe an Frau von Stein. Frankfurt a. M. 1885. II. 360. [2] Aus Herders Nachlaß. I. 93. 95.

1. Der Musenhof von Weimar und Wieland, sein Patriarch.

ist."[1] Das war die Lage der Musen an dem herzoglichen Musenhofe zu Weimar, als Göthe sich anschickte, seinen Tasso auszuführen.

An dem andern Musenhofe, welchen Weimar beherbergte, stand es nicht viel besser. Die Begründerin desselben, die Herzogin=Mutter Anna Amalia, näherte sich dem fünfzigsten Lebensjahre, und die Genossin ihrer früheren Scherze und Liebhabereien, Luise von Göchhausen, stand dem vierzigsten nicht mehr sehr ferne. Da Göthe in Italien wieder jung geworden war, so bekam auch die Herzogin Lust, diese Verjüngungskur zu machen, und reiste bald nach seiner Rückkehr, den 6. August 1788, in Begleitung ihrer „Thusnelde" und des Generalsuperintendenten Herder nach Italien. Sie kehrten erst im Sommer des folgenden Jahres wieder zurück, so daß Göthe sich ungefähr ein Jahr lang ziemlich vereinsamt mit dem Patriarchen der Musenstadt, dem alten Wieland, zu Weimar befand.

Wer überhaupt im Zerstreuungstaumel der sogenannten Geniezeit den Ruf Weimars als eines Musenhofes begründete und durch unausgesetzten Fleiß aufrecht erhielt, war nicht Göthe, sondern — Wieland und Herder, und selbst Göthe konnte sich dem Einfluß nicht entziehen, welchen diese beiden verschieden gearteten Geister durch ihre stetig fortwirkende Thätigkeit auf Weimar und von da aus auf ganz Deutschland ausübten.

Der eigentliche Stammherr und Patriarch des Musenhofes war Wieland. Er hat zuerst an dem noch französischen oder wenigstens halb französischen Hof die deutsche Literatur eingebürgert, die Nichte Friedrichs II. für die Förderung derselben gewonnen, Karl August zum künftigen Mäcenas herangezogen, Göthe und den übrigen „Genies" die Wege bereitet. Durch Wieland schon war die ernstere Richtung Klopstocks und des Hainbundes am Weimarer Hofe ein für allemal überwunden, die Kunst von Religion und Sitte abgelöst, die Literatur an die Stelle der Philosophie gesetzt, und in der Literatur selbst jener Classicismus angebahnt, der nicht bloß die altgriechischen Kunstideale, sondern auch die altheidnischen Lebensideale als Höhepunkt aller menschlichen Bildung zurückrief.

Seine Thätigkeit als Prinzenerzieher war von kurzer Dauer. Nach zwei Jahren wurde er pensionirt. Statt der stipulirten 600 Thaler gab ihm der Herzog aber 1000, unter der Bedingung, daß er in Weimar bliebe. Er blieb, ohne weitere officielle Beziehung zum Hofe, als ein=

---

[1] Dünzer, Göthe und Karl August. I. 312. 313.

facher Privatmann. Schon als Prinzenerzieher hatte er jedoch den günstigen Moment erfaßt, um sich als Publicist einen bedeutungsvollen unabhängigen Wirkungskreis zu gründen. Als Vorbild schwebte ihm dabei die erste und älteste französische Literaturzeitschrift vor, der schon 1672 gegründete Mercure galant, der später von 1724 an als Mercure de France erschien, sich 1791 in einen Mercure français verwandelte, nach der Revolution aber wieder Mercure de France ward. Wielands „Teutscher Merkur" erwarb sich beim ersten Erscheinen 1773 ein Publikum von mehr als 2000 Abonnenten über ganz Deutschland hin und behielt diesen Leserkreis, nur um etliche Hundert gemindert, bis zum Jahre 1790; als „Neuer Teutscher Merkur" lebte die Zeitschrift dann unter Wielands Betheiligung bis 1803, ohne ihn bis 1810 weiter, während er von 1796—1803 das „Attische Museum", 1805 und 1806 zwei Bände eines „Neuen Attischen Museum" herausgab. Durch diese publicistische Thätigkeit ward Wieland für zwanzig Jahre eine literarische Macht ersten Ranges für ganz Deutschland. Er imponirte nicht durch zündende, scharfe Kritik, wie einst Lessing, aber er versorgte ganz Deutschland allmonatlich mit dem bunten Lesestoff einer allgemeinen Revue: Gedichten, Novellen, Erzählungen, Übersetzungen, philosophischen Essays, politischen Aufsätzen, Recensionen, Bücheranzeigen, Repliken auf gegnerische Recensionen und allgemeinem literarischem Geplauder.

Schon früher überaus schreibselig, ein echter Schüler der zeitgenössischen französischen Modeliteratur, brauchte Wieland nicht eben zur Vielschreiberei verführt zu werden; sein Merkur bestärkte ihn aber darin und ließ ihm für Wahl und Durcharbeitung seiner Stoffe, für neue Studien und Projecte wenig Zeit übrig. Dazu kannte man seine Gutmüthigkeit, fürchtete seine Kritik nicht, griff ihn lebhaft an und verwickelte ihn unaufhörlich in literarische Streitigkeiten. Dennoch hatte das publicistische Gedränge auch seine Vortheile. Es hielt ihn mit der ganzen literarischen Welt in lebendiger Fühlung, regte ihn beständig an, zwang ihn zu steter Thätigkeit und förderte in mancher Hinsicht seine schriftstellerische Entwicklung, seinen kritischen Blick, seine ästhetischen Anschauungen, Stil, Sprache und Darstellung. Eine neue Richtung einzuschlagen, dazu war er schon zu alt. Er war schon vierzig, als er den Merkur anfing, sechzig, als jüngere Kräfte seinen Einfluß verdrängten, über siebenzig, als er sein Attisches Museum zum zweiten Mal eröffnete. Doch ein gewisser Fortschritt in der Form, rege Theilnahme an dem literarischen Leben der Anderen, Verbesserung mancher unrichtiger Ideen ist im Verlauf seiner langen, unermüdlichen Production, bei zahllosen Wiederholungen, vielfachem Copiren seiner selbst und Rückkehr auf die alten Lieblings= steckenpferde doch unverkennbar.

So grausam auch „Alceste" von Göthe verhöhnt worden war und damit Wielands Lieblingsplan, ein deutsches Singspiel zu begründen, so ließ sich Wieland doch keineswegs entmuthigen. In den ersten zehn Jahren waltet in seinen Beiträgen zum Mercur und sonst noch entschieden die poetische Production vor. Es erschienen Singspiele, wie „Die Wahl des Herkules" (1773), „Das Urtheil des Midas" (1775), kleinere Ge= dichte, Gelegenheitsdichtungen, der Roman „Die Abderiten" (1774—1780), Cantaten, Erzählungen in Prosa, wie „Die Geschichte des weisen Danisch= mend" (1775), „Athenion genannt Aristion" (1781) u. s. w., versificirte Erzählungen, wie „Der Mönch und die Nonne auf dem Mittelstein" (1775), „Gandalin" (1776), das „Wintermärchen" (1776), „Geron der Adeliche" (1777), „Hann und Gulpenhee" (1778), „Der Vogelsang" (1778), „Schach Lolo" (1778), „Pervonte" (1778), „Clelia und Sinibald" (1783) u. s. w. Den Höhepunkt der dichterischen Leistungen Wielands bildet der „Oberon", der 1780 die drei ersten zusammen gedruckten Hefte des Teutschen Mercur ausmachte. Dann trat eine gewisse Erschöpfung ein. Um sein Pen= sum zu leisten, wandte sich Wieland der leichteren Arbeit eines Übersetzers zu, übertrug erst Horazens Briefe, dann dessen Satiren, endlich Lucian.

Diesen poetischen Beiträgen gingen von Anfang an die mannigfaltig= sten Aufsätze in Prosa zur Seite: über philosophische, politische, sogar religiöse Fragen, besonders über das Verhältniß der schönen Kunst zur Moral, über griechische Geschichte, Literaturgeschichte, Philosophie und Kunst, über deutsche, französische, englische, italienische Literatur — end= lich eine Unzahl von kleinen Miscellen aller Art, auf die unruhige und flatterhafte Neugier des Publikums berechnet. Die kurze aphoristische Manier mußte er ebenso gut zu handhaben, als jene des eigentlichen Auf= satzes; den Dialog hatte er an den besten griechischen Vorbildern studirt, die Kunst der Pikanterie an französischen Journalen. Echt sanguinisch, fast wie ein Franzose, sprang er mühelos von einem Gebiet in's andere über, mußte über Alles interessant zu reden, jede kleine Anekdote gut zu verkaufen. Seine Prosa ist leicht, fließend, angenehm. Der Vorwurf des Franzosenthums bedarf großer Einschränkung; er arbeitete wohl stark nach französischen oder überhaupt fremden Mustern, stak voll französischer Ideen und sparte auch die Fremdwörter nicht; aber in Auffassung und Sprache klingt doch überall der gemüthlichste schwäbische Ton durch.

Im einfachen Erzählungsstil, in geistreicher Causerie und leichter journalistischer Behandlung hat er Lessing entschieden übertroffen, und während Göthe später einen diplomatisch abgemessenen, feierlichen, geheimnißvollen Stil annahm, hat er bis ins höchste Alter seine frische, plauderselige Munterkeit bewahrt.

Als Recensent hat er fast alle bedeutenderen Erscheinungen der Zeit selbst besprochen oder zu Besprechungen Anderer wenigstens seine Bemerkungen gemacht. Dabei verräth er ein gesundes Urtheil, feinen Blick, große Belesenheit, auch eine gewisse Selbständigkeit[1]. Nie tritt er allerdings mit jener Schärfe, Bestimmtheit, Klarheit auf, welche Lessing auszeichnet, aber dafür leidet er auch nicht an dessen galliger Professoren-Unfehlbarkeit. Auch wenn er tadelt, zeigt er noch immer ein freundliches, gemüthliches Herz, nur nicht ernsten Sittenpredigern gegenüber. Göthe's burschikose Farce gegen seine Alceste hat er ganz meisterlich abgeschüttelt, ein wahres Muster, wie man einen lästigen, petulanten Angriff mit Anstand behandeln muß. Seine Recension über Götz von Berlichingen verräth eben so viel gesunden Sinn und klares Urtheil, als Lessings Zorn über das Stück Einseitigkeit und Leidenschaftlichkeit bekundet. In seinem Verhältniß zu den übrigen Schriftstellern zeigt er die Vorzüge, wie die Fehler eines gutmüthigen Sanguinikers, gemüthlich fast bis zur Schwäche, ohne alle Anmaßung, neidlos, bei Beleidigungen rasch versöhnt und ohne Gedanken an Rache, freundlich gegen Jedermann; dagegen hinwieder weich, eitel, wankelmüthig, über Kleinigkeiten glücklich und unglücklich, mehr ein Kind, als ein Mann.

An philosophischer Schulung, vielseitiger Belesenheit, Sprachkenntnissen, bibliographischem, philologischem, historischem und literaturgeschicht-

---

[1] Ein merkwürdiges Beispiel ist sein kleiner Aufsatz „Ein paar Worte für die Jesuiten" (Wielands Werke [Hempel]. XXV. 211—220). Der Apostat Jagemann hatte ihm für das Februarheft des Teutschen Mercur 1789 einen sehr giftigen Angriff gegen die Herz-Jesu-Andacht eingeliefert: „Historische Nachrichten von der sogen. Andacht zum Herzen Jesu." Wieland nahm diesen Beitrag zwar auf, widerlegte ihn aber in einem ebenso langen Zusatz, vertheidigte die Jesuiten gegen die von dem abgefallenen Priester erhobenen Beschuldigungen und bewies, daß die bestrittene Andacht durchaus in der katholischen Lehre begründet sei und so gut wie die katholische Kirche überhaupt, gemäß dem Grundsatze der allgemeinen Toleranz, wenigstens auf Duldung Anspruch mache. „Die Jesuiten," sagt er dabei (S. 219), „haben vor vielen ihrer Gegner den Vorzug, consequent zu sein", und von ihrem „Probabilismus" bemerkt er: „Man sollte ihnen keinen Vorwurf daraus machen, daß sie tiefer in das menschliche Herz und in die Natur der Dinge hineingesehen haben, als Andere."

lichem Wissen dem viel jüngeren Göthe weit voraus, hat er diesem, wie Schiller, Jean Paul und den Romantikern, in weitestem Umfang das Feld bereitet, aller Art Material herbeigeschafft, Shakespeare, Horaz, Lucian, Plinius übersetzt, den ganzen culturhistorischen Anekdotenkram der Griechen und Römer hervorgeholt, die altfranzösischen Romane und Rittergeschichten, Ariost, Cervantes, italienische und spanische Novellistik wieder auf's Tapet gebracht, Swift, Fielding, Sterne deutsch verarbeitet, Voltaire, Rousseau, Diderot, Crebillon und die französische Tagesliteratur zu deutschen Essays verwerthet, orientalische Märchen neu aufgeputzt, deutsche Curiosa aus allen Zeitaltern hervorgesucht, in allen literarischen Genres Versuche angestellt, den deutschen Pegasus auf italienische und freie Stanzen, Reimverse des verschiedensten Tempo zugeritten, Novelle und Erzählung zu hoher Vollkommenheit gebracht, die romantische Epopöe geschaffen, die Kritik geschäftsmäßig eingerichtet und betrieben, kurz nach allen Seiten hin vorgearbeitet und der nächsten Dichter- und Literaten-Generation das Geschäft erleichtert. Während Göthe und sein Herzog in Wald und Feld herumtollten und Theater spielten, hat er im Merkur die Emancipation der neuen Literatur von den begründeten Forderungen christlicher Zucht und Sitte theoretisch und praktisch durchgefochten[1], und ist dadurch zum allgemeinen Prügeljungen und Sündenbock des Musenhofes geworden. Wer irgend einen Groll gegen Weimar hatte, ließ ihn fürder gewöhnlich nicht an Göthe, sondern an Wieland aus. Da er indeß weit mehr von seinem Publikum beherrscht war, als er dasselbe beherrschte, so ist jenes Verdammungsurtheil über ihn nur dann gerecht, wenn man seine zahlreichen Verehrer, d. h. den Musenhof von Weimar und einen ansehnlichen Theil des deutschen Publikums, mit in dasselbe einschließt.

In seinem Privatleben steht Wieland von allen Koryphäen Weimars am unbescholtensten da, ein ehrsamer Familienvater, der mit treuer Liebe ganz den Seinigen lebt, in unermüdlicher Arbeit für sie sorgt, in bescheidener Einfachheit das höchste Greisenalter erreicht und die Feder erst aus der Hand legt, um zu sterben. Es war indeß eine recht schmutzige Feder. Von Haus aus eine durch und durch sinnliche Natur, ohne männliche Kraft und idealen Schwung, hatte er schon in seiner Jugend mit dem Idealen nur geliebelt, dann sich plötzlich offen zum Lüsternen, Verfänglichen und Schlüpfrigen, als dem eigentlichen Höhepunkt und der

---

[1] Siehe Unterredungen mit dem Pfarrer von *** (Teutscher Merkur 1775. II—IV. — Wielands Werke [Hempel]. XXXII. 217—268).

Quintessenz alles „Schönen", bekannt, durch Widerspruch gereizt, sich nur um so eigensinniger daran angeklammert, es zu seinem Lieblingsthema erkoren und, da er gute Geschäfte damit machte, es in seinen Studien und Arbeiten bis in's Greisenalter festgehalten.

Es wirft ein seltsames Licht sowohl auf die Moralität des Weimarer Hofes, als auch des weitern deutschen Publikums jener Zeit, daß Wieland seinen „Teutschen Mercur" bis 1790 nicht bloß in mehr als 1600 Exemplaren absetzte, sondern das Pikanteste daraus noch alljährlich in Separatausgaben verbreiten konnte, daß er trotz aller Angriffe des Hainbundes und trotz Göthe's Spott in Ehre und Ansehen blieb, ja als „Philosoph" und Dichter bewundert, geliebt und gelesen wurde, und Nachahmer fand, welche ihn in schlüpfrigen Darstellungen noch zu überbieten suchten und deßhalb bei der unverschämtesten Pornographie anlangen mußten. Viel ließ ihnen Wieland zu thun nicht übrig; denn nahezu seine ganze Poesie, in Prosa wie in Versen, läuft durchweg darauf hinaus, seine Helden und Heldinnen von den „Irrthümern" stoischer oder christlicher Sittenlehre zu curiren, sie deßhalb in verfängliche Situationen und schlüpfrige Posituren zu bringen, ihnen die Scham aus dem Herzen zu reißen, und dann in langem Salbader darzuthun, daß die wahre Keuschheit in der Unkeuschheit, die Unschuld in der Nacktheit, die Sittlichkeit in mäßiger Befriedigung aller Triebe, das höchste Glück des Menschen in der Geschlechtsliebe bestehe. Bis in's hohe Greisenalter blieb ihm dieses Kapitel der Höhepunkt aller Poesie. Allem Hohen, Edlen und Würdigen in der classischen Literatur ging er mehr oder weniger aus dem Wege. Sein Classicismus hält sich wesentlich an der Schattenseite und an dem Schmutze der antiken Welt. Doch hatte er dann und wann auch seine lichten Augenblicke, und als er z. B. einmal die Pia hilaria, Scherzgedichte des Jesuiten P. Angelinus Gazäus las, kam ihm die Zeit unendlich glücklich vor, wo die Leute „ohne allen Nachtheil an ihrem Herzen und an ihrem Glauben" sich an solchen Geschichten belustigten, viel glücklicher als „eine Zeit, wo wir Alle, Katholiken und Hugenotten, mit dem einfältigen Glauben unserer Alten auch die selige Einfalt ihrer Sitten verloren und uns alle Gefühle wegräsonnirt haben, die in tausend Fällen dieses Erdenlebens des Menschen Labsal, Trost und letzte Zuflucht sind." [1]

Atheist war Wieland nicht, auch nicht Pantheist.

---

[1] Wielands Werke [Hempel]. XXXV. 406.

1. Der Musenhof von Weimar und Wieland, sein Patriarch.

„Der Glaube an Gott," sagt er[1], „nicht nur als an die erste Grundursache aller Dinge, sondern auch als unumschränkten und höchsten Gesetzgeber, Regenten und Richter der Menschen, macht nebst dem Glauben an einen künftigen Zustand nach dem Tode die ersten Grundartikel der Religion aus. Diesen Glauben auf alle mögliche Weise zu bekräftigen und zu unterstützen, ist eines der würdigsten und nützlichsten Geschäfte der Philosophie, ist in Rücksicht der Unentbehrlichkeit desselben sogar Pflicht; ihn anzufechten und durch alle Arten von Zweifeln und Scheingründen in den Gemüthern der Menschen wankend zu machen, oder gar umzustoßen, kann nicht nur zu gar nichts helfen, sondern ist im Grunde um gar nichts besser, als ein öffentlicher Angriff auf die Grundverfassung des Staats, wovon die Religion einen wesentlichen Theil ausmacht, und auf die öffentliche Ruhe und Sicherheit, deren Stütze sie ist.

„Ich trage also kein Bedenken, meinem unmaßgeblichen Rath an den König oder Fürsten, der mich (wider alles Vermuthen) nach 50 Jahren etwa über diese Dinge um Rath fragen sollte, noch diesen Artikel hinzuzusetzen: daß das ungereimte und ärgerliche Disputiren gegen das Dasein Gottes oder gegen die angenommenen Beweise desselben, wenn man keine bessern zu geben hat, ingleichen das öffentliche Bestreiten der Lehre von der Unsterblichkeit der Seele für ein Attentat gegen die Menschheit und gegen die bürgerliche Gesellschaft erklärt und durch ein ausdrückliches Strafgesetz verboten werden sollte.

„Die Philosophie hat nützlichere Dinge zu thun, als die Schärfe ihrer Werkzeuge an den Grundpfeilern der moralischen Ordnung und an dem, was zu allen Zeiten der Trost und die Hoffnung der besten Menschen gewesen ist, zu probiren; und der Philosoph ist kaum des Namens werth, der nicht bedenkt, daß gegen einen Menschen, der der Religion ohne Nachtheil seiner Moralität und Gemüthsruhe entbehren kann, zehntausend sind, die, wofern sie auch ihren edelsten Zweck an ihnen verfehlte, doch ohne den Zaum, den sie ihnen anlegt, schlimmer, oder ohne die Hoffnung, die sie ihnen gibt, unglücklicher sein würden, als sie sind."

Einen festen Rückhalt hatte jedoch dieser sein Gottesglaube nicht, weder in der Autorität, noch in der Vernunft.

„Die Wahrheit," sagt er[2], „ist weder hier noch da, — sie ist wie die Gottheit und das Licht, worin sie wohnt, allenthalben; ihr Tempel ist die Natur, und wer nur fühlen und seine Gefühle zu Gedanken erhöhen und seine Gedanken in ein Ganzes zusammenfassen und ertönen lassen kann, ist ihr Priester, ihr Zeuge, ihr Organ. Keinem offenbart sie sich ganz; Jeder sieht nur stückweise, nur von hinten oder nur den Saum ihres Gewandes — aus einem andern Punkt, in einem andern Lichte; Jeder vernimmt nur einige Laute ihres Göttermundes, Keiner die nämlichen."

---

[1] Der Gebrauch der Vernunft in Glaubenssachen (Wielands Werke [Hempel]. XXXII. 336. 337).

[2] „Was ist Wahrheit?" (Wielands Werke [Hempel]. XXXII. 21.)

Damit war jede objective, allgemeine Richtschnur der Wahrheit in Zweifel gestellt, der Freigeisterei Thür und Thor geöffnet. Ganz folgerichtig verwarf Wieland beßhalb jede verbindliche Autorität der Bibel, alle protestantischen Bekenntnißschriften, alle Orthodoxie. Er stellte den Protestanten sogar ganz unumwunden die Alternative: „Entweder sich einem unfehlbaren Richter in Glaubenssachen, der allein über den Sinn zweifelhafter Worte und Sätze zu entscheiden berechtigt ist, zu unterwerfen — oder Allen, die darin mit uns übereinstimmen, daß sie sich zur Religion Christi halten und keinen unfehlbaren Richter in Sachen des Glaubens über sich erkennen, das Recht, nach ihrer eigenen Überzeugung zu glauben, einzugestehen."[1] Im ersten Fall, erklärt er, bleibt nichts übrig, als sich dem Papste zu unterwerfen; im zweiten — allgemeine Toleranz und Religionsfreiheit trotz aller Verschiedenheit der Bekenntnisse. Er wählte entschieden das Letztere, schrieb unermüdlich für Toleranz und Gewissensfreiheit und philosophirte und theologisirte ohne alle Rücksicht auf Autorität, wie es ihm Laune und Gefühl, Lectüre und Gelegenheit eben eingab, meist herzlich oberflächlich und mit steter Rücksicht auf die Lebemannsmoral, welcher er sich bei seiner „Bekehrung" zugewandt hatte.

Seine zahlreichen ethischen und politischen Aufsätze haben insofern einigen Werth, als sie recht flach und unverblümt die Glückseligkeitslehre ausschwatzen, welcher Göthe und die meisten Weimarer Größen ergeben waren, welche diese aber bald mit poetischen Phantasmagorien, bald mit philosophischer Geheimthuerei zu verhüllen strebten. Seine Schriften und Anschauungen bereiteten im Publikum denjenigen Göthe's wesentlich den Boden vor. Eine Menge Anspielungen auf seine Werke in den Briefen Göthe's und seiner Freunde bezeugen, daß sie mit Freude und Interesse gelesen wurden. Bestand auch kein innigeres Zusammenwirken zwischen den beiden Dichtern, so gewährten sie sich doch gegenseitig mannigfache Anregung. Wieland kehrte, nach kleinen Pausen von Unwillen oder unzufriedenem Schmollen, immer wieder zu einer tiefen Verehrung Göthe's zurück; dieser erwies Wieland vorläufig noch manche Artigkeit und ließ ihn die Überlegenheit seines Talentes nicht eben zu peinlich empfinden. Im „Teutschen Mercur" erschienen die ersten Früchte der italienischen Reise: „Auszüge aus einem Reisejournal: 1. Rosaliens Heiligthum, 2. Zur Theorie der bildenden Künste, 3. Stundenmaß der Italiener, 4. Frauenrollen auf dem römischen Theater durch Männer gespielt,

---

[1] Wielands Werke [Hempel]. XXXII. 827.

5. Neapel, 6. Aus Plinius, 7. Einfache Nachahmung der Natur, Manier, Stil, 8. Von Arabesken, 9. Naturlehre, Volksgesang, Venedig, Rom, Ritornelli, Vaudevilles, Romanzen, 10. Naturlehre" [1], eher Miscellen als Aufsätze, artige Nippsächelchen, leichte Arabesken zu einer „Italienischen Reise", überaus anmuthig in der Form, theilweise auch fesselnden Inhalts, aber ebenso seicht in Allem, was Religion und Sitte betrifft. Die hl. Rosalie ist für Göthe eine „schöne Schläferin", und zu einem „geistlichen Volksgesang", in welchem das Gespräch Christi mit der Samariterin halb naiv und halb frivol in ein Liebesduett verarbeitet ist, macht er die Bemerkung:

„Es ließe sich aus diesem Gesange gar leicht die Theorie der Bekehrungs- und Missionsgeschichten entwickeln; er enthält die ganze Heilsordnung und den Fortschritt von der irdischen zur himmlischen Liebe: jeder katholische Christ kann es hören und singen, sich damit unterhalten und erbauen, jedes Mädchen kann dabei an ihren irdischen, jede Nonne an ihren himmlischen Bräutigam denken und jede artige Sünderin in der Hoffnung eines künftigen Apostolats sich beruhigen. Und man möchte hier bemerken, daß es eigentlich der Römischen Kirche am besten gelungen sei, die Religion populär zu machen, indem sie solche nicht so wohl mit den Begriffen der Menge, als mit den Gesinnungen der Menge zu vereinigen gewußt hat." [2]

Als ob die Kirche jede unpassende Anwendung religiöser Stoffe im Volksliede selbst beabsichtigte, ja berechnend suchte, während doch ein so „artiger Sünder", wie Göthe, es sich lediglich selbst zuzuschreiben hatte, wenn er die höchsten und reinsten Aeußerungen und Symbole himmlischer Liebe naturgemäß in seine eigene trübe und unreine Sphäre herabzog.

Die Beiträge Göthe's zum Teutschen Mercur flossen nicht lange. Schon 1790 versiegten sie wieder. Ein vertrauteres Freundschaftsverhältniß zu Wieland entwickelte sich nicht. „Aus wiederholten Aeußerungen geht hervor, daß Wieland sich in Weimar sehr unbehaglich fand und am liebsten in irgend einen andern Erdenwinkel übergesiedelt wäre." [3]

---

[1] Göthe's Werke [Hempel]. XXIV. 224. 316. 322. 515. 519. 522. 525. 530. 533. 551. 558.   [2] Göthe's Werke [Hempel]. XXIV. 549.
[3] Wilhelm Buchner, Zur deutschen Literaturgeschichte (Blätter für literar. Unterhaltung 1885, S. 660).

2. Herders Ideen und Schulden.

> „Mit Recht ist Herder als der prophetische Vorläufer der neuern Theologie bezeichnet worden, der Theologie näm: lich, die ihren Standpunkt über dem abstracten Gegensatz des sogen. Rationalismus und Supernaturalismus zu nehmen und nicht äußerlich zu vermitteln, sondern innerlich zu überwinden sucht."
>
> Hagenbach.
>
> „Herder war von Natur weich und zart, sein Streben mächtig und groß."
>
> Göthe, Biographische Einzelheiten.

Geistig viel bedeutender, viel gründlicher geschult, viel universeller gebildet als Wieland und als Göthe, war der Generalsuperintendent Herder, der Schüler Kants und Hamanns, der geistige Erbe Lessings, der „Hohepriester" und Theologe des Musenhofs. Am Liebhabertheater und an dem übrigen Plaisirleben desselben konnte er sich seiner geistlichen Stellung wegen natürlich nicht betheiligen: an eigentlich schöpferischem poetischen Talente stand er Göthe weit nach; gegen die ästhetisch-kritischen Urtheile, welche Göthe vom Zaune brach, und gegen den Schwindel, den dieser in allen Zweigen der Naturwissenschaft gleichzeitig betrieb, trat selbst sein Charakter als Gelehrter zeitweilig in den Schatten. Mit ein paar Seiten eines alten Classikers, die Göthe flüchtig zwischen seine Zerstreuungen hinein gelesen hatte, wußte der gewandte Hofmann mehr Lärm zu schlagen, als der ernste Superintendent mit ganzen fleißig durchstudirten Folianten. Göthe war sich indeß der Überlegenheit seines Freundes noch von Straßburg her bewußt, ging fleißig bei dem vielbelesenen Manne in die Schule, ehrte sein Urtheil, las seine Werke, legte ihm die eigenen Arbeiten vor und blieb mit ihm in regem Geistesaustausch[1].

---

[1] J. G. Gruber, Charakteristik Herders. Leipzig 1805. — H. Döring, Herders Biographie. Jena 1853. — Dünzer, Herders Leben und Wirken, in Herders Werken [Hempel]. I. Bd. XIX—CXXXVI. — R. Haym, Herder nach seinem Leben und seinen Werken. I. Bd. Berlin 1880. — K. Rosenkranz, Rede

2. Herders Ideen und Schulden.

Mit 25 Jahren hatte Herder schon drei verschiedene Lebensberufe durchgemacht: den eines Schulmannes, den eines Predigers, den eines Schriftstellers. Er fand sich enttäuscht. Als er im Juni 1769 von Riga über Kopenhagen und Nantes nach Paris reiste, bedauerte er, sich nicht einem genußreicheren Leben wie dem eines Literaten oder Künstlers gewidmet zu haben.

„Ich wäre nicht ein Tintenfaß von gelehrter Schriftstellerei, nicht ein Wörterbuch von Künsten und Wissenschaften geworden, die ich nicht gesehen habe und nicht verstehe; ich wäre nicht ein Repositorium voll Papiere und Bücher geworden, das nur in die Stubirstube gehört. Ich wäre Situationen entgangen, die meinen Geist einschlossen und also auf eine falsche intensive Menschenkenntniß einschränkten, da er Welt, Menschen, Gesellschaften, Frauenzimmer, Vergnügen lieber extensiv, mit der edlen feurigen Neubegierde eines Jünglings, der in die Welt eintritt und rasch und unermüdet von Einem zum Andern läuft, hätte kennen lernen sollen. Welch ein anderes Gebäude einer andern Seele! Zart, reich, sachenvoll, nicht wortgelehrt, munter, lebendig wie ein Jüngling! einst ein glücklicher Mann! einst ein glücklicher Greis! O was ist's für ein unersetzlicher Schade, Früchte affectiren zu wollen und zu müssen, wenn man nur Blüthe tragen soll!" [1]

So jammerte er damals und er war noch später als „Gottesmann" genußsüchtig genug, um solchen hypochondrischen Träumereien noch öfters nachzubrüten. Als er indeß mit dem jugendlichen Göthe zusammentraf, an dem sich alle jene Ideale zu verwirklichen schienen, machte sich die Überlegenheit seines vielseitigen Wissens, seiner tieferen Bildung, seiner ernsteren Lebenserfahrung und Berufsthätigkeit nach allen Seiten hin geltend.

So wenig Göthe bei Lotte, Friederike und Lili gelernt hatte, so wenig lernte er bei Frau von Stein und bei den Damen von Weimar. Wenn er sich wissenschaftlich auffrischen, anregen, beleben wollte, wandte er sich an Herder, der seine frühere Gelehrsamkeit, seine Welt- und Menschenkenntniß, seine Lebenserfahrungen zu einem reichen Schatze universeller Bildung angespeichert hatte, und der nur darunter litt, daß er an dem vergnügungssüchtigen Hofe und in den kleinlichen Verhältnissen des Landes

---

zur Säcularfeier Herders. Königsberg 1844. — Aus Herders Nachlaß. 3 Bde. Frankfurt 1856. — E. G. von Herder, G. von Herders Lebensbild. Erlangen 1846. — M. Carrière, Die Kunst im Zusammenhang der Culturentwicklung. Leipzig 1874. V. 250 ff. — Charles Joret, Herder et la renaissance littéraire en Allemagne. Paris 1875. — A. Werner, Herder als Theolog. Berlin 1871.

[1] Herders Werke [Hempel]. XXIV. 399. Vgl. Haym. I. 820 ff.

keinen seinem Talente entsprechenden Wirkungskreis fand, als freisinniger
Literat bei der ihm untergebenen Geistlichkeit anstieß, als Geistlicher seiner
Neigung zu Kunst und Literatur nicht ungehindert leben konnte, als Ge=
lehrter keine Schüler hatte und als Familienvater, trotz der Protection
des Hofes, Jahre hindurch unter Schulden seufzte.

Wie bei Lessing und den übrigen Literaten, an denen er sich bildete,
hatte seine schriftstellerische Thätigkeit anfänglich einen durchaus fragmen=
tarischen Charakter. Dickleibige und vielbändige Werke waren in Acht
und Bann gethan. Wissenschaftliche Kunsttheorien wurden von vornherein
als pedantisch verschrieen. Philosophie, Ästhetik, Geschichte, Philologie,
Archäologie, Alles wurde fragmentarisch verkauft, heute ein Fetzen, mor=
gen ein anderer, je nach Laune und plötzlicher Eingebung. Jeder fing
seine Frage an und hörte auf, wo es ihm beliebte. Jeder Folgende griff
den Punkt auf, der ihm behagte, und rednerte weiter oder warf die An=
sichten des Vorgängers über den Haufen oder mischte neue Einzelheiten in
die Besprechung und fing Alles von vorne an. Es ging nicht viel besser
zu als auf einem polnischen Reichstag oder später in der französischen Na=
tionalversammlung. Vollständige Gesetzlosigkeit auf dem ganzen Parnaß!
Jeder hatte seine eigene Psychologie, Ethik, Poetik, Ästhetik, Kritik. Jeder
beurtheilte die alten und neuen Schriftsteller nach seiner oft kaum gekauften
oder erborgten Brille. So schrieb auch Herder neben einigen poetischen
Erzeugnissen und gelegentlichen Vorträgen „Nachrichten", „Fragmente
über die neuere deutsche Literatur", „Kritische Wälder", hundert verschie=
bene Aufsätze über die entlegensten Fragen, ohne ein philosophisches System,
eine feste Grundlage, welche die membra disjecta verband. Herder war
indeß ein zu tiefer und ernster Geist, um auf die Dauer mit diesem
bunten Ragout von Lectüre und Schreiberei vorlieb zu nehmen. Die
Beschäftigung mit eigentlicher Philosophie und Theologie hatte ihm zwar
keine feste, speculative und positive Grundlage des gesammten menschlichen
Wissens, aber doch wenigstens das Bedürfniß nach einer solchen hinter=
lassen, ein wahres Heimweh, aus der spatzenhaften Recensentenwirthschaft
und dem kleinlichen Encyklopädismus, der jede Bagatelle zu einer Welt=
frage aufbauschte, heraus zu den großen Grundlinien wahrer Welt=
anschauung zu gelangen. Bereits auf der Reise nach Paris 1769
schwebte ihm der Plan eines Werkes vor, welches die Resultate aller
bedeutenden „Menschheitsschriften", die Hauptmomente der Philosophie,
Theologie, Geschichte, Literatur, Politik und Kunst zu einem großen Bil=
dungsbuch der Menschheit versammeln sollte: statt dem subjectivistischen

Wirrwarr der französischen Encyklopädie ein objectiv gehaltenes Grundbuch des menschlichen Wissens[1].

Hätte Herder nichts geleistet, als diesen Plan zu entwerfen, so würde ihm derselbe unbedingt einen gewissen Vorrang vor Lessing, Göthe und den übrigen Geistesführern der Zeit einräumen[2]. Denn während sie Alle, mehr oder minder, sich einbildeten, den vollständigen Sturz des positiven Christenthums mit etwas negativer Kritik, resultatloser Forschung, griechischer Kunst, Naturwissenschaft, Philologie, Poesie und Theater gut machen zu können: hat er allein richtig erkannt, daß dieses materialistische Detailwissen, auch in's Unbegrenzte gesteigert, den denkenden Menschengeist niemals befriedigen könne, daß an die Stelle des aufgegebenen Glaubens wenigstens eine neue Philosophie und Religion treten müsse, um die zerstreuten Theile des menschlichen Wissens und Strebens harmonisch zu vereinigen und die größten und wichtigsten Fragen der Menschheit zu lösen. Es sprach in ihm der vernünftige Drang der menschlichen Natur, der zwischen Verstand und Gefühl, Wissen und Glauben, Menschheit und Natur, Gott und Welt eine einheitliche Verbindung sucht, in den getrennten Wesen und Erscheinungen keine Befriedigung findet. Durch die Universalität seiner Bildung näherte er sich unbewußt den Anschauungen der katholischen Kirche, zufolge denen wirklich ein einheitliches Band alle Wissenschaften vereinigt, alle Völker verbrüdert, die ganze Menschheit zu einer Gottesfamilie macht und in dem Gottmenschen das hehrste Ideal der Menschheit aufstellt und in seiner Nachahmung alle Individuen und Nationen verbindet.

Herder hat aber nicht bloß jenen Plan entworfen; er hat auch Hand zu seiner Verwirklichung angelegt und mitten in dem tollen Treiben der sogen. Genieperiode zwei Werke zu Stande gebracht, welche, wenn der Plan selbst auch mißlang, doch bis zu einem Grade dessen Großartigkeit entsprachen. Es sind seine „Volkslieder" oder, wie sie später betitelt wurden, „Stimmen der Völker", und seine „Ideen zur Geschichte der Menschheit". Das erste Werk faßt den Plan nur auf dem Gebiete

---

[1] Haym. I. 322. Vgl. Paulsen, Geschichte des gelehrten Unterrichts. Leipzig 1885. S. 517.

[2] „Herder," sagt M. Carrière (Die Kunst im Zusammenhang der Culturentwicklung. V. 257), „hat das verheißene Werk über die griechische Poesie nicht abgefaßt, aber die ganze neuere Literatur- und Kunstgeschichte bewegt sich auf dem Wege, den er ihr anwies, den er in der Philosophie der Geschichte einschlug, und für dieß mein Werk war es mir das liebste Urtheil, wenn Rosenkranz, Scherr, Gottschall sagten, es sei in Herders Geist und Sinn geschrieben."

der Poesie an, das zweite in weitestem, universalstem Rahmen. Die „Stimmen der Völker" haben insofern einen religiös-philosophischen Hintergrund, als sie den beschränkten Auffassungen der damaligen Poeten, den deutschthümelnden Barden wie den ausschließlichen Anbetern der Griechen, einen Bildersaal der Weltpoesie gegenüberstellten, welcher Orient und Occident mit gleicher Liebe umfaßte, ein Stammbuch, welches daran erinnerte, daß die Poesie nicht das Vorrecht eines einzelnen Volkes, sondern Gemeingut aller Völker ist, daß alle von Natur berufen sind, ein großes Ganze zu bilden. Das auf ausgedehnten Sprach- und Literaturkenntnissen beruhende Werk wurde die Grundlage der noch viel weiter ausholenden Studien der Romantiker. Von Herder, nicht von Göthe ist die Idee der sogen. „Weltliteratur" ausgegangen, d. h. das Streben, durch tüchtige Übersetzungen die Literaturschätze aller Völker in guter Auswahl dem deutschen Volke zugänglich zu machen. Das Buch erschien, während Göthe mit ☉ (Frau von Stein) miselte.

Die Schwäche desselben liegt darin, daß Herder sich der Poesie zuwandte, ehe er noch eine Philosophie hatte, Sprache, Poesie und Religion als „die älteste und ursprünglichste Offenbarung Gottes an die Menschheit" betrachtete und sein ganzes Weltsystem auf jene Kraft des Menschengeistes baute, die am allerwenigsten Halt bot: die poetische Phantasie[1].

Das zweite große Werk Herders waren die „Ideen". Da er mehr Historiker und Dichter als Philosoph war, so kann es nicht befremden, daß er nicht auf eigentlich philosophischem Wege an seine Aufgabe herantrat. Logik und Erkenntnißlehre, Kosmologie und Theodicee läßt er dahingestellt sein. Nach einem kurzen Blick auf das Weltgebäude fixirt er die Erde „als Stern unter Sternen", beschreibt ihre Stellung unter den anderen Planeten, ihre früheren Revolutionen, ihre Kugelform, ihre Atmosphäre, die Vertheilung von Land und Wasser, die Gesammtökonomie der Erdoberfläche und ihre Beziehung zu den drei großen Reichen organisirter Wesen — Pflanzen, Thiere, Menschen. Es folgen Untersuchungen über den physiologischen Bau der Pflanzen, der Thiere, des Menschen.

---

[1] Diesen verhängnißvollen Schritt that er schon in seiner „Ältesten Urkunde des Menschengeschlechts" (1774—1776), durch welche die Bibel aus einer autoritativen Glaubensurkunde ein bloßes Grundbuch der Weltpoesie ward. Vgl. J. Happel, Das Christenthum und die heutige vergleichende Religionsgeschichte. Leipzig 1882. S. 6. — „Es hängt damit zusammen, daß Herder überhaupt das positive Verständniß für die Bedeutung der Lehre, des Theologumenon, des Dogmas in der Religion und Kirche nicht klar gewinnen konnte." O. Pfleiderer, Religionsphilosophie auf geschichtlicher Grundlage. Berlin 1883. I. 217.

Das Sinnenleben der Thiere wird näher beschrieben, ihr organischer Unterschied wird festgestellt. „Der Mensch ist zur Vernunftfähigkeit organisirt", er hat feinere Sinne, feinere Triebe, er ist frei, er ist zur Verbreitung über die ganze Erde, zu Humanität und Religion, zur Hoffnung der Unsterblichkeit gebildet. Alle Kräfte, Formen und Ordnungen der sichtbaren Schöpfung steigen in ihrem Wesen wie in ihrer Entwicklung zum Menschen auf, um in ihm durch ein System geistiger Kräfte noch weiter erhoben zu werden. Die menschliche Bildung hienieden ist nur die Knospe einer künftigen Vollendung und der jetzige Zustand des Menschen nur die Vorstufe eines höheren und vollkommeneren Lebens. Einen durchschlagenden Gottesbeweis gibt Herder nicht[1], auch die Unsterblichkeit der Seele entbehrt der klaren, kräftigen Begründung; selbst der Gottesbeweis aus den Überlieferungen der Völker ist mit Unklarheit und Irrthum gemischt; aber schließlich stehen wir doch an einem großen Einheitspunkt und letzten Ziel aller Wesen: betend huldigt der Forscher dem Unendlichen, Gott![2]

Man möchte nun erwarten, daß er von dem gefundenen Centralpunkte die Weltordnung näher erklären würde; doch er kehrt von dem Unsichtbaren alsbald wieder zum Sichtbaren, von Gott zum Menschen zurück, durchläuft die Organisation der verschiedenen Menschenrassen, die Beziehungen des Menschen zum Klima, zur Natur überhaupt, analysirt die Sinnen-, Phantasie-, Verstandes-, Gefühls- und Willensthätigkeit des Menschen in ihrer Beziehung zu den ihn umgebenden Verhältnissen und langt bei dem Satze an: „Die Glückseligkeit der Menschen ist allenthalben ein individuelles Gut, folglich allenthalben klimatisch und organisch, ein Kind der Übung, der Tradition und Gewohnheit." Daran knüpft sich die Betrachtung des menschlichen Gesellschaftslebens — Sprache, Überlieferung, Wissenschaft — Kunst, Staatsleben — Religion. Die älteste

---

[1] Später griff er in seiner „Metakritik" sogar Kant wegen seiner Gottesbeweise an. Er wollte Gott nicht bewiesen haben: „Nicht als Tangent oder Sector suche ich den Begriff eines höchsten Wesens, er ist in mir selbst und in Allem gegeben." Herders Werke [Hempel] XVIII. 357.

[2] Herders Werke [Hempel]. IX. 167. Wie seine Vorstellung von Gott dabei in ihrer phantastischen Verschwommenheit an Pantheismus streift, vgl. seine eigene Vorrede, worin er sagt: „Gott ist Alles in seinen Werken." Ebds. S. 48. Deutlicher sagt er anderswo: „Die ganze Welt ist nur eine Erscheinung von Gottes Größe für uns erscheinende Gestalten. Er ist das höchste, lebendigste, thätigste Eins, nicht in allen Dingen, als ob sie was außer ihm wären, sondern durch alle Dinge, die nur als sinnliche Darstellungen für sinnliche Geschöpfe erscheinen." Vgl. „Gott. Einige Gespräche über Spinoza's System." Ebds. XVIII. 13 ff. 68 ff.

und heiligste Überlieferung der Erde ist die Religion; der Gang der Cultur und Geschichte führt nach Asien als nach dem Ausgangspunkt des Menschengeschlechts. Dort mündet die älteste mündliche und schriftliche Überlieferung [1].

Wie früher am Mittelpunkt aller Philosophie, der Existenz eines unendlichen Schöpfers und seines Weltplanes, so sind wir hier bei den ältesten Offenbarungsthatsachen der christlichen, übernatürlichen Weltordnung angelangt. Aber der mosaische Bericht über Schöpfung, Paradies und Sündenfall ist für Herder eine bloße Sage. Von dem Paradies springt er plötzlich nach China über, schildert die Cultur und Geschichte der asiatischen Völker, der Chinesen, Japanesen, Tibetaner, Indier, Assyrer, Perser, Hebräer, Ägypter, verweilt mit liebevollster Ausführlichkeit bei Griechenland und Rom und hält erst inne bei der Zeit, von der ab die christlichen Nationen ihre Jahre zählen. Der Monotheismus ist früher so warm und innig anerkannt, alle historischen Fäden laufen so auf die Erscheinung des Christenthums zusammen, daß man nothwendig erwarten muß, Christus und Christenthum als Centralpunkt aller Geschichte und menschlichen Überlieferung klar und entschieden bezeichnet zu finden. Aber statt der historischen Wahrheit läuft das herrliche Culturbild auf den trostlosen, abstracten Satz hinaus: „Humanität ist der Zweck der Menschennatur, und Gott hat unserm Geschlecht mit diesem Zweck sein eigenes Schicksal in die Hände gegeben." [2]

Anstatt aber der Freiheit und Verantwortlichkeit, der Sünde und Schuld, der Strafe und der Erlösung, dem göttlichen Heilsplan und seiner Durchführung mit ernstem, gründlichen Blick zu folgen, verläßt Herder hier völlig die christliche Weltanschauung und macht aus der Weltgeschichte nur einen der geologischen Erdentwicklung vergleichbaren organischen Proceß, bei dem auch die zerstörenden Kräfte schließlich zum Siege eines allgemeinen Fortschritts mitwirken müssen, und das Ziel dieses Fortschrittes ist nicht die Verähnlichung mit Gott, die Erfüllung des göttlichen Willens, die Verherrlichung Gottes, sondern — die schale, naturalistisch gedachte Humanität, über deren Interesse zwar eine „weise Güte" waltet, aber keine Heiligkeit, keine Gerechtigkeit, keine den freien Menschenwillen bändigende Sanction, kein unverbrüchliches, ewiges Gesetz und deßhalb auch keine eigentliche Barmherzigkeit, keine Erlösung. Die

---

[1] Herders Werke [Hempel]. X. 163 ff.
[2] Herders Werke [Hempel]. XI. 172 ff.

Gottheit Christi und sein Erlösungswerk wird nicht ausdrücklich geläugnet, aber durch jene Entwicklungstheorie taschenspielerisch hinweggezaubert.

Wiederum holt der anscheinend objective Forscher dann zur ethnographischen Weltfahrt aus: besucht die Basken, Galen und Kymern, die Finnen, Letten und Preußen, die deutschen und slavischen Völker, die ganze Barbarenwelt, welche das Römerreich umgab. Jetzt kommt er endlich zu Christus und zum Christenthum. Abermals muß man ein Bekenntniß erwarten, abermals wird man enttäuscht. Die Gottheit Christi, auf die Alles hier ankommt, bleibt unausgesprochen. Dem Christenthum wird lange nicht so viel Raum und Begeisterung zu Theil, wie zuvor den Griechen. Nichts wird eigentlich daran geschätzt, als sein Moralcodex, der feinste Ausdruck der Humanität[1]. Was der Glanzpunkt des ganzen Werkes hätte werden können und müssen, ist seine schwächste und haltloseste Partie geworden — eines der traurigsten Zerrbilder des Christenthums, die je von einem begabten Mann entworfen worden sind. Herder steht nicht an, Christus gewissermaßen betend abzusetzen, indem er erst huldigend seinen Sieg über Judenthum und Heidenthum anerkennt, dann aber ihm — im selben Athemzug — trauernd klagt, er sei nicht im Stande gewesen, seine Lehre auch nur ein Jahrhundert lang unversehrt zu erhalten:

„Verehrend[2] beuge ich mich vor deiner edlen Gestalt, du Haupt und Stifter eines Reiches von so großen Zwecken, von so dauerndem Umfange und von so einfachen, lebendigen Grundsätzen, von so wirksamen Triebfedern, daß ihm die Sphäre dieses Erdenlebens selbst zu enge schien. Nirgends finde ich in der Geschichte eine Revolution, die in kurzer Zeit so stille veranlaßt, durch schwache Werkzeuge auf eine so sonderbare Art (sic!) zu einer noch unabsehlichen Wirkung allenthalben auf der Erde angepflanzt und in Gutem und Bösem bebaut worden ist, als die sich unter dem Namen nicht deiner Religion, d. i. deines lebendigen Entwurfs zum Wohle der Menschen, sondern größtentheils einer Religion an dich, d. i. einer gedankenlosen Anbetung deiner Person und deines Kreuzes, den Völkern mitgetheilt hat."[3]

Kaum ausgesprochen und in dem damaligen römischen Weltreich ausgebreitet, wird die Humanitätslehre Christi schon durch Irrthum verunstaltet und gänzlich verdorben. Herder versteht unter letzterem nicht etwa die Häresien der ersten Jahrhunderte, sondern die christliche Dogmatik, die kirchliche Organisation und vor Allem die Verwirklichung der christlichen Ascese und Moral, wie sie in den religiösen Orden zu Tage

---

[1] Ebds. XII. 31—42.   [2] Nicht anbetend!
[3] Herders Werke [Hempel]. XII. 82 ff.

tritt. Im Wirrwar der Völkerwanderung, deren Hauptrepräsentanten und Bewegungen wieder glänzend geschildert sind, läßt Herder die „römische Hierarchie" entstehen, der er anfänglich manches freundliche Wort spendet. Sie ist nicht mehr, wie bei Luther, der Antichrist und die babylonische Hure; aber auch keine göttliche Institution, sondern eine menschliche, aus Politik hervorgegangene Fortsetzung des alten Römerreichs, und, trotz mancher guter Leistung, im Ganzen und Großen doch ein Hemmniß der freien Entwicklung menschlicher Cultur.

„Die Kenntnisse, die das abendländische Christenthum hatte, waren ausgespendet und in Nutz verwandelt. Seine Popularität war eine elende Wortliturgie; die böse patristische Rhetorik war in Klöstern, Kirchen und Gemeinen ein zauberischer Seelendespotismus geworden, den der gemeine Haufe mit Geißel und Strick, ja büßend mit dem Heu im Munde auf Knieen verehrte. Wissenschaften und Künste waren dahin; denn unter den Gebeinen der Martyrer, dem Geläute der Glocken und Orgeln, dem Dampf des Weihrauchs und der Fegfeuergebete wohnen keine Musen. Die Hierarchie hatte mit ihren Blitzen das freie Denken erstickt, mit ihrem Joche jede eblere Betriebsamkeit gelähmt. Den Duldenden wurde Belohnung in einer andern Welt gepredigt; die Unterdrücker waren gegen Vermächtnisse ihrer Lossprechung in der Todesstunde sicher; das Reich Gottes auf Erden war verpachtet." [1]

In den sonst so freien, milden Denker fuhr der böse Geist Luthers und des Pastors Götze, sobald er das Papstthum in seiner ganzen Entwicklung vor sich sah. Alle geschichtlichen Begriffe kamen ihm abhanden. Unter allerlei Complimenten und Einschränkungen nach rechts und nach links machte er die katholische Kirche zu einem unheimlichen Popanz und stellte sie als den verhängnißvollsten und unversöhnlichsten Gegner des Fortschritts und der Humanität hin [2]. Nur in den liebenswürdigen Täuschungen Muhammeds und der Araber, in kirchlichen Störefrieden und Revolutionären lebt vereinzelt noch jene Humanität fort, welche in Griechenland einst den schönsten Frühling gezeitigt hatte. Kreuzzüge und Ritterthum sind für Herder traurige Erscheinungen: „Auch Künste und Wissenschaften wurden von den eigentlichen Kreuzfahrern auf keine Weise befördert." [3] Erst mit dem Zeitalter der Entdeckungen fängt in der allgemeinen Nacht der Geister wieder ein schwaches Morgenlicht zu dämmern an; allein Herder kam nicht weiter — seine „Ideen" sind ein Torso geblieben, obwohl er nach Beendigung des vierten Theils noch zwölf Jahre lebte.

---

[1] Ebds. XII. 151. [2] Ebds. XII. 112—133. 178. [3] Ebds. XII. 173.

2. Herders Ideen und Schulden.

Er konnte vernünftiger Weise nicht weiter. In Dante und Petrarca, Rafael und Michel Angelo, Ariost und Tasso, in der spanischen und portugiesischen Literatur, in Balde und Sarbiewski traten ihm Gestalten entgegen, welche Herder als Dichter und Schriftsteller lieben, als General=superintendent aber verfluchen mußte; die Bannerführer der sogen. Refor=mation aber haben so an aller Humanität gefrevelt und Deutschland in ein solches Chaos der Unmenschlichkeit gestürzt, daß der kluge Geschichts=forscher es für praktischer fand, den Entwicklungsgang der Menschheit nicht weiter systematisch zu verfolgen, sondern wie ehedem wieder frag=mentarisch in allen Jahrhunderten umherzuschweifen. So entstanden (1792—1797) die „Briefe zur Beförderung der Humanität". In diesen lehrte Herder, unter dem augenscheinlichen Einfluß Göthe's, Wielands und des übrigen Weimarer Hofes, zur altgriechischen Kunst und Literatur als dem Höhepunkt aller wahren Humanität zurück und verrichtete vor der Statue der Venus Anadyomene ein viel andächtigeres Gebet, als er es zuvor in den „Ideen" an Christus gehalten hatte:

„Dir nahen wir uns, himmlische Aphrodite, unübertroffenes Ideal des weiblichen Liebreizes, einer sittlichen Schönheit. Aus der Welle des un=ruhigen Meeres stiegst du hervor, vom lauen Zephyr getragen; da legten sich die Wellen. Deine sittsame Gegenwart machte sie zum Spiegel der Lüfte. Bescheiden trocknetest du dein Haar, und jeder fallende Tropfen deines irdischen Ursprungs ward ein Geschenk, eine Perle der Muschel, die dich wollüstig in ihrem Schooße wiegte. Du stiegst zum Olymp, und die Götter empfingen dich in deiner Gestalt; denn sie selbst war deine Hülle; die Grazie, mit der du dich, durch und durch sichtbar, dem Auge unsichtbar zu machen weißt, diese in sich gehüllte Scham und Bescheidenheit ist dein Charakter. Auch auf dem häus=lichen Altar der Griechen standest du nicht anders, als unter diesem Bilde; denn nur Scham kann Liebe erwecken und zeugen." [1]

So langte Herder nach seiner weitausschauenden Weltfahrt schließlich bei demselben schalen Humanismus an, in welchem Wieland cynisch sein Faß wälzte und mit welchem Göthe seine „Rosenmonate" vergötterte. Im Grunde ist nichts gethan. Herders „Ideen" sind nur das Wrack einer ge=scheiterten Weltreligion, ansehnliche Trümmer, aber — Trümmer. Seine Weltgeschichte bleibt am Schlusse des Mittelalters stecken und bietet wesentlich nichts Neues dar. Seine Weltbeschreibung hält sich im Äußer=lichen, ohne zu einer festen Einheit zu gelangen oder irgend eine der kosmologischen Hauptfragen zu lösen. Seine Philosophie gelangt nicht

---

[1] Herders Werke [Hempel]. XIII. 310. 311.

einmal zu einem festen, haltbaren Gottesbegriff. An die Stelle Gottes wird thatsächlich der Mensch gesetzt, an die Stelle der Religion die „Menschlichkeit", an die Stelle des Christenthums ein vager Naturalismus, der sich fast vollständig mit Göthe's oberflächlicher Weltanschauung deckt; nur hebt Göthe mehr die Natur hervor, Herder den Menschen als das Höchste in der Natur.

„Das Christenthum," schrieb ihm Göthe am 4. September 1788[1], „hast Du nach Würden behandelt; ich danke Dir für mein Theil. Ich habe nun auch Gelegenheit, von der Kunstseite es näher anzusehen, und da wird's auch recht erbärmlich. Überhaupt sind mir bei dieser Gelegenheit so manche Gravamina wieder rege geworden. Es bleibt wahr: das Märchen von Christus bleibt Ursache, daß die Welt noch 10/M Jahre stehen kann und Niemand recht zu Verstand kommt, weil es ebenso viel Kraft des Wissens, des Verstandes, des Begriffes braucht, um es zu vertheidigen, als es zu bestreiten. Nun gehen die Generationen durcheinander, das Individuum ist ein armes Ding, es erkläre sich für welche Partei es wolle, das Ganze ist nie ein Ganzes, und so schwankt das Menschengeschlecht in einer Lumperei hin und wieder, das alles nichts zu sagen hätte, wenn es nur nicht auf Punkte, die dem Menschen so wesentlich sind, so großen Einfluß hätte."

So wenig wie Herder selbst, fühlte sich Göthe von Herders „Ideen" befriedigt. Sie beseitigten die „Lumperei" nicht; aber sie boten doch immerhin einen gewissen allgemeinen Rahmen, in welchem Göthe's zerstückeltes Treiben einige scheinbare Einheit erhielt. Der Generalsuperintendent, der nicht über das „Natürliche" und „Humane" hinauskam und darum die Höhe menschlicher Bildung im schönen Griechenthum sah, war für ihn ein willkommener Bundesgenosse, ein angenehmer Freund, der einzige für ihn mögliche „Theologe".

Zur Reise nach Italien war Herder nicht durch eine großmüthige Vergünstigung des Weimarer Hofes veranlaßt worden, sondern durch den Freiherrn Joh. Friedrich Hugo von Dalberg, Domcapitular von Trier, den jüngsten Bruder des Coadjutors, welcher an dem gelehrten und feingebildeten Superintendenten einen angenehmen, poetischen Gesellschafter zu finden hoffte. Herder glaubte nicht anders, als daß Dalberg die Reisekosten bestreiten würde, sah sich aber, in Augsburg angelangt, bitter enttäuscht. Dalberg zahlte ihm nur die Reise bis Augsburg, und Herder war genöthigt, zu seinen früheren Schulden noch neue Schulden zu machen, um nur weiterreisen zu können. Zu dem tiefen Verdruß, welchen

---

[1] Aus Herders Nachlaß. I. 94. Vgl. Göthe's Werke [Hempel] XXIV. 419.

2. Herders Ideen und Schulden.

ihm das bereitete, gesellte sich beständiger Ärger über die verwittwete Frau von Seckendorf, welche Dalberg überall mit sich schleppte und deren Verhältniß zu Dalberg zu Weimar als „beinah eine öffentliche H.... sache" tractirt wurde[1]. Dazu war der Winter ungewöhnlich kalt und brachte viel Unannehmlichkeit mit sich. Herder wurde der Reise nicht froh, bis er mit der Herzogin=Mutter am 4. Januar 1789 in Neapel eintraf. Da thaute er endlich auf und schrieb an seine Frau (12. Januar):

„Hier ist's nicht möglich, daß Jemanden ein Wölkchen auf die Stirne kommen oder lang darauf weilen sollte; man gibt's den Wellen und den Winden. Und wenn der König mich hier irgendwo zum Erzbischof machte und der Papst mir erlaubte, Dich und die Deinigen zu behalten, so kämst Du mir mit den sechs Kindern nach, oder vielmehr, ich holte Dich ab, und wir wollten hier leben."

Weder dem König noch dem Papst fiel dergleichen ein; dagegen wandte sich Heyne in Göttingen an seine Frau mit der Anfrage, ob Herder Lust hätte, als Professor der Theologie, erster Universitätsprediger und Consistorialrath nach Göttingen zu kommen. Mit diesem Antrag durchkreuzte wieder schwere Sorge um die Zukunft den weitern Aufenthalt des Reisenden in Italien. Es drängte ihn mächtig, nicht mehr nach Weimar zurückzukehren.

„Die Herzogin, weißt Du," so schrieb er an seine Frau (3. April), „liebe ich am meisten; Du kennst aber ihre unkräftige Güte. Der Herzog ist gut und brav, was kann, was mag er aber für mich thun? Und überhaupt, wie müde ich des Zusammenhanges mit Fürsten und Fürstinnen geworden bin, die immer unverständige Kinder bleiben, welche Unsereins nicht lenken kann, mag ich Dir nicht sagen. Daß Göthe wenig mehr für uns sein kann, wird mir beinah ein= leuchtend; er ist's im öffentlichen Bezuge nie gewesen. Die Damen gehen ihren Weg hin, und überhaupt ist ja für uns eigentlich keine Sphäre in Weimar. Wir sind einsam und werden es mit jedem Jahre mehr werden."

Die schwermüthigen Deliberationen zogen sich bis in den Sommer hinein und wurden um so peinlicher, je näher der Augenblick rückte, wo er wieder nach Weimar zurückkehren sollte:

„Die Hauptsache ist, in Göttingen an einem Platz zu sein, wo ich für mich selbst verdienen kann, nachdem ich fleißig bin und Glück habe. Das ersetzen mir keine Titel, keine leeren Gnaden, keine 200 Thaler jährlich, bei denen ich

---

[1] Brief Caroline's an Herder vom 24. Sept. 1788. — S. Herders Reise nach Italien. Herders Briefwechsel mit seiner Gattin vom August 1788 bis Juni 1789, herausg. von H. Dünzer und F. G. von Herder. Gießen 1859. — Herders Werke [Hempel]. I. S. CI ff. — Blätter für Lit. Unt. 1860. II. S. 684 ff.

doch umkommen muß. Ich schätze Alles, wie ich soll; aber auf's Neue Düpe zu werden, nachdem ich's so lange gewesen bin, sollte mich in der Seele schmerzen. Was kann ich in Weimar angreifen, woran nicht alter Kummer und Verdruß hängt? Fast mag ich keine Person in Geschäften wiedersehen, so sehr ist mir Alles verbittert und verleidet."

Trotz dieser tiefgehenden und wohlbegründeten Verstimmung gelang es Göthe, seinen Freund abermals und diesmal für den ganzen Rest seines Lebens zu „düpiren", d. h. an Weimar zu fesseln. Die Mittelsperson dabei war Herders Frau, Caroline.

Schon am Tag nach Herders Abreise kam Göthe zu ihr, um sie „gutmüthig" zu trösten. Am nächsten Tag war er wieder da und versprach ihr von der Reise die besten Erfolge. Da Christiane zu dumm und ungebildet war, das Verhältniß zu Frau von Stein sich schon nahezu gelöst hatte, ward Caroline seine literarische Vertraute. Fast alle anderen Tage war er bei ihr, „wie ein Chamäleon, bald gut, bald nur halb gut". Er verfolgte mit größtem Interesse Herders Reise, ereiferte sich über Dalbergs schlechtes Benehmen und sagte kategorisch: „Er muß bezahlen!"[1] Als Göthe in seinen Werken den „Pater Brey" wieder abdrucken ließ, wurde sie ungehalten, weil sie sich in der „Leonore" gezeichnet glaubte; Göthe wußte sie indeß bald wieder zu beruhigen, und sie schrieb mit Begeisterung den „Tasso" für Herder ab, ließ sich vom Verfasser „im Vertrauen" den eigentlichen Sinn des Stückes erklären und dachte sich dabei in einen nicht geringen Grad von Götheverehrung hinein:

„Über Göthe habe ich wirklich einen großen Aufschluß bekommen. Er lebt eben wie der Dichter mit dem Ganzen oder das Ganze in ihm, und da wollen wir als Individuen nicht mehr von ihm verlangen, als er geben kann. Er fühlt sich als ein höheres Wesen, das ist wahr, aber er ist doch der Beste und Unwandelbarste unter Allen. Seitdem ich weiß, was ein Dichter und ein Künstler ist, seitdem verlange ich kein engeres Verhältniß, und doch, wenn er zu mir kommt, fühle ich, daß ein sehr guter Geist um und in ihm ist."

Erst als Herder das viele Lobesgerede über Göthe unangenehm zu werden schien, schlug sie einen andern Ton an:

„Über Göthe, gestehe ich, habe ich bisher immer zu parteiisch geschrieben, wie ich's jedesmal empfunden habe. Liebster Engel! Du hast über ihn ganz und vollkommen recht; du beurtheilst ihn Mann gegen Mann. War unser Gefühl nicht schon lange hierüber berichtigt? und wenn er es eine Zeit lang durch Umstände zu mildern gewußt hat, so hat er doch seine Natur nicht ab-

---

[1] Düntzer, Göthe und Karl Aug. I. 306 ff. 313 ff.

gelegt. Seine Alleinherrschaft und hundert kleine Eitelkeiten empfanden ja Freunde und Feinde, und meine Abgötterei ist nicht so weit gediehen, daß ich sie gar für göttliche Eigenschaften ansehe. O mein Einziger auf der Welt, verkenne mich doch hierinnen nicht."

Herder wallte gerechter Weise auf, als er in den „Gedichten" Göthe's neben vielem Werthvollen auch die Lappalien seiner Jugend verewigt und sich dabei für immer der Lächerlichkeit preisgegeben fand.

„Göthe's Gedichte sind hier angekommen," schrieb er den 7. April an Caroline, „er hat ein Exemplar, noch ohne Titel, an Angelica (Kaufmann) geschickt. Ich kenne die meisten, und es sind unglaublich schöne Stücke darunter; aber Alles wie es da ist hätte er nicht sollen drucken lassen. Nicht nur daß er den Kritikern das Maul darüber aufreißt, sondern weil die jugendlichen Fratzen und Späße doch niemals für den Druck sind. Was du, gutes Herz, zu seiner Entschuldigung sagst, reicht meinem Gefühle nicht zu. Hole der Henker den Gott, um den Alles rings umher eine Fratze sein soll, die er nach seinem Gefallen braucht; oder gelinder zu sagen, ich drücke mich weg von dem großen Künstler, dem einzigen rückstrahlenden All im All der Natur, der auch seine Freunde und was ihm vorkommt blos als Papier ansieht, auf welches er schreibt, oder als Farben des Paletts, mit dem er malt."

Wie es Göthe indeß gelang, diese richtigen Eindrücke bei Caroline Herder zu verwischen, so wußte diese wieder ihren Mann für Göthe umzustimmen. Sie beschrieb ihm, wie er am 23. April, dem Geburtstag ihres Luischens, die Familie besuchte und dabei ausrief: „Der Herzog kann und darf ihn nicht gehen lassen, er ruinirt sich selbst, Jena und Weimar zugleich. Auch nicht einmal nach Jena wünsche ich Herder, ich hab ihn viel zu lieb, er ist zu gut zum Professor; er kennt ihre kleinlichen Leidenschaften noch nicht!"

„O wie bestrafe ich mich," schreibt sie den 10. Mai 1789, „daß ich ihn auch nur einen Augenblick verkenne. Er ist durchaus eine treue, männliche Seele, und es freut mich, daß du dieß in einem deiner letzten Briefe so gut wiedererkennst."

Den 29. Mai versichert sie Herder:

„Göthe liebt dich und ist's vor allen Menschen werth, von dir geliebt zu werden. Wende dich nicht von ihm ab! Du achtest und liebst an der Angelica, was die Natur ihr Glückliches und Heiliges gegeben hat; er ist von dieser Seite ihr Bruder, und wir wollen ihn nicht mehr verlieren, wie du es einmal (vor sechs Jahren war's) so heilig zusagtest."

Die Gründe, welche Herders Berufung einst herbeigeführt hatten, dauerten für Göthe noch fort. Er konnte in sein Kartenspiel keinen

orthodoxen, strengen, auch keinen einflußreichen, thatkräftigen Superinten=
benten brauchen. Herder, mit seiner Schwäche und Nachgiebigkeit, war
ihm der rechte Mann, über seine „Gewissensehe" das Auge zuzudrücken
und seine Freigeisterei theoretisch und praktisch ganz unangefochten zu
lassen. „Glaube und Sitten" waren da geborgen. Wahrscheinlich auf
Göthe's Verwendung übernahm es die Herzogin, zwei von Herders Kin=
bern erziehen zu lassen, und der Herzog erklärte (ben 2. Mai) einfach,
baß er Herder nicht gehen lassen werde. Am 3. sicherte er Göthe zu,
baß er Herders Schulden (1800—2000 Thaler) auf sich nehmen werde,
und zwar so, „baß im Publico nichts davon eclatire". Dazu versprach
er Herder die Ernennung zum Vice=Consistorialpräsidenten, 500 Thaler
Gehaltszulage (die 300 eingerechnet, die er schon bezog) und 200 Thaler
Wittwengehalt für seine Frau. Als Herder klagte, baß er factisch so
nur 200 Thaler Gehaltserhöhung bekomme, wandte sich Göthe am 12. Mai
abermals an den abwesenden Herzog:

„Eine meiner vorzüglichen Sorgen ist nun Herders Schicksal. Sie werden
mir erlauben, baß ich einmal gelegentlich über diesen Fall und verwandte Fälle
ein Wort aus dem Herzen sage. Es wird einem Fürsten, der so mancherlei
Mittel in Händen hat, leicht, das Glück von Manchem, besonders dem Nächsten,
zu machen, wenn er es wie eine Baumschule behandelt, nach und nach, und
immer so fort, wenig, aber das Wenige zur rechten Zeit thut. So kann der
Mensch, dem nachgeholfen wird, von sich selber wachsen. Und am Ende von
Allem: was unterscheidet den Mächtigen, als baß er das Schicksal der Seinigen
macht, es bequem, mannichfaltig und im Großen machen kann, anstatt baß ein
Particulier sein ganzes Leben sich durchbrücken muß, um ein Paar Kinder oder
Verwandte in einige Aisance zu versetzen."[1]

Herder aber klagte aus Florenz (21. Mai) seiner Frau:

„Warum haben wir bisher einem Fürsten gedient, der seinen so hoch und
werth geachteten Diener so bezahlt hat! Wir gutherzigen Tröpfe! .... Weg
von ihnen! Das ist mein einziges Thema, und nur nicht auf ihre Freundschaft
und Dankbarkeit gerechnet!"

Der Herzog war — ganz nach Göthe's Gleichniß von der Baum=
schule — langsam im Zulegen und that nicht zu viel. Am 3. Juli
konnte Caroline endlich melden:

„Der Herzog hat bir durch Göthe 400 Rthlr. Zulage versprochen, so daß
wir 1800 Rthlr. jährlich haben. Dieß zeigt genug, daß dich der Herzog nicht
lassen will."

---

[1] Briefwechsel Karl Augusts mit Göthe. I. 149.

2. Herders Ideen und Schulden.

Vierhundert Thaler Gehaltszulage war also alles, was der vielgepriesene Mäcenas von Weimar seinem Superintendenten, dem Theologen seines Musenhofes, einem der ersten Schriftsteller des damaligen Deutschlands verwilligte. Es reichte knapp aus, um ihn mit seiner zahlreichen Familie vor neuen Schulden zu bewahren. Denn da Herder von Niemanden der Verschwendung bezichtigt worden ist, vielmehr sehr einfach und anspruchslos gelebt zu haben scheint, so können seine Schulden nur davon hergerührt haben, daß sein früheres Einkommen, 1400 Thaler jährlich, nicht ausreichte, also von der knickerigen Behandlung Seitens des Hofes. Hätte Wieland sich nicht durch seine Schriftstellerei ein regelmäßiges Einkommen verschafft, so wäre er mit seiner Pension von 1000 Thalern wahrscheinlich in denselben Fall gekommen.

„Überhaupt," bemerkt Marggraff[1], „muß man gestehen, daß der Herzog jene großen Geister, deren Ruhm den seinigen begründete, sehr wohlfeil hatte; sie kosteten ihm vielleicht nicht so viel als ein paar Husarenmajore, von denen er und das weimarische Ländchen keinen Ruhm und kaum einen Nutzen hatten. Einen Minister, einen Consistorialpräsidenten, einen Prinzenerzieher, vielleicht auch einen Geschichtsprofessor brauchte er ohnehin."

An Frau von Heygendorff, seine „Freundin", verwandte Karl August im Jahre 1825 über 13500 Thaler[2], also dreimal so viel als 1790 an Göthe, Herder, Wieland und Schiller zusammen.

So schlecht Herder im Grunde gestellt war, beschloß er endlich doch, von Göthe bestürmt, vom Herzog scheinbar neu verpflichtet, von der eigenen Frau Caroline gedrängt, und selbst wohl schwankend zwischen unangenehmen Erinnerungen und Befürchtungen einer ungewissen Zukunft, in Weimar zu bleiben. Schon im Frühjahre 1790 erkrankte er so schwer, daß er kaum mehr seinen Geschäften nachkommen konnte. Seine Familie mehrte sich um ein achtes Kind. Im October 1791 brach er seine „Ideen" ab und arbeitete dann neue Schriften aus; seine Vollkraft war jedoch geknickt, und die Vereinsamung, welche er sich selbst prophezeit hatte, trat zwar nicht auf einen Schlag, aber doch langsam im Laufe der nächsten Jahre ein.

---

[1] Blätter für Lit. Unterh. 1860. II. 689.
[2] Nach den im Großherzoglich Sächsischen Hausarchiv in Weimar befindlichen Rechnungen (A. 1380. Rechnung vom 1. April 1825 bis 31. März 1826). Das jährliche Deputat der Frau von Heygendorff betrug allein 6000 Thaler. Dazu bestritt der Herzog noch ihren Aufwand und sorgte für ihre gemeinschaftlichen Kinder, zwei Knaben und ein Mädchen.

3. Friedrich Schillers Anstellung in Jena.

> „Den lähmenden, verbitternden, aufreibenden Kampf um das Dasein in des Wortes herbster Bedeutung, wie Schiller sein Leben lang ihn kämpfen mußte, hat Göthe gar nicht gekannt."
>
> Johannes Scherr.

> „Ich könnte seinen (Göthe's) Geist umbringen und ihn wieder von Herzen lieben."
>
> Schiller an Körner (Febr. 1789).

Nur einen Monat, nachdem Herder mit der Herzogin-Mutter nach Italien abgereist war, kam Göthe in Weimars Nachbarschaft mit einer neuen literarischen Großmacht zusammen, und es hätte von seiner Seite wohl nur wenig Entgegenkommen gebraucht, um dieselbe nach Weimar zu ziehen und für den Umgang mit Herder einen Ersatz zu finden. Den weimarischen Hofrathstitel hatte Friedrich Schiller bereits von Karl August erhalten; mit allen Größen von Weimar hatte er sich schon in Verbindung gesetzt; die Damen von Weimar wußten um seine Liebesgeschichten; die Herren hatten ihn im Club kennen gelernt. Göthe's Schwager, Vulpius, der Verfasser des Rinaldo Rinaldini, hatte sich ihm in weißem Frack und grünen Beinkleidern (so wollte es die Mode) vorgestellt; nur mit Göthe selbst war er noch nicht in nähere Beziehung getreten. Ein freundliches Wort, eine herzliche Einladung von ihm — und Schiller wäre für Weimar gewonnen gewesen. Dieses Wort ward jedoch nicht gesprochen. Noch sieben Jahre vergingen, ehe die beiden Männer sich fanden und — bis zu einem gewissen Grade — Freunde wurden. Es ist sehr erklärlich, wenn man Charakter, Bildungsgang, Schicksale und Stellung Beider in Erwägung zieht.

Friedrich Schiller war in Manchem das gerade Widerspiel von Wolfgang Göthe, in Manchem berührten und ergänzten sie sich harmonisch. Die ebenso beliebte als wohlfeile Distinction „subjectiv" und „objectiv" deutet weder den eigentlichen Charaktergegensatz der beiden Dichter selbst, noch denjenigen ihrer Poesie an. Weit mehr ist gesagt, wenn man

3. Friedrich Schillers Anstellung in Jena.

den Einen einen Idealisten, einen Dramatiker, einen Strebenden nennt, den Andern einen Realisten, einen Lyriker und Epiker, einen Besitzenden. Auch all das bedarf indeß näherer Bestimmung, um völlig wahr zu sein.

Schiller war den 10. November 1759 zu Marbach geboren, also zehn Jahre jünger als Göthe, eine lange, hagere, knochige Gestalt, mit scharfem Profil, geistreichen Zügen, mehr gescheidt als gewinnend, nicht ohne Anflug von aristokratischen Manieren, doch kein glatter, gewandter Hofmann, wie Göthe, noch entschieden jugendlich, schwärmerisch und im geselligen Verkehr etwas linkisch und unbeholfen. Trotz des großen Rufes, den seine ersten Dramen ihm eingebracht, war er noch eigentlicher Professionsliterat, ohne Anstellung und Besoldung, hatte weder Frau, noch Amt, noch fixes Einkommen, dachte aber allen Ernstes daran, das Alles zu erwerben; denn er stand den Dreißigen nahe und hatte das Abenteuern satt [1].

Es war nicht das erste Mal, daß Schiller mit Göthe zusammentraf. Als dieser im December 1779 mit Karl August von der romantischen Schweizerreise zurückkehrte, wohnten sie als Gäste der Preisvertheilung bei, welche Herzog Karl von Württemberg an der damals eben zur Militärakademie erhobenen „Karlsschule" halten ließ. Es war den 14. December. Papilloten im rothen Haar, den steifen Zopf im Nacken, eingezwängt in eine steife Zöglingsuniform, wurde dreimal der zwanzigjährige Mediciner Friedrich Schiller aufgerufen, holte sich seinen Preis und küßte dafür dem Herzog den Rockschooß. Um einen vierten Preis „in der deutschen Sprache und Schreibart" mußten vier Schüler loosen; Schiller ging desselben verlustig. Göthe beachtete den Karlsschüler nicht

---

[1] Vgl. von der ausgedehnten Schiller-Literatur für das Folgende besonders: H. Viehoff, Schillers Leben, Geistesentwicklung und Werke. 3 Thle. Stuttgart 1874. — Boas-Maltzahn, Schillers Jugendjahre. 2 Bde. Hannover 1856. — Palleske, Schillers Leben und Werke. 2 Bde. Stuttg. 1882. — Joh. Scherr, Schiller und seine Zeit. Leipzig 1865. — Bulwer (Klette), Schillers Leben und Werke. Berlin 1847. — Julian Schmidt, Schiller und s. Zeitgenossen. Leipzig 1859. — W. von Maltzahn, Schillers Briefwechsel mit s. Schwester Christophine und s. Schwager Reinwald. Leipzig 1875. — (Urlichs,) Charlotte v. Schiller und ihre Freunde. 3 Bde. Stuttgart 1860—1865. — Kuno Fischer, Schiller. Leipzig 1868. — Caroline v. Wolzogen, Liter. Nachlaß. 2 Bde. Leipzig 1848—1849. — Döring, Schillers Leben. Jena 1853. — J. Janssen, Schiller als Historiker. Freib. 1863. — E. Boas, Nachträge zu Schillers Sämmtl. Werken. 2 Bde. Stuttg. 1853. — L. Urlichs, Briefwechsel des Herzogs von Augustenburg mit Schiller. Berlin 1876. — R. Weltrich, F. Schiller. Stuttg. 1885.

und dachte noch weniger, daß er ihm in zehn Jahren schon als Rivale gegenüberstehen sollte.

Friedrich Schiller hat es in seiner Kindheit so gut gehabt, als das Kind eines herzoglich württembergischen Feldscherers und Unteroffiziers und der Tochter des Löwenwirths von Marbach es füglich nur haben konnte. Zu Taufzeugen bekam er einen General, einen Oberst, zwei Bürgermeister und einen Literaten, eine Frau „Ehrenmännin" und drei schwäbische Jungfern. Gewiß der Ehre genug! Die Eltern waren wackere, gemüthliche Leute. An Wohnung, Kleidung, Nahrung fehlte es nie, wenn die Familie auch von Widerwärtigkeiten nicht ganz verschont blieb.

Gegen Göthe's Kindheit, wie sie in „Dichtung und Wahrheit" märchenartig aufgeputzt ist, mag diejenige Schillers allerdings ärmlich erscheinen. Aber Liebe und Treue wohnten in seinem Elternhaus, und etwas noch Kostbareres: Religiosität und Gottesfurcht. Noch ist ein Gebet in Versen erhalten, das sein Vater selbst verfaßte und das er jeden Morgen zu beten pflegte. Es schließt mit den Worten:

„Alles, was ich bin und habe, übergeb' ich Deiner Hut,
Mach' es gut mit meinem Leben, mach's mit meinem Ende gut!"

Viele Jahre später schwebte Schillers Schwester Christophine noch das Bild ihres mitbetenden Brüderchens vor: „Die frommen blauen Augen gen Himmel gerichtet, das lichtgelbe Haar, das die helle Stirne umwallte, und die kleinen mit Inbrunst gefalteten Hände gaben ihm das Ansehen eines Engelköpfchens."

Daß die Familie wiederholt den Aufenthalt wechselte, konnte auf den Knaben nur weckend und anregend wirken. Der Vater stieg auf, ward Hauptmann und Werbeoffizier. Als der Knabe sechs Jahre alt war, unterrichtete ihn der Prediger Moser zu Lorch zugleich mit seinem eigenen Sohn viel sorglicher, als es in einer großen Volksschule möglich gewesen wäre. 1768 zog die Familie nach Ludwigsburg; da bekam Friedrich schon den Sohn eines adeligen Offiziers zum Schulkameraden. Es ging beständig aufwärts an der socialen Leiter. Fritz sollte Theologe werden und war damit ganz zufrieden. Früher schon predigte er den anderen Knaben wie ein Pastor. Gute Zeugnisse versprachen das Beste. Daß er bei starkem Wachsen zeitweilig etwas in den Studien zurückkam, ist schon tausend und aber tausend Knaben begegnet — das ist noch kein „widriges Lebensschicksal". Das hinderte ihn nicht, schon Verse zu machen. Der Vater rückte indeß dem Herzog näher und gründete eine Baumschule bei Ludwigsburg. Herzog Karl hatte damals auf seinem Landhause, der

3. Friedrich Schillers Anstellung in Jena.

„Solitude", erst ein Waisenhaus, dann eine militärische Pflanzschule, endlich eine Militärakademie gegründet. Auf seinen Wunsch kam der junge Friedrich in diese Offiziersschule und siedelte mit derselben 1775 nach Stuttgart über. Die Familie war damit jeder pecuniären Sorge für ihn enthoben. Er studirte erst Jura, dann Medicin, hatte dabei nicht bloß alles zum Leben Nöthige, sondern einen für Zeit und Umstände durchaus genügenden Unterricht; erwarb sich sogar das besondere Interesse des Herzogs, verehrte diesen als Gönner und Landesvater, verherrlichte ihn bei festlichen Anlässen in Dichtungen und Prosa und brauchte, in pflichtgemäßer Subordination, nur wacker voranzustudiren, um einer günstigen und glücklichen Lebensstellung sicher zu sein. Mit Reglement, Dressur und militärischer Einschränkung stand es an der Karlsschule nicht besser und nicht schlimmer, als an hundert andern Cadettenhäusern, Soldatenschulen und Militärakademien älterer und neuerer Zeit. Däm=merte es auch dem Herzog Karl, daß Schiller bei fortgesetztem Fleiß „ein recht großes Subjectum"[1] werden könnte, so ist es doch gewiß stark, von ihm zu verlangen, er hätte den vorwitzigen Eleven für seine kleinen Widerspänstigkeiten und Insubordinationen damit belohnen sollen, daß er ihn von allen Verpflichtungen des Reglements freisprach.

In den Karlsschüler war nämlich nicht bloß etwa der revolutionäre Hauch der damaligen Poesie, sondern eine recht tüchtige Dosis revolutionärer Anschauung überhaupt gefahren. Er hatte neben Ossian und Shakespeare auch Rousseau und die Encyklopädisten, Göthe's Götz und Werther, Leise=witz' Julius von Tarent, Millers Siegwart, die Dramen Klingers und den übrigen „Sturm und Drang" kennen gelernt, welcher die damalige Roman= und Theaterliteratur beherrschte. Da stürmte und wetterte es von Genie, Natur, Tugend und Freiheit, da strömten Blut und Thränen in ganzen Bergbächen und Wolkenbrüchen, da glühte es von unnennbarer Liebes=sehnsucht, Tyrannenhaß und Glückwünschen an die Menschheit, da wim=melte es von Vergiftungen und Erstechungen und nicht einfachem Mord, sondern möglichst schauerlich gesteigertem Mord, Selbstmord, Kindsmord, Gattenmord, Brudermord, Vatermord, Tyrannenmord — ein wahres Pulvermagazin, ein Vulkan von Greueln und Leidenschaft. In dem Hirn und in der Phantasie streng gehaltener Pensionäre mußte eine solche Lecture nothwendig vulkanisch wirken. Der Geist Rousseau's kam über sie. Schillers reich angelegte Phantasie verirrte sich in den Wahn, jene

---
[1] Boas, Schillers Jugendjahre. I. 182.

grausigen Schreckgestalten durch noch schauerlichere überbieten zu müssen. Alle Abgründe der Schlechtigkeit sollten aufgedeckt, alle Scheußlichkeiten der Tyrannei entschleiert, alle Geheimnisse des Menschenherzens geoffenbart werden, um die Tugend desto herrlicher strahlen zu lassen und die Menschheit zu retten. Den „Clavigo" hatte Schiller nicht bloß gelesen, sondern am 11. Februar 1780 sogar mitgespielt und zwar die Titelrolle. Er hatte die fürchterliche Klagerede am Sarge der schwindsüchtigen Marie gehalten und sich dann erstechen lassen, er hatte im Beginn des Stückes beclamirt: „Laß mich! Ich muß unter dem Volke noch der Schöpfer des guten Geschmackes werden." Mit ähnlicher Keckheit, wie Göthe in den Frankfurter Recensionen, kritisirte Schiller in einem Aufsatz „Philosophie der Physiologie" den alten Haller herunter, der von Medicin jedenfalls mehr verstand, als er. Er hoffte, sich durch diesen Aufsatz die Entlassung zuzuziehen; allein der Herzog urtheilte sehr richtig, daß einem so kecken und anmaßlichen Jüngling noch ein Jahr Colleg besser thäte. Schiller schrieb jetzt — einundzwanzig Jahre alt — seine „Räuber", d. h. zu all den bisherigen starken Gewürzen, Pfeffer, Essig und Senf der Genieperiode goß er noch verdünnte Schwefelsäure, rückte die Anarchiebilder des „Götz" um etliche Stufen auf die tiefste herab, in die Nachtregion des professionsmäßigen Verbrechens, und stach mit seinem Schauerbild entschieden Göthe aus.

Als das Stück durch Heribert von Dalberg, den Bruder des Statthalters, 1781 in Mannheim auf die Bühne kam, hatte er seine Entlassung von der Schule bereits erhalten und war Regimentsarzt ohne Portepee mit 18 Gulden Gehalt monatlich zu Stuttgart und Redacteur eines Winkelblättchens, das zweimal in der Woche erschien. Alles ging gut. Erst die Klage aus Graubünden und Schillers Reise nach Mannheim führte Arrest, Internirung und das herzogliche Verbot herbei, Komödien u. dgl. zu schreiben, worauf Schiller es für räthlich fand, sich weiteren Wirkungen der herzoglichen Ungnade durch die Flucht zu entziehen. Das geschah den 17. September 1782.

Durch seine Flucht ward Schiller in die Lage eines broblosen und stellungslosen literarischen Abenteurers versetzt. Der Theaterintendant Heribert von Dalberg, welcher seine „Räuber" auf die Bühne gebracht und auf dessen Unterstützung er sicher gerechnet hatte, ließ ihn im Stich. Ein zweites Drama, „Fiesko", das er mit nach Mannheim brachte, wurde als unaufführbar zurückgewiesen; doch nahm es der Buchhändler Schwan für elf Louisb'or in Verlag. Schiller hatte ein paar herbe Monate.

8. Friedrich Schillers Anstellung in Jena.

Völlige Mittellosigkeit, Zurücksetzung, peinliche Furcht, der Polizei in die Hände zu fallen, drückten ihn, Liebesgeschichten verschlimmerten seine Lage. Eine Frau von Wolzogen, welche er schon in Stuttgart kennen gelernt hatte, nahm sich indeß seiner an. Im December fand er, unter falschem Namen, Zuflucht auf ihrem Gute Bauerbach bei Meiningen. Hier vollendete er im Januar 1782 sein drittes Trauerspiel: „Louise Millerin" oder „Kabale und Liebe". Schon im Juli 1783 konnte er die unfreiwillige Einsamkeit wieder verlassen und ließ sich für 300 Gulden jährlich als Theaterdichter an der Bühne zu Mannheim engagiren. Da die karge Besoldung nicht ausreichte, so sah er sich um des lieben Brodes willen genöthigt, im Herbst 1784 eine Monatsschrift, „Die Rheinische Thalia", zu gründen, worin er den ersten Act seines „Don Karlos" erscheinen ließ. Noch viel schwärmerischer als einst Lessing, faßte er die Aufgabe des Theaters als eine der höchsten der Menschheit auf, fast gleichstehend mit jener der Religion, machte aber praktisch die ernüchterndsten Erfahrungen. Die Direction bezahlte ihn schlecht und nützte ihn egoistisch aus; mit den Schauspielern bekam er die unangenehmsten Händel, und Liebschaften störten, verwirrten und hemmten seine Thätigkeit. Obwohl er dabei zu immer steigendem Ruf gelangte und von dem Herzog Karl August von Weimar 1784 den Titel eines Sächsischen Rathes erhielt, war er zuletzt froh, dem Eldorado der Schauspielkunst den Rücken drehen und sich in eine friedliche künstlerische Einsamkeit zurückziehen zu können. Eine solche gewährte ihm ein junger Gelehrter, Chr. Gottfr. Körner, Oberconsistorialrath in Dresden, erst (April 1785) auf einem Gütchen zu Gohlis bei Leipzig, dann im September 1785 zu Dresden selbst. Hier vollendete er seinen „Don Karlos", setzte seine Zeitschrift fort, studirte etwas Philosophie und Ästhetik und ward durch neue dramatische Pläne immer weiter in das Gebiet neuer Geschichte, besonders jene der niederländischen Revolution und des dreißigjährigen Krieges geführt.

Charlotte von Kalb, geb. Marschalk von Ostheimb, die begabteste und unseligste, umworbenste und extravaganteste „Culturdame" jener Zeit, in deren Netze Schiller zu Mannheim gefallen war, zog ihn endlich im Juli 1787 nach Weimar. Während sich hier das ebenso trübe als aussichtslose Verhältniß erneuerte, knüpfte Schiller mit allen damaligen Größen von Weimar und Jena an, schrieb in den „Teutschen Merkur" und sah sich nach einer Frau und nach einer Anstellung um, indeß vergebens. Im December trat er in nähere Beziehung zu der verwittweten Frau von Lengenfeld in Rudolstadt und deren beiden Töchtern Charlotte und Karoline, ließ sich im Mai 1788 in ihrer Nachbarschaft zu Volkstedt nieder und verlobte sich nach langem Schwanken zwischen den beiden Fräulein im December des folgenden Jahres endlich mit Charlotte von Lengenfeld.

In den lyrischen Gedichten, welche Schiller 1782 als „Anthologie" herausgab, wie in einzelnen Partien der Räuber, weht eine sehr trübe, mephitische Luft. „Sein poetisches und sittliches Gewissen war danach unglaublich weit, wenn bei diesen zum Theil rohen und gemeinen Ausgeburten erschreckender Entsittlichung von Gewissen überhaupt noch die Rede sein könnte. Die Anthologie ist schlimmer als die Gedichte der lüsternen Poeten aus Wielands Schule, als der entarteten Anakreontiker in Grecourts Geschmack, da sie mit der Sittenlosigkeit ein ekelhaftes Spiel treiben, während die Sittenlosigkeit der Anthologie zur wirklichen Natur geworden ist und kaum eine Ahnung einer reineren Welt übrig gelassen hat."[1] An wen immer die Laura-Oden gerichtet sein mögen, ob an die verwittwete Hauptmännin Vischer, bei der Schiller wohnte, oder an eine andere ähnliche Muse: eine derartige Poesie setzt im Zusammenhang mit andern Umständen ein ziemlich wildes und wüstes Leben voraus. In Mannheim gerieth Schiller in das sittenlose Treiben der dortigen Schauspieler hinein, so daß ihm später die Schauspieler-Erlebnisse in Göthe's „Wilhelm Meister" nichts Neues, sondern vielmehr Selbsterlebtes zu bieten schienen. Daneben verliebte er sich in Margaretha, die Tochter des Buchhändlers Schwan, und ließ sich mit der verheiratheten Charlotte von Kalb in ein so leidenschaftliches Verhältniß ein, daß er sie sogar schließlich zur Ehescheidung drängte. In Bauerbach huldigte er mit thörichter Liebe einer andern Charlotte, der Tochter seiner Wohlthäterin von Wolzogen, in Dresden fesselte ihn ein Fräulein von Arnim. In Weimar knüpfte er das Verhältniß mit Frau von Kalb öffentlich nochmals an, während er gleichzeitig daran dachte, sich mit einer Tochter Wielands zu verehelichen, und die Doppelliebe zu den Geschwistern Lengenfeld war nicht frei von Verfänglichkeit, bis er endlich „Lotte" zur Frau erkor. Das waren für zehn Jahre gewiß genug Abenteuer.

Eines dieser Verhältnisse hat Schiller später selbst eine „miserable Leidenschaft" genannt, und damit den Charakter seines Jugendlebens als eine Kette von Verirrungen gezeichnet. Auf die Tugend-Tiraden in seinen

---

[1] Gödeke, Grundriß. Leipzig 1859. I. 923. Vgl. dazu Boas, Schillers Jugendjahre. I., worin ausführlicher Aufschluß über den Charakter dieser „Jugendpoesie" gegeben ist.

3. Friedrich Schillers Anstellung in Jena.

erſten Dramen iſt nicht viel zu geben, da er ſchon als Karlsſchüler die Maitreſſe des Herzogs, Franciska von Hohenheim, wiederholt in der überſchwänglichſten Weiſe als „Ideal der Tugend" geprieſen hat[1] — und die jungen Leute wußten, was dieſe Franciska war. Während der junge Göthe mehr weich und weibiſch war, zeigt ſich der junge Schiller wilder, leidenſchaftlicher und ſtürmiſcher. Immerhin vergeudete er nicht ſo viel Zeit in unendlichen, ſentimentalen Weibercorreſpondenzen, warf ſein Sinnen und Streben nie ſo rückhaltslos an Mädchen und Frauen weg, wie der „Hätſchelhans" der Frau Aja. Während dieſer ſich von der Frau von Stein erziehen ließ, bildete er ſich ſelbſt. Eine harte Schule der Arbeit, der Entbehrung, des Kampfes entriß ihn wenigſtens zeitweilig dem Taumel der Sinnlichkeit, erhellte ſeinen Geiſt, kräftigte ſeinen Willen und erhielt in ihm einen Reſt jener chriſtlichen Anſchauungen, welche er in ſeiner Kindheit erhalten hatte.

Durch das ſchauerliche Nachtgemälde von Verkommenheit, das er in den „Räubern" entrollt, blitzt erſchütternd noch der Glaube an göttliche Gerechtigkeit, Menſchenwürde, Tugend, an den jüngſten Tag, an ewige Vergeltung, an eine ſittliche Weltordnung. „Fiesko" iſt ein echtes Carbonari-Stück, ſchon in ſeinem Stoff Rouſſeau entliehen; aber Schillers Republikaner ſind keine ſolche verwaſchenen Parade-Lieutenants, wie der Klärchenſeufzende Egmont, ſie glauben noch an Römertugend: Freiheit und Recht gilt ihnen mehr, als Vergnügen und Liebe. „Kabale und Liebe" iſt kein Stück für Mädchenpenſionate, und es läßt ſich dieß und das daran moraliſiren; aber es hat ſchließlich einen tief ſittlichen Hintergrund, es iſt eine vernichtende Kritik der erbärmlichen Hof- und Maitreſſenwirthſchaft jener Zeit. Schiller ſchrieb es in brückender Widerwärtigkeit, während Göthe ſelbſt im Hofleben von Weimar Zeit und Talent vertändelte.

Eine tiefere philoſophiſche und religiöſe Bildung beſaß Schiller ebenſo wenig, als Göthe. Als er das erſte Mal nach Weimar kam und Herder ihm von Spinoza zu reden anfing, war er in bitterer Verlegenheit. Er mußte nichts von Spinoza, er mußte an Freund Körner in Dresden

---

[1] Schillers Werke [Hempel]. XIV. 31 ff. 36 ff. 47 ff. Seine Geburtstagsrede: „Die Tugend in ihren Folgen betrachtet", ſchließt mit den Worten: „Erlauchte Gräfin! Irdiſche Belohnungen vergehen — ſterbliche Kronen flattern dahin — die erhabenſten Jubellieder verhallen über dem Sarge. — Aber dieſe Ruhe der Seele, Franciska, dieſe himmliſche Heiterkeit, jetzt ausgegoſſen über Ihr Angeſicht, laut, laut verkündet ſie mir die unendliche innere Belohnung der Tugend. — Eine einzige fallende Thräne der Wonne, Franciska, eine einzige gleich einer Welt — Franciska verdient ſie zu weinen!"

schreiben, um sich rasch ein wenig orientiren zu lassen. Die Philosophie des Aristoteles und Plato hatte er nie gründlich studirt, geschweige jene des Mittelalters, des Descartes, Baco oder Leibniz. Die religiösen Eindrücke und der fromme Glaube seiner Kindheit waren ihm im Taumel seines Theatertreibens fast ganz abhanden gekommen. Er war Freigeist. Die katholische Kirche war ihm ein noch unbekannteres Land, als Spinoza [1]. Seinen schriftstellerischen Ideenvorrath hatte er nicht weiter her, als aus der seichten Aufklärungsliteratur jener Tage: Zeitschriften, Romanen, Schauspielen, einer Literatur, die fast noch ganz vom Einflusse Rousseau's, Voltaire's, Diderots und der übrigen „Philosophen" beherrscht war [2]. Von Geschichte studirte Schiller eklektisch, was er gerade, von der Hand in den Mund, für seine dramatischen Projecte oder sonst brauchte, um Aufsätze zu schreiben. In Bauerbach mußte er mit den Büchern vorlieb nehmen, die ihm sein Schwager, der Bibliothekar Reinhold, verschaffte; in Mannheim rissen ihn Theatersorgen aus der erforderlichen Muße; erst in Dresden und Leipzig erweiterte und vertiefte sich sein Studium ein wenig. Da begann er ernstlicher Kant zu lesen und sah sich ausführlichere Werke über den dreißigjährigen Krieg und die niederländische Revolution an. Auch da war aber sein Studium nicht dasjenige eines Gelehrten, dem es in aller Ruhe um Erforschung der Wahrheit zu thun ist, sondern dasjenige eines Brobliteraten, der nach pikanten Geschichtsstoffen herumstöbert, um seine „Revue" zu füllen und sein Honorar zu verdienen. Man kann seine Geschichtsforschung nicht treffender charakterisiren, als er es selbst in einem Briefe von dem göttlichen Weimar aus an seine Schwester Christophine gethan hat:

„Ich warte nun mit Schmerzen auf Nachrichten, auch wegen Geld. Das verfluchte Geld! An Krusius schreibe ich nächsten Donnerstag, zu Ende des Monats muß ich Geld haben, weil ich da ganz auf dem Sande bin; wenn mich Krusius nicht gleich bezahlen kann, wenigstens zur Hälfte, so gebe ich meine Niederlande besonders heraus bei einem andern Buchhändler und arbeite noch an einer andern Verschwörung" (6. October 1787) [3].

---

[1] Zeugniß dafür gibt sein grillenhafter Roman „Der Geisterseher".
[2] Bezeichnend ist, daß er selbst aus Diderots Schandroman „Jacques le fataliste et son maître" eine der schmutzigsten Episoden 1785 für seine „Rheinische Thalia" bearbeitete. Schillers Werke [Hempel] XIV. 244—277. Die Handschrift, nach der er arbeitete, hatte er durch Dalberg erhalten. In französischer Sprache wurde der Roman und die erwähnte Episode daraus, „La Religieuse", erst 1796 gedruckt.
[3] Maltzahn, Schillers Briefwechsel mit seiner Schwester Christophine. S. 102.

3. Friedrich Schillers Anstellung in Jena.

Er interessirte sich indeß immerhin wirklich für Geschichte und Philosophie. Ihn beschäftigte nicht das Sinnliche, Farben und Formen, das Leben der Pflanzen und Thiere, sondern der Mensch mit seinen Ideen und Leidenschaften, seinen socialen Verhältnissen und Thaten, seinen Beziehungen zum Idealen, sein Geistesleben, das über das Sinnliche hinausliegt und diesem erst menschlichen Gehalt, Werth, Weihe ertheilt. Hierin steht der arme Brodliterat Schiller entschieden höher, als der behagliche Hofdichter Göthe mit seiner ganzen blasirten Weimarer Gesellschaft, die aus Verehrung für ihn Blumen trocknete und Steine sammelte und kindlich die Mutter Natur anbetete. Schiller fühlte das selbst und hat es in einem Briefe an Körner anschaulich ausgesprochen[1].

Die Weimarer Gesellschaft ihrerseits fühlte den Gegensatz nicht minder. Der neue Ankömmling sammelte weder Blumen noch Steine, brachte weder Kupferstiche noch Gemmen mit, er hatte keine nieblichen Singspielchen geschrieben, noch herzerweichende Romane. Seine Poesie und Prosa hatte etwas Unheimliches. Immer Verschwörungen! Räuber! Banditen! Verschworene! bürgerliche Revolutionäre! Fiesko! Rienzi! Pazzi! Bebemar! Italienische Attentate! Niederländische Revolution! Spanische Hausrebellion! Geisterseher! Kein Prinz und keine Prinzessin war in seinen Stücken des Lebens sicher. Die Bürgerlichen hatten bei ihm immer Recht. Seine neueste Entdeckung war ein liberaler, fast radikaler Prinz an dem Hofe jenes Philipp II., der als Vorbild aller kleinen und großen Autokraten gelten mochte, — ein Prinz, der dem Vater die Gemahlin streitig macht, die ganze bisherige politische Ordnung haßt, Alles über den Haufen werfen will, um die Welt vom Throne herab — nach den Ideen der französischen Revolution — völlig umzugestalten. In feierlichem, leidenschaftlichem Pathos wurde in dem neuen, noch ungedruckten Stück das ganze politische Programm durchgesprochen, von dem fortan ein Jahrhundert lang Hunderte von Zeitungsschreibern, Constitutionsmachern und andern Menschenbeglückern zehren sollten[2]. Das Programm war so

---

[1] (Vollmer), Schillers Briefwechsel mit Göthe. I. 87. 88. 89.

[2] „Ich bin weder Illuminat noch Maurer," sagt Schiller in seinen Briefen über „Don Karlos" (Werke XIV. 470), „aber wenn beide Verbrüderungen einen moralischen Zweck gemein haben, und wenn dieser Zweck für die menschliche Gesellschaft der wichtigste ist, so muß er mit demjenigen, den Marquis Posa sich vorsetzte, wenigstens sehr verwandt sein. Was jene durch eine geheime Verbindung mehrerer durch die Welt zerstreuter thätiger Glieder zu bewirken suchen, will der Letztere, vollständiger und kürzer, durch ein einziges Subject ausführen: durch einen Fürsten nämlich, der Anwartschaft hat, den größten Thron der Welt zu besteigen, und durch diesen erhabenen Standpunkt zu einem solchen Werk fähig gemacht wird."

seicht als möglich; aber es war doch ein Programm, philosophisch durchdacht, leidenschaftlich erfaßt, mit ernstem, männlichem Sinn durchgeführt — und deßhalb schon viel zu schwere Kost für die Herren und Damen, welche den „Triumph der Empfindsamkeit" gefeiert und den „Jahrmarkt von Plundersweilen" mitgespielt hatten.

„Don Karlos" zog nicht. Gotter las ihn bei der Herzogin Amalie vor, und die Folge war, daß Schiller nicht mehr zu ihr geladen wurde. Wieland, der dabei war, wollte nicht mit der Sprache heraus. Endlich hieß es, der zweite Theil habe mißfallen. Schiller verzweifelte fast. Es wurde ihm kein ermunterndes Wort zu Theil, während ihm überall das Lob Göthe's entgegentönte. Herder, der Chorage der Göthe-Verehrer, hatte bis dahin noch keine einzige von Schillers Schriften gelesen (!!). Er war es indessen, der den „Don Karlos" wenigstens verstand, nun auch Schillers frühere Werke nachlas und etwas bessere Luft für ihn machte. In Jena fand Schiller Männer, die ihm behagten, wie Reinhold, Schütz, Hufeland, Döderlein, Griesbach, „unabhängige Leute", die sich „um keine Fürstlichkeit zu bekümmern" brauchten, die seine neue Dichtung verstanden und dem Dichter Anerkennung und Freundlichkeit entgegenbrachten. Darum verzweifelte er nicht, noch einen Wirkungskreis in Jena oder Weimar zu finden, und hielt sich in der Nachbarschaft, um den günstigen Augenblick abzuwarten.

Von seinen nächsten schriftstellerischen Leistungen hat keine so großes Aufsehen gemacht, als ein Gedicht, das er für das Märzheft 1788 des „Teutschen Merkur" lieferte: „Die Götter Griechenlands". Wieland war im Gedränge. Er rechnete auf Schiller; dieser verfaßte — wie er selbst sagt — „in der Angst" das Gedicht[1]. „Der Gott, den ich in den Göttern Griechenlands in Schatten stelle, ist nicht der Gott der Philosophen oder auch nur das wohlthätige Traumbild des großen Haufens, sondern es ist eine aus vielen gebrechlichen schiefen Vorstellungsarten zusammengeflossene Mißgeburt. — Die Götter der Griechen, die ich in's Licht stelle, sind nur die lieblichen Eigenschaften der griechischen Mythologie in eine Vorstellung zusammengefaßt."[2]

Das Gedicht war also im Sinne des Dichters eben ein Gedicht, mit dem er dem geplagten Redacteur Wieland aus der Noth helfen wollte, nicht aber ein feierliches Glaubensbekenntniß oder gar ein beabsichtigtes Attentat auf das Christenthum. Die Poesie- und Kunstfülle, welche im

---

[1] Göbeke, Schillers Briefwechsel mit Körner. I. 171.   [2] Ebdſ. I. 251.

ganzen und vollen Christenthum, d. h. in der katholischen Kirche sich offenbart, kannte Schiller nicht. Als Künstler fand er die Lichtseiten der griechischen Mythologie ästhetisch schöner, als das abgeblaßte, verstümmelte Christenthum, wie es in seinem Bekenntnißglauben vor ihm stand, ohne sichtbare Gestaltung, Hierarchie, Sacramente, kirchliche Kunst und innigere Durchdringung von Religion und Leben. Da hatte er als Künstler in gewissem Sinne Recht. Mit dieser Religion war für künstlerische Zwecke nicht viel anzufangen, sie hatte nichts hervorgebracht, als etwas Kirchenlied mit Orgelbegleitung. Rafael und Michel Angelo, Lope und Calderon wäre es unzweifelhaft ebenso gegangen, wie Schiller, wenn ihnen die Religion nicht mehr geboten hätte, als eine aufgeklärte Predigt Herders und ein Kirchenlied. Wie das Gedicht deßhalb einige Entschuldigung verdient, so verräth es im Grunde aber doch eine dem Christenthum durchaus feindliche Gesinnung. An der Kunst, am Schönen, am irdischen Genuß liegt dem Dichter mehr, als an der Religion, am Wahren, am Überirdischen und Göttlichen. Die griechische Vielgötterei kommt ihm so schön vor, daß er sich darüber unwillig von dem einen wahren Gotte abwendet, als ob dieser nicht noch unendlich mehr Schönes bieten könnte und Wahrheit und sittliche Güte dazu. Er stellt sehr deutlich das „schöne" Menschenthum an Stelle Gottes.

„Da die Götter menschlicher noch waren,
Waren Menschen göttlicher." [1]

Damit war die Grundanschauung ausgesprochen, welche, bei manchen sonstigen Verschiedenheiten, Wieland, Herder, Göthe und Schiller verband; das war genau die Religion, welche Göthe aus Italien mit nach Hause brachte. Schiller nahm sie ihm von den Lippen, ehe er noch zurück war.

Göthe rückte mit diesem Bekenntniß einstweilen noch nicht so offen heraus. Als seinen Vorläufer schickte er weder einen griechischen Halbgott, noch eine Göttin, sondern den „Egmont", einen Reformationshelden. Er war etwas leichtsinnig, liederlich — dieser Held; doch das protestantische Gewissen konnte sich beruhigen. Schiller bekam im Mai (1788) ein Recensionsexemplar, um es für die Jenaer Literaturzeitung zu besprechen.

Am 18. Juni kam Göthe zurück. Er hatte keine Eile, Schiller zu sehen. Noch am 11. August konnte dieser schreiben:

---

[1] Friedr. Leopold von Stolberg durchschaute diesen antichristlichen Geist des Gedichtes vollkommen richtig und verurtheilte ihn in ebenso ernster als würdiger Form. S. J. Janssen, Stolberg. 1877. I. 201—203.

„Göthe habe ich noch nicht gesehen; aber Grüße sind unter uns gewechselt worden. Er hätte mich besucht, wenn er gewußt hätte, daß ich ihm so nahe am Wege wohnte, als er nach Weimar reiste. Wir waren einander auf eine Stunde nahe. Er soll, höre ich, gar keine Geschäfte treiben. Die Herzogin ist fort nach Italien, und der Herzog wird nächstens bei Euch in Dresden sein. Göthe bleibt aber in Weimar. Ich bin ungeduldig, ihn zu sehen."[1]

Es verging indeß noch fast ein Monat, bis Schiller endlich wirklich mit Göthe zusammentraf.

„Endlich kann ich Dir von Göthe erzählen," so meldet er Körner am 12. September, „worauf Du, wie ich weiß, sehr begierig wartetest. Ich habe vergangenen Sonntag beinahe ganz in seiner Gesellschaft zugebracht, wo er uns mit Herder, Frau von Stein und der Frau von Schardt, der, die Du im Bade gesehen hast, besuchte. Sein erster Anblick stimmte die hohe Meinung ziemlich tief herunter, die man mir von dieser anziehenden und schönen Figur beigebracht hatte. Er ist von mittlerer Größe, trägt sich steif und geht auch so; sein Gesicht ist verschlossen, aber sein Auge sehr ausdrucksvoll, lebhaft und man hängt mit Vergnügen an seinem Blicke. Bei vielem Ernst hat seine Miene doch viel Wohlwollendes und Gutes. Er ist brünett und schien mir älter auszusehen, als er meiner Berechnung nach wirklich sein kann. Seine Stimme ist überaus angenehm, seine Erzählung fließend, geistvoll und belebt; man hört ihn mit überaus viel Vergnügen; und wenn er bei gutem Humor ist, welches diesmal so ziemlich der Fall war, spricht er gern und mit Interesse. Unsere Bekanntschaft war bald gemacht und ohne den mindesten Zwang; freilich war die Gesellschaft zu groß und Alles auf seinen Umgang zu eifersüchtig, als daß ich viel allein mit ihm hätte sein oder etwas anderes als allgemeine Dinge mit ihm sprechen können. Er spricht gern und mit leidenschaftlichen Erinnerungen von Italien; aber was er mir davon erzählt hat, gab mir die treffendste und gegenwärtigste Vorstellung von diesem Lande und diesen Menschen. Vorzüglich weiß er einem anschaulich zu machen, daß diese Nation mehr als alle andre europäische in gegenwärtigen Genüssen lebt, weil die Milde und Fruchtbarkeit des Himmelsstrichs die Bedürfnisse einfacher macht und ihre Erwerbung erleichtert. — Alle ihre Laster und Tugenden sind die natürlichen Folgen einer feurigen Sinnlichkeit. Er eifert sehr gegen die Behauptung, daß in Neapel so viele müßige Menschen seien. Das Kind von 5 Jahren soll dort schon anfangen zu erwerben; aber freilich ist es ihnen weder nöthig noch möglich, ganze Tage, wie wir thun, der Arbeit zu widmen. . . . .

„Die Angelica Kaufmann rühmt er sehr; sowohl von Seiten ihrer Kunst, als ihres Herzens. Ihre Umstände sollen äußerst glücklich sein; aber er spricht mit Entzücken von dem edlen Gebrauch, den sie von ihrem Vermögen macht. Bei allem ihrem Wohlstand hat weder ihre Liebe zur Kunst, noch ihr Fleiß nachgelassen. Er scheint sehr in diesem Hause gelebt zu haben, und die Trennung davon mit Wehmuth zu fühlen.

[1] Gödeke a. a. O. I. 215.

3. Friedrich Schillers Anstellung in Jena.

„Ich wollte Dir noch mehreres aus seiner Erzählung mittheilen, aber es wird mir erst gelegentlich einfallen. Im Ganzen genommen ist meine in der That große Idee von ihm nach dieser persönlichen Bekanntschaft nicht vermindert worden; aber ich zweifle, ob wir einander je sehr nahe rücken werden. Vieles, was mir jetzt noch interessant ist, was ich noch zu wünschen und zu hoffen habe, hat seine Epoche bei ihm durchlebt; er ist mir (an Jahren weniger, als an Lebenserfahrungen und Selbstentwicklung) so weit voraus, daß wir unterwegs nie mehr zusammen kommen werden; und sein ganzes Wesen ist schon von Anfang her anders angelegt, als das meinige, seine Welt ist nicht die meinige, unsere Vorstellungsarten scheinen wesentlich verschieden. Indessen schließt sich's aus einer solchen Zusammenkunft nicht sicher und gründlich. Die Zeit wird das Weitere lehren.

„Dieser Tage geht er nach Gotha, kommt aber gegen Ende des Herbstes wieder zurück, um den Winter in Weimar zu bleiben. Er sagt mir, daß er Verschiedenes in den t. Merkur geben werde; ob er auf nächste Ostermesse seine Schriften endigen würde, macht er zweifelhaft. Jetzt arbeitet er an Feilung seiner Gedichte."[1]

Eine Woche nach dieser ersten Zusammenkunft, Sonnabend 20. September, erschien Schillers Egmont-Recension in der Jenaischen Literaturzeitung. Der Stoff war Schiller durch sein Studium der „Niederländischen Revolution" ganz bekannt, vielleicht genauer als Göthe. Als Dramatiker fühlte er sich ihm ebenbürtig. Er anerkannte mit Höflichkeit die Vorzüge des Stücks, deckte aber mit ebenso graciösem Anstand die Fehler und Schwächen desselben auf, besonders den Grundfehler, der von Göthe's eigenem, weichem, schwammigem Gefühlsleben herrührte. Unter Schillers Hand wäre Egmont nothwendig ein echt tragischer Held geworden: jetzt war nur eine Zierpuppe vorhanden, die über einem Mädchen die Niederlande und die Freiheit vergißt und daran zu Grunde geht. Das sagte Schiller unendlich fein, aber er sagte es[2].

Über den Eindruck der Recension auf Göthe herrscht eine merkwürdige Stille, fast wie die unheimliche Stille vor einem Gewitter. Sie muß ihn tief gewurmt haben. Denn sie ging gegen den innersten Kern seines Wesens — seine Weiberliebe — „sein Klärchen"[3]. Er hielt es indessen gerathener, zu schweigen. Als er später über seine „Erste Bekanntschaft mit Schiller" schrieb, schob er seine Abneigung ganz auf die „Räuber".

„Das Rumoren aber, das im Vaterland dadurch erregt, der Beifall, der jenen wunderlichen Ausgeburten allgemein, so von wilden Studenten als von der gebildeten Hofdame gezollt ward, der erschreckte mich; denn ich glaubte all

---

[1] Göbeke a. a. O. I. 218. 219.   [2] Schillers Werke [Hempel]. XIV. 514.
[3] Eckermann, Gespräche. 1876. I. 225.

mein Bemühen völlig verloren zu sehen, die Gegenstände zu welchen, die Art und Weise, wie ich mich gebildet hatte, schien mir beseitigt und gelähmt. Und was mich am Meisten schmerzte, alle mit mir verbundenen Freunde, Heinrich Meyer und Moritz, sowie die im gleichen Sinne fortwaltenden Künstler Tischbein und Bury schienen mir gleichfalls gefährdet; ich war sehr betroffen. Die Betrachtung der bildenden Kunst, die Ausübung der Dichtkunst hätte ich gerne völlig aufgegeben, wenn es möglich gewesen wäre; denn wo war eine Aussicht, jene Productionen von genialem Werth und wilder Form zu überbieten? Man denke sich meinen Zustand! Die reinsten Anschauungen suchte ich zu nähren und mitzutheilen, und nun fand ich mich zwischen Arbinghello und Franz Moor eingeklemmt.

„Moritz, der aus Italien gleichfalls zurückkam und eine Zeit lang bei mir verweilte, bestärkte sich mit mir leidenschaftlich in diesen Gesinnungen; ich vermied Schiller'n, der, sich in Weimar aufhaltend, in meiner Nachbarschaft wohnte. Die Erscheinung des Don Carlos war nicht geeignet, mich ihm näher zu führen; alle Versuche von Personen, die ihm und mir gleich nahe standen, lehnte ich ab, und so lebten wir eine Zeit lang neben einander fort." [1]

Das kann man kaum ohne Lächeln lesen, wenn man überlegt, wie weit der Don Karlos schon von den Räubern absteht, wie die „Götter Griechenlands" bereits die ganze Grundlage des modernen Classicismus aussprechen, wie Schiller eben um diese Zeit sich vorgenommen hatte, zwei Jahre lang nichts als alle Classiker zu lesen, d. h. genau den Weg zu betreten, den Göthe in Italien betreten hatte. Da lag die Fatalität. Vor vier Jahren hatte jener Moritz von Schiller geschrieben: „Alles, was dieser Verfasser angreift, wird unter seinen Händen zu Schaum und Blase" [2], und: „Ich wasche meine Hände von diesem Schiller'schen Schmutze" [3]. Und nun ward der Don Karlos von den einflußreichsten Literaturblättern als „ein herrliches Nationalwerk" (I. 192), als „eins der schönsten Meisterstücke unserer Literatur" begrüßt [4], und der Verfasser des „Don Karlos" wagte jenem des „Egmont" sogar in's Gesicht zu sagen, daß sein Drama eigentlich kein Drama sei:

„Hier ist keine hervorstechende Begebenheit, keine vorwaltende Leidenschaft, keine Verwicklung, kein dramatischer Plan, nichts von dem Allem; — eine bloße Aneinanderstellung mehrerer einzelner Handlungen und Gemälde, die beinah durch nichts als durch den Charakter zusammengehalten werden, der an allem Antheil nimmt und auf den sich alle beziehen." [5] Dazu kann noch der feine, verblümte Nachweis, daß dieser Charakter verfehlt sei.

---

[1] Göthe's Werke [Hempel] XXVII. 309.
[2] Julius W. Braun, Schiller und Göthe im Urtheile ihrer Zeitgenossen. Schiller. 1882. I. 72. [3] Ebdf. S. 80. [4] Ebdf. S. 192.
[5] Schillers Werke [Hempel]. XIV. 511.

3. Friedrich Schillers Anstellung in Jena.

Das mußte sich Göthe in seinem Weimar sagen lassen, er, der bisher allmächtige Günstling, von einem bahergelaufenen Abeuteurer. Es war stark.

Anstatt zu antichambriren, recensirte Schiller; anstatt sich um Göthe's Gunst zu bewerben, that er, wie wenn er in Weimar zu Hause wäre. Am 12. November kam er wieder von Rudolstadt nach Weimar herüber, das er seine „einstweilige Heimath" nennt, traf Wielands Merkur in Todesnöthen, d. h. von 2000 auf 1200 Abonnenten heruntergesunken, und verabredete mit ihm einen Plan, die Zeitschrift als „Neuen deutschen Merkur" neu aufleben zu lassen und für sich und Wieland einträglicher zu machen. Die jährlichen Druckkosten des alten Merkur beliefen sich auf 700 bis 800 Thaler; nach Abzug des Gewinns, den der Verleger Göschen machte, blieb eine Einnahme von 2000 Thaler, wovon aber das Meiste als Honorar den Mitarbeitern, besonders den drei Schwiegersöhnen, ausbezahlt werden mußte. Wieland selbst erhielt von all seiner Mühe und Arbeit nicht viel mehr als 200 Thaler.

Schillers Gedanke war nun, die Zeitschrift durch tüchtige Arbeit zu heben und so einen Reingewinn von 3500 Thaler zu erzielen. Drei ausgezeichnete Mitarbeiter, meinte er, könnten ohne große Anstrengung es zu Stande bringen, daß „jeder Aufsatz Werk des Genies, der abgewarteten Stimmung und der Feile" sein könnte. Wieland sollte die Redaction behalten, wodurch aber Herbers Betheiligung ausgeschlossen schien. In zweiter Linie dachte Schiller an sich, der dritte Mann könnte Göthe werden.

„Zwei Bogen kann ich des Monats mit Lust und Muße fertig bringen und diese sichern meine ganze Existenz. Aber auch Wieland kann zufrieden sein, und das Journal muß Vortheile genug dann haben, wenn ich jedes Heft mit zwei Bogen guter Arbeit versehe. Meine Fächer würden sein: 1) Dramen, 2) Erzählungen, wie z. B. Verbrechen aus Infamie, Geisterseher u. s. w., 3) historische Tableaux, Charakteristiken, Biographien, 4) Gedichte, 5) auch philosophische Materie wie Julius und Raphael, und 6) kritische Briefe, wie die über den Karlos, nach welchen Wieland sehr verlangt, und die viel Sensation gemacht haben sollen.

„Solltest du es glauben, daß wir nach langem Herumsuchen in Deutschland doch noch keinen gefunden haben, der nur so viel dazu taugte, wie ich? d. h. der bei dieser Proportion der Fähigkeit dazu just so viel innern Willen und äußere Muße hätte, und der gerade in solchen allgemein interessanten Fächern arbeitete?"[1] -

---

[1] Gödeke, Schillers Briefwechsel mit Körner. I. 234. 235.

Wieland versprach Schiller für ein Alphabet (23 Bogen) 100 Louisb'or (1956 M.). Damit glaubte dieser auskommen zu können.

Da Göthe zum dritten Mann ausersehen war, so ist es fast undenkbar, daß er nicht von dem Project gewußt haben sollte. Wenn man ihm auch den Platz nicht ausdrücklich bezeichnete, so war es an sich klar, daß Wieland und Schiller als Hauptunternehmer die Direction führen würden.

Was war mit einem Mann anzufangen, der Göthe, den Dramatiker, durch seine bisherigen vier Dramen in der Gunst des Publikums wenigstens theilweise verdrängt, der, offenbar genial angelegt, sich in vier Jahren von roher Prosa zur kunstvollsten dramatischen Sprache emporgearbeitet hatte, der, sich nun am Studium der Alten bildend, nicht nur Götz, Stella, Clavigo, Egmont, sondern auch die Iphigenie weit zu überflügeln drohte, der sich jetzt, ohne lange Complimente, über Göthe's Kopf weg, mit Wieland verband, um in „seinem" Weimar die erste Zeitschrift Deutschlands — eine Zeitschrift von lauter Genie zu gründen? Göthe muß sich diese Frage gestellt haben. Was er Alles darüber dachte, wissen wir nicht. Wir wissen nur, daß er plötzlich auf den Plan verfiel, Schiller in Jena nützlich zu beschäftigen und deßhalb der herzoglichen Regierung folgendes Promemoria einreichte:

Gehorsamstes Promemoria.

Herr Friedr. Schiller, welchem Serenissimus vor einigen Jahren den Titel als Rath ertheilt, der sich seit einiger Zeit theils hier, theils in der Nachbarschaft aufgehalten, hat sich durch seine Schriften einen Namen erworben, besonders neuerdings durch eine Geschichte des Abfalls der Niederlande von der spanischen Regierung Hoffnung gegeben, daß er das historische Fach mit Glück bearbeiten werde. Da er ganz und gar ohne Amt und Bestimmung ist, so gerieth man auf den Gedanken: ob man selbigen nicht in Jena fixiren könne, um durch ihn der Akademie neue Vortheile zu verschaffen.

Er wird von Personen, die ihn kennen, auch von Seite des Charakters und der Lebensart vortheilhaft geschildert, sein Betragen ist ernsthaft und gefällig und man kann glauben, daß er auf junge Leute guten Einfluß haben werde. In diesen Rücksichten hat man ihn sondirt und er hat seine Erklärung dahin abgegeben, daß er eine außerordentliche Professur auf der Jenensischen Akademie anzunehmen sich wohl entschließen könnte, wenn auch selbige vorerst ihm ohne Gehalt konferiert werden sollte. Er werde suchen sich in der Geschichte festzusetzen und in diesem Fach der Akademie nützlich zu seyn.

Endsunterzeichneter hat hierauf, da es in Gotha Gelegenheit gab, von akademischen Sachen zu sprechen, sowohl Serenissimo nostro et Gothano als auch Herrn Geh. R. von Frankenberg die Eröffnung gethan und der Gedanke ist durchweg gebilligt worden, besonders da diese Acquisition ohne Aufwand zu machen ist.

Serenissimus noster haben hierauf Endsunterzeichnetem befohlen, die Sache an Dero geheimes Consilium zu bringen, welches er hiermit befolget und zugleich diese Angelegenheit zu gefälliger Beurtheilung und Beschleunigung anempfiehlt, damit mehrgedachter Rath Schiller noch vor Ostern seine Anstalten und Einrichtungen machen und sich als Magister qualificiren könne.

Weimar, den 9. December 1788.
J. W. von Göthe [1].

Wer sollte denken, daß hier von dem größten deutschen Dramatiker, dem einzigen Rivalen Göthe's, die Rede wäre? Von Poesie kein Wort. Nur seine Geschichte des Abfalls der Niederlande wird erwähnt. Er ist ganz und gar ohne Amt und Bestimmung, er ist der wohlfeilste Professor, den man haben kann — also soll er Professor werden, Professor eines Faches, das er nie ex professo studirt hat.

Worauf Göthe seine Berechnung gründete, war Schillers Wohlfeilheit und — pecuniäre Existenzlosigkeit. Er mußte, daß er heirathen wollte und daß ihm eine fixe Anstellung mit Titel hiezu erwünschter sein mußte, als ein bloßes Literatenleben, dessen Erfolg vom Zufall abhing und keine äußeren Garantien bot. Göthe hatte seine Leute: er brauchte nicht unmittelbar mit Schiller zu verhandeln. Wie dieser auf den Leim ging, erzählt er selbst in einem Briefe an Körner vom 15. December. Da war Alles schon so gut wie abgemacht [2]:

„Du wirst in zwei oder drei Monaten aller Wahrscheinlichkeit nach die Nachricht erhalten, daß ich Professor der Geschichte in Jena worden bin; es ist fast so gut als richtig. Vor einer Stunde schickt mir Göthe das Rescript aus der Regierung, worin mir vorläufige Weisung gegeben wird, mich darauf einzurichten. Man hat mich hier übertölpelt, Voigt vorzüglich, der es sehr warm beförderte. Meine Idee war es fast immer, aber ich wollte wenigstens ein oder einige Jahre zu meiner besseren Vorbereitung noch verstreichen lassen. Eichhorns Abgang aber macht es gewissermaßen dringend, und auch für meinen Vortheil dringend. Voigt sondirte mich, an demselben Abend ging ein Brief an den Herzog von Weimar ab, der just in Gotha war mit Göthe; dort wurde es gleich mit ihnen eingeleitet, und bei ihrer Zurückkunft kam's als eine öffentliche Sache an die Regierung. Göthe beförderte es gleich mit Lebhaftigkeit und machte mir selbst Muth dazu. In dem Rescript, das an ihn gerichtet ist, wird gesagt, daß von den übrigen vier Höfen schwerlich Schwierigkeiten gemacht werden, und die Sache also ziemlich entschieden sein würde. So stehen die Sachen. Ich bin in dem schrecklichsten Drang, wie ich neben den

---

[1] Schnorr v. Carolsfeld, Archiv für Literaturgeschichte. 1870. I. 117. (Mitgetheilt von Salomon Hirzel.) [2] Goedeke a. a. O. I. 248.

vielen, vielen Arbeiten, die mir den Winter bevorstehen und des Geldes wegen höchst nothwendig sind, nur eine flüchtige Vorbereitung machen kann. Rathe mir, hilf mir. Ich wollte mich prügeln lassen, wenn ich dich auf vierundzwanzig Stunden hier haben könnte. Göthe sagt zwar: docendo discitur; aber die Herren wissen alle nicht, wie wenig Gelehrsamkeit bei mir vorauszusetzen ist. Dazu kommt nun, daß mich der Antritt der Professur in allerlei neue Unkosten setzen wird, Lehrsaal u. dgl. nicht einmal gerechnet. Magister philosophiae muß ich auch werden, welches nicht ohne Geld abgeht, und dieses Jahr kann ich wegen der Zeit, die mir auf's Studiren brauf geht, am wenigsten verdienen. Freilich wird es heller hinter dieser trüben Periode, denn nun scheint sich doch mein Schicksal endlich fixiren zu wollen. Ich beschwöre dich, schaffe mir Rath und Trost, und mit dem Baldigsten. Denke für mich und schreib' mir auch einen Plan, wie du glaubst, daß ich am kürzesten mit meiner Vorbereitung zum Ziel kommen werde. Ich habe nur die halbe Zeit vom Januar bis in die Mitte des April."

So war Schillers Bund mit Wieland gesprengt, seine Thätigkeit als Literat und Dichter vorläufig durchkreuzt, wenn nicht für immer untergraben. Eine Stelle ohne Besoldung machte ihn vom Hof zugleich und von Göthe abhängig, und nöthigte ihn, einerseits sein glänzendes Talent an historische Studien zu wenden, zu denen er keine Vorbereitung mitbrachte und keinen eigentlichen Beruf fühlte, anderseits seine literarisch-journalistischen Arbeiten zu überstürzen, um sich dabei nur das nöthige Brod zum Leben nebenher zu verdienen. Während Göthe in dieser Weise Schiller übertölpelte, zog er zugleich jenen Karl Philipp Moritz nach Weimar, der von allen Recensenten die Werke Schillers am verächtlichsten und giftigsten heruntergehudelt hatte.

Es war dieß einer der wunderlichsten Vagabunden der Sturm- und Drangperiode, zwei Jahre älter als Schiller (15. Sept. 1757 zu Hameln geboren), erst Hutmacherlehrling, dann Gymnasiast, Schauspieler in Gotha, wieder Student in Erfurt, abermals Schauspieler, dann Mitglied der Herrnhutergemeinde in Barby, Theologiestudent in Wittenberg, Lehrer in Basedows Philanthropin zu Dessau, Lehrer am Militärwaisenhaus und dann am Grauen Kloster in Berlin — zugleich Prediger, Schriftsteller und Dichter — als reisender Literat (1782) in England, dann wieder Professor am Kölnischen Gymnasium in Berlin, Redacteur der Vossischen Zeitung — und nach einer unglücklichen Liebschaft mit einer verheiratheten Frau Reisender in Italien. All das vor dem dreißigsten Lebensjahre! Gewiß ein Genie![1]

---

[1] Er hat seine Abenteuer selbst in dem autobiographischen Roman „Anton Reiser" 1785—1790 zum Besten gegeben.

3. Friedrich Schillers Anstellung in Jena.

Von Italien aus, wo er mit Göthe bekannt geworden und sich von seinen unglücklichen deutschen Liebesabenteuern in ungebundenem Künstlerleben „erholt" hatte, kam er am 3. December 1788 nach Weimar, ward in Göthe's Haus aufgenommen und ganze zwei Monate dabehalten[1]. Da er Göthe anbetete und Schiller verachtete, so verstand er natürlich die „wahre Kunst", half Göthe am Tasso feilen und ciseliren, unterrichtete den Herzog im Englischen und unterhielt die Damen über Kunst, Literatur und Leben. Auch mit Schiller verkehrte er, doch nach Göthe's Andeutungen nur, um ihn und sich „leidenschaftlich in den Gesinnungen zu bestärken," welche sie gegen Schiller hegten. Einem intimen Verkehr ging Schiller aus dem Wege[2].

„Die Abgötterei, die er mit Göthe treibt und die sich so weit erstreckt, daß er seine mittelmäßigen Producte zu Kanons macht und auf Unkosten aller anderen Geisteswerke herausstreicht, hat mich von seinem näheren Umgang zurückgehalten. Sonst ist er ein sehr edler Mensch und sehr drollig-interessant im Umgange.

„Öfters um Göthe zu sein, würde mich unglücklich machen: er hat auch gegen seine nächsten Freunde kein Moment der Ergießung, er ist an nichts zu fassen; ich glaube in der That, er ist ein Egoist in ungewöhnlichem Grade. Er besitzt das Talent, die Menschen zu fesseln, und durch kleine sowohl als große Attentionen sich verbindlich zu machen; aber sich selbst weiß er immer frei zu behalten. Er macht seine Existenz wohlthätig kund, aber nur wie ein Gott, ohne sich selbst zu geben — dies scheint mir eine consequente und planmäßige Handlungsart, die ganz auf den höchsten Genuß der Eigenliebe calculirt ist. Ein solches Wesen sollten die Menschen nicht um sich herum aufkommen lassen. Mir ist er dadurch verhaßt, ob ich gleich seinen Geist von ganzem Herzen liebe und groß von ihm denke. Ich betrachte ihn wie eine Pröde ꝛc. — — Eine ganz sonderbare Mischung von Haß und Liebe ist es, die er in mir erweckt hat, eine Empfindung, die derjenigen nicht unähnlich ist, die Brutus und Cassius gegen Cäsar gehabt haben müssen; ich könnte seinen Geist umbringen und wieder von Herzen lieben. Göthe hat auch viel Einfluß darauf, daß ich mein Gedicht gern recht vollendet wünsche. An seinem Urtheil liegt mir überaus viel. Die Götter Griechenlands hat er sehr günstig beurtheilt; nur zu lang hat er sie gefunden, worin er auch nicht unrecht haben mag. Sein Kopf ist reif, und sein Urtheil über mich wenigstens eher gegen als für mich parteiisch. Weil mir nun überhaupt nur daran liegt, Wahres von mir zu hören, so ist dies gerade der Mensch unter allen die ich kenne, der mir diesen Dienst thun kann. Ich will ihn auch mit Lauschern umgeben, denn ich selbst werde ihn nie über mich befragen."[3]

---

[1] Dünzer, Göthe und Karl August. I. 320.
[2] Herm. Grimm, Göthe II. 180.
[3] Göbeke, Schillers Briefwechsel mit Körner. I. 270.

Körner antwortete hierauf:

„Göthe's Charakter, wie Du ihn beschreibst, hat allerdings viel Drückendes. Man muß seinen ganzen Stolz aufbieten, um sich vor einem solchen Menschen nicht gedemüthigt zu fühlen. Doch wäre es schade, wenn dies Dir seinen Umgang verleiden sollte. Du kannst keck mit dem Gefühle: anch' io son pittore vor ihm auftreten, wenn er auch gleich durch Alter und Erfahrung in der Herrschaft über sich selbst eine gewisse Überlegenheit besitzt. Eine solche heroische Existenz ist die natürliche Folge, wenn ein großer Mensch eine Zeit lang fast alle Arten von Genüssen außer sich erschöpft hat und ihm nichts weiter übrig bleibt, als der Genuß seines eigenen Werthes und seiner Thätigkeit. Menschen von solchem Gehalt wirst Du nicht häufig finden, und Dich mit ihm reiben zu können, ist doch gewiß ein beträchtlicher Vortheil. Es gibt Momente, wo man zu solchen Herausforderungen nicht gestimmt ist; aber in Deinen besseren Stunden wird Dich doch eine Spannung dieser Art mehr befriedigen, als das behagliche Gefühl einer bequemen Überlegenheit unter beschränkteren Köpfen."[1]

Das war ein flauer Trost. Schiller, der selbst gleich Körner die geistige Bildung Göthe's überschätzte, erwiederte:

„Ich muß lachen, wenn ich nachdenke, was ich Dir von und über Göthe geschrieben haben mag. Du wirst mich wohl recht in meiner Schwäche gesehen, und im Herzen über mich gelacht haben, aber mag es immer. Ich will mich gern von Dir kennen lassen, wie ich bin. Dieser Mensch, dieser Göthe ist mir einmal im Wege, und er erinnert mich so oft, daß das Schicksal mich hart behandelt hat. Wie leicht ward *sein* Genie von seinem Schicksal getragen, und wie muß ich bis auf diese Minute noch kämpfen! Einholen läßt sich alles Verlorene für mich nun nicht mehr — nach dem dreißigsten bildet man sich nicht mehr um — und ich könnte ja selbst diese Umbildung vor den nächsten drei oder vier Jahren nicht mit mir anfangen, weil ich vier Jahre wenigstens meinem Schicksal noch opfern muß. Aber ich habe noch guten Muth, und glaube an eine glückliche Revolution für die Zukunft.

„Könntest Du mir innerhalb eines Jahres eine Frau von zwölftausend Thalern verschaffen, mit der ich leben, an die ich mich attachiren könnte, so wollte ich Dir in fünf Jahren — eine Fribericiade, eine classische Tragödie, und weil Du doch so darauf versessen bist, ein halb Dutzend schöner Oden liefern — und die Academie in Jena möchte mich dann — —."[2]

Da sich keine solche Frau fand, mußte Schiller die Folgen seiner Übertölpelung auf sich nehmen. Er studirte Schmidts Geschichte der Deutschen, Pütters Deutsche Reichsverfassung und ähnliche Werke und

---

[1] Ebdf. I. 272. [2] Ebdf. I. 288.

3. Friedrich Schillers Anstellung in Jena.

suchte sich so allgemach in sein neues Fach hineinzuleben. Daneben dichtete und schriftstellerte er noch, so gut es ging, ein wenig; plante, um frühere Schulden tilgen zu können, eine Sammlung seiner früheren kleineren Schriften und eine Memoirensammlung, und dachte daran, auch seine Vorlesungen schriftstellerisch zu verwerthen. Am 11. Mai 1789 zog er nach Jena hinüber, am 26. hielt er seine erste öffentliche Vorlesung, welche großes Aufsehen machte, aber nichts eintrug. Sein Privatcolleg wurde schlecht besucht, er konnte nicht davon leben. Gegen Ende des Jahres bewilligte ihm der Herzog ein Jahresgehalt von 200 Thalern, nicht so viel als ein herzoglicher Friseur oder Leibschneider bekam [1]. Am 22. Februar 1790 wurde er in der Kirche von Wenigenjena mit Charlotte von Lengefeld getraut, und richtete sich dann in Jena häuslich ein, so sparsam wie möglich. Seine Frau erhielt zwar ein Dienstmädchen, aber es wurden der Wohlfeilheit halber nicht einmal eigene Möbel gekauft. Diese wie die Kost bezog das junge Ehepaar von den Hausleuten, bei denen sie wohnten, und indem Schiller so mit 800 Thalern auszukommen hoffte, mußte er 200 von dem Herzog, 200 von seiner Schwiegermutter und 200 von den Collegiengeldern erwarten. So noch immer von Brobsorgen gedrückt, begann er im Sommer 1790 neben seinen andern literarischen Unternehmungen noch die Geschichte des dreißigjährigen Krieges auszuarbeiten [2]. „Der dreißigjährige Krieg," schrieb er am 18. Juni, „den ich in Göschens Kalender mache und der in den ersten Wochen Augusts fertig sein muß, nimmt mir jetzt alle Stunden ein und ich kann kaum zu Athem kommen. . . . Ich wundere mich selbst über den Muth, den ich bei diesen drückenden Arbeiten behalte; eine Wohlthat, die ich nur meiner schönen häuslichen Existenz verdanke. Ich bin täglich vierzehn Stunden, lesend oder schreibend, in Arbeit, und dennoch geht's so leidlich, wie sonst nie." [3] Schon im Januar 1791 rächte sich diese Überanstrengung aller Kräfte. Eine schwere Krankheit, deren Folgen sich nie mehr ganz hoben, durchkreuzte seine staunenswerthe Thätigkeit, im Mai folgte ein schwerer Rückfall. Während er fast nichts verdienen konnte, stiegen die Auslagen des Jahres auf 1400 Thaler. Die schwersten Sorgen hemmten seine Genesung.

---

[1] Dem preußischen Beamten Schuckmann stellte Göthe im April 1791 eine Besoldung von 2000 bis 2200 Thalern in Aussicht, um ihn nach Weimar zu ziehen.

[2] Göbele, Schillers Briefwechsel mit Körner. I. 347.

[3] Ebdf. I. 372. 373. Vgl. J. Janssen, Schiller als Historiker. 2. Aufl. S. 106 ff.

3. Friedrich Schillers Anstellung in Jena.

In dieser Noth begnügte sich der Hof von Weimar, ihm ein paar Flaschen Madeira zu schicken. Zum Glück für die deutsche Literatur und für Schiller gab es noch andere Leute auf der Welt als den „uneigennützigen" Geheimrath von Göthe und den „edeln" Herzog Karl August. Ein Däne, Jens Baggesen, setzte den Erbprinzen von Holstein-Augustenburg und den Grafen Schimmelmann von der Lage des deutschen Dichters in Kenntniß, und diese entrissen Schiller durch ein gemeinsames Geschenk von je 1000 Thalern für drei Jahre der peinlichen Noth, in welche Göthe seinen Bruder in Apollo hineingedüpirt hatte.

Aus der unwürdigen Stellung eines Dichters, der um des lieben Brodes willen bogenweise auf Termin für einen Damenkalender Weltgeschichte schreibt, war Schiller durch die edelmüthige Schenkung freilich nicht ganz erlöst. Die begonnene Geschichte des dreißigjährigen Krieges mußte wenigstens zu einem Abschluß gebracht werden und zwang ihn, nachdem er kaum vom Krankenbett aufgestanden war, wieder vier bis sechs Stunden täglich auf diese historische Fabrikarbeit zu verwenden. Doch widmete er jetzt schon die besten Stunden „etwas Gescheidterem"; voll Ungeduld, ganz der Poesie zu leben, beschleunigte er die Sache; und als er endlich den letzten Bogen Manuscript in die Druckerei schicken konnte, da jubelte er auf, wie ein aus schwerem Sklavendienst Erlöster:

„Jetzt bin ich frei und will es für immer bleiben. Keine Arbeit mehr, die mir ein Anderer auferlegt, oder die einen andern Ursprung hat, als Liebhaberei und Neigung!"

Seine Körperkraft war indeß für immer gebrochen, und von Seite des Hofes geschah nichts zur Besserung seiner Lage. Nur so viel Menschlichkeit hatte Karl August noch, daß er den brustkranken Professor wenigstens vom Halten seiner Vorlesungen freisprach.

4. Göthe und der Herzog Karl August.

> „Als echte Grandseigneurs gehen sie (der Herzog und Göthe) neben einander her, und die sie trennende Distance war ihnen gerade recht. ... Aber sie fühlten, wie nützlich sie einander waren."
> Hermann Grimm.

> „Unter allen Dichtern ist er der Glücklichste gewesen; er hatte nur mit den Verhältnissen zu kämpfen, wenn er sie beleidigt hatte; aber niemals stellten sie sich ihm in den Weg, um seinem Talent Schranken zu geben. Der Glückliche war er immer, aber nicht der Zufriedene; denn er hatte nicht gelernt, in den menschlichen Verhältnissen den Frieden zu suchen."
> Charlotte v. Schiller (I. 128).

Vielleicht der merkwürdigste Brief in der ganzen ausgebreiteten Correspondenz Göthe's ist derjenige, den er am 17. März 1788 noch von Rom aus an den Herzog Karl August richtete. Er rechnet darin mit seinem ganzen bisherigen Leben ab und stellt für die weitere Zukunft das maßgebende Programm auf.

„Ich darf wohl sagen," so heißt es in diesem Briefe, „ich habe mich in dieser anderthalbjährigen Einsamkeit wiedergefunden; aber als was? — Als Künstler! Was ich sonst noch bin, werden Sie beurtheilen und nutzen. Sie haben durch Ihr fortdauerndes, wirkendes Leben jene fürstliche Kenntniß: wozu die Menschen zu brauchen sind, immer mehr erweitert und geschärft, wie mich jeder Ihrer Briefe deutlich sehen läßt: dieser Beurtheilung unterwerfe ich mich gern. Nehmen Sie mich als Gast auf, lassen Sie mich an Ihrer Seite das ganze Maaß meiner Existenz ausfüllen und des Lebens genießen; so wird meine Kraft, wie eine neugeöffnete, gesammelte, gereinigte Quelle von einer Höhe, nach Ihrem Willen leicht dahin oder dorthin zu leiten sein. Ihre Gesinnungen, die Sie mir vorläufig in Ihrem Briefe zu erkennen geben, sind so schön und für mich bis zur Beschämung ehrenvoll! Ich kann nur sagen: Herr hier bin ich, mach aus Deinem Knecht, was Du willst. Jeder Platz, jedes Plätzchen, die Sie mir aufheben, sollen mir lieb sein, ich will gerne gehen und kommen, niedersitzen und aufstehen." [1]

Mit diesen Worten stellte sich Göthe beim Herzog Karl August zur unbedingten Verfügung. Er gesteht offen ein, daß seine politisch-admini-

---

[1] Briefwechsel des Großherzogs Karl August mit Göthe. 1863. I. 115.

strative Thätigkeit eine großentheils verfehlte gewesen und dem Herzog selbst materielle Nachtheile eingebracht habe. Aber — errando discimus. Bescheiden erinnert er den Fürsten daran, daß er ihm im Grunde doch gute Dienste geleistet habe, indem er ihn zum weltklugen, erfahrenen, allseitig gebildeten Fürsten herangezogen. Er legt sein bisheriges Mentoramt nieder: es hat die erwünschte Frucht gezeigt, der Fürst bedarf keines Mentors mehr, und der bisherige geistige Führer kann sich wohlgemuth als Diener zu seinen Füßen werfen. In Formen der unbedingtesten Hingebung und des vollkommensten Gehorsams stellt er sich seinem Entscheid anheim. Nur Wünsche hat er noch zu äußern, und von diesen Wünschen ist der eine: nunmehr Künstler zu bleiben, der zweite: dem Fürsten alle seine Kraft zu widmen, der dritte: als Freund an seiner Seite zu stehen. Des Lebens zu genießen, verlangt er nur, als Bedingung zu dem Wirken, das der Fürst selbst näher bestimmen soll. Wäre diese Bedingung nicht, man möchte diese Selbsthingabe mit der Profeß eines Ordensmannes vergleichen, der sich in blindem Gehorsam seinem Obern um Gottes willen rückhaltlos zur Verfügung stellt.

Wie der Herzog Karl August diese Diensthuldigung aufnahm, ist bereits erwähnt worden[1]. Mit 1800 Thalern Jahresgehalt blieb der schon früher geadelte Dichter Geheimrath, Vorstand der Bergwerkscommission und unverantwortliches Mitglied der Kammercommission, mit dem Privileg, bei den Sitzungen den Stuhl des Herzogs einzunehmen. Dazu sicherte ihm der Fürst freie Wohnung und volle Muße für seine literarische Thätigkeit, und was weit mehr war — seine persönliche, vertraute Freundschaft. Ohne diese Titel zu haben, war Göthe Minister des herzoglichen Hauses, Cultus- und Unterrichtsminister und vielfach der entscheidende Rathgeber in den übrigen Regierungsangelegenheiten des kleinen Staates. Dabei wurde ihm nicht eine quälerische, erniedrigende Günstlingsrolle zugemuthet, er behielt seine volle Selbständigkeit, eigenen Hof und Herd, Unabhängigkeit von den übrigen Beamten und das stillschweigend zugestandene Recht, dem Herzog sich mit größtem Freimuth auszusprechen. Bis zum Tode redete ihn der Herzog mit Du an, behandelte ihn wie einen lieben alten Freund, und sah es nicht gerne, daß Göthe später immer strengere Formen der Etikette um sich zog. Das war die äußere Stellung, welche Göthe im Sommer 1788 antrat und über 40 Jahre lang behaupten sollte — eine der günstigsten, die je einem Dichter zu

---

[1] Göthe's Lehr- und Wanderjahre. S. 330. 331.

Theil geworden. Karl August liebte ihn wirklich, interessirte sich für seine dichterischen und wissenschaftlichen Arbeiten und fand Geschmack daran. Einige Störungen abgerechnet, wie sie im Laufe von 40 Jahren wohl die gemüthlichste Übereinstimmung der Interessen durchkreuzen mögen, hat er Göthe wirklich auf Händen getragen, verschaffte ihm Ansehen, Freiheit, Macht, Anregung, Mittel aller Art, um seinem Dichterberuf obzuliegen, wehrte alles Leid von ihm ab und brachte ihn mit der ganzen Welt in Verbindung. Göthe hat das selbst schon im Anfang dieser Periode dankbar anerkannt:

„Klein ist unter den Fürsten Germaniens freilich der meine;
 Kurz und schmal ist sein Land, mäßig nur was er vermag.
Aber so wende nach innen, so wende nach außen die Kräfte
 Jeder! Da wär's ein Fest, Deutscher mit Deutschen zu sein;
Doch was preisest Du Ihn, den Thaten und Werke verkünden?
 Und bestochen erschien Deine Verehrung vielleicht;
Denn mir hat er gegeben, was Große selten gewähren:
 Neigung, Muße, Vertrau'n, Felder und Garten und Haus.
Niemand braucht' ich zu danken, als Ihm, und Manches bedurft' ich,
 Der ich mich auf den Erwerb schlecht als ein Dichter verstand.
Hat mich Europa gelobt, was hat mir Europa gegeben?
 Nichts! Ich habe, wie schwer! meine Gedichte bezahlt.
Deutschland ahmte mich nach, und Frankreich mochte mich lesen.
 England! freundlich empfingst Du den zerrütteten Gast.
Doch was fördert es mich, daß auch sogar der Chinese
 Malet mit ängstlicher Hand Werthern und Lotten auf Glas?
Niemals frug ein Kaiser nach mir, es hat sich kein König
 Um mich bekümmert, und Er war mir August und Mäcen." [1]

So hat Göthe dieses in der Literaturgeschichte fast einzig bastehende Verhältniß von Fürst und Dichter besungen. In der Wirklichkeit des Lebens nehmen sich allerdings manche Züge desselben weniger ideal, weniger glatt, weniger rosig aus.

Schon bald nach seiner Rückkehr mußte Göthe dem über seine kranke Zehe verdrießlichen Herzog Gesellschaft leisten. Seine Sympathie für preußische Politik und preußischen Militärdienst sagte ihm durchaus nicht zu, und als Karl August, noch nicht völlig hergestellt, in's Lager abreiste, sandte er ihm am 1. October die feingefaßte pädagogische Mahnung nach:

„Gebe uns der Himmel Sinn, uns ans nächste zu halten. Man verwöhnt sich nach und nach so sehr, daß Einem das Natürlichste un-

---

[1] Göthe's Werke [Hempel]. II. 144. 145.

natürlich wird. Ich habe zwar hierüber nicht mehr mit mir zu kämpfen, doch mich immer daran zu erinnern. Leben Sie recht wohl und kommen bald und gesund zurück." [1]

Bald erwacht jedoch ein heiterer Ton. „Im Concert," meldet er dem abwesenden Fürsten, „Club und überall suche ich Jeden zu sprechen und ihm Zutrauen einzuflößen." Am Schluß aber fügt er das „Erotikon" hinzu:

„Weichet Sorgen von mir! doch ach den sterblichen Menschen
   Lässet die Sorge nicht los, bis ihn das Leben verläßt.
Soll es einmal denn sein, so kommt, ihr Sorgen der Liebe,
   Treibt die Geschwister hinaus, nehmt und behauptet mein Herz!" [2]

Der Briefwechsel vom Sommer 1788 bis zum Sommer 1791 erinnert im Ganzen an den Anfang der achtziger Jahre, wo Göthe schon das Factotum des ganzen Herzogthums war. Wie damals, wühlt er in allen Reichen der Natur herum, regiert in allen Ministerien, treibt alle schönen Künste, liest alle Sorten Bücher, dichtet in allen Arten von Poesie und lebt dabei seinem eigenen Herzensroman. Nachdem es zur Erklärung mit Frau von Stein gekommen, verliert letzterer seine Spannung und läuft in eine ruhige Behaglichkeit aus, die selbst der graue Himmel Thüringens nicht mehr zu umdüstern vermag:

„Zu dem erbaulichen Entschluß,
Bei diesem Wetter hier zu bleiben,
Send' ich des Wissens Überfluß,
Die Zeit Dir edel zu vertreiben.
Gewiß, Du wirst zufrieden seyn,
Wenn Du wirst die Verwandtschaft sehen,
Worinnen Geist und Fleisch und Stein
Und Erz und Öl und Wasser stehen.
Indeß macht draußen vor dem Thor,
Wo allerliebste Kätzchen blühen,
Durch alle zwölf Kategorien
Mir Amor seine Späße vor." [3]

„Ich schäme mich vor Ihnen der Studenteneber nicht, die sich wieder in mir zu beleben anfängt," so schreibt er ein andermal dem Herzog [4]. Der vornehmen Hofwelt aber hängt er die Distichen an:

„Ehret, wen ihr nun wollt! Nun bin ich endlich geborgen,
   Schöne Damen und Ihr, Herren der feineren Welt,
Fraget nach Oheim und Vetter und alten Muhmen und Tanten,
   Und dem gebund'nen Gespräch folge das traurige Spiel!

---

[1] Briefwechsel Karl Augusts mit Göthe. I. 134.
[2] Ebdf. I. 135.   [3] Ebdf. I. 166.   [4] Ebdf. I. 137.

> Auch Ihr Übrigen fahret mir wohl, in großen und kleinen
> Zirkeln, die Ihr mich oft nah der Verzweiflung gebracht!
> Wiederholet politisch und zwecklos jegliche Meinung,
> Die den Wandrer mit Wuth über Europa verfolgt." [1]

Nichtsdestoweniger war er meist Quartiermeister, Gesellschafter und Hofcavalier, wenn der Herzog von Gotha oder andere Notabilitäten nach Weimar kamen. Wie oft er bei dem Herzog, wenn dieser anwesend war, bei der Herzogin oder an der Hoftafel speiste, hat Düntzer nach den alten Fourierbüchern sorgfältig aufgezeichnet [2]. Er war gelegentlich der Tröster der oft vereinsamten Herzogin Luise, er hatte bei der Erziehung des Erbprinzen die Hand mit im Spiel, er war der vertrauliche Correspondent des abwesenden Herzogs. Auf den ihm angewiesenen Herzogsstuhl setzte er sich nicht, ging nicht zu den Conseilsberathungen, aber in vertraulichem Umgang beeinflußte er gelegentlich Schmidt, Voigt, Schnauß, Kirms und die übrigen Beamten; Anstellungen, Besoldungsfragen, Rentamtsgeschäfte, Forstsachen, Steuerangelegenheiten, statistische Berichte, industrielle Maßregeln, Finanzabrechnungen — — alle Zweige der öffentlichen Verwaltung gelangten zu seiner Kenntniß und vielfach zu seinem Entscheid. Das eine Geschäft erledigte er im Theater, das andere bei einem Besuch, das dritte auf einem Spaziergang; er ließ sich auch wohl die Acten bringen, schrieb ein paar orientirende Notizen hinzu und beförderte sie an den Herzog [3]. Über den Fortgang des Bergwerks in Ilmenau erschienen bis 1794 sieben officielle Berichte [4], obwohl es damit eigentlich nicht vorwärts ging. Sonst mied Göthe meist officielles Auftreten. Die Universitätsangelegenheiten von Jena wußte er mit seiner eigenen naturwissenschaftlichen Dilettanterie zu verbinden. Er machte Besuche, ließ sich Bücher und Apparate, hörte Vorlesungen, wohnte Experimenten und Sectionen bei, und nebenher wurden dann die laufenden Geschäfte erledigt. Er war nicht nur für sich Natur-, Kunst- und Antiquitätenfreund, sondern suchte auch die herzoglichen Sammlungen zu bereichern und Künstler und Kunstverständige nach Weimar zu ziehen.

Als die Herzogin Anna Amalia nach Italien reiste, fiel es Göthe zu, die Reisenden über Alles zu unterrichten und zu berathen, sie in Rom

---

[1] Göthe's Werke [Hempel]. II. 48.
[2] Göthe und Karl August. II. Bd. passim.
[3] S. Briefwechsel Karl Augusts mit Göthe. I. 128—203. — O. Jahn, Göthe's Briefe an Voigt. 1868. S. 135—147.
[4] 1785. 1787. 1788. 1791 (zwei Berichte), 1793. 1794; der vierte mitgetheilt in den Werken [Hempel] XXVII. Anh. 23—27.

und anderswo zu empfehlen und ihnen nützliche Connexionen zu verschaffen. Als Herder in Geldschwierigkeiten kam, trat er wiederholt als Finanzrath ein. Schließlich holte er die Herzogin in Venedig ab, brachte sie zurück und warb ihr Quartiermeister in Weimar.

Weit andauerndere Geschäftssorgen bereitete Göthe der Schloßbau, bei welchem er meistens das erste und das letzte Wort mitzusprechen hatte.

„Der Präsident," schreibt er den 19. Februar[1], „hat mich auf eine freundliche Weise eingeladen, an dem wichtigen Werke des Schloßbaues pro virili theilzunehmen. Das Beste, was man für die Sache thun kann, ist, für die Menschen zu sorgen, die das, was geschehen soll, klug angeben und genau ausführen. Wir verstehens ja Alle nicht und höchstens können wir wählen." Wahl und Leitung des Baupersonals, Prüfung der Pläne, Wahl der verschiedenen Einrichtung und Ausstattung forderten indeß eine beständige Bethätigung.

Höchst merkwürdig ist, daß Göthe um diese Zeit mit der Freimaurerei völlig brach, die Gründung einer Loge in Jena verhinderte und sogar eine aggressive Bekämpfung des Freimaurerthums anregte.

„Jena war, wie Sie wissen," so meldet er beim Herzog[2], „mit einer Loge bedroht. Bertuch ging gleich von dem Gedanken ab und hat auch Hufeland rectificirt. Bode hält zu fest an dieser Puppe, als daß man sie ihm so leicht abdisputiren sollte; indeß hab ich ihm mit der größten Aufrichtigkeit das Verhältniß hingelegt und ihm gezeigt, warum Sie weder zu einer solchen Einrichtung Ihre Einwilligung geben, noch durch die Finger sehen könnten. Ihre Erklärung gegen Bertuch kommt also recht erwünscht, und der Gedanke, ein Collegium über das Unwesen der geheimen Gesellschaften lesen zu lassen, ist trefflich. Ich habe den Direktoren der Literatur-Zeitung auch einen Vorschlag gethan, den sie angenommen haben, wodurch allen geheimen Verbindungen ein harter Stoß versetzt wird. Sie werden es bald gedruckt lesen. Und so ist es gut, daß man öffentlich Feindschaft setze zwischen sich und den Narren und Schelmen. Die rechtlichen Leute gewinnen alle durch Publicität."

So sehr diese Kritik den wunden Punkt der Freimaurerei trifft, so ist sie doch keineswegs als eine grundsätzliche Äußerung Göthe's, sondern lediglich als eine zeitweilige Anwandlung zu betrachten. Den Streit über die Riten, an welchem 1782 die Weimarer Loge scheiterte, werden höchst wahrscheinlich persönliche Beweggründe hervorgerufen haben. Mochten die augenblicklichen Führer der Loge (Bertuch, Bode u. A.) Göthe auch mißliebig sein, so arbeitete er, wie Herder, Schiller und Wieland, um so

---

[1] Briefwechsel Karl Augusts I. 139.
[2] 6. April 1789. — Ebbf. I. 144.

wirksamer für die Ideen und Ziele der Loge, jene sogenannte Humanität, jenes dogmenlose Christenthum, jene vollständige religiöse Indifferenz, durch welches die unsichtbare Brüderschaft sowohl die katholische Kirche, als auch den protestantischen Bekenntnißglauben hinwegzuräumen suchte. Schon im Juli 1808 schloß sich Göthe mit dem Herzog wieder den Leuten an, die er jetzt „Narren und Schelme" nannte und sogar mit Universitätsvorlesungen bekämpfen wollte. Er ward ihr Lieblingsdichter, und nicht bloß seinen Freimaurerliedern, sondern auch manchen Stellen seines Faust ward die „Ehre" zu Theil, in den Riten der Loge eine Art canonischen und gottesdienstlichen Ansehens zu erlangen.

„Wenn die Zeit gekommen sein wird," sagt Br. Oswald Marbach in einer seiner ‚Katechismusreden'[1], „daß die Christen einander erkennen an der Liebe, dann wollen wir mit Freuden unser unscheinbares Werkelkleid vertauschen mit dem Sonntagsstaat des Christenthums (?); wenn die Zeit gekommen sein wird, wo die Menschen einander erkennen an der Liebe als Kinder Eines heiligen Gottes, dann wollen wir mit Jubel anthun das hohepriesterliche Kleid des Menschenthums (!!) und begeistert alle die Brüder umarmen, die heute noch als unsere Feinde sich gebahren, weil sie uns nicht kennen und sich selbst nicht kennen, und einander selig zuflüstern das begeisterte Wort unseres Sängers (d. h. Fausts, des Verführers, tolles Liebesgefasel an Gretchen):

> „Der Allumfasser,
> Der Allerhalter,
> Faßt und erhält er nicht
> Dich, mich, sich selbst?
> Wölbt sich der Himmel nicht da droben?
> Liegt die Erde nicht hier unten fest?
> Und steigen freundlich blinkend
> Ewige Sterne nicht herauf?

---

[1] Katechismusreden. J. von Br. Oswald Marbach, Manuscript für Freimaurer. 2. Aufl. Leipzig. Fries 1861. S. 160. 161. — Vgl. dessen Agenda. J. 3. Aufl. Leipzig, Fries 1863. S. 67—70. „Zweite Ansprache an die Suchenden", worin Göthe's Faust den „Suchenden" als höchstes und schönstes Vorbild, die „Liebe" Gretchens als Engel der Rettung, Bild und Unterpfand der ewigen Seligkeit hingestellt wird!! Das Buch ist der Großloge in Hamburg und der „gerechten und vollkommenen St.-Johannis-Freimaurer-Loge Balduin zur Linde in Leipzig in dankbarster Liebe, Ergebenheit und Verehrung dargebracht". „Nicht geringere Beachtung," sagt Br. Dr. Franke, „verdient aber auch Br. Göthe. Neben ‚Wilhelm Meisters Lehrjahren' ist auch sein ‚Faust' in maurerischem Geist geschrieben." — Bauhütte, vom 19. Mai 1885. Nr. 19. — Fausts Liebesgefasel wird auch hier als „Glaubensformel" citirt.

4. Göthe und der Herzog Karl August.

Schau ich nicht Aug in Auge dir,
Und drängt nicht Alles
Nach Haupt und Herzen dir,
Und webt in ewigem Geheimniß
Unsichtbar, sichtbar, neben dir?
Erfüll davon dein Herz, so groß es ist,
Und wenn du ganz in dem Gefühle selig bist,
Nenn es dann wie du willst,
Nenn's Glück! Herz! Liebe! Gott!
Ich habe keinen Namen
Dafür! Gefühl ist Alles:
Name ist Schall und Rauch,
Umnebelnd Himmelsgluth."

5. Die schlesische Reise.

1790.

> „Ich sehne mich nach Hause, ich habe in der Welt nichts mehr zu suchen."
> Göthe an Herder, 21. August 1790.

> „Mitten in der beweglichsten Welt lebte er als Einsiedler für sich abgeschlossen."
> Lewes.

Während Göthe die schon ältere Charlotte von Stein mit der jungen Blumenmacherin Christiane Vulpius vertauschte und diesen neuen „Liebesfrühling" in „Römischen Elegien" und „Venetianischen Epigrammen" besang, zog sich über der europäischen Welt bereits die drohende Gewitterwolke der französischen Revolution zusammen, der furchtbarsten und schreckensvollsten Umwälzung, welche seit der Glaubenstrennung des sechzehnten Jahrhunderts über sie hereinbrechen sollte. Am 4. Mai 1789 erklärten sich die nach Versailles berufenen Reichsstände als constituirende Nationalversammlung, am 27. August wurden die „Menschenrechte" proclamirt, im October folgte die Nationalversammlung dem König nach Paris, um unter der planmäßigen Leitung der geheimen Gesellschaften und unter unermüdlicher Agitation des Pöbels, Schlag um Schlag, die ganze bestehende Ordnung zu zertrümmern. Schon im November ward das sämmtliche Kirchengut „zur Disposition der Nation" gestellt, am 13. Februar 1790 wurden alle religiösen Orden unterdrückt, am 12. Juli die ganze kirchliche Ordnung Frankreichs durch die „Civilconstitution des Clerus" über den Haufen geworfen. Nachdem der Fluchtversuch des Königs Ludwig XVI. am 22. Juni 1791 an dessen eigener Unentschiedenheit gescheitert war, wandte sich die Leidenschaft der ruchlosen Umsturzmänner und der durch sie entfesselten Massen gegen das Königthum selbst. Der König, schon längst seines Volkes Gefangener, von den europäischen Mächten verlassen, von seinen Anhängern dem Feinde preisgegeben oder nur unzureichend vertheidigt, von den streitenden Revolutionsparteien als ein lächerlicher Spielball behandelt, verlor in dem unwürdigen Ko=

mödienspiel, das die „gesetzgebende Versammlung" und die rasch einander ablösenden Parteiministerien mit ihm trieben, den letzten Rest von An=
sehen, Einfluß und Gewalt.

Deutschland war nicht bloß durch die allgemeinen Interessen des Rechts und der Ordnung in diese schreckliche Katastrophe mitverwickelt: Kaiser und Reich waren als Hauptstütze der europäischen Staatenordnung den französischen Aufrührern ein ganz besonderer Gegenstand des Hasses; als „Deutsche" und „Österreicherin" ward die unglückliche Königin Marie Antoinette unaufhörlich des Verrathes angeklagt, um die Massen gegen ihren Gemahl und das Königthum zu verhetzen; bei den feierlichsten Triumphen der Umwälzung war schon der Plan ausgesprochen worden, ganz Europa von seinen Königen zu erlösen und eine allgemeine Welt=republik herzustellen; die „Menschenrechte von 1789" selbst waren eine ausgesprochene Kriegserklärung gegen alle Rechtsbegriffe, welche von Constantin dem Großen an die christliche Welt geleitet hatten. Auch in seinem materiellen Besitzstand ward Deutschland durch die französische Revolution ernstlich bedroht. Die Abschaffung sämmtlicher Feudalrechte und Feudallasten (August 1789), die Aufhebung des kirchlichen Zehntens, die Säcularisation sämmtlichen Kirchenguts (November 1789), die Aufhebung aller fremden geistlichen Gerichtsbarkeit (Juni 1790) und der Umsturz der ganzen französischen Kirchenverfassung (Juli 1790) schnitten tief in die Rechte und den Besitzstand Deutschlands ein. Außer den geistlichen Kurfürsten von Mainz, Trier und Köln, den Bischöfen von Straßburg, Speyer und Basel und dem deutschen Orden waren auch zahlreiche weltliche Fürsten, die Herzöge von Pfalz=Zweibrücken und Württemberg, der Markgraf von Baden, der Landgraf von Hessen=Darmstadt, die Fürsten von Nassau, Leiningen und Löwenstein, durch jene Beschlüsse der französischen Nationalversammlung in ihrem rechtlichen Besitze angetastet. Ohne irgend welche Aussicht auf Ersatz sollten sie auf das freche Machtgebot der französischen Deputirten und auf die aberwitzigen Declamationen hin, welche diese über phantastische „Menschenrechte" hielten, wirkliche, jahr=hundertealte, durch die heiligsten Verträge gesicherte Menschenrechte opfern, Rechte, welche mit der ganzen bestehenden Rechtsordnung auf's Innigste verwachsen waren.

Was Kaiser und Reich am meisten verhinderte, die Sache des guten Rechts und der Menschlichkeit gegen die tollen Anmaßungen der französischen Aufwiegler sofort und wirksam zu vertheidigen, war Preußens egoistische Politik. Wie im Zeitalter der großen Glaubenstrennung Türken und

Franzosen die rebellischen deutschen Fürsten unterstützten, um die Wehrkraft des Kaisers gegen die deutsche Revolution möglichst unwirksam zu machen, so standen Preußen und Türken in dieser neuen entscheidenden Weltkrise zusammen, um eine rechtzeitige Intervention des Kaisers gegen die Frevel der französischen Umsturzmänner an dem bestehenden Völkerrecht zu verhindern. Anstatt mit Österreich zur Rettung des bedrohten Europa sich zu verbinden, nützte Preußen die Nothlage des Reiches dazu aus, Österreich in seinem erfolgreichen Türkenkriege aufzuhalten, ja bedrohte Österreich selbst mit einem Bruderkriege, wenn es die errungenen Vortheile im Orient nicht preisgäbe. „Den revolutionären Vulkan in Frankreich" wollte der preußische Minister Hertzberg „in sich selber austoben lassen, unberührt und nicht genährt von fremder Einmischung", um die ganze Macht Mitteleuropas, die Seestaaten, Schweden, Polen und die Türken unter preußischer Leitung gegen das schon tief zerrüttete Österreich und gegen Rußland zu vereinigen und die Macht beider auf ein Jahrhundert „unschädlich zu machen"[1].

Diese echt macchiavellistische Politik des Staatskanzlers Hertzberg war es, die im Jahr 1790 den preußischen Generalmajor Karl August, Herzog von Sachsen-Weimar, nach Schlesien rief, um mit seinem Kürassierregiment nöthigenfalls die Türken gegen Österreich zu unterstützen. Nicht als ob er in der diplomatisch-militärischen Welt irgend ein bedeutendes Wort mitzureden gehabt hätte; aber er schmeichelte sich doch immer noch mit dem Gedanken, eine europäische Rolle zu spielen[2]. Wie früher bei den Unterhandlungen für den Fürstenbund, wünschte er auch Göthe bei sich zu haben, und obwohl dieser lieber bei Christiane und bei seinen Freunden in Weimar geblieben wäre, mußte er doch nach einigen Zögerungen endlich dem Rufe seines Fürsten folgen.

Wie wenig Göthe sich die gewaltige Weltbewegung in Frankreich zu Herzen nahm, hat er schon dadurch angedeutet, daß er seine Betrachtungen darüber in den leichten Flitterkranz seiner frivolen Epigramme einreihte, in welchen er sein neues „Liebesglück" im Stile altheidnischer Erotiker zu verherrlichen bemüht war, und worin er von sich selbst sagt:

---

[1] Vgl. L. Häusser, Deutsche Geschichte. Berlin 1869. I. 221 ff. 268 ff. — Ranke, Sämmtliche Werke. Leipzig 1875. XXXI. und XXXII. 403—440.

[2] „C'est immédiatement sur l'esprit du roi qu'il faut opérer, si l'on veut donner une tournure aux grandes affaires," schrieb er an den Herzog von Braunschweig (14. Febr. 1790). Ranke a. a. O. S. 437.

5. Die schlesische Reise.

> „Wartet, ich finge die Könige bald, die Großen der Erde,
> Wenn ich ihr Handwerk einst besser begreife wie jetzt.
> Doch Bettinen fing' ich indeß; denn Gaukler und Dichter
> Sind gar nahe verwandt, suchen und finden sich gern." [1]

Offen gesteht er übrigens seinen Widerwillen gegen die Revolution ein:

> „Alle Freiheitsapostel, sie waren mir immer zuwider,
> Willkür suchte doch nur Jeder am Ende für sich.
> Willst du Viele befrein, so wag' es, Vielen zu dienen!
> Wie gefährlich das sei, willst du es wissen? Versuch's!" [2]

Ebenso wenig wie von dem Revolutionsschlagwort der Freiheit, ließ er sich von jenen der Gleichheit und Brüderlichkeit berücken:

> „Frankreichs traurig Geschick, die Großen mögen's bedenken,
> Aber bedenken fürwahr sollen es Kleine noch mehr!
> Große gingen zu Grunde; doch wer beschützte die Menge
> Gegen die Menge? Da war Menge der Menge Tyrann." [3]

Während er die Revolution als Störerin des friedlichen Erdengenusses verabscheute, stieß er aber, im tollen Rausche seiner Sinnlichkeit, nicht weniger verächtlich als ein Voltaire und Diderot, das Christenthum und seinen göttlichen Stifter von sich, von dem allein im trüben Taumel jener Zeit Heil und Rettung zu erwarten gewesen wäre:

> „Viele folgten Dir gläubig und haben des irdischen Lebens
> Rechte Wege verfehlt, wie es Dir selber erging.
> Folgen mag ich Dir nicht, ich möchte dem Ende der Tage
> Als ein vernünftiger Mann, als ein vergnügter mich nah'n.
> Heute gehorch' ich dir doch und wähle den Pfad in's Gebirge;
> Dießmal schwärmst du wohl nicht. König der Juden, leb' wohl!" [4]

Daß dieser frech antichristliche Geist ihn auf der schlesischen Reise begleitete, ist aus den Distichen ersichtlich, welche Zarncke erst kürzlich aus seinem damaligen Notizbuch veröffentlicht hat [5]:

---

[1] Göthe's Werke [Hempel]. II. 147.   [2] Ebdf. S. 148.
[3] Ebdf. S. 148.   [4] Göthe's Werke [Hempel]. V. 255.
[5] „Göthe's Notizbuch von der schlesischen Reise im Jahre 1790. Zur Begrüßung der deutsch-romanischen Section der 37. Versammlung deutscher Philologen und Schulmänner in Dessau am 1. Oct. 1884 herausg. von Friedrich Zarncke. Leipzig." Eine herrliche Gabe für deutsche „Schulmänner", worin „unser unvergleichlicher" Göthe die Päderastie besingt und endlich ein Distichon aus dem Papierkorb hervorgezogen ist, das sogar L. Geiger (Göthe-Jahrbuch VI. 374) für „nicht gut mittheilbar" hält! Wie Göthe noch im höchsten Alter über dieses Kapitel dachte, s. bei Burkhardt, Göthe's Unterhaltungen mit dem Kanzler von Müller. Stuttgart 1870. S. 138.

5. Die schlesische Reise.

„Zum Erdulden ist's gut, ein Krist zu sein, nicht zu wanken:
  Und so machte sich auch diese Lehre zuerst."

„Was vom Kristenthum gilt, gilt von den Stoikern; freyen
  Menschen geziemt es nicht, Krist oder Stoiker seyn."

„Thörig war es, ein Brod zu vergotten, wir beten ja Alle
  Um das tägliche Brod, geben...."

Wo aber dieser Geist christusfeindlicher Lästerung herrührte, besagen zwei andere Epigramme, welche sich ohne Verletzung der Sitte nicht mittheilen lassen. In einem derselben spricht Göthe sogar sein schamloses Wohlbehagen an unnatürlichen Lastern aus.

Gleich andern „Menschenbeglückern" jener Zeit glaubte Göthe, die finsteren Mächte des Umsturzes mit den süßen Lockrufen der Freimaurerei „Redlichkeit" und „Humanität" bändigen zu können, denselben Lockrufen, durch welche die französische Gesellschaft an den Rand des Verderbens gebracht worden war:

„Sage, thun wir nicht recht? Wir müssen den Pöbel betriegen.
  Sieh nur, wie ungeschickt, sieh nur, wie wild er sich zeigt!
Ungeschickt und wild sind alle rohe Betrog'nen;
  Seid nur redlich und so führt ihn zum Menschlichen an!" [1]

Wer diese Führung des Volkes zum „Menschlichen" aber übernehmen sollte, war ihm durchaus nicht klar. Schwankend zwischen der revolutionären Gleichheitslehre, welche den Fürsten jedem Andern gleichstellt, und zwischen der Erfahrung, daß die autoritätslose Menge sich selbst nicht zu leiten versteht, richtete er seine Hoffnung nicht auf göttliche und menschliche Autorität, sondern auf die zufällige Macht des Talents, die Aristokratie des Geistes, die — ob rechtlich oder unberechtigt, gleichviel — die Menge ihrem Willen dienstbar zu machen versteht:

„Was hat Joseph gewollt, und was wird Leopold wollen?
Menschen sind sie wie wir, Menschen, wir sind es wie sie.
Nie gelingt es der Menge, für sich zu wollen; wir wissen's.
Doch wer verstehet, für uns Alle zu wollen, er zeig's!" [2]

Joseph II., der im Februar (1790) gestorben war, hatte Alles aufgeboten, um jenes Freimaureribeal eines „redlichen", „menschlichen" Regenten zu verwirklichen, aber in diesem Streben den inneren Verfall des Reiches nur beschleunigt; was der neue Kaiser Leopold für Wege einschlagen würde, war noch nicht abzusehen. Wer bis dahin am meisten Geschick gezeigt hatte, für Alle zu wollen, waren die preußischen Staats-

---

[1] Göthe's Werke [Hempel]. II. 148. [2] Ebdf. V. 257.

männer, für die jedoch Göthe nichts weniger als begeistert war. Er selbst hatte alle Lust verloren, sich in die großen Welthändel zu mischen; er wollte Dichter sein und bleiben, und seine Stellung als Hofmann nur dazu benützen, um freier und ungehinderter Leben und Kunst zu genießen.

„An meinem Büchlein Epigrammen schreibe ich ab," so meldete er am 1. Juli dem Herzog[1]. „Es sind freilich viele ganz lokal und können nur in Venedig genossen werden. Das botanische Werkchen macht mir Freude; denn ich finde bei jedem Spaziergang neue Belege dazu. Was ich über die Bildung der Thiere gedacht habe, werde ich nun auch zusammenschreiben. Und die Reise, die ich zu Ihnen mache, gibt mir die schönste Gelegenheit, in mehr als einem Fache meine Begriffe zu erweitern."

Am 26. Juli verließ er Weimar, am 28. erreichte er Dresden, wo er Besuche machte, am 31. traf er in Grebischen bei Breslau seinen Herzog „wohl, stark und dick, auch der besten Laune". Das Kriegs=ungewitter hatte sich vorläufig verzogen[2]. Friedrich Wilhelm II. hatte zwar, auf Hertzbergs Drängen, ernstlich einen Krieg im Sinne gehabt, war nach Schlesien gereist und hatte am 18. Juni in Schönwalde zwischen Reichenbach und Glatz sein Hauptquartier aufgeschlagen. Schon am 26. Juni trafen indeß die österreichischen Bevollmächtigten Fürst Reuß und Baron Spielmann in Reichenbach ein, um Unterhandlungen zu eröffnen. Die Seemächte England und Holland, auf deren Mithilfe Hertzberg seine Annerions= und Kampfpläne gebaut hatte, versagten. Polen wollte sich zur Abtretung von Thorn und Danzig um keinen Preis herbei=lassen. Der Preußenkönig gab deßhalb Hertzbergs Politik auf, verzichtete auf dessen weitgehende Forderungen und schlug Österreich einen Frieden vor, welcher den Stand vor dem (türkischen) Kriege zur Grundlage hatte. Thatsächlich war ein solcher Friede im Interesse Österreichs, Friedrich Wilhelm aber suchte den Anschein zu wahren, als ob er Österreich denselben abtrotzte. Nachdem man einen Monat lang unterhandelt, ratificirten die beiden Mächte, unter Bürgschaft der Seemächte, den Reichenbacher Vertrag am 27. Juli, gerade einen Tag, nachdem Göthe von Weimar abgereist war. Die preußische Aggressions= und Ver=größerungspolitik wurde in diesem Frieden zum ersten Male wirksam

---

[1] Briefwechsel Karl Augusts. I. 165. Vgl. Guhrauer, Briefwechsel zwi=schen Göthe und Knebel. I. 96.

[2] Aus Herders Nachlaß. I. 126 ff. — Wenzel, Göthe in Schlesien. Oppeln 1867. — Zarncke a. a. O. S. 8 ff.

5. Die schlesische Reise.

zurückgebrängt, doch zu spät, um Ludwig XVI. aus den Händen der Revolution, das deutsche Reich aus dem allgemeinen Umsturz zu retten.

Weil noch die Erklärung Rußlands abzuwarten war, blieb die preußische Armee in Schlesien beisammen, zog sich jedoch langsam von der Grenze zurück. Göthe fand nur „Soldatenleben im Frieden".

„Grün ist der Boden der Wohnung, die Sonne scheint durch die Wände
Und das Vögelchen singt über dem leinenen Dach.
Kriegerisch reiten wir aus, besteigen Schlesiens Höhen,
Sehen mit muthigem Blick vorwärts nach Böhmen hinein;
Aber es zeigt sich kein Feind — und keine Feindin! — O! bringe,
Wenn uns Mavors betrügt, bring' uns, Cupido, den Krieg!"[1]

So schrieb er den 21. August in Hexametern an Herder, von Breslau aus aber klagte er demselben Freunde in Prosa:

„Nun sind wir wieder in dem lärmenden, schmutzigen, stinkenden Breslau, aus dem ich bald erlöst zu sein wünsche. Noch will nichts rücken, von der Abreise des Königs wird gar nichts gesprochen; indessen wünscht sich alles nach Hause, weil doch kein Anschein ist, daß es zum Krieg kommen könnte. Ob der Kourier, der aus Petersburg jede Stunde erwartet wird, Epoche macht, wird sich zeigen. Auch bei mir hat sich die vis centripeta mehr als die vis centrifuga gemehrt. Es ist all und überall Lumperei und Lauserei, und ich habe gewiß keine eigentlich vergnügte Stunde, bis ich mit Euch zu Nacht gegessen und ...... Wenn ihr mich lieb behaltet, wenige Gute mir geneigt bleiben, mein Mädchen treu ist, mein Kind lebt, und mein großer Ofen gut heizt, so hab' ich vorerst nichts weiter zu wünschen. Der Herzog ist sehr gut gegen mich und behagt sich in seinem Element."[2]

Hiermit stimmt, was er in den Tag- und Jahresheften notirt hat:

„In Breslau, wo ein soldatischer Hof und zugleich der Adel einer der ersten Provinzen des Königreiches glänzte, wo man die schönsten Regimenter ununterbrochen marschiren und manövriren sah, beschäftigte mich unaufhörlich, so wunderlich es auch klingen mag, die vergleichende Anatomie, weßhalb mitten in der bewegtesten Welt ich als Einsiedler in mir selbst abgeschlossen lebte."[3]

---

[1] Aus Herders Nachlaß I. 129. Dünzer notirt hiezu: Auch dem Herzog wird es nicht an manchen weiblichen Bekanntschaften gefehlt haben." Göthe und Karl August. II. 21. [2] Aus Herders Nachlaß I. 129. 130.

[3] Göthe's Werke [Hempel]. XXVII. 10. Es wiederholt sich öfter im Leben Göthe's, daß er im Verkehr mit der hohen diplomatischen Welt plötzlich die Rolle des Gelehrten hervorkehrt. Da er sich sonst von dem lebendigen Welttreiben als solchem nicht abgestoßen fühlte, so liegt die Vermuthung nahe, daß er durch Superiorität in einem andern Gebiete sich für seine offenbare Inferiorität auf politischem Gebiet zu trösten suchte.

5. Die schlesische Reise.

Nachdem er sich einige Zeit im Lager zu Grebischen und dann in den höfischen und diplomatischen Kreisen zu Breslau aufgehalten hatte, bereiste er (Ende August) die Grafschaft Glatz und begleitete den Herzog auf einem längeren Ausfluge nach „Tarnowitz, Cracau, Censtochowa und Wielitzka"[1]. Den Tarnowitzer Bergknappen empfahl er statt des guten alten christlichen Gottvertrauens und der treuen Arbeit „Verstand und (Freimaurer=) Redlichkeit" als Panacee alles menschlichen Strebens:

> „Fern von gebildeten Menschen, am Ende des Reiches, wer hilft euch
> Schätze finden und sie glücklich zu bringen an's Licht?
> Nur Verstand und Redlichkeit helfen; es führen die beiden
> Schlüssel zu jeglichem Schatz, welchen die Erde verwahrt."[2]

Die Schwierigkeiten, welche die Tarnowitzer Bergleute an dem Wasser fanden, trösteten ihn über das viele Mißgeschick in Ilmenau. Über den Wallfahrtsort Czenstochau hat er keine Bemerkungen hinterlassen. Dagegen interessirten ihn die Bergwerke von Wielitzka sehr, wie auch der schlesische Bergbau.

„Wir haben sehr angenehme und nützliche Tage verlebt," schreibt er (12. September) an Voigt[3], „wenn gleich die meisten Gegenstände unterwegs wenig Reiz und Interesse haben .... Nun wünsche ich aber auch, daß wir aus Breslau erlöst würden; denn es ist bey manchem Guten hier doch immer ein traurig Leben. Das ganze Militär das hier nicht zu Hause ist, sehnt sich, da es doch nicht vorwärts geht, nach seinen Hütten."

Auch dem Herzog Karl August war das Soldatenleben im Frieden verleidet. Er schrieb am selben Tag an Einsiedel:

„Die Unruhen in Sachsen machen mir Sorge, und wenn auch mein Wunsch, die Meinigen wiederzusehen, mich nicht triebe, so wäre die Gefahr, welche sich uns nähert, schon dazu hinreichend genug. Der hiesige Aufenthalt gewährt mir wenig Heil und Freude, die Gesellschaften sind steif und ängstlich in engen Stuben. Neugierig bin ich die Engländerin zu sehen, die Dir ein Jucken der Tanzlust in die Füße gebracht hat. Gehab Dich wohl damit."[4]

Ganz mißvergnügt war der Herzog übrigens über seinen Aufenthalt in Schlesien nicht. Erstlich faßte er denselben als eine nothwendige Folge seines Dienstverhältnisses auf und dann glaubte er auch an nützlicher Erfahrung gewonnen zu haben:

---

[1] O. Jahn, Göthe's Briefe an Voigt. S. 142.
[2] Schummels Reise durch Schlesien. Breslau 1792. S. 80.
[3] O. Jahn a. a. O.   [4] Schöll, Karl-Augustbüchlein. S. 78.

5. Die schlesische Reise.

„Der lange Aufenthalt in Schlesien gab mir Gelegenheit menschliche und staatswirthschaftliche Verhältnisse kennen zu lernen, von welchen ich das Gute bei mir verpflanzen zu können glaube." [1]

Am 6. October traf er mit Göthe wieder bei dem in Jena versammelten Hofe von Weimar ein und es beginnt nun im Leben des Dichters eine ziemlich flaue Periode von fast zwei Jahren, welche mit den letzten Jahren vor der italienischen Reise manche Ähnlichkeit aufweist, nur daß er jetzt besser gestimmt, gesetzter und ruhiger geworden war. Über lauter Kleinigkeiten kam er zu keiner größern Arbeit und die künstliche Rolle des Gelehrten drängte entschieden das angeborne Dichtertalent zurück.

Epochemachend für ihn, aber nicht für die Wissenschaft, war eine „Entdeckung", welche noch in die letzte Zeit des Jahres 1790 oder in den Anfang des folgenden fällt. Er hatte sich von dem Hofrath Büttner in Jena Prismen und andere optische Apparate geliehen, um die Experimente zur Farbenlehre, die er eben in einem Compendium gelesen, selbst anzustellen.

„Eben zu dieser Zeit," so erzählt er[2], „kam ich in den Fall, meine Wohnung zu verändern. Auch dabei hatte ich meinen früheren Vorsatz (die Experimente der Farbenlehre selbst anzustellen) vor Augen. In meinem neuen Quartier traf ich ein langes, schmales Zimmer mit einem Fenster gegen Südwest; was hätte mir erwünschter sein können! Indessen fand sich bei meiner neuen Einrichtung so viel zu thun, so manche Hindernisse traten ein, und die dunkle Kammer kam nicht zu Stande. Die Prismen standen eingepackt, wie sie gekommen waren, in einem Kasten unter dem Tische, und ohne die Ungeduld des Jenaischen Besitzers hätten sie noch lange da stehen können.

„Hofrath Büttner, der Alles, was er von Büchern und Instrumenten besaß, gern mittheilte, verlangte jedoch, wie es einem vorsichtigen Eigenthümer geziemt, daß man die geborgten Sachen nicht allzulange behalten, daß man sie zeitig zurückgeben und lieber einmal wieder aufs Neue borgen sollte. Er war in solchen Dingen unvergessen, und ließ es, wenn eine gewisse Zeit verflossen war, an Erinnerungen nicht fehlen. Mit solchen wollte er mich zwar nicht unmittelbar angehen; allein durch einen Freund erhielt ich Nachricht von Jena, der gute Mann sei ungeduldig, ja empfindlich, daß ihm der mitgetheilte Apparat nicht wieder zugesendet werde. Ich ließ ihn bringend um einige Frist bitten, die ich auch erhielt, aber auch nicht besser anwendete; denn ich war von ganz anderem Interesse festgehalten. Die Farbe, sowie die bildende Kunst überhaupt hatte wenig Theil an meiner Aufmerksamkeit, ob ich gleich ungefähr in dieser

---

[1] Dünzer, Göthe und Karl August. II. 24.
[2] Göthe's Werke [Hempel]. XXXVI. 414 ff.

Epoche bei Gelegenheit der Saussurischen Reisen auf den Montblanc und des dabei gebrauchten Kyanometers die Phänomene der Himmelsbläue, der blauen Schatten u. s. w. zusammenschrieb, um mich und Andere zu überzeugen, daß das Blaue nur dem Grade nach von dem Schwarzen und dem Finstern verschieden sei.

„So verstrich abermals eine geraume Zeit; die leichte Vorrichtung des Fensterladens und der kleinen Öffnung ward vernachlässigt, als ich von meinem Jenaischen Freunde einen dringenden Brief erhielt, der mich aufs Lebhafteste bat, die Prismen zurückzusenden, und wenn es auch nur wäre, daß der Besitzer sich von ihrem Dasein überzeugte, daß er sie einige Zeit wieder in Verwahrung hätte; ich sollte sie alsdann zu längerem Gebrauch wieder zurückerhalten. Die Absendung aber möchte ich ja mit dem zurückkehrenden Boten bewerkstelligen. Da ich mich mit diesen Untersuchungen so bald nicht abzugeben hoffte, entschloß ich mich, das gerechte Verlangen sogleich zu erfüllen, schon hatte ich den Kasten hervorgenommen, um ihn dem Boten zu übergeben, als mir einfiel, ich wolle doch noch geschwind durch ein Prisma sehen, was ich seit meiner frühesten Jugend nicht gethan hatte. Ich erinnerte mich wohl, daß Alles bunt erschien, auf welche Weise jedoch, war mir nicht mehr gegenwärtig. Eben befand ich mich in einem völlig geweißten Zimmer; ich erwartete, als ich das Prisma vor Augen nahm, eingedenk der Newtonischen Theorie, die ganze weiße Wand nach verschiedenen Stufen gefärbt, das von da ins Auge zurückkehrende Licht in so viel farbige Lichter zersplittert zu sehen.

„Aber wie verwundert war ich, als die durchs Prisma angeschaute weiße Wand nach wie vor weiß blieb, daß nur da, wo ein Dunkles dran stieß, sich eine mehr oder weniger entschiedene Farbe zeigte, daß zuletzt die Fensterstäbe am Allerlebhaftesten farbig erschienen, indessen am lichtgrauen Himmel draußen keine Spur von Färbung zu sehen war. Es bedurfte keiner langen Überlegung, so erkannte ich, daß eine Grenze nothwendig sei, um Farben hervorzubringen, und ich sprach wie durch einen Instinkt sogleich vor mich laut aus, daß die Newtonische Lehre falsch sei. Nun war an keine Zurücksendung der Prismen mehr zu denken. Durch mancherlei Überredungen und Gefälligkeiten suchte ich den Eigenthümer zu beruhigen, welches mir auch gelang. Ich vereinfachte nunmehr die mir in Zimmern und im Freien durchs Prisma vorkommenden zufälligen Phänomene und erhob sie, indem ich mich bloß schwarzer und weißer Tafeln bediente, zu bequemen Versuchen . . . .

„Da ich in solchen Dingen gar keine Erfahrung hatte, und mir kein Weg bekannt war, auf dem ich hätte sicher fortwandeln können, so ersuchte ich einen benachbarten Physiker, die Resultate dieser Vorrichtungen zu prüfen. Ich hatte ihn vorher bemerken lassen, daß sie mir Zweifel in Absicht auf die Newtonische Theorie erregt hätten, und hoffte sicher, daß der erste Blick auch in ihm die Überzeugung, von der ich ergriffen war, aufregen würde. Allein wie verwundert war ich, als er zwar die Erscheinungen in der Ordnung, wie sie ihm vorgeführt wurden, mit Gefälligkeit und Beifall aufnahm, aber zugleich versicherte, daß diese Phänomene bekannt und aus der Newtonischen Theorie vollkommen erklärt seien. Diese Farben gehörten keineswegs der Grenze, sondern dem Licht allein an; die Grenze sei nur Gelegenheit, daß in dem einen Fall die weniger refrangiblen, im andern die mehr refrangiblen Strahlen zum Vorschein kämen. Das Weiße in der Mitte sei aber noch ein zusammengesetztes, durch Brechung nicht separirtes Licht, das aus einer ganz eigenen Vereinigung farbiger, aber stufenweise übereinander geschobener Lichter entspringe, welches Alles bei Newton selbst und in den nach seinem Sinn verfaßten Büchern umständlich zu lesen sei."

Anstatt Newton und die sich ihm anschließenden Physiker nun gründlich zu studiren, fing Göthe von seiner vorgefaßten Idee aus zu disputiren an, experimentirte fröhlich weiter und schrieb es schließlich der französischen Revolution zu, daß Niemand auf seine Entdeckung Acht geben wollte:

„All mein dringendes Mittheilen war vergebens. Die Folgen der französischen Revolution hatten alle Gemüther aufgeregt und in jedem Privatmann den Regierungsdünkel erweckt. Die Physiker, verbunden mit den Chemikern, waren mit den Gasarten und mit dem Galvanismus beschäftigt. Überall fand ich Unglauben an meinen Beruf zu dieser Sache, überall eine Art von Abneigung gegen meine Bemühungen, die sich, je gelehrter und kenntnißreicher die Männer waren, immer mehr als unfreundlicher Widerwille zu äußern pflegte."[1]

Der Widerstand der Fachmänner bestärkte Göthe nur in seiner Meinung. Ohne je einen vollständigen Curs der Mathematik durchgearbeitet zu haben (er war in den vier Species der Algebra stecken geblieben), ohne Newtons Werke gelesen, geprüft und untersucht zu haben, auf die kaum eben aufgeschnappten Notizen eines Schulcompendiums hin und einige zufällig in Hast und Eile gemachte Experimente vermaß sich der sonst in zeitlichen Dingen so vernünftige, besonnene und praktische Mann wirklich, Newtons Farbentheorie und mit ihr die ganze bisherige Optik, ja die ganze Physik über den Haufen werfen und ihr eine neue Grundlage geben zu wollen. Anstatt endlich ernstlich Mathematik, Physik und deren Hilfswissenschaften zu studiren, wie es ihm doch der gesunde Menschenverstand eingeben mußte, wandte er sich an „Anatomen, Chemiker, Literatoren, Philosophen"[2], wie Loder, Sömmering, Göttling, Wolf, Forster, Schelling, um gegen die gesammte Physik Partei zu machen, stellte unaufhörlich Beobachtungen und Versuche an, schrieb Aufsätze und ganze Abhandlungen gegen die eracte Wissenschaft, verfolgte sie

---

[1] Göthe's Werke [Hempel]. XXXVI. 418. [2] Ebds. S. 419.

mit satirischen Epigrammen, verwandte Tage, Wochen, Monate auf ihre Bekämpfung, kurz er rannte mit unbesieglicher Halsstarrigkeit vierzig Jahre lang der unhaltbaren Chimäre jener vermeintlichen „Entdeckung" nach, um endlich bei dem halbverblümten, trostlosen Geständniß anzulangen, daß es eigentlich eine Chimäre gewesen:

„Und so war ich, ohne es beinahe selbst bemerkt zu haben, in ein fremdes Feld gelangt, indem ich von der Poesie zur bildenden Kunst, von dieser zur Naturforschung überging und dasjenige, was nur Hilfsmittel sein sollte, mich nunmehr als Zweck anreizte. Aber als ich lange genug in diesen fremden Regionen verweilt hatte, fand ich den glücklichen Rückweg durch die physiologischen Farben und durch die sittliche (!!) und ästhetische Wirkung derselben überhaupt." [1]

Ganz richtig ist diese Darstellung nicht, da er an seiner optischen Theorie bis zum Ende seines Lebens festhielt, wohl aber dieselbe nie ausschließlich oder hauptsächlich betrieb, sondern Jahr für Jahr, ja beständig in buntestem Wechsel von der Naturwissenschaft zur Ästhetik, von der Ästhetik zum Theater und vom Theater zur dichterischen Production überging, nach Laune und Gelegenheit Alles verband, Alles wieder trennte, bald dieses bald jenes zur Hauptbeschäftigung erkor. Nachdem er kaum die Entdeckung gemacht, mittelst welcher er Newtons Farbentheorie zu stürzen hoffte, wurde er im Anfang des Jahres 1791 mit der Gründung eines Weimarer Hoftheaters betraut, und ehe noch diese gelungen, brach im Bergwerk zu Ilmenau wieder eine neue Geld- und Wassersnoth aus.

---

[1] Göthe's Werke [Hempel]. S. 422. 423.

6. Das Hoftheater.
1791—1795.

> „Daß sein Sinn und Wirken ganz im Theater aufgehe, war freilich zu fordern unmöglich von einem Mann so umfassenden Berufs."
> Adolf Schöll, Göthe 284.

> „Ich hatte wirklich einmal den Wahn, als sei es möglich, ein deutsches Theater zu bilden. Ja, ich hatte den Wahn, als könne ich selber dazu beitragen. ... Allein es fehlten die Schauspieler ... und es fehlte das Publikum."
> Göthe, Gespräche mit Eckermann III. 55.

Das Liebhabertheater, das im November 1775 hauptsächlich unter Göthe's Leitung in Weimar zu Stande kam, war nicht, wie manchmal declamirt wird, auf eine von unscheinbaren Anfängen „zu der idealen Höhe einer Iphigenie" sich entwickelnde Kunstschule angelegt, es war vor Allem auf leichte, angenehme Unterhaltung berechnet. Schon im Anfang wurde neben „Adelaide", „Milchmädchen" und verschiedenen Balletten auch „Minna von Barnhelm" gegeben, und vor und nach der Iphigenie erheiterte sich die fröhliche Gesellschaft an den tollsten Faschingsscherzen, bis sie endlich das Rollenauswendiglernen und die Proben satt bekam, Maskeraden und Festzüge angenehmer fand und es der Schauspielertruppe Bellomo's überließ, das dramatische Fach in Weimar weiter auszubilden.

Nachdem das Hauptmann'sche Haus an der Ilm in andere Hände übergegangen war, hatte man zeitweilig nicht einmal ein festes Theater=local. Erst gegen Pfingsten 1779 erbarmte sich die Herzogin=Mutter Amalia der obdachlosen Musen und Masken und ließ ihnen hinter ihrem Palais, ungefähr an dem Platze, wo heute noch das Theater von Weimar steht, einen Bau herrichten, der sowohl zum Tanzsaal als zum Theater dienen konnte, indem der eigentliche Tanzsaal bei dramatischen Aufführungen als Parterre hergerichtet wurde. Der Bau war nur einstöckig, aber so hoch als sonst zwei Geschosse. Im Hintergrunde der sehr geräumigen Bühne gingen zwei große Flügelthüren dem Garten zu, welche es ermöglichten, nicht nur den Prospect bedeutend zu erweitern, sondern auch Feuerwerke und Beleuchtung in größerem Stile vorzunehmen. Am andern

Ende des Saales, der Bühne gegenüber, war eine Küche und mehrere Zimmer zur Bequemlichkeit der Masken. Für Aus- und Eingang waren acht Thüren angebracht. Eröffnet wurde dieses neue Theater- und Ball-local am 7. Januar 1780. Im Winter 1783—84 gaben die Herren und Damen vom Hofe ihre letzten Liebhabervorstellungen, dann ging das Theater an Bellomo über. Da man mit ihm nicht zufrieden war, der Schauspieler Beck die Direction ablehnte, tauchte Anfangs des Jahres 1791 der Gedanke auf, das Theater zum Hoftheater zu erheben und eine herzogliche Theatercommission zu bilden, welche fürder, unter Oberaufsicht des Hofmarschallsamtes, die Direction desselben führen sollte.

Zur Oberleitung der Commission und des neuen Hoftheaters wurde Göthe berufen; für die Besorgung der ökonomischen und materiellen Verwaltung wurde ihm der Landkammerrath und Assessor des Hofmarschallamts Franz Kirms zur Seite gegeben, ein gewandter Beamter, der bald auch auf die künstlerischen Aufgaben des Theaters Einfluß gewann und erst zum „Hofkammerrath", später zum „Geheimen Hofrath" avancirte [1].

So ward denn Göthe am Vorabend der Pariser Schreckenstage — Theaterintendant von Weimar und übernahm es, während der nun folgenden Revolutionsperiode Hof und Stadt den gewaltigen Ernst der Zeit in angenehmem Bühnenspiel vergessen zu lassen.

Die erste Sorge war jetzt, eine Bühnengesellschaft anzuwerben, dann sie künstlerisch heranzuschulen und endlich durch die Wahl und Bedeutung der Stücke die Bühne selbst zu höheren Kunstleistungen zu erheben. Die Anwerbungen begannen schon im Januar; am 7. Mai (1791) konnte das neue Hoftheater eröffnet werden. Von der Truppe Bellomo's wurden die Schauspieler Malcolmi, Neumann, Domaratius und Krako beibehalten, von Düsseldorf kam ein Herr Demmer mit Frau, von Pesth ein Herr Mattstedt mit Frau, von Olmütz Herr und Frau Amor, vom Prager Nationaltheater der Schauspieler Genast, und als Regisseur ein Herr Fischer mit seiner Frau. Bald traten auch Gastspieler und Gastspielerinnen hinzu und im Laufe der Jahre veränderte sich das Personal beständig, wie das an allen Bühnen der Fall zu sein pflegt.

---

[1] Göthe's Werke [Hempel]. XXVII. 11—13; 307. 308. — Ernst Pasqué, Göthe's Theaterleitung in Weimar. Leipz. 1863. I. 31 ff. 44 ff. — Ed. Devrient, Gesch. d. deutsch. Schauspielkunst. Leipz. 1848. III. 239 ff. — Ed. Genast, Aus dem Leben eines alten Schauspielers. 2 Bde. Leipz. 1862. — W. Gotthardi, Weimarische Theaterbilder. 2 Bde. Leipz. 1865.

Je enthusiastischer erst Lessing[1], dann Schiller[2] das Theater — weit über seinen nächsten, natürlichen Zweck hinaus[3] — als nationale und sittliche Bildungsschule, gewissermaßen als einen Ersatz des religiösen Unterrichts, gefeiert und empfohlen hatten, desto weniger entsprach im Allgemeinen der Zustand der deutschen Bühne diesem hochgesteckten Ziele. Neben Liebschaften, Mord und Todtschlag aller Art wurde zwar unendlich viel Tugend auf die Bühne gebracht, rührend tragirt und beclamirt; aber hinter den Coulissen und im Leben waren die Schauspieler durchweg ein leichtlebiges Völkchen, das es — ehrenwerthe Ausnahmen abgerechnet — mit Sitte und Pflicht nicht allzu ernst nahm, noch weniger ernst als mit den Regeln der Kunst und des Vortrages. Auf der Bühne Liebhaber und Liebhaberinnen, Tyrannen und Rebellen, überzärtliche Mütter und schulmeisterliche Tanten, leichtsinnige Weiber und mürrische Alte, künstliche Landmädchen und leichtfertige Chevaliers, Soubretten und verliebte Greise, Intriguanten, Abenteurer, Militärs, Helden, Gecken und Bediente, Verschwender und Pedanten, Strauchdiebe und Juden, Spaßmacher und Verzweifelte, Typen aller Verirrungen, Leidenschaften und Thorheiten des Menschengeschlechts, nahmen sie aus der eingebildeten Welt ihrer Rollen, aus dem ewig sich wiederholenden Liebesroman der Bühne nothwendig Vieles mit hinüber in das wirkliche Leben. Schulden und Noth, Eifersüchteleien und Streit waren ebenso häufig, als allerlei Liebeshändel und kleine wie größere Skandale[4]. Schauspieler zu Haupterziehern der Menschheit zu machen, die Bühne zum Hauptbildungsinstitut einer Nation

---

[1] Hamburgische Dramaturgie. — Lessings Werke [Hempel]. VII. 69. Er nennt daselbst das Theater einfach „die Schule der moralischen Welt".

[2] Die Schaubühne als eine moralische Anstalt betrachtet. Rhein. Thalia. 1785. I. Heft. — Schillers Werke [Hempel]. XIV. 229—243. „Die Schaubühne ist mehr als jede (!!) andere öffentliche Anstalt des Staats eine Schule der praktischen Weisheit, ein Wegweiser durch das bürgerliche Leben, ein unfehlbarer Schlüssel zu den geheimsten Zugängen der menschlichen Seele."

[3] Solchen, welche die scholastische Theologie nur aus Schauermärchen kennen, wird es vielleicht nicht uninteressant sein, zu vernehmen, daß der hl. Thomas von Aquin das weltliche Schauspiel an sich, wofern es weder durch Wort noch That die Sitten verletzt, eine durchaus erlaubte Erholung bezeichnet und demgemäß auch für die Statthaftigkeit eines eigentlichen professionellen Schauspielerberufs eintritt, wenn diejenigen, die sich ihm widmen, nur anderweitig ihre Christenpflichten erfüllen. Summa theol. 2. 2ae. q. 168. a. 3. ad 3m. Als Zweck bezeichnet er aber nicht Bildung, sondern Erholung, solatium hominibus exhibendum — natürlich eine vernünftige Erholung, wie sie Schiller a. a. O. XIV. 242 sehr schön beschreibt. [4] Ed. Devrient, Gesch. d. deutsch. Schauspielkunst. III. 208 ff.

zu erheben, daran wird jeder Besonnene verzweifeln, der die Annalen dieses Theaterlebens sich näher ansieht.

Krako war ursprünglich ein Jurist, dem aber das Recht zu langweilig geworden war und der deßhalb 1786 unter dem Namen Einer zum Theater ging. Wegen Händeln mit Bellomo floh er Ende 1790 heimlich von Weimar, ward von Bellomo gerichtlich belangt, aber freigesprochen und ging dann zu dem neuen Hoftheater über, bis ihn 13. März 1792 Nervenschwäche nöthigte, seine Entlassung zu nehmen[1]. — August Leißring, mit dem Beinamen „der lange Peter von Itzehoe", der 1795 nach Weimar kam, war ein der Thomasschule in Leipzig entlaufener Student von außerordentlicher Leibeslänge. Er wollte nach Mannheim, hatte aber, als er zu Jena aus der Post stieg, nur noch einen Dreier und einen Empfehlungsbrief, den zwei Schauspielerinnen in Freiberg ihm ausgestellt hatten. Er bestellte sich Chocolade und einen Friseur und stellte sich dem Schauspieler Malcolmi vor, der ihn zu Göthe brachte. Diesem gefiel er und wurde am Hoftheater angestellt; 1797 aber kam sein Vater und verlangte, daß sein erst 19jähriger Sohn unter Vormundschaft gestellt würde. Denn dieser stak bis über die Ohren in Schulden und willigte nur mit Mühe ein, daß ihm wöchentlich ein Thaler von seiner Gage abgezogen würde, um die Gläubiger zu befriedigen. Für ihn machte Schiller die Verse in Wallensteins Lager:

> „Heute die Johanna
> Und morgen die Susanna,
> Der Lieb ist Alles neu,
> Das ist Soldatentreu,
> Lalalalala, Juchhe!"

Seine Schulden wuchsen ihm aber so über den Kopf, daß er es im Februar 1799 für gerathen fand, mit einem Studenten Redlich nach Leipzig durchzubrennen. Von Breslau und Frankfurt aus zahlte er später seine Schulden ab; in Breslau lernte er eine junge Gräfin kennen, entführte sie, ließ sich heimlich mit ihr trauen, kam in den Besitz eines großen Vermögens, verlor es wieder, trennte sich von seiner Frau, ward wieder Schauspieler und blieb es, bis er nach 31jähriger Dienstzeit quiescirt ward. Bei seiner Flucht aus Weimar schrieb er noch einen Brief an Göthe, schob alle Schuld auf den Kammerrath Kirms und bat Göthe um Verzeihung, dessen väterlicher Sorge er alle seine Fortschritte im Bühnenfache zu verdanken anerkannte[2].

---

[1] Pasqué a. a. O. II. 1—13.
[2] Ebdf. II. 41—55. — Unsere Zeit. Neue Folge. 1866. II. 588. 669.

6. Das Hoftheater.

Wie Corona Schröter nur kurze Zeit an dem Bühnenhimmel Weimars leuchtete, um dann verlassen und vergessen als alte Jungfer zu sterben, wurde schon früher erwähnt. Sophie Ackermann, welche 1783 als 23jährige Schönheit mit ihrem Mann nach Weimar kam, wurde gleich Corona eine Zeitlang angebetet. Wieland sang von ihr, als sie seine Alceste gab:

„Ich sah die Grazien dir gegenüber schweben;
Sie kamen nicht, dir neuen Reiz zu geben,
Dich zu copiren kamen sie."

Die Ephemeriden der Literatur und des Theaters begnügten sich nicht, sie eine gute Schauspielerin zu nennen. „Ihr Spiel bezaubert, reißt hin. Man brauchte sie nur als Ophelia im Hamlet zu sehen, um ihr sogleich einen Platz unter den bessern Schauspielerinnen Deutschlands einzuräumen." Wegen Leichtfertigkeit wurde ihr Mann jedoch schon vor der Gründung des neuen Hoftheaters entlassen. Sie folgte ihm an Ostern 1791 mit zwei Knaben und zwei Mädchen. Er trennte sich von ihr. Trotz großen Erfolgen auf andern Bühnen kam sie in's Elend; die beiden Mädchen starben ihr weg, für die beiden Knaben wußte sie kaum die nöthigen Subsistenzmittel aufzutreiben und wandte sich 1799 an Kirms um Hilfe:

„Ich schicke sie (die beiden Knaben) hier in's Knabeninstitut, wo ich für jeden siebzig Gulden jährlich bezahlen muß. O es ist grausam, wie man mit mir umgeht. Doch was will, was kann ich mit gefühllosen Menschen anfangen? Der Vater lebt im Wohlleben, und mich werden, der Kinder wegen, bald Nahrungssorgen drücken und doch bin ich zu delikat und fühle zu fein, als daß ich diesem Unmenschen, der seit zwei Jahren nichts mehr von sich hören lassen will, auch nur ein gutes Wort geben möchte. So lange ich lebe und für die armen Kinder arbeiten kann, will ich als rechtschaffene Mutter ferner für sie sorgen, wie ich es bisher gethan, und wenn ich einmal nicht mehr bin, so mag der Vater unser Aller sich ihrer erbarmen." Sie fand keine Aufnahme. Erst zwölf Jahre später ließ man die bereits völlig gebrochene, hilflose Frau, auf Empfehlung des Herzogs, noch einmal in Weimar debutiren; sie kränkelte aber und erholte sich nicht mehr, nachdem der eine ihrer Knaben schon früher, der andere zu Weimar in ihren Armen gestorben war [1].

Eine glücklichere Laufbahn hatte der aus Köln gebürtige Schauspieler Johann Jacob Graff, der erst Theologie studirt hatte, mit 20 Jahren aber zur Bühne überging und von 1793 bis 1840 in Weimar aushielt, dann pensionirt wurde und im Mai 1842 (73 Jahre alt) zum letzten

---

[1] Pasqué. II. 50—68.

Male auftrat. Friedrich Haide, ein mißglückter Mediciner, dagegen (der erste „Wilhelm Tell") gerieth, weil er stecken geblieben, mit Göthe in Streit und kehrte dreimal dem berühmten Musensitze den Rücken, kam indeß immer wieder zurück, weil er es anderswo auch nicht besser fand[1].

Vohs, der im Mai 1792 nach Weimar kam, daselbst 1793 die 16jährige Friederike Margarethe Porth heirathete und als „Piccolomini" und „Mortimer" glänzte, reichte bei Kirms schon den 23. October 1800 folgendes Promemoria ein:

„Ich bin nun bereits acht Jahre und fünf Monate hier. Gesund und ohne eine Krankheit zu kennen, kam ich her; jetzt bin ich mit allen Gesundheit zerstörenden Übeln vertraut. Mein Geist ist von Schulden und Nahrungssorgen gebeugt und noch mehr durch die Aussicht, meine Familie nach meinem Tode der barmherzigen Wohlthätigkeit überlassen zu müssen. Kein leiser Vorwurf trifft mich, daß ich selbst Schöpfer meines Schicksals sey. Ich habe so frugal gelebt und drey und ein halbes Jahr des Abends nichts Warmes gegessen; ich habe die strengste Gewissenhaftigkeit in allen meinen Ausgaben außer dem Theater beobachtet; habe meine Gesundheit weder durch Schwärmen noch Schwelgen vergeudet und stehe, in meinen besten Jahren, ein siecher, entnervter und von Schulden gebeugter Mensch da, ohne die tröstende Aussicht, meine Lage je verbessern zu können."[2]

Während der arme Mann, vollständig gebrochen, 1804 zu Stuttgart starb, reichte der lustige Bassist und Buffo J. B. Spitzeder dem Kammerrath Kirms folgenden Jammerbrief ein:

„Noch immer brausen die Winde, toben die Wellen und drohen mich zu verschlingen, kein Anker faßt, alle Segel sind zerrissen, so hören Sie also mein Angstgeschrey, ich bitte, retten Sie mich! — Bey vierhundert Thaler, die ich Ihnen schuldig bin, sind Beweise meiner Noth und Ihrer Güte, nur war es der Fall, daß die Rettung immer nur im äußersten Falle der Noth kam und also bei aller Hilfe von Ihrer Seite mir kein anderer Trost übrig blieb, als den Zeitpunkt abzuwarten, wo ich meinen Schaden ganz ausbessern, und zugleich das mir von Ihnen erborgte mit vielem Dank wieder erstatten werde können."[3]

Er wollte 100 Thaler Vorschuß haben, wurde aber von Göthe in Gnaden entlassen. Die stete Geldnoth und der Schuldenjammer der Weimarer Schauspieler hatte übrigens seinen Grund nicht bloß in der Leichtlebigkeit und dem Mangel an haushälterischem Sinn seitens der Schauspieler, sondern auch zum Theil in ihrer knappen Besoldung. Wie Genast der Ältere erzählt, war zwar damals in Weimar noch Alles sehr

---

[1] Pasqué. II. 189—194. 123—132.   [2] Ebdf. II. 108.
[3] Billet vom 31. Oct. 1803. Ebdf. II. 135 ff.

wohlfeil[1]. Als Kostgänger bei einer Familie zahlte er für Logis, Frühstück, Mittagessen und Bedienung wöchentlich 1½ Thaler. Die Gage war aber auch nicht hoch. Die jüngere Malcolmi (spätere Mad. Wolff) erhielt wöchentlich zwei Thaler, so daß also ein halber Thaler für Kleidung, Schmuck, Kostüm und alle übrigen Lebensbedürfnisse übrig blieb — für Leute, die durch ihren Beruf mit den höchsten Ständen in Verkehr kamen, sich an etwas Luxus und Genuß nothwendig gewöhnen mußten, eine durchaus unzureichende Bezahlung[2]. Dabei knickerte die Theatercommission (unter Göthe's persönlichem Einfluß) auch noch an der Garderobe herum. So verordnete sie z. B., daß für den „Esser" kein Aufwand gemacht werden sollte, die Frau Vohs möge sich mit dem weißatlassenen Kleide von Maria Stuart behelfen oder allenfalls könne man „das in der Garderobe befindliche weißatlassene Kleid, wovon Dem. Jagemann neulich als Elisabeth den Rock angehabt, zu rechte machen lassen"[3].

Die hervorragendsten Schauspieler mußten oft in demselben Stücke mehrere Rollen übernehmen, stumme Personen spielen und dann wieder in der Oper singen[4]. Auch den Theaterdienern, Schneidern und Maschinisten wurden Rollen angehängt. Als Statisten und Chor nahm man, gewiß nicht zu deren sittlichem Vortheil, die Studenten vom Gymnasium, weil diese am wohlfeilsten zu haben waren. Es war eine wahre Bettelei.

Selbst Göthe's „Schwager" Vulpius sah sich genöthigt, die Theatercommission, d. h. Göthe und seinen Schattenmann Kirms, in einem „unterthänigen Promemoria" um bessere Bezahlung anzugehen. Göthe hatte ihn, nachdem er Christiane zu sich genommen, nach Leipzig empfohlen, wo er sich mit Schreiben sein Brod verdienen sollte. Er hat das redlich gethan und die deutsche Literatur nicht nur um allerlei archivalische Arbeiten, Übersetzungen, Singspieltexte und Theaterprologe, sondern auch um etwa fünfzig Ritter-, Räuber-, Geister-, Kloster- und Zigeuner-Romane bereichert. Er war ein wirklich fleißiger Mann. In Weimar geboren und seiner Geburtsstadt herzlich zugethan, kehrte er jedoch nach kurzem Leipziger Aufenthalte dahin zurück, trieb hier sein Literatenthum weiter

---

[1] Blätter für Literar. Unterhaltung. 1862. II. 636.
[2] Pasqué. II. 234. [3] Ebds. II. 111.
[4] Göthe's Theaterintendantur. Unsere Zeit. 1866. II. 578. Anfänglich waren für Oper und Schauspiel zusammen nur 11 Schauspieler und 10 Schauspielerinnen vorhanden. — Vgl. Dünzer, Göthe's Leben. S. 444.

und übernahm an dem neuen Hoftheater die Aufgabe, die nöthigen Texte für Opern und Singspiele zu liefern, bis er 1797 zum Registrator der Hofbibliothek, 1803 zum Doctor philosophiae und 1805 sogar zum Oberbibliothekar erhoben ward [1].

Im Jahre 1794 bearbeitete er die „Zauberflöte", 1795 „Die neuen Arkadier", „Die Zauberzither", „Das neue Sonntagskind" (von Wenzel Müller), „Oberon" (von Wranitzky), welche alle in diesem Jahre aufgeführt wurden, in den zwei folgenden Jahren acht neue Opern. Seine Klage lautet:

„Sechs Jahre hindurch erhielt ich für die Bearbeitung jeder Oper nur 2 Karolin. Das zweite Jahr schon beanspruchte, so nach und nach, ganz gegen den Sinn der mir gemachten Bedingungen, ich weiß nicht auf welche Erlaubniß, der Koncert-Meister Kranz die Hälfte des Geldes, welches ich von einer an andere Theater abgelassenen Oper erhielt. So ging mein bestes Verdienst verloren und ich bemühe mich gar nicht mehr Opern an andere Theater unterzubringen; auch ist wirklich seit März vorigen Jahres nicht Eine verkauft worden. Nach Abzug der Abschreibegebühren, der Musik, des Textes, des Postgeldes und der Hälfte an den Koncert-Meister Kranz blieb mir gewöhnlich die Summe von 5, wenn's hoch kam, 7 Thalern. Dieß war der große Ertrag dieses Privilegiums.

„Darauf wurde vom Durchlauchtigsten Herzog resolvirt und von der Oberdirection bestätigt, daß ich mehr für die Bearbeitung der Opern erhalten sollte. Darauf bekam ich für jede (wie meine Zeddel ausweisen können) 4 Karolin. — Dabei beruhigte ich mich, und hatte keinen Gedanken, meine Arbeiten für einen Preis anzuschlagen, den anderswo der geringste Dichter bekömmt, der für ein Theater arbeitet. 3 Rthlr. wöchentlicher Gage bot mir schon im Jahre 1788 der gewiß nicht überaus genereuse Bellomo."

So klagte und jammerte Alles um Göthe; er allein schwamm in der Behaglichkeit eines gesicherten Daseins und herzoglicher Gunst, brauchte sich kaum anzustrengen und waltete über Allem wie ein Gott. Die eigentliche Plage hatten Regisseur und Schauspieler.

Das Repertorium der Weimarer Hofbühne erhob sich in der ersten Zeit seiner Direction kaum über das einer beliebigen andern deutschen Bühne. Im Jahre 1791 wurden im Ganzen 112 Vorstellungen gegeben, 55 in Weimar, die übrigen in Lauchstädt und Erfurt, lauter gewöhnliche gangbare Stücke von Iffland und Kotzebue, zwei von Babo, Paesiello's „Eingebildeter Philosoph" und Dittersdorfs „Rothes Käppchen"; erst in der Herbstsaison (October—December) tauchen ein paar Novitäten auf:

---

[1] Pasqué. II. 89—98. Dünzer, Göthe und Karl August. II. 214. 215.

Mozarts „Entführung aus dem Serail", Göthe's „Großkophta", Schillers „Don Karlos" und Shakespeare's „König Johann" [1].

Hiervon war der Großkophta entschieden eine Niete, Don Karlos litt an mancherlei Gebrechen; König Johann war das einzige Stück von wirklich höherer, dramatischer Vollendung. Göthe war indeß mit sich und seinen Leuten zufrieden und stellte sich am 1. August das Zeugniß aus:

„Wir dürfen behaupten, daß wir in mehr als einem Sinn gewonnen haben, daß die gebildeten Schauspieler den Fleiß fortgesetzt und ihre Talente vermannigfaltigt, daß die jüngeren bei jeder neuen Rolle sich hervorzuthun und in ihrer Kunst mehr zu leisten bestrebt waren, daß das Ganze an Ton und Spiel mehr in Verbindung gekommen ist, und daß wir durch neue und gute ältere Stücke vielfach unterhalten worden sind, so daß bei einem fortgesetzten Antheile des Publikums unser Schauspiel unter den deutschen Bühnen gewiß nicht zurückbleiben wird." [2]

Der Liebling Göthe's, sowie der Theatergesellschaft und des Publikums, war nicht ein Schauspieler, sondern eine Schauspielerin, eigentlich noch fast ein Kind, Christiane Neumann, ein Töchterchen des Schauspielers, welcher nach Bellomo's Abgang die Leitung des Theaters hätte übernehmen sollen, aber in Folge übermäßiger Anstrengungen schon den 25. Febr. 1791 gestorben war [3].

Das arme verwaiste Kind war den 15. December 1778 geboren, hatte schon mit 5 Jahren auf dem Theater mitspielen müssen und wurde dann weiter auch zum Singen und Tanzen dressirt, ein allerliebstes, zierliches Ding, das Aller Leute Herzen gewann. Etwas mehr künstlerische Erziehung bekam es von Corona Schröter, der ersten Iphigenie, und spielte dann zum ersten Mal in Weimar — kaum 9 Jahre alt — den Edelknaben in Engels gleichnamigem rührendem Stücke (2. Febr. 1787). Ganz Weimar schwärmte nun für das Mädchen. Als Göthe die Theaterdirection übernahm, war es 13 Jahre, nahezu erwachsen. Er empfand für die anmuthige Waise nicht nur künstlerische Sympathie und eine Art väterliche Liebe, er war ganz vernarrt in sie und widmete ihrer Heranbildung mehr Sorgfalt als der gesammten übrigen Gesellschaft. Bezahlt war sie nicht gut; sie erhielt mit ihrer Mutter zusammen nur 5 Thaler wöchentliche Gage. Aber sie mußte seine Prologe vortragen, die sichtlich schon von Liebe zu ihr eingegeben und auf sie berechnet sind. Er ließ sie

---

[1] A. Schöll, Göthe in Hauptzügen seines Lebens und Wirkens. Berlin 1882. S. 288. 289. [2] Göthe's Werke [Hempel]. XXVII. 307.
[3] S. Christiane Neumann, Göthe's Euphrosyne. Bei Dr. C. W. Weber, Zur Geschichte des Weimarischen Theaters. Weimar 1865. S. 277—308.

erst in Kinderrollen, dann als Landmädchen, Amtmanns- und Försters-
töchterchen, endlich aber auch in Knabenrollen auftreten: wie das auf der
Bühne schon allgemein gang und gäbe war. In Shakespeare's König
Johann wurde sie zu jenem Prinzen Arthur ausersehen, der erst durch
seine rührenden Bittworte die ihm drohende Blendung abwendet, dann sich
durch einen Sprung von der Mauer zu retten sucht und dabei stirbt.

Es ist recht charakteristisch für Göthe, daß er bei diesem Stück sich
wenig für dessen große politische, kirchenpolitische und patriotische Motive[1]
interessirte, nicht für die leidenschaftlich gewaltigen Männerrollen, nicht für
die ergreifenden Rollen der Königinnen Eleonore und Constanze, sondern
vorwiegend nur für die zwei rührenden Scenen des Prinzen Arthur, und
zwar nicht als Rolle eines harmlosen, unglücklichen Königssohnes gedacht,
wie ihn Shakespeare dachte, sondern — für ein Mädchen in Knabenkleidern
— Christiane Neumann. Auf sie kam jetzt Alles in dem Stück an. Sie
spielte gut. Als „Hubert" in der Probe indeß mit der Zange herankam,
um sie — den Prinzen — zu blenden, zeigte sie nicht genug Angst. Da
riß der Director Göthe dem „Hubert" die Zange aus der Hand, stürzte
auf Christiane los und machte dabei so schreckliche Augen, daß diese in
Ohnmacht fiel. Nun erschrak Göthe selbst, kniete bei ihr nieder, und als
sie wieder zu sich kam, gab es einen Kuß.

Das ist die Hauptscene aus Göthe's fast vierzigjähriger Theaterdirection, wie sie in allen Göthebüchern und selbst in den Literaturgeschichten im Lichte der Verklärung geschildert wird. Sie beweist schlagend
den tiefgreifenden Gegensatz zwischen dem männlich-universellen, echten
Dramatiker William Shakespeare und dem lyrischen Mädchenverehrer
Wolfgang Göthe, den dieser Kuß mehr interessirte als König Johann
und alle übrigen Könige von England, Irland und Schottland zusammen[2].

Neben dieser Arthur-Rolle und andern Knaben- und Jünglings-
rollen spielte Christiane in den nächsten Jahren die hervorragendsten Lieb-

---

[1] Vgl. darüber Dr. J. M. Raich, Shakespeare's Stellung zum Katholicismus. Mainz 1884. S. 151—173.

[2] Göthe's Werke [Hempel]. II. 48—52. „Er spiegelt darin am rührenden
Vorgang seiner Probe mit ihr als Arthur die entzückende Entfaltung (!) der kindlichen Künstlerin an seiner Vaterbrust, vergegenwärtigt die edle und schöpferische
Humanität (!), die der Maihauch der ganzen Kunstpflanzung war, und hat das
lieblichste Geschöpf dieses vergangenen Mai mit diesem lebenswahren Zeugniß unsterblich gemacht." Schöll, a. a. O. S. 295. Weber S. 285 ff. „Mit welcher
leidenschaftlichen Künstlerneigung," sagt Düntzer (Göthe's Leben S. 447),
„Göthe dieses ‚liebliche Talent' auszubilden suchte, ist ... bekannt."

6. Das Hoftheater.

haberinnenrollen, wie die Marianne in Göthe's Geschwistern, die „Nichte" in seinem Großkophta, die Gurli in Kotzebue's Indianern, dann Emilia Galotti, Minna von Barnhelm, die Amalie in Schillers Räubern, die Rosamunde im Abällino, die Luise in Kabale und Liebe, die Eboli in Don Karlos, Klärchen in Egmont, Ophelia im Hamlet. Sie wurde die erste Schauspielerin, half aber dabei auch in allen erdenklichen, selbst den unbedeutendsten Rollen aus.

Mit 15 Jahren heirathete sie den Schauspieler Becker, mit 16 war sie schon Mutter eines Töchterchens. Auch dann noch ließ sie Göthe, 7. October 1794, wieder als Knaben auftreten — als den studirreifrigen Knaben Jakob in Iflands „Alte und Neue Zeit", ja er machte einen Extra-Prolog für sie, um sie — die Mutter — in Knabentracht dem Publikum vorzuführen:

> „Erst ist man klein, wird größer, man gefällt,
> Man liebt — und endlich ist die Frau,
> Die Mutter da, die selbst nicht weiß,
> Was sie zu ihren Kindern sagen soll." [1]

Ein zweites Töchterchen starb ihr 1796, sie selbst unterlag schon 1797 — noch keine 20 Jahre alt — einer Brustkrankheit, die sie sich in ihrem anstrengenden und aufregenden Beruf zugezogen hatte. Weit entfernt, sich das Loos seiner Schülerin zu Herzen zu nehmen, besang Göthe, der damals in der Schweiz war, in einer Elegie „Euphrosyne" jenen Kuß, den er in der Probe von ihr erhalten hatte.

Wie die Sesenheimer Friederike wurde sie für ihr frühgeknicktes Leben durch eine „Unsterblichkeit" entschädigt, die nur bei Heiden von Werth sein kann.

Während die Schauspieler bei hartem Dienst und großer Anstrengung karg gehalten wurden, nahm das Repertorium der Weimarer Bühne bis zu Christianens Tod (1797) eigentlich keinen bedeutenderen Aufschwung über dasjenige anderer Bühnen. Wie anderswo, waren darin Iffland und Kotzebue [2] am stärksten vertreten: zwei Dramatiker, über welche heute die meisten Kritiker den Stab zu brechen pflegen, welche aber damals

---

[1] Göthe's Werke [Hempel]. XI. 231.

[2] „Diese Beiden also, mit dem Geleit ihrer Nachahmer, beherrschten seit Anfang der achtziger Jahre die Bühne: Iffland und Kotzebue." So R. E. Prutz (Vorlesungen über die Geschichte des Theaters. Berlin 1847). Er entwickelt mit richtigem psychologischem Blick, wie Göthe weder Muth noch Lust gehabt, diese Herrschaft zu brechen: „Er wollte nicht mehr kämpfen, nur noch genießen, nicht mehr Fremdes gestalten, nur noch sich selbst entfalten." S. 377. 378.

nicht nur durch ihre Fruchtbarkeit, sondern auch durch ihre technische Bühnenkenntniß und die allgemeine Beliebtheit ihrer Stücke das deutsche Theater einfachhin beherrschten. Jener, selbst einer der ersten Schauspieler Deutschlands, wußte die einfachsten Vorwürfe des Bürger= und Beamten= lebens so spannend und rührend, charakteristisch und gemüthlich zum bürgerlichen Schauspiel zu gestalten, daß seine Stücke für Jahrzehnte allüberall volksthümlich geblieben sind; dieser, schon frühzeitig Theater= regisseur, erlangte sowohl durch ähnliche bürgerliche Dramen als auch durch höhergehaltene Tragödien eine fast allgemeine Gunst, im eigentlichen Lustspiel aber übertraf er Iffland entschieden an Witz und Gewandtheit[1]. Göthe selbst anerkannte in Kotzebue ein „ausgezeichnetes Talent", brachte seine Stücke unaufhörlich auf die Bühne, gestand, daß sie die Zuschauer unterhielten und die Kasse füllten, und bedauerte nur „eine gewisse Nul= lität", d. h. daß er „das Treffliche" (Göthe natürlich!) heruntersetze, um selber trefflich zu scheinen[2].

Neben den Stücken Ifflands und Kotzebue's figurirten meist Dramen von ähnlichem Tone und Charakter, wie Beils „Schauspielerschule", Bretzners „Räuschchen", Zschokke's „Abällino", Gotters „Argwöhnischer Ehemann", Hagemanns „Otto der Schütze". Etwas höher standen Gozzi's „Glückliche Bettler" und Leisewitz' „Julius von Tarent". Von Lessing wurde „Minna von Barnhelm" und „Emilia Galotti" gegeben, von Schiller die „Räuber", „Kabale und Liebe" und „Don Karlos". Göthe selbst war nur mit „Egmont" vertreten, mit den armseligen „Geschwistern" und dem noch armseligeren „Großkophta"[3]. Bei weitem das größte Verdienst Göthe's ist, daß doch wenigstens vier Stücke von Shakespeare zur Aufführung kamen; aber auch hier zeigt sich sowohl Beschränktheit der Kräfte als des Geschmacks. Von den Königsdramen wurden nur „König Johann" und die zwei Theile „Heinrich IV." gegeben, von den großen Tragödien nur „Hamlet". Wer Shakespeare also nach seiner ganzen Fülle, Großartigkeit und Tiefe kennen lernen wollte, blieb an's Lesen gewiesen. Göthe selbst gesteht vom Jahre 1795, daß sich das Theater eigentlich noch gar nicht gehoben hatte:

---

[1] „Was zwanzig Jahre sich erhält, und die Neigung des Volkes hat," sagte Göthe später mit Bezug auf Kotzebue, „das muß schon etwas sein. Wenn er in seinem Kreise blieb und nicht über sein Vermögen hinausging, so machte Kotzebue in der Regel etwas Gutes." Eckermann, Gespräche. I. 47.

[2] Göthe's Werke [Hempel]. XXVII. 331—333.

[3] C. A. H. Burkhardt, Göthe's Werke auf der Weimarer Bühne. 1775 bis 1817. Göthe-Jahrb. IV. 107—126.

6. Das Hoftheater.

„Die Zauberflöte gewährte noch immer ihren früheren Einfluß, und die Opern zogen mehr an als alles Übrige. Don Juan, Doctor und Apotheker, Cosa Rara, das Sonnenfest der Braminen befriedigten das Publikum. Lessings Werke tauchten von Zeit zu Zeit auf, doch waren eigentlich Schröberische, Jfflandische, Kotzebue'sche Stücke an der Tagesordnung. Auch Hagemann und Großmann galten etwas. Abällino ward den Schillerischen Stücken ziemlich gleichgestellt; unsere Bemühung aber, Alles und Jedes zur Erscheinung zu bringen, zeigte sich daran vorzüglich, daß wir ein Stück von Maier, den Sturm von Bocksberg, aufzuführen unternahmen, freilich mit wenig Glück." [1]

Um so zu dirigiren, brauchte man nicht eben ein Göthe zu sein. Schwager Vulpius, der unermüdliche und schlechtbezahlte Operntext-Lieferant, hätte das allenfalls ebenso gut leisten können.

„Ein unermüdlicher Konzertmeister, Kranz, und ein immer thätiger Theaterdichter, Vulpius, griffen lebhaft mit ein. Einer Unzahl italiänischer und französischer Opern eilte man deutschen Text unterzulegen, auch gar manche schon vorhandenen zu besserer Singbarkeit umzuschreiben. Die Partituren wurden durch ganz Deutschland verschickt." [2]

Der Geschichtschreiber der deutschen Schauspielkunst, E. Devrient, dürfte wohl Recht behalten, wenn er Göthe's Dirigiren in dieser ersten Periode des Hoftheaters „wenig angestrengt" findet. Dagegen ist anzuerkennen — und das thut Devrient auch —, daß Göthe eine künstlerische Hebung der Bühne wirklich im Sinne hatte und das Princip derselben — harmonisches Zusammenspielen Aller anstatt der flachen Effecthascherei der Einzelrollen — schon in dem Prolog aussprach, womit am 7. Mai 1791 die neue Hofbühne eröffnet wurde [3].

Was seiner Thätigkeit als Dramatiker wie als Dramaturge am hinderlichsten in den Weg trat, war, wie Prutz richtig bemerkt, jene olympische Ruhe und Künstlerbehaglichkeit, mit welcher er aus Italien zurückgekehrt war. Das mochte dem Lyriker und Epiker zu gute kommen; den Dramatiker drängte es aus seinem eigensten Gebiete, dem Gebiete kraftvoller Leidenschaft und entschiedenen Handelns, aus Welt und Geschichte in die zarte Empfindungswelt seiner eigenen Seelenzustände zurück. Er ging dem Kampf auf der Bühne, wie im Leben, aus dem Wege. Daher sind seine eigenen dramatischen Gedichte in dieser Periode „mehr lyrischer, mehr epischer", als wahrhaft dramatischer Natur; es sind Gemälde und Spiegelbilder des eigenen Lebens, nicht, was das Wesen des Drama's ist,

---

[1] Göthe's Werke [Hempel]. XXVII. 31.   [2] Ebdf. XXVII. 12.
[3] Devrient a. a. O. III. 240 ff. — Göthe's Werke [Hempel]. XI. 221.

Gemälde der Welt und der Geschichte; es sind Zustände, nicht Handlungen[1]. Als Dramaturge aber vernachlässigte er das Studium der schon vorhandenen besten Leistungen auf diesem Gebiet, Aristoteles wie Lessing. Er wollte vergnüglich Alles selbst experimentiren.

Dazu hatte er sich so gewöhnt, alle seine Kräfte zu zersplittern, daß er sie nach keiner Richtung hin, nicht einmal nach der theatralischen mehr zusammenzuhalten wußte. Noch im Sommer 1791 gründete er zu dem andern Vielerlei die sog. Freitagsgesellschaft[2], d. h. ein gelehrtes Kränzchen, worin sich die Weimarischen Koryphäen jeweilen am ersten Freitag des Monats zusammenfinden sollten. Da las er über Optik und den Stammbaum des Cagliostro, Herder über Unsterblichkeit, Böttiger über alte Vasen, Hufeland über die Kunst, das Leben zu verlängern[3]. Nachher wurden Kupferstiche und literarische Novitäten herumgeboten und die akademische Vorlesung verwandelte sich in ein literarisches Salongeplauder.

---

[1] Pruß, a. a. O. S. 378.
[2] Statuten und Protokolle derselben bei O. Jahn, Göthe's Briefe an Voigt. S. 443—452.
[3] Andere Mitglieder waren Bertuch, Bode, Buchholz, von Einsiedel, von Knebel, Voigt, Wieland, Kestner.

7. Die Campagne in Frankreich.

1792.

> „Von hier und heute geht eine neue Epoche der Weltgeschichte aus, und Ihr könnt sagen, Ihr seid dabei gewesen."
> Göthe, Campagne, 19. September.

> „Es ist bezeichnend genug für den ganzen Feldzug, daß das einzige, wirklich bedeutende Ereigniß in einer Kanonade bestand, welche keinen von beiden Theilen zum Sieger machte. ... Im Ganzen schildert Göthe die Lage etwas zu verzweifelt."
> Hermann Hüffer.

Eine größere Störung erlitt Göthe's Theaterleitung, als die französische Revolutionsbewegung Deutschland ernstlicher bedrohte und gemäß dem im Februar 1792 zwischen Preußen und Österreich eingegangenen Bundesvertrage ein gemeinsames Vorgehen der beiden Mächte beschlossen wurde. Am 25. Juli erließ der Herzog von Braunschweig, der Oberfeldherr der verbündeten Armeen, sein Kriegsmanifest. Die Lage Ludwig' XVI. wurde dadurch wesentlich verschlimmert. Die Rettung Frankreichs wie das Heil Europa's stand jetzt auf dem Spiele. Nur eine energische und wohlberechnete Führung des Krieges konnte der zur Weltmacht herangewachsenen Revolution Einhalt gebieten.

Schon Anfangs Mai hatte das Regiment des Herzogs Karl August Befehl erhalten, sich marschfertig zu machen. Mitte Juni begann es in Weimar unruhig zu werden. Die durchziehenden Regimenter riefen eine fieberhafte Aufregung hervor. Am 28. Juni reiste der Herzog zu seinem Regiment ab und marschirte mit demselben nach Melsungen. Wie die Generale jener Zeit führte er einen ganzen Troß mit sich, seinen Geheimsecretär und seinen Kämmerer Wagner, neun Bediente, sechzehn Stallleute und Leibhusaren, Jagdlakaien, Mundkoch, Küchenbursch, Küchenmagd, Boten, Stallmeister, Mohr, vier Windhunde, zwei Wasserhunde und einen Hühnerhund, Offizierstafel und Kammertisch. Er hoffte immer noch, die Kriegsgefahr würde sich verziehen[1]. In Koblenz mußte man

---

[1] C. A. H. Burkhardt, Im Kampfe gegen Frankreich. 1792—1793. — Grenzboten 1873. IV. 281—302.

7. Die Campagne in Frankreich.

bis Ende Juli auf das Eintreffen der schlesischen Regimenter warten. Am 23. Juli begrüßten 150 Kanonenschüsse vom Ehrenbreitstein den König Friedrich Wilhelm II. Abends war glänzende Beleuchtung. Großartige Revuen und Festmahle folgten in den nächsten Tagen. Eigenes Selbstgefühl und die Versicherungen der Emigranten weckten unter den Deutschen die Zuversicht, im September wohl schon siegreich vor Paris zu stehen. Erst als man endlich aufbrach und der Grenze näher kam, ward die Stimmung etwas trüber, aber nicht kriegerisch. Die Macht der Revolution wurde unterschätzt, und noch am 17. August, als es schon auf Thionville losging, meinte Karl August, die ausschweifende Freiheitswuth bald gedämpft zu sehen und wieder in sein Weimar zurückkehren zu können[1].

Göthe war indessen zu einem Besuch seiner Mutter nach Frankfurt gereist, am 12. August daselbst eingetroffen und gedachte, sich in seiner Vaterstadt und deren Umgegend noch länger zu vergnügen, als ihn am 16. der Herzog zu sich in's Feldlager beschied. Er mußte deßhalb schon am 20. von Frankfurt Abschied nehmen, brachte ein paar Abende in Mainz bei seinen Freunden Forster und Sömmering zu und traf auf „guten und bösen Wegen" am 27. in Longwy ein, das sich soeben nach einer zweitägigen Beschießung ergeben hatte. Obwohl das Wetter sehr ungünstig geworden, wurde schon am 29. weiter vorgerückt. Göthe bekam beim Aufbruch den König und den Herzog von Braunschweig zu Gesicht. Am folgenden Tage stand man vor Verdun und eröffnete die Beschießung. Die Festung ergab sich nach tapferer Gegenwehr am 2. September, und am nächsten Tage konnte der Herzog an Einsiedel in Weimar schreiben:

„Die Merkwürdigkeiten Quedlinburgs hab' ich gestern gleich mit denen von Verdun vergleichen wollen, wo ich den gestrigen Abend zubrachte; indessen zogen aufgerissenes Pflaster, der Auszug einer halbbesoffenen und halbtollen Nationalgarde, eine Boutique von Dragées, Bonbons, Liqueurs und dazu gehörigen Mädchens[2], der Leichenconduct des sich selbst entleibten Commandanten

---

[1] Vgl. für das Folgende Burkhardt, a. a. O. — Göthe's Werke [Hempel]. XXV. 1—225. Häusser, Deutsche Geschichte. I. 347—400. — J. B. Weiß, Weltgeschichte. Wien 1881. VII. 1081—1108. — Dumouriez, Mémoires. — Minutoli, Geschichte des Feldzugs von 1792. — (Valentini) Erinnerungen eines alten preußischen Offiziers. Glogau 1833. — Girtanner, Historische Nachrichten über die französische Revolution. — Hermann Hüffer, Zu Göthe's Campagne in Frankreich. Göthe-Jahrbuch. IV. 79—106. — Wehland (Faselius), Lebens- und Regentengeschichte Karl Augusts. Weimar 1857. S. 17—20. — Schöll, Karl-August-Büchlein. S. 86—90.

[2] Von diesen wichtigen Artikeln erzählt auch Göthe (Werke. XXV. 88), und

der Stadt und ein demokratisches Frauenzimmer, welches bei diesem Anblick die gravis angustia bekam, dergestalt meine Aufmerksamkeit auf sich, daß ich darüber alle Alterthümer und die Nachfrage ihrer Entstehung vergaß.... Wir sind nun Meister der letzten Vestung, welche unsern Lauf nach Paris aufhalten konnte. Stellen sie uns Nichts im freien Felde entgegen, so sind sie verloren, und thun sie dieses, so wird es ihnen darum nicht besser gehen."¹

Mitten in diesen rosigen Siegeshoffnungen machte dem Herzog der Professor Gottlieb Hufeland in Jena zu schaffen, welcher im Frühjahr Vorlesungen über die französische Revolution eröffnet hatte und sehr freisinnig darüber in die Allgemeine Literaturzeitung schrieb. Die Jenaische Jugend nahm dieß mit Begeisterung auf, der Herzog billigte „Zweck und Manier" der „Revolutionsbogen"; aber die preußische Regierung war darüber ungehalten und verbot die Zeitung. Als preußischer General zwischen Stuhl und Bank gerathen, hielt es Karl August für das Beste, wenn Hufeland seine Vorlesungen drucken ließe: das würde die üblen Gerüchte darüber am ehesten verscheuchen.

„Übrigens," schrieb er an Voigt², „haben Sie nur keine Sorge, daß unsere faits den Despotismus erheben oder die Denkfreiheit hindern werden. Die Einschränkung aber, die entstehen wird, ist diese, daß Gelehrte, die ihr Lebtag mit Administration von Ländern, ja eines Bauerngutes Nichts zu thun gehabt, Nichts davon praktisch verstehen, weil die Administration nur durch die Erfahrung erlernt werden muß, mithin dergleichen Gelehrte nicht auf leere Abstraktionen hin Grundsätze in die Welt bringen mögen, die nur wahr scheinen, weil sie so wenig wie Gespenster widerlegt werden können, und daß also dergleichen Gelehrte sich nicht wie N. N. künftig für Lehrer des Volks und der Regenten ansehen mögen, und (nicht) jeden Gedanken, den eine Indigestion supponirt, für einen innern Beruf ansehen mögen, das Volk gegen scheinbare Bedrückungen aufzurufen, und Regenten neuerfundene Pflichten einzuschärfen."

Den nächsten Tag (5. September) wurde das Lager jenseits Verdun verlegt. Göthe blieb mit dem weimarischen Regiment bis zum 10. September in Jardin-Fontaine. Dann erfolgte der Marsch nach dem Argonnerwald, über Malancourt, Landres in die Nähe von Grandpré³. Nachdem General Clairfayt mit den Österreichern den Paß Le Chêne

---

der Kronprinz von Preußen meldet in seinem Tagebuch (2. Sept.): „Der Herzog von Weimar, dem der Ruf der Verduner Liqueurs und Dragées sehr wohl bekannt war, zieht Erkundigungen ein, wo die besten zu haben. Man führt uns zu einem Kaufmann Namens Leroux, an der Ecke eines kleinen Platzes wohnhaft, der uns sehr höflich empfängt und nicht verfehlt, uns auf das Beste zu bedienen."

¹ 3. Sept. 1792. A. Schöll, Karl-August-Büchlein. 87.
² 4. Sept. 1792. Ebds. S. 88.
³ Die Marschroute s. in Göthe's Werken [Hempel]. XXV. 223—225.

7. Die Campagne in Frankreich.

le populeux gestürmt hatte, zogen die Preußen durch Grandpré, überschritten die Aisne und marschirten, nach eintägiger Rast bei Daur les Mourons, weiter nach Massiges, Somme-Tourbe, in die Nähe von Valmy. Die Langsamkeit ihrer Bewegungen ermöglichte es Dumouriez, Grandpré noch rechtzeitig zu verlassen, sich nach Saint-Menehould zurückzuziehen, sich mit Kellermann, Beurnonvielle und Chafot zu vereinigen und so bei der Mühle von Valmy — auf einer Anhöhe bei St.-Menehould — 40 000 Mann in günstigster Stellung und wohlverschanzt aufzustellen[1]. Den Preußen, welche am 15. leichter Mühe den General Dubouquet in Chêne le populeux hätten einschließen, Dumouriez in den Rücken fallen und sich offenen Weg nach Paris bahnen können, blieb jetzt nichts übrig, als die gerettete, vereinigte und verstärkte französische Armee in ihrer nunmehrigen festen Stellung anzugreifen. Von den Valmy gegenüberliegenden Höhen von La Lune begannen sie am 20. September ihre Geschütze gegen dieselbe spielen zu lassen. Die Franzosen antworteten mit nicht minder heftigem Feuer. Nach Göthe's Bericht wären von deutscher Seite 10 000 Schüsse gefallen, von der deutschen Armee 1200 Mann[2] einem vergeblichen Sturm auf die Höhen von Valmy geopfert worden. Der Herzog von Braunschweig ließ nämlich gegen Mittag, während die Kanonade am heftigsten wüthete, einen Theil seiner Truppen vorrücken, hinab in's Thal und dann die Hügel von Valmy hinan. Kellermann wurde das Pferd unter dem Leibe zusammengeschossen. Beide Heere waren zum blutigsten Zusammenstoß gerüstet. Da indeß die französische Schlachtlinie der Kanonade ungebeugt trotzte, verzweifelte Braunschweig an einem Erfolg. Zum zweiten Male commandirte er seine Leute zurück, ließ gegen 7 Uhr Abends die Geschütze schweigen, verschanzte sich in La Lune und knüpfte am 22. Unterhandlungen an. Das Hauptquartier blieb sieben Tage lang in Hans, etwas nördlich von Valmy. Es regnete die ganze Zeit.

Den Zug bis Valmy, die Kanonade, das Kanonenfieber, das harte Leben im Zelt und den jämmerlichen Rückzug hat Göthe dreißig Jahre später (1822) ausführlich und mit dem Behagen eines Greises erzählt, der vergnüglich auf glücklich überstandene Abenteuer zurückblickt. Ein kurzes, aber ziemlich vollständiges Bild der ganzen Lage wie seiner Betheiligung

---

[1] Weiß, Weltgeschichte. VII. 1088 ff. Dumouriez, Mémoires. II. u. III.
[2] In Wirklichkeit betrug der Verlust nur 200. H. Hüffer (Göthe-Jahrbuch. IV. 96) hält Göthe's Zahl für einen bloßen Schreibfehler. Nach Valentini wurden beiderseits je etwa 20 000 Kugeln verschossen. (Häusser, Deutsche Geschichte. I. 379.)

bei dem Abenteuer gibt der Brief, den er „im Lager bey Hans den 27. September 1792" an Knebel schrieb[1]:

„In diesen vier Wochen habe ich manches erfahren, und dieses Musterstück von Feldzug gibt mir auf viele Zeit zu denken. Es ist mir sehr lieb, daß ich das Alles mit Augen gesehen habe und daß ich, wenn von dieser wichtigen Epoche die Rede ist, sagen kann:

et quorum pars minima fui.

Wir sind in einer sonderbaren Lage. Nach der Einnahme von Verdun fand man, daß die Franzosen die Forêt d'Argonne besetzt und den Paß von Clermont auf Ste. Menehould verrannt hatten. Man suchte sie zu tournieren und mit Hilfe des Generals Clairfait vertrieb man sie von dem Posten von Grandprée, die ganze Armee ging über diesen Ort und setzte sich zwischen S. Menehould und Chalons. Als man den Feind zu Gesichte bekam, ging eine gewaltige Canonade los, es war am 20ten, und da man endlich genug hatte, war alles still und ist nun schon 7 Tage still. Sogar die Vorposten schießen nicht mehr. Die Franzosen stehen ohngefähr wie vorher, und von uns kann man nur über Grandprée nach Verdun gelangen. Entsetzliches Wetter, Mangel an Brod, das langsam nachkommt, machen diesen Stillstand noch verdrießlicher. Man fängt an, den Feind für etwas zu halten, den man bisher verachtete und (wie es zu gehen pflegt bei solchen Übergängen) für mehr zu halten als recht ist.

Der Herzog ist wohl, ich bin es auch, ob ich gleich täglich etwas von meinem Fette zusetze, wie meine Westen und Röcke zeugen. Ich bin nach meiner Art im Stillen fleißig und denke mir manches aus; in Opticis habe ich einige schöne Vorschritte gethan.

Ich lese französische Schriftsteller, die ich sonst nie würde gesehen haben, und so nütze ich die Zeit so gut ich kann. Wäre es gut Wetter, so wäre alles anders und man könnte manches versuchen und mehr Menschen sehen, so aber mag man Tage lang nicht aus dem Zelte. Die Gegend ist abscheulich.

Behalte mich lieb. Empfiehl mich den Durchl. Herzoginnen und allen Freunden. Es freut mich sehr zu hören, daß Herder wohl ist, um wenige Tage hätte ich ihn in Frankfurt gesehen. Ich wünsche sehr bald wieder bei euch zu seyn, da aber unser Weg sehr parabolisch ist, läßt sich die Bahn schwer berechnen.

Indessen wird meine Wohnung fertig werden und, wie Meyer sie einrichtet, ein Plätzchen werden, wo meine Freunde gern zusammenkommen. Lebe wohl. Liebe mich!"

Es waren harte Tage. „Der Herzog," so berichtet Karl Augusts Kabinetssecretär Weyland[2], „setzte sich selbst dem Mangel aus, um für

---

[1] Guhrauer, Briefwechsel zwischen Göthe und Knebel. I. 105.
[2] Schöll, Karl-August-Büchlein. S. 89.

die Gesundheit seines Gefolges zu sorgen." Der Kronprinz von Preußen aber schreibt unter demselben Datum (27. und 28. September):

„Die Ruhr, die seit Verdun in der Armee immer zunahm, erreichte hier ihren Gipfel. Wenig Dörfer in der Nähe, keine Einwohner darin, also auch keine Lebensmittel zu haben; unsere Communication mit Grandpré äußerst unsicher durch französische Streifpartien, die öfter unsere Convois beunruhigten, plünderten, Gefangene machten, die Wege dorthin fast ganz impracticabel durch den Regen. Alles dies war Schuld, daß wir kein Brod von der Bäckerei erhalten konnten, und wenn je etwas herankam, so war es gewöhnlich ungenießbar, so daß unsere Noth täglich wuchs und den höchsten Grad erreichte."[1]

Unterdessen wurden Unterhandlungen geführt, ein höchst verschlungenes Ränkespiel, das noch vollständiger Aufklärung harrt. Johann Wilhelm Lombard, der Kabinetssecretär des Preußenkönigs, fiel am 20. einer französischen Streifpatrouille in die Hände. Dumouriez, dem an nichts so sehr gelegen war, als die Verbündeten so lange unthätig hinzuhalten, bis er seine Armee noch mehr verstärkt hätte, benützte die Auswechslung dieses Gefangenen, um Verhandlungen anzuknüpfen, und gab ihm eine Denkschrift mit, in welcher er den König von Preußen sehr keck von weiterem Vordringen abmahnte, die Wiedereinsetzung Ludwig' XVI. für unmöglich erklärte und auf Kosten der Österreicher eine französisch-preußische Allianz anzubahnen suchte. Friedrich Wilhelm II. soll über letztere Zumuthung ungehalten gewesen sein; doch ließ er sich auf Verhandlungen ein. Sein Adjutant Manstein und der Generalmajor Heymann hatten am 22. eine Besprechung mit Kellermann, welche in den folgenden Tagen wenigstens schriftlich fortgesetzt wurde. Dumouriez erreichte seinen Zweck: er gewann fünf Tage, um sich besser zu befestigen und noch mehr Truppen an sich zu ziehen.

Als Lucchesini am 27. von Verdun wieder im Hauptquartier eintraf, fand er hier Dumouriez' Adjutanten, Thouvenot, mit 12 Broden, 12 Pfund Kaffee und Zucker für den König, dem Auftrag, einige Gefangene auszuwechseln, und einer nunmehr offenen Einladung zu einem Bündniß mit den Franzosen. Das war dem König zu stark. Lucchesini durchschaute die Absichten des französischen Generals. Im Auftrag des Königs mußte Manstein den Unterhändler zurückweisen, der Herzog von Braunschweig aber des folgenden Tags ein neues Manifest erlassen, in welchem derselbe scharfe und herausfordernde Ton gegen die Revolution angeschlagen wurde, wie in seinem ersten. Nachdem man zum Vortheil

---

[1] Häusser, Deutsche Geschichte. I. 387.

7. Die Campagne in Frankreich.

der Franzosen acht Tage verloren hatte, wollte man jetzt wieder zu den Waffen greifen. Es wurde Kriegsrath gehalten, aber bloß, um in Anbetracht des schlechten Wetters, der grassirenden Krankheiten und des üblen Zustandes der Armee endlich den Rückzug zu beschließen. Am 28. drohte Braunschweig, die alte Ordnung der Dinge in Paris wieder herzustellen, und am 29. begann er den Rückzug durch die Argonnen.

So stellt sich der Verlauf ungefähr nach den preußischen Berichten dar. Alle Schuld wird auf Manstein geschoben, der sich von Dumouriez habe hinter's Licht führen lassen. Die Politik des französischen Heerführers war jedoch so leicht zu durchschauen, die ganze Armee litt so sehr unter den acht Tage lang sich hinschleppenden Verhandlungen, das Manifest des Herzogs von Braunschweig und der sofortige Rückzug stehen in so seltsamem Widerspruche, daß es schwierig ist, in Mansteins Leichtgläubigkeit die einzige Schuld an dem so jämmerlichen und schmählichen Ende des Feldzuges zu suchen. Nach französischen Berichten[1] haben die officiellen Unterhandlungen nur als Deckmantel für geheime Abmachungen gedient, welche Dumouriez im Einverständniß mit Danton führte und welche darauf hinausliefen, daß die Preußen versprachen, binnen 20 Tagen das französische Gebiet zu räumen, Verdun und Longwy zurückzugeben, wofür dann Dumouriez sich verbindlich machte, ihren Rückzug nicht zu stören[2].

Ganz unwahrscheinlich ist das nicht, da der sonst überall rasch zugreifende Dumouriez die preußische Armee ruhig durch die Mäusefalle der Argonnenpässe hinausziehen ließ, in welchen er sie leicht hätte vernichten oder wenigstens bedeutend schädigen können. „Bei dem physischen Zustand der Armee, den schlechten Wegen und Defileen, die man zu passiren hatte, dem wiederholten Verstopfen der Straße durch Truppen und Gepäck, das einmal (4. October) für einen Weg von wenig Meilen einen Marsch von 30 Stunden nothwendig machte, war jeder feindliche Angriff bedenklich und konnte dem Heere die peinlichsten Verlegenheiten bereiten."[3]

---

[1] Mémoires d'un homme d'état. I. 460. Darnach hätte sich Lombard von den Franzosen fangen lassen, um Unterhandlungen anzuknüpfen. „Par un arrangement concerté d'avance, Lombard feignit de tomber dans une patrouille française ... Il eut la nuit même, avec Dumouriez, une conférence où les points essentiels de la négociation furent discutés." Daß Lombard, wenn er einen solchen Streich beging, ihn nicht gleich am 24. seiner Frau ausplauderte, versteht sich von selbst. (S. Göthe-Jahrbuch. IV. 100.)

[2] Vgl. Bruno Bauer. Zur Orientirung über die Bismarckische Ära. Chemnitz 1880. S. 198 ff.   [3] Häusser. I. 387.

Und doch wurde es nur durch einige unbedeutende Streifzüge gestört. General Kalkreuth erreichte schon am 6. October die Gegend von Verdun, und Göthe befand sich mit dem Lager bereits am 7. jenseits der Maas bei Consanvoye.

Daß sich in der vertraulichen Correspondenz jener Tage keine Andeutung eines solchen Geheimvertrags und ebenso wenig der Vorschlag einer französisch-preußischen Allianz auf Kosten Österreichs findet, ist kein völlig durchschlagender Beweis, daß ein solcher Geheimvertrag nicht bestand[1]. Denn ein solcher legte sowohl Dumouriez als den Preußen nothwendig das strengste Geheimniß auf. Diese durften sich den Österreichern gegenüber nicht den Schein des Abfalls geben, jener mußte sich eventuell vor den extremsten Jakobinern verantworten können, daß er nicht den Kopf des Königs von Preußen als Siegestrophäe vor den Convent bringe.

Es ist indeß hier nicht der Ort, diese Frage zu entscheiden. Im deutschen Heer waltete Schmerz, Beschämung und Unwille vor, daß man, anstatt siegreich in Paris einzuziehen, so elend wieder an den Rhein zurückmarschiren mußte. Wie Göthe schon den Waffenstillstand vom 24. September als unzureichend beklagt hatte, so stimmte er auch jetzt in die allgemeine Klage ein. „Hunger, Krankheit, Elend, Mißmuth lagen schwer auf einer so großen Masse guter Menschen. In solchen Bedrängnissen wurden wir noch gar durch eine unglaubliche Nachricht überrascht und betrübt; es hieß, der Herzog von Braunschweig habe sein früheres Manifest an Dumouriez geschickt, welcher, darüber ganz verwundert und entrüstet, sogleich den Stillstand aufgekündigt und den Anfang der Feindseligkeiten befohlen habe."[2]

„Wo man sich auch umsah," so erzählt er von dem Anfang des Rückzuges[3], „einigermaßen vertraut mit der Gegend, gestand man, hier sei keine Rettung, sobald es dem Feinde, den wir links, rechts und im Rücken wußten, belieben möchte, uns anzugreifen; da dies aber in den ersten Stunden nicht geschah, so stellte sich das hoffnungsbedürftige Gemüth schnell wieder her, und der Menschengeist, der Allem, was geschieht, Verstand und Vernunft unterlegen möchte, sagte sich getrost, die Verhandlungen zwischen den Hauptquartieren Hans und St. Menehould seien glücklich und zu unsern Gunsten abgeschlossen worden."

---

[1] Göthe scheint an einen solchen geglaubt zu haben: „Denn wäre auch mit Dumouriez und den höchsten Gewalten Übereinkunft getroffen gewesen, welches nicht einmal als **ganz gewiß** angenommen werden konnte, so gehorchte doch damals nicht leicht Jemand dem Andern." Werke [Hempel]. XXV. 74.

[2] Göthe's Werke [Hempel]. XXV. 70.   [3] Ebd. XXV. 72.

7. Die Campagne in Frankreich.

Nach acht Tagen harter Strapazen erreichte er die Maas, am 9. October trennte er sich von der Armee, um nach Verdun zu fahren und dort einen Tag zuzubringen; am 13. October erreichte er Arlon, am 14. Luxemburg. Von hier sandte er Herder eine leichte Federskizze zu — ein Freiheitsbaum in der Mitte mit der Inschrift: cette terre est libre, zugleich als Wegweiser dienend: chemin de Paris. Nach Paris hin geht über einem Hügel die Sonne auf, nach der deutschen Seite hin Wolken und strömender Regen. Der Text dazu heißt:

„Aus der mehr historischen und topographischen, als allegorischen Rückseite werden Ew. Liebden zu erkennen geruhen, was für Aspecten am Himmel und für Conjuncturen auf der Erde gegenwärtig merkwürdig sind. Ich wünsche, daß diese Effigiation zu heilsamen Betrachtungen Anlaß geben möge. Ich für meine Person singe den lustigsten Psalm Davids dem Herrn, daß er mich aus dem Schlamme erlöst hat, der mir bis an die Seele ging.

Wenn Ew. Liebden Gott für allerlei unerkannten Wohlthaten im Stillen danken, so vergessen Sie nicht, ihn zu preisen, daß er Sie und Ihre besten Freunde außer Stand gesetzt hat, Thorheiten ins Große zu begehen.

Ich wünsche gute Folgen des Bades auf den Winter. Ich eile nach meinen mütterlichen Fleischtöpfen, um dort wie von einem bösen Traume zu erwachen, der mich zwischen Koth und Noth, Mangel und Sorge, Gefahr und Qual, zwischen Trümmern, Leichen, Äsern und Scherbhaufen gefangen hielt." [1]

Während sein Reisebericht wiederholt auf Unterhandlungen hindeutet, läßt er den Gegenstand derselben unerörtert. „Daß Göthe von dem eigentlichen Getriebe derselben," meint Herm. Hüffer, „nichts Genaues erfahren, also auch nicht mitgetheilt hat, wird man nicht befremdlich finden und noch weniger ihm verübeln. Der Herzog von Weimar hat nicht mehr davon erfahren; selbst der preußische Kronprinz befand sich, wie er ausdrücklich anmerkt, in gleichem Falle." [2]

Merkwürdig bleibt immerhin, daß man in den Kreisen der Emigranten, welche bei den Unterhandlungen in schmählichster Weise preisgegeben wurden, Göthe eine politische Bedeutung beimaß. Der Rheinische Antiquarius (Chr. v. Stramberg) berichtet nach ihren Aussagen folgendermaßen:

„Die von dem Pariser Stadtrath angeordnete Beraubung des Garde-meuble der Krone, wo ein Schatz von 40 Millionen aufgehäuft gewesen, lieferte die Mittel zu einer Verständigung; sie zur Anwendung zu bringen, ließ Lombard sich mit seinen Akolythen Göthe und Lafontaine fangen. Die beiden Schreiber

---

[1] Aus Herders Nachlaß. I. 185. [2] Göthe-Jahrbuch IV. 97.

7. Die Campagne in Frankreich.

hatte er sich zugelegt, ohne Zweifel, damit sie in den Augen der Welt ein nicht zu rechtfertigendes Treiben rechtfertigen könnten. In der Wahl von Lafontaine, dem Sublet, verrieth er wenig Einsicht, vielleicht eine von seinem Vater, ‚de poudreuse mémoire‘, herrührende Inspiration. Göthe entsprach vollkommen den Erwartungen seines Mäcens. Er vornehmlich hat die Gerüchte um das schreckliche Wetter, um die Unfruchtbarkeit der Champagne, um den bei der Armee eingerissenen Mangel in Umlauf gesetzt, er hat auch die pompöse Beschreibung der Kanonade von Valmy, des Kinderspiels geliefert, und damit seinen Beruf, der Übersetzer des größten Aufschneiders unter den Italiänern, des Benvenuto Cellini, zu werden, gerechtfertigt. Von eigenthümlicher Bedeutung sind deßhalb die Worte, so auf dem Rückzug der Herzog von Braunschweig an ihn richtete: ‚Es thut mir zwar leid, daß ich Sie in dieser unangenehmen Lage sehe, jedoch darf es mir in dem Sinne erwünscht sein, daß ich einen umsichtigen, glaubwürdigen Mann mehr weiß, der bezeugen kann, daß wir nicht vom Feinde, sondern von den Elementen überwunden worden.‘ Dem Mangel, um den Göthe klagt, zu steuern, durfte man nur die Österreicher und die Emigranten auf Chalons werfen: Vorräthe aller Art und im Überflusse befanden sich dort aufgehäuft, und die paar zu ihrem Schutze aufgestellten föderirten Bataillone würden dem ersten Angriff gewichen sein, indeß Dumouriez bei S. Menehould in Schach gehalten wurde. Fruchtbar wie die Ufer der Seine und Yonne, wie die Brie, ist das Innere der Champagne freilich nicht, doch kann sie immerhin in dem Reichthum der Production mit mancher Provinz von Deutschland, welche dreißig Jahre hindurch zahlreiche Heere speisen mußte, wetteifern. Die angeblichen Regengüsse betreffend, hat man zu Paris angemerkt, daß die acht ersten Tage des September 1792 ungemein schön gewesen sind, daß es am 8. und 9. einigemal im Tage regnete, daß mit dem 10. für die Dauer von 10 Tagen das schöne Wetter wiederkehrte. Den Morgen des 20., dann den 23., 24. und 25 hat es geregnet, es kommen demnach auf den ganzen Monat 5½ Regentage. Die übrige Zeit war ausgezeichnet schön, und das schlimme Wetter trat nicht ehender, denn mit dem October ein, als die preußische Armee sich bereits in vollem Rückzug befand. Dessen Bedingungen zu ordnen, ergaben sich noch einige Schwierigkeiten: am Ende, nachdem die wesentlichen Stipulationen des Vertrags bewilligt, gebot am 27. der Herzog von Braunschweig den allgemeinen Rückzug [1], den ungestört bewerkstelligen zu können,

---

[1] „Le 30 les commissaires tirés du sein de la convention étant arrivés au camp de Dumouriez, firent prêter aux troupes le nouveau serment à la république. Le jour même ils ratifièrent l'arrangement secret conclu entre les généraux en chef des deux armées. Le duc de Brunswick s'était engagé à ne pas livrer bataille et à se retirer jusqu'à la Meuse, à condition de ne pas être inquiété. — Rien ne transpirait dans les deux camps qui étaient restés douze jours en présence; et au moment où l'armée combinée s'attendait à recevoir le signal de marcher au combat, elle reçut l'ordre inattendu de rétrograder. Le soir même les Prussiens commencèrent leur retraite. Ils ne firent ce premier jour qu'une lieue, mais dans le plus bel ordre." Mémoires d'un homme d'état. I. 484.

7. Die Campagne in Frankreich.

er sich noch gefallen ließ, den Besitz von Verdun und Longwy aufzugeben. Die Preußen wurden demnach in keiner Weise belästigt, alle Thätigkeit der Verfolgung wandte sich gegen die Österreicher, und vornehmlich gegen die Emigranten. ‚Dans la retraite quelques uns des émigrés tombèrent entre les mains de l'ennemi qui, troublant fort peu la marche des Prussiens, n'avait pas les mêmes raisons pour ménager les émigrés. Les prises amusent beaucoup nos soldats, écrivait Kellermann.' Dergleichen unglückliche Gefangene wurden nach Paris gebracht und da unter gesetzlicher Form erschossen, genau wie die Mexicaner ihre Gefangenen dem Vizlipuzli opferten. Der König mußte sich das Alles gefallen lassen und nach wie vor diejenigen, welche die unwürdige Stellung ihm auferlegt hatten, um sich und in ihren Ämtern dulden. Nur gegen Calonne durfte er seinem Unwillen Luft machen: ‚il le proscrivit et le renvoya.'[1]

Unhaltbares und Unsicheres mischt sich in diesem Bericht mit Wahrem und Wahrscheinlichem. Unhaltbar ist die Behauptung, daß Göthe sich mit Lombard habe fangen und aus der Beute des Kronschatzes bestechen lassen, um durch seine Wetterberichte und Jammerschilderungen die Schmach des Rückzugs und die geheimen Unterhandlungen mit den Franzosen zu decken; denn er hat seinen Bericht erst 30 Jahre später geschrieben. Für seine Gefangennahme liegen ebenso wenig andere Zeugnisse vor, als für ein besseres Septemberwetter. Wahr ist dagegen, daß Göthe's Bericht nicht ganz ungefärbt ist. „Im Ganzen schildert Göthe die Lage etwas zu verzweifelt."[2] Er spricht selbst in einem Briefe an Reinhard von „Gespenstern, die sich 30 Jahre dazwischen bewegt" und die er nicht „wegbannen" konnte. In einem Briefe an Schultz charakterisirt er seine Darstellung als eine „milde Behandlung", und es ist freilich wunderlich, wenn er bei seinem Überblick über den ganzen Feldzug[3] sagt: „Aber sonderbar verwickelte Zustände wurden durch anhaltendes Regenwetter herbeigeführt." Sein glühendster Verehrer und Vertheidiger sieht sich zu dem Zugeständniß genöthigt, daß der Euphemismus hier „etwas weit getrieben" sei[4]. Der Kanonade von Valmy hat Göthe viel mehr Wichtigkeit beigelegt, als sie verdiente, da sie nicht „mit irgend einer nennenswerthen Schlacht der nächsten 23 Jahre verglichen werden kann"[5]. Gegen die Emigranten hat er sich nicht gerade unbillig gezeigt, und Stramberg hatte Unrecht, dieselben an ihm rächen zu wollen. Aber eine berechtigte

---

[1] Rheinischer Antiquarius, Coblenz 1851. I. Abth. I. 116.
[2] Göthe-Jahrbuch. IV. 98.   [3] Göthe's Werke [Hempel]. XXV. 121.
[4] Dünzer in seiner Vertheidigung Göthe's gegen Stramberg. Augsburger Allgem. Zeitung 1858. Nr. 120. S. 1915.   [5] Häusser. I. 379.

7. Die Campagne in Frankreich.

Frage legt seine Darstellung doch nahe: Was hatte Göthe eigentlich bei dem Feldzuge zu schaffen? Aus welchem Grund wollte ihn der Herzog bei sich haben und setzte ihn, den dichterischen Günstling, den Intendanten seines Hoftheaters, solchen Leiden und Strapazen, ja unzweifelhaften Gefahren der Gesundheit und des Lebens aus?

Göthe ist jede Antwort hierauf schuldig geblieben. Da er früher, im August 1784, dem Herzog bei dessen geheimen Unterhandlungen wegen des Fürstenbundes die Dienste „eines zuverlässigen, vertrauten Geheimschreibers" — das ist Ranke's Ausdruck[1] — zu leisten, nicht unter seiner Würde hielt, so ist die Annahme nicht ganz unbegründet, daß der Herzog ihn auch jetzt nicht bloß als Freund und Vertrauten um sich zu haben wünschte, sondern auch als gelegentlichen Geheimschreiber und Unterhändler. Er war sehr verschwiegen und zuverlässig. Von jenen früheren Unterhandlungen hat er weder der Frau von Stein noch seinen Tagebüchern etwas anvertraut. Ob diese diplomatische Verschwiegenheit im preußischen Hauptquartier abermals zur Ausübung kam, darüber liegt weiter keine Andeutung vor. Da der Herzog selbst weder in militärischer noch in politischer Hinsicht eine bedeutende Rolle spielte, so ist es wahrscheinlicher, daß er der diplomatischen Talente Göthe's nicht bedurfte und daß dieser über die Politik schwieg, weil er zu den „Thorheiten in's Große" wirklich nichts zu sagen hatte. Wie er früher bei ähnlicher Gelegenheit den Dramatiker hervorgekehrt hatte, so war er jetzt unpolitischer Beobachter des Volks- und Kriegslebens, Naturforscher — und wo er wieder auf friedlichen Boden kam, Kunstfreund und Kunstforscher.

Obwohl erst nach 30 Jahren redigirt, sind seine Marsch-, Zelt- und Lagerscenen lebhaft und anschaulich ausgeführt. Aus der sorgfältigen Retouchirung ist die Frische unmittelbarer Aufzeichnung zu erkennen. Wie auf der italienischen Reise, hat er auch bei der französischen Campagne dem weiblichen Geschlechte besondere Aufmerksamkeit gewidmet. Häusliche Scenen, Familienleben, allgemein menschliche Verhältnisse interessiren ihn sichtlich mehr als der Feldzug und die damit verknüpften politischen und religiösen Interessen. Er kümmert sich weder um Preußen noch Österreich, weder um Jakobiner noch Girondisten, weder um die königstreuen Emigranten noch um die wüthenden Republikaner, weder um Ludwig XVI. noch um Friedrich Wilhelm II., weder um den Sieg der rothen Republik noch um die Wiederherstellung des legitimen Königs-

---

[1] Ranke, Sämmtl. Werke. XXXI. 74.

thrones in Frankreich, von welcher der ganze Lauf der Weltgeschichte bedingt war. Er beobachtete den Krieg selbst wie ein malerisches, literarisches, höchstens allgemein ethisches Problem — ein buntes Schauspiel für Menschenbeobachtung.

„Man spielt den Kühnen, Zerstörenden, dann wieder den Sanften, Belebenden; man gewöhnt sich an Phrasen, mitten in dem verzweifeltsten Zustande Hoffnung zu erregen und zu beleben; hiedurch entsteht nun eine Art von Heuchelei, die einen besondern Charakter hat und sich von der pfäffischen, höfischen, oder wie sie sonst heißen mögen, ganz eigen unterscheidet."[1]

Alle religiösen, politischen Grundsätze betrachtete er als eine Art Heuchelei, als einen mit Phrasen verbrämten Egoismus, als Deckmantel der Leidenschaft. Da er sich zu keinen Grundsätzen bekannte oder bekennen wollte, floh er zur Natur. Während die Revolution die ganze bestehende europäische Ordnung aus den Angeln zu heben drohte, während die Septembermorde die ganze civilisirte Welt mit Abscheu und Schauder erfüllten, beobachtete er in einem Bach, in welchem Soldaten fischten — Refractionserscheinungen, und zwar die allergewöhnlichsten von der Welt. Was lag ihm an entthronten Königen? Er gedachte Newton zu entthronen.

„Glückselig aber der, dem eine höhere Leidenschaft den Busen füllte; die Farbenerscheinungen der Quelle hatten mich dieser Tage her nicht einen Augenblick verlassen, ich überdachte sie hin und wieder, um sie zu bequemen Versuchen zu erheben. Da dictirte ich an Vogel, der sich auch hier als treuer Kanzleigefährte erwies, ins gebrochene Concept und zeichnete nachher die Figuren daneben. Diese Papiere besitze ich noch mit allen Merkmalen des Regenwetters, und als Zeugniß eines treuen Forschers auf dem eingeschlagenen bedenklichen Pfade."[2]

Wie ihm die furchtbare Tragödie der Revolution, die bereits ihre blutigen Schrecken zu entfalten begann, keine Furcht und kein Mitleid einzuflößen vermochte, so erschwang er sich auch zu keinem entschiedenen Unwillen über den bejammernswerthen Vertrag, den die deutschen Führer mit den kecken Häuptern der Revolution schlossen.

„Ob ich schon unter dem diplomatischen Corps echte und verehrungswürdige Freunde gefunden, so konnte ich doch, so oft ich sie mitten in diesen großen Bewegungen fand, mich gewisser neckischer Einfälle nicht enthalten; sie kamen mir vor, wie Schauspieldirectoren, welche die Stücke wählen, Rollen austheilen und in unscheinbarer Gestalt einhergehen, indessen die Truppe, so gut sie kann, aufs beste herausgestutzt, das Resultat ihrer Bemühungen dem Glücke und der Laune des Publikums überlassen muß."[3]

---

[1] Göthe's Werke [Hempel]. XXV. 40.
[2] Ebds. S. 45.   [3] Ebds. S. 92.

Alles eine bloße Komödie! Der Thron der französischen Könige bricht zusammen — die Kriegsmacht des sinkenden deutschen Reiches weicht vor dem rasch aufgerafften Heer der Jakobiner zurück — der Name Deutschlands wird schmachvoll in den Koth getreten — — alles Komödie!

Der neue Archimedes liegt wohlgemuth am Küchenwagen oder studirt von einem sicheren Plätzchen aus das Kanonenfieber. Er liest französische Bücher, er stellt chromatische Beobachtungen an, er zeichnet komische Skizzen, er sucht mit seinen Witzen Offiziere und Diplomaten bei Humor zu erhalten, er sammelt Notizen — nicht so sehr, um einst die schmachvollste Retirade der deutschen Waffen nachträglich zu entschuldigen, als vielmehr, um ein paar pikante Blätter für seine eigene Lebensgeschichte zu gewinnen. Nirgends ist die Rede davon, daß er seine vielgepriesenen anatomischen Studien im Dienste der leidenden Menschheit verwandt, einem Kranken geholfen, einen Verwundeten gepflegt, einen Sterbenden getröstet hätte. Für solche Dienste christlicher Opferliebe hatte er ebenso wenig Herz und Verständniß, als für die größten und brennendsten Fragen seiner Zeit.

Dafür wird er denn auch heute als der größte Deutsche jener Zeit verehrt, ja nahezu angebetet. Hunderte von katholischen Ordensleuten aber, die achtzig Jahre später in ähnlichem Fall das eigene Leben für den Dienst und die Rettung deutscher Krieger eingesetzt haben, wurden nach dem Sieg der deutschen Waffen als „Reichsfeinde" über die Grenze gejagt und durch Gesetz von ihrem Vaterland ausgeschlossen.

8. Der Besuch in Münster.
1792.

> „Göthe's Heldenthum ist der andere Pol des Christenthums: auf der einen Seite Stärke und Einheit durch die Liebe, auf der andern Seite Selbstverlaß."
> Friedrich Perthes.

> „Das Unwesen nimmt überhand, man muß sich für die eine oder die andere Partei erklären. Und wer sollte sich wohl noch so täuschen, daß er nicht einsähe, wie es unmöglich sei, mit den Franzosen zu halten, ohne sich gegen wahre Freiheit, die immer auf Gesetze gegründet ist, gegen Menschengefühl, Gerechtigkeit und gegen Gott selbst mit diesem atheistischen Gesicht zu erklären."
> Friedrich Leopold zu Stolberg, 8. Oct. 1792.

In Trier, wo Göthe am 21. October eintraf und bis zum Ende des Monats verweilte, ward er von der Nachricht überrascht, daß Custine Mainz, Neminger Frankfurt genommen habe. Sein Plan, die Vaterstadt zu besuchen, ward dadurch vereitelt. Ein verspäteter Brief der Mutter kündigte ihm in Trier den am 19. September erfolgten Tod seines Oheims, des Schöffen Textor, an, und stellte zugleich die vertrauliche Anfrage, ob er allenfalls gesonnen wäre, die durch diesen Todesfall erledigte Rathsherrnstelle in Frankfurt anzunehmen. Er beantwortete diese Anfrage erst nach zwei Monaten, mit Dank ablehnend:

„Bey der unwiderstehlichen Vorliebe, die jeder wohldenkende für sein Vaterland empfindet, würde es mir eine schmerzliche Verläugnung seyn eine Stelle auszuschlagen, die jeder Bürger mit Freuden übernimmt und besonders in der jetzigen Zeit übernehmen soll, wenn nicht an der andern Seite meine hiesigen Verhältnisse so glücklich und ich darf wohl sagen über mein Verdienst günstig wären. Des Herzogs Durchl. haben mich seit so vielen Jahren mit ausgezeichneter Gnade behandelt, ich bin ihnen so viel schuldig geworden daß es der größte Undank seyn würde meinen Posten in einem Augenblick zu verlassen da der Staat treuer Diener am meisten bedarf."[1]

Statt nach Frankfurt oder Weimar reiste er am 1. November über Koblenz, Bonn und Düsseldorf nach Pempelfort, wo er im Familien-

---
[1] 24. Dec. 1792. — R. Keil, Frau Rath. Leipzig 1871. S. 309 ff.

8. Der Besuch in Münster.

Kreis Fritz Jacobi's von den Strapazen des Feldzuges vier Wochen lang ausruhte. Anfangs December fuhr er dann nach Münster und brachte einige Tage bei der Fürstin Gallitzin zu[1]. Erst am 17. December traf er wieder in Weimar ein.

Göthe hat den Besuch mit der Feinheit eines Diplomaten beschrieben, der sich an einem feindlichen Hof mit Würde und Anstand zu bewegen, ja selbst die Angehörigen desselben zu gewinnen weiß, ohne seiner eigenen Stellung irgend etwas zu vergeben. „Ich wußte, daß ich in einen frommen, sittlichen Kreis hereintrat, und betrug mich darnach. Von jener Seite benahm man sich gesellig, klug und nicht beschränkend."

Die Fürstin kannte er schon persönlich. Sie hatte ihn im Herbst 1785 mit ihren Kindern besucht. Fürstenberg und Hemsterhuis hatten sie begleitet. Alle hatten einen überaus günstigen Eindruck auf ihn gemacht. „In einer solchen Gesellschaft war das Gute sowie das Schöne immerfort wirksam und unterhaltend." Hemsterhuis war inzwischen gestorben, Fürstenberg älter geworden, aber „immer derselbe verständige, edle, ruhige Mann"; und welch sonderbare Stellung in der Mitwelt! Geistlicher, Staatsmannn, so nahe, den Fürstenthron zu besteigen. Die Fürstin war inzwischen am 28. August 1786 katholisch geworden.

„Den Zustand der Fürstin, nahe gesehen, konnte man nicht anders als liebevoll betrachten; sie kam früh zum Gefühl, daß die Welt uns nichts gebe, daß man sich in sich selbst zurückziehen, daß man in einem innern, beschränkten Kreise um Zeit und Ewigkeit besorgt sein müsse.

„Beides hatte sie erfaßt: Das höchste Zeitliche fand sie im Natürlichen, und hier erinnere man sich Rousseauischer Maximen über bürgerliches Leben und Kinderzucht. Zum einfältigen Wahren wollte man in Allem zurückkehren; Schnürbrust und Absatz verschwanden, der Puder zerstob, die Haare fielen in natürlichen Locken. Ihre Kinder lernten schwimmen und rennen, vielleicht auch balgen und ringen. Diesmal hätte ich die Tochter kaum wieder gekannt; sie war gewachsen und stämmiger geworden; ich fand sie verständig, liebenswerth, haushälterisch, dem halb klösterlichen Leben sich fügend und widmend. So war es mit dem zeitlich Gegenwärtigen; das ewige Künftige hatten sie in einer Religion gefunden, die das, was andere lehrend hoffen lassen, heilig betheuernd zusagt und verspricht."[2]

---

[1] Nach Strehlke vom 6. bis 12. oder 13. Dec. Göthe's Werke [Hempel]. XXV. 208. 225. Nach Galland (Die Fürstin Amalie von Gallitzin. S. 165) wahrscheinlich vom 2. bis 5. Dec. In einem ungedruckten Brief der Fürstin an Stolberg vom 6. Dec. heißt es nämlich: „Ich hätte Ihnen vieles noch zu sagen über vier mir äußerst interessante Tage, die Göthe unter meinem Dache zugebracht hat." Stolberg war eben auf der Rückreise von Italien.

[2] Göthe's Werke [Hempel]. XXV. 153 ff.

„Aber als die schönste Verwirklichung zwischen beiden Welten entsproßte Wohlthätigkeit, die mildeste Wirkung einer ernsten Ascetik; das Leben füllte sich aus mit Religion und Wohlthun; Mäßigkeit und Genügsamkeit sprach sich aus in der ganzen häuslichen Umgebung, jedes tägliche Bedürfniß ward reichlich und einfach befriedigt, die Wohnung selbst aber, Hausrath und Alles, dessen man sonst benöthigt ist, erschien weder elegant noch kostbar; es sah eben aus, als wenn man anständig zur Miethe wohnte."

Nie ist der Katholicismus näher und mit Rücksicht auf seinen Charakter gewinnender an Göthe herangetreten, als in der Gestalt der liebenswürdigen, edeln Fürstin, im Kreise der bedeutenden Männer, welche sie umgaben. Was Gutes an Rousseau's Ideen war, fand er hier harmonisch verschmolzen mit den feineren Formen französischer Weltbildung. „Diotima" hatte ihren Plato gelesen und empfand für echte Kunst das höchste Interesse. Selbst daß sie etwas schwärmerisch war und mehr zu platonischen Träumereien hinneigte, als zur ernsten, scharfen Philosophie des Stagiriten, konnte den Dichter kaum abstoßen, der mitten in seiner realistischen Naturbetrachtung poetischen Anwandlungen und Träumen sich selbst nicht zu entziehen vermochte. Er begegnete in ihr einem hohen, reichen Geist, der unstät alle Regionen der zeitgenössischen Bildung durchwandert und nach endlosem Ringen erst im schlichten katholischen Glauben wahren Frieden gefunden hatte. Sie war durch ihre Conversion nur anspruchsloser, liebenswürdiger geworden, streng gegen sich selbst, ein Engel der Wohlthätigkeit gegen Andere. Die äußere Bildung und die feineren Umgangsformen einer Frau von Stein verbanden sich hier mit wahrem geistigem, sittlichem Gehalt.

Der Heide konnte sich der liebenswürdigen Frau gegenüber nicht zu jenem Groll, jener Abneigung und Verachtung aufbäumen, welche der Papst und das katholische Rom in ihm erweckt. Er konnte sich dem freundlichen Eindruck nicht entziehen, welchen die Fürstin und ihr Kreis auf ihn machte. Aber gegen jeden tieferen Eindruck schloß er sich ab. Die römischen Elegien waren noch kaum gedichtet, und er war auf der Rückreise zu Christiane Vulpius. Aalglatt schlüpfte er an allem vorüber, was seine irdische Behaglichkeit irgendwie hätte stören können.

Dem Andenken Hamanns, welcher im Garten der Fürstin begraben lag, wurde pietätvolle Erinnerung gezollt, „seine letzten Tage jedoch blieben unbesprochen". Die Werke des Philosophen Hemsterhuis gaben Anlaß zu weitläufigen, anziehenden Besprechungen; wie Göthe, hatte er für antike Bildhauerkunst geschwärmt, fand sich indeß immer ernüchtert und kalt, wenn er die vielgepriesenen Werke selbst vor sich hatte. Das schrieb Göthe jedoch nicht tieferen, ethischen Gründen zu, sondern unbegründetem Vorurtheil, und ließ sich in seiner heidnischen Götterverehrung nicht beirren.

„Doch konnte man sich nicht verbergen, daß die reinste christliche Religion mit der wahren bildenden Kunst immer sich zwiespältig befinde, weil jene sich von der Sinnlichkeit zu entfernen strebt, diese nun aber das sinnliche Element als ihren eigentlichsten Wirkungskreis anerkennt und darin beharren muß. In diesem Geiste schrieb ich nachstehendes Gedicht augenblicklich nieder:

Amor, nicht aber das Kind, der Jüngling, der Psychen verführte,
   Sah im Olympus sich um, frech und der Siege gewohnt;
Eine Göttin erblickt' er, vor allen die herrlichste Schöne,
   Venus Urania war's, und er entbrannte für sie.
Ach! und die heilige selbst, sie widerstand nicht dem Werben,
   Und der Verwegene hielt fest sie im Arme bestrickt.
Da entstand aus ihnen ein neuer lieblicher Amor,
   Der dem Vater den Sinn, Sitte der Mutter verdankt.
Immer findest du ihn in holder Musen Gesellschaft,
   Und sein reizender Pfeil stiftet die Liebe der Kunst."

Man hätte ihm antworten können, daß eine Kunst solch mythologischen Ursprungs unmöglich die wahre sein könne:

Fliehen müßt' ich die Kunst und der Musen holde Gesellschaft,
   Stammte die Liebe der Kunst nur von dem reizenden Pfeil,
Wäre Urania nur, die lüsterne, Mutter des Schönen,
   Amor ihr frecher Genoß, Sprößling und Gatte zugleich.
Doch gestürzt ist ihr Reich, zertrümmert sind ihre Altäre,
   Und das Göttliche strahlt rein in des Menschen Gestalt.
Auf jungfräulichem Arm thront mild die ewige Liebe,
   Segnet mit kindlicher Hand selig die ringende Welt,
Wecket zum Liebe die Brust und weihet zum herrlichen Tempel
   Tausendfältigen Schmucks neu die entführte Natur.

Eine derartige Antwort erfolgte jedoch nicht. „Mit diesem allegorischen Glaubensbekenntniß," erzählt Göthe, „schien man nicht ganz unzufrieden; indessen blieb es auf sich selbst beruhen, und beide Theile machten sich's zur Pflicht, von ihren Gefühlen und Überzeugungen nur dasjenige hervorzukehren, was gemeinsam wäre und zu wechselseitiger Belehrung und Ergötzung ohne Widerstreit gereichen könnte." Er erklärte Fürstenberg den Zusammenhang seiner osteologischen mit seinen früheren physiognomischen Studien; er schilderte die Kirchenfeste in Rom und wußte dabei seinen „katholischen frommen Zirkel" ebenso zu befriedigen, wie „die Weltkinder mit dem Karneval". Den angenehmsten Zeitvertreib aber bot ihm eine Sammlung antiker geschnittener Steine: er war ganz selig, „die Blüthe des Heidenthums in einem christlichen Hause verwahrt und hochgeschätzt" zu finden, Herkules, Bacchus, Medusenhäupter, allerliebste Opfer und Bacchanalien, die schätzbarsten Porträte von bekannten und unbekannten Personen. Die Sammlung, welche für die Fürstin bloß eine Kunstsammlung, eine vornehme Liebhaberei war, galt Göthe als ein Schatz, ein Heiligthum, ein Stück Religion. Obwohl abgemahnt, bot sie ihm an, die Sammlung mitzunehmen, was nach complimentöser Weigerung auch geschah.

„So nahmen wir treulichen Abschied, ohne jedoch sogleich zu scheiden; die Fürstin kündigte mir an, sie wolle mich auf die nächste Station begleiten, setzte sich zu mir im Wagen, der ihrige folgte. Die bedeutenden Punkte des Lebens und der Lehre kamen abermals zur Sprache; ich wiederholte mild und ruhig mein gewöhnliches Credo, auch sie verharrte bei dem ihrigen. Jedes zog nun seines Weges nach Hause, sie mit dem nachgelassenen Wunsche, mich wo nicht hier, doch dort wiederzusehen.

„Diese Abschiedsformel wohldenkender, freundlicher Katholiken war mir nicht fremd, noch zuwider; ich hatte sie oft bei vorübergehenden Bekanntschaften in Bädern und sonst meist von wohlwollenden, mir freundlichst zugethanen Geistlichen vernommen, und ich sehe nicht ein, warum ich irgend Jemand verargen sollte, der wünscht, mich in seinen Kreis zu ziehen, wo sich nach seiner Überzeugung ganz allein ruhig leben und, einer ewigen Seligkeit versichert, ruhig sterben läßt."[1]

Das tönt recht artig. Man darf indeß nicht vergessen, daß der Bericht erst 30 Jahre später geschrieben, nachdem sich Göthe seine Stellung zum Katholicismus noch viel ruhiger zurechtgelegt und sich angewöhnt hatte, alles Katholische gemüthlich und ohne Widerspruch an sich ablaufen zu lassen. Im nächsten Frühjahr nach dem Besuch, den 27. April 1793, schrieb er an Fritz Jacobi:

„Daß ihr aber zu meiner Aufführung in Münster solche sonderbare Gesichter schneidet, davon erkenn ich die losen Weltkinder, die sich formalisiren, wenn sich unser einer einmahl in puris naturalibus seiner angebornen Tugend sehen läßt, oder nach dem schönen Gleichnisse der Kirchenmutter Lenchen die rechte Seite der Tapete an einem Festtage herauskehrt."[2]

Edel, wahrhaftig und hochherzig, wie die Fürstin war, konnte sie es sich nicht denken, daß Göthe bloß „die rechte Seite der Tapete an einem Festtag herauskehrte". In einem Briefe vom 2. December 1793 spricht sie die Meinung aus, Göthe's sonderbares Wesen besser inne zu

---

[1] Göthe's Werke [Hempel]. XXV. 181.
[2] Göthe's Briefe. Berlin. Deutsche Verlagsanstalt. Nr. 73. — Göthe-Jahrbuch. III. 304.

haben und zu beurtheilen, als manche andere, sonst gute und edle Menschen, welche sich darüber unrichtiger Weise wunderten. Sie wollte sich indeß hierauf nichts zu Gute thun. „Denn," sagt sie, „ich fühle zu sehr, daß mir's, wenn Sie sich hätten die Mühe geben wollen, den Proteus bei mir zu machen, (eine Rolle,) die Sie bei so manchen ehrlichen Leuten müssen gespielt haben, um kein Haar besser gegangen sein würde." [1]

Sie glaubte ihn aber nicht nur besser zu kennen als Andere, sie meinte auch offenbar, einigen Einfluß auf ihn gewinnen zu können. Wie sie ihm bei seinem Besuche die größte Aufmerksamkeit erwies, so suchte sie die Verbindung mit ihm aufrecht zu erhalten. Kaum einige Wochen nach seiner Abreise schickte sie ihm ein Kaminmodell zu, das er zu haben wünschte, und eine Schrift von Hemsterhuis, schrieb ihm, scherzte freundlich über seinen Kunstenthusiasmus, bot ihm Schriften des Philosophen Hemsterhuis über Optik an, bezeugte die innigste Freude über einen Brief von ihm, bat um einen neuen [2]. Eine langwierige Augenkrankheit störte die begonnene Correspondenz. Kaum ging es besser, so war es ihr Erstes, Göthe für seine Zusendungen zu danken, sein von ihm selbst gezeichnetes Porträt, Material zu optischen Versuchen und sein kleines Drama „Der Bürgergeneral". Für Alles hatte sie ein liebes, freundliches Wort. Es freute sie, zu hören, daß Göthe am selben Monatstag wie sie geboren war, den 28. August, am Festtag des hl. Augustin. Sie theilte ihm als Festgruß eine Stelle aus diesem Kirchenvater mit:

„Wenn man sagt, daß die Tugend zum glücklichen Leben führt, so ist der Grund hiervon, weil die Tugend nichts Anderes ist, als die Liebe des höchsten Gutes, und wenn man sagt, daß es vier Cardinaltugenden gibt, so gilt das nur in Bezug auf die verschiedenen Formen, welche diese Liebe nimmt, je nachdem man sie verschieden übt. Die Mäßigkeit ist eine Liebe, welche bewirkt, daß man sich rein und ganz bewahrt für das, was man liebt; die Starkmuth eine Liebe, die Alles dulden läßt für das, was man liebt; die Gerechtigkeit eine Liebe, welche bewirkt, daß man sich nur dem unterwirft, was man liebt, und sich über alles Andere erhaben hält, wie es die naturgemäße Ordnung von uns erheischt; die Klugheit endlich eine Liebe, welche das, was sie ihrem Gegenstande näher bringt, von dem zu unterscheiden weiß, was sie davon ablenkt; diese Liebe ist die Liebe Gottes, d. h. die Liebe des höchsten Gutes, der höchsten Weisheit, des höchsten Friedens." [3]

---

[1] Bratranek, Aus Göthe's handschriftlichem Nachlaß. — Göthe-Jahrbuch, III. 283.   [2] Ebbs. 278 ff.
[3] Ebdf. S. 281. Dem liebeerfüllten Brief der Fürstin legte auch Friedrich Leopold von Stolberg einige herzliche Zeilen bei, worin er sagt, sie habe neuen Wein auf die Neige seines Lebens gegossen, und ihn, wie er hoffe, auf immer gestärkt.

In einem andern Briefe gestand sie ihm, er habe bei seiner Anwesenheit in Münster die römische Frohnleichnamsprocession „so rührend und erhaben, ohne alles Darnebenspielen" geschildert, daß die anwesenden Professoren sie in's Ohr gefragt hätten: „Ist er denn katholisch?" Sie schickte ihm Overbergs Katechismus, in der Überzeugung, mit seinem „reinen kindlichen Gefühl für jedes Schöne in seiner Art" werde auch dieses Buch Werth in seinen Augen haben:

„Der Gott, den Sie lieben in jedem Schönen, dem Ihre Seele so schnell und weit sich öffnet, nehme Sie in seine Arme und drücke Sie so fest an sein Vaterherz, daß Sie in unbekannter Wonne zerfließend oder von neuem Schauder durchbebt, ausrufen müssen: Er ist es, Jehovah! Wer ist ihm gleich? O lieber, trauter Göthe, möchte ich doch mein Leben hingeben können, um diesen seligen Augenblick nur noch zu erleben!"[1]

Auch als Jacobi ihr Göthe's „sogenannte Heucheleien" entdeckte, ließ sie sich dadurch nicht im mindesten beirren. Sie sprach ihm ganz offen das aus und fügte bei:

„Was ich auf Sie halte, lieber Göthe, gründet sich weder auf das, was Sie über Christum und Religion geredet, noch auf das, was Sie darüber mögen verschwiegen haben, sondern auf den Glauben, daß Sie das Schöne in allen Gattungen und Arten, worin Ihnen dasselbige ansichtig wird, mit dem lebhaftesten, reichhaltigsten, feinsten Gefühl, das Mutter Natur Ihnen dafür gab, überall, nicht nur außer sich zu umfassen, sondern so viel davon, als Sie können (wie Plato in seinem schönen Brief an Dion sich ausdrückt) durch Lebensähnlichkeit in sich zu bringen streben..... Bei diesem fortgesetzten Bestreben, halte ich mit Plato, erblickt der Mensch, über kurz oder lang, das Urschöne: es geht einmal, wie von sprühendem Feuer angefacht, ein Licht in seiner Seele auf, sich selbst erhaltend und nährend, welches dann Alles erleuchtet, was bis dahin bei ihm ein Schatten geblieben sein mochte."[2]

Sie könne es sich nicht denken, sagte sie, daß Göthe zufrieden leben könnte, „ohne dem Pfande seiner Liebe, die ihn glücklich macht, ohne einem Mädchen, das werth war, ihm Freundin, Gesellschafterin, Hausfrau zu werden und Liebste zu bleiben, eine andere Existenz zu geben". In auffallendem Gegensatz zu den strengen Sittenrichterinnen in Weimar, erklärte sie ihm, daß sie das Urtheil über ihn einem höhern Richter überlasse:

„Wer nun seinem Richter folgt — oder wer (kann er ihm noch nicht folgen) auf sein leises Lispeln horchend an seine Brust schlägt — der ist mir lieb — thut das ein Gewaltiger auf Erden, mit Schönheit, Kraft und Macht

---

[1] Ebdf. S. 285. [2] Ebdf. S. 286. 287.

versehen — der ist mir gewaltig, lieb und interessant — denn er hat's schwerer, und ergreift mich mit Gewalt.

„Könnten Sie nun von allem diesem das Gegentheil sein, lieber Göthe, — dann erst würde ich glauben, Sie müssen in der That auch ein gewaltiger Heuchler oder ich noch blödsinniger sein, als ich mir's wohl zutrauen mag. Sie würden mich aber in die Verlegenheit setzen, das Entgegengesetzte in Ihnen hassen zu müssen, wie einen Krebs auf dem Gesicht eines Apollo's oder einer Venus."

Zu einem lebhafteren Briefverkehr kam es nicht, es wurden nur ein paar vereinzelte Briefe gewechselt. Den Anknüpfungspunkt bot die erwähnte Sammlung geschnittener Steine, welche die Fürstin zu gutem Preise veräußern wollte, um eine Erziehungsanstalt für Mädchen zu gründen[1]. Erst nach vier Jahren sandte Göthe die Sammlung zurück (6. Febr. 1797), ohne daß sich bis dahin ein Käufer gefunden hätte. In seinem Begleitschreiben wich er allen religiösen Andeutungen der Fürstin höflich aus und gab durch eine kurze Charakteristik seines Lebens zugleich ein Glaubensbekenntniß, das in seiner ruhigen, kalten Selbstzufriedenheit alle weiteren geistlichen Gespräche abschnitt: Es ist vielleicht das beste und kürzeste Selbstporträt, das Göthe überhaupt von sich gegeben.

„Sie erlauben mir nun, daß ich auch Einiges von meinen Zuständen sage. Außer den Begebenheiten, Geschäften und Zerstreuungen, die jeder Tag hervorbringt und dadurch gleichsam sich selbst verzehrt, führe ich das Interesse der Naturbetrachtung immer bei mir im Stillen fort. Ich habe die Gestalt, die Bildung und Umbildung der organischen Körper besonders in's Auge gefaßt, und wie ich, vor verschiedenen Jahren über die Metamorphose der Pflanzen eine kleine Schrift, zum Versuche herausgab, so habe ich bisher immer weiter beobachtet und gedacht, und mich auch über das Thierreich ausgebreitet. Ich sehe hierinne eine sehr schöne Beschäftigung auch für die späteren Jahre, wo man immer Ursache hat mehr von den Gegenständen zu nehmen, da man nicht mehr, wie in früherer Zeit, ihnen so vieles geben kann.

„Die mit diesen Betrachtungen verwandten Naturwissenschaften, habe ich nicht versäumt, besonders habe ich die Farbenlehre, von der Sie mich schon, in jenen glücklichen Stunden die ich mit Ihnen zubrachte, so eingenommen fanden, fleißig bearbeitet und mich äußerst bemüht alle Phänomene kennen zu lernen und sie in der reinsten Ordnung, die mir möglich war, zusammen zu stellen.

„Diese Arbeiten haben mich genöthigt, meinen Geist zu prüfen und zu üben, und wenn auch für die Wissenschaft kein Resultat daraus entspränge, so würde der Vortheil den ich selbst daraus ziehe mir immer unschätzbar sein. Denn wie bedeutend ist es, die Grenzen des menschlichen Geistes immer näher

---

[1] Ebdf. S. 292 ff.

kennen zu lernen, und dabei immer deutlicher einzusehen, daß man nur desto mehr verrichten kann, je reiner und sicherer man das Organ braucht, das uns überhaupt als Menschen und besonders als individuellen Naturen gegeben ist.

„Auch verläßt mich bei diesen ernstern, und, wie es beinahe scheinen sollte, trocknern Betrachtungen, die Lust und Liebe zur Dichtkunst nicht. Indem ich ganz freie Stunden abwarte, in denen sie allein möglich wird, so habe ich den Vortheil, daß das, was bei mir ohne mein eigenes Bewußtsein reif geworden, gleichsam von selbst abfällt und mir eine bequeme, überraschende Erscheinung gibt.

„Schon vor einiger Zeit schrieb ich Ihnen, daß ich mich mit dem epischen Altvater beschäftige, jetzt kann ich Ihnen sagen, daß ich mit meinem eigenen Gedichte, von der erzählenden Art beinahe fertig bin. Ich darf es Ihnen ja wohl, sobald es gedruckt ist, zuschicken?

Übrigens bin ich, mit den Meinigen, gesund, mit allen Einschränkungen bekannt und zufrieden, in einem mäßigen Genuß der Gegenwart und ohne Sorge für die Zukunft." [1]

Nur einmal noch flackerte die Correspondenz auf, als Göthe im October 1801 an dem Herzog von Gotha einen Käufer für die kostbare Antiquitäten-Sammlung gefunden zu haben glaubte. Die Fürstin war über diese Aussicht sehr erfreut. Sie hatte unterdessen den Plan gefaßt, ein Spital zu gründen. Da ihr ansehnliche Summen, welche sie für diesen Zweck verwenden wollte, durch die politischen Wirren entzogen wurden, legte sie Göthe nahe, daß sie einen hohen Kaufpreis wünschte.

„Handeln Sie wie ein Jude," schrieb sie, „vielleicht werden Sie zum Lohne dieser Liebe aus dem alten in's neue Testament erhoben. Das und alles erdenkliche Gute wolle der Ihnen geben, zu dem ich täglich für Sie flehe. — Ihre treue Amalie." [2]

„Seitdem wir uns gesehen," erwiederte ihr Göthe im folgenden Jahre, „habe ich manche Lebens- und Bildungsepochen überstanden und auch Sie sind gewiß vorgerückt." [3]

Obwohl der Eindruck des Besuches sein zu tief gewurzeltes Heidenthum nicht zu erschüttern vermochte, dauerte er als freundliche Erinnerung immerhin noch bis in seine alten Tage fort.

„Göthe," erzählt Rath Schlosser [4], „sagte mir einmal, und zwar in einer Zeit, als ich noch nicht katholisch geworden: wie durch eine geheimnißvolle Macht finde er sich immer von Neuem hingezogen zu jenen echt katholischen Naturen, die, befriedigt im festen und treuen Glauben und Hoffen, mit sich und Andern

---

[1] Ebds. S. 295. 296. [2] Ebds. S. 299.
[3] Mittheilungen aus dem Tagebuch und Briefwechsel der Fürstin Gallitzin. Stuttgart, Liesching. S. 179.
[4] Joseph Galland, Die Fürstin Amalie von Gallitzin. Köln 1880. S. 172.

in Frieden leben und Gutes thun aus keinen anderen Rücksichten, als weil es sich von selbst versteht und Gott es so will. Vor solchen Naturen habe er dauernde Ehrfurcht, und er habe diese zum ersten Male in seinem Leben gegen die Fürstin Gallitzin und in ihrem Kreise von Freunden empfunden."

Die Gnade hat also deutlich genug an der Thür seines Herzens gepocht; aber er wollte dem Ruf nicht folgen. —

Wie früher schon, verwandte er die Kenntniß katholischer Verhältnisse, Einrichtungen und Gebräuche, Personen und Anschauungen nur dazu, seine poetische Vorrathskammer aufzuputzen und dann und wann eine Dichtung damit zu schmücken. Diese anscheinende Freundlichkeit aber und der feine Weltton, unter welchem er seine unbezwingliche Abneigung gegen das Christenthum verbarg, wirkten — während seines Lebens und nach seinem Tode — überaus schädlich, indem sie immer und immer wieder Katholiken, besonders Frauen, in seine Kreise zogen und sie die charakterlose, christusfeindliche Weltanschauung verkennen ließen, die seine Poesie wie sein ganzes Leben und Treiben durchsäuert. Feste Charaktere boten dem verfänglichen Zauber wohl Trotz, aber in hundert weicher gearteten Seelen ward durch seine Lectüre die Bestimmtheit und Festigkeit des Glaubenslebens, wie der sittliche Halt untergraben. Man fand Iphigenie herrlich, Hermann und Dorothea unvergleichlich, Gretchen allerliebst, Faust höchst tiefsinnig und ließ sich dann auch wohl den Wilhelm Meister und die Wahlverwandtschaften, ja selbst die römischen Elegien gefallen. Der große Zauberer aber drehte dann die Tapete, zeigte seinen Verehrern und Verehrerinnen Myrons säugende Kuh und erklärte ihnen, daß das ein viel erhabenerer Gegenstand sei, als eine Madonna:

"Wie schwach erscheint aber, mit so großen Conceptionen verglichen, eine Augusta Puerpera — — — — — —"[1].

---

[1] Über Kunst und Alterthum. II. Bd. I. Heft. S. 23.

9. Dichtungen aus der Revolutionszeit.
1790—1794.

> „Wir dürfen und müssen es offen rügen und verdammen, wenn Göthe, wie er in seinen Dramen ‚Der Bürgergeneral' und ‚Die Aufgeregten' that, mit schalem Witz und philisterhafter Gesinnung die großen Ideen und Thaten einer Zeit, welche er nicht verstand und nicht verstehen wollte, in den Kreis des Kleinlich-Possenhaften herabzuziehen vergeblich unternahm."
>
> Johannes Scherr.

> „Auch die späteren Dichtungen Göthe's, in denen er sich der dramatischen Form noch bediente, nehmen immer mehr das Wesen von Selbstbekenntnissen an, werden immer subjectiver, undramatischer, treten immer mehr von der wirklichen Bühne zurück."
>
> R. Prutz, Gesch. des deutsch. Theaters 878.

Während Göthe mit den deutschen Truppen aus der Champagne nach Hause zog und dann in Pempelfort und Münster gemüthlich von seinen Strapazen ausruhte, hatte die siegreiche Revolution längst die Grenzen überschritten, einen großen Theil von Deutschland in Noth und Schrecken gesetzt, zeitweilig sogar die Vaterstadt des „nationalen" Dichters in ihre Gewalt bekommen.

Am 30. September 1792 erschien der französische Revolutionsgeneral Custine mit 18 000 Mann von Landau aus vor Speyer, warf den unfähigen Widerstand der Vertheidiger fast mühelos nieder, bekam die ansehnlichen Kriegsmagazine in seine Gewalt und brandschatzte die Städte Speyer und Worms unter der siegestrunkenen Losung: „Freiheit, Gleichheit und Brüderlichkeit". Vergeblich hatte der Kaiser schon am 1. September zum Kampfe gegen Frankreich aufgerufen. Preußen und Kurmainz sagten zwar dreifache Reichshilfe zu, aber Kurbrandenburg klagte über verletzte Formalitäten. Noch am 18. October mußte der Kaiser wieder mahnen, „daß Mainz in der ernstesten Gefahr und dennoch keine Aussicht zur entscheidenden Hilfe vorhanden sei". Bis tief in den October wurde die Frage bei dem permanenten Reichstag in Regensburg noch „hinlänglich ventilirt". Erst nachdem Mainz am 21. October schon in Custine's Hand gefallen war, beschlossen die Stände endlich gemeinsam, das Triplum zu leisten. Während die Österreicher in Belgien kämpfen mußten, gelang es den preußischen Truppen, sich wieder zu sammeln und den Franzosen am 3. December Frankfurt wieder abzunehmen. Herzog Karl August war mit dabei und blieb die nächsten Monate in Frankfurt, wo auch der König von Preußen mit seinem Generalstab sein Winterquartier aufschlug[1].

Die Staatsmänner von Weimar beriethen inzwischen noch immer, wie man am wohlfeilsten das Vaterland retten könnte[2]. Sie hatten nur ein paar Compagnien Büchsenschützen zur Verfügung, welche ungefähr dem Simplum der Reichshilfe gleichkamen. Deßhalb conferirten am 21. December 1792 zu Gotha die Herren von Franckenberg, von Fritsch und von Göthe. Das Ergebniß war, daß Sachsen-Weimar sich für sein dreifaches Contingent mit Geld abfand. Für die 132 1/2 Mann Cavallerie und 269 2/3 Mann Infanterie, worin dieses bestand, wurden 66 666 2/3 Kaisergulden bezahlt, nachdem vom December bis Februar zu Frankfurt darüber unterhandelt worden war[3]. Den Ständen zu Weimar, welche an dieser Summe 15 000 Thaler beisteuern sollten, war der Beitrag zu hoch. Zum großen Verdruß des Herzogs verlangten sie, daß derselbe auf 11 000 Thaler herabgesetzt werden solle. Er schrieb an sein Conseil: „Wenn die Stände sich in keinem vortheilhafteren Lichte zeigen wollten, als in dem Sinn, mit dem sie vor mir mit ihrer Erklärung erschienen sind, so hätten sie doppelt besser gethan, die höchst unnöthige Versammlung zu unterlassen." Würzburg, Bamberg, Kurköln und Braunschweig hatten bis zum 24. Juni 1793 noch keinen Kreuzer bezahlt. Nur Kurmainz hatte seine Kriegshilfe geliefert. Auch Karl August hielt nun mit den terminweisen Zahlungen an die Reichskriegskasse inne.

Der Herzog war indeß wirklich patriotisch gesinnt, empfand die Demüthigung tief, welche die allgemeine Uneinigkeit über Deutschland gebracht hatte, wünschte sehnlich Einheit, Ehrgefühl und echten Mannessinn neu zu beleben, blieb bei der Armee und theilte ihre Schicksale[4]. Bei der Belagerung von Mainz, welche am 30. März begann, leistete er wiederholt gute Dienste, besonders bei einem Ausfall, den die Belagerten

---

[1] S. C. A. H. Burkhardt, Im Kampfe gegen Frankreich 1792—1793. Grenzboten 1873. IV. 293 ff. — Häusser, Deutsche Geschichte I. 401 ff.

[2] Sie gedachten mit Schmerz, daß der Krieg von 1758—1763 nicht weniger als 296 721 Thlr. gekostet hätte.

[3] Die Unterhandlungen kosteten vom 26. Dec. bis Febr. 671 Thaler. — Burkhardt, a. a. O. S. 296.

[4] A. Schöll, Karl-August-Büchlein. S. 91. 92.

in der Nacht vom 30. bis 31. Mai nach Marienborn hin unternahmen. In der Verwirrung, die dabei entstand, brachte er rasch den Haupttheil seines Regiments in's Treffen und führte so den Entscheid herbei.

Am 27. Mai traf Göthe auf seinen Wunsch im Lager zu Marienborn ein, doch nicht um mitzukämpfen, sondern nur um Beobachtungen zu machen, zu studiren und zu dichten. Ihm folgten bald der Zeichenlehrer Kraus und der Engländer Gore, welche die „schrecklichen Scenen" malerisch aufnehmen wollten. So hatte Achill für seine künftigen Heldenthaten sowohl einen Homer als auch Maler bei sich; nur herrschte leider gerade in den wichtigsten Momenten immer zu viel Pulverdampf[1].

„Während Karl August sein Leben gefährdete," erzählt Burkhardt[2], „war das Göthe's nach eigenem Zugeständniß sehr harmlos. Er kam fast nicht von seinem Zelte weg[3], corrigirte an Reineke, und schrieb optische Sätze, indem er manchmal den Versuch machte, die Situation der Belagerer von Mainz zu überschauen. Nach all seinen schönen Partien bis hin nach Rüdesheim und seinen Weinkellerstudien[4], nach dem Besuch von Bingen und des Mäusethurms, kam er doch zu dem Wunsche: möchte ich doch auch schon die Koppenfelsische Scheune statt all dieser Berge und Flüsse wieder vor Augen haben. Und Karl August konnte Angesichts der Belagerung von Mainz und der Lage der gesammten Verhältnisse seinem Gefühle dahin Ausdruck geben, daß er schrieb: Wie selig kann man seine Freunde preisen, die wenigstens das Unheil nicht mit Augen sehen. Mich wandelt in meiner Lage eine Art Stupor an und ich finde, daß der triviale Ausdruck ‚Der Verstand steht einem stille', gar trefflich paßt, um die Lage meines Geistes auszudrücken."

Mainz wurde indessen genommen und der Herzog konnte am 23. Juli an den genesenden Professor Schiller zu Jena die huldreiche Freudenbotschaft melden:

„Die guten Wünsche aller Deutschen haben unseren Waffen Glück gebracht; das Elend, welches Mainz erlitt, hat gestern sein Ende erreicht, die Garnison capitulirte, in etlichen Tagen zieht sie aus."[5]

Um den gewonnenen Vortheil zu benützen, verließ der König die eroberte Stadt bald und schlug schon am 1. August sein Hauptquartier zu

---

[1] Göthe's Werke [Hempel]. XXV. 229—270.
[2] A. a. O. S. 302.
[3] „Ich komme nun fast nicht mehr vom Zelt weg, corrigire an Reineke und schreibe optische Sätze." Brief an Herder, 15. Juni. Aus Herders Nachlaß. I. 143. Vgl. ebdf. 136—144.
[4] Göthe's Werke [Hempel]. XXV. 238. 244. 245. 250. „Und so war nach und nach das innere gränzenlose Unglück einer Stadt außen und in der Umgegend Anlaß zu einer Luftpartie geworden."
[5] A. Schöll, Karl-August-Büchlein. S. 04.

Dürkheim an der Hardt auf und zog dann nach dem 6. in die Nähe von Landau, das bereits von den Österreichern eingeschlossen war. Karl August folgte ihm und lagerte die nächste Zeit in Gommersheim[1]. Göthe dagegen sah sich erst behaglich das zerstörte Mainz an und machte dann Besuche und Spritzpartien. Bei der Handelsjungfer Helene Dorothea Delph in Heidelberg, die ihn einst vor 18 Jahren mit Lili Schönemann getraut hatte, traf er mit seinem Schwager Schlosser zusammen[2]. Dann besuchte er am 10. August seine Mutter in Frankfurt, welche als Hausbesitzerin wegen des Krieges in Sorgen war. Er rieth ihr, sich einfacher, gemüthlicher einzurichten; es kam aber nicht dazu. Am 20. langte er wieder in Weimar an und puppte sich in das literarische Stillleben ein, das ihm — bei völliger Verzweiflung an den öffentlichen Zuständen — allein noch einige Befriedigung gewährte.

Große Bestürzung rief hier Anfangs September die Trauerkunde hervor, daß Prinz Konstantin, der jüngere Bruder des Herzogs, der Ruhr erlegen sei. Göthe suchte die Herzogin-Mutter so gut zu trösten, als er vermochte. Außer ihrer eigenen noch guten Gesundheit, Theater und Literatur stand ihm dabei nicht viel zu Gebot. Der Herzog ließ sich durch den Todesfall nicht abhalten, bei der Armee zu bleiben. Da sein Regiment nichts zu thun bekam, erbat er sich vom König Urlaub, den Herzog von Braunschweig in Pirmasens aufzusuchen. „In der dicht bei dieser Stadt vorgefallenen Affaire kam er", nach dem Berichte seines Kriegssecretärs Weyland[3], „mit seiner Brigade mehrmals zur blutigsten Theilnahme und ihr ist es größtentheils zuzuschreiben, daß der heranstürmende Feind so lange aufgehalten wurde, bis die Infanterie vorrücken und die Artillerie ihr menschenwürgendes Werk beginnen konnte." Vom 28. bis 30. October machte er die hartnäckigen Gefechte von Kaiserslautern mit, in welchen die Franzosen endlich das Feld räumen mußten. „Der Herzog wohnte dem Getümmel der Schlacht, wo es am dicksten war, bei und gab die höchsten Beweise von militärischer Einsicht und ruhigem Muthe."[4]

Die Franzosen verloren in diesen Treffen abermals 3—4000 Mann, die Deutschen nur 800. Politischer und militärischer Wirrwarr im eigenen

---

[1] Düntzer, Göthe und Karl August. II. 115 ff.
[2] Göthe's Werke [Hempel]. XXVII. 93. und I. p. CXXXIII.
[3] Weyland (Faselius), Lebens- und Regentengeschichte Karl Augusts. Weimar 1857. S. 21. Häusser (I. 503) erwähnt Karl August nicht; er schreibt den glänzenden Sieg (die Franzosen verloren 4000 Mann, die Preußen nur 150) dem Herzog von Braunschweig zu. [4] Weyland a. a. O. S. 22.

9. Dichtungen aus der Revolutionszeit.

Lager verhinderte indeß die Sieger, die errungenen Vortheile ordentlich auszunützen. Der kaiserliche General Wurmser wollte nicht mehr voran, der Herzog von Braunschweig hingegen drängte zum neuen Angriff. Uneinigkeit und Verstimmung nahm überhand. Der Sieg gestaltete sich darüber zu einem armseligen Rückzug [1]. Auch in der preußischen Armee entschwand die Lust an weiterem Kampf. Nur der Prinz von Hohenlohe, Rüchel und Blücher waren noch kriegerisch gesinnt. Karl August kehrte schon Anfangs November zu seinem Regiment in Gommersheim zurück, erbat sich dann bald seinen Abschied und traf am 3. December ganz in der Stille wieder in Weimar ein [2]. Um Mitte December verlangte auch der Herzog von Braunschweig seine Entlassung, verbittert und „moralisch krank", wie er sich selbst gegen Malmesbury ausdrückte. Beide hatten den Muth verloren [3]. Am 5. Februar 1794 erhielt Karl August seine Entlassung aus der preußischen Armee.

Unterdessen waren in Frankreich bereits Ströme unschuldigen Blutes geflossen. In Greueln ohne Maß und Zahl tobte die Revolution ihre Wuth aus. Am 21. Januar 1793 bestieg der unschuldige Ludwig XVI. das Blutgerüst. Im November sagten sich Goblet und Sieyes vom Christenthum los. In der Notre-Dame-Kirche zu Paris ward unter wilden Orgien Mamsell Aubry, ein Freudenmädchen, als „Göttin der Franzosen" auf den Altar erhoben. In der Andreaskirche rief man das unzüchtige Weib des Jakobiners Momoro zur „Göttin der Vernunft" aus. Zu Weißenburg und Straßburg wurden die Pariser Sacrilegien in pöbelhaftester Weise nachgeahmt [4].

In Deutschland war sonst der Eindruck jener Ereignisse ein tiefer,

---

[1] Häußer, I. 523 ff.
[2] „Als er aber sah," berichtet Wegele (Karl August, Großherzog von Sachsen-Weimar. Leipzig 1850. S. 56), „wie wenig Übereinstimmung in den Operationen Österreichs und Preußens waren, wie Menschen, Geld kleinlichen, elenden Interessen geopfert wurden, wie seine Kräfte hier ohnmächtig seien, und stolz genug, seine Persönlichkeit und Pflicht gegen sein Herzogthum und seine Familie kopflosen Bundesgenossen nicht um jeden Preis aufzuopfern: da verlangte er Urlaub und trat gänzlich aus dem preußischen Kriegsdienste." Das heißt in nüchterner Prosa: „Weder als Diplomat noch als Militär zu bedeutenderem Einfluß gelangt, zog er sich in höchst kritischem Moment in den Schmollwinkel zurück und überließ das deutsche Reich, für das er soeben noch männlich gestritten, seinem Verhängniß."
[3] Nach Düntzer, Göthe und Karl August. II. 127, „aus denselben Gründen".
[4] W. Oncken, Das Zeitalter der Revolution. Berlin 1885. I. 520 ff. — Huth, Kirchengeschichte des achtzehnten Jahrhunderts. Augsburg 1809. S. 320 ff.

gewaltiger. Die vom revolutionären Humanitätsschwindel bethörten Höfe wurden in ihren Anschauungen mächtig erschüttert. Beim Tode Ludwigs XVI. wurde Hoftrauer verfügt. Das Volk staunte und starrte. Die Barbarei und Grausamkeit der Commune rief in allen edleren Gemüthern den tiefsten Abscheu wach. Klopstock, Kramer, Stolberg, welche früher die Revolutions= bewegung in glühenden Freiheitsgesängen bewillkommt hatten, wandten sich mit Ekel und Unwillen von ihr ab. Campe verabscheute nun die Revolution, Gleim schrieb Marschlieder für die preußische Armee. Wieland nahm jetzt enthusiastisch all den blühenden Unsinn zurück, den er zu Gunsten der französischen Freiheit, Gleichheit und Brüderlichkeit in seinem Merkur ent= wickelt hatte. Schiller, dem die neue Republik das Bürgerrecht ertheilt hatte, wollte nach Paris gehen und ein Memoire zur Vertheidigung Ludwig' XVI. schreiben. Auch Karl August, der früher so neuerungssüchtige Reform= herzog, verlor alle Lust an dem erlogenen Cultur= und Fortschrittsgeschwätz.

„Die Nachrichten," schrieb er, „welche ich von meinen Kindern bekomme, machen mir viel Freude; auch schreiben sie mir bisweilen recht artige Briefe. Ich hoffe, daß die jetzigen Zeiten einen solchen Ekel vor dem Geiste derselben hinterlassen sollen, daß ein jeder sich bestreben werde, seinen Nachkommen die größte Einfachheit einzuflößen, die allein stetig glücklich macht. Was hilft der sogenannte und so hoch belobte Atticismus (oder wie man es nennen will) den Franken, dieser Nation, da sonst alles Honette, Dauerhafte, die Erhaltung und Fortpflanzung gänzlich bei ihnen erloschen ist? Der Mensch war nie, die Zone, unter der er lebt, mag sein, wie sie wolle, er war nie, sage ich, zur Treibhaus= pflanze bestimmt. Sobald er diese Cultur erhält, geht er zu Grunde. Auch beurtheilt man die Franzosen falsch, wenn man glaubt, ihre Reise habe sie auf den jetzigen Punkt gebracht. Eines unterdrückte das andere im Reiche, und nun unterdrücken die Unterdrückten selbst ihre alten Beherrscher, weil diese nachlässig und stupid waren. Nicht das mindeste Moralische liegt dabei zu Grunde, sondern man hat jetzt eine Art Moralität oder eine philosophische Zunft zum Werkzeug gebraucht. Es ist nichts Neues mehr unter der Sonne, sagte schon Salomo, und dieses ist lange her wahr und bleibt es noch. Möchte ich nur bald so alt sein, daß auch der mindeste Grad von Neuheitssucht von mir ent= fernt bliebe! Alsdann wäre ich glücklich bei Euch, und theilte Gutes und Böses mit meinen Freunden." [1]

Trotz aller Aufklärerei und aller geistigen Taschenspielerei, welche seit fünfzig Jahren getrieben worden war, hing das deutsche Volk in seiner weitaus größeren Mehrheit noch an den Grundsätzen des Rechts und der Gerechtigkeit und erbebte im innersten Mark, als sich in den Greueln der Schreckensherrschaft plötzlich der furchtbare Abgrund aufthat,

---

[1] H. Dünzer, Göthe und Karl August. Leipzig 1865. II. 93.

der bis jetzt mit Menschlichkeits- und Freiheitsphrasen zugedeckt gewesen war und nun ganz Europa in die schrecklichsten Katastrophen hineinzureißen drohte. Hunderte von gutmüthigen Menschen, welche sich von den Illuminaten und andern Geheimbündlern hatten bethören lassen, wandten ihren Betrügern jetzt den Rücken. Nur eine verhältnißmäßig kleine Bande, in der Wolle roth gefärbt, hielt bei dem blutigen Banner der Revolution Stand und machte für sie Propaganda. Der begabteste dieser Umsturzmänner war Georg Forster, der Weltumsegler und Freiheitsmann von Mainz, den Göthe auf der Reise nach Longwy besuchte. Auch unter Klopstocks früheren Anhängern waren Einige, wie v. Halem, Hennings, Oelsner und Voß, bei welchen die gesunde Vernunft auch jetzt nicht mächtig genug wirkte, um sie von ihren früheren Freiheitsschwärmereien zu heilen [1]. Daneben bildeten sich auch vermittelnde Richtungen.

Die Hauptgruppen, in welchen das deutsche Volk zur Revolution Stellung nahm, hat der Staatsminister Fürst von Hardenberg in einem Bericht vom 24. Januar 1794 meisterlich gezeichnet [2]:

„Man würde sich täuschen, wenn man nicht in Deutschland eine Classe von Bösewichtern und Schwindelköpfen sähe, die, itzt noch von den französischen Grundsätzen angesteckt, die ganze Anwendung derselben wünschen. Hoffentlich ist sie nicht zahlreich, wenigstens gewiß nicht so sehr als ehedem, bevor man die französische sogenannte Freiheit ganz kannte, aber sie hebt doch hin und wieder seit den letzten Unglücksfällen ihr Haupt empor und würde durch Verführung äußerst gefährlich werden, wenn feindlicher Einfall oder etwa eine unvorsichtige Bewaffnung der Unterthanen oder andere sie begünstigende Umstände einträten.

„Eine zweite Classe verabscheut zwar die französischen Grundsätze und die dortige Zügellosigkeit, wünschte aber doch eine Revolution in Deutschland, indem sie dem deutschen Charakter, viel zu gutmüthig, zutraut: er sei solcher Dinge nicht fähig, und werde in gewissen Schranken bleiben. Diese weit zahlreichere als die erste zählt zuverlässig viele großen Einfluß habende Geschäftsmänner unter sich und arbeitet im Stillen nach einer Revolution hin.

„Eine dritte Gattung sieht zwar manche Mängel in unsern Verfassungen, hält aber dafür: es sei besser, solche nach und nach unvermerkt abzustellen, Mäßigung, Gerechtigkeit und die Gesetze, welche allmälig den Zeitumständen nach zu formiren, herrschen zu lassen, dem Talent und dem Verdienst aus allen Ständen eine freie Concurrenz zu eröffnen, darin und in unparteiischer gleicher Anwendung der Gesetze, in möglichst gleicher Vertheilung der Lasten, völliger

---

[1] Gervinus, Nationalliteratur. V. 385—392. — Häusser, Deutsche Geschichte. I. 473—479. — G. Forster, Sämmtl. Schriften Leipz. 1843. VI. 399 ff.
[2] L. von Ranke, Denkwürdigkeiten des Staatskanzlers Fürsten von Hardenberg. Leipzig 1877.

Sicherheit des Eigenthums und der Personen, wahre Freiheit zu setzen und solche mit Religion und bürgerlicher Ordnung, ohne welche sie nicht bestehen können, zu verbinden. Diese Classe, hoffentlich auch zahlreich, wünscht einen sicheren Frieden, um jene Pläne desto besser und schneller erfüllt zu sehen. Sie wird am geeignetsten sein, zu allen Maßregeln beizutragen und eigene Kräfte aufzuopfern, um diesen Zweck recht bald zu bewirken[1].

„Eine vierte, erschreckt durch den Gedanken, irgend ein Vorrecht zu verlieren, fällt in's Extrem: alles auf's äußerste treiben zu wollen, und dadurch nicht selten in Härte, Stolz und Ungerechtigkeit, beurtheilt den Geist der Zeit gar nicht und handelt darin ganz verkehrt, indem sie gleich der ersten Classe Animosität und Gährung vermehrt. Sie findet sich wohl nur bei einem Theil der privilegirten Stände und bei einigen Geschäftsmännern."

Und Göthe?

Göthe war in Verlegenheit. Als echter Schüler Rousseau's und Voltaire's, als decidirter Nichtchrist und Heide, mußte er es folgerichtig nur billigen, daß man mit der alten Ordnung der Dinge gründlich und vollständig aufräumte, die Könige, die alte Aristokratie und die Pfaffen guillotinirte, die Ehe und alle andern Überreste der sieben Sacramente abschaffte, das ganze Leben säkularisirte, um recht bald in ganz Europa griechische Republiken einzuführen, mit möglichst vielen schönen Göttern und Hetären, Philosophen und Poeten, Malern und Bildhauern, Plaisir und Kunstgenuß. Das war seine Religion und Weltanschauung. Als gemüthlicher Frankfurter Bürger wünschte er aber doch auch, im Frieden zu essen und zu schlafen; als weimarischer Geheimrath begehrte er eher Vermehrung als Verminderung seiner Besoldung; als Freund eines Herzogs hätte er lieber eine Königskrone auf dessen Kopf, als ihn ohne Kopf gesehen. Die französische Republik gestaltete sich gar nicht nach dem Vorbild des perikleischen Athen, sondern nach dem ungemüthlichen Säbelregiment römischer Aufwiegler, Triumvirn und Tyrannenmörder. Man schrieb nicht Gedichte, sondern Proscriptionslisten. Man feierte keine olympischen Spiele, man schnitt Köpfe ab. Die Freigeister in Paris begnügten sich nicht damit, ohne Ehebund eine Vulpius in's Haus zu

---

[1] Zu dieser Gruppe gehörte entschieden Wieland, welcher, nach unendlichen Kannegießereien über die vollkommenste Regierungsform, endlich gestand: „Die dermalige deutsche Reichsverfassung ist, ungeachtet ihrer unläugbaren Mängel und Gebrechen, für die innere Ruhe und den Wohlstand der Nation im Ganzen unendlich zuträglicher und der Stufe der Cultur, worauf sie steht, angemessener und zuträglicher als die französische Demokratie." Wielands Werke [Hempel]. XXXIV. 303. Über die wunderlichen Metamorphosen seiner Weltpolitik vgl. seine „Kleineren politischen Schriften" Bd. XXXIII u. XXXIV.

nehmen und ihre Bübchen von einem Herrn taufen zu lassen, der selbst kaum mehr recht an Christus glaubte, um andern Leuten Sand in die Augen zu streuen; sie fanden es für besser, Leute, die sich an solchen Dingen ärgerten, zu guillotiniren, ihr Geld einzusacken und die Welt neu einzurichten. Das ging nicht in Weimar. Alles Gewaltsame war dem Herrn Geheimrath zuwider. Wer sollte seinen Tasso lesen, wenn es keine Herzoginnen und Hofdamen mehr gab? Wer sollte über seinen Werther weinen, wenn die Welt so arg gefühllos wurde?

Herzoginnen und Hofdamen mußten aber nicht bloß am Leben bleiben, Göthe mußte auch daran denken, sie mit neuen Stücken zu unterhalten. Denn er war nunmehr Theaterintendant und als Dichter von Ruf mußte er doch etwas Eigenes bringen. Götz war unaufführbar, Egmont, Iphigenie und Tasso hatten nicht die erwartete Aufnahme gefunden. Da Opern am meisten zogen, gedachte er vor Allem eine neue Oper zu liefern — und hierzu die französische Revolution zu verwenden, schien ihm der beste Gebrauch zu sein, den man von diesem Weltereigniß machen könnte.

Die Stoffwahl war sehr ungeschickt. Mitten im Kampf so ungeheurer Gegensätze, welche von Tag zu Tag tragischer mit einander rangen, konnte Begeisterung nur dann entstehen, wenn man sich entschieden zu einer der beiden Parteien schlug. Den Gegensatz humoristisch zu überbrücken oder theatralisch hinwegzusingen, war nicht möglich. Die Sache war zu ernst und erregte in steigender Spannung alle Gemüther. Die Oper mißglückte. Nachdem Göthe Wochen und Monate lang daran herumgeflickt (Herbst 1787 bis Herbst 1790), versuchte er schließlich (von März bis Herbst 1791) eine Komödie in Prosa daraus werden zu lassen.[1]

„Aber da waltete kein froher Geist über dem Ganzen, es gerieth in's Stocken, und um nicht alle Mühe zu verlieren, schrieb er ein prosaisches Stück, zu dessen Hauptfiguren sich wirklich analoge Gestalten in der neuen Schauspielergesellschaft vorfanden, die dann auch in der sorgfältigsten Ausführung das Ihrige leisteten."[2]

Das Stück hieß „Der Großkophta". Die erste Aufführung fand am 26. December 1791 statt. Der Held des Stückes ist einer der größten Schwindler und Betrüger des an Charlatanen eben nicht armen Jahrhunderts, jener Joseph Balsamo, genannt Cagliostro, welcher, nachdem er ganz Europa belogen und betrogen, endlich zu Rom vom Arme der

---

[1] Göthe's Werke [Hempel]. X. 110—125.   [2] Ebdf. XXV. 172.

Gerechtigkeit ereilt ward und noch daselbst im Kerker schmachtete, während das herzogliche Hoftheater in Weimar sich auf seine Kosten erlustigte. Die Verwicklung entnahm Göthe der bekannten Halsbandgeschichte, die er ziemlich platt bramatisirte und mit bem Hokuspokus Cagliostro's etwas aufzuputzen suchte[1].

„Ein furchtbarer und zugleich abgeschmackter Stoff," gesteht Göthe selbst, „kühn und schonungslos behandelt, schreckte Jedermann; kein Herz klang an; die fast gleichzeitige Nähe des Vorbildes ließ den Eindruck noch greller empfinden, und weil geheime Verbindungen sich ungünstig behandelt glaubten, so fühlte sich ein großer respektabler Theil des Publikums entfremdet, sowie das weibliche Zartgefühl sich vor einem verwegenen Liebesabenteuer entsetzte."[2]

„Dieß Ding ohne Salz, ohne einen Gebanken, den man behalten kann, ohne eine schön entwickelte Empfindung, ohne einen Charakter, für den man sich interessirt, dieser hochadelige Alltagsdialog, diese gemeinen Spitzbuben", wie G. Forster sehr richtig urtheilte, diese erbärmliche Diebskomödie, ohne einen wahrhaft humoristischen Zug, auf lauter Gemeinheit aufgebaut und diese selbst mit behaglicher Breite entwickelnd, gehört nebst den „Mitschuldigen" zu dem Unwürdigsten, was Göthe geleistet hat[3].

Den niederträchtigsten Gaunerstreich des Jahrhunderts, durch welchen die unschuldige Marie Antoinette in den Koth gezogen, das Königthum vollends verschrieen und die Revolution möglich gemacht wurde, mit dieser Behaglichkeit auf die Bühne zu bringen, während die Königin selbst noch lebte und täglich vom Abschaum Frankreichs mit tödtlichem Haß verfolgt und verlästert wurde, erforderte die Fühllosigkeit eines Mannes, der jeden tieferen Sinn für Recht und Moralität verloren hatte. Göthe hatte die Königin einst selbst gesehen; von ihrer Unschuld konnte er genugsame Kenntniß haben. Aber wirkliche Frauenwürde und Frauen=

---

[1] Vgl. Rohrbacher, Lyon 1872. XI. 476. — Civiltà Catt. Ser. X. Vol. III. 600 sqq. 728 sqq. IV. 477 sqq. 601 sqq. 713 sqq. — Seb. Brunner, Die theolog. Dienerschaft am Hofe Jos. II. S. 129—142. 189 ff. 280. Bei Cagliostro's Verhaftung wurde auch das Haus untersucht, wo die Illuminaten ihre Zusammenkünfte hatten: da fanden sich, außer Waffen und 17 Paketen compromittirender Schriften, auch zahlreiche Gegenstände, welche eine gewerbsmäßige Ausübung der schändlichsten Unzucht constatirten. Cagliostro starb im Kerker, vom Schlage gerührt, unter schrecklichen Gotteslästerungen. Das war der Mann, für den sich Göthe so sehr interessirte. S. Brunner, S. 190. — Vgl. W. Oncken, Zeitalter der Revolution. I. 46 ff.   [2] Göthe's Werke [Hempel]. XXV. 172.

[3] Selbst Rosenkranz (Göthe und seine Werke S. 5 u. 293) rechnet es zu den „Mittelmäßigkeiten".

tugend interessirten ihn nicht, um so mehr die pikanten Situationen, in welchen er die neue Primadonna seines Theaters, die erst 13 Jahre alte Christiane Neumann, in der Rolle einer charakter- und willenlosen Dirne auftreten lassen konnte, nicht nur zum Hohne jedes weiblichen Zartgefühls, sondern jedes Schamgefühls überhaupt.

„Es kann einen förmlich unglücklich machen," sagt der gewiß nicht prüde oder Göthe abgeneigte Lewes[1], „ein solches Machwerk unter den Schriften eines so großen Genies zu finden, und erbittern muß es jeden gesunden Sinn, deutsche Kritiker in blinder Verehrung für Göthe ihr Lob an ein Werk verschwenden zu sehen, welches ihr überfeiner Scharfsinn doch nicht vor der allgemeinen Mißachtung retten kann."

Nachdem Könige und Aristokraten ihr Theil bekommen, sollten aber auch die Republikaner nicht leer ausgehen. Göthe war Beiden gleich abgeneigt. Christian Lebrecht Heyne hatte unter dem Namen Anton Wall zwei zusammengehörige einaktige Lustspiele Florians verdeutscht: Les deux billets und Le bon ménage, und dann noch eine Fortsetzung dazu geschrieben: „Der Stammbaum". Arlequin, Argentine und Scapin wurden dabei in Görge, Röse und Schnaps umgetauft und im Stammbaum noch ein Märten hinzugefügt. Da der Schauspieler Beck als Schnaps beliebt war, schrieb Göthe ihm im April 1793 ein viertes Stück auf den Leib, welches „Der Bürgergeneral" betitelt wurde[2].

Röse und Görge sind ein junges Bauernehepaar, unendlich glücklich und unendlich eifersüchtig, Vater Märten ein alter Schwiegervater, der von seiner Tochter nach der Heirath etwas vernachlässigt wird, und Schnaps ein Jakobiner, der sich unter Declamationen über Freiheit, Gleichheit und Brüderlichkeit — einen Topf Milch stiehlt. Das ist zusammen das deutsche Volk. Die Aristokraten stehlen Diamanthalsbänder, die Demokraten Milchtöpfe. Das ist der ganze Witz und die Moral? Zum Schluß kommt ein Edelmann und hält folgende Predigt:

„Und Euch, Alter, soll es zum Lobe gereichen, wenn Ihr Euch auf die hiesige Landesart und auf die Witterung versteht und Euer Säen und Ernten darnach einrichtet. Fremde Länder laßt für sich sorgen, und den politischen Himmel betrachtet allenfalls einmal Sonn- und Festtags.

„Bei sich fange Jeder an, und er wird viel zu thun finden. Er benutze die friedliche Zeit, die uns gegönnt ist; er schaffe sich und den Seinigen einen rechtmäßigen Vortheil! So wird er dem Ganzen Vortheil bringen!

---

[1] Lewes (Frese) II. 199. Die beste Antwort auf die Schönfärberei, welche Rosenkranz (S 291—295) und neuerlich wieder A. Schöll (Göthe. 402—466) mit verschiedenen Kunstmittelchen versucht hat.

[2] Göthe's Werke [Hempel]. X. 211—242.

9. Dichtungen aus der Revolutionszeit.

"Nur gelassen! Unzeitige Gebote, unzeitige Strafen bringen erst das Übel hervor. In einem Lande, wo der Fürst sich vor Niemand verschließt, wo alle Stände billig gegen einander denken, wo Niemand gehindert ist, in seiner Art thätig zu sein (also auch Schnäpse u. s. w.), wo nützliche Einsichten und Kenntnisse allgemein verbreitet sind, — da werden keine Parteien entstehen. Was in der Welt geschieht, wird Aufmerksamkeit erregen; aber aufrührerische Gesinnungen ganzer Nationen werden keinen Einfluß haben. Wir werden in der Stille dankbar sein (wem?), daß wir einen heitern Himmel über uns sehen, indeß unglückliche Gewitter unermeßliche Fluren verhageln."

Man glaubt Campe, Nicolai oder Zschokke zu hören. Das hat aber wirklich Göthe geschrieben. Die beste Kritik des Stückes gab der witzige Prinz August von Gotha, indem er es humoristischer Weise dem Philosophen Immanuel Kant zuschrieb[1]:

"Es läßt sich aber denken, daß Hr. General Schnaps in dem letzten Verhöre bloß die reine Wahrheit redet, und sich, was man vor einigen Jahren durch Génie-Streiche ausdrückte, mit dem einfältigen Märten erlaube. Beydes würde Hr. Professor Kant, sobald er es übernähme, apodiktisch beweisen, und daraus den Schluß ziehen, daß mehrgenannter General Schnaps den Milchtopf weder gegessen noch nicht gegessen habe; daß alle diese Vorfälle, als bloße Erscheinungen und Anschauungen der Zeugen betrachtet, gar keine Wirklichkeit gehabt hätten, und nichts als Vorstellungen ihrer Sinnlichkeit gewesen wären; und endlich, daß Zuschauer und Leser selbst keine an sich vorhandenen Wesen seyn könnten, weil er durch Thesis und Antithesis erwiesen, daß die Welt weder endlich noch unendlich und folglich gar nichts außer unsern Vorstellungen sey, weil sie der Inbegriff aller Erscheinungen ist. (S. Kritik d. r. Vern. S. 534 und 535 der 3. Ausgabe, Riga 1790.) Dieß alles läßt mich glauben, daß kein Anderer als Hr. Professor Immanuel Kant in Königsberg dieses witzige Werk abgefaßt haben kann."[2]

Nachdem Göthe die Jakobinermütze mit der friedlichen Schlafmütze des liberalen Dorfphilisters vertauscht hatte, fühlte er sich auch verpflichtet, diesen glücklichen amphibialischen Mittelzustand dramatisch zu feiern. Er plante zu diesem Zwecke „Die Aufgeregten. Ein politisches Drama"[3]. Die Politik fängt aber richtig mit einer Luise an, welche einen soeben gestrickten Strumpf in die Höhe hält und dazu bemerkt:

„Was die französische Revolution Gutes oder Böses stiftet, kann ich nicht beurtheilen; so viel weiß ich, daß sie mir diesen Winter einige Strümpfe mehr

---

[1] B. Suphan, Göthe und Prinz August von Gotha. Göthe-Jahrbuch. VI. 48. 49.
[2] Diese Kritik verdroß Göthe so sehr, daß er darüber den Beifall kaum achtete, den das Stück bei seinen Freunden fand. Göthe-Jahrbuch. VI. 52. Briefwechsel zwischen Schiller und Göthe. 1881. II. 374.
[3] Göthe's Werke [Hempel]. X. 250—290

einbringt. Die Stunden, die ich jetzt wachen und warten muß, bis Herr Breme nach Hause kommt, hätt' ich verschlafen, wie ich sie jetzt verstricke, und er verplaudert sie, wie er sie sonst verschlief."

Herr Breme von Bremefeld, der Chirurg, ist nämlich eine Art Schnaps geworden, aber doch in etwas höherem Stile; er plant eine Verschwörung gegen die Gräfin. Von Seite der Aristokratie erhebt sich aber eine drohende Contre=Revolution, indem sich der „Baron" in Karoline, die Tochter Breme's, verliebt und sie zu verführen sucht, Friederike dagegen, die stolze Tochter der Gräfin, mit der geladenen Flinte in der Hand den kriecherischen Bauernamtmann zu Paaren treibt. Die Damen= und Liebesscenen hat Göthe mit gewohnter Andacht und Zärtlichkeit ausgeführt, die Verschwörung aber blieb stecken. Aus dem trostlosen Fragmente ist höchstens die Rede eines Hofraths bemerkenswerth, in welcher Göthe sein eigenes politisches Glaubensbekenntniß mittheilt[1]. Es ist die himmlische Lehre vom principienlosen Gleichgewicht um der Gemüthlichkeit und der schönen blauen Augen willen:

„Es ist schön, gnädige Gräfin, und ich freue mich, Sie wieder zu finden, wie ich Abschied von Ihnen genommen und noch ausgebildeter. Sie waren eine Schülerin der großen Männer, die uns durch ihre Schriften in Freiheit gesetzt haben, und nun finde ich in Ihnen einen Zögling der großen Begebenheiten, die uns einen Begriff geben von Allem, was der wohldenkende Staatsbürger wünschen und verabscheuen muß. Es ziemt Ihnen, Ihrem eigenen Stande Widerpart zu halten. Ein Jeder kann nur seinen eigenen Stand beurtheilen und tadeln. Aller Tadel heraufwärts oder hinabwärts ist mit Nebenbegriffen und Kleinheiten vermischt; man kann nur durch Seinesgleichen gerichtet werden. Aber eben deswegen, weil ich ein Bürger bin, der es zu bleiben gedenkt, der das große Gewicht des höhern Standes im Staate anerkennt und zu schätzen Ursache hat (!!), bin ich auch unversöhnlich gegen die kleinlichen neidischen Neckereien, gegen den blinden Haß, der nur aus eigener Selbstigkeit erzeugt wird, prätentiös Prätentionen bekämpft, sich über Formalitäten formalisirt und, ohne selbst Realität zu haben, da nur Schein sieht, wo er Glück und Folge sehen könnte. Wahrlich, wenn alle Vorzüge gelten sollen, Gesundheit, Schönheit, Jugend, Reichthum, Verstand, Talente, Klima, warum soll der Vorzug nicht auch irgend eine Art von Giltigkeit haben, daß ich von einer Reihe tapferer, bekannter, ehrenvoller Väter entsprungen bin? Das will sagen, da wo ich eine Stimme habe, und wenn man mir auch den verhaßten Namen eines Aristokraten zueignete."[2]

---

[1] „Man kann es gewissermaßen als mein politisches Glaubensbekenntniß jener Zeit ansehen," sagt er selbst. Eckermann. III. 31.
[2] Göthe's Werke [Hempel]. S. 274.

Der kluge Hofrath ließ diesen Sermon wohlweislich erst nach einem Vierteljahrhundert drucken, 1817, nach dem Wiener Congreß, als es wieder ehrenvoll war, ein „Aristokrat" zu sein, als sein Herzog zum Großherzog aufgestiegen war, und er selbst nicht müde wurde, Gelegenheitsverse auf Fürstinnen und Gräfinnen, Großfürstinnen und Kaiserinnen zu machen. Unzweifelhaft aber war das jetzt schon sein Ideal: im Sonnenschein kaiserlicher oder königlicher Gunst, in Mitte einer glänzenden Aristokratie der Lieblingsdichter und Günstling der vornehmsten, schönsten und gebildetsten Damen zu sein, umjubelt von einem Volke, das, ohne alle Rechtsprätensionen, die schönsten Mädchen mit Blumensträußen, Butter und Eiern an den Hof schickte, um in ländlichen Festen den irdischen Göttinnen des Dichters zugleich und der allgütigen Mutter Natur in bukolischen Tänzen zu huldigen. König, Aristokratie, Volk, Alles ohne Gott, ohne Christus — und dabei lammfromm, friedlich, selig in „Liebe", durch bloße „Menschlichkeit". Ein so paradiesisches Volk, wie es Rousseau sich träumte, und eine Aristokratie, so vornehm wie die Ludwig' XIV. und so aufgeklärt wie Voltaire und Diderot!

Das war das Ideal. Und nun diese verwünschte Revolution, gerade in dem Lande, aus dem Göthe einen so ansehnlichen Theil seiner Bildung hatte! Es war wirklich, um ärgerlich zu werden, oder — wie man mancherorts sagt — zum Katholischwerden!

„Unter solchen Konstellationen war nicht leicht Jemand in so weiter Entfernung vom eigentlichen Schauplatze des Unheils gedrückter als ich; die Welt erschien mir blutiger und blutdürstiger als jemals, und wenn das Leben eines Königs in der Schlacht für Tausende zu rechnen ist, so wird es noch viel bedeutender im gesetzlichen Kampfe. Ein König wird auf Tod und Leben angeklagt; da kommen Gedanken in Umlauf, Verhältnisse zur Sprache, welche für ewig zu beschwichtigen sich das Königthum vor Jahrhunderten kräftig eingesetzt hatte.

„Aber auch aus diesem gräßlichen Unheil suchte ich mich zu retten, indem ich die ganze Welt für nichtswürdig erklärte, wobei mir denn durch eine besondere Fügung ‚Reineke Fuchs' in die Hände kam. Hatte ich mich bisher an Straßen-, Markt- und Pöbelauftritten bis zum Abscheu übersättigen müssen, so war es nun wirklich erheiternd, in den Hof- und Regentenspiegel zu blicken; denn wenn auch hier das Menschengeschlecht sich in seiner ungeheuchelten Thierheit ganz natürlich vorträgt, so geht doch Alles, wo nicht musterhaft, doch heiter zu, und nirgends fühlt sich der gute Humor gestört."[1]

Dieser Zug ist für Göthe's Beurtheilung überaus interessant. Seine erste einläßlichere Beschäftigung mit dem Reineke Fuchs fällt wirklich

---

[1] Göthe's Werke [Hempel]. XXV. 174.

genau mit der Zeit zusammen, wo die Kunde von der Hinrichtung Ludwig' XVI. nach Weimar gelangt war. Am 21. Januar 1793 wurde der unglückliche König zu Paris guillotinirt, am 1. Februar schrieb Göthe an Jacobi, daß er eine Arbeit unternommen habe, die ihn sehr attachire, von der er aber nichts sagen dürfe, bis er ein Pröbchen schicken könne [1].

In dem Königsmord und in der Abschaffung des Christenthums hatte das furchtbare Gottesgericht der Revolution seinen Höhepunkt erreicht. Das ganze schillernde Lügengewebe der Revolution war damit zerrissen. Selbst ein Thomas Payne schauderte jetzt vor dem Wahnsinn zurück, welchem das gottentfremdete Frankreich zutaumelte. In blutiger Schrift mahnten die Ereignisse, endlich wieder einmal an Gott und an die gottgewollte Ordnung der Dinge zu denken. Für jeden ernsten, denkenden Mann gab es keine andere Wahl, als entweder diese Mahnung zu beherzigen oder dem grenzenlosesten Pessimismus anheimzufallen, den Königsmördern zuzujauchzen. Doch es gab noch ein Drittes: Augen und Herz von jener Mahnung abzuwenden und — einem Kinde gleich zu spielen und zu scherzen, während Tausende verbluteten und Millionen mit dem grausamsten Schicksal bedroht waren.

Das brachte Göthe zu Stande. Er schlug sich Revolution, Königsmord, Gottesgericht, Alles aus dem Kopfe und suchte sich in pessimistischem Galgenhumor am „Reineke Fuchs" zu ergötzen.

Das war eine an sich ganz unschuldige Dichtung, ein derb volksthümliches Spottgedicht des katholischen Mittelalters über sich selber [2]. Ein glaubensvolles, männlich starkes Geschlecht, unter dem Heilige und Helden lebten, konnte sich, ohne Gefahr der geistlichen und weltlichen Autorität, den Scherz erlauben, in einer drolligen Thierfabel satirisch den Mißbrauch zu geißeln, den da und dort unwürdige Heuchler mit Religion, Recht und Ansehen trieben. Das Heilige ward dadurch nicht in den Staub gezogen, das Recht selbst nicht gehöhnt, die Autorität nicht angefochten. Jetzt aber, wo alle Mächte am Wanken waren, wo der edelste und sittenreinste König eben auf dem Schaffot verblutet hatte, ganze Schaaren glaubenstreuer Priester für die Wahrheit ihrer Religion

---

[1] Göthe's Briefe. Berlin. Nr. 70.
[2] S. Grimm und Schmeller, Lateinische Gedichte des 10. u. 11. Jahrhunderts. Göttingen 1838. — Grimm, Reinhart Fuchs. Berlin 1834. — Mone, Reinardus Vulpes. Stuttgart 1832. — Jonckbloet, Van den vos Reinaerde. Groningen 1856. — Willems, Reinaert de Vos. Gent 1850. (2do druk); übersetzt von A. F. H. Geyber. Breslau 1844. — K. Schröder, Reinke de Vos. Leipzig 1872.

9. Dichtungen aus der Revolutionszeit.

dahingeschlachtet wurden, Frankreich durch förmliches Decret das Christenthum abschaffte, Deutschland schon zum Theil eine Beute der entmenschten Revolutionshorden geworden war, in dieser schauerlichen Zeit war es, wie Gervinus meint, denn doch „beleidigend", von oben herab, vornehm lächelnd, eine solche Satire wieder in's Volk zu werfen. Sie mußte nothwendig die Geister von der ernsten Betrachtung der obwaltenden Lage ablenken, die längst unterwühlte geistliche und weltliche Autorität vollends verächtlich machen, die Wirksamkeit des Martyriums und der glänzenden Tugendbeispiele vereiteln, welche die katholische Kirche in jenen trüben Zeiten erstrahlen ließ, die Rückkehr zum ganzen und vollen Christenthum verhindern und das deutsche Volk in jenem glaubenslosen, weltbürgerlichen Philisterthum befestigen, das, weiter nichts als ein verwässerter Abguß der französischen Revolutionsdoctrinen, ihm schon längst von seinen Brodliteraten und Brodphilosophen gepredigt war. Alles sollte fein ruhig, gehorsam und friedlich bleiben, ohne Grundsätze, nicht um Gottes, sondern bloß um der Gemüthlichkeit und des lieben Friedens willen:

> „Doch das Schlimmste find' ich den Dünkel des irrigen Wahnes,
> Der die Menschen ergreift, es könne jeder im Taumel
> Seines heftigen Wollens die Welt beherrschen und richten.
> Hielte doch Jeder sein Weib und seine Kinder in Ordnung,
> Wüßte sein trotzig Gesinde zu bändigen, könnte sich stille,
> Wenn die Thoren verschwenden, in mäßigem Leben erfreuen!
> Aber wie sollte die Welt sich verbessern? Es läßt sich ein Jeder
> Alles zu und will mit Gewalt die Andern bezwingen.
> Und so sinken wir tiefer und immer tiefer ins Arge.
> Freilich sollten die geistlichen Herrn sich besser betragen!
> Manches könnten sie thun, wofern sie es heimlich vollbrächten;
> Aber sie schonen uns nicht, uns andere Laien, und treiben
> Alles, was ihnen beliebt, vor unseren Augen, als wären
> Wir mit Blindheit geschlagen; allein wir sehen zu deutlich,
> Ihre Gelübde gefallen den guten Herren so wenig,
> Als sie dem sündigen Freunde der weltlichen Werke behagen." [1]

Das stand nicht im alten Reinke de Vos; das war Göthe's Zusatz. Es war eine deutliche Antwort auf die frommen Briefe der Fürstin Gallitzin und auf die Bestrebungen aller jener ernsteren Männer, welche in der erschütternden Weltkatastrophe nach Oben blickten und daran dachten, die Grundpfeiler aller religiösen und gesellschaftlichen Ordnung wieder aufzusuchen.

Die Arbeit war nicht schwer. Gervinus nennt sie ein „schlecht

---

[1] Göthe's Werke [Hempel]. V. 110 (VIII. Ges. B. 152 ff.).

9. Dichtungen aus der Revolutionszeit.

gerathenes Exercitium im Hexametermachen"[1]. Das war die einzige Versart, die Göthe außer den dramatischen Jamben seit der Rückkehr aus Italien etwas cultivirt hatte. Er goß also die schlichten, naiven Reimverse des mittelalterlichen Volksbuchs in Hexameter um. Am 2. Mai war das Geschäft fertig — 4500 Verse. Er brauchte des Tags höchstens 50 zu machen, was mehr als ein paar Stunden kaum beanspruchen konnte[2]. Er nahm das Manuscript am 12. Mai mit nach Mainz, feilte während der Belagerung daran herum, brachte es am 20. August wieder nach Weimar zurück und besserte noch weiter an den vielfach holpernden Versen. Im November wanderte das Stück endlich in die Druckerei, um als II. Band von Göthe's Neuen Schriften bei Unger gedruckt zu werden.

Göthe's Verdienst um die Dichtung beschränkt sich auf die neudeutsche Form in Hexametern. Letztere sind von nicht unbedeutenden Kritikern hart mitgenommen, von Anderen wieder vertheidigt worden. Was immer indeß ängstliche Prosodiker dagegen eingewendet haben[3] wegen mangelhafter Längen und Kürzen, fehlender Cäsuren und allerlei Härten: die Verse fließen im Ganzen angenehm, munter dahin, fallen gut in's Ohr und lesen sich so leicht, daß das Buch wirklich wieder Volksbuch geworden ist. Auch die älteren Wendungen und Ausdrücke sind überaus glücklich in die neue Volkssprache übertragen, und die Abänderungen, welche das neue Versmaß erheischten, bestehen nicht in beliebigen Füllseln, sondern in treffenden, echt poetischen kleinen Zusätzen, die dem Geiste des Ganzen entsprechen — die unglückliche Moral allein ausgenommen, wo der Bearbeiter sein eigenes Herz erleichtert.

Was aber die Dichtung sonst an epischer Anschaulichkeit, witziger Erfindung, köstlichem Volkshumor, treffender Charakteristik, überhaupt an Poesie besitzt, ist ein Erbstück des katholischen Mittelalters. Ein so kerniger Humor findet sich nirgends in Göthe's damaligen Schriften. Er wäre in jener für ihn so verdrießlichen Zeit nicht im Stande gewesen, etwas Derartiges zu erfinden. Man vergleiche nur das Fragment „Die

---

[1] Gervinus, Nationalliteratur. V. 401.
[2] Seine Übersetzung fußt auf Gottscheds Prosabearbeitung. Leipzig 1752; diese hinwieder stützt sich auf die 1711 erschienene niederdeutsche Ausgabe „Reinke de Vos mit dem Koker" des Prof. Hackmann in Wolfenbüttel.
[3] Joh. Heinrich Voß, der auch im Deutschen eigentliche Quantitäten festhielt, fand die „Quantität" im Ganzen richtig, tadelte aber die Eintönigkeit der Rhythmen und die häufigen Trochäen. Brief vom 17. Juli 1794 an Göthe. Göthe-Jahrbuch. V. 38—40.

Reise der Söhne Megaprazons"[1], in deren Plan und wenigen
Bruchstücken Reminiscenzen aus Rabelais, mythologische Phantasien, welt=
bürgerliche Philisterideen und politischer Ärger sich zum ungenießbarsten
Ragout vereinigen. Es war kein Humor bei der Sache, und er kam
deßhalb auch nicht weiter damit.

Überhaupt rächte es sich abermals an Göthe, daß er sich religiös
und politisch zu nichts bekennen wollte, als zum verschwommensten huma=
nitären Philisterthum, daß er sein Talent an optische Spielereien ver=
geudete und die von Theater und Optik freie Zeit in einem Wirrwarr
von Kleinigkeiten zersplitterte. Vom Juli 1789, wo er den Tasso voll=
endete, bis zum Jahr 1796, d. h. sechs volle Jahre — hat er außer
seinen Elegien und Epigrammen absolut nichts geleistet, was einen be=
deutenden Dichter verriethe; er war vollständig auf den Sand gerathen
und mit Unfruchtbarkeit geschlagen. Was Rosenkranz zur Rettung des
„Großkophta" und des „Bürgergenerals" vorgebracht, wird zum Theil
schon durch Göthe's eigene Entschuldigungen widerlegt, und der Ästhetiker
Fr. Vischer faßt die Leistungen dieser Periode in folgender zutreffenden
Übersicht zusammen[2]:

„In Italien vollzieht sich gründlich der schon länger vorbereitete Abschied
von der Sentimentalität. Dafür tauscht der Dichter die beseligende Anschauung
des antiken Lebens ein, sättigt sich mit dem Bilde ungetheilt vollen Daseins.
Auf den hohen Gewinn seiner Seele stürzt sich räuberisch die ungeheure Er=
fahrung der französischen Revolution. Daran hatte er doch noch geglaubt, daß
die Autorität als Fels feststehe in der Welt; er sieht sie gestürzt und verliert
den Glauben an die Geschichte, an ein Gesetz in der Geschichte. Wirklich blasirt
nimmt es sich aus, wie er sich nicht ohne Selbstgefälligkeit im Feldzug 1792
präsentirt, dem deutschen Heere nachfahrend, Farbenlehre studirend; in Pempel=
fort bei den Freunden versichert er, daß ihn weder der Tod der aristokratischen
noch der demokratischen Sünder im mindesten kümmere, bei der Belagerung von
Mainz betreibt er sein Farbenstudium weiter und übersetzt den Reinete Voß,
keineswegs aus reiner Poetenfreude am komischen Bilde, sondern weil es ihn
subjectiv ergötzt, wie ,in dieser unheiligen Weltbibel das Menschengeschlecht sich
in seiner ungeheuchelten Thierheit ganz natürlich vorträgt'. Die Lustspiele
,Der Bürgergeneral' und ,Die Aufgeregten' sind geruchlose, dem sauren Torfgrund
der damaligen Stimmung entwachsene Halme. Schon früher hatte ihn der
Spitzbube Cagliostro mehr interessirt, als er werth war. Dies kommt zum
Theil auf Rechnung der Zopfzeit, ihres Geschmackes an Abenteurerfiguren, aber
doch und mehr noch auf Rechnung eines ärgerlichen Behagens: die Erfolge

---

[1] Göthe's Werke [Hempel]. XVI. 197—213.
[2] Göthe-Jahrbuch IV. 39. 40.

des Betrügers bestätigten dem bittern Weltverlacher seinen müden Blick in die Blindheit und Gemeinheit des Menschengeschlechts. Der Großkophta ist das öbeste dramatische Product dieser inneren Lähmung, und das kophtische Lied, rhythmisch vortrefflich, sangbar, leidig lustig, ihre lyrische Rhabarberblüthe. Losung ist der Refrain:

> „Thöricht auf Besserung der Thoren zu harren!
> Kinder der Klugheit, o habet die Narren
> Eben zum Narren auch, wie sich's gehört!‟

„Wäre dieß der ganze Göthe, dann gute Nacht!‟

10. Die Horen.

1794. 1795.

> „Ich weiß wirklich nicht, was ohne die Schiller'sche An=
> regung aus mir geworden wäre."
> Göthe an Staatsrath Schulz.

> „Da kam ihm ein neuer Geistesfrühling im Bunde mit
> Schiller, gerade als auch dieser von seinem Durchgang durch
> Philosophie und Geschichte sich wieder zur Poesie wandte."
> M. Carriere, Weltalter des Geistes. 354.

Göthe war als Dichter wirklich bei einem bedenklich tiefen Grab von Ebbe angelangt. Die Frucht der italienischen Reise schien vollstän=
dig verloren. Die Productivität war schlimmer versiegt als im Frühjahr 1786, wo er, nach unbefriedigenden Versuchen in sämmtlichen Natur=
wissenschaften endlich bei den vier Species der Algebra angelangt, des Hoflebens und der Finanzsorgen ebenso müde, als der Frau von Stein, sich zur Flucht nach Italien entschloß und, um reichlich bei Gelde zu sein, seine „Gesammelten Schriften" bei Göschen in Verlag gab.

Seine äußeren Verhältnisse standen allerdings viel günstiger als damals, so günstig, daß sie einem um seine Existenz ringenden Literaten wie ein wahres Eldorado vorkommen mochten. Wie ihm seine italie=
nische Reise durch keine Geldsorgen verbittert war, so hatte er jetzt sein gesichertes, reichliches Auskommen. Zu einem sorgenfreien Dasein hätte schon sein väterliches Vermögen einigen Rückhalt geboten [1]. Dazu bezog er eines der fettesten Gehälter in Sachsen=Weimar und hatte an seinen bisherigen Schriften eine Erwerbsquelle, die ohne Anstrengung reichlich weiter floß. Ein behagliches Heim, das sogen. Helmershausische Haus, eine der ansehnlichsten Wohnungen von Weimar, kaufte ihm Serenissimus für 6000 Laubthaler à 38 Groschen. Die Steuern, die darauf lasteten,

---

[1] Sein versteuerbarer Besitz in Frankfurt wurde nach dem Tode seiner Mutter auf 20 000 Gulden geschätzt. Frese, Göthe=Briefe aus Fr. Schlossers Nachlaß. 1877. S. 23.

mußte die fürstliche Kammer bezahlen. Er selbst hatte nur für Vergrößerung, Einrichtung, Reparaturen und Einquartierungskosten aufzukommen[1]. Das Haus war nach Jean Pauls Bericht „das einzige Weimars im italienischen Geschmack, ein Pantheon voll Bilder und Statuen". Für die Einrichtung trugen die herzogliche Familie und andere Freunde durch zahlreiche Geschenke bei. Die Freundschaft mit dem Hofe nöthigte ihm keine verschwenderischen Ausgaben auf, brachte aber seinem eigenen Hausstand die mannigfachsten Vortheile. Die herzogliche Bibliothek und die herzoglichen Sammlungen standen ihm so zu Gebote, als wenn er der Besitzer gewesen; die Bibliotheken und Sammlungen in Jena waren, ohne lästige Beschränkung, auf jeden Wink zu seiner Verfügung. Er hätte kaum Bücher anzuschaffen gebraucht und doch stets alles Neue und Interessante sofort haben können. Wie er selbst gar nicht auf Verschwendung angelegt war, von Spiel, Trunk und Prunk und allen kostspieligen Passionen sich gänzlich ferne hielt, so war auch Christiane Vulpius die Einfachheit selber. Als armes Fabrikmädchen hatte sie sich niemals an viele und kostspielige Bedürfnisse gewöhnt und machte nie die Ansprüche einer hohen Dame. Einfach, schlicht und sparsam, kerngesund und immer munter, eine treffliche Köchin und Haushälterin, besorgte sie erst mit ihrer Schwester, dann mit einem andern Mädchen, das in's Haus aufgenommen wurde, die Wirthschaft selber. Der Herr Geheimerath wurde rund und korpulent dabei, ohne daß er viel Geld ausgeben mußte. Daß er sie, von Rechts wegen, jeden Tag eigentlich auf die Straße setzen konnte, scheint sie in den ersten Jahren ihres Zusammenlebens beunruhigt zu haben. Sie diente ihm so treu, wie nur die treueste Magd, und es ist kein Zweifel, daß er sie freundlich behandelte, obwohl ihr Bildungsgrad dem seinigen nicht entfernt entsprach und sie sich gar nicht darum bemüht zu haben scheint, sich demselben zu nähern. Sie speiste bis 1805 nicht einmal an seinem Tisch[2]; erst von 1800 an zeigte er sich häufiger öffentlich mit ihr, und an seinem Geistesleben hatte sie so wenig Antheil, andere Damen so bedenklich viel, daß Schiller und viele Andere sich nicht entschließen konnten, das Verhältniß für eine Ehe anzusehen.

Daß ihn die Geringschätzung der adeligen Welt gegen Christiane sehr gedrückt hätte, davon liegen von seiner Seite keine Zeugnisse vor. Er mußte das voraussehen und war nicht eben dazu angethan, sich das sehr zu

---

[1] Brief von Göthe an Voigt. 2. Dec. 1806. Göthe-Jahrbuch. VI. 15.
[2] Rich. und Rob. Keil, Göthe, Weimar und Jena im Jahre 1806. Leipzig 1882. S. 52.

Herzen zu nehmen. Er selbst war bei Hofe hochgeehrt und hochgeachtet, galt wie ehedem in vieler Hinsicht als der erste Mann nächst dem Herzog, speiste und verkehrte mit den Durchlauchten wie auf ebenbürtigem Fuß, war in alle wichtigen Angelegenheiten eingeweiht und konnte sich, wo es ihm lieber war, auch ohne Anstoß in seine Poeteneinsamkeit zurückziehen. Da hatte er vom November 1791 bis Frühjahr 1794 einen Mann ganz nach seinem Herzen, den Schweizer Maler Johann Heinrich Meyer aus Stäfa, zehn Jahre jünger als er, ihm treu ergeben und zu allen Diensten bereit. Sorgen und Auslagen bereitete er ihm keine, da er an der Zeichenschule angestellt war; dagegen half er ihm bei seinen Kunststudien in jeglicher Weise, zeichnete für ihn, stellte ihm seine Kenntnisse, Notizen und Skizzenbücher zur Verfügung und verehrte ihn dabei als Meister und Freund[1].

Als Theaterchef hatte Göthe das Theater und die Schauspieler unter sich, als eine Art Cultusminister die Kunstanstalten des Landes und einigermaßen auch die Herren in Jena. Nach allen Seiten hin konnte er sich Anregung verschaffen, in die verschiedensten Lebensbeziehungen hineinregieren und, ohne Responsabilität, sich unangenehmen Geschäften entziehen. Für alles, was Kunst hieß, galt er als Orakel. Er war ein großer, vornehmer Herr, hoch über allen Literaten. Er brauchte nicht mehr zu schreiben, wenn er nicht wollte.

Er wollte, aber nur war das Fatale — es ging nicht mehr. Auf Iphigenie und Tasso folgte ein „Großkophta" und ein „Bürgergeneral". Man durfte ihn dafür nicht auspfeifen, wie er es verdient hätte, aber er hatte selbst das unangenehme Gefühl, daß er von seiner Höhe tief herabgesunken sei[2].

Der Professor Friedrich Schiller in Jena hatte in der Zwischenzeit mit allen Mühen, Sorgen und Leiden zu ringen, die einen vermögens-

---

[1] Riemer, Briefe von und an Göthe. Leipzig 1846. — Göthe-Jahrbuch IV. V. VI. (Briefe Göthe's an Meyer). — Strehlke, Göthe's Briefe. I. 460 bis 462 (6 Briefe aus dem Jahre 1792).

[2] Schiller sprach in seiner „Neuen Thalia" 1793 von jungen Dichtergenien, deren „ganzes Talent oft die Jugend ist. Ist aber der kurze Frühling vorbei und fragt man nach den Früchten, die er hoffen ließ, so sind es schwammigte und oft verkrüppelte Geburten, die ein mißgeleiteter, blinder Bildungstrieb erzeugte. Gerade da, wo man erwarten kann, daß der Stoff sich zur Form veredelt und der bildende Geist in der Anschauung Ideen niedergelegt habe, sind sie, wie jedes andere Naturproduct, der Materie anheimgefallen, und die vielversprechenden Meteore erscheinen als ganz gewöhnliche Lichter — wo nicht gar als etwas noch weniger." — Werke XV. 192. — Göthe fühlte sich hierin bitter getroffen. — Werke XXVII. 810.

losen Literaten und unbesoldeten Professor treffen können. Sein ganzes
Loos bildet den merkwürdigsten Gegensatz zu jenem Göthe's [1].

Göthe schwamm in äußerer Prosperität und verlor dabei alle innere
Spannkraft, Schiller sank bis fast in drückende Noth und wuchs dabei
an Energie und Geist. Während er sich als Autodidakt die nöthigsten
Vorkenntnisse für seine Geschichtsprofessur zusammenlas, hatte er die
Schwungkraft, ein Gedicht wie „Die Künstler" zu vollenden; während
seiner schmerzlichen Krankheit beschäftigte er sich mit poetischen Plänen;
als er beim Studium des dreißigjährigen Krieges daran verzweifelte, den
Schweden Gustav Adolph zum Helden eines Nationalepos zu gestalten,
fand er an Wallenstein wenigstens den Helden zu einer großen Tragödie.
War auch seine Gesundheit für immer gebrochen, so war es doch nicht
sein Muth. Er studirte unermüdlich weiter, Ästhetik, Philosophie, Ge=
schichte. Während Göthe in seinen naturwissenschaftlichen Spielereien ver=
sauerte, wirkte das trockenste speculative Studium, wie dasjenige Kants,
auf Schiller belebend ein. Sein Geist bereicherte sich mit großen, bedeu=
tenden Ideen, wenn er auch keinen festen religiösen Halt fand.

Er behielt sich nicht, wie Göthe, die Möglichkeit vor, die Liebes=
komödien seiner Jugend bis in's Greisenalter fortzusetzen; er machte
der Unordnung durch eine würdige und vernünftige Ehe ein für allemal
ein Ende. Sein Leben war von da ab ein musterhaftes, und trotz aller
äußeren Bedrängnisse ein innerlich zufriedenes und glückliches. Weit ent=
fernt, daß die sittliche Beschränkung seinen Geist gehemmt oder gestört
hätte, fand derselbe erst jetzt seine ruhige, stetige Entwicklung, eine be=
friedigende, künstlerische Harmonie, Fülle und Reichthum der Ideen und
männliche Vollkraft, Großes und Bedeutendes daraus zu gestalten.

Die Idee einer großen deutschen „Revue", zu welcher die hervor=
ragendsten Geister sich vereinigen sollten, lag schon einigermaßen dem
„Teutschen Merkur" zu Grunde. Die Zeitschrift war da, die Kräfte
wohnten in Weimar selbst zusammen, aber es fehlte an Harmonie. Göthe
unterstützte sie nur selten mit ein paar Abfällen, Herder höchst launenhaft,
Schiller hörte nach einigen Beiträgen schon auf, nur die Dii minores
hielten an Wieland fest — und der Merkur blieb so gut wie sein Privat=
unternehmen. Wielands pecuniäres Interesse und seine eigene Geldnoth
waren es, welche Schiller 1788 auf den Gedanken brachten, den Merkur

---

[1] E. Palleske, Schillers Leben und Werke. Stuttgart 1882. II. 329 ff. —
J. Scherr, Schiller und seine Zeit. Leipzig 1865. III. 1—58. — Bulwer
(Klette), Schillers Leben. 1847. S. 128 ff.

burch Zusammenwirken der besten Kräfte zur ersten Zeitschrift Deutschlands zu erheben. Es gelang nicht. Herder und Göthe versagten, und Schiller wandte seine Kraft nun wieder der eigenen „Thalia" zu. Er gab jedoch das große Project nicht auf, und auch jetzt spielte der Geldpunkt dabei noch seine Rolle. Bei seinem Aufenthalt in Schwaben (Herbst 1793 und Winter 1793/94) mußte er den Buchhändler Cotta in Tübingen für dasselbe zu gewinnen, und nachdem er am 16. Mai 1794 wieder nach Jena zurückgekehrt war, legte er selbst Hand an und entwarf den Prospect zu einer neuen Zeitschrift, „Die Horen", welche für Leser und Schriftsteller das weitaus rentabelste literarische Unternehmen Deutschlands werden sollte:

„Jeder Schriftsteller von Verdienst hat in der lesenden Welt seinen eigenen Kreis und selbst der am meisten gelesene hat nur einen größeren Kreis in derselben. So weit ist es noch nicht mit der Cultur der Deutschen gekommen, daß sich das, was den Besten gefällt, in Jedermanns Händen finden sollte. Treten nun die vorzüglichsten Schriftsteller der Nation in eine literarische Association zusammen, so vereinigen sie eben dadurch das vorher getheilt gewesene Publicum, und das Werk, an welchem alle Antheil nehmen, wird die ganze lesende Welt zu seinem Publicum haben. Dadurch aber ist man im Stande, jedem Einzelnen alle Vortheile anzubieten, die der allerweiteste Kreis der Leser und Käufer einem Autor nur immer verschaffen kann," — sechs Louisd'or in Gold = $58^1/_2$ Gulden oder 102 Mark für den gedruckten Bogen!

Was den Inhalt der Zeitschrift anbetrifft, hieß es:

„Sie wird sich über alles verbreiten, was mit Geschmack und philosophischem Geiste behandelt werden kann, und also sowohl philosophischen Untersuchungen, als historischen und poetischen Darstellungen offenstehen. Alles, was entweder bloß den gelehrten Leser interessiren, oder was bloß den nichtgelehrten befriedigen kann, wird davon ausgeschlossen sein; vorzüglich aber und unbedingt wird sie sich alles verbieten, was sich auf Staatsreligion und politische Verfassung bezieht. Man widmet sie der schönen Welt zum Unterricht und zur Bildung, und der gelehrten zu einer freien Forschung der Wahrheit und zu einem fruchtbaren Umtausch der Ideen; und indem man bemüht sein wird, die Wissenschaft selbst durch den innern Gehalt zu bereichern, hofft man zugleich den Kreis der Leser durch die Form zu erweitern."[1]

Der Prospect ist am 13. Juni 1794 gezeichnet; am selben Tage erließ Schiller die Einladung an Göthe, welche das Verhältniß der beiden Männer für die Folgezeit entscheiden sollte:

---

[1] (W. Vollmer), Briefwechsel zwischen Schiller und Göthe. 4. Auflage. Stuttgart 1881. I. 1—3.

10. Die Horen.

Hochwohlgeborner Herr,
Hochzuverehrender Herr Geheimer Rath!

Beiliegendes Blatt enthält den Wunsch einer, Sie unbegränzt hochschätzenden, Gesellschaft, die Zeitschrift, von der die Rede ist, mit Ihren Beiträgen zu beehren, über deren Rang und Werth nur Eine Stimme unter uns sein kann. Der Entschluß Euer Hochwohlgeboren, diese Unternehmung durch Ihren Beitritt zu unterstützen, wird für den glücklichen Erfolg derselben entscheidend sein, und mit größter Bereitwilligkeit unterwerfen wir uns allen Bedingungen, unter welchen Sie uns denselben zusagen wollen.

Hier in Jena haben sich die HH. Fichte, Woltmann und von Humboldt zur Herausgabe dieser Zeitschrift mit mir vereinigt, und da, einer nothwendigen Einrichtung gemäß, über alle einlaufenden Manuscripte die Urtheile eines engeren Ausschusses eingeholt werden sollen, so würden Ew. Hochwohlgeboren uns unendlich verpflichten, wenn Sie erlauben wollten, daß Ihnen zu Zeiten eines der eingesandten Manuscripte dürfte zur Beurtheilung vorgelegt werden. Je größer und näher der Antheil ist, dessen Sie unsere Unternehmung würdigen, desto mehr wird der Werth derselben bei demjenigen Publicum steigen, dessen Beifall uns der wichtigste ist. Hochachtungsvoll verharre ich

Euer Hochwohlgeboren
gehorsamster Diener und aufrichtigster Verehrer
F. Schiller.

Göthe nahm sich zehn Tage Bedenkzeit. Es war eine sonderbare Geschichte, daß dieser Hofrath Schiller, den er vor etlichen Jahren als wohlfeilsten Geschichtsprofessor nach Jena empfohlen hatte, nach allen erdenklichen Prüfungen, von Poesie und Literatur offenbar die Hand nicht lassen wollte, vielmehr als Unternehmer und Redacteur der „ersten" deutschen Revue vor ihn trat und ihn einlud, sein Mitarbeiter zu werden. Soviel war klar: ob er ablehnte oder annahm, die Zeitschrift war beschlossene Sache, und durch die übrigen Mitarbeiter ein gesichertes Unternehmen. Lehnte er ab, so stand er allein gegen die unter Schiller geeinten rührigsten, jungen Kräfte[1]. Gedieh das Unternehmen ohne ihn, so war er beschämt. Half er mit, so war ihm zwar keine ausschließliche Herrschaft, aber doch der ehrenvollste Primat angeboten. Er wurde als der erste Schriftsteller Deutschlands anerkannt, sein Beitritt sollte an keine Bedingungen geknüpft sein. Schiller warf sich ihm in unbedingter Verehrung zu Füßen. Am 24. Juni nahm er an, noch mit einiger Herablassung des Hochwohlgebornen zu dem bloß Wohlgebornen (obwohl er ein ebenso bürgerlicher Kater war), aber doch schon mit einem gewissen Anflug von Gemüthlichkeit. Das Eis war gebrochen.

---
[1] Bratranek, Göthe's Briefw. mit den Gebr. v. Humboldt. S. XXXV.

Ew. Wohlgeboren

eröffnen mir eine doppelt angenehme Aussicht, sowohl auf die Zeitschrift, welche Sie herauszugeben gedenken, als auf die Theilnahme, zu der Sie mich einladen. Ich werde mit Freuden und von ganzem Herzen von der Gesellschaft sein.

Sollte unter meinen ungedruckten Sachen sich etwas finden das zu einer solchen Sammlung zweckmäßig wäre, so theile ich es gerne mit; gewiß aber wird eine nähere Verbindung mit so wackeren Männern, als die Unternehmer sind, manches, das bei mir ins Stocken gerathen ist, wieder in einen lebhaften Gang bringen.

Schon eine sehr interessante Unterhaltung wird es werden, sich über die Grundsätze zu vereinigen, nach welchen man die eingesendeten Schriften zu prüfen hat, wie über Gehalt und Form zu wachen, um diese Zeitschrift vor andern auszuzeichnen und sie bei ihren Vorzügen wenigstens eine Reihe von Jahren zu erhalten.

Ich hoffe bald mündlich hierüber zu sprechen und empfehle mich Ihnen und Ihren geschätzten Mitarbeitern aufs beste.

Weimar 24. Juni 1794. Göthe.[1]

Im Juli trafen sich die beiden Dichter in Jena. Wie Schiller sagt, brachten die Unterhaltungen mit Göthe „seine ganze Ideenmasse in Bewegung". Nachdem er den Weg zu dem bis dahin Unnahbaren gefunden, versäumte er nicht, ihn, gleich der Sonne in der Fabel, wärmer und wärmer anzuscheinen und ihn so dahin zu bringen, daß er sich völlig aufknöpfen möchte. Schon im nächsten Brief huldigte er seinem Genius in einer Weise, daß man diesen Brief als das Grundformular und Credo alles späteren Göthe-Cultus betrachten mag:

„Ihr beobachtender Blick," sagte er[2], „der so still und rein auf den Dingen ruht, setzt Sie nie in Gefahr, auf den Abweg zu gerathen, in den sowohl die Speculation als die willkürliche und bloß sich selbst gehorchende Einbildungskraft sich so leicht verirrt. In Ihrer richtigen Intuition liegt alles und weit vollständiger, was die Analysis mühsam sucht, und nur weil es als ein Ganzes in Ihnen liegt, ist Ihnen Ihr eigener Reichthum verborgen; denn leider wissen wir nur das, was wir scheiden. Geister Ihrer Art wissen daher selten, wie weit sie gedrungen sind, und wie wenig Ursache sie haben, von der Philosophie zu borgen, die nur von ihnen lernen kann. Diese kann bloß zergliedern, was ihr gegeben wird, aber das Geben selbst ist nicht die Sache des Analytikers, sondern des Genies, welches unter dem dunkeln, aber sichern Einfluß reiner Vernunft nach objectiven Gesetzen verbindet.

„Lange schon habe ich, obgleich aus ziemlicher Ferne, dem Gang Ihres Geistes zugesehen, und den Weg, den Sie sich vorgezeichnet haben, mit immer erneuerter Bewunderung bemerkt. Sie suchen das Nothwendige der Natur, aber

---

[1] Schiller-Göthe Briefwechsel I. S. 4.   [2] Ebbf. S. 5. 6.

Sie suchen es auf dem schwersten Wege, vor welchem jede schwächere Kraft sich wohl hüten wird. Sie nehmen die ganze Natur zusammen, um über das Einzelne Licht zu bekommen; in der Allheit ihrer Erscheinungsarten suchen Sie den Erklärungsgrund für das Individuum auf. Von der einfachen Organisation steigen Sie, Schritt vor Schritt, zu der mehr verwickelten hinauf, um endlich die verwickeltste von allen, den Menschen, genetisch aus den Materialien des ganzen Naturgebäudes zu erbauen. Dadurch, daß Sie ihn der Natur gleichsam nacherschaffen, suchen Sie in seine verborgene Technik einzubringen. Eine große und wahrhaft heldenmäßige Idee, die zur Genüge zeigt, wie sehr Ihr Geist das reiche Ganze seiner Vorstellungen in einer schönen Einheit zusammenhält. Sie können niemals gehofft haben, daß Ihr Leben zu einem solchen Ziele zureichen werde, aber einen solchen Weg auch nur einzuschlagen, ist mehr werth, als jeden andern zu endigen, — und Sie haben gewählt wie Achill in der Ilias zwischen Phthia und der Unsterblichkeit. Wären Sie als ein Grieche, ja nur als ein Italiener geboren worden, und hätte schon von der Wiege an eine auserlesene Natur und eine idealisirende Kunst Sie umgeben, so wäre Ihr Weg unendlich verkürzt, vielleicht ganz überflüssig gemacht worden. Schon in die erste Anschauung der Dinge hätten Sie dann die Form des Nothwendigen aufgenommen, und mit Ihren ersten Erfahrungen hätte sich der große Styl in Ihnen entwickelt. Nun, da Sie ein Deutscher geboren sind, da Ihr griechischer Geist in diese nordische Schöpfung geworfen wurde (!), so blieb Ihnen keine andere Wahl, als entweder selbst zum nordischen Künstler zu werden, oder Ihrer Imagination das, was ihr die Wirklichkeit vorenthielt, durch Nachhülfe der Denkkraft zu ersetzen, und so gleichsam von innen heraus und auf einem rationalen Wege ein Griechen= land zu gebären. In derjenigen Lebensepoche, wo die Seele sich aus der äußern Welt ihre innere bildet, von mangelhaften Gestalten umringt, hatten Sie schon eine wilde und nordische Natur in sich aufgenommen, als Ihr siegendes, seinem Material überlegenes Genie diesen Mangel von innen entdeckte, und von außen her durch die Bekanntschaft mit der griechischen Natur davon vergewissert wurde. Jetzt mußten Sie die alte, Ihrer Einbildungskraft schon aufgedrungene schlechtere Natur nach dem besseren Muster, das Ihr bildender Geist sich erschuf, corrigiren, und das kann nun freilich nicht anders als nach leitenden Begriffen von Statten gehen. Aber diese logische Richtung, welche der Geist bei der Reflexion zu nehmen genöthigt ist, verträgt sich nicht wohl mit der ästhetischen, durch welche allein er bildet. Sie hatten also eine Arbeit mehr: denn so wie Sie von der Anschauung zur Abstraction übergingen, so mußten Sie nun rückwärts Begriffe wieder in Intuitionen umsetzen, und Gedanken in Gefühle verwandeln, weil nur durch diese das Genie hervorbringen kann."

So vergaß Schiller Alles, was er früher von Göthe's wirklichem Leben, seinen Liebschaften, seiner concreten Entwicklung gedacht und ge= sagt hatte, um künftig sein Wesen wie das eines Halbgottes nur in typi= scher Allgemeinheit zu betrachten. Wäre Göthe als Grieche oder Italiener geboren worden, so hätte er gewiß keinen Götz und keinen Werther ge=

schrieben; aber was er dann geschrieben hätte, wer kann das sagen?
Daß er erst die ganze Natur empirisch ergründen wollte, um dann
künstlerisch den Menschen zu begreifen, war jedenfalls nicht sehr philosophisch, und man begreift kaum, was die Philosophie von einem Mann
lernen sollte, der das Unmögliche anstrebte, das Erreichbare vernachlässigte
und die verworrenste Dilettanterie auf allen Gebieten für die höchste
menschliche Weisheit ausgab.

Göthe war indeß ganz selig, sich von Schiller in so hohe Regionen
hinaufgerückt und als ein ganz außerordentlicher Sterblicher betrachtet
zu sehen. Er begrüßte Schillers Brief als das angenehmste Geschenk
zu seinem (45.) Geburtstag; er erklärte, daß er von der letzten Begegnung mit Schiller eine neue Epoche seines Lebens rechnen werde, und
vergaß ganz, wie geringschätzig er einst über den Verfasser der „Räuber"
abgeurtheilt hatte:

„Ich habe den redlichen und so seltenen Ernst der in allem erscheint, was
Sie geschrieben und gethan haben, immer zu schätzen gewußt, und ich darf nunmehr Anspruch machen, durch Sie selbst mit dem Gange Ihres Geistes, besonders in den letzten Jahren, bekannt zu werden. Haben wir uns wechselseitig
die Punkte klar gemacht, wohin wir gegenwärtig gelangt sind, so werden wir
desto ununterbrochener gemeinschaftlich arbeiten können." [1]

Seinem Freunde Heinrich Meyer gestand Göthe, er habe lange keinen
solchen geistigen Genuß gehabt, wie bei Schiller in Jena. Das sprach
sich bald in Weimar herum. Bei Frau von Stein und bei Schillers
Frau war große Freude darüber. „Für mich," schrieb Göthe später,
„war es ein neuer Frühling, in welchem alles froh neben einander keimte
und aus aufgeschlossenen Samen und Zweigen hervorging." [2] Schiller
nahm die neue Freundschaft weniger enthusiastisch, aber doch auch mit
Befriedigung an.

„Bei meiner Zurückkunft," schreibt er Körner [3], „fand ich einen sehr herzlichen Brief von Göthe, der mir nun endlich mit Vertrauen entgegenkommt.
Wir hatten vor sechs Wochen über Kunst und Kunsttheorie ein langes und
breites gesprochen und uns die Hauptideen mitgetheilt, zu denen wir auf ganz
verschiedenen Wegen gekommen waren. Zwischen diesen Ideen fand sich eine
unerwartete Übereinstimmung, die um so interessanter war, weil sie wirklich
aus der größten Verschiedenheit der Gesichtspunkte hervorging. Ein Jeder

---

[1] Schiller-Göthe Briefwechsel I. 7.
[2] Göthe's Werke [Hempel]. XXVII. 312.
[3] Göbele, Schillers Briefwechsel mit Körner. (2. Aufl.) Leipz. 1874. II. 110.

konnte dem andern etwas geben, was ihm fehlte, und etwas dafür empfangen. Seit dieser Zeit haben diese ausgestreuten Ideen bei Göthe Wurzel gefaßt, und er fühlt jetzt ein Bedürfniß, sich an mich anzuschließen, und den Weg, den er bisher allein und ohne Aufmunterung betrat, in Gemeinschaft mit mir fortzusetzen. Ich freue mich sehr auf einen für mich so fruchtbaren Ideenwechsel, und was sich davon in Briefen mittheilen läßt, soll Dir getreulich berichtet werden."

So sehr er sich selbst bei diesem Ideentausch Göthe gewachsen und ebenbürtig fühlte, fuhr er ihm gegenüber vorläufig noch fort, eine sehr unterthänige und bescheidene Sprache zu reden und in den von Göthe gewünschten Bekenntnissen seine Fähigkeiten und Leistungen sehr niedrig anzuschlagen.

„Erwarten Sie bei mir keinen großen materialen Reichthum von Ideen; dieß ist es was ich bei Ihnen finden werde. Mein Bedürfniß und Streben ist, aus Wenigem Viel zu machen, und wenn Sie meine Armuth an allem was man erworbene Erkenntniß nennt, einmal näher kennen sollten, so finden Sie vielleicht, daß es mir in manchen Stücken damit mag gelungen sein. Weil mein Gedankenkreis kleiner ist, so durchlaufe ich ihn eben darum schneller und öfter, und kann eben darum meine kleine Baarschaft besser nutzen, und eine Mannigfaltigkeit, die dem Inhalte fehlt, durch die Form erzeugen. Sie bestreben sich Ihre große Ideenwelt zu simplificiren, ich suche Varietät für meine kleinen Besitzungen. Sie haben ein Königreich zu regieren, ich nur eine etwas zahlreiche Familie von Begriffen, die ich herzlich gern zu einer kleinen Welt erweitern möchte.

„Ihr Geist wirkt in einem außerordentlichen Grade intuitiv, und alle Ihre denkenden Kräfte scheinen auf die Imagination, als ihre gemeinschaftliche Repräsentantin, gleichsam compromittirt zu haben. Im Grund ist dieß das höchste, was der Mensch aus sich machen kann (!), sobald es ihm gelingt, seine Anschauung zu generalisiren und seine Empfindung gesetzgebend zu machen. Darnach streben Sie, und in wie hohem Grade haben Sie es schon erreicht! Mein Verstand wirkt eigentlich mehr symbolisirend, und so schwebe ich, als eine Zwitterart, zwischen dem Begriff und der Anschauung, zwischen der Regel und der Empfindung, zwischen dem technischen Kopf und dem Genie. Dieß ist es, was mir, besonders in früheren Jahren, sowohl auf dem Felde der Speculation als der Dichtkunst, ein ziemlich linkisches Ansehen gegeben; denn gewöhnlich übereilte mich der Poet, wo ich philosophiren sollte, und der philosophische Geist, wo ich dichten wollte. Noch jetzt begegnet es mir häufig genug, daß die Einbildungskraft meine Abstractionen, und der kalte Verstand meine Dichtung stört. Kann ich dieser beiden Kräfte so weit Meister werden, daß ich einer jeden durch meine Freiheit ihre Grenzen bestimmen kann, so erwartet mich noch ein schönes Loos; leider aber, nachdem ich meine moralischen Kräfte recht zu kennen und zu gebrauchen angefangen, droht eine Krankheit, meine physischen zu untergraben. Eine große und allgemeine Geistesrevolution werde ich schwerlich Zeit haben in mir zu vollenden, aber ich werde thun, was ich kann, und wenn endlich das Gebäude zusammenfällt, so habe ich doch vielleicht das Erhaltungswerthe aus dem Brande geflüchtet." [1]

So angenehm Göthe solche Huldigungen waren — nur ein Schiller konnte ihm solche spenden —, so widerlegte er sie selbst zum Theil dadurch, daß er Schillers eigentliche Absicht, eine möglichst glänzende Betheiligung an den „Horen", nur in höchst untergeordneter, gar nicht glänzender Weise erfüllte. Der Halbgott, der mit seinen Intuitionen die ganze Natur nacherschuf und der in Griechenland oder wenigstens in Italien hätte geboren werden sollen, war schließlich ein Frankfurter, ein sterblicher Mensch, der wie hundert andere Poeten ohne äußere Anregung nicht viel zu Stande brachte. Was er vor und während der italienischen Reise geschrieben hatte, das war in den Gesammelten Werken bei Göschen längst gedruckt, bis auf die werthlosesten Spielchen und Farcen, die Herder des Druckes unwerth hielt; „Großkophta" und „Bürgergeneral" waren 1792 und 1793 auch schon herausgegeben, 1794 folgte der „Reineke Fuchs". In der Mappe befand sich nichts von Bedeutung[2], als noch unvollendete Fragmente: der seit 1775 liegen gebliebene „Faust", der noch nicht abgeschlossene „Wilhelm Meister", die römischen Elegien und venetianischen Epigramme, welche noch nicht zum Druck vorbereitet waren und über welche Göthe selbst noch wegen des Publikums einige moralische Bedenken gehabt zu haben scheint.

Schiller war über den Zustand der Göthe'schen Mappe ziemlich gut unterrichtet. Als ein praktischer Mann fahndete er gleich auf den Faust und auf den Wilhelm Meister. Doch vergeblich. Vom Faust wollte Göthe ganz und gar nichts wissen; er wagte nicht, „das Packet aufzuschnüren"[3]. Den Wilhelm Meister hatte er, obwohl er noch nicht fertig war, bereits an den Buchhändler Unger in Berlin verkauft, der ihn stückweise in mehreren Bänden drucken sollte, genau wie man es in den Romanfabriken macht. Das Einzige, was für die Horen einstweilen zu haben war, das waren zwei Episteln, ein paar Elegien[4] und endlich ein kleines Stück „zeitgemäßes" Feuilleton, das inhaltlich zu Göthe's

---

[1] Schiller-Göthe Briefwechsel. I. 9

[2] „Er hat großen Eifer, aber freilich wenig vorräthige Arbeit." Charlotte von Schiller. I. 230.

[3] Schiller-Göthe Briefwechsel. I. 24. 25.

[4] Schiller schreibt darüber an Lotte: „Er las mir seine Elegien, die zwar schlüpfrig und nicht sehr decent sind, aber zu den besten Sachen gehören, die er gemacht hat." Charlotte von Schiller. I. 238.

unbedeutendsten Arbeiten zählt, nur durch die gewandte Form über das Geschreibsel des ersten besten Zeitungslieferanten erhaben. Es heißt: „Unterhaltungen deutscher Ausgewanderter"[1], und ist weiter nichts als eine Sammlung von ein paar theils selbsterfundenen, theils aus anrüchigen französischen Büchern zusammengerafften Anekdoten, die nichts gemein haben, als den haut-goût blasirter Pikanterie. Um sie unter diesen gemeinsamen Hut zu bringen, fingirte Göthe eine Familie nach seinem Herzen, d. h. deutschen Ursprungs, aber völlig französisch gebildet, durch die Revolution aus Frankreich vertrieben, aber nicht von ihrer liberalen Aufklärung geheilt — eine Baronesse und ihre liebenswürdige Tochter Luise und ihr liebenswürdiger älterer Sohn Friedrich und ein wohlunterrichteter Hofmeister und ein unentbehrlicher Abbé. Alle sehnen sich nach den paradiesischen legitim-lieberlichen Zeiten unter Louis XV. zurück, nur der jüngere Sohn Karl schwört für Freiheit und Guillotine. Er ist frech wie ein Clubist und robomontirt so wüthend für die Revolution, daß der würdige Geheimrath von S. und seine Frau, welche sich auf der Flucht mit der Familie der Baronesse zusammengefunden, es nicht mehr länger aushalten, sondern plötzlich abreisen. In dem Familienkreis der Baronesse selbst droht darüber Streit auszubrechen (so störend wirkt die französische Revolution); aber man besinnt sich doch noch und es gelingt der Baronesse glücklich, Frieden zu stiften. Bei dieser Friedensstiftung fand Göthe dann Gelegenheit, sein eigenes gedrücktes Herz zu erleichtern und unter der Maske der edlen Baronesse seine eigenen Klagen über die französische Revolution vor dem deutschen Publikum anzubringen.

„Überhaupt," fuhr die Baronesse fort, „weiß ich nicht, wie wir geworden sind, wohin auf einmal jede gesellige Bildung verschwunden ist. Wie sehr hütete man sich sonst, in der Gesellschaft irgend etwas zu berühren, was Einem oder dem Andern unangenehm sein konnte. Der Protestant vermied in Gegenwart von Katholiken, irgend eine Ceremonie lächerlich zu finden; der eifrigste(?) Katholik ließ den Protestanten nicht merken, daß die alte Religion eine größere Sicherheit ewiger Seligkeit gewähre. Man unterließ vor den Augen einer Mutter, die ihren Sohn verloren hatte, sich seiner Kinder lebhaft zu freuen, und Jeder fühlte sich verlegen, wenn ihm ein solches unbedachtsames Wort entwischt war; jeder Umstehende suchte, das Versehen wieder gut zu machen, — und thun wir nicht jetzo gerade das Gegentheil von allem Diesem? Wir suchen recht eifrig jede Gelegenheit, wo wir etwas vorbringen können, das den Andern verdrießt und ihn aus seiner Fassung bringt. O laßt uns künftig, meine Kinder und Freunde, wieder zu jener Art zu sein zurückkehren!"[2]

---

[1] Göthe's Werke [Hempel]. XVI. 25—132.   [2] Ebdf. S. 38.

10. Die Horen.

Mitten im Sturm der furchtbaren Zeitereignisse soll das feine, frauenzimmerliche Still- und Pläsirleben der siebenziger und achtziger Jahre wieder künstlich hergestellt werden.

„Laßt uns dahin übereinkommen, daß wir, wenn wir beisammen sind, gänzlich alle Unterhaltung über das Interesse des Tages verbannen. Wie lange haben wir belehrende und aufmunternde Gespräche entbehrt, wie lange hast Du uns, lieber Karl, nichts von fernen Landen und Reichen erzählt, von deren Beschaffenheit, Einwohnern, Sitten und Gebräuchen Du so schöne Kenntnisse hast! Wie lange haben Sie (so redete sie den Hofmeister an) die alte und neue Geschichte, die Vergleichung der Jahrhunderte und einzelner Menschen schweigen lassen! Wo sind die schönen und zierlichen Gedichte geblieben, die sonst aus den Brieftaschen unserer jungen Frauenzimmer zur Freude der Gesellschaft hervorkamen? Wohin haben sich die unbefangenen(!) philosophischen Betrachtungen verloren? Ist die Lust gänzlich verschwunden, mit der Ihr von Euren Spaziergängen einen merkwürdigen Stein, eine uns wenigstens unbekannte Pflanze, ein seltsames Insekt zurückbrachtet und dadurch Gelegenheit gabt, über den großen Zusammenhang aller vorhandenen Geschöpfe wenigstens angenehm zu träumen? (Sic!) Laßt alle diese Unterhaltungen, die sich sonst so freiwillig dargeboten, durch eine Verabredung, durch Vorsatz, durch ein Gesetz (!) wieder bei uns eintreten, bietet alle Eure Kräfte auf, lehrreich, nützlich und besonders gesellig zu sein; und das Alles werden wir — und noch weit mehr als jetzt benöthigt sein, wenn auch Alles völlig drunter und drüber gehen sollte. Kinder, versprecht mir das!"[1]

Wie Göthe in der Rolle des „Geistlichen" dann weiter gesteht[2], ist das Wichtigste dabei weder Philosophie, noch Geschichte, noch Naturwissen, noch Poesie, sondern „pikante Histörchen", wie sie von jeher die Würze leichtsinniger Herren- und Damengesellschaften bildeten:

„Zur Übersicht der großen Geschichte fühl' ich weder Kraft noch Muth, und die einzelnen Weltbegebenheiten verwirren mich; aber unter den vielen Privatgeschichten, wahren und falschen, mit denen man sich im Publikum trägt (!), die man sich insgeheim (!) einander erzählt, gibt es manche, die noch einen reinern, schönern Reiz haben als den Reiz der Neuheit, manche, die durch eine geistreiche Wendung uns immer zu erheitern Anspruch machen, manche, die uns die menschliche Natur und ihre innern Verborgenheiten auf einen Augenblick eröffnen, andere wieder, deren sonderbare Albernheiten uns ergötzen."

Und was behandeln denn die pikantesten Geschichtchen?

„Sie behandeln, ich will es nicht leugnen, gewöhnlich die Empfindungen, wodurch Männer und Frauen verbunden oder entzweit, glücklich oder unglücklich gemacht, öfter aber verwirrt, als aufgeklärt werden."[3]

---

[1] Göthe's Werke [Hempel]. XVI. 40.   [2] Ebdſ. S. 43.   [3] Ebdſ. S. 43. 44.

Also kleine Liebesanekdoten, zu Novellchen aufgeputzt:

Nr. 1. Von der Sängerin Antonelli in Neapel, die mit der „Liebe" ein rentables Gewerbe betreibt, unter vielen „Geliebten" endlich einen Freund findet, seiner bald überdrüssig wird, ihn durch ihre Untreue krank macht, ihn trotz seiner inständigsten Bitten auf dem Todbette nicht besucht und nun von dem Dahingeschiedenen gespenstisch gequält wird.

Nr. 2. Von einem Waisenmädchen, das, sobald es sich verliebte, überall von Gespensterklopfen verfolgt wird, bis der Herr des Hauses ihm mit seiner größten Hetzpeitsche droht.

Nr. 3. Ein sehr lüstern erzähltes Ehebruchsabenteuer des Marschalls von Bassompierre, das in einem Haus der Schande spielt.

Nr. 4. Ein anderes Ehebruchsabenteuer desselben Marschalls, der von seiner Frau in flagranti ertappt wird. Geschenke der Ehebrecherin wirken bei den drei rechtmäßigen Töchtern als segenbringende Talismane.

Nr. 5. Die Geschichte vom „Procurator", wie Göthe scherzt, eine „moralische Erzählung", aber die „erste und letzte", weil alle solche Geschichtchen „sich dergestalt gleichen, daß man immer nur dieselbe zu erzählen scheint". Eine junge Frau, deren Mann, ein reicher Kaufmann, kurz nach der Heirath verreist ist, verliebt sich in einen jungen Advokaten, wird aber durch Antheilnahme an dessen frommen Gelübden, Fasten, Gebet und Wohlthätigkeit, der Gefahr des Ehebruchs entrissen. Die Gefahr der jungen Schönen ist weit und lockend ausgesponnen, ihre Bekehrung sein ironisirt, die Geschichte deßhalb nicht moralischer als die andern.

Nr. 6. Die Geschichte Ferdinands, der seinen Vater bestiehlt, um der von ihm angebeteten Ottilie Geschenke zu machen, später das gut zu machen sucht, dabei Ottilie verliert und eine andere Frau bekommt. Das Interesse ruht auf der sorgfältig ausgesponnenen Liebesverwicklung.

Zum Schluß flickte Göthe den sechs Anekdötchen noch ein Märchen [1] an, das, auf freimaurerischer Symbolik beruhend, das Gehirn vieler Erklärer sehr anstrengend beschäftigt hat, ohne daß dem Publikum die wirkliche Bedeutung völlig klar gelegt worden wäre und das als ungelöstes spielerisches Räthsel keinen vernünftigen Menschen befriedigen kann.

„Mehr als zwanzig Personen sind in dem Märchen geschäftig.
Nun, was machen sie denn Alle? ‚Das Märchen, mein Freund.'"

---

[1] Über die verschiedenen Auslegungen von Hotho, Göschel, Hartung, Guhrauer, Wied, Dünker, C. F. Meyer s. Göthe's Werke [Hempel]. XVI. 18—23. F. Meyer, Göthe's Märchendichtungen. Heidelberg 1880. — R. M. Werner, Göthe als Märchenerzähler. N. Fr. Presse. 9. Juni 1881.

„Die Novellenform ist glatt und elegant, der Inhalt der Erzählungen, der oft das Spukhafte und Unheimliche berührt, wie es zu einer solchen Zeit der Aufregung paßt, im Übrigen unbedeutend und das ‚Märchen‘ überlassen wir bereitwillig seinen Auslegern." [1]

Das war Alles, was der „erste" Schriftsteller Deutschlands zum ersten Jahrgang (1795) der „ersten" deutschen Zeitschrift beisteuerte. Er hätte so Jahrzehnte lang französische „Novellenschätze", Schmutzmemoiren und Bettgardinen-Literatur in die Horen hinüberpumpen und etwas Selbstbekenntnisse daran gießen können. Aber selbst das war ihm zu viel für eine solche Nebenarbeit. Für den Jahrgang 1796 begnügte er sich mit bloßem Übersetzen. Er übersetzte erst einen kleinen Aufsatz der Madame de Staël: „Versuch über die Dichtungen" — ein Stück Damen- und Salonsästhetik, das in die Zeit vor der Revolution gehörte [2]. Dann ließ er sich von der Universitätsbibliothek von Göttingen die Lebensbeschreibung des italienischen Goldschmieds Benvenuto Cellini [3] — in einer sehr mangelhaften Ausgabe — kommen, ein würdiges Seitenstück zu den Histörchen der deutschen Ausgewanderten, und übersetzte an dieser kunstgeschichtlichen Skandalchronik zwei Jahre lang (1796 und 1797), mit willkürlichen Auslassungen, in stückweisen Fortsetzungen, für 6 Louisd'or per Bogen, bis mit dem X. Bande die erste Zeitschrift Deutschlands eines friedlichen Todes starb. Die größten bis dahin erreichten Honorare waren gerettet, auf Kosten des Publikums, des deutschen Volksgeistes, des guten Geschmacks und der guten Sitte.

Am 23. December 1795 fragte Göthe bei Schiller an [4]:

„Wird sich denn dieser edle Sosias (Cotta) mit seinem Gold und Silber auf das Fest Epiphaniä einfinden? Weihrauch und Myrrhen wollen wir ihm erlassen."

Schiller antwortete am Weihnachtstage [5]:

„Was die Geldlieferung anbelangt, so vergaßen Sie, daß die Zahlung von einer Ostermesse zur andern ist ausgemacht worden. Etliche Tage vor

---

[1] R. v. Gottschall, Die deutsche Nationalliteratur. 1855. I. 68.
[2] Göthe's Werke [Hempel]. XXIX. 819—843. Der Aufsatz schließt mit dem blühenden Unsinn: „In diesem Leben, wodurch man besser hindurchgeht (!), je weniger man es fühlt (!), sollte man nur den Menschen von sich und Anderen abzuziehen suchen (!), die Wirkung der Leidenschaften aufhalten und an ihre Stelle einen unabhängigen Genuß (!) setzen. Wer es vermöchte, könnte für den größten Wohlthäter des menschlichen Geschlechts gehalten werden." S. 843.
[3] Göthe's Werke [Hempel]. XXX.
[4] Schiller-Göthe Briefwechsel. I. 100.   [5] Ebdj. I. 101.

10. Die Horen.

Jubilate erscheint Cotta mit einer Geldkatze um den Leib, und zwar pünktlich wie eine ‚wohlberechnete Sonnenfinsterniß‘, um das Honorar für das ganze Jahr abzutragen."

Die Lebensbeschreibung „Benvenuto Cellini's" war im zehnten Band der „Horen" kaum zum Abschluß gelangt, als bereits 1798 ein Nachdruck erschien[1]. Im Jahre 1803 veranstaltete Göthe selbst eine Gesammtausgabe in zwei Theilen mit einem Anhang; 1818 kam sie dann in die sämmtlichen Werke und füllt seitdem einen oder zwei stattliche Bände derselben. Obwohl sie da von dem allgemeinen Ruhme Göthe's bestrahlt wird, so ist sie doch weder als Übersetzung, noch ihrem Inhalt nach eigentlich ein classisches Buch. Von einem Mann wie Göthe konnte man nach einem so langen Aufenthalt in Italien wirklich etwas Besseres erwarten, als eine mangelhafte Übersetzung dieser Schrift, in welcher ein Goldschmied und Ciselirer, nicht einmal unbestritten ersten Ranges, neben einer ruhmredigen Schilderung seiner eigenen Thätigkeit als Kleinkünstler, neben höchst zweifelhaften Kunsturtheilen über Andere, sein durch die schmählichste Liederlichkeit und grobe Verbrechen besudeltes Leben zum Besten gibt. Wenn Göthe wirklich das gebildete Deutschland über italienische Kunst und insbesondere die Kunstthätigkeit der Renaissance unterrichten wollte, warum hat er nicht selbst umfassendere Studien darüber angestellt? Erlaubte ihm das seine Zeit nicht, warum hat er nicht ein tüchtiges Werk, wie etwa Leonardo da Vinci's Buch von der Malerei[2] oder Vasari's Leben der berühmtesten Maler, Bildhauer und Baumeister[3], übersetzt? Warum hat ihn nur das Leben dieses Kleinkünstlers interessirt, der am Schluß jener glänzenden Reihe von Künstlern steht, durch das Manierirte seiner Auffassung ein Vorbote des Verfalles, durch das Prahlerische, Selbstsüchtige, Leidenschaftliche seines Wesens eine an sich durchaus abstoßende Erscheinung?[4] Warum hat Göthe nicht seine „Abhandlungen über die Goldschmiedekunst und die Sculptur" übersetzt, die schon 1568 zu Lebzeiten des Verfassers erschien und in welcher weit mehr der gewandte Techniker und Künstler hervortritt?[5] Warum gerade die schmutzige Skandalchronik seines Lebens, welche in Italien selbst erst 1728 mit fingirtem Druckort und Verleger gedruckt

---

[1] Ohne Zweifel in Wien (!!). S. Hirzel, Göthebibliothek. S. 48.
[2] Herausgegeben, übersetzt und erläutert von Heinrich Ludwig. Wien 1882.
[3] Übersetzt von Ernst Förster. Stuttgart 1847.
[4] Lützows Zeitschrift für bildende Kunst. III. 10. Vgl. A. von Reumonts Urtheil in dessen Beiträgen zur italienischen Geschichte. III. 313 ff.
[5] Übersetzt von Justus Brinkmann. Leipzig 1867.

werden konnte? Die Wahl ist nicht wohl erklärlich ohne ein besonderes
Gefallen an dem Skandal, den die Schrift enthielt. „An einem Leben,"
erklärt er selbst, „ist ohnedem weiter nichts nach meiner realistischen Vor=
stellungsart, als das Detail, besonders nun gar bei einem Particulier,
wo keine Resultate zu benken sind, deren Weite und Breite uns allen=
falls imponiren könnten, und bei einem Künstler, dessen Werke, die blei=
benden Wirkungen seines Daseins, nicht vor unseren Augen stehen." [1] Der
Mensch also, nicht der Künstler, interessirte ihn, mit seinen Liebschaften
und Betrügereien, seinen Raufereien und Abenteuern, seiner kecken Lieder=
lichkeit und Ungebundenheit, seinen Maitressen und unehelichen Kindern
— Skandal vom Anfang bis zum Ende.

Göthe's Übersetzung ist übrigens nicht nur nach einem sehr mangel=
haften Text angefertigt, sondern entbehrt auch, wie schon A. von Reu=
mont bemerkt hat, der erklärenden Noten, „ohne welche unendlich Vieles
ebenso ungenießbar wie unverständlich bleibt". Dazu ist sie nicht einmal
nach ihrer Vorlage genau und fehlerfrei. Für die Kunstgeschichte ist sie
durch kritische Ausgaben des Urtextes längst überflüssig geworden [2]; für
weitere Kreise aber wird die Zeit auch kommen, wo man die Kunst
und die Bildung Italiens lieber an Michelangelo und Rafael, Giotto
und Fra Angelico studiren wird, als an dem abenteuernden Goldschmied
Benvenuto Cellini [3].

Schiller war der eigentliche Urheber und Redacteur der „Horen";
er mußte für die Zeitschrift natürlicher Weise eine angestrengtere und
ausgedehntere Thätigkeit entwickeln als Göthe. Unter seinen Beiträgen,
die in ästhetische Abhandlungen, historisch=belletristische Aufsätze und Gedichte
zerfallen [4], haben besonders seine ersten Aufsätze, „Briefe über die
ästhetische Erziehung des Menschen", Berühmtheit erlangt. Sie
bezeichnen nicht bloß den Standpunkt des Verfassers, sondern auch Ziel,
Programm und Richtung des ganzen Unternehmens. Ideen, Eindrücke,
Studien Schillers mischen sich darin mit Anschauungen und Grundsätzen,
welche aus seinem näheren Verkehr mit Göthe hervorgegangen, Überbleibsel

---

[1] Briefwechsel zwischen Schiller und Göthe. I. 113.

[2] La vita di Benvenuto Cellini scritta da lui medesimo, per cura di
B. Bianchi; con varj documenti etc. — Firenze, Le Monnier, 1866.

[3] Der deutschen Kunst hat Göthe durch diese Übersetzung unendlich geschadet.
Sie hat den Geschmack an lasciver Kleinkunst in die weitesten Kreise getragen; sie
ist das verbreitetste Handbuch moderner Künstlerliederlichkeit und Modell=Unzucht.

[4] Zusammengestellt bei Göbeke, Grundriß. II. 1028. Schillers Werke
[Hempel]. XV. 333—642.

10. Die Horen.

der Sturm- und Drangperiode mit dem neuen Griechenthum, für welches Herder, Wieland, Göthe in verschiedener Abstufung schwärmten. Seine Terminologie läßt dabei an Klarheit und Bestimmtheit sehr zu wünschen übrig, aber im Ganzen tritt doch ungefähr hervor, was er meint.

Er faßt seine Aufgabe hoch, fast wie ein Prophet, der in die ganze Zeitlage eingreifen will. Ausschauend über Europa und darüber hinaus, sieht er die ganze Menschheit von den ungeheuern Folgen der Revolution erfaßt, zwischen den Schrecken einer neuen Barbarei und den Wirkungen früherer Übercultur, Träumen eines seligen Naturstaates und Wirklichkeiten einer drückenden Gewaltherrschaft hin- und herschwanken. Er will ihr Heil und Rettung bringen, nicht durch Religion, nicht durch Politik, sondern durch „ästhetische Erziehung". Obwohl er im zehnten Brief anerkennt, daß die schöne Kunst sich geschichtlich als unfähig erwiesen hat[1], die Harmonie herbeizuführen, nach welcher die Menschheit ringt, so sucht er doch von Neuem in ihr die Panacee für alle Übel. Als Ideal der Menschheit wird (im sechsten Brief) schon das Griechenthum aufgestellt, nicht wie es wirklich war, sondern wie Schiller es sich dachte[2]. Zu ihm will er auf speculativem Weg die Menschheit zurückführen. Hierin liegt die Schwäche und das Verfehlte seines Unternehmens. Er stellt der Kunst Aufgaben, welche nur Religion, Ethik und Politik lösen können. Ausgehend von unrichtigen Begriffen über Person, Zustand, Ideen, Zeit, Sinnlichkeit, Sittlichkeit, legt er die ganze Aufgabe menschlicher Cultur darein, Sinnlichkeit und Sittlichkeit in ein gewisses Gleichgewicht zu bringen: „Erstlich die Sinnlichkeit gegen die Eingriffe der Freiheit zu verwahren, zweitens die Persönlichkeit gegen die Macht der Empfindungen sicherzustellen."[3] Die Vermittelung zwischen den beiden Grundtrieben, dem sinnlichen Trieb und dem (sittlichen) Formtrieb, findet Schiller in einem dritten: dem Spieltrieb, d. h. in der schönen Kunst, welche das Sinnliche mit geistigem Gehalt durchdringt, das Geistige in sinnlicher Form darstellt und so den Streit der beiden Naturen im Menschen einigermaßen ausgleichen soll[4].

„Wenn in dem dynamischen Staate der Rechte der Mensch dem Menschen als Kraft begegnet und sein Wirken beschränkt — wenn er sich ihm in dem ethischen Staat der Pflichten mit der Majestät des Gesetzes entgegenstellt und sein Wollen fesselt, so darf er ihm im Kreise des schönen Umgangs, in dem ästhetischen Staat, nur als Gestalt erscheinen, nur als Object des freien Spiels gegenüberstehen. Freiheit zu geben durch Freiheit, ist das Grundgesetz dieses Reichs."[5]

---

[1] Schillers Werke [Hempel]. XV. 371 ff.   [2] Ebdf. S. 356 ff.
[3] Ebdf. S. 382 ff.   [4] Ebdf. S. 392 ff.   [5] Ebdf. S. 442.

Man hat darüber gestritten, ob Schiller hierbei die ästhetische Vollendung über die moralische gesetzt habe oder nicht [1]. Der Streit zeigt schon, daß er das Verhältniß der Kunst zur Moral nicht klar und deutlich auseinandergesetzt hat. Es kann dieß nicht befremden, da Schiller seine Aufsätze als vielgeplagter Redacteur ziemlich von der Hand in den Mund schrieb, seine Ideen zum Theil erst im Schreiben entwickelte, zum Theil in Unterredungen mit Göthe werden ließ. In einem späteren Aufsatz „Über den moralischen Nutzen ästhetischer Sitten" mahnt er an die Verpflichtung, „uns durch Religion und durch ästhetische Gesetze zu binden, damit unsere Leidenschaft in den Perioden ihrer Herrschaft nicht die physische Ordnung verletze", und setzt dabei „nicht ohne Absicht Religion und Geschmack in eine Classe, weil beide das Verdienst gemein haben, dem Effect, wenn gleich nicht dem innern Werthe nach, zu einem Surrogat (!) der wahren Tugend zu dienen und die Legalität da zu sichern, wo die Moralität nicht zu hoffen ist" [2]. In dem Aufsatz „Über die nothwendigen Grenzen beim Gebrauch schöner Formen" gesteht er, daß „der Mensch von verfeinertem Geschmack einer sittlichen Verderbniß fähig ist, vor welcher der rohe Natursohn eben durch seine Rohheit gesichert ist", und findet es deßhalb ungleich sicherer, daß das Sittengefühl momentweise unmittelbar ohne das Schönheitsgefühl regiere, „die Vernunft öfters unmittelbar walte und dem Willen seinen wahren Beherrscher zeige" [3]. In dem längeren Essay „Über naive und sentimentalische Dichtung" tritt er dagegen höchst belobend für „Werther", „Tasso", „Faust" und sogar für die „Römischen Elegien" ein und hebt für den Dichter alle sittlichen Schranken auf, welche ihn etwa einengen könnten: „Das macht ja den Dichter aus, daß er alles in sich aufhebt, was an eine künstliche Welt erinnert, daß er die Natur in ihrer ursprünglichen Einfalt wieder in sich herzustellen weiß. Hat er aber dieses gethan, so ist er eben dadurch von allen Gesetzen losgesprochen, durch die ein verführtes Herz sich gegen sich selbst sicherstellt." [4]

---

[1] Nach Kuno Fischer faßt Schiller die ästhetische Bildung erst als Grundbedingung der moralischen, dann als Ziel der Bildung überhaupt, indem der ästhetisch Gebildete schon moralisch ist, es nicht mehr zu werden braucht. Schiller als Philosoph. Leipzig 1868. S. 82. 83. — Vgl. R. Haym, Die romantische Schule. Berlin 1870. S. 537. Christian Meurer, Das Verhältniß der Schiller'schen zur Kant'schen Ethik. Freiburg 1880. S. 48. — K. Tomaschek, Schiller und Kant. Wien 1857. — Twesten, Schiller im Verhältniß zur Wissenschaft. Berlin 1863. — M. W. Drobisch, Über die Stellung Schillers zur Kant'schen Ethik. Leipzig 1859.   [2] Schillers Werke [Hempel]. XV. 564. 565.
[3] Ebdf. S. 466. 467.   [4] Ebdf. S. 517 ff.

10. Die Horen.

Theoretisch nimmt Schiller eine Mittelstellung zwischen Kant und Göthe ein. Nach Kant bilden Vernunft und Sinnlichkeit einen unüberwindbaren Gegensatz, nach Göthe sind sie an sich, von Natur einander gar nicht entgegengesetzt, da die Natur an sich gut ist, nur zufällig mitunter an etwas zu viel Sinnlichkeit oder Verständigkeit krankt, das Heilmittel dagegen aber in sich selbst trägt. Nach Schiller ist zwar der von Kant betonte Gegensatz vorhanden, aber er ist nicht unüberwindlich; durch die „ästhetische Erziehung" bildet sich der menschliche Idealzustand, die „schöne Seele" heran, welche stets aus Neigung sittlich handelt und das ganze Sittengebot auch mit anmuthiger sinnlicher Harmonie vollzieht [1].

Praktisch in seinem Leben wie in seinem Dichten, hielt er dieses Ideal einer sittlichen Schönheit fest, er suchte „die sinnliche Natur aus einer Feindin zu einer Freundin des Gesetzes zu erheben" [2] und hohe sittliche Ideale mit dem Zauber sinnlicher Schönheit zu verkörpern; aber Göthe gegenüber war er unbegreiflich nachsichtig und schwach und hielt seiner „schönen Seele" einfach alles zu Gute, was sie dachte, sann und sang. Er setzte seine moralisirende Aesthetik dicht neben die „deutschen Ausgewanderten" und neben Cellini und breitete so einen gewissen Schimmer der Verklärung darüber aus. Alles war ja naiv, dem naiven Dichter aber wie der Natur Alles erlaubt, und die „schöne Seele" erhielt einen unumschränkten Freipaß, sich auf allen himmlischen Blumen wie auf allem irdischen Schmutze unbedenklich niederzulassen.

„In den Ansichten unserer beiden großen Dichter," sagt Haym mit Recht, „schob sich das Schöne unwillkürlich an die Stelle des Guten, während es doch nur eine bevorzugte Erscheinungsweise ist, in der sich die Form des letztern spiegeln darf ... Die sittliche wurde mehr oder weniger mit der ästhetischen Harmonie verwechselt, das Gute mehr oder weniger mit dem Stempel des ästhetischen Privilegiums versehen ... Den Staat der Vernunft, der organisirten Sittlichkeit ebenso, gibt Schiller preis [3]; er resignirt sich in den Staat des ‚schönen Scheins', und dieser — so schließt er seine Abhandlung über die ästhetische Erziehung — ‚existirt dem Bedürfniß nach in jeder fein gestimmten Seele: der That nach möchte man ihn wohl nur, wie die reine Kirche und die reine Republik, in einigen wenigen auserlesenen Cirkeln finden.'"

---

[1] S. Kuno Fischer a. a. O. S. 76. — O. Pfleiderer, Religionsphilosophie. I. 240. 241.
[2] Meurer a. a. O. (nach Zimmermann, Göthe als Denker). S. 85.
[3] R. Haym, Die romantische Schule. S. 537. Schillers Werke [Hempel]. XV. 444.

11. Die Xenien.

1796.

> „Die Xenien, die aus unschuldigen, ja gleichgiltigen Anfängen sich nach und nach zum Herbsten und Schärfsten hinaufsteigerten, unterhielten uns viele Monate. ... Sie wurden als höchster Mißbrauch der Preßfreiheit von dem Publikum verdammt. Die Wirkung aber bleibt unberechenbar."
>
> Göthe, Tag- und Jahreshefte. 1796.

> „Der Angriff Schillers und Göthe's gegen ihre gesammten literarischen Zeitgenossen, unternommen mit der Absicht, eine Fülle unklarer Verhältnisse mit einem großen Schlage zu bereinigen und die Firma Schiller und Göthe als eine absolut selbständige Macht den übrigen Firmen gegenüber aufzurichten."
>
> Hermann Grimm.

Ganz so gutmüthig, wie Göthe meinte, war das deutsche Publikum nun doch nicht. Von den Exemplaren der „Horen", die Cotta in Commission gegeben, wurden manche zurückgeschickt, andere allerdings neu bestellt, Cotta's Erwartungen im Ganzen nicht gerade enttäuscht (etwa 2000 Exemplare gingen ab), aber er bat doch um größere Mannigfaltigkeit, klagte über die abstracten Materien und meldete auch, daß man mit Göthe's „Unterhaltungen" nicht zufrieden sei. Man wisse nicht, wo er eigentlich damit hinaus wolle [1]. Schiller tröstete sich und Göthe damit, daß sich die deutsche Leserwelt zwischen der Einheit des Kindergeschmacks und derjenigen einer vollendeten Bildung in einem Übergangsstadium befinde und deßhalb nichts allgemein gefallen könne. Als er am 25. März 1795 abermals einen Ruf nach Tübingen erhielt, lehnte er zwar ab, erbat sich aber doch beim Herzog — wegen zunehmender Kränklichkeit — die Zusicherung, daß ihm nöthigenfalls sein Gehalt verdoppelt werden sollte [2]. Denn durch die Schenkung aus Dänemark war er nur der drückendsten Noth enthoben, aber keineswegs reich geworden; er sah sich nach wie vor auf die Schriftstellerei als Broderwerb angewiesen, während Göthe schreiben konnte, was und wann und wie ihm beliebte.

---

[1] Schiller-Göthe Briefwechsel. I. 51.   [2] Ebdf. I. 49.

11. Die Xenien.

Obwohl die „Horen" nicht jene Bedeutung und Verbreitung erlangt hatten, welche er gehofft hatte, ließ sich Schiller als tapferer Journalist nicht entmuthigen [1]; zu der Revue fing er im Frühjahr 1795 noch einen Kalender an — einen „Musenalmanach", wie er ihn nannte. Es war an solchen eben kein Mangel [2], aber er plante auch hier etwas Besonderes, Ausgezeichnetes.

Schiller selbst brachte aus seiner eigenen Mappe eine Anzahl schöner, gedankenreicher Gedichte zusammen [3]. Conz, Herder, Haug, Hölderlin, Kosegarten, Langbein, Sophie Mereau, Meyer, Neuffer, Pfeffel, Reinwald, A. W. Schlegel und Woltmann steuerten kleinere Beiträge zu. Göthe gab nebst ein paar Kleinigkeiten [4] seine venetianischen Epigramme her. In formeller Hinsicht konnte sich der Almanach sehen lassen. Es waren wirklich Stücke von classischer Vollendung darin. Im November kam das Büchlein heraus, 216 Seiten Sedez, am 8. December erhielt Göthe sein „kleines epigrammatisches Honorar". „Es wird nicht hinreichen", meinte Schiller, „die Zechinen zu ersetzen, die über den Epigrammen daraufgegangen sind. Aber das Übrige rechnen Sie auf die schönen Bettinen und Lacerten!" [5]

Unterdessen waren aber die Horen „eine wahre Ecclesia militans" geworden:

„Außer den Völkern, die Herr Jacob in Halle commandirt und die Herr Manso in der Bibliothek der S. W. (Schönen Wissenschaften) hat ausrücken lassen, und außer Wolfs schwerer Cavallerie haben wir auch nächstens vom Berliner Nicolai einen derben Angriff zu erwarten. Im zehnten Theil seiner Reisen soll er fast von nichts als von den Horen handeln und über die Anwendung Kantischer Philosophie herfallen, wobei er alles unbesehen, das Gute wie das Horrible, was diese Philosophie ausgeheckt, in Einen Topf werfen soll." [6]

---

[1] An W. von Humboldt schrieb er (21. August 1795): „Ihr letzter Brief mit den Horennachrichten hat mich sehr belustigt; das ist indeß nicht zu läugnen, daß Sie und ich verdient haben, in unserer Erwartung getäuscht zu werden, weil unsere Erwartung nicht auf eine gehörige Würdigung des Publikums gegründet war. Ich glaube, daß wir Unrecht gethan, solche Materien und in solcher Form in den Horen abzuhandeln, und sollten sie fortdauern, so werde ich vor diesem Fehler mich hüten. Die Urtheile sind zu allgemein und zu sehr übereinstimmend, als daß wir sie zugleich verachten und ignoriren könnten."

[2] Schon seit 1770; die deutschen Musenalmanache waren eine Nachahmung der französischen. S. Gödeke, Grundriß. 1859. II. 683.

[3] S. Gödeke, Grundriß. II. 1029.

[4] „Nähe des Geliebten", „Der Besuch", „Verschiedene Empfindungen an Einem Platze", „Meeresstille", „Glückliche Fahrt", „Kophtische Lieder", „Antwort bei einem gesellschaftlichen Fragespiel", „Prolog zu dem Schauspiel: Alte Zeit".

[5] Schiller-Göthe Briefwechsel. I. 94.   [6] Ebbl. I. 85.

Die Völker, welche Herr Jacob in Halle, Professor der Philosophie daselbst und Redacteur der „Annalen der Philosophie und des philosophischen Geistes", ein entschiedener Kantianer, commandirte, waren nicht so ganz dumm, wie sie die Herren in Weimar und Jena wünschen mochten. Weit entfernt, sich von Schillers unverfrorener Keckheit imponiren zu lassen, durchschaute der Recensent der „Horen" in diesen Annalen (Professor Mackenson in Kiel)[1] mit hellem Blick den objectiv lächerlichen Gegensatz, der zwischen dem anmaßenden Auftreten des Prospects und den Leistungen der Zeitschrift lag: „Herr Schiller glaubte, daß es keinen andern Weg gäbe, das achtzehnte Jahrhundert mit Ehren zur Ewigkeit zu senden, als wenn er und einige andere Schriftsteller sich entschlössen, demselben ihren Geist aufzudrücken, damit es sich unter seinen älteren Brüdern ohne zu erröthen sehen lassen könne. Das soll nun in diesem Journale geschehen, weßwegen den übrigen auch kurz und gut Stillschweigen auferlegt ist."[2] Mit vollem Recht macht er sich über den griechischen Namen lustig, ebenso treffend erinnert er, daß Engel, Garve, Schütz und andere tüchtige Schriftsteller nur als Strohmänner auf dem Mitarbeiterverzeichniß stünden, aber nicht zu Wort gekommen seien. Göthe fertigt er kurz ab, indem er sich über seine vornehme Geheimnißthuerei und Wichtigthuerei lustig macht. Von den „Unterhaltungen" sagt er sehr witzig: „Scheint ein Versuch zu sein, den französischen Erzählungston im Deutschen einzuführen. Oft glaubt man, das galante Sachsen zu lesen."[3] Ausführlich und mit einschneidender Schärfe zerpflückt er dagegen Schiller's Briefe über „die ästhetische Erziehung des Menschen", deckt in vielen Punkten die Unrichtigkeit seiner philosophischen Ausführungen auf, und zeigt den Irrthum, welcher Schillers ganzer Theorie zu Grunde liegt, den Menschen ohne positive Ethik und Religion, durch bloße Ästhetik seiner inneren Vollendung zuführen zu wollen[4].

---

[1] E. J. Saupe, Die Schiller-Göthe'schen Xenien. Leipzig 1852. S. 158. (Anm. zu Xen. 253.)

[2] Jul. W. Braun, Schiller und Göthe im Urtheile ihrer Zeitgenossen. Leipzig 1882. I. Ath. Schiller. II. 29—52.

[3] Ebdf. S. 47.

[4] Vgl. Kuno Fischer, Schiller als Philosoph. Leipzig 1868. S. 82 ff. — Dr. Chr. Meurer (Das Verhältniß der Schiller'schen zur Kant'schen Ethik. Freiburg 1880. S. 48. 49.) bekämpft Fischer's Auffassung, gesteht aber ein, daß Schiller „durch seine oft zweideutige Terminologie jedenfalls selbst Veranlassung dazu gegeben". Die Zweideutigkeit löst sich übrigens, wenn man Schillers ganze Theorie in's Auge faßt.

„Bei der höchsten Ausbildung des Schönheitsgefühls," sagt er, und zwar vollkommen richtig, „sogar bei dem sorgfältigsten Anbau der geselligen Tugenden und der sympathetischen Triebe, bleibt der Mensch im Staate noch immer ein zahm gemachter Wolf, der gewiß wieder beißt, wenn in ihm seine alte Natur wieder wach wird. Unmittelbar der moralischen Zucht muß er untergeben werden, wenn er nicht das bösartigste aller Thiere sein soll."

Mit nicht geringerer Wahrheit und Klarheit enthüllte der unwillkommene Recensent die Schwächen des Publikums, auf welche Schiller, Göthe und ihr Anhang speculirten, d. h. erstlich die Sucht, hinter jeder abfälligen oder tadelnden Kritik gleich egoistische Absichten oder Bosheit zu vermuthen, und zweitens die abergläubische Verehrung des Genies:

„Ein anderer Theil des Publikums ist mit einem Aberglauben behaftet, der der lächerlichste ist, den es geben kann, dem literarischen. Diese Leute sind sehr geneigt, sich Respect und Ehrerbietung einflößen zu lassen, und sobald es ein Schriftsteller erst dahin bei ihnen gebracht hat, so sehen sie jede unbefangene Beurtheilung desselben, die seine Schwächen aufdeckt, für eine Lästerung an, und wissen nicht, wie sie dem Frevler begegnen sollen, der seine Hand an den Gesalbten der Literatur legt. Unsere Schriftsteller wissen diese schwachen Seelen auch sehr geschickt in ihrem Glauben zu bestärken, und sobald sich einer im Publico regt, der ihnen gefährlich werden könnte, so suchen sie ihn frühzeitig genug mit Verachtung zu überschütten, und können die Nase nicht hoch genug gegen ihn rümpfen. Da ist Pöbelhaftigkeit, literarischer Sansculottismus das Gewöhnlichste, was ihm entgegengeworfen wird."

Meisterhaft zeichnet Mackenson zum Schluß die inneren Schwächen der Genieperiode, ihren Übergang zum zahmen Griechenthum und ihren Sieg über die edler und besser gesinnten Geister durch die Ansteckung des Publikums mit ihrem krankhaften Geiste.

„Ein Schriftsteller muß sich bei uns immer erst sein Publikum machen. Er muß einen Theil desselben sich ähnlich machen, er muß es anstecken, wenn er einiges Glück haben will, er kann nur durch Sympathie wirken. Daher ist es oft eine gewisse Kränklichkeit des Geistes, die einen Schriftsteller bei einem Theile des Publikums, das ebenfalls damit behaftet ist, sein Glück finden läßt, ja, oft sind unsere schönen Geister nur Leute, deren ganze Kunst darin besteht, daß sie die Krankheiten ihres Geistes interessant zu machen wissen. Die Epoche der Kraftmänner wird daher immer ein Fleck in unserer Literatur bleiben. Der erhabenste Vorzug des Menschen ist wohl, daß er über seine Sinnlichkeit gebieten kann, aber wie stellten unsere Genie's den Menschen dar? Als ein Spiel seiner Sinnlichkeit unaufhörlich und unwiderstehlich von ihr herumgetrieben und ihr endlich unterliegend. Das sollte Größe, das sollte Kraft sein, die zu bewundern wäre. Sie ließen uns unsere Augen an dem Anblicke des Unglücklichen weiden, der in Verzückungen und Convulsionen liegt; denn er zeigt eine so übermenschliche Kraft, und das ist etwas Großes!

„Wenn nun endlich diese Kraftmänner zahm wurden, so wollten sie von nichts als von Veredlung wissen, riefen jedem, der eine lustige Miene machte, unaufhörlich zu: hübsch artig! hübsch ehrbar! hübsch moralisch! und sprachen sogar von Kritik, die bei ihnen aber, wie es sich bald zeigte, in dem einzigen Worte Veredlung bestand. Wie nun die Verwirrung einmal so weit gekommen war, so war es wohl kein Wunder, daß die wenigen Schriftsteller, bei denen Gesundheit des Geistes, wahrer Scharfsinn (kein Ahnungsvermögen) und echter kritischer Geist herrscht, nicht gelesen wurden und also schwiegen."

Weit milder, im Grunde gar kein Angriff, war die Beurtheilung der „Horen", welche Manso in der Leipziger Neuen Bibliothek veröffentlichte[1]. Schiller fand darin sehr große Anerkennung, und Göthe erhielt sogar einiges Lob. Der Philologe Wolf machte sich mit der Zeitschrift als solcher eigentlich nicht zu schaffen, sondern nur mit einem Aufsatz Herders über Homer, der den Ergebnissen seiner Forschungen in die Quere kam[2].

Der kühne Plan Schillers, welcher den „Horen" zu Grunde lag, sich mit Göthe zusammen einfach an die Spitze der ganzen deutschen Literatur zu stellen, die übrigen Schriftsteller zu commandiren, die übrigen Zeitschriften ganz in den Schatten zu stellen und das deutsche Publikum systematisch nach ihren eigenen Kunstanschauungen zu erziehen, ward durch die Selbständigkeit dieser Männer immerhin gewaltig erschüttert. Mit den unabhängigen Recensenten verbanden sich die Buchhändler. Die Zahl der Abonnenten sank. Es stand nicht bloß der Primat in Frage, sondern auch die pecuniären Vortheile, welche Schiller sich von dem großen Unternehmen versprochen hatte.

Etwas mußte geschehen. Die kleinen Plänkeleien und indirecten Antworten, welche Schiller in seinen weiteren ästhetischen Aufsätzen auf manche Vorwürfe gab, konnten höchstens bei Lesern Eindruck machen, die sehr sorgfältig lasen, Für und Gegen gewissenhaft erwogen. Für das große Publikum war damit nichts gewonnen. Schon im September meinte Göthe, es wäre zu überlegen: „ob man nicht vor Ende des Jahres sich über Einiges erklärte und unter die Autoren und Rezensenten Furcht

---

[1] 1795. 55. Bd. 2. Stück. S. 283—330, bei Braun, a. a. O. S. 74—80.

[2] Wolf erneuerte nämlich (in den „Prolegomena zum Homer") wissenschaftlich die schon von einigen alexandrinischen Grammatikern (Chorizonten) aufgestellte Hypothese, daß die homerischen Gedichte stückweise von fahrenden Sängern verfaßt und erst nach mannigfaltigen Umgestaltungen zu ihrer jetzigen Form gelangt seien, während Herder mehr poetisch-rhapsodisch die Einheit der Dichtung betonte. „Homer ein Günstling der Zeit." — „Homer und Ossian." S. Herders Werke [Hempel]. VII. 251 ff. XVII. 405 ff. — M. Bernays, Göthe's Briefe an Wolf. S. 13 ff. — Haym, Herder. II. 596—609.

11. Die Xenien.

und Hoffnung verbreitete?"[1] Nach dem Angriffe Wolfs auf Herder fragte er Schiller:

„Sollten Sie sich nicht nunmehr überall umsehen, und sammeln, was gegen die Horen im allgemeinen und besondern gesagt ist, und hielten am Schluß des Jahres darüber Gericht ... Das Hallische philosophische Journal soll sich auch ungebührlich betragen haben. Wenn man dergleichen Dinge in Bündlein bindet, brennen sie besser."[2]

Schiller bekam hierauf Lust, „eine kleine Hasenjagd in unserer Literatur anzustellen und besonders etliche gute Freunde, wie Nicolai und Consorten, zu regaliren"[3].

Im December taucht dann plötzlich der Plan zu den „Xenien" auf. Göthe schreibt sich denselben zu:

„Den Einfall, auf alle Zeitschriften Epigramme, jedes in einem einzigen Distichon, zu machen, wie die Xenien des Martial sind, der mir dieser Tage gekommen ist, müssen wir cultiviren, und eine solche Sammlung in Ihrem Musenalmanach des nächsten Jahres bringen. Wir müssen nur viele machen und die besten aussuchen. Hier ein Paar zur Probe."[4]

Schiller faßte den Plan freudig auf und erweiterte ihn:

„Der Gedanke mit den Xenien ist prächtig und muß ausgeführt werden. Die Sie mir schickten haben mich sehr ergötzt, besonders die Götter und Göttinnen darunter. Solche Titel begünstigen einen guten Einfall gleich besser. Ich denke aber, wenn wir das Hundert voll machen wollen, werden wir auch über einzelne Werke herfallen müssen, und welcher reichliche Stoff findet sich da! Sobald wir uns nur selbst nicht ganz schonen, können wir über Heiliges und Profanes angreifen. Welchen Stoff bietet uns nicht die Stolberg'sche Sippschaft, Racknitz, Rambohr, die metaphysische Welt mit ihren Ichs und Nicht-Ichs, Freund Nicolai, unser geschworener Feind, die Leipziger Geschmacksherberge, Thümmel, Göschen als sein Stallmeister u. dgl. bar!"[5]

So erweiterte sich der Plan einer bloßen Abwehr zu jenem einer allgemeinen Spottschrift auf alle deutschen Zeitschriften und Autoren. „In jedem" (Epigramm), so meldet Schiller an Humboldt (4. Januar 1796), „wird nach einer deutschen Schrift geschossen ... Man wird schrecklich darauf schimpfen, aber man wird sehr gierig darnach greifen." An Körner aber schreibt er (18. Januar): „Für das nächste Jahr sollst Du Dein blaues Wunder sehen. Göthe und ich arbeiten schon seit einigen Wochen an einem gemeinschaftlichen opus für den neuen Almanach, welches eine wahre poetische Teufelei sein wird, die noch kein Beispiel hat"[6].

---

[1] Schiller-Göthe Briefwechsel. I. 76.   [2] Ebds. I. 85.
[3] Ebds. I. 94.   [4] Ebds. I. 100.   [5] Ebds. I. 102.
[6] Gödeke, Schillers Briefwechsel mit Körner. I. 186.

11. Die Xenien.

Sehr bemerkenswerth ist, daß Schiller bei der Erweiterung des schönen Planes zuerst an die „Stolberg'sche Sippschaft" dachte[1]. Der hochbegabte und feingebildete Graf Friedrich Leopold zu Stolberg hatte in würdigster und entschiedenster Weise jenes Kunstheidenthum zurückgewiesen, das Schiller in den „Göttern Griechenlands" sehnsüchtig feierte. Es war sonderbar: Stolberg war von Jugend auf mit den Griechen vertraut, kannte alle wichtigeren Autoren im Urtext, las und übersetzte zu seiner Erholung; Schiller dagegen konnte sie nicht einmal griechisch, sondern nur mit Hilfe von Übersetzungen[2] lesen. Das Beste war wohl, sich über den Mann lustig zu machen, der Griechisch konnte und aus gründlicher Kenntniß eine höchst maßvolle Verehrung der classischen Literatur erworben hatte. Sein Hauptverbrechen aber war, daß er an den alten Classikern nicht ihre erbärmliche heidnische Gesinnung verehrte, sondern bloß ihre künstlerische Formvollendung. Das ärgerte Schiller, aber noch mehr den „edeln" Göthe.

„Haben Sie schon die abscheuliche Vorrede Stolbergs zu seinen platonischen Gesprächen gelesen?" schrieb er (21. Nov. 1795) an Schiller. „Die Blößen, die er darin gibt sind so abgeschmackt und unleidlich, daß ich große Lust habe drein zu fahren und ihn zu züchtigen. Es ist sehr leicht die unsinnige Unbilligkeit dieses bornirten Volkes anschaulich zu machen, man hat dabei das vernünftige Publikum auf seiner Seite und es gibt eine Art Kriegserklärung gegen die Halbheit, die wir nun in allen Fächern beunruhigen müssen. Durch die geheime Fehde des Verschweigens, Verruckens und Verdruckens, die sie gegen uns führt, hat sie lange verdient, daß ihrer nun auch in Ehren und zwar in der Continuation gedacht werde."[3]

---

[1] Schiller-Göthe, Briefwechsel. I. 102 (vgl. S. 88. 90. 91).

[2] „Ich lese jetzt fast nichts als Homer," schreibt Schiller an Körner; „ich habe mir Voß's Übersetzung kommen lassen, die in der That ganz vortrefflich ist... Die Iliade lese ich in einer prosaischen Übersetzung... Du wirst finden, daß mir ein vertrauter Umgang mit den Alten äußerst wohlthun, vielleicht Classicität geben wird. Ich werde sie in guten Übersetzungen studiren — und bann, wenn ich sie fast auswendig weiß, die griechischen Originale lesen. Auf diese Art getraue ich mir spielend griechische Sprache zu studiren." (11. Aug. 88.) „Die Götter Griechenlands" standen schon im Märzheft.

[3] Schiller-Göthe, Briefwechsel. I. 88. An W. von Humboldt schrieb Göthe: „Haben Sie die monströse Vorrede Stolbergs zu seinen platonischen Gesprächen gesehen? Es ist recht schade, daß er kein Pfaff geworden ist, denn so eine Gemüthsart gehört dazu, ohne Scham und Scheu, vor der ganzen gebildeten Welt ein Stückchen Oblate als Gott zu elebiren und eine offenbare Persiflage, wie z. B. Jon ist, als ein kanonisches Buch zur Verehrung darzustellen." — Bratranek a. a. O. S. 9.

Am 25. schickte er ihm „die neueste Sudelei des gräflichen Sal=
babers. Die angestrichene Stelle der Vorrede ist's eigentlich, worauf
man einmal, wenn man nichts besseres zu thun hat, losschlagen muß.
Wie unwissend überhaupt diese Menschen sind, ist unglaublich; denn wem
ist unbekannt, daß die Christen von jeher alles was vernünftig und gut
war sich dadurch zueigneten, daß sie es dem λογος zuschrieben?" ¹

„Die Stolbergische Vorrede," erwiederte Schiller, „ist wieder etwas Hor=
ribles. So eine vornehme Seichtigkeit, eine anmaßungsvolle Impotenz, und
die gesuchte, offenbar nur gesuchte Frömmelei — auch in einer Vorrede zum
Plato Jesum Christum zu loben!" ²

Das „Horrible" aber bestand darin, daß Stolberg, nach dem Beispiel
der edelsten Geister, im classischen Alterthum nicht die lüsterne Apotheose
der elendesten Leidenschaften aufsuchte (wie Göthe bei Ovid und Properz),
sondern das wahrhaft Große, Gute und Schöne, und daß er gemäß der
alten christlichen Überlieferung dieses Große, Gute und Schöne nicht den
Menschen, sondern dem Urheber des Menschen, Gott, zuschrieb, und es
als eine Morgenröthe betrachtete, welche der wahren Sonne der Geister,
dem menschgewordenen Worte, voranging.

„Göttliches Geschlecht des Menschen," so schrieb Stolberg; „dessen Verfall
aus ursprünglicher Würde; Versetzung in einen Stand der Prüfung; Gefahr
von Seiten der Sinnlichkeit und des Stolzes; Ohnmacht, sich zu erheben zu
seiner Bestimmung, welche besteht im Anschauen des Göttlichen, in der Liebe zu
Gott, und in wachsender Verähnlichung mit Gott; Nothwendigkeit und Kraft
göttlicher Hilfe und des Gebets, auf welches er bei'm Xenophon selbst einen
Zweifler an Gottes Vorsehung verweiset, als auf das kräftigste Erfahrungs=
mittel, um Gottes im Herzen innezuwerden, zur Überzeugung zu gelangen:
das sind die Hauptlehren sokratischer Weisheit, Lehren, welche durch unsere
heiligen Schriften göttliches Ansehen für uns erlangen, wiewohl sie manchem
getauften Heiden Thorheit, Ärgerniß manchem getauften Pharisäer, manchem
getauften Sabbucäer auf dem Lehrstuhl Ärgerniß und Thorheit sind ....

„Daß aber diese Erkenntniß des Sokrates, sammt dem Willen und der
Kraft, ihr getreu zu sein bis in den Tod, daß, sage ich, die ganze Lebens= und
Todesweisheit dieses Mannes eine gute Gabe war, daran wird wohl niemand
zweifeln, dem das Gute am Herzen liegt, und welcher höhere Bedürfnisse kennet,
als Befriedigung eines eitlen Vorwitzes oder solcher Begierden, die unsere Natur
hienieden mit den Thieren gemein hat." ³

---

¹ Schiller-Göthe Briefwechsel. I. 91.   ² Ebds. S. 93.
³ Gesammelte Werke der Brüder Christian und Friedrich Leopold Grafen
zu Stolberg. Hamburg 1824. XVII. S. XII—XIV (Vorrede zu den „Auser=
lesenen Gesprächen des Platon").

11. Die Xenien.

Das war es, was die beiden Dichter ärgerte. Anstatt eine Widerlegung zu versuchen, zu welcher sie nicht einmal die nöthige Erudition besaßen (denn von Plato und dessen Auffassung im christlichen Alterthum verstand Göthe ebenso wenig als Schiller[1]), fanden sie es wohlfeiler, nach Lucians Art auf den lästigen Gegner ihres Götzenthums ein paar Witze zu reißen:

„Zur Erbauung andächtiger Seelen hat Friederich Stolberg,
Graf und Poet und Christ, diese Gespräche verdeutscht."
„Als du die griechischen Götter geschmäht, da warf dich Apollo
Von dem Parnasse: dafür gehst du in's Himmelreich ein."
„Christlicher Herkules! Du ersticktest so gerne die Riesen;
Aber die heidnische Brut steht, Herkuliskus! noch fest."[2]

Riesen! Dafür hielten sich die beiden Xenienschmiede in allem Ernste. Es ist aber nicht eben gigantisch zu sehen, wie diese Geistesriesen fast acht Monate lang drücken, scandiren, feilen, wählen, überlegen, hin- und herschreiben, um endlich eine Sammlung von 414 Distichen zusammenzubringen. Es brauchte nicht einmal jeder von ihnen täglich einen Witz zu machen. Eigentlich wollten sie die Zahl auf 600, dann auf 1000 bringen; aber der Witz und der Humor reichten nicht aus. Noch weniger gigantisch ist die kleinliche, leidenschaftliche Eitelkeit, die dabei eine Hauptrolle spielte. Als der Musiker Johann Friedrich Reichardt, Kapellmeister in Berlin, der früher als Componist mit Göthe auf bestem Fuße gestanden und ihm die willkommensten Dienste erwiesen hatte[3], es wagte, eine gerechte, aber doch etwas freimüthige Recension

---

[1] In einem kleinen Aufsatz: „Plato als Mitgenosse einer christlichen Offenbarung", den Göthe erst 1826, lange nach Stolbergs Tod, veröffentlichte, bespöttelt er erst sarkastisch jeden Offenbarungsglauben als die Meinung solcher, „die um ihres lieben Ichs, ihrer Kirche und Schule willen Privilegien, Ausnahmen und Wunder für ganz natürlich halten," und gönnt sich dann den wohlfeilen Spaß, die nur im Allgemeinen auf Plato's Doctrin bezügliche Vorrede auf den Dialog Jon zu beziehen, auf den sie objectiv allerdings nicht paßt, und so Stolberg krasser Ignoranz zu verdächtigen, die philosophischen Anschauungen Plato's aber, auf welche die Vorrede zu beziehen ist, mit vornehmem Naserümpfen todtzuschweigen. Göthe's Werke [Hempel]. XXIX. 486.

[2] E. Boas, Schiller und Göthe im Xenienkampf. Stuttg. 1851. I. 90. 91. Saupe, Xenien. S. 121. 122. (Nr. 116. 117. 118 und ferner Nr. 15—17. 26. 52. 279).

[3] Er hatte zuerst in der Weimarer Zeit Lieder von Göthe componirt (darunter das Mignon-Lied), dann „Claudine von Villa Bella", „Erwin und Elmire", „Jery und Bätely" mit Musik versehen; er sollte die Oper setzen, aus deren Plan der „Großkophta" hervorging; er traf mit Göthe noch in Venedig zusammen, und dieser hatte die geleisteten Dienste bis dahin mit größter Zuvorkommenheit und Vertraulichkeit erwiedert. S. Strehlke, Göthe's Briefe. II. 72—77.

der „Horen" in der Zeitschrift „Deutschland"[1] zu veröffentlichen, war sofort alle Freundschaft vergessen[2].

„Hat er sich emancipirt," schrieb Göthe (30. Januar), „so soll er dagegen mit Karneval-Gyps-Drageen auf seinen Büffelrock begrüßt werden, daß man ihn für einen Perrückenmacher halten soll. Wir kennen diesen falschen Freund schon lange, und haben ihm bloß seine allgemeinen Unarten nachgesehen, weil er seinen besondern Tribut regelmäßig abtrug; sobald er aber Miene macht, diesen zu versagen, so wollen wir ihm gleich einen Bassa von drei brennenden Fuchsschwänzen zuschicken. Ein Dutzend Distichen sind ihm schon gewidmet, welche künftigen Mittwoch, gibt es Gott, anlangen werden."

Dabei versiegte Humor und Witz, Grobheit mußte beides ersetzen:

„Öfters nahmst du das Maul schon so voll und konntest nicht wirken;
Auch jetzt wirkst du nichts, nimm nur das Maul nicht so voll."
„Deine Collegen verschreist und plünderst du! Dich zu verschreien
Ist nicht nöthig und nichts ist auch zu plündern an dir."
„Heuchler, ferne von mir! Besonders du widriger Heuchler,
Der du mit Grobheit glaubst Falschheit zu decken und List."[3]

Das ist denn doch weiter nichts, als holperig scandirte Schimpferei. Ganz in demselben Stil wurden die anderen Schriftsteller und Journale tractirt, welche sich unterstanden hatten, die „Horen" etwas freimüthig zu besprechen und den Humbug aufzudecken, welchen die beiden Riesen damit getrieben hatten. So z. B. erhielten die „Annalen der Philosophie" in Halle folgendes Straßenkompliment:

„Woche für Woche zieht der Bettelkarren durch Deutschland,
Den auf schmutzigem Bock, Jacob, der Kutscher, regiert."[4]

---

[1] Braun, Schiller. II. 177—185. Reichardt griff besonders den Widerspruch zwischen dem Prospect an, welcher „über Krieg, politische Meinungen und Staatskritik strenges Stillschweigen" versprochen hatte, und Göthe's „Unterhaltungen deutscher Ausgewanderter", worin Göthe den aristokratischen Liberalismus auf Kosten der Demokratie so warm anempfahl. „Ist das ehrlich?" fragte er, „heißt das nicht vielmehr die wichtigen Gegenstände mit dictatorischem Übermuth aburtheilen, und das einseitige Urtheil mit hämischer Kunst dem Schwachen und Kurzsichtigen annehmlich, durch imponirende Namen ehrwürdig machen zu wollen?"

[2] Auch seinen großherzigen Wohlthäter Jens Baggesen ließ Schiller in einem Epigramm (Nr. 249) verhöhnen, weil er gewagt hatte, in einem Spottgedicht den wohlverdienten „venetianischen Nachttopf" über Göthe's „venetianische Epigramme" auszuleeren. E. Boas, Xenienkampf. I. 136.

[3] E. Boas, Xenienkampf. I. 129 ff. Saupe, Xenien. S. 151 (Nr. 223. 227. 229; vgl. dazu Nr. 50. 80. 145—147. 208—217. 219—229. 230. 251).

[4] E. Boas, Xenienkampf. I. 138. Saupe, Xenien. S. 158 (Nr. 253; vgl. dazu Nr. 54—62. 70. 253. 296. 297).

11. Die Xenien.

Unmuth und schlecht verhaltener Ärger, wie sie trotz der künstlichen Gruppirung der 414 Monodistichen nach kurzen Intervallen das heitere Witzfeuerwerk durchblitzen, waren keine fröhlichen Musen. Schiller konnte es nicht lassen, sich über Philosophen lustig zu machen, die er kaum gelesen und studirt hatte, und Göthe konnte es nicht lassen, seine von den Fachmännern zurückgewiesene Farbentheorie an Newton zu rächen, den er wegen mangelnder mathematischer Kenntnisse nicht einmal studiren konnte:

„Welch erhab'ner Gedanke! Uns lehrt der unsterbliche Meister,
 Künstlich zu theilen den Strahl, den wir nur einfach gekannt."
„Liegt der Irrthum nur erst, wie ein Grundstein, unten im Boden,
 Immer baut man darauf, nimmermehr kömmt er an Tag."
„Hundertmal werd' ich's euch sagen und tausendmal: Irrthum ist Irrthum!
 Ob ihn der größte Mann, ob ihn der kleinste begieng."
„Newton hat sich geirrt? Ja doppelt und dreifach! Und wie denn?
 Lange steht es gedruckt, aber es liest es kein Mensch." [1]

Ein nicht weniger lächerliches Denkmal seiner geologischen Weisheit setzte sich Göthe in drei Distichen über den Vulkanismus.

„Arme basaltische Säulen! Ihr solltet dem Feuer gehören,
 Und doch sah euch kein Mensch je aus dem Feuer ersteh'n." [2]

Man wird fast unwillkürlich zu der Antwort gedrängt:

„Leider auch nicht aus dem Wasser! Auch dieses hat keiner gesehen.
 Und da das Wasser du fliehst, stammen sie wohl aus dem Wein."

Die Absicht, auf Kosten der ganzen Welt sich lustig zu machen, sollte indeß bei Schiller auf die betrübendste Weise durchkreuzt werden. Seine jüngste Schwester Nanette wurde im März von einem epidemischen Fieber in der Blüthe ihrer Jahre dahingerafft. Seine zweite Schwester wurde ebenfalls von der Ansteckung erfaßt und schwankte zwischen Leben und Tod, während der Vater von der Gicht auf's Krankenlager hingestreckt wurde. „Der Jammer war unaussprechlich." [3] Die Mutter stand ganz vereinsamt und verlassen: Schiller konnte sie nur mit Geld unterstützen. Die Götter Griechenlands erwiesen sich da in ihrer ganzen Ohnmacht. Der Spott verstummte, alle Poesie versiegte. Der sonst so stolze Redacteur fühlte sich dermaßen niedergebeugt, daß er nichts mehr zu Stande brachte. Göthe lud ihn nach Weimar ein, um ihn etwas zu zerstreuen. Er folgte der Einladung und blieb fast einen Monat (vom 23. März

---

[1] Nr. 164. 165. 166. 167.   [2] Nr. 161—163.
[3] Palleske, Schillers Leben. II. 383—385.

bis 20. April)¹. Er konnte da nicht viel „für seinen eigenen Herd" arbeiten, erholte sich indeß unter Göthe's aufmerksamer Fürsorge. Die Gemeinsamkeit des Kampfes kettete die beiden Verbündeten enger aneinander. Schiller bearbeitete jetzt Göthe's Egmont, den er früher so schneidig kritisirt hatte, mit vieler Schonung für's Theater. Neben den „gottlosen" Xenien sollten dann auch „fromme", d. h. harmlosere gemacht werden, um den Gesammteindruck zu mildern².

Als im Juni die Sammlung revidirt werden sollte, stellte Göthe als Maßstab auf: sich „bei aller Bitterkeit vor kriminellen Inkulpationen zu hüten"³. Schiller ging noch weiter: „Ich bin auch sehr dafür, daß wir nichts Kriminelles berühren und überhaupt das Gebiet des frohen Humors so wenig als möglich verlassen. Sind doch die Musen keine Scharfrichter! Aber schenken wollen wir den Herren auch nichts."⁴

Es wurde wirklich nichts geschenkt. Wohl aber mehrte sich die Schaar der abzustrafenden Delinquenten während des Sommers um eine tüchtige Persönlichkeit. Der noch junge Kritiker Friedrich Schlegel hatte eine Recension über Schillers Musenalmanach verfaßt, die nach Körners Urtheil gute Bemerkungen enthielt, aber hie und da in hartem und anmaßendem Tone⁵. Herder, dem darin „Mangel an sinnlicher Stärke, oft an Lebenswärme" vorgeworfen war, wurde durch dieselbe auf's Tiefste erbittert und für immer dem Verfasser entfremdet. Aber auch Schiller war nicht geschont, sondern mit Göthe in eine empfindliche Parallele gebracht:

„Schiller und Göthe neben einander zu stellen, kann eben so lehrreich wie unterhaltend werden, wenn man nicht bloß nach Antithesen hascht, sondern nur zur bestimmteren Würdigung eines großen Mannes auch in die andere Schaale der Wage ein mächtiges Gewicht legt. Es wäre unbillig, jenen mit diesem, der fast nicht umhin kann, auch das geringste in seiner Art rein zu vollenden, der mit bewundernswürdiger Selbstbeherrschung, selbst auf die Gefahr uninteressant und trivial zu seyn, seinem einmal bestimmten Zwecke treu bleibt, als Dichter zu vergleichen. Schillers Poesie übertrifft nicht selten an philosophischem Gehalte sehr hochgeschätzte wissenschaftliche Werke, und in seinen historischen und philosophischen Versuchen bewundert man nicht allein den Schwung des Dichters, die Wendungen des geübten Redners, sondern auch den Scharfsinn

---

¹ Gödeke, Schillers Briefwechsel mit Körner. II. 194 ff.
² Ebdf. II. 203.
³ Schiller-Göthe, Briefwechsel. I. 121.   ⁴ Ebdf. I. 122.
⁵ Gödeke, Schillers Briefwechsel mit Körner. II. 208. 209. — Die Recension erschien in der Zeitschrift „Deutschland" 1796. 2. Bd. 6. Stück. S. 348—360.

des tiefen Denkers, die Kraft und Würde des Menschen. Die einmal zerrüttete Gesundheit der Einbildungskraft ist unheilbar, aber im ganzen Umfange seines Wesens kann Schiller nur steigen, und ist sicher vor der Flachheit, in die auch der größte Künstler, der nur das ist, auf fremdem Gebiete, in Augenblicken sorgenloser Abspannung, oder muthwilliger Vernachlässigung, in der Zwischenzeit von jugendlicher Blüthe zu männlicher Reife, oder im Herbste seines geistigen Lebens versinken kann."[1]

Die Pille war zu scharf. „Die einmal zerrüttete Gesundheit der Einbildungskraft"! — und diese noch „unheilbar"! Der Recensent erschrak selber über seine Bemerkung, als er im Juli von Dresden abging, um sich in Jena niederzulassen. Umsonst ließ er Schiller durch Körner bitten, daß er einige Stellen nicht „mißverstehen" möge. Umsonst versicherte Körner diesem: „Du kannst keinen wärmeren Verehrer haben als ihn, und wo er aus einem anderen Ton zu sprechen scheint, so ist's bloß Recensentenkostüm, oder das Bedürfniß, seinen Richterberuf durch strenge Forderungen zu beglaubigen."

Schiller fühlte sich ernstlich gekränkt, und Herder nährte seinen Unmuth[2]. Friedrich Schlegel ward nun nicht bloß auf das Sündenregister der Xenien gesetzt, sondern zum abschreckenden Beispiel für alle jungen, vorlauten Kritiker so scharf bedacht, wie nur wenige andere Sünder, den Musiker Reichardt abgerechnet. Fast zwei Dutzend Distichen zerpflückten den Vermessenen, und auch seines Bruders, mit dem Schiller sonst auf freundlichem Fuße stand, ward nicht geschont. In „drei Kritikproben" wurden zunächst die Bemerkungen gegeißelt, die Friedrich Schlegel über Schiller, Herder und Göthe gemacht, dann fiel Schlag um Schlag auf seine eigene „Griechheit", sein „Studium der Griechen" und „das hitzige Fieber der Gräcomanie", seine Erklärungen über „charakteristische" Kunst, „griechische und moderne Tragödie", die „höchste Harmonie" und seine unglückliche Auffassung des „Hamlet". Dazu das allgemeine Denkzeichen für die beiden Brüder:

„Was sie gestern gelernt, das wollen sie heute schon lehren;
Ach! was haben die Herrn doch für ein kurzes Gedärm!"[3]

Da das Tausend indeß nicht voll werden wollte, gingen die beiden Dichter von dem Plane ab, die „Xenien" als besondere Schrift heraus-

---

[1] J. W. Braun, Schiller und Göthe im Urtheile ihrer Zeitgenossen. 1882. Schiller. II. 195. 196.
[2] Brief vom 25. August 1796; zuerst veröffentlicht von H. Hüffer, Erinnerungen an Schiller (Einzelabdruck aus der Deutsch. Revue). Breslau 1885. S. 1. 2. [3] Saupe, Xenien. S. 177—180. 183. 197. — Boas, I. 172 ff.

zugeben, schieben die ernsteren Xenien unter verschiedenen Titeln: „Tabulae votivae", „Vielen" und „Einer", „Eisbahn" u. s. w. von den boshaften aus und setzten letztere, 414 an der Zahl, an den Schluß des Musenalmanachs für 1797. Der Druck begann Ende August. und wurde gegen Ende September vollendet.

Die reichlichsten und schärfsten Epigramme erhielten: J. F. Reichardt, Musiker in Berlin; C. F. Manso, Gymnasiallehrer in Breslau; J. G. Dyk, Buchhändler in Leipzig; Chr. Fr. Nicolai, Literat in Berlin; L. H. Jacob, Professor in Halle, die es sämmtlich gewagt hatten, über die Horen zu sagen oder sagen zu lassen, was sie dachten; Graf Friedrich Leopold zu Stolberg, der sich unterstanden hatte, dem modernen Heidenthum mit einer ernsteren Auffassung der alten Classiker entgegenzutreten; die Gebrüder Friedr. und A. Wilh. v. Schlegel, welche es sich herausnahmen, gerade so keck und ungenirt zu schreiben und zu kritisiren, wie Göthe und Schiller, als sie noch jung waren; Lavater, den Göthe einst als Herzensfreund behandelt hatte und jetzt seiner ernsten Religiosität wegen nicht mehr leiden mochte; der Jugendschriftsteller J. P. Campe, der sich ebenfalls vermessen hatte, Göthe kritisiren zu wollen; der ausgezeichnete Philologe Wolf, welcher einen Aufsatz Herders in den Horen angegriffen hatte und mit seinem reichen gründlichen Wissen die homerische Autorität der beiden leitenden Genies bedrohte.

Etwas glimpflicher, aber mit vornehmer Leichtfertigkeit sind die Repräsentanten der neuen Philosophie behandelt und die Naturforscher, welche Göthe's Entdeckungen im Wege standen. Hundert andere literarische Namen, von denen jeder einen oder zwei Witze mit auf den Weg bekommt, sind so zu einem aphoristischen Literaturbilde gruppirt, daß nur ihre Schwäche, nicht ihr Verdienst hervortritt. Selbst Lessing, Herder und Wieland verschwimmen in der blassen Milchstraße, aus der sich als schimmerndes Doppelgestirn nur Göthe und Schiller hervorheben. Sie allein verstehen Homer und Shakespeare, sie allein haben keine Schwächen, sie allein haben nichts von Mittelmäßigkeit an sich, — gegen sie ist ganz Deutschland eine Schaar von armen Betteljungen.

Aus der ursprünglich beabsichtigten scherzhaften Hasenjagd und dem humoristischen Autodafé gestaltete sich so unvermerkt ein Staatsstreich von weittragendster Bedeutung: die feierliche Erklärung eines literarischen Duumvirats, gegen welches keine andere Macht mehr aufkommen sollte. Was den beiden Dichtern dabei im Wege stand, war durchaus nicht die Mittelmäßigkeit der übrigen Dichter und Schriftsteller (diese wäre durch ihre Leistungen ja von selbst an's Licht getreten), sondern es waren bestimmte Richtungen, welche ihre eigenen Erfolge und Ansichten und damit auch ihre Herrschaft zu gefährden schienen. Es war vorab die erklärt christliche Richtung in der Literatur (Stolberg, Lavater, Klopstock und dessen Schule), welche Gott und Religion hoch über Kunst und Literatur stellten und deßhalb das deutsch-griechische Kunstheidenthum nicht anerkennen wollten. Es war dann die revolutionär-jakobinische Richtung (Forster, Huber, Reichardt u. s. w.), welche erst auf politischem Felde Wandel schaffen wollten und durch ihr politisch-demagogisches Treiben die Dioskuren in ihrer olympischen Dichterruhe zu stören drohten. Es war die alte Schule der Aufklärungsperiode, an deren Spitze einst Lessing und Mendelssohn stand, die in Nicolai zwar zur nüchternsten Nüchternheit herabgesunken war, aber noch immer Freunde und Anhänger zählte und es sich nicht nehmen ließ, Göthe und Schiller zu kritisiren. Es war dann die junge, erst eben auftauchende Schule der Romantiker, die beiden Brüder Schlegel an der Spitze, welche Miene machte, über Homer und Shakespeare, Kunst und Literatur ebenso selbständig zu verfügen, wie Göthe und Schiller ohne Rücksicht auf ihre Vorgänger darüber verfügt hatten. Es war endlich die professionelle Fachgelehrsamkeit in der Philosophie, Philologie und Naturwissenschaft, soweit sie etwa die Literatur streifte und in dieselbe hineinzureden sich vermaß. Da alle diese Richtungen mehr oder weniger entgegengesetzte Ziele verfolgten und unter sich im Streite lagen, so war ein gleichzeitiger Angriff auf alle weit versprechender, als ein Angriff auf einzelne. Eine Gegenverschwörung war nicht zu befürchten. Ein allgemeiner Sturm mußte Überraschung und Schrecken verbreiten.

Sofort wurden die Duumvirn allerdings nicht anerkannt. Die nächste Wirkung glich eher dem Griff in ein Wespennest oder einer Treibjagd, als einem Triumphe. Ganz Deutschland wimmelte von Gegenxenien. Der Prediger Daniel Jenisch in Berlin ließ „die hochadeligen und hochberüchtigten Xenien" „Spießruthen" laufen; Dyk und Manso richteten „Gegengeschenke an die Sudelköche zu Jena und Weimar"; Magister Voigt hing dem Musenalmanach von 1797 „Verlocken" an, Nicolai versah ihn mit einem satirischen „Anhang"; Gleim suchte „Kraft und Schnelle des alten Peleus" zu bewähren; Gottlob Nathanael Fischer in Halberstadt brachte „Parodien, ein Körbchen voll Stachelrosen" herbei; Fürchtegott Fulda in Halle „Trogalien zur Verdauung der Xenien"; der alte Meister Urian (Claudius) „Nachricht von der neuesten Aufklärung nebst andern Kleinigkeiten"; A. Fr. Cranz schrieb eine „Ochsiade, oder freundschaftliche Unterhaltungen der Herren Schiller und Göthe mit einigen ihrer Collegen". Dazu erschienen „Dornenstücke, nebst einem memento mori für die Verfasser der Xenien"; ein „Mückenalmanach für das Jahr 1797. Leben, Thaten, Meinungen, Schicksale und letztes Ende der Xenien"; „ein kleines Meßpräsent an die Xeniophoren"; ein „Aeakus" oder „Fragmente aus den Gerichtsacten der Hölle über die Xenien"; „ein paar (herb ironische) Worte zur Ehrenrettung unserer deutschen Martiale"[1] und noch andere satirische Erwiederungen.

Grobheit ward dabei reichlich mit Grobheit, Spott mit Spott, Anmaßung mit Hohn, Beleidigung mit Beleidigung, aber auch vielfach Witz mit ebenso gutem und noch beißenderem und treffenderem Witz heimgezahlt. Berühmt in allen deutschen Landen ist ein Distichon, das die nicht immer glatte Form der Xenien verspottet:

> „In Weimar und in Jena macht man Hexameter, wie der,
> Aber die Pentameter sind doch noch excellenter.

Der „Mückenalmanach" griff unter dem Titel „Größte Lüge" Göthe's Charlatanerie recht eigentlich in's innerste Mark:

> „In Botanik und Optik, im kameralistischen Fache
> Und in der Lyra Gesang bin ich der größeste Mann!"

Auch seine „Neueste Farbentheorie" erhielt die richtige Beleuchtung:

> „Wenn das Dunkle nicht wäre, so sähen das Helle wir nimmer,
> So wird aus Tag und aus Nacht wirklich der andere Tag."

Nicht lieblich, aber treffend ward seine Stellung als Minister herangezogen:

> „Nein, das ist doch zu arg! Da läuft auch selbst noch der Meister
> Von den Brettern, und ach! peitscht als Minister den Staat."

> „Art läßt niemals von Art! Es peitscht Bajazzo die Leut', es
> Peitscht der Dichter den Vers, und der Minister das Land."

Da Göthe nicht nur persönlich, sondern auch persönlich grob geworden war, konnte er sich nicht beklagen, wenn auch seine häuslichen Verhältnisse zur Sprache kamen, die Fabel von Phaëton in sehr witziger und komischer Weise auf seinen Sohn August angewandt wurde und „Mamsell" Vulpius ihren Platz unter den satirischen Sternbildern erhielt:

---

[1] Vgl. Göbele, Grundriß. II. 892. E. Boas, Göthe und Schiller im Xenienkampf. 1851. II. 1—239. Saupe, S. 247 ff.

Jungfrau.
„Jungfrau war ich vorbem, jetzt bin ich eine M—e;
Doch die gütige Welt nennt mich noch immer Mamsell."
Christiane Bulpius

Am kürzesten und besten faßte ein Distichon „Recension der Xenien" die schwache Seite der ganzen Leistung zusammen:
„Klassische Grobheit! antike Frechheit! Prügelei fehlt nur,
Köstliches Leckermahl! wenn man die Alten nur kennt."

Bei allem Witz, Geist und Humor, welche in der epigrammatischen Sammlung der zwei Dichter zu Tage trat, war es, nach ihren Auseinandersetzungen über „ästhetische Erziehung", „griechische Bildung" und „schöne Seelen", doch höchst komisch, daß sie in so manchem Distichon in die grobkörnige Sprache der Geniezeit zurückfielen[1]. Es ist auch ein Irrthum, wenn man glaubt, alles Talent überhaupt sei im Xenienkampfe nur auf der Seite Schillers und Göthe's gewesen. Das ist nicht richtig. Die angeführten Gegen-Xenien und viele andere beweisen es. Neben unbedeutenden, mittelmäßigen Leuten, welche sich durch Schimpfen noch dazu discreditirten, waren unter den Angegriffenen sehr hochbegabte, geistvolle Männer. Doch der bedeutendste unter ihnen, Friedrich Leopold zu Stolberg, war zu ernst und hielt es unter seiner Würde, sich an einer solchen literarischen Rauferei zu betheiligen. Friedrich und August Wilhelm Schlegel, die tüchtigsten der jüngeren Kräfte, ließen den gewitterartigen Aufruhr vorübergehen, um sich dann — wenigstens zeitweilig — an die Xeniendichter anzuschließen. Unter den Übrigen war keine Einheit. Jeder

---

[1] Den Übermuth, welcher dem ganzen Unternehmen zu Grunde lag, empfanden sowohl Herder als Wieland, beide in ihrer Weise; jener mit bitterem, traurigem Mißfallen, dieser mit jener humoristischen Gemüthlichkeit, die sich auch in das Mißliebige zu finden weiß. „Ich habe kein Theil mit ihnen," erklärte Herder seinem Freunde Georg Müller, und seine Frau schrieb von den Dioskuren: „O, sie sind im Besitz der alleinzigen Kunst und genießen das Räucherwerk ihrer Anbeter in so vollem Maaß, daß auch die zartesten Pfeile sie nicht berühren.... Wir haben uns hier in unser hinterstes Winkelchen verkrochen. Humanität und Christenthum sind hier Contrebande und verlachenswerthe Vorurtheile." Wieland dagegen schrieb in seinem „Merkur": „Schon allein die vornehme, aristokratische, oder vielmehr buumviralische Miene, die sie sich geben, indem sie mit einer Leichtfertigkeit und einem Übermuth, wovon schwerlich ein Beispiel in irgend einer Sprache existirt, über alles Fleisch herfallen, läßt sich nur von einem Paar poetischer Titanen präsumiren, die im stolzen Gefühle ihrer höheren Natur und überwiegenden Kraft, bei einer starken Dosis Verachtung gegen uns andere Menschlein, sich in Augenblicken einer wilden, bacchischen Geistestrunkenheit Alles erlauben, weil sie nichts respectiren noch scheuen." S. Haym, Herder. II. 626. 627. — Boas, Xenienkampf. II. 62. 63.

hämmerte Gegen-Xenien für sich, meist in aller Eile, von der Leidenschaft des Augenblicks beherrscht. Die schärfsten Pfeile prallten an dem Stillschweigen ab, das die beiden Dioskuren sich in kluger Berechnung versprochen hatten. Niemand wußte sicher, welcher von Beiden dieses oder jenes Distichon verfaßt hatte. Das Entscheidenste aber war, daß sie keinen Angriff beantworteten, sondern sich fröhlich anderweitiger Thätigkeit zuwandten. Das machte den Eindruck eines vollständigen Sieges.

Neben und nach den Xenien veröffentlichte Schiller viele seiner schönsten Gedichte, Göthe den lange erwarteten Roman „Wilhelm Meisters Lehrjahre"; auf jene folgte der „Wallenstein", auf diese „Hermann und Dorothea". Während Kritik und Gegen-Xenien noch immer an den Xenien wie an einem Wellenbrecher auf- und abspielten, hatte das Getöse des Kampfes die allgemeine Aufmerksamkeit fast ausschließlich auf die beiden Dichter vereinigt. Die alte Schule, Lessing und Nicolai, Stolberg und Lavater, Klopstock und Claudius, Gleim und Ramler waren durch die über sie ergangene Spottkritik für immer in das ablaufende Jahrhundert zurückgedrängt, Wieland mit milderer Ironie, Herder durch schonendes Stillschweigen bei Seite gerückt. Göthe und Schiller traten an die Spitze der deutschen Literatur.

Göthe selbst unterschätzte später die Wirkung dieses literarischen Staatsstreiches.

„Wäre ich vor 30 Jahren so klug gewesen," klagte er seinem Eckermann[1], „ich würde ganz andere Dinge gemacht haben. Was habe ich mit Schiller an den Horen und Musenalmanachen nicht für Zeit verschwendet! — Ich kann nicht ohne Verdruß an jene Unternehmungen zurückdenken, wobei die Welt uns mißbrauchte und die für uns selbst ganz ohne Folgen waren."

Das ist ohne Zweifel zu viel gesagt. Die Xenien rüttelten sowohl die beiden Dichter selbst als auch ihr Publikum auf und bereiteten ihnen den Weg zu ihren Erfolgen. Gewinnend und versöhnend wirkten dabei die zweihundert „frommen" Xenien mit, welche an anderen Stellen des Almanachs untergebracht waren. Göthe ließ hier neben den Dornen Rosen blühen, neben dem Spotte Liebesgedichte in Blumensprache. Schiller aber streute in kurzer Spruchform eine Fülle sinniger Kunstbetrachtung aus. Schade nur, daß diese „Weisheit" in dem Spruche gipfelt:

„Welche Religion ich bekenne? Keine von allen,
Die du mir nennst!" „Und warum keine?" Aus Religion.

---

[1] Eckermann, Gespräche. I. 119.

12. Wilhelm Meisters Lehrjahre.

1777—1796.

> „La réalité la plus crue s'étale devant nous avec ses misères et ses amertumes, ses joies sensuelles et bruyantes. C'est dans la société la plus vulgaire que l'enthousiaste Wilhelm doit voyager à la poursuite de l'art, de la sagesse et du bonheur.... Göthe est en effet le type suprême des classes moyennes, le bourgeois idéal ... Il est bourgeois dans l'art comme dans la vie, dans la domaine des faits comme dans la domaine des idées."
>
> Émile Montégut.

> „Wilhelm Meisters Lehrjahre geben uns ganz unsere Welt, ihre Stadt und Landschaft, ihre Stände und Gewerbe, Arbeiten und Vergnügungen, Leidenschaften und Ideale, ... sie waren die Fibel und Bibel der nun erwünschten Welt- und Lebenserfahrung, ... durch sie wurde Göthe's Weltanschauung der Geist unseres Jahrhunderts."
>
> A. Schöll 276. 366.

Daß Göthe die Horen und den Musenalmanach nicht besser bedachte, als es geschah, hatte seinen guten Grund. Er hatte angefangen, seinen noch unvollendeten Roman „Wilhelm Meisters Lehrjahre" bei Unger in Berlin drucken zu lassen. Schillers Versuch, im letzten Augenblick noch den Roman für die Horen zu gewinnen, mißglückte, obwohl eine Abänderung des Contractes vielleicht noch möglich gewesen wäre. Göthe wollte offenbar nicht. Ihm lag daran, trotz der neuen Freundschaft für sich allein aufzutreten; dagegen war ihm Schiller jetzt ein willkommener Censor und Berather, da Herder, sein bisheriges vertrauliches Orakel, an dem Roman ernstlichen Anstoß genommen hatte, Göthe nicht nachgeben wollte und das schon oft schwankende Freundschaftsverhältniß daran zu scheitern begann.

Die Entstehungsgeschichte des Romans ist eine lange — eine ermüdend lange. Die ersten Anfänge tauchen schon um 19 Jahre früher auf, in jener Zeit, wo Göthe noch, vom Dusel der Genieperiode berauscht, in buntester Abwechslung zwischen Conseil und Theater, Corona Schröter und Charlotte von Stein, dem Bergwerk von Ilmenau und seinem Gartenhaus hin- und herschwirrte, nicht minder ehrgeizig als sterbensverliebt — noch ein Werther, aber in eine etwas höhere Lebenssphäre,

12. Wilhelm Meisters Lehrjahre.

in das Schauspielertreiben eines herzoglichen Hofes emporgerückt. Im wunderlichen Wirrwarr der Tagebücher jener Zeit heißt es den 16. Februar 1777: „Zu Seckendorf. Schrötern. mit ihr gessen. Zu Wieland. Viel geschwätzt. Im Garten dictirt an W. Meister. Eingeschlafen" [1]. Mit der Schauspielerin Corona Schröter, dem „schönen Misel", verkehrte er damals alle Tage. Wiederholt werden Abendbesuche bei ihr erwähnt, während es zur Abwechslung auch heißt: „Nachts zu ☉" (Frau von Stein) [2]. Aus den Liebesträumereien und dem Gerede, womit er sich seine Herzensköniginnen interessant zu machen suchte, erwuchs der erste Plan zu einem biographischen Roman, in welchem er die Summe seiner bisherigen Lebenserfahrungen unter dem durchsichtigen Schleier eines fingirten Namens verherrlichen wollte. „Auch denen ist's wohl," hatte er früher geschrieben, „die ihren Lumpenbeschäftigungen oder wohl gar ihren Leidenschaften prächtige Titel geben und sie dem Menschengeschlechte als Riesenoperationen zu dessen Heil und Wohlfahrt anschreiben." [3] Nach diesem trefflichen Recept sollten jetzt alle seine Spielereien, Liebesabenteuer, Thorheiten, Beobachtungen und Erlebnisse von dem ersten Frankfurter Puppentheater an bis zu den Liebes= und Theateraffairen des Weimarer Hofes zu einer idealen Bildungsgeschichte aufgepufft werden. Nur nannte er das junge Genie nicht Wolfgang Göthe, sondern Wilhelm Meister — gab ihm statt eines kaiserlichen Rathes einen reichen Kaufmann zum Vater und ließ es statt aus dem Actenstaub einer Advokatenstube aus jenem eines Comptoirs zu den lichten Höhen des Schauspielerlebens und des aristokratischen dolce far niente emporsteigen. Nach einer Andeutung Herders fing der Roman ursprünglich nahe bei der Wiege des Helden an: „Man lernte den jungen Menschen von Kindheit auf kennen, interessirte sich für ihn allmählich und nahm an ihm Theil, auch da er sich verirrte." [4] Herder hielt es nämlich für eine Verirrung, daß der junge Commis unter die Schauspieler gerieth. Für Göthe war das der erste und wichtigste Grad der Erziehung, die Vorstufe der vollen ästhetischen und ethischen Bildung, welche dem poetisch angelegten Bürgerkinde erst unter Gräfinnen und Baroninnen, lebenserfahrenen Roués und hocharistokratischen Freimaurern zu Theil wird.

Der erste fragmentarische Entwurf des Romans ist verloren. Ein

---

[1] Robert Keil, Göthe's Tagebuch aus den Jahren 1776—1782. Leipzig 1875. S. 102. — Burkhardt, Grenzboten 1874.
[2] Keil a. a. O. S. 103 ff.
[3] Göthe's Werke [Hempel]. XIV. 23.   [4] Ebds. XVII. 6.

I. Buch, das aber nicht der heutigen Theilung entspricht, wurde Anfangs 1777 begonnen, am 2. Januar 1778 vollendet. Ein II. Buch gelangte, trotz aller Mahnungen der Frau von Stein, erst nach vier Jahren, im August 1782, zum Abschluß. Ein III. Buch trat noch im November 1782 hinzu, ein IV. am 12. November 1783, ein V. im October 1784, ein VI. im November 1785[1]. Diese sechs Bücher reichten inhaltlich so weit, wie heute die ersten vier. Im December 1785 entwarf Göthe den Plan zu weiteren sechs Büchern, die später wie die ersten auf vier reducirt wurden. Im Mai 1786 begann er die Fortsetzung, welche jedoch über der Herausgabe der „Gesammelten Werke" bald in's Stocken gerieth. Er verlor das Werk durchaus nicht aus den Augen, sammelte gelegentlich neue Notizen und Beobachtungen dafür; aber acht Jahre vergingen, bis er wieder entschieden Hand anlegte, um es zu einem Abschluß zu bringen. Die ersten sechs Bücher wurden jetzt um ein Drittel gekürzt, der Anfang ganz neu bearbeitet. Am 13. Juni sandte er das erste umgearbeitete Buch an Herder: „das nun, umgeschrieben, noch manches Federstriches bedarf, nicht um — gut zu werden, sondern nur einmal als eine Pseudoconfession mir vom Herzen und Halse zu kommen"[2].

Herder lebte um diese Zeit in einer Atmosphäre, welche gegen diejenige des Romans seltsam abstach. Er hatte eine ganze Sammlung von Oden des Jesuiten Jakob Balde übersetzt[3], dem selbst Göthe seine Hochachtung nicht versagen konnte: „Er bleibt bei jedem Wiedergenuß derselbe, und wie die Ananas erinnert er einen an alle gutschmeckenden Früchte, ohne an seiner Individualität zu verlieren."[4] Den innern Geist dieser Poesie faßte er bei seiner Leichtfertigkeit freilich nicht auf und beachtete nicht, wie Herders Balde an mehr als einer ergreifenden Stelle das modische Franzosenthum, die Künstlerliederlichkeit und frivole Sittenlosigkeit seines Romans verurtheilte:

>„Rede deutsch, o du Deutscher! Sei kein Künstler
>In Gebärden und Sitten! Deine Worte
>Sei'n wie Thaten, wie unerschütterliche
>Felsen der Wahrheit!
>„Eine keusche Vestalin, deine Tochter,
>Diene am Herde des Hauses, nicht am Altar
>Cythereens, damit die Jungfrau würdig
>Trage den Brautkranz!"[5]

---

[1] Zahlreiche Notizen in den Briefen Göthe's an Frau von Stein.
[2] H. Düntzer, Aus Herders Nachlaß. 1857. I. 147.
[3] Herders Werke [Hempel]. Bd. III. (Terpsichore).
[4] Aus Herders Nachlaß. I. 146. [5] Herders Werke [Hempel]. III. 135.

12. Wilhelm Meisters Lehrjahre.

Und in einem andern Gedichte:

> Hinweg denn, Larven! Ferne von meinem Blick,
> Unreine Fama! Schmeichlerin, beinen Kuß
> Veracht' ich. Süße Buhlereien,
> Lorbeerumwundene Züge malen,
> Das mög' ein Anderer! Lieber ergreif' ich still
> Den Spiegel, der unleibliche Wahrheit zeigt,
> Und werf' in bitterem Hohngelächter
> Nieder zur Erd' ihn und sitz' und schweige!"[1]

Herber, der in Balde's reiche, reine und schöne Poesie tief eingedrungen war, konnte einem Roman keinen Geschmack abgewinnen, in welchem die „deutsche Bildung" damit anfing, daß ein liederlich gewordener Commis um die käufliche „Liebe" einer Schauspielerin buhlt[2]. Denn der Roman begann jetzt nicht mehr mit der Kindheitsgeschichte Wilhelm Meisters, sondern diese war nur als Gesprächsstoff in die Unterhaltung eingeschoben, welche er mit seiner Geliebten führte. Herber sprach seine ästhetisch wie sittlich vollkommen richtige Ansicht unverholen aus, und die Folge war, daß Göthe ihn über die weitere Entwicklung des Werkes nicht mehr zu Rathe zog, ihre freundschaftliche Beziehung erkaltete und in einen nicht mehr auszusöhnenden Zwiespalt auslief, der übrigens Herber alle Ehre macht. Sein besseres Ich erwachte, und er hat keine weitere Mitschuld an dem sittenverderblichen Einfluß des Göthe'schen Treibens.

Ohne auf Herber weiter zu achten, schickte Göthe die ersten zwei Bücher in die Druckerei. Sie kamen noch im Jahre 1794 heraus. Für die Fortsetzung hatte sich ein willkommener Berather und Bewunderer bereits an Schiller gefunden. Er erhielt den ersten Band am 6. December und war voll des Lobes darüber. Herbers sittliche Bedenken theilte er nicht:

„Mit wahrer Herzenslust habe ich das erste Buch Wilhelm Meisters durchlesen und verschlungen, und ich danke demselben einen Genuß, wie ich lange nicht, und nie als durch Sie gehabt habe ... Herr von Humboldt hat sich auch recht daran gelabt, und findet, wie ich, Ihren Geist in seiner ganzen männlichen Jugend, stillen Kraft und schöpferischen Fülle. Gewiß wird diese Wirkung allgemein sein. Alles hält sich darin so einfach und schön in sich selbst zusammen, und mit wenigem ist so viel ausgerichtet ... Über die schöne Charakteristik will ich heute noch nichts sagen. Ebensowenig von der lebendigen

---

[1] Ebbs. III. 184.
[2] „Ich kann es," schrieb er, „weder in der Kunst noch im Leben ertragen, daß dem, was man Talent nennt, wirkliche, insonderheit moralische Existenz geopfert werde."

und bis zum Greifen treffenden Natur, die in allen Schilderungen herrscht, und die Ihnen überhaupt in keinem Product versagen kann. Von der Treue des Gemäldes einer theatralischen Wirthschaft und Liebschaft kann ich mit vieler Competenz urtheilen, indem ich mit beiden besser bekannt bin, als ich zu wünschen Ursache habe"[1] (9. Dec. 1794).

Die Fülle des Lobes, das Schiller spendete, wirkte nicht bloß wie das kräftigste Antidotum zu Herders Bedenken, sondern wie ein Zauber= gesang, welcher das Wachsthum des Romans zur üppigsten Entwicklung trieb. Göthe arbeitete nun entschieden voran, machte den Roman zu seinem Hauptgeschäft und schöpfte bei der Ausarbeitung stets neuen freu= digen Muth und poetischen Athem. Buch für Buch wanderte nun im Manuscript an Schiller, ward von diesem mit zärtlicher Liebe geprüft und begutachtet, da und dort ein wenig zurechtgezupft, aber in der Hauptsache mit Fluthen von Lob überschüttet. Auch Schillers Frau, Lotte, lebte und webte ganz in dem Roman, welcher für die Correspon= denz der beiden Männer, neben Horen und Musenalmanach, das Haupt= thema wurde. Was Schiller darüber geschrieben, macht eine ganze Ab= handlung aus[2]. Im Laufe des Jahres 1795 erschienen die Bücher 3—6 in zwei Bänden. Der Musenalmanach verursachte schon allgemeines Aufsehen und die morbbrennerischen Füchse darin die größte Aufregung, als Schiller am 19. October 1796 den letzten Band von Wilhelm Mei= ster vollendet gedruckt erhielt:

„Es ist zum Erstaunen, wie sich der epische und philosophische Gehalt in demselben drängt. Was innerhalb der Form liegt, bildet ein so schönes Ganze, und nach außen berührt sie das unendliche, Kunst und Leben. In der That kann man von diesem Roman sagen: er ist nirgends beschränkt als durch die rein ästhetische Form, und wo die Form darin aufhört, da hängt er mit dem unendlichen zusammen. Ich möchte ihn einer schönen Insel vergleichen, die zwischen zwei Meeren liegt.

„Nehmen Sie nun zu der glücklichen Beendigung dieser großen Krise meinen Glückwunsch an, und lassen Sie uns bei diesem Anlaß horchen, was für ein Publikum wir haben.

„Für die überschickten Rechnungen danke ich. Mit dem Geld werde ich nach Ihrem Sinn arrangiren; ohnehin haben Sie für Ihren Antheil an dem Almanach ja 24 Louisb'or zu gut, und noch mehr, wenn wir eine zweite Auf= lage erleben."[3]

---

[1] Schiller-Göthe, Briefwechsel. I. 28. 29.
[2] Schiller's Werke [Hempel]. XV. 726—752.
[3] Schiller-Göthe, Briefwechsel. I. 186.

12. Wilhelm Meisters Lehrjahre.

Walter Scott hat an seinen besten Romanen je etwa ein Jahr gearbeitet, einschließlich der historischen und antiquarischen Studien, die er dafür zu machen pflegte. Manzoni hat auf seine „Verlobten" höchstens ein paar Jahre verwendet. So haben es die berühmtesten Novellisten aller Völker gemacht. Keinem fiel es ein, ein halbes Menschenleben an demselben Romanstoff herumzubrüten. Die schöpferische Erfindungskraft trieb voran. Wilhelm Meisters Lehrjahre bilden deßhalb, was ihre Entstehungsgeschichte betrifft, fast ein Unicum: Göthe hat nahezu zwanzig Jahre daran gearbeitet, es fehlen nur ein paar Monate. Der Roman konnte deßhalb nicht bloß der Form, sondern auch dem Gehalt nach etwas ganz Außerordentliches werden. Dazu boten gerade die zwanzig Jahre, in welchen Göthe schrieb, eine ganz andere Fülle von Stoff, als etwa die spanische Herrschaft in der Lombardei, der Kampf des letzten Stuart um den schottischen Königsthron oder eine beliebige andere Episode der Geschichte. Seit der Glaubenstrennung des 16. Jahrhunderts hatte die Welt keine so tiefgehende Krisis und keine so gewaltige äußere Veränderung durchgemacht, als in jenen Tagen. Das bildet aber, wie in Göthe's Leben, so auch in diesem seinem berühmtesten Roman den ersten, leitenden und charakteristischen Grundzug, daß er sich von den gewaltigen Regungen und Bewegungen der Zeit vollständig auf die Insel seines kleinlichen Künstler=, Schauspieler= und Hoflebens zurückzog, das ganze große Welt= und Menschenleben seiner Zeit ignorirte und zum Hauptstoff seines Romans das Geistes= und Gemüthsleben eines jungen Menschen erkor, der, durch verschiedene Liebschaften ernüchtert, jede Spur jugendfroher Phantasie und Poesie einbüßt und zum ökonomischen Haushalter und wahren deutschen Stockphilister verknöchert.

Werther war das Bekenntniß der krankhaften deutschen Sentimentalität, in welcher Göthe seine erste Jugendkraft vergeudet hatte. Im Wilhelm Meister folgt das Bekenntniß der pädagogischen Kur, durch welche das verschwommene Genie abgekeltert und zum würdigen Geheimrath, Theater= und Kunstorakel herangebildet wird[1].

---

[1] Zur Beurtheilung des Romans vgl. Dan. Jenisch, Über die hervorstehenden Eigenthümlichkeiten von M.'s Lehrjahren. Berlin 1797. — Friedr. Schlegel, Charakteristiken und Kritiken. 1801. I. 132 ff. — Ferd. Gregorovius, W. M. in seinen socialistischen Elementen. Königsberg 1849. — K. Rosenkranz, Göthe und seine Werke. Königsberg 1847. S. 411—456. — A. Schöll, Göthe in Hauptzügen u. s. w. Berlin 1882. S. 223—234. 275—279. — Alex. Jung, Göthe's Wanderjahre und die wichtigsten Fragen des 19. Jahrhunderts. Mainz 1854. S. 28—50 (Rückblick auf die Lehrjahre). — Göbele, Göthe's Leben

12. Wilhelm Meisters Lehrjahre.

Das erste Buch des neuen Romans ist im Grunde noch ein Abklatsch des Werther. Dasselbe Thema einer unglücklichen Liebe wird noch einmal abgehandelt, aber nicht mehr so mondscheinhaft und thränenselig, sondern ruhiger, klarer, wahrer, liederlicher, wie ein erfahrener Roué seine schmackhaften Erlebnisse zum Besten gibt.

Die Scene eröffnet in dem Stübchen der Schauspielerin Marianne, eines verwaisten, jungen Mädchens, das mit der Hinterlassenschaft seiner Eltern (wie erst später vermeldet wird) bei einiger Einschränkung hätte anständig leben können, aber um des äußern Comforts willen seine Unschuld preisgibt. Ein Anbeter, Norberg, den sie nicht liebt, bietet ihr durch seine Geschenke die Möglichkeit, behaglicher zu leben; die alte Magd Barbara dient dabei als Kupplerin. Zum ersten Anbeter gesellt sich bald ein zweiter, der poetisch angelegte junge Kaufmannssohn Wilhelm Meister. Bis dahin streng häuslich erzogen, hat er von gemüthlichen, kunstliebenden Eltern endlich die Erlaubniß bekommen, täglich in's Theater zu gehen, wird gleich ein völliger Schauspielnarr und verliebt sich in Marianne. Durch die Magd findet er alsbald Zutritt. Norberg ist auf vierzehn Tage verreist. Marianne verliebt sich auf den ersten Blick vollständig in Wilhelm, ergibt sich ihm und wird seine Geliebte. Die Folgen dieses verbotenen Umganges sind, wie Göthe behauptet, die günstigsten von der Welt. Sie veredeln den Jüngling in einem Grade, wie es sonst alle Mächte der Natur und der Gnade vereinigt kaum zu Stande zu bringen pflegen.

„Als er aus dem ersten Taumel der Freude erwachte und auf sein Leben und seine Verhältnisse zurückblickte, erschien ihm Alles neu, *seine Pflichten heiliger, seine Liebhabereien lebhafter, seine Kenntnisse deutlicher, seine Talente kräftiger, seine Vorsätze entschiedener.* Es war ihm daher leicht, eine Einrichtung zu treffen, um den Vorwürfen seines Vaters zu entgehen, seine Mutter zu beruhigen und Mariannes Liebe ungestört zu genießen. Er verrichtete des Tags seine Geschäfte pünktlich, entsagte gewöhnlich dem Schauspiel, war Abends bei Tisch unterhaltend und schlich, wenn Alles zu Bette war, in seinen Mantel gehüllt, sachte zu dem Garten hinaus u. s. w."[1]

Die Stelle ist insofern wichtig, als sie den moralischen Standpunkt nicht nur dieses Romans, sondern Göthe's überhaupt bezeichnet, b. h. die Lossagung der Kunst vom Sittengesetze.

---

und Schriften. Stuttgart 1877. S. 371—387. — Émile Montégut, Philosophie de Wilhelm Meister. Revue des deux Mondes. T. 48 (1863) p. 178 bis 203. — Jos. von Eichendorff, Verm. Schriften. III. 172—184. — Gervinus, Geschichte der poetischen Nationallit. Leipzig 1844. V. 461—470 u. s. w.

[1] Göthe's Werke [Hempel]. XVII. 30.

12. Wilhelm Meisters Lehrjahre.

Wenn das wahr wäre, was Göthe hier als Princip der deutschen Bildung hinstellt, dann wäre die ganze christliche Sittenlehre, ja das Christenthum selbst das traurigste, menschenfeindlichste Wahngebilde, das es gibt; sogar die edleren unter den Heiden würden dann Lügen gestraft. Die erste Stufe der Bildung wäre dann eben — die blinde Leidenschaft, ohne Rücksicht auf Gesetz und Sitte.

Als nothdürftige Tünche für die elende Lieberlichkeit seiner Anschauungen hat Göthe in den ersten Kapitelchen seine harmlosen Kindererinnerungen an das Puppentheater verwerthet. Er geht nicht so weit, das salva venia „Glück" des Paares weitläufig psychologisch zu analysiren, wie etwa Rousseau in der Neuen Héloise, oder darüber zu philosophiren, wie Wieland, oder es kraß realistisch zu beschreiben, wie gewisse ältere und neuere Franzosen. Wilhelm erzählt endlos von seinem Puppentheater, schleppt sogar die Puppen herbei, und da seine ersten Stücke aus der biblischen Geschichte geschöpft waren, so muß selbst diese herhalten, um in dem Stübchen der Dirne eine gewisse Atmosphäre von Kindesunschuld zu verbreiten und schon im Kinderspiel die Ahnung eines künftigen Dichterheroen herbeizuzaubern. Marianne schläft darüber freilich ein, die ersten Kapitel sind darüber entschieden langweilig geworden, und wo die ästhetische Kinderei aufhört, da fängt auch gleich wieder die unsaubere Pikanterie an. Der moralische Wilhelm ist schon in vierzehn Tagen so weit, von Vaterschaft zu träumen[1]. Er plant, seinen Eltern durchzubrennen, Marianne zu heirathen und mit ihr Schauspieler zu werden. Bevor er indessen dazu kommt, Marianne den Plan mitzutheilen, kehrt Norberg zurück; die alte Barbara beredet ihren traurigen Liebling, sich in das Schicksal zu fügen, beide Anbeter zu dulden, den einen zu lieben und den andern bezahlen zu lassen. Trotz aller Vorsicht kommt Wilhelm diesem Plane auf die Spur, wird wertherisch unglücklich, erkrankt, verbrennt alle seine Gedichte und wendet sich, nach unsäglichen Thränen, einem solideren Geschäftsleben zu.

Das ist das erste Buch und der Anfang des zweiten.

Zwar älter, aber nicht viel klüger geworden, trifft Wilhelm nach einiger Zeit auf einer kaufmännischen Geschäftsreise mit den Trümmern einer Schauspielerbande zusammen, welche sich gleichzeitig mit einer Gauklergesellschaft in einem kleinen Landstädtchen aufhält. Seine zwei eng verschwisterten Leidenschaften für das weibliche Geschlecht und für das

---

[1] Göthe's Werke [Hempel]. XVII. 57.

Theater leben hier von Neuem auf. Die Charaktere, an welche sich diese Neigungen Wilhelms und mit ihr das weitere Interesse des Romans fesseln, sind Mignon und Philine. Philine — eine mit den liebenswürdigsten Farben geschilderte, zugleich gutherzige und unendlich leichtsinnige, verführerische, lockere, wollüstige Theaterblondine, so leichtfertig, daß sie kaum zum Theater taugt, und bei allem Leichtsinn so schlau und verfänglich, daß sie immer neue Liebhaber an der Nase herumführt; Mignon dagegen, ein schwarzäugiges, tief melancholisches Mädchen, aus seiner italienischen Heimath durch Unglück in das unwirthliche Deutschland verschlagen, statt in einem Palast zu wohnen, zu armseliger Tänzerei bei einer Gauklerbande verurtheilt, obwohl halberwachsen, noch immer in Knabencostüm: das sind die zwei Universitäten, an welchen Wilhelm Meister sich weiterbildet[1]. Die von ihrer Gauklerbande mißhandelte Mignon nimmt er als eine Art Pagen zu sich; halb um Philinens willen, halb aus Liebe zur dramatischen Poesie schließt er sich den Schauspielern an, ergänzt ihre Truppe und unternimmt die kühne Aufgabe, das liederliche Chor, dem es nur um Geld und Plaisir zu thun ist, zur Höhe classischer Kunstleistungen heranbilden zu wollen. Das geht aber nicht ab ohne neue Liebesabenteuer und Liebesscenen, die mit behaglicher Lüsternheit gezeichnet sind. Zwischen der Liebe zu den Weibern und jener zum Theater dreht sich der Roman in unberechenbaren Spiralen bis zum sechsten Buch. Einen gewissen romantischen Hauch erhält das liederliche Komödiantentreiben durch die Gestalt des alten Harfners, der allerlei geheimnißvolle Lieder singt und schließlich verrückt wird. Etwas ästhetischen Ballast dagegen bekommt das leichte Schiffchen durch eine eingehende Besprechung des „Hamlet"[2], mit dem Wilhelm sein dramaturgisches Hauptexperiment vornimmt. Nach der Aufführung geht es freilich wieder toll genug zu und Alles stürzt drunter und drüber.

---

[1] „Ein leichtfertiges Mädchen war seine erste Lehrerin. In Philine erschien ihm das höchste Leben." — Goedeke, Schillers Briefwechsel mit Göthe. II. 227.

[2] Göthe's Werke [Hempel]. XVII. 281 ff. Die Reden über den Unterschied zwischen Roman und Drama (S. 294), ein Echo der theoretischen Besprechungen mit Schiller, streifen eher die Oberfläche, als daß sie die eigentliche Hauptsache treffen. Daß Göthe den Charakter des Hamlet nicht einmal richtig auffaßte, hat schon A. W. v. Schlegel bemerkt (über dramatische Kunst und Literatur. Heidelberg 1817. III. 148). Man wird fast versucht, von dieser Romanästhetik zu sagen, was Göthe den Serlo von den Leseproben sagen läßt: „Gewöhnlich ist nichts lustiger, als wenn Schauspieler vom Studiren sprechen; es kommt mir ebenso vor, als wenn die Freimaurer von Arbeiten reden."

Jetzt nahm Göthe plötzlich die Erinnerungen des frommen Fräulein von Klettenberg[1] hervor und redigirte daraus die „Bekenntnisse einer schönen Seele", d. h. das Tagebuch einer Pietistin, welche, obwohl in der hohen Welt und ihren Versuchungen lebend, durch Kränklichkeit früh auf ein inneres religiöses Leben geführt wird, darüber eine nicht ungünstige Partie verliert, sich den Herrnhutern anschließt, ohne sich indeß deren Leitung völlig anheimzugeben, und sich endlich als fromme Tante damit tröstet, zum Wohlsein und Glücke schöner Nichten beizutragen. Diese Nichten hat Göthe hinzugedichtet, um seinem Wilhelm schließlich die richtige Ehehälfte zu versorgen. Sonst ist das Bild der „schönen Seele" der Hauptsache nach ganz aus den Erlebnissen und Mittheilungen seiner frühern frommen Freundin geschöpft und mit sorglicher Treue nach denselben ausgeführt, in so andächtigem Tone, daß manche wohlmeinende Leute sich wirklich davon täuschen ließen[2] und die vernichtende Ironie nicht bemerkten, welche in der ganzen Anlage des biographischen Gemäldes und seiner Verbindung mit dem Roman liegt, indem Göthe zur Trägerin der christlichen Ideen eine kränkliche alte Jungfer wählt, ihr ganzes Glaubensleben auf trügerische Empfindungen zurückführt und das gesammte religiöse Leben in eine dumpfe, melancholische Spitalregion herabsetzt, während Wilhelm mit seinem Schauspielerchor gerade in seinen sittlichen Verirrungen erstarkt, wächst und sich bildet. Was Göthe selbst von der Religion der schönen Seele hielt, hat er Schiller deutlich genug ausgedrückt, indem er sagte, daß „das Ganze auf den edelsten Täuschungen und auf der zartesten Verwechslung des subjectiven und objectiven beruhe"[3].

Schiller meinte, damit sei die Materie doch zu schnell abgethan:

„Denn mir däucht, daß über das Eigenthümliche christlicher Religion und christlicher Religionsschwärmerei noch zu wenig gesagt sei: daß dasjenige, was diese Religion einer schönen Seele sein kann, oder vielmehr, was eine schöne Seele daraus machen kann, noch nicht genug angedeutet sei. Ich finde in der

---

[1] Vgl. J. M. Lappenberg, Reliquien des Fräulein Susanna Katharina von Klettenberg nebst Erläuterungen. Hamburg 1849, und über die verschiedenen Vorbilder dieser pietistischen Episode: Göthe's Werke [Hempel]. XXI. 345—348.

[2] „Neulich erfuhr ich," schreibt Schiller (25. Juli 1796), „daß Stolberg und wer sonst noch bei ihm war, den Meister feierlich verbrannt habe, bis auf das sechste Buch, welches er wie Arndts Paradiesgärtlein rettete und besonders binden ließ. Er hält es in allem Ernste für eine Empfehlung der Herrnhuterei und hat sich sehr daran erbaut." Schiller-Göthe Briefwechsel. I. 159.

[3] Schiller-Göthe Briefwechsel. I. 45.

christlichen Religion virtualiter die Anlage zu dem höchsten und edelsten, und die verschiedenen Erscheinungen derselben im Leben scheinen mir bloß deßwegen so widrig und abgeschmackt, weil sie verfehlte Darstellungen dieses höchsten sind."[1]

Göthe versprach darauf, „die christliche Religion in ihrem reinsten Sinne erst im achten Buche in einer folgenden Generation erscheinen zu lassen"[2]. Das geschah aber in sehr sonderbarer Weise.

Nachdem Wilhelm Meister in seiner ersten Bildungsschule — Schauspielerwirthschaft und Schauspielerliebschaft — so gut wie nichts gelernt, als an der eigentlichen künstlerischen Bedeutung des Theaters und seinem eigenen Beruf dazu zu verzweifeln, führt ihn Göthe in die zweite und höchste Bildungsschule hinüber — in die aristokratischen Kreise, welche mit der Schauspielerwirthschaft innerlich und äußerlich sehr ungesucht zusammenhängen: innerlich durch die unbeschreibliche Flachheit ihres Geisteslebens, äußerlich durch ihre Liebeshändel mit den Schauspielern und Schauspielerinnen.

„Der Baron," bemerkt Friedrich von Schlegel[3], „darf an geistiger Albernheit und die Baronesse an sittlicher Gemeinheit einander weichen; die Gräfin selbst ist höchstens eine reizende Veranlassung zu der schönsten Rechtfertigung des Putzes; und diese Adelichen sind, den Stand abgerechnet, den Schauspielern nur darin vorzuziehen, daß sie gründlicher gemein sind. Aber diese Menschen, die man lieber Figuren als Menschen nennen dürfte, sind mit leichter Hand und mit zartem Pinsel so hingedrückt, wie man sich die zierlichsten Karikaturen der edelsten Malerei denken möchte. Es ist eine bis zum Durchsichtigen gebildete Albernheit. Dieses Frische der Farben, dieses kindlich Bunte, diese Liebe zum Putz und Schmuck, dieser geistreiche Leichtsinn und flüchtige Muthwillen

---

[1] Schiller-Göthe Briefwechsel. I. 67.   [2] Ebdf. I. 68.
[3] Sämmtliche Werke. Wien 1846. VIII. 107. Wenn er in einer anderen Recension (VIII. 135) von „Wilhelm Meisters Lehrjahren" dennoch sagt, daß „dieses Buch jetzt nicht bloß als ein vortrefflicher Roman, sondern überhaupt eines der reichhaltigsten und geistvollsten Werke, welche die deutsche Literatur besitzt, allgemein anerkannt und geschätzt" sei, ja (S. 139) sogar die Bedenken gegen die „Sittlichkeit" des Romans und gegen die „schlechte Gesellschaft" Wilhelms zu heben versucht, so that er das in einer Übergangsperiode, wo sich seine religiösen und sittlichen Anschauungen noch keineswegs völlig geklärt hatten. Für die „schlechte Gesellschaft" ist der Hinweis auf Fielding, Scarron, Le Sage, Alfarache, Lazarillo, Cervantes durchaus keine genügende Entschuldigung; zwischen der „einförmigen Feierlichkeit der Klopstock'schen Art und Ansicht der Dinge" und zwischen der Liederlichkeit im Meister aber liegt eben die richtige Mitte echter Kunst, welche, von Religion und Sittlichkeit getragen, weder in gemeinen Realismus versinkt, noch in trostlosen Nebelgestalten verduftet, sondern die ganze Fülle des Menschenlebens mit höheren Idealen verklärt und durchgeistigt.

haben etwas, was man Äther der Fröhlichkeit nennen könnte und was zu zart und fein ist, als daß der Buchstabe seinen Eindruck nachbilden und wiederholen dürfte."

Es handelt sich hier durchaus nicht um jenen Theil des Adels, der durch Religiosität, sittlichen Ernst, patriotische Gesinnung und standesgemäße Würde durch alle Jahrhunderte deutscher Geschichte sich als eine feste Stütze der heiligsten, ehrwürdigsten Volksgüter bewährt hat, sondern um jene erbärmliche Kleinaristokratie am Ende des vorigen Jahrhunderts, welche vom Adel nichts als den leeren Namen und Titel behalten hatte, an Seichtheit, Gemeinheit und Niedertracht mit der aufgeklärten französischen Noblesse unter Ludwig XV. wetteiferte, sie nachäffte, so gut sie konnte, und damit alle wahre deutsche Bildung untergrub. Dieser religions- und sittenlose Duodezabel galt Göthe als die eigentliche Blüthe der Menschheit, seine äußere Komödianten- und Scheinbildung als Bildung überhaupt. Nur hier konnte sein „Wilhelm" ein vollendeter Mensch werden.

An der Spitze dieses adeligen Kreises steht sehr charakteristischer Weise ein Wesen, für das es nicht einmal einen deutschen Namen gibt: nicht ein derber grobkörniger Apostat oder Ungläubiger, sondern der glatte, feinrasirte höfische Abbé des vorigen Jahrhunderts, der, ursprünglich im katholischen Glauben und in dessen großen weltumfassenden Ideen erzogen, im Kreise liederlicher Gräfinnen und Baronessen alle dogmatischen Härten und alle ernsteren Forderungen des Sittengesetzes abgestreift hat, und sich nun als Apostel des „geläuterten Christenthums" „echter Menschlichkeit" und „Liebe" an die Spitze des Fortschritts stellt. Das Modell dieser wichtigen Figur hatte Göthe unweit von Weimar gefunden. Dalberg hatte ihn ja selbst in das weimarische Regiment eingeführt, die weimarischen Größen der Reihe nach begünstigt, das Logenwesen in Thüringen zur Blüthe gebracht und durch Schrift, Wort und Einfluß in ganz Deutschland jene seichte Aufklärung gefördert, aus welcher der sogenannte deutsche Classicismus hervorgehen sollte.

Dem Freimaurer-Abbé zur Seite steht als andere Hauptfigur der „edle" Lothario, ein hoher, vornehmer Herr — könnte fast ein Herzog von Sachsen-Weimar-Eisenach sein. Ein „edler" Charakter — er hat schon früh ein Bauernmädchen verführt, einer leidenschaftlichen Schauspielerin das Herz gebrochen, sich wegen eines anderen galanten Abenteuers duellirt, eine Liebesgeschichte mit der „armen Lydie" durchgemacht, dabei wieder zwei andere Bräute in Sicht genommen und ist dabei immer „edler", eine Blüthe von männlicher Bildung geworden.

Dieses „edle" Paar nebst einem Freundeschor von gleichgesinnten Baronen, Grafen, Baronessen und Gräfinnen arbeiten nicht bloß nach einem ascetischen Systeme an ihrer eigenen Vervollkommnung, sondern getrauen sich auch, ihre Nebenmenschen zu erziehen. In das Archiv ihrer Freimaurerloge legt nicht bloß ein Jeder seine schönen Lebenserfahrungen nieder, sie controlliren sich auch, reißen sich gegenseitig aus der Patsche, wenn ihre sonderbaren Tugenden sie in eine solche bringen, und führen, indem sie die Bauern und Bürger für sich arbeiten lassen, die eigenen Einkünfte aber an Hunde, Gärten, Statuen, Gemälde, Bauten, Theater und Maitressen verschwenden, die Menschheit ihrer inneren Vollendung entgegen. Auf ein paar gebrochene Herzen und uneheliche Kinder rechts und links kommt's nicht an. Nachdem Jeder und Jede eine Anzahl Liebschaften bestanden, wird endlich geheirathet, und durch kluge Ökonomie ist nicht nur vorgesorgt, daß Niemand bankerott geht, sondern daß Jeder noch sein schönes Landgut erhält.

„Nette Menschen!"[1] könnte der niederländische Humorist sagen. — Aber wie gelingt es dem schlichten Bürgerlichen, zu diesem lichten Eldorado menschlichen Glückes und menschlicher Bildung emporzusteigen? Nichts leichter als das. Erstlich hat Wilhelm Meister ein so ansehnliches Vermögen, daß ihm, besonders nach dem Tode seines Vaters, den er unbetrauert „absocken" läßt, beständig Geld und Creditbriefe zur Verfügung stehen. Zweitens hat er schon als Komödiant, Poet und Vorleser — ganz wie Göthe in Weimar — Zutritt in jene seligen Regionen gefunden und nistet sich, wenn auch nicht ohne Schwierigkeit, doch Schritt für Schritt darin ein.

Bei der „schönen Gräfin" kommt er als Vorleser zu Gnaden; dem edlen Baron Friedrich ist Philine noch vollständig gut genug, um mit ihr durchzubrennen, obwohl er weiß, daß sie soeben Wilhelm ganz zu eigen gewesen ist; in der leidenschaftlichen Schauspielerin Aurelie findet er eine unglückliche, halbwelke Geliebte des „edlen" Lothario. Sie sucht in ihm Ersatz für den Untreuen; aber er liebt sie nicht, läßt sie als sentimentaler „Freund" sitzen und sterben. Ein letzter Brief von ihr an Lothario führt Wilhelm auf das Schloß, wo die freimaurerische Adelsgemeinde ihren Sitz hat. Der Abbé übernimmt durch unsichtbare Überwachung die Leitung seiner weiteren Erziehung. Das Schauspieler-

---

[1] So lautet der Titel einer Novelle, in welcher der holländische Humorist Vitringa das moderne Klein-Culturleben meisterlich gezeichnet hat (Deventer 1879). „De deugd der ‚netheid' is de eenige, die op aarde haar loon vindt."

12. Wilhelm Meisters Lehrjahre.

wesen wird ihm völlig verleidet. Er nimmt seinen förmlichen Abschied davon. Dabei wird unverhofft Marianne's Ruf gerettet. Sie hat sich nach Wilhelms Abreise nicht weiter mit Norberg eingelassen, sondern ist Wilhelm treu geblieben, aber bei ihrer Entbindung gestorben. Der Knabe Felix, den Wilhelm bei der Schauspielerin Aurelie fand, ist sein eigenes und Marianne's Kind. Wilhelm nimmt ihn und Mignon, die sich nicht von ihm trennen will, mit zu den abeligen Freunden, bei denen er fürder zu leben gedenkt, und hofft für den Knaben bald eine „Mutter" zu finden. Des verlotterten Schauspielertreibens und der Schauspielerinnen ist er so überdrüssig geworden, daß ihm die ganz und gar ökonomische Therese — die lebendige Verkörperung eines Haus= und Kochbuchs — jetzt als die wünschenswertheste Braut erscheint. Nachdem er ihr aber kaum seine Hand angetragen, bekommt er Lothario selbst zum Nebenbuhler, findet in der stillen, frommseligen und zugleich liebenswürdig weltlichen Natalie, der schöneren Nichte der „schönen Seele", ein noch anziehenderes Frauen= ideal und erreicht mit ihrer Hand das Höchste, was ein Mensch hienieden erlangen kann. Drei Herzen mußten allerdings brechen, um Wilhelm zu der Höhe von Bildung zu führen, die er in Natalie einfach heirathet: die Schauspielerin Marianne, die Schauspielerin Aurelie und das arme Kind Mignon. Denn mitten in all dem Wust von Liebeleien, dessen Zeuge es war, hat sich das unglückliche Ding ganz leidenschaftlich in Wilhelm verliebt, und da die Liebe nicht erwiedert wird, siecht es an Schwindsucht langsam dahin und stirbt endlich an einem Herzschlag. Es wird einbalsamirt und von dem Abbé unter allerlei Freimaurer=Hokus= Pokus bestattet. Durch einen Marchese, welcher auf Besuch erscheint, kommen an dem Sarkophag Mignons noch andere schöne Dinge heraus. Mignon ist eine Nichte des Marchese, eine Tochter seines Bruders Augustin, der, in den Mönchsstand gedrängt, das arme Geschöpf in sacrilegischem und blutschänderischem Umgang mit der eigenen Schwester Sperata ge= zeugt hat. Das gibt Anlaß, zum Schluß des Romans noch Cölibat, Ordensleben, Heiligenverehrung, Reliquienverehrung und Wallfahrten in die trübste und schauerlichste Beleuchtung zu rücken. Göthe ist hier fast der Concurrent seines „Schwagers", des berüchtigten Romanschmierers Vulpius, geworden. Durch einen Prädicanten nothdürftig vom Wahn= sinn curirt, schneidet sich Bruder Augustin schließlich den Hals durch, weil er — durch einen bloßen Zufall, ganz unabsichtlich — den kleinen Felix vergiftet zu haben glaubt. Der kleine Felix hat aber das Opium gar nicht getrunken — und Wilhelm tritt somit glücklich, mit seinem unehelichen

Bübchen an der Hand, in den Stand der Ehe. Damit ist der höchste Grad moderner Bildung erreicht: liederlich, aber ja nicht zu liederlich leben und zu rechter Zeit dann heirathen und ein solider Philister werden. Nach allem Vorausgegangenen ist es allerdings schwer glaublich, daß die Geschichte hiermit ein Ende hat, und daß Natalie der letzte Frauencharakter ist, den Wilhelm praktisch studirt. Göthe schließt indeß seine „Pseudoconfession" hier ab.

So wunderlich darin die Charaktere, Erlebnisse und kleinen Abenteuer der zehn ersten Weimarer Jahre verschoben, phantastisch erweitert, künstlerisch ausgeschmückt und verklärt sind, gewähren sie doch ein recht treues Spiegelbild des inneren Lebens, das Göthe in jenem Zeitraum führte. Wie im Tasso, so hat er sich auch hier in mehrere Personen zerlegt, seine Ideen an sie vertheilt: der Hauptträger derselben bleibt indeß Wilhelm Meister, der poetisch angelegte Bürgerssohn, mit seiner unüberwindlichen Liebe zu den Weibern und zum Theater, mit seinem fast abergläubischen Schicksalsglauben, seinem bei aller Phantasterei noch praktischen, geschäftlichen Sinn, seiner stets gemäßigten Liederlichkeit, seiner servilen Hochschätzung des Adels und äußeren höfischen Scheinbildung, seinem vollständigen Mangel an Interesse für alles Große in Welt- und Menschenleben, seinem unendlichen Antheil an jeder Kleinigkeit des Nähtisches, des Frauenputzes und des weiblichen Herzens, seiner wunderlichen Mischung von empfindsamer Hingabe und herzlosem Egoismus, poetischer Träumerei und nüchternem Philisterthum[1].

Die Armseligkeit des poetischen Gehalts und des geschichtlichen Hintergrundes kam Göthe selbst zum vollen Bewußtsein, als ihn und die ganze civilisirte Welt fast 30 Jahre später die Romane Walter Scotts bezauberten. In Marienbad und Karlsbad war 1823 nur von Scott und Byron die Rede. Er nahm es den Leuten nicht übel, weil er es selbst empfand, wie nahe Walter Scott dem poetischen Geiste und der Gestaltungskraft Shakespeare's stand.

„Aber Scotts Zauber," fuhr er fort, „ruht auch auf der Herrlichkeit der drei brittischen Königreiche und der unerschöpflichen Mannichfaltigkeit ihrer Geschichte, während in Deutschland sich nirgends zwischen dem Thüringer Wald und Mecklenburgs Sandwüsten ein fruchtbares Feld für den Romanschreiber befindet, so daß ich im Wilhelm Meister den allerelendesten Stoff

---

[1] „Can it be for these things that Goethe is cried up? one asks in amaze, when one has read ‚Wilhelm Meister'." William Barry D. D. (Dublin Review. July 1885. p. 56).

habe wählen müssen, der sich nur denken läßt: herumziehendes Komö=
diantenvolk und armselige Landedelleute, nur um Bewegung in
mein Gemälde zu bringen."[1]

Den tiefsten Mangel empfand er auch da noch nicht; es ist der
Mangel eines Christenthums, das nicht in bloß sentimentaler „unsicht=
barer Seelenfreundschaft" besteht, sondern mit seinen Lehren und Geboten,
Sacramenten, Einrichtungen und Gebräuchen das ganze Menschenleben
und dessen bunte Erscheinungswelt in eine höhere Sphäre emporrückt, ihm
hehre, ideale Ziele gibt und das Schlechte und Niedrige siegreich über=
windet.

„Das sich selbst überlassene Leben," sagt Eichendorff sehr schön[2], „wenn
es nicht in beständigem Rapport mit dem Überirdischen bleibt und von diesem
erfrischt wird, dieses auch noch so künstlerisch decorirte Evangelium der fünf
Sinne, gleitet, bei seiner angebornen Schwere, nothwendig immer tiefer zum
Realismus hinab, und wenn im Anfang des ‚Wilhelm Meister' der jugend=
liche Rausch des Lebens zuweilen anstößig geworden, so wird zuletzt der reflec=
tirende Katzenjammer noch verletzender. Schiller sagt darüber mit der Pietät
der Freundschaft: ‚Wilhelm tritt von einem leeren und unbestimmten Ideal
in ein bestimmtes thätiges Leben, aber ohne die idealisirende Kraft dabei einzu=
büßen'[3], und anderswo noch unumwundener: ‚er sehe ihn am Ende in der
menschlichen Mitte zwischen Phantasterei und Philisterhaftigkeit stehen'."[4]

Bemerkenswerth ist, daß Göthe's gefeiertster Roman und mit ihm
seine Romanweisheit und die Quintessenz der modernen Bildung schließ=
lich genau auf denselben platten, prosaischen Materialismus hinausläuft,
in welchem der berühmte Roman Voltaire's, Candide, seinen Abschluß findet.

‚Ich weiß daher,' sagte Candidus, ‚wir müssen unsern Garten bebauen.'
‚Du hast Recht,' sagte Pangloß, ‚denn als der Mensch in den Garten von

---

[1] Burkhardt, Göthe's Unterhaltungen mit Müller. S. 55.
[2] Der deutsche Roman. Paderborn 1866. S. 184.
[3] Schillers Werke [Hempel]. XV. 745. (Brief vom 8. Juli 1796.)
[4] Ebdf. XV. 739. (Brief vom 3. Juli 1796.) Das hat sogar dem Philo=
sophen Eduard von Hartmann gedämmert, wenn er sagt: „So entspringt
aus der Geschmacksmoral in ihrer Isolirung unausbleiblich Hohlheit und Leer=
heit der überschätzten Form; an Stelle echter Empfindungstiefe tritt ästhetische
Anempfindung, und das Streben nach künstlerischer Lebensgestaltung schlägt in gleiß=
nerische Schauspielerei um, welche zuletzt jede echte und wahre Sittlichkeit unter=
gräbt. Denn der Schauspieler ist ja in der That der reinste Repräsentant der
künstlerischen Selbstdarstellung ... Wilhelm Meister weiß dieß sehr wohl und drängt
deßhalb immer zum Theater; die inneren Gründe, warum er sich von demselben
entfernt, lassen hingegen an Klarheit zu wünschen übrig und heimlich bleibt er
seiner alten Liebe doch sein Leben lang treu." Phänomenologie des sittlichen Be=
wußtseins. Berlin 1879. S. 156. Vgl. S. 153 ff.

Eben verſetzt ward, wurde er dahin verſetzt, ut operaretur eum, damit er
ihn bearbeitete. Das beweist, daß der Menſch nicht für die Ruhe geſchaffen iſt.'
‚Arbeiten ohne nachzubrüten,‘ ſagte Martin, ‚das iſt das einzige Mittel, um
das Leben erträglich zu machen.'

„Die ganze kleine Geſellſchaft ging auf dieſen lobenswerthen Plan ein;
Jeder gab ſich daran, ſeine Talente zu üben. Das kleine Grundſtück gab großen
Ertrag. Kunegunde war in der That ſehr häßlich, aber ſie wurde eine gute
Paſtetenbäckerin; Paquette ſtickte; die Alte ſorgte für das Leinenzeug. Es war
keiner, der ſich nicht nützlich gemacht hätte, ſogar Bruder Giroflée; er wurde
ein ſehr guter Schreiner und ſogar ein anſtändiger Menſch: und Pangloß ſagte
bisweilen zu Candide: ‚Alle Ereigniſſe ſind in der beſten der möglichen Welten
mit einander verknüpft; denn wäreſt Du nicht, um der Liebe zu Fräulein Kune=
gunde willen, mit gewaltigen Fußtritten in den H. . . . . . aus einem ſchönen
Schloß gejagt worden, wäreſt Du nicht der Inquiſition in die Hände gefallen,
hätteſt Du nicht Amerika zu Fuß durchpilgert, hätteſt Du dem Baron nicht einen
Degenſtich verſetzt, hätteſt Du nicht alle Deine Schafe im Lande
Eldorado verloren, ſo äßeſt Du hier nicht eingemachten Cedrat
und Piſtazien.‘ ‚Gut geſagt,‘ erwiederte Candide, ‚aber wir müſſen unſern
Garten bebauen.‘"[1]

Wie Göthe in ſeinem Werther den Rouſſeau etwas verdeutſcht und
verbeſſert hat, ſo ſind Kunegunde und Paquette hier zu der anmuthigeren
Thereſe und Natalie aufgeputzt; aber die ökonomiſche Garten= und
Hauswirthſchaft iſt ſchließlich dieſelbe. Auf falſchen Bahnen geführt, ver=
liert der jugendliche Geiſt nicht bloß das Flügelpferd der Phantaſie,
die „Schafe im Lande Eldorado", die „Eſelinnen Sauls", ſondern auch
jegliche Schwungkraft zum Hohen, Großen, Idealen.

„Du kommſt mir vor," ſo enden dieſe Lehrjahre, „wie Saul, der
Sohn Kis', der ausging, ſeines Vaters Eſelinnen zu ſuchen,
und ein Königreich fand."[2]

Ein Königreich — d. h. ein ſentimentales Weib, ein uneheliches
Kind, eine ökonomiſche Hauswirthſchaft, die Freundſchaft eines Freimaurer=
Abbé und einiger verbummelter Ariſtokraten.

Daß Wilhelm Meiſter ſich durchweg in „ſchlechter Geſellſchaft" be=
finde, hat Göthe ſelbſt zugegeben, entſchuldigt es aber damit, daß der
Roman ſonſt langweilig geworden wäre.

„Dadurch, daß ich die ſogenannte ſchlechte Geſellſchaft als Gefäß betrach=
tete, um das, was ich von der guten zu ſagen hatte, darin niederzulegen, gewann

---

[1] Candide. Oeuvres de Voltaire. Paris, Lefèvre, 1817. XXVII. 265.
[2] Göthe's Werke [Hempel]. XVII. 570.

12. Wilhelm Meisters Lehrjahre.

ich einen poetischen Körper und einen mannichfaltigen dazu. Hätte ich aber die gute Gesellschaft wieder durch sogenannte gute Gesellschaft zeichnen wollen, so hätte Niemand das Buch lesen mögen."[1]

Abweichend von Carlyle[2], welcher den „Meister" in den Händen aller Gebildeten wissen wollte, behauptete Göthe in späteren Jahren von diesem Werke, wie von seinen Werken überhaupt:

„Sie sind nicht für die Masse geschrieben, sondern nur für einzelne Menschen, die etwas Ähnliches wollen und suchen und die in ähnlichen Richtungen begriffen sind."[3]

Was er eigentlich damit wollte, darüber hat er sich später widersprechend geäußert. Gelegentlich sagte er, der ganze Roman sei Mignons wegen geschrieben[4], Wilhelm selbst nur eine Bohnenstange, an welcher der zarte Epheu sich emporranke. Bei anderer Gelegenheit that er, als ob hinter dem Roman die größten Geheimnisse verborgen lägen: „Den anscheinenden Geringfügigkeiten des ‚Wilhelm Meister' liegt immer etwas Höheres zu Grunde, und es kommt bloß darauf an, daß man Augen, Weltkenntniß und Übersicht genug besitze, um im Kleinen das Größere wahrzunehmen. Anderen mag das gezeichnete Leben als Leben genügen."[5]

„Es gehört dieses Werk übrigens," sagte er ein andermal, „zu den incalculabelsten Productionen, wozu mir fast selbst der Schlüssel fehlt. Man sucht einen Mittelpunkt und das ist schwer und nicht einmal gut. Ich sollte meinen, ein reiches, mannigfaltiges Leben, das unseren Augen vorübergeht, wäre doch auch an sich etwas ohne ausgesprochene Tendenz, die doch bloß für den Begriff ist." „Im Grunde," fügte er noch bei, „scheint das Ganze nichts anderes sagen zu wollen, als daß der Mensch trotz aller Dummheiten und Verirrungen, von einer höheren Hand geleitet, doch zum glücklichsten Ziele gelange."[6] Das tönt sehr artig, drückt

---

[1] Edermann, Gespräche. I. 159.
[2] „Ich fühle mich," sagt er, „in Sachen meiner geistigen Entwicklung Göthe zu unendlichem Danke verpflichtet. Er war zuerst unter den Neuern den steinigen Pfad vor mir auf seine eigene Weise hinangeklettert. Durch ihn habe ich gelernt, meinen Skepticismus, meine seelenbeängstigenden Zweifel und das fürchterliche Ringen mit den geisttödtenden Koth-Götzen dieses Zeitalters zu überwinden. Seitdem hatte ich nichts mehr mit Puseyismus, Ritualismus und allen ähnlichen (!) Geistesverirrungen zu thun." Froude, Thomas Carlyle. London 1882. I. 288. Vgl. Allgem. Zeitung. 1885. Nr. 58. Beil.
[3] Edermann, Gespräche. II. 23.
[4] Burkhardt, Göthe's Unterhaltungen mit Müller. S. 9.
[5] Edermann, Gespräche. I. 159. [6] Ebbs. I. 135.

aber vielleicht den tiefsten und verderblichsten Irrthum aus, welcher dem ganzen Roman zu Grunde liegt, daß nämlich jene höhere Hand nicht die eines vernünftigen, heiligen und gerechten Wesens ist, sondern ein launenhaft unberechenbares Schicksal, das ganze Schaaren von Leuten — Marianne, Mignon, Augustin, Sperata, Aurelie — in's Unglück stürzt, nur um den willenlosesten, charakterlosesten Menschen durch eine Reihe nichtsnutziger Streiche zu einer seichten Weltklugheit heranzuschulen [1].

Daß die Moralität des ganzen Romans sehr zu wünschen übrig läßt, wird auch von solchen zugegeben, welche nicht gerade den strengsten Maßstab des christlichen Sittengesetzes daran anlegen. So schreibt z. B. Friedrich Vischer [2]:

"Wilhelm Meisters Lehrjahre, dieser Roman, der doch im Übrigen ein wunderbares Kunstwerk ist, Gestalt um Gestalt homerisch sonnenhell, ein Weltbild, ein breiter, wellenreicher, rauschender, durchsichtiger Strom des Lebens — dieser Roman ist der Nation fremd geblieben, wird ihr fremd bleiben: gar nicht bloß darum, weil er sich, obwohl bei dem Schauspielervölkchen gern verweilend und den Kaufmann nicht verachtend, doch wesentlich in der exclusiven Gesellschaft als der einzig wahren bewegt und dadurch zu einer in's vorige Jahrhundert hinter die Revolution fallenden Specialität wird; gar nicht bloß darum, weil die Gesellschaft vom Thurm als Zopf daran hängt, nein, schon darum, weil hier nicht unsere, des protestantisch gebildeten Deutschlands Luft und Boden ist. Man muß kein Biederphilister sein, um sich zu fragen, ob denn das bei uns nur so selbstverständlich sei, daß ein achtzehnjähriger Ladenschwengel (— Immermanns Wort, wenn ich mich recht erinnere) glücklicher Vater wird. Nicht, daß ein Poet so etwas nicht solle bringen dürfen, aber dazu gehört dann noch etwas, ein Schlußact, enthaltend etwa, daß ihn der Alte, der es erfährt, wenigstens auf acht Tage bei Wasser und Brod einsperrt. Sera iuvenum Venus — Tacitus war doch kein Pietist, kein Moralzelot. Man könnte glauben, für den Dichter vorbringen zu dürfen, es folge doch eine Nemesis:

---

[1] „Sérénité, sécurité, domination de soi-même, claire intelligence des lois du monde et du but de l'existence, voilà le vrai bonheur, celui qui vous rend maître-ès-arts de la vie. Nous le payons cher la plupart du temps; il y a toujours quelque souvenir importun ou douloureux, quelque méprise fatale, quelque erreur homicide (!) au fond de ce bonheur. Le doux Wilhelm ne compte-t-il pas deux victimes dans sa vie d'apprentissage, la charmante et passionnée Marianne, la sensible et poétique Mignon? Et Goethe ne traine-t-il pas après lui le souvenir de Frédérique Brion! (und Frau von Stein!!) Heureux cependant celui qui peut s'en tirer à aussi bon compte que Wilhelm et que Goethe!" É. Montégut, Philosophie de W. Meister. Revue des Deux Mondes. T. 48. (1863.) p. 200. — Ein schöner Trost! Und eine noch schönere Moral!

[2] Kleine Beiträge zur Charakteristik Göthe's. Göthe-Jahrbuch. IV. 29. 30.

Wilhelms Verdacht auf Marianne und was daraus folgt, Mariannens Elend und Wilhelms Seelenleiden, sei Alles die natürliche Folge eines Verhältnisses, das nicht auf wahrem Vertrauen ruhen kann. Der Einwand ist ohne Halt, denn nirgends findet sich eine Spur davon, daß Wilhelm die Folgen in diesem Sinne sich zu Herzen nähme. Und bei Philine, muß man doch sagen, verweilt der Dichter mit mehr Behaglichkeit, als der genannte Zusammenhang verlangt. — Der Lothario wird von vorneherein als ein wahrer Spiegel von Mann hingestellt, während wir lange außer einigen gescheidten Reden nichts von ihm erfahren, als eine Reihe von Liebschaften nicht sehr ascetischer Art und nicht verlaufend ohne einen Act herber Untreue, bis erst gegen Ende des Mannes höherer Werth in seinen Ideen über Bodenentlastung und Staatsbürgerpflichten ans Licht tritt. Es ist eben doch eine verliebte, wollüstige, eine Weiber-Männer-Atmosphäre in diesem Roman, dicht und schwül genug, um Jedem, der nicht bereits eine hohe Reife des Denkens erreicht hat, den Himmel von Vernunft und von Ethos zu verhüllen, der trotzdem über dieser Dunstwelt sich aufthut und in Natalien so rein offen liegt."

Was nun diesen Himmel von Vernunft und von Ethos anbetrifft, so ist der Charakter Nataliens gewiß der reinste, schönste und anständigste, welcher in dem ganzen bunten Sittengemälde vorkommt. Sie ist als eine Art von protestantischer Heiligen gezeichnet, als ein Abbild ihrer Tante, der „schönen Seele"[1], christlich-gläubig, fromm, dem Gebet ergeben, wachsam auf ihr Herz, bestrebt, sich selbst zu vervollkommnen, sie ist dabei voll Sanftmuth, Milde, Geduld, Liebe und Barmherzigkeit. Anstatt den geräuschvollen Vergnügungen der Welt oder verlockenden Liebesabenteuern nachzugehen, lebt sie in stiller Zurückgezogenheit, hilft allen Armen, erzieht verlassene Mädchen, pflegt Kranke — das ist viel für eine so hohe Dame, die dabei Kunst und Literatur kennt und sich in den höchsten Kreisen mit Anmuth zu bewegen weiß wie eine geborene Fürstin.

Um indeß diese Heilige nicht allzu hoch zu verehren, ist wohl zu beachten, daß ihr alle guten Eigenschaften schon von Natur angeboren sind. „Natalien kann man bei Leibesleben selig preisen, da ihre Natur nichts fordert, als was die Welt wünscht und braucht."[2] Das hat schon ihr Onkel gesagt, und Göthe stellt das ebenfalls als unfehlbar hin. Die Erziehung brauchte nur ihre Neigungen zu befördern, und sie mußte ein vollendetes Muster jeder Tugend werden. Alles ist Natur, „schöne Natur". Sie selbst betrachtet ihr Vorbild, ihre Tante, als „schöne Natur".

---

[1] Wilhelm von Humboldt wollte von dieser „schönen Seele" nicht viel wissen; Göthe bat ihn deßhalb, „ihren Vettern und Nichten desto gewogener zu bleiben". Bratranek, Göthe-Humboldt Briefwechsel. S. 14. Vgl. S. 3. 4. 6. 20. 21.
[2] Göthe's Werke [Hempel]. XVII. 505.

12. Wilhelm Meisters Lehrjahre.

„So sind Sie," spricht sie dankend zu Wilhelm, „billiger, ja ich darf wohl sagen, gerechter gegen diese schöne Natur, als manche Andere, denen man auch dieses Manuscript mitgetheilt hat. Jeder gebildete Mensch weiß, wie sehr er an sich und Andern mit einer gewissen Rohheit zu kämpfen hat, wie viel ihn seine Bildung kostet, und wie sehr er doch in gewissen Fällen nur an sich selbst denkt und vergißt, was er Andern schuldig ist. Wie oft macht der gute Mensch sich Vorwürfe, daß er nicht zart genug gehandelt habe, und doch, wenn nun eine schöne Natur sich allzu zart, sich allzu gewissenhaft bildet, ja, wenn man will, sich überbildet, für diese scheint keine Duldung, keine Nachsicht in der Welt zu sein."[1]

Wie die guten Eigenschaften und Anlagen, so ist auch deren Ausbildung, ihre zarte Verfeinerung, jede Bildung überhaupt ein Werk der Natur. Das höchste Princip, nach dem sie ihre Mädchen erzieht, ist eine liebevolle Nachhilfe an die natürlichen Triebe und Neigungen. „Ein Kind, ein junger Mensch, die auf ihrem Wege irre gehen, sind mir lieber als Manche, die auf fremdem Wege recht wandeln." Eine Erbsünde kennt Natalie nicht. Verkehrte Leidenschaften, Neigung zur Sünde gibt es nicht. Einer göttlichen Gnade bedarf es nicht. Auf positive Religion gibt sie nichts. Obwohl in herrnhutischen Kreisen aufgewachsen, geht sie ihre eigenen Wege und verkehrt mit Gott nach ihrem separatistischen Gutdünken.

Während der Abbé, ihr Freund, und die Herren von der unsichtbaren Loge ihre Leute laufen und machen lassen, was sie wollen, stellt sie — in Ermanglung eines Papstes — selbst gewisse Gesetze auf und schärft sie den Kindern ein; denn, so sagt sie: „Wie ich die Menschen sehe, scheint mir in ihrer Natur immer eine Lücke zu bleiben, die nur durch ein entschieden ausgesprochenes Gesetz ausgefüllt werden kann."[2]

Daß sie selbst zu ihrem unsichtbaren Freund nicht schon zehn sichtbare erhalten hat, daran ist nicht ihr Wille und ihre Freiheit oder gar übernatürliche Gnade Schuld, sondern lediglich die Neigung ihrer schönen Natur. Sie hat bis jetzt „nie oder immer" geliebt. Jetzt kommt der erste beste bürgerliche Abenteurer auf's Schloß — sie weiß, daß er sich bis jetzt nur auf dem Theater und in Liebeshändeln herumgetrieben, daß Marianne, Aurelie, Mignon die Opfer seines Egoismus geworden sind; sie verpflegt Mignon in ihren letzten Tagen und hat den unehelichen Knaben Felix vor sich. Und in ein solches Subject verliebt sich die „schöne Seele" ohne Weiteres und heirathet dasselbe, nachdem Lothario beschlossen hat, ihre Freundin Therese zu nehmen. Es ist zum Wenigsten eine höchst wunderliche Heilige.

---

[1] Göthe's Werke [Hempel]. XVII. 488. [2] Ebdf. S. 494.

Bemerkenswerth ist übrigens, daß Göthe diesen — wenigstens einigermaßen religiösen — Charakter nicht nur als den Höhepunkt geistiger Bildung, als das „reine" und geläuterte Christenthum hinstellt, sondern ihm auch eine Art versöhnender und erlösender Kraft beimißt. Alle Sünden und Verirrungen des jungen Mannes werden damit gut gemacht, daß er schließlich diese „Heilige" heirathet — ähnlich wie im Faust Gretchens Buße hinreicht, um den liederlichen und unbußfertigen Faust zu entsühnen. Göthe bringt hierin der Religion einigermaßen eine Huldigung, indem er sie wenigstens als eine liebenswürdige Aussteuer für das Gemüthsleben des Weibes anerkennt. Aber diese Huldigung ist schließlich doch vom zweideutigsten und werthlosesten Charakter. Alle diese Religiosität besteht ja nach seinem eigenen Ausspruch auf einer „liebenswürdigen Täuschung", auf einer „Verwechslung von Subject und Object" — und so bleibt als reeller Grund derselben nur das zarte Gefühlsleben des Weibes, das Weib selbst:

„Das ewig Weibliche zieht uns hinan." [1]

Indem er an Stelle des Erlösers ganz allgemein das Weib setzte, hat er allen Damen ein gar artiges Compliment gemacht, das von tausend Evastöchtern dankbar angenommen wurde; er selbst aber sah sich weder nach einer solchen Natalie, noch nach einem solchen Läuterungsproceß um. Christiane Vulpius war eine gute Haushälterin und Köchin, aber nichts weniger als eine „schöne Seele".

Was die künstlerische Anlage des Romans betrifft, so verbindet sich innere und äußere Einheit mit einer bunten Fülle von Charakteren, Situationen, anziehenden Gesprächen, geistreichen Bemerkungen, naturwahrer Schilderung. Was aus einem solchen Stoff und aus einem solchen Helden zu machen war, das hat Göthe daraus gemacht. Er hat dieses auf- und abgeklärte Bürgerthum so anziehend, so schön, so echt künstlerisch aufgefaßt, beschrieben und verklärt, wie es keinem Zweiten nach ihm gelungen. Alle seine Gestalten leben. Das Kleinste und Unbedeutendste wird interessant. Durch die „schöne Seele" und Natalie ist eine Art religiöser Weihe über die leichtfertigste Alltagsprosa ausgebreitet. Der Zauber echter, tiefer Poesie aber ruht auf den Gestalten Mignons und des Harfners, jenem träumerischen Bilde lieblicher, unschuldsvoller Kindlichkeit, diesem düsteren Bilde geheimnißvollen, unergründlichen Leidens.

---

[1] Seinem Freunde Riemer gestand Göthe einmal: „daß er das Ideelle unter einer weiblichen Form oder unter der Form des Weibes concipire. Wie ein Mann sey, das wisse er gar nicht." Riemer, Mittheilungen. II. 713.

Schon Mignons sehnsuchtsvolles Lied führt uns hinaus aus dem dumpfen Theaterqualm, aus der Kaufmannsstube, aus der vornehmen Langweile des deutschen Landschlosses in das alte Heimathland der Kunst, in das sonnige, katholische Italien. Es dämmert dem Dichter etwas von der Herrlichkeit, mit welcher das Glaubensleben der Kirche dort Kunst, Natur und Volksleben verklärt. Doch er wagt nicht, tiefer zu bringen. Selbstmörderisch gibt er die zwei schönsten Gestalten seiner Dichtung der Schmach und dem Verderben preis, um sein glaubensloses und liebeleeres Philisterthum damit zu füttern.

Die Hauptfehler des Romans rühren von dem Stoffe her, oder besser gesagt, von dem engen, kleinlichen Kreise, den der Dichter sich selbst und seiner Dichtung gezogen. Ein äußeres Leben ohne politischen, geschichtlichen Hintergrund, ein inneres Leben ohne eine feste, geoffenbarte Religion — was ist das? Außer der nüchternen Alltagsprosa bleibt dann nichts als Rauch und Nebel. Statt in Handlungen spielt sich, wie Göthe selbst fühlte, der Roman in „Gesinnungen" ab, und da die „Gesinnungen" selbst keinen Halt, kein sicheres Ziel, keine ewigen Gesetze mehr haben, so weiß der Dichter selbst zuletzt nicht mehr, was er mit seinem butterweichen Helden anfangen soll — — er schreibt an Schiller hin und her und fordert ihn zuletzt auf, „mit ein paar kecken Pinselstrichen das Mangelnde zu ersetzen. Wenn dieß Schillern auch schmeicheln konnte, so mußte es ihm doch beim Nachdenken eigen erscheinen, mit welcher Gleichgiltigkeit Göthe seine Arbeiten und mit ihnen das Publikum tractirte, dem er sie darbot."[1]

„Daß Wilhelm Meisters Lehrjahre," sagt W. Scherer[2], „gegen den Schluß hin von der Höhe der ersten Bücher herabsinken, haben schon Viele bemerkt. Die Wanderjahre nehmen dann einen ganz andern Charakter an und ihre Redaction ist so oberflächlich besorgt worden, daß nothwendige Glieder der Erzählung, die in der ersten Auflage vorhanden waren, in der zweiten Bearbeitung wegblieben." Diese Erscheinung weist genau auf denselben Grund hin. Die Welt des Dichters hatte keine festen Gesetze, keine bestimmten Pole, keinen Mittelpunkt. Alles könnte nach Belieben anders gelebt und anders geschrieben werden. Alles ist ein bloßes Spiel, das die Natur mit ihren großen Kindern treibt.

---

[1] Gervinus, Nationalliteratur. V. 470.
[2] Göthe-Jahrbuch VI. 231.

13. Hermann und Dorothea.

1796. 1797.

> „Hermann und Dorothea ist fast das einzige meiner größeren Gedichte, das mir noch Freude macht; ich kann es nie ohne innigen Antheil lesen."
>
> Göthe an Eckermann. 1825.

> „Das Kleine wird so zu Ehren gebracht. Die Kleinstädterei, sonst von uns der Ironie preisgegeben, ist durch die Magie des Poeten zum universellen Kessel des Lebens selber geworden."
>
> Karl Rosenkranz, Göthe 346.

Durch die glückliche Vollendung des Wilhelm Meister machte Göthe einen großen Gewinn. Er fühlte nun wieder Muth, Freude, schöpferischen Drang. Kaum war der Roman abgeschlossen, so fing er Mitte September 1796 ein größeres episches Gedicht an. Die Ader floß. Neun Tage lang blieb er standhaft an der Arbeit, jeden Tag kamen etwa 150 Hexameter zu Stande. Stoff und Plan verrieth er einstweilen nicht; aber am 18. October waren drei Gesänge schon durchgearbeitet, ein vierter angefangen. Die ersten vier Gesänge schätzte er auf 1400 Verse, das Ganze auf 2000. Nach seiner alten Gewohnheit setzte er dann aber die Arbeit nicht in einem Zuge durch, sondern kam wieder auf den Anfang zurück, arbeitete die ersten drei Gesänge abermals um und ließ sie neu abschreiben. Eine Menge anderer Arbeiten und Geschäfte traten dazwischen.

Ein Angriff auf die „Moralität" seiner römischen Elegien, den die Xenien veranlaßt hatten, ging ihm ernstlich zu Herzen. Er glaubte in seinem neuen Gedichte die beste Rechtfertigung zu finden. Anstatt es aber rasch zu vollenden, wollte er es vorläufig nur in einer Elegie ankündigen, worin er so weit ging, jede Rücksicht der Kunst auf Religion und Sitte geradezu als „Heuchelei" zu brandmarken:

„Also das wäre Verbrechen, daß einst Properz mich begeistert,
  Daß Martial sich zu mir auch, der verwegne, gesellt?
Daß ich die Alten nicht hinter mir ließ, die Schule zu hüten,
  Daß sie nach Latium gern mir in das Leben gefolgt?

13. Hermann und Dorothea.

> Daß ich Natur und Kunst zu schaun mich treulich bestrebe,
> Daß kein Name mich täuscht, daß mich kein Dogma beschränkt?
> Daß nicht des Lebens bedingender Drang mich, den Menschen, verändert,
> Daß ich der Heuchelei dürftige Maske verschmäht?" [1]

Schiller war über die Elegie „Hermann und Dorothea" ganz entzückt, widerrieth aber die sofortige Veröffentlichung, weil die Gemüther in Folge der Xenien noch zu verhärtet seien. Wie immer, wurde die weitere Fortsetzung des Gedichtes durch eine Menge anderer Geschäfte und Arbeiten aufgehalten. Göthe übersetzte an einem Schriftchen der Frau von Staël und an Cellini, studirte Diderot, machte optische Experimente, trieb Fisch- und Wurm-Anatomie. Während er in der Weihnachtszeit den Herzog nach Leipzig begleitete, schematisirte er indeß wenigstens den Schluß des Gedichtes, und verkaufte es dann, noch bevor es weiter gediehen war, für „tausend Thaler in Gold" an den Buchhändler Friedrich Vieweg [2]. Mitte Februar 1797 gelangten die ersten drei Gesänge zur Begutachtung an Schiller und Wilhelm v. Humboldt, am 1. März war auch der vierte in Ordnung, am 4. März konnte er Schiller melden: „Es kommt nur noch auf zwei Tage an, so ist der Schatz gehoben, und ist er erst nur einmal über der Erde, so findet sich alsdann das Poliren von selbst. Merkwürdig ist's, wie das Gedicht gegen sein Ende sich ganz zu seinem idyllischen Ursprung zuneigt." [3] Noch vor Ende des Monats konnte er Knebel ankündigen, daß es „beinahe ganz geendigt und von vorn bis hinten nochmals durchgearbeitet sei" [4]. Anfangs April hielt er noch ein genaues prosodisches Gericht darüber, wozu Wilhelm v. Humboldt zugezogen wurde. Am 11. April wurden die ersten vier Gesänge Böttiger übergeben, damit er sie durchsehe und vorlese, am 17. wanderten sie in die Druckerei [5]. Die weitere Durchfeilung der übrigen Gesänge veranlaßten zwischen Göthe und Schiller sehr interessante Verhandlungen über den Unterschied zwischen epischer und dramatischer Poesie, über die Einheit und andere Eigenthümlichkeiten der beiden Dichtungsarten [6]. Beide Dichter griffen bei dieser Gelegenheit zu dem Lehrmeister der gesammten alten

---

[1] Göthe's Werke [Hempel]. II. 54.

[2] An Böttiger, durch den die Sache ging, schrieb Göthe kurz und gut: „Für das epische Gedicht Hermann und Dorothea fordere ich eintausend Thaler in Gold." Böttiger, Literarische Zustände II. 142.

[3] Schiller-Göthe Briefwechsel. I. 233.

[4] Guhrauer, Briefwechsel zwischen Göthe und Knebel. I. 145.

[5] Böttiger, Liter. Zustände. I. 70—80. Bratranek, Göthe-Humboldt Briefwechsel. S. 29 ff. 45 ff.   [6] Schiller-Göthe Briefwechsel. I. 241 ff.

13. Hermann und Dorothea.

Schule, jenem Aristoteles, über dessen Theorien sie sich als junge Genies einst so unendlich erhaben gefühlt hatten. Beide fanden ihn jetzt überaus vernünftig, praktisch, selbst anregend.

„Ich habe," schrieb Göthe[1], „die Dichtkunst des Aristoteles wieder mit dem größten Vergnügen durchgelesen, es ist eine schöne Sache um den Verstand in seiner höchsten Erscheinung. Es ist sehr merkwürdig wie sich Aristoteles bloß an die Erfahrung hält und dadurch, wenn man will, ein wenig zu materiell wird, dafür aber auch meistens besto soliber auftritt. So war es mir auch sehr erquickend zu lesen, mit welcher Liberalität er die Dichter gegen Grübler und Krittler in Schutz nimmt, immer nur aufs wesentliche bringt und in allem andern so los ist, daß ich mich an mehr als einer Stelle verwundert habe. Dafür ist aber auch seine ganze Ansicht der Dichtkunst und der besonders von ihm begünstigten Theile so belebend, daß ich ihn nächstens wieder vornehmen werde."

So der Epiker Göthe; der Dramatiker Schiller erwiederte[2]:

„Ich bin mit dem Aristoteles sehr zufrieden, und nicht bloß mit ihm, sondern auch mit mir selbst; es begegnet einem nicht oft, daß man nach Lesung eines so nüchternen Kopfs und kalten Gesetzgebers den innern Frieden nicht verliert. Der Aristoteles ist ein wahrer Höllenrichter für alle, die entweder an der äußern Form sklavisch hängen, oder die über alle Form sich hinwegsetzen. Jene muß er durch seine Liberalität und seinen Geist in beständige Widersprüche stürzen: denn es ist sichtbar, wie viel mehr ihm um das Wesen als um alle äußere Form zu thun ist; und diesen muß die Strenge fürchterlich sein, womit er aus der Natur des Gedichts, und des Trauerspiels insbesondere, seine unverrückbare Form ableitet. Jetzt begreife ich erst den schlechten Zustand, in den er die französischen Ausleger und Poeten und Kritiker versetzt hat: auch haben sie sich immer vor ihm gefürchtet wie die Jungen vor dem Stecken. Shakespeare, so viel er gegen ihn wirklich sündigt, würde weit besser mit ihm ausgekommen sein, als die ganze französische Tragödie."

Obwohl Göthe gerade in dem Punkte, worauf es ihm ankam — nämlich über die Anwendung des retardirenden Momentes in der epischen Dichtung — nicht den Aufschluß zu finden glaubte, den er im Sinne hatte, trug das aristotelische Studium doch für beide Dichter die günstigsten Früchte. Sie kamen beide aus dem Wirrwarr ihrer eigenen Theorien auf die einfachen, klaren und bestimmten Kunstregeln der Alten zurück und fanden daran die trefflichsten Leitsterne für ihr weiteres Schaffen.

Am 28. April schon konnte Göthe seinem Freunde Heinrich Meyer den Abschluß der Dichtung melden[3]:

---

[1] Schiller-Göthe Briefwechsel. I. 248.   [2] Ebbs. 250.
[3] Riemer, Mittheilungen. II. 585. — Briefe von und an Göthe. S. 51.

malen lassen. In einer 1732 zu Leipzig erschienenen Flugschrift „Das liebthätige Gera gegen die salzburgischen Emigranten" wird die Geschichte folgendermaßen erzählt:

„In Alt-Mühl, einer Stadt im Öttingischen gelegen, hatte ein gar feiner und vermögender Bürger einen Sohn, welchen er oft zum Heyrathen angemahnet, ihn aber nicht bewegen können. Als nun die Salzburger Emigranten auch durch dieses Städtgen passirten, findet sich unter ihnen eine Person, welche diesem Menschen gefället, dabei er in seinem Herzen den Schluß fasset, wenn es angehen wolle, dieselbe zu heyrathen, erkundiget sich daher bei denen andern Salzburgern nach dieses Mädgens Aufführung und Familie und erhält zur Antwort, sie wäre von guten, redlichen Leuten und hätte sich jederzeit wohl verhalten, wäre aber von ihren Eltern um der Religion willen geschieden und hätte solche zurückgelassen. Hierauf gehet dieser Mensch zu seinem Vater und vermeldet ihm, weil er ihn so oft sich zu verehelichen ermahnet, so hätte er sich nunmehro eine Person ausgelesen, wenn ihm der Vater nur solche zu nehmen erlauben wolle. Als nun der Vater gern wissen will, wer sie sey, sagt er, es wäre eine Salzburgerin, die gefalle ihm und wo er ihm diese nicht lassen wolle, würde er niemalen heyrathen. Der Vater erschrickt hierüber und will es ihm ausrathen, er läßt auch einige seiner Freunde und einen Prediger rufen, um etwa den Sohn durch ihre Vermittelung auf andere Gedanken zu bringen; allein vergebens. Daher der Prediger endlich gemeinet, es könne Gott seine sonderbare Schickung darunter haben, daß es sowohl dem Sohne als auch den Emigranten zum Besten gereichen könne, worauf sie endlich ihre Einwilligung geben und es dem Sohne in seinen Gefallen stellen. Dieser gehet sofort zur Salzburgerin und fragt sie, wie es ihr hier im Lande gefalle? Sie antwortet: Herr gantz wohl! Er versetzet weiter: Ob sie wohl bei seinem Vater dienen wolle? Sie sagte: ja, gerne; wenn er sie annehmen wolle, gedencke sie ihm treu und fleißig zu dienen, und erzehlet ihm darauf alle ihre Künste, wie sie das Vieh füttern, die Kühe melken, das Feld bestellen, Heu machen und dergleichen mehr verrichten könne. Worauf sie der Sohn mit sich nimmt und sie seinem Vater präsentirt. Dieser fragt das Mädgen, ob ihr denn sein Sohn gefalle und sie ihn heyrathen wolle? Sie aber, nichts von der Sache wissend, meint, man wolle sie vexiren, und antwortet: Ey, man solle sie nur nicht foppen, sein Sohn hätte vor seinen Vater eine Magd verlanget, und wenn er sie haben wolle, so gedächte sie ihm treu zu dienen und ihr Brod wohl zu erwerben. Da aber der Vater darauf beharret und der Sohn auch sein ernstliches Verlangen nach ihr bezeiget, erkläret sie sich: Wenn es denn Ernst seyn solte, so wäre sie es ganz wohl zufrieden, und sie wollte ihn halten, wie ihr Aug im Kopf. Da nun hierauf der Sohn ihr ein Ehe-Pfand reichet, greiffet sie in den Busen und sagt: Sie müsse ihm doch auch wohl einen Mahlschatz geben, womit sie ihm ein Beutelgen überreicht, in welchem sich 200 Stück Ducaten befunden."

In dieser schlichten, gemüthlichen Volksanekdote lag nicht nur der schönste Rahmen zur Schilderung des bürgerlichen und bäuerlichen Wesens, sondern auch der Kern eines kleinstädtischen Romans, eine Liebesgeschichte, welche in ihrer volksthümlichen harmlosen Naivetät jeden strengen Sitten= richter verstummen machen mußte. Die „erste Liebe" ward hier ein Werk der Barmherzigkeit, die friedliche Lösung aller politischen und socialen Schwierigkeiten. Das Geschichtchen war auch eine sehr treffende Antwort auf die Prüderie der vornehmen Weimarer Damen, welche Göthe's Ver= hältniß zu Christiane nicht deßhalb verurtheilten, weil die religiösen und bürgerlichen Formalitäten fehlten, sondern bloß weil Christiane gleich jener Salzburgerin eine arme bürgerliche Maus war — ein „armes Geschöpf", wie Göthe sie selbst genannt hatte. Die „Mésalliance" kam durch das Geschichtchen in ein so rührend schönes Licht, daß die hohen Damen dem „edeln" Hermann entschieden Recht geben mußten. Auch nach anderer Seite entsprach der Stoff Göthe's subjectiver Stimmung und Anschauung. Das häusliche Kleinleben war es schließlich, in das er sich vor den großen Zeitereignissen, den literarischen Fehden und der ermüdenden Zersplitterung des Hof- und Geschäftslebens wie in einen stillen Friedens= hafen zurückzog. Da wurde ihm behaglich, sogar lustig, während die Schrecknisse der französischen Revolution die gesammte Ordnung Europa's zertrümmerten und schon Deutschland in den Kreis ihrer Wirkungen gezogen hatten.

„Daß Göthe die Welt lustig ansieht," schrieb Frau von Stein um diese Zeit, „macht, weil diese Seite seines Verstandes die klarste ist; er hat begriffen, daß ihre Natur von der Beschaffenheit sei, daß sie keine Philosophen je ver= bessern werden, und da er sich selbst, wie billig, auch zu der Welt rechnet, weiß er wohl, daß auch er nicht anders sein kann, und je mehr ihn diese Dinge sonst gequält und er sie durchdacht, hat er sich gemüthlich zur Ruhe gesetzt. Dabei hat er jetzt eine gute Gesundheit und mehr Fleisch im Topf als der arme Rousseau, um sich gute Bouillons kochen zu lassen." [1]

Weder im „Großkophta", noch im „Bürgergeneral", noch in den „Auf= geregten", noch in den „Unterhaltungen der deutschen Ausgewanderten" hatte es ihm gelingen wollen, die unangenehmen Eindrücke der französischen Revolution ganz zu überwinden; immer spielten die religiös-politischen Fäden hinein, die er nicht loszuwerden vermochte. Jetzt gelang ihm dieß. Er rückte die Heirathsgeschichte der Salzburgerin in den Vordergrund, die unangenehmen Wirkungen der französischen Revolution in den nicht allzu grellen, sanft abdunkelnden Hintergrund, und proclamirte zum Schluß, im schroffen Gegensatz zu seinem ganzen bisherigen Dichten und Treiben,

---

[1] Dünher, Charlotte von Stein. II. 67.

die Rückkehr zur christlichen und gesetzlichen Ordnung und die mannhafte Vertheidigung derselben als die einzige wahre Lösung der gewaltigen Zeitfragen:

„Nicht dem Deutschen geziemt es, die fürchterliche Bewegung
Fortzuleiten und auch zu wanken hierhin und dorthin.
Dieß ist unser! so laß uns sagen und so es behaupten!
Denn es werden noch stets die entschlossenen Völker gepriesen,
Die für Gott und Gesetz, für Eltern, Weiber und Kinder
Stritten und gegen den Feind zusammenstehend erlagen.
Du bist mein; und nun ist das Meine meiner als jemals.
Nicht mit Kummer will ich's bewahren und sorgend genießen,
Sondern mit Muth und Kraft. Und drohen dießmal die Feinde
Oder künftig, so rüste mich selbst und reiche die Waffen!
Weiß ich durch dich nur versorget das Haus und die liebenden Eltern,
O, so stellt sich die Brust dem Feinde sicher entgegen.
Und gedächte Jeder wie ich, so stände die Macht auf
Gegen die Macht, und wir erfreuten uns Alle des Friedens." [1]

An den Einfluß Homers auf die Dichtung erinnert außer dem mit mustergiltiger Schönheit durchgeführten Hexameter die classische Ruhe, Einfachheit und Natürlichkeit der ganzen Erzählung, der naiv gemüthliche Ton, die schlichte, wahre und doch nie platte Charakteristik, die ungesuchte, einfach schöne Vertheilung des poetischen Schmucks [2]. Das schlichte deutsche Bürgerleben ist nicht weniger fein und künstlerisch idealisirt, als das Leben der Urschweiz in Schillers Wilhelm Tell. Volksgeist und Volksleben sind mit voller Wahrheit und Harmonie zur Erscheinung gebracht, ohne die störenden realistischen Elemente, welche das Schöne des Bildes trüben oder vermindern würden. Alles Unwahre, alles Übertriebene ist vermieden. Das einfache Genrebild hat sich zum vollendeten Kunstwerk gestaltet [3]. Mit Recht mochte der Dichter den neun Gesängen die Namen der neun Musen zur Aufschrift geben; der Geist hellenischer Kunst lebt wirklich darin und hat sich darin auf's Glücklichste mit deutschem Volksgeiste verbunden. Dennoch können wir nicht in das begeisterte Loblied derjenigen einstimmen, welche in dieser Dichtung das

---

[1] Göthe's Werke [Hempel]. II. 125.

[2] Wenn W. v. Biedermann glaubt (Göthe-Jahrb. I. 21), Göthe verdanke es Lessings „Laokoon", „daß er z. B. in ‚Hermann und Dorothea‘ jene Gesetze genau befolgen konnte, denen Homer unbewußt gehorchte", so ist das eine jener unbeweisbaren Einfluß-Spürereien, von denen unsere moderne Classiker-Philologie strotzt. Göthe brauchte solche Krücken denn doch nicht, wo Homer und Voß ihm höchst einfach den Weg zeigten.

[3] „Dieses Idyll," sagt Fr. Vischer, „ist unbestritten Göthe's vollendetste größere Composition, fertig, rund, ganz." Göthe-Jahrb. IV. 22.

Höchste erblicken, was deutscher Dichtergeist in neuerer Zeit geleistet hat und leisten konnte[1].

Die kunsttheoretischen Verhandlungen Göthe's mit Schiller und anderweitige Projecte Göthe's weisen uns von selbst darauf hin, daß Göthe den Beruf und Drang in sich fühlte, ein deutscher Homer zu werden, d. h. das gesammte deutsche Leben nach allen seinen Seiten hin in einer großen epischen Dichtung zur Darstellung zu bringen. Dieser Plan ist vollständig mißglückt und gescheitert. Göthe fand vor lauter Stoff den Stoff nicht, weil er vor dem Großen floh und sein Geistesleben in kleinliche Verhältnisse einspann. Statt eines großen Volks- oder Kunstepos, wozu er wie kein Zweiter veranlagt gewesen wäre, hat er uns nur ein liebliches Idyll geschenkt, das uns die liebe deutsche Kleinstäderei zwar in freundlichstem Lichte erscheinen läßt, aber das nie und nimmer die deutsche Jugend aus der philiströsen Enge eines kleinlichen Daseins zu großen, tiefen, wahrhaft veredelnden Idealen emporheben kann.

Jeder wird sich in dem herzigen kleinen Städtchen zu Hause fühlen, das Göthe mit unvergleichlicher Wahrheit gezeichnet hat, obwohl es den Kleinforschern nicht gelungen ist, herauszubringen, welches Städtchen am Rhein Göthe eigentlich vor Augen gehabt hat. Er hat eben nicht eines oder das andere, sondern das deutsche Kleinstädtchen schildern wollen, wie Gretchen im Faust nicht dieses oder jenes Mädchen ist, sondern das naive deutsche Mädchen überhaupt. Jeder findet in dem Städtchen sein Städtchen wieder. Göthe geht nirgends über das hinaus, was dem Beschränktesten bekannt und theuer ist; er macht es ihm noch lieber und theurer, so schön, daß auch der feinste Künstler sich dem Reize der Darstellung nicht entziehen kann und der Idealist sich versucht fühlt, Könige und Völker, Päpste und Religionen, Weltgeschichte und Weltgericht, Himmel und Hölle zu vergessen, um beim Wirth zum goldenen Löwen friedlich ein Schöpplein zu trinken, ein Glas dreiundachtziger Rheinwein! Was kann man eigentlich Besseres thun in trüben Zeiten? Ist das nicht gescheiter als alle historisch-politische Betrachtung und alle poetische

---

[1] Für die Beurtheilung der Dichtung vgl. W. v. Humboldt, Ästhetische Versuche. I. Bd. Über Göthe's Hermann und Dorothea. Braunschweig 1709. — A. W. Schlegel, Hermann und Dorothea. Allgem. Lit.-Ztg. 1797. Nr. 393—396. Krit. Schriften, 1828. I. 34—73. — G. Th. Becker, Göthe's Hermann und Dorothea. Halle 1852. — Bratranek, F. Th., Ästhetische Studien. Wien 1853. I. (Erläuterungen zu Herm. und Dor. S. 1—55). — Göthe-Jahrbuch III. 148 ff. VI. 295 ff. — Bratranek, F. Th., Göthe-Humboldt Briefwechsel. Leipzig. 1876. S. 16 ff. 32 ff. 45. 172. 254. — Friedr. Vischer, Göthe-Jahrbuch. IV. 19—23.

Träumerei? Auch davon bekommen wir ja schließlich etwas mit, so weit es ein Jeder haben und vertragen kann. Denn Pfarrer, Wirth und Apotheker sind schließlich für das Städtchen, was Papst, Kaiser und Universitäten für die große Welt, und sie politisiren und philosophiren so, daß auch der gemeine Mann sie verstehen kann. Auch an Poesie soll es nicht fehlen, d. h. an jenen Lieblingsstoffen, welche das Gemüth eines redlichen Bürgers am ehesten rühren — Unglück — und Liebe. Ein Zug armer Leute, welche der Krieg vertrieben, naht der Stadt. Ihr Unglück ist so wahr, so herzlich geschildert — es muß Jedem zu Herzen gehen, der ein Herz hat. Durch die ganze übrige Dichtung sind häusliches Glück und Unglück so treffend neben einander gestellt, daß der Arme dem Dichter für sein Mitleid dankt und der Reiche die Börse öffnet, um dem Armen zu helfen. Göthe zeigt da sein, bei aller Sinnlichkeit und bei allem seinem Egoismus, doch gutes, weiches, gemüthliches Herz, dem das Unglück armer Leute wirklich nahe geht.

Nachdem der Dichter sich so recht tief in's deutsche Herz gesetzt, ernst, moralisch, gemüthreich — selbst der „edle, verständige Pfarrherr" ist dießmal dabei und garantirt gegen jede Gefahr sinnenbestrickender Lecture —, spinnt er nun unvermerkt sein altes Lieblingsthema an — einen kleinen Liebesroman, wie von Göthe nie anders zu erwarten steht. Denn was immer die Kritiker über das Gedicht geschrieben haben mögen, es ist weder ein Epos noch ein Idyll im Sinne der Alten, sondern — ein kleiner moderner bürgerlicher Roman in antikem Versmaß. Man führe ihn nur etwas in Prosa aus und man hat eine allerliebste Musternovelle — das Vorbild zu zahllosen kleinstädtischen Liebesgeschichten, die denn auch dem deutschen Volk nicht erspart geblieben sind. Das Studium des Aristoteles erwies sich deßhalb für diese Dichtung unfruchtbar. „Freilich über das epische Gedicht findet man gar keinen Aufschluß in dem Sinne wie wir ihn wünschen", schrieb Göthe an Schiller. Und er hatte ganz Recht. Während der Roman im großen Stil, gleich dem Epos, das „retardirende Moment" nicht nur zuläßt, sondern geradezu heischt, strebt die moderne Novelle und Novellette, der Klein=Roman, mehr gleich dem Drama in raschem Fortschritt dem Schlusse zu. Bei der Liebesnovelle ruht allerdings die Verwicklung und mit ihr das Interesse wesentlich auf den Hindernissen, welche der Liebe bereitet werden, also auf „retardirenden Momenten". Diese dürfen indeß nicht breit ausgesponnen werden, wie es das Epos liebt, sondern müssen in lebendigem, spannendem Fortschritt der Lösung entgegeneilen. Deßhalb fehlen in „Hermann und Dorothea" zwar die „retardirenden Momente" nicht, aber es geht doch munter auf die Heirath los. Vater und Mutter, Pfarrer und Apotheker, der fremde Richter und die armen Kindlein, die Wöchnerin und Dorothea, die Vertreibung der Emigranten und die französische Revolution vereinigen sich, um die brave deutsche Braut dem wackern deutschen Bräutigam nach kurzer Spannung in die Arme zu führen.

Der schüchterne Hermann, ein guter Junge, aber fast etwas blöde und linkisch, will nur darum nicht heirathen, weil er bis jetzt unter dem standesgemäßen überbildeten Weibervolk des Städtchens keine wahre Liebe gefunden. Aber an Liebesfähigkeit und Lust zu lieben fehlt es ihm nicht; sobald er nur die Rechte sieht, ist er verliebt, sterbensverliebter als nur Einer. Die ganze Verwicklung, der ganze Faden, das ganze Interesse der Dichtung ruht auf Hermanns Liebe zu Dorothea: wie der erste Keim der Liebe in seinem Herzen sich entwickelt, im Kampfe mit der väterlichen Autorität wächst und fast zur Verzweiflung drängt, durch den Rath der Mutter sich sanfter entfaltet, durch die Hilfe der Freunde dem erwünschten Ziele näher gebracht wird und endlich, durch Kampf und inneres Leiden geläutert, den Widerstand des Vaters besiegt. Zum Ziele gelangt, klingt die sanfte Liebesnovelle Hermanns keineswegs in ein leidenschaftliches Hochzeitslied aus, wie es Voß in seiner Luise zum Klaviere singen läßt, sondern in ernste, würdige und weihevolle Accorde. Hermanns Liebe wird durch die Zeitverhältnisse auch für die Zukunft in die Feuerprobe versetzt, durch edle Gesinnung geadelt. Es handelt sich nicht um eine Liebelei, sondern um jene echte, treue Gattenliebe, welche die Grundlage der Familie und alles Volkswohles bildet.

Dem Ästhetiker Fr. Vischer ist es nicht entgangen, daß die Atmosphäre in Hermann und Dorothea zwar ganz merkwürdig von der „Weiber-Manns-Atmosphäre" in Wilhelm Meister absticht; daß es Göthe aber doch nicht gelungen ist, die Verwandtschaft der beiden Werke ganz zu verläugnen. „Und mitten in diesem reinen Element," sagt er verwundert, „legt der Dichter Hermanns Mutter ein Wort in den Mund, das — Philinen nachgesprochen ist." Er führt dann die Verse an, welche in den Schulausgaben weggelassen zu werden pflegen, und fragt:

„Kann, darf eine Mutter das zum Sohne sagen? Nein, nein! wird jedes richtige Gefühl urtheilen. Das steht Philinen an und diese sagt es auch. S. ihr Lied in Wilhelm Meister Vers 2 [1]. So ist man unvermeidlich vom Gedicht auf den Dichter geführt; es muß eine Lieblingsvorstellung sein, sonst würde er

---

[1] Göthe-Jahrbuch IV. 30. — Göthe's Werke [Hempel]. XVII. 302. 303.

sie nicht an so unpassender Stelle wiederholen. Die Stelle schreit aus dem Zusammenhang heraus, ist nicht objectiv bedingt, ja objectiv ausgeschlossen, also subjectiv zu erklären."

So der berühmte Ästhetiker. Wir pflichten ihm völlig darin bei, daß jene Verse dem Ideenkreise Wilhelm Meisters angehören; aber es will uns bedünken, daß sie denn doch nicht so schrill aus der Dichtung herausschreien. Denn eigentliche männliche Kraft liegt in derselben nun einmal nicht, sondern jene weiche Stimmung, welche aller sanfteren Liebespoesie anhaftet. Die Verwandtschaft mit Göthe's anderen Dichtungen zeigt sich auch darin, daß Hermann wie Werther, Tasso, Egmont und Wilhelm Meister ein weicher, träumerischer Charakter ist. Erst als Verliebter rafft er sich etwas auf und erst als Bräutigam gelangt er zu einem verständigen, kräftigen Patriotismus. Das ist krankhaft. Der Mann soll des Weibes Stütze sein, und um das zu sein, muß er auch ohne sie ein Mann, ein Charakter sein. Zu dieser Anschauung hat sich der liebebedürftige Göthe auch hier nicht erschwungen.

Zu großem Verdienst ist es Göthe von katholischen Beurtheilern ausgelegt worden, daß er nichts mit der gehässigen Salzburger Geschichte zu thun haben wollte und die Salzburgerin einfach in eine Vertriebene des Jahres 1796 umwandelte. Wenn er das aus Duldung und Liebe für die Katholiken oder aus energischem Wahrheitssinn gethan hätte, so verdiente das gewiß Anerkennung und Dank. Allein um solche Beweggründe handelte es sich bei Göthe nicht. Ihm war es weder um Dogmen noch um Toleranz zu thun, sondern lediglich um Poesie. Während er noch an „Hermann und Dorothea" dichtete, las er im April (1797) auch wieder zur Abwechslung in der Bibel.

„Ich bin," schreibt er an Schiller, „indem ich den patriarchalischen Überresten nachspürte, in das alte Testament gerathen und habe mich auf's neue nicht genug über die Confusion und die Widersprüche der fünf Bücher Mosis verwundern können, die denn freilich wie bekannt aus hunderterlei schriftlichen und mündlichen Traditionen zusammengestellt sein mögen. Über den Zug der Kinder Israels durch die Wüsten habe ich einige artige Bemerkungen gemacht, und es ist der verwegene Gedanke in mir aufgestanden: ob nicht die große Zeit, die sie darin zugebracht haben sollen, auch eine spätere Erfindung sei?"[1]

Schiller blies in dasselbe Horn:

„Mir ist die Bibel nur wahr, wo sie naiv ist; in allem andern, was mit einem eigentlichen Bewußtsein geschrieben ist, fürchte ich einen Zweck und einen späteren Ursprung."[2]

---

[1] Schiller-Göthe Briefwechsel I. 237. 238. [2] Ebdf. S. 238.

Göthe studirte weiter an dem Zug durch die Wüste, aber nur wie an einer Spielerei:

„Es ist mir recht wohl, wieder einmal etwas auf kurze Zeit zu haben, bei dem ich mit Interesse, im eigentlichen Sinne, spielen kann. Die Poesie, wie wir sie seit einiger Zeit treiben, ist eine gar zu ernste Beschäftigung."[1]

Neben der Bibel studirte er in dieser Weise noch Ilias und Odyssee und den italienischen Lumpen und Goldschmied Benvenuto Cellini, und langte bei dem herrlichen Ergebniß an:

„Die beiden handfesten Bursche Moses und Cellini haben sich heute zusammen eingestellt; wenn man sie neben einander sieht, so haben sie eine wundersame Ähnlichkeit."[2]

Das ist die Religiosität, auf deren Boden „Hermann und Dorothea" gewachsen ist[3]. Was am Schluß der Dichtung von „Gott und Gesetz" so schön gesagt wird, hat keinen weiteren Rückhalt, als die indifferentistische Mutter Natur und das „liebe Ding, das sie Gott heißen".

Welche Fülle der schönsten, poetischen Motive hätte aber der Dichter gewinnen können, wenn er den christlichen Glauben des deutschen Volkes mit der ganzen Tiefe der Empfindung erfaßt und sein Gedicht damit durchdrungen hätte. Man vergleiche es nur mit Longfellows „Evangeline"[4].

---

[1] Ebdf. S. 239.   [2] Ebdf. I. 257.

[3] Julian Schmidt (Göthe-Jahrb. II. 36) will durch den „Pfarrherrn" Göthe's Christenthum retten: „Eine solche Hochachtung vor dem geistlichen Amt ist aber bei einem Gebildeten undenkbar ohne sittliche Beziehung zu der Religion, die durch dieses Amt verkündet wird." Die Antwort ist in den angeführten Briefstellen genügend enthalten.

[4] S. A. Baumgartner, Longfellows Dichtungen. Freiburg 1877. S. 49 bis 61.

14. Die Musenalmanache und Göthe's Lyrik.
1796—1804.

> „In des Herzens heilig stille Räume
> Mußt du fliehen aus des Lebens Drang!
> Freiheit ist nur in dem Reich der Träume,
> Und das Schöne blüht nur im Gesang."
> Schiller.

> „Was ich irrte, was ich strebte,
> Was ich litt und was ich lebte,
> Sind hier Blumen nur im Strauß;
> Und das Alter wie die Jugend
> Und der Fehler wie die Tugend
> Nimmt sich gut in Liedern aus."
> Göthe.

Die „Xenien" waren ein scharfer, stachlichter Dornenkranz, der Manchen herb verwundete. Man würde indessen den beiden Dichtern Unrecht thun, wenn man sie nur nach der tendenziösen, persönlichen Rücksicht betrachtete. Es war auch ein gut Theil poetischer Spielerei dabei, ein lustiger, aus berechtigtem Selbstgefühl hervorgegangener Übermuth, eine durchaus künstlerische Freude an der Form des Epigramms, die mit wachsender Übung zunehmen mußte. Die Dornen, Stacheln und Disteln erschienen auch nicht für sich allein, sondern als ein humoristisches Noli me tangere hineingewoben in einen formenreichen, farbenprächtigen Blüthenkranz anderer Dichtungen, durch welche die zwei Dichter eigentlich mehr als durch die Xenien ihre geistige Überlegenheit bekundeten. Das war Schillers Musenalmanach. Die Duumvirn traten da von ihren curulischen Sesseln gemüthlich unter eine Schaar anderer Poeten herab, sangen ihr Lied und zwar so gut, daß man ihnen ihren Übermuth schon etwas zu gute halten konnte.

Fünf Jahre lang (1796—1800) vereinigte dieser Almanach die formvollendetsten kleineren Dichtungen, welche die beiden Meister in der Blüthezeit ihres Schaffens zu Stande brachten. Er bietet zum Theil die Auswahl und Blüthe der neueren classischen Poesie, und zwar nicht abgetrennt von den Versuchen und Leistungen anderer, weniger begabter Dichter, sondern vereint mit diesen zu einem an Abwechslung reichen

14. Die Musenalmanache und Göthe's Lyrik.

Kranz. Ältere einst angesehene Namen erinnern darin, daß die Beiden denn doch nicht allein die neue Literatur aufgebaut; jüngere Namen verkünden, daß die gegebene Anregung lebendig weiter pulsiren und dichterischen Geist in ganz Deutschland erwecken sollte. Den Charakter der Allgemeinheit hatte der Almanach jedoch nicht. Alle jene Richtungen, welche in den Xenien bekämpft waren, blieben mehr oder weniger ausgeschlossen oder sehr matt vertreten. Den ausgezeichnetsten jüngeren Kräften, wie Tieck, Novalis, den beiden Schlegeln, wurde der Platz nicht, den sie darin verdient hätten. Alles gruppirte sich schließlich nur als Folie um Schiller und Göthe.

Schiller unternahm den Musenalmanach im Sommer 1795, gerade in der Zeit, als er durch die mangelhafte Betheiligung der anderen Schriftsteller an seinen „Horen" und durch die ungünstigen Recensionen über dieselben in mannigfache Verlegenheit gerathen war. Es war echt poetisch, nun zum Trotz etwas Neues anzufangen. „Ich mache Gedichte für meinen Musenalmanach," schreibt er an Körner, „närrisch genug komme ich mir damit vor." Was immer gegen Schillers poetisches „Machen", über das Philosophische und Rhetorische seiner Poesie gesagt worden ist, die Mehrheit des deutschen Volkes und besonders die deutsche Jugend hat seine Lyrik und Balladendichtung, seine Elegien und seine Epigrammatik von jeher als vollbürtige Poesie anerkannt, geliebt und bewundert. Als vielgeplagter Journalist und Familienvater konnte er allerdings nicht immer die günstigsten Stimmungen abwarten, wie Göthe; als Idealist gewann er selten dem gewöhnlichen Alltagstreiben die poetische, reizende Seite ab, die jenem, dem heiter Genießenden, stets das Erste war; als Philosoph besaß er nicht jene wunderbare Leichtigkeit und Feinheit des sinnlichen Formgefühls, das Göthe von Natur eignete und spielend, genießend, arbeitend in tausenderlei Versuchen ausgebildet hatte. Die Gedichte kamen ihm nicht in's Haus geschneit. Er mußte sie machen. Aber es waren wirklich Dichtungen. Er besaß eine große, reiche Gedankenwelt, einen weiten, erhabenen Einblick in das geistige und äußere Leben der Menschheit, ein glühendes Sehnen, eine lodernde Leidenschaft nach allem wahrhaft Schönen, und er hatte durch treue Kunstübung eine bewundernswerthe Fertigkeit erlangt, für seine Ideen die passenden, zündenden Bilder und Ausdrücke zu finden. Erinnert Göthe's spielende Thätigkeit oft mehr an das üppig-reiche Walten eines Ovid oder Ariost, so gemahnt die seine an Virgil oder Dante. Er hat wie der Letztere die Kraft, selbst die abstracte Idee leidenschaftlich zu erfassen, in Farben und Formen zu verkörpern und melodisch auszuführen. Wort, Bild und Rhythmus stehen ihm im reichsten Maße zu Gebote. Seine Empfindungen sind meist tiefer und leidenschaftlicher, als diejenigen Göthe's, und wenn auch seine Philosophie auf irren Bahnen wandelt, verliert sie die Sterne natürlicher Wahrheit und sittlicher Güte doch nur selten aus ihrem Kreis, nähert sich vielmehr stetig der Einsicht, daß das Christenthum dem Geistesleben der modernen Völker einen inneren Gehalt und eine Vollendung gegeben hat, welche das antike Heidenthum nicht besaß:

"Religion des Kreuzes! Nur du verknüpfest in Einem
Kranze der Demuth und Kraft doppelte Palmen zugleich."

So dichtete Schiller denn im Sommer 1795 für seinen Musen=almanach den berühmten „Spaziergang", der damals noch „Die Elegie" hieß, „Das Ideal und das Leben" (damals „Das Reich der Schatten"), „Die Ideale", „Das verschleierte Bild zu Sais", die „Würde der Frauen", die „Macht des Gesanges", „Pegasus im Joche" (damals „in der Dienstbarkeit") und zahlreiche andere, noch heute allgemein beliebte Gedichte, die einen im erhabenen Schwunge des antiken Chors, die an=deren im herzlichen Tone des neuern Liedes, wieder andere humoristisch, elegisch oder didactisch gestimmt, in ihrer Verschiedenheit ein treues Zeugniß von poetischem Reichthum und edelster Begeisterung.

Den Xenienalmanach für das Jahr 1797 begleiteten „Das Mäd=chen aus der Fremde", die „Klage der Ceres", die „Macht des Weibes", „Die Geschlechter" und eine stattliche Anzahl sinnreicher Epigramme.

Das Jahr 1797 pflegt in den Literaturgeschichten als Balladenjahr gefeiert zu werden. In Bezug auf Schiller verdient es sehr wohl diesen Namen. Nachdem er die ersten Monate des Jahres, meist durch Kränklich=keit an die Stube gebannt, sich mit dem fast kaum mehr zu bewältigenden Material seines Wallenstein beschäftigt hatte, das ihm zuletzt wie ein aus=zutrinkendes Meer vorkam, erwarb er nämlich gegen den Sommer hin das Gartenhaus des verstorbenen Professors Schmidt, das den freund=lichsten Ausblick in die Thäler der Saale und der Leutra gewährte, und gönnte sich da von Anfang Mai an die Muße, seinen poetischen Geist an einer Reihe von Balladen zu versuchen. Göthe war in diesen Plan eingeweiht. Die gemeinschaftlichen Untersuchungen über epische und dra=matische Poesie, mit Zuziehung des Aristoteles, hatten seinen kritischen und technischen Kennerblick geschärft. Bunte Lectüre aller Art bevölkerte die Garteneinsamkeit mit phantastischen Gestalten der verschiedensten Zeiten. Göthe's Hermann und Dorothea regten in ihrer förmlichen Vollendung zur Nacheiferung an. Da entstanden denn im Juni seine meisterhaften Balladen: „Der Taucher", „Der Handschuh", „Der Ring des Polykrates"; dann nach einiger Pause im Juli „Ritter Toggenburg", im August „Die Kraniche des Ibykus", im September „Der Gang nach dem Eisenhammer". Im Herbst des folgenden Jahres folgte dann noch „Der Kampf mit dem Drachen" und „Die Bürgschaft" [1].

Durch die Balladen erhielten die Musenalmanache für 1798 und 1799 einen noch höheren Reiz als die vorausgegangenen. Von andern Dichtern nachgeahmt, von Künstlern zum Vorwurf genommen, von Hunderttausenden gelesen, auswendig gelernt und vorgetragen, sind diese Balladen zum eigentlichen Gemeingut des deutschen Volkes geworden. Mit vereinzelten Balladen Bürgers und Göthe's sind sie auch der Ansatz und Kern der reichen Balladendichtung, welche während dem nächsten Jahrzehnte in Deutschland aufblühen sollte. Ihnen folgte in dem nächsten und letzten Schiller'schen Musenalmanach „Das Lied von der Glocke", das durch ganz Deutschland hin nicht weniger volksthümlich geworden ist und diese Liebe auch im reichsten Maße verdient. Es bildet einen würdigen Abschluß zu Schillers Lyrik und Epik, und zugleich einen schönen Übergang zu seiner Dramatik, in welcher die erhabenen religiösen Feierklänge seiner Glocke gewissermaßen noch weiterschwingen.

Nachdem der Musenalmanach von Voß für das Jahr 1795 ein paar vereinzelte Gedichte Göthe's gebracht hatte [2], übergab Göthe in den nächsten vier Jahren seine kleineren Dichtungen, darunter manche schon früheren Datums, meistens dem Schiller'schen Musenalmanach [3]. Noch ein Jahr bevor dieser aufhörte, sammelte er sie mit den Elegien, den venetianischen Epigrammen, den Weissagungen des Bakis, den vier

---

[1] S. Briefwechsel zwischen Schiller und Göthe. I. 249 ff. — Viehoff, Schillers Leben. III. 63—84. Palleske. II. 400—412. Scherr. III. 123—131.
[2] Die Liebesgötter auf dem Markte (Göthe's Werke [Hempel]. I. 30). Das Wiedersehen (II. 52).
[3] Musenalmanach für 1796: Nähe der Geliebten (I. 39). Der Besuch (I. 176). Verschiedene Empfindungen an einem Platze (I. 29). Meeresstille. Glückliche Fahrt (I. 43). Kophtische Lieder (I. 82). Antworten bei einem geselligen Fragespiel (I. 27). — Musenalmanach für 1797: Epigramme. Venedig (II. 137). Alexis und Dora (II. 37). Väterlicher Rath. Der Biedermann. Würde der Kleinen. Der Würdigste. Der Erste. Ultima Ratio. Wer will die Stelle. Zum ewigen Frieden. Zum ewigen Krieg. Unterschied. Ursachen. An den Selbstherrscher. Der Minister. Der Hofmann. Der Rathsherr. Der Nachtwächter. Das Heilige und Heiligste. Der Freund. Musen und Grazien in der Mark (I. 92). Der Chinese in Rom (II. 10). — Musenalmanach für 1798:

14. Die Musenalmanache und Göthe's Lyrik.

Jahreszeiten und seinen Theaterreden zu einem neuen Bande seiner bei Unger verlegten Werke [1]. Im Jahre 1803 hatten sich dann schon so viel kleinere Gedichte angesammelt, daß er Wielands Musenalmanach für das folgende Jahr mit 20 Nummern bereichern konnte [2].

In den gesammelten Werken hat Göthe die Lieder, Balladen, Elegien und Epigramme dieser Periode so mit seinem Leipziger Liederbuch, den Sessenheimer Liebesgedichten, den Oden der Sturm= und Drangperiode, den Gedichten der ersten Weimarer Zeit und den späteren Erzeugnissen seines Alters gemischt, daß die Biographen und Literarhistoriker sie mühsam zusammensuchen mußten, um nur annähernd eine chronologische Anordnung herauszubringen. Die künstliche Gruppirung ist selbst ein kleines poetisches Kunststück und muß mit dem Eindruck reicher Fülle zugleich denjenigen meisterlicher Auswahl und classischer Formvollendung hervorrufen [3]. Hundert andere Dichter haben (wenn man von Göthe's Sprüchen und Gelegenheitsgedichten absieht) umfangreichere Gedichtsammlungen aufzuweisen, aber keiner eine so abgerundete, harmonisch geglättete. Vertheilt man sie aber auf die 60 Jahre, in welchen dieser Blüthen= flor herangewachsen ist, so wird man finden, daß es Göthe keineswegs

---

Der neue Pausias und sein Blumenmädchen (II. 41). Der Zauberlehrling (I. 263). Der Schatzgräber (I. 242). Die Braut von Korinth (I. 267). Legende (II. 281). An Mignon (I. 59). Der Gott und die Bajadere (I. 272). Erinnerung (I. 39). Abschied (I. 41). Der neue Amor (II. 11). — **Musenalmanach für 1799**: Euphrosyne (II. 48). Die Musageten (I. 173). Metamorphose der Pflanzen (II. 227). Blümlein Wunderschön (I. 235). Sängerwürde (I. 101). Edelknabe und Müllerin (I. 246). Der Junggeselle und der Mühlbach (I. 248). Der Müllerin Verrath (I. 250). Der Müllerin Reue (I. 252). Amyntas (II. 53). Stanzen. An meine Lieder (I. 41).

[1] Paläophron und Neoterpe (XI. 23). Die Spinnerin (I 244). Der Sänger (I. 228). Der Musensohn (I. 20).

[2] In Wielands **Musenalmanach für 1804**: Stiftungslied (I. 70). Zum neuen Jahre (I. 69). Generalbeichte (I. 80). Weltschöpfung (II. 224). Früh= zeitiger Frühling (I. 52). Dauer im Wechsel (I. 76). Schäfers Klagelied (I. 55). Trost in Thränen (I. 56). Sehnsucht (I. 57). Nachtgesang (I. 57). Bergschloß (I. 60). Die glücklichen Gatten (I. 73). Wanderer und Pächterin (I. 255). Ritter Curts Brautfahrt (I. 239). Hochzeitslied (I. 240). Magisches Netz (I. 178). Kriegserklärung (I. 24). Selbstbetrug (I. 23). Der Rattenfänger (I. 244). Früh= lingsorakel (I. 71).

[3] „Es ist klar," sagt W. Scherer, „der epische Zusammenhang, der sich hier ungesucht einstellt, wenn man die Lieder nur unbefangen hintereinander liest und auf Erlebnisse des Dichters bezieht, muß von Göthe gewollt sein. Er hat sein eigenes Leben darin poetisch umgebildet, wie etwa im Wilhelm Meister." — Göthe= Jahrbuch. IV. 67.

14. Die Musenalmanache und Göthe's Lyrik.

um eine üppige Production oder gar Überproduction zu thun war. Es gereicht ihm dieß sicherlich durchaus nicht zur Unehre. Ebenso wenig die Bemerkung, die sich häufig darbietet, daß er mit dem Drucken nicht eilte, sondern kleine unscheinbare Gedichte Jahre lang im Manuscript liegen ließ, sie wieder vornahm, vorlas, veränderte, ummodelte. Wie er zum Dichten selbst günstige Augenblicke und Stimmungen abwartete, so gönnte er sich bei der Ausführung Zeit, ließ Gedanken und Form ruhig wachsen und schüttelte die Frucht erst, wenn sie reif war. Er behandelte die Kunst nicht als Geschäft, sondern als Kunst, und zwar als freie Kunst.

Wie Blumen sind eine Menge seiner Lieder ungesucht aus den verschiedenen Erlebnissen und Stimmungen seines eigenen Seelenlebens hervorgesproßt, ihr lebendigster natürlichster Ausdruck. Andere danken seiner stets heiteren Geselligkeit ihren Ursprung, andere kleinen festlichen Anlässen, der Freundschaft, der Dankbarkeit, wieder andere dem Anklingen oder Nachklingen eines Volksliedes oder eines gelesenen Gedichts, einer anziehenden Lesung, eines geistreichen Wortes. Er sucht nicht lange nach Stoffen, er ringt nicht mühsam mit der Form. Ein buntes, vielseitiges Leben, ein stetes Sichweiterbilden auf allen Gebieten menschlichen Wissens schafft von selbst reichen Vorrath von Stoff herbei; ein durchbringendes feinfühliges Auge findet in allen Beziehungen und Gegenständen das Schöne heraus; eine sanftbewegliche Phantasie, von Einförmigkeit wie von Sonderbarkeit gleich weit entfernt, gestaltet das Empfangene in Bild und Harmonie; ein tief empfindendes Herz durchströmt Eindrücke und Phantasien mit neuem Leben; ein scharfer praktischer Verstand hält das Gefühl in Schranken, und dem klaren Geiste steht eine volle Herrschaft über Wort und Form zu Gebot.

Das war Göthe, der Dichter, vorab der Lyriker. Ein wahrhaft verschwenderisch ausgestatteter Dichtergeist, ein Sänger von Geburt, einer der gewandtesten Liederdichter aller Völker und Zeiten[1]. Das Kleinste und Unscheinbarste gewinnt unter seiner Hand den Zauber der Poesie. Die Herrlichkeiten der Natur, das Leben und Weben des Menschenherzens, das bunte Treiben des Alltäglichen, all das spiegelt sich in ihm wieder, empfängt neues Leben in seiner Brust, wird durch ihn zum

---

[1] W. Menzel (Deutsche Dichtung. 1828. S. 209 ff.) und Das Büchlein von Göthe (2. Ausg. Weimar 1853. S. 73 ff.) mißkennen die großartigen Naturanlagen des Dichters. Vgl. Koberstein, Vermischte Aufsätze. Leipz. 1858. S. 3—80. — Dr. P. Wiegand, Göthe's Lyrik und das Volkslied. Conf. Monatsschr. von Nathusius. Sept. 1881. S. 211—233.

Liebe. Wie ein Arion zieht er Alles nach sich, und selbst die auf ihn eifersüchtigen Rivalen, das empfindlichste Geschlecht unter der Sonne — genus irritabile vatum — halten es nie lange aus, ihm abhold zu sein, sie versöhnen sich wieder mit ihm und huldigen seiner Dichtkunst. Er mag einfältig lallen wie ein Kind, schmachten wie eine Braut, zürnen wie ein Held, spotten wie ein Dämon, Alles scheint ungekünstelte Natur zu sein; er betrachtet sich auch wie ein Lieblingskind der Natur und schreibt sein Künstlerwalten auf ihre Rechnung. Wie nur Wenigen ist es ihm gelungen, den Ton der Volksdichtung zu treffen, oder besser gesagt, Freude und Schmerz des gewöhnlichsten Lebens ganz und voll wie Einer aus dem Volke zu singen und dabei anderseits wieder die vollendetste Kunstdichtung der Alten selbständig nachzuahmen. Er schien wirklich hinter das Geheimniß der Schönheit gekommen zu sein: er spielte mit ihr wie die Natur selbst im Jubel des Frühlings oder im Fruchtsegen des Herbstes.

All diese Fülle, Pracht, Kraft und Schönheit hält sich jedoch völlig im Irdischen: etwas Übernatürliches kennt sie nicht. Die tausendfältigen Wunder des Weltalls gelten dem Dichter nur als das Walten einer geheimnißvollen Urkraft, die, Eins mit der sinnlichen Erscheinung, ihr buntes Zauberspiel gestaltet. Die christliche Ordnung der Dinge ist für ihn nicht da. Im Völkerleben anerkennt er nichts als über ihm stehend, es sei denn die altgriechische Kunst, deren Harmonie er fast abgöttisch verehrt. Außer diesem Lieblingskreise schließt sich das Feld seines Dichtens nahezu im engen Bezirke des bürgerlichen Alltagslebens ab, in das kaum der Strahl einer religiösen Wahrheit fällt. Da verschanzt er sich noch streng gegen alle ernstere Lebensweisheit wie gegen alle Politik. Er will nur spielen und genießen. Seine Lyrik hat darum nicht das weite Gesichtsfeld eines Horaz, eines Walther von der Vogelweide, eines Schiller. Sie bewegt sich meist in jenem engen Gefühlskreis, den Brentano die salva venia Liebe genannt hat.

Das ist der Charakter und zugleich der Unsegen der Göthe'schen Dichtung, daß alle jene glänzenden Talente und Fertigkeiten, jenes ausgesuchte Schönheitsgefühl und jene Meisterschaft der Form schließlich jenem Theil des menschlichen Gefühlslebens dienstbar gemacht werden, welcher ihn am wenigsten über das Materielle und Sinnliche erhebt. Denn sein Sang gilt nicht jener idealen Liebe, welche in keuschen, reinen Accorden die Dichtungen aller christlichen Völker durchklingt, sondern der sinnlichen Liebe, die sich von jener losgerissen und auf freien Fuß gestellt hat. Von der frommen, ersten Minne, die gen Himmel weist, wandte er sich völlig ab zu dem üppig wollüstigen Bilde der irdischen Schönheit, wie es Tizian so treffend jener entgegenstellt. Diese irdische Liebe, ohne alle Rücksicht auf Gott und Sitte, erhob er nicht nur zu seinem höchsten Ideal, sondern betrachtete sie auch als hauptsächlichstes Kunstprincip:

> „Den Musenschwestern fiel es ein,
> Auch Psychen in der Kunst zu dichten
> Methodice zu unterrichten;
> Das Seelchen blieb prosaisch rein.
> Nicht sonderlich erklang die Leyer,
> Selbst in der schönsten Sommernacht;
> Doch Amor kommt mit Blick und Feuer:
> Der ganze Kursus war vollbracht."

Blicken wir auf sein Liederbuch, soweit es von 1795 bis 1805 zum Drucke kam, so kann kein Zweifel sein, daß er mit dieser Theorie vollen Ernst gemacht hat. Aus allen kleineren Dichtungen dieser Zeit kann man kaum ein Dutzend zusammenbringen, die nicht unmittelbar erotisch oder doch von Liebespoesie angehaucht sind.

Nur einem einseitigen Rigoristen kann es einfallen, alle Liebespoesie in Bausch und Bogen verurtheilen und von der Erde verbannen zu wollen. Es gibt eine edle, gottgewollte Liebe, die der Schöpfer selbst mit dem Zauber der Schönheit, der Jugend, der Poesie umgeben hat. Christus hat sie in eine höhere, übernatürliche Sphäre gehoben und verklärt, indem er seine bräutliche Liebe zur Kirche der wahren und edeln Gattenliebe zum Vorbild gab und die Gnade des Sacramentes an den Ehebund knüpfte. Durchflammt von der Lehre und Liebe des Kreuzes, hallte das Hohe Lied, dieser älteste und ehrwürdigste Brautgesang, in der Liturgie durch alle Jahrhunderte wieder. Es hat die Sklavenfesseln des Heidenthums zerbrochen, das Weib aus einem rechtlosen Geschöpf zur ebenbürtigen Genossin des Mannes erhoben. Es hat die Saturnalien des alten Götterdienstes hinweggeräumt, in welchem Wollust und Grausamkeit wetteiferten, die Menschennatur zu erniedrigen. An die Stelle der Polygamie trat die Ehe. An die Stelle einer liederlichen Poesie, welche alles Ideale in unlauterstem Schmutze erstickte, traten die jungfräulichen Hymnen der ersten Kirche, die Gottesminne des Mittelalters, jene von übernatürlichem Lichte verklärte Kunst, wie sie uns sichtbar aus den Bildern eines Fra Angelico da Fiesole entgegenstrahlt: Unschuld voll der Liebe zu Gott und den Menschen. Auch jetzt klingt das alte Lied der Liebe noch fort, aber nicht mehr im bacchantischen Rausche heidnischer Sinnlichkeit, sondern gedämpft von ernsten hohen Gedanken, verklärt von

14. Die Musenalmanache und Göthe's Lyrik.

übernatürlicher Weihe, von der Erde empor zum Himmel gelenkt. Dante, der große Vates des Mittelalters, besingt seine Beatrice, aber diese Dichtung ist nicht mit Properz und Catull verwandt, sondern mit jenem Minnesang, in welchem der hl. Franciscus und seine Söhne die Armuth lobpriesen. Petrarca, der Sänger der Renaissance, feiert seine Laura, aber sein Lied ist ein platonischer Traum, nicht ein Nachhall frech=heidnischer Erotik. Ohne Weltschmerz, ohne krankhaften Jammer wendet sich der edle Humanist von seiner leichten Sonetten=Tändelei wieder den höheren Idealen zu, die er im Grunde seiner Seele stets festgehalten, und feiert in seinen herrlichen Canzonen die jungfräuliche Königin des übernatürlichen Gottesreiches. Dante's Beatrice wird zur verklärten himmlischen Gestalt; der Riesengeist eines Michelangelo flieht von der Täuschung irdischer Minne bemüthig wie ein Kind zu den heiligen Wunden des Erlösers; und Raphael zeichnet über das Bild der antiken Schönheit, wie sie machtlos und schreckensvoll dem Dämonischen gegenübersteht, hoch oben in lichter Glorie den verklärten Gottessohn.

Wie Göthe die ältere italienische Kunst völlig verkannt hat, in der Renaissance fast nur die „schönen Weiber" zu schätzen wußte, so hat er auch zum Gegenstand seiner Lyrik „immer Mädchen" gewählt. Er ist, wie Friedrich Vischer euphemistisch sagt, „merkwürdig lang jung geblieben", oder, um deutlicher zu reden, er hat die sinnliche Altklugheit eines früh= verdorbenen Herzens nie mehr abgestreift. Möchte man deßhalb allenfalls dem Straßburger Studenten oder dem Frankfurter Advokaten ein Bändchen Liebesgedichte noch zu gute halten, so wird es doch widerlich, wenn der weimarische Geheimrath, nicht einmal bürgerlich getraut und doch Familien= vater, von seinem 41. bis 56. Jahre von nichts zu singen weiß, als von verliebten Bauernburschen und Müllerjungen, griechischen Hetären und römischen Curtisanen, schmachtenden Edelfräulein und indischen Bajaderen, ja sich dem Publikum ganz unverfroren auch als „Mädchenfänger" vorstellt:

> „Dann ist der vielgewandte Sänger
> Gelegentlich ein Mädchenfänger;
> In keinem Städtchen langt er an,
> Wo er's nicht Mancher angethan.
> Und wären Mädchen noch so blöde,
> Und wären Weiber noch so spröde,
> Doch allen wird so liebebang
> Bei Zaubersaiten und Gesang."

Das ist nicht bloß eine vorübergehende Spielerei, das ist die Quintessenz seines Dichtens in dieser Periode.

14. Die Musenalmanache und Göthe's Lyrik.

Den Kern seiner kleineren veröffentlichten Gedichte bilden die „Römischen Elegien" und die „Venetianischen Epigramme" — trotz ihrer classischen Formvollendung im Grunde demi-monde-Poesie. Die zwei scherzhaften „Episteln" vermögen für die schnöde verletzte Sittlichkeit keinen Ersatz zu bieten. „Alexis und Dora", „Der neue Pausias und sein Blumenmädchen" sind zwei heidnische Liebespaare, deren Begriffe von Lebensglück nicht über die Ideale Ovids hinausgehen. „Die Metamorphose der Pflanzen" ist der botanische Commentar dazu. Unter dem Titel „Sängerwürde", jetzt „Deutscher Parnaß", verherrlicht der Dichter einen Bacchantenzug und in demselben die maßlosen Ausschweifungen der Sturm- und Drangperiode, an denen ein Lenz zu Grunde ging, andere der schönsten Talente für lange Jahre verwilderten. „Der neue Amor" ist des frivolen Liebesdichters Entschuldigung in dem frommen Kreise zu Münster, „Amyntas" eine ähnliche vor dem eigenen Gewissen. „Euphrosyne" ist die dichterische Apotheose eines Kusses, den er einmal von einer jungen Schauspielerin bekommen, das „Wiedersehen" eine weitere Kuß-Elegie. Die 20 Gedichte für Wielands Musenalmanach sind fast ausnahmslos Liebesgedichte, manche harmlose, volksthümliche Spielereien, aber andere, wie z. B. die „Generalbeichte", voll der üppigsten sinnlichen Gluth.

Von den Balladen dieser Zeit sind zwar der „Zauberlehrling", der „Schatzgräber" und „Ritter Curts Brautfahrt" harmloser Natur; aber die Balladen von der schönen Müllerin („Der Edelknabe und die Müllerin. Der Junggesell und der Mühlbach. Der Müllerin Verrath. Der Müllerin Reue") spielen in das Gebiet der derbsten Volkserotik hinüber. In der indischen Legende „Der Gott und die Bajadere" wird der dürftige ethische Gehalt fast ganz von lüsterner Schilderung überwuchert. Die „Braut von Korinth" aber ist ein melancholisch grimmiger Protest gegen das Christenthum als die der Liebe feindliche Weltmacht. Schillers „Götter Griechenlands" sind darin mit zündender Gluth ins Epische übersetzt, und aus den Bildern und Accorden der glühendsten Sinnlichkeit tönt schrill die tiefe leidenschaftliche Klage des verfemten Heidenthums auf:

> „Und der Götter bunt Gewimmel
> Hat sogleich das stille Haus geleert.
> Unsichtbar wird einer nur im Himmel,
> Und ein Heiland wird am Kreuz verehrt;
> Opfer fallen hier,
> Weder Lamm noch Stier,
> Aber Menschenopfer unerhört."

Während über Schillers griechischen Balladen der sanfte Glanz attischer Schönheit ausgebreitet ist, qualmt uns im wüsten Fackeldampf dieser unzüchtigen Brautnacht der Geist Lucians und Julians des Apostaten entgegen. Obwohl mit dem Grausen des Gespenstischen umgeben, tritt die Wollust doch deutlich als die eigentliche Liebhaberei des Dichters hervor, und wüthend grinst er das Christenthum an wie einen blutsaugerischen Vampyr, der ihm seine Lebensfreude zu verderben droht. Das arme Christenthum! Was hat es ihm denn Leids gethan?

„Was er dem Christenthum am wenigsten verzieh," meint der französische „Philosoph" E. Caro,[1] „das war seine mystische Moral, unversöhnliche Feindin jeder Sinnlichkeit. Als Philosoph proclamirt er sich zum Apostel der Glückseligkeit. Er empfiehlt den Genuß, er erklärt ihn zum Gesetze."

Der wirkliche Gegensatz ist aber hiermit durchaus nicht ausgesprochen. Mit all seinen hundert Liebesliedern hat sich Göthe, ebensowenig als Heine, wahres Glück und wahre innere Befriedigung angesungen. Hundert Zeugnisse beweisen das. Das Christenthum aber hat er sich selbst zum Popanz und Zerrbild entstellt. Denn so wenig die christliche Moral auf Zerstörung des leiblichen Lebens oder der menschlichen Gesellschaft gerichtet ist, so wenig tritt sie jedem Lebensgenuß, jeder Lebensfreude hemmend entgegen. Sie verbietet nur das Unerlaubte und beschränkt mild und weise das Erlaubte, um das durch die Sünde zerstörte Gleichgewicht im Menschen wiederherzustellen, den Leib der Seele, die Sinne der Vernunft, die Vernunft aber Gott zu unterwerfen und dem Menschen eben hierdurch jenes wahre, innere Lebensglück zu gewähren, das er, getrennt von Gott, bloß der Leidenschaft fröhnend, in allen Genüssen, in allen Wissenschaften und Künsten vergeblich sucht. Mit einem Freudengruß ist Christus in die Welt getreten, und durch alle Jahrhunderte katholischer Kunst und Literatur, katholischen Volkslebens und katholischer Volkspoesie rauscht wie ein Jubelsang das Alleluja des Ostermorgens.

---

[1] „Ce qu'il pardonne le moins au christianisme, c'est sa morale mystique, irréconciliable ennemie de toute sensualité ... Comme philosophe, il se proclame l'apôtre de la félicité. Il recommande la jouissance, il la déclare légitime." E. Caro, La philosophie de Goethe. Revue des Deux Mondes, année XXXV. 2. sér. t. 60. p. 823.

15. Die dritte Schweizerreise. Die Propyläen.
1797—1800.

> „Für uns andere, die wir doch eigentlich zu Künstlern geboren sind, bleiben doch immer die Speculation sowie das Studium der elementaren Naturlehre falsche Tendenzen."
> Göthe an H. Meyer.

> „Écoutez, il y a un double Goethe, le poète et le metaphysicien. Le poète est lui-même, l'autre est son fantôme."
> Madame de Staël.

Der „neue Pausias" und der „Jüngling von Athen" war übrigens längst kein schlanker Apollo mehr, sondern ein stark beleibter weimarischer Geheimrath, den Fünfzigen nahe, steif und förmlich in seinen Manieren, ein unendlich pedantischer Sammler, dessen Universalwissen wohlregistrirt in hundert Schubladen geordnet lag und der sein Honorar noch viel sorgfältiger abzählte, als die Füße seiner Hexameter. Wenn der griechische Halbgott aber zufällig seinen soliden dicken Überzieher vergaß, so setzte es schon leicht eine Erkältung ab, und auch andere prosaische Eigenthümlichkeiten eines älteren Herrn fehlten nicht. Auch das „Blumenmädchen" war längst keine Grazie mehr. Sie hatte zwar als Mutter nicht viel Sorge gehabt; aber ihre jugendliche Zierlichkeit war längst verblüht und ihr zunehmender Embonpoint gab den andern Musen von Weimar viel Stoff zu boshaften Sticheleien. Das dritte Mitglied der kleinen Haushaltung, der achtjährige August, wurde von Papa und Mama ziemlich verhätschelt[1].

Mit Christiane und August reiste Göthe am 30. Juli 1797 nach Frankfurt ab, um seine nunmehr 66jährige Mutter zu besuchen. Es ging jetzt nicht mehr in Saus und Braus, wie ehedem mit dem Herzog und dem lustigen Wedell. Man reiste nur bei Tage, gönnte sich Nachts behagliche Ruhe und brauchte so vier Tage bis in die alte Kaiserstadt[2]. Die Frau

---

[1] Göthe, immer ein Kinderfreund, gab sich auch jetzt noch gern mit dem spielenden Knaben ab. S. Dünzer, Göthe. 483.
[2] „Aus einer Reise in die Schweiz". 1707. Göthe's Werke [Hempel]. XXVI. 19—161. — Dünzer, Göthe und Karl August. II. 221 ff. — Viehoff, Göthe's Leben. III. 206 ff.

Rath war noch die alte vernünftige und gemüthliche Bürgersfrau. Von ihrer verstorbenen Tochter hatte sie schon Enkel und Urenkelchen, schrieb den lieben Enkeleins die herzlichsten Briefe und klöppelte für die Urenkelchen Brabanterspitzen zu deren Kinderhäubchen, ging brav in die Kirche, auch wohl in's Theater, und blieb schlicht, einfach und fromm, obwohl der Frankfurter Poet Gerning sie als Göttermutter in sapphischen Strophen verherrlichte[1]. Der Besuch des Sohnes war ein Festtag in ihr sonst einfaches Leben hinein. Sie dankte ihm im Winter noch herzlich dafür:

„Das erste daß ich Dir danke, daß Du diesen Sommer etliche Wochen mir geschenkt hast — wo ich mich an Deinem Umgang so herrlich geweidet und an Deinem so außerordentlichen guten An und Aussehen ergötzt habe! Ferner daß Du mich Deine Lieben hast kennen lernen, worüber ich auch sehr vergnügt war, Gott erhalte euch alle ebenso wie bisher und ihm soll davor Lob und Dank gebracht werden. Amen. Daß Du auf der Rückreise mich nicht wieder besucht hast, thut mir in einem Betracht leid."[2]

Göthe blieb bis zum 25. August in Frankfurt. Hatte er schon auf seiner italienischen Reise der Correspondenz und sonstiger Schreiberei einen mehr als zuträglichen Raum verstattet, so wurde es jetzt bei weitem noch schlimmer; er arbeitete sich immer mehr in die fast aberwitzige Idee hinein, Alles wie ein Gott comprehensiv erkennen, Alles wissen und begreifen zu wollen. Da das bei Städten schon schwer wurde, so versuchte er die Methode seiner „Fisch- und Wurmanatomie" darauf anzuwenden, und verfiel sogar auf den närrischen Gedanken, die eigene Vaterstadt durch schablonenmäßiges Studium zu erschöpfen.

„In früheren Zeiten," schreibt er an Schiller[3], „imponiren und verwirren uns die Gegenstände mehr, weil wir sie nicht beurtheilen noch zusammenfassen können, aber wir werden doch mit ihnen leichter fertig, weil wir nur aufnehmen, was in unserem Wege liegt und rechts und links wenig achten. Später kennen wir die Dinge mehr, es interessirt uns deren eine größere Anzahl und wir würden uns gar übel befinden, wenn uns nicht Gemüthsruhe und Methode in diesen Fällen zu Hülfe käme. Ich will nun alles, was mir in diesen acht Tagen vorgekommen ist, so gut als möglich zurechtstellen, an Frankfurt selbst als an einer vielumfassenden Stadt meine Schemata probiren und mich dann zu meiner weiteren Reise vorbereiten."

Er war ein solcher Philosoph und Bureaukrat geworden, daß er gar nicht mehr an das Treiben seiner Jugend dachte und daß ihm das

---

[1] Keil, Frau Rath. S. 321 ff. [2] Ebds. S. 333.
[3] Briefwechsel zwischen Schiller und Göthe. I. 281.

leichtsinnige Leben der nicht einmal besonders großen Stadt wie etwas Außerordentliches vorkam:

„Sehr merkwürdig ist mir aufgefallen wie es eigentlich mit dem Publico einer großen Stadt beschaffen ist. Es lebt in einem beständigen Taumel von Erwerben und Verzehren, und was wir Stimmung nennen, läßt sich weder hervorbringen noch mittheilen. Alle Vergnügungen, selbst das Theater, sollen nur zerstreuen und die große Neigung des lesenden Publicums zu Journalen und Romanen entsteht eben daher, weil jene immer, und diese meist Zerstreuung in die Zerstreuung bringen."

Durch diese Leichtfertigkeit der Welt nicht entmuthigt, beschloß er, über Alles und Jedes ein Protokoll zu führen:

„Ich habe mir," heißt es in einem späteren Brief (vom 22. Aug.), „Acten gemacht, worin ich alle Arten von öffentlichen Papieren, die mir eben jetzt begegnen, Zeitungen, Wochenblätter, Predigtauszüge, Verordnungen, Komödienzeddel, Preiscourante einheften lasse, und sodann auch sowohl das, was ich sehe und bemerke, als auch mein augenblickliches Urtheil einhefte; ich spreche sodann von diesen Dingen in Gesellschaft und bringe meine Meinung vor, da ich denn bald sehe in wie fern ich gut unterrichtet bin, und in wie fern mein Urtheil mit dem Urtheil wohl unterrichteter Menschen übereintrifft. Ich nehme sodann die neue Erfahrung und Belehrung auch wieder zu den Acten, und so gibt es Materialien, die mir künftig als Geschichte des äußern und innern interessant genug bleiben müssen. Wenn ich bei meinen Vorkenntnissen und meiner Geistesgeübtheit Lust behalte, dieses Handwerk eine Weile fortzusetzen, so kann ich eine große Masse zusammenbringen."[1]

„Ich gewöhne mich nun alles wie mir die Gegenstände vorkommen und was ich über sie denke aufzuschreiben, ohne die genaueste Beobachtung und das reifste Urtheil von mir zu fordern, oder auch an einen künftigen Gebrauch zu denken."

Wirklich fing er noch, einen Tag vor seiner Abreise von Frankfurt, an, eine Sammlung von 200 französischen satirischen Kupfern nicht bloß zu schematisiren, sondern sogar „einzeln zu beschreiben und es geht sehr gut". Dazu excerpirte er italienische Zeitungen, beschrieb ausführlich sämmtliche Decorationen einer Opern-Aufführung und charakterisirte sämmtliche Schauspieler und Schauspielerinnen, wie wenn er Buch über sie zu führen gehabt hätte.

Bei einem längeren Aufenthalte in London oder Paris hätte er nothwendig ganze Wagenladungen von Materialien zusammenbringen müssen. Zum Glück für ihn ging die Reise nicht so weit, vorläufig bloß über Schwaben in die Schweiz, und legte sich die Sammelwuth nach einigen Wochen wenigstens etwas. Dennoch litt sein Geist darunter und

---

[1] Ebdf. I. 282. Vgl. Eckermann, Gespräche. I. 55.

er erließ nicht nur an Schiller, sondern auch an den Herzog Karl August so umständliche und actenmäßige Berichte, daß dieser sich darüber lustig machte: „Göthe schreibt mir Relationen, die man in jedes Journal könnte einrücken lassen: es ist gar possierlich, wie der Mensch so feierlich wird." Mit Recht mahnte Schiller daran, Göthe sollte „mehr darauf denken, die schöne Form, die er sich gegeben hat, zur Darstellung zu bringen, als nach neuen Stoffen auszugehen, kurz, daß er jetzt ganz der poetischen Praktik leben muß"[1]. Es war vergeblich. Unterwegs kam ihm zwar die Idee zu den sog. „Müllerromanzen" („Der Edelknabe und der Mühlbach", „Der Junggesell und der Mühlbach"), er verfaßte die Elegien „Amyntas" und „Euphrosyne" und entwarf den Plan zu einem Epos „Wilhelm Tell". Das Alles war indeß das Werk kurzer Zwischenräume. Anstatt echt dichterisch die herrliche Alpennatur zu genießen, verlor er sich in einer encyklopädischen Analyse des schweizerischen Lebens, ebenso weit ausholend, als sein complicirtes Natur- und Kunststudium in Thüringen, ebenso zerfahren und lähmend wie dieses, ohne jede fröhliche Hingabe an den jeweiligen Gegenstand, sondern stets mit nüchterner Rückbeziehung auf sich selbst, als wenn er der Ausgangspunkt und das Ziel der Schöpfung wäre.

„Bei der Leichtigkeit, die Gegenstände aufzunehmen, bin ich reich geworden, ohne belaben zu sein; der Stoff incommodirt mich nicht, weil ich ihn gleich zu ordnen oder zu verarbeiten weiß, und ich fühle mehr Freiheit als jemals, mannigfaltige Formen zu wählen, um das Verarbeitete für mich oder Andere darzustellen. Von dem unfruchtbaren Gipfel des Gotthard's bis zu den herrlichen Kunstwerken, welche Meyer mitgebracht hat, führt uns ein labyrinthischer Spaziergang durch eine verwickelte Reihe von interessanten Gegenständen, welche dieses sonderbare Land enthält. Sich durch unmittelbares Anschauen die naturhistorischen, geographischen, ökonomischen und politischen Verhältnisse zu vergegenwärtigen und sich dann durch eine alte Chronik die vergangenen Zeiten näher zu bringen, auch sonst manchen Aufsatz der arbeitsamen Schweizer zu nutzen giebt besonders bei der Umschriebenheit der helvetischen Existenz eine sehr angenehme Unterhaltung, und die Übersicht sowohl des Ganzen als die Einsicht in's Einzelne wird besonders dadurch sehr beschleunigt, daß Meyer hier zu Hause ist, mit seinem richtigen und scharfen Blick schon so lange die Verhältnisse kennt und sie in einem treuen Gedächtnisse bewahrt. So haben wir (sic) in kurzer Zeit mehr zusammengebracht, als ich mir vorstellen konnte, und es ist nur schade, daß wir um einen Monat dem Winter zu nahe sind; noch eine Tour von vier Wochen müßte uns mit diesem sonderbaren Lande sehr weit bekannt machen."[2]

---

[1] Dünzer, Göthe und Karl August. II. 224.
[2] Göthe's Werke [Hempel]. XXVI. 142.

15. Die dritte Schweizerreise. Die Propyläen.

Das ist vor dem Spiegel geschrieben. Wer sollte in diesem natur=
historisch=geographisch=ökonomisch=politischen Rubricisten den fröhlichen
Götterjüngling wieder erkennen, der zwanzig Jahre früher in den Bergen
herumtollte und dem das Land damals nichts weniger als „sonderbar"
vorkam! Wie wenig er mit seiner Methode und seinen Schemata auch
nur die kleine Schweiz zu erschöpfen vermochte, zeigte der Erfolg. Es
kam weder ein „Tell" zu Stande, noch irgend ein bedeutendes Gedicht
über die Schweiz, noch eine irgendwie erquickliche Reisebeschreibung[1]. Nur
einige Stellen des Faust erinnern an die phantastischen Eindrücke, welche
die Alpen in seinem Gemüthe hinterlassen haben, — Eindrücke, welche
er sich aber ohne solches Actensammeln viel wohlfeiler hätte verschaffen
können.

Die Reise ging von Frankfurt über Stuttgart, Tübingen, Hechingen,
Balingen, Wellenbingen und Tuttlingen nach Schaffhausen, wo er am
17. September eintraf. Der 18. wurde dem Rheinfall gewidmet. Am
19. fuhr er über Bülach nach Zürich, wo er mit seinem Freunde Heinrich
Meyer zusammentraf. Lavater und die andern Freunde von ehedem
wurden als Excommunicirte und unverbesserliche Christen nicht mehr
besucht. Den 21. fuhr er mit Meyer in seinen Heimathsort Stäfa am
Zürichersee und besichtigte hier die Kunstwerke, welche dieser aus Italien
mitgebracht hatte. Nach einer Woche ruhigen Aufenthalts an den Ufern
des lieblichen Sees brachen die beiden Freunde am 28. zusammen auf,
um einen kleinen Ausflug über Einsiedeln, Schwyz, Altorf auf den Gott=
hard zu machen. Am 2. October erreichten sie das Gotthardhospiz, am
8. waren sie über Zug schon wieder in Stäfa[2].

So kurz seine abgerissenen Reisenotizen sind, so enthalten sie doch
alle Keime einer schönen Reisebeschreibung — die reichste Fülle genauer
Beobachtung, geistreicher Auffassung und echt poetischer Ideen. Hätte
er nur auf seine philisterhaften Schemata und Schablonen verzichtet und
seinen hellen, vielseitigen Geist auf Gerathewohl walten lassen, so wäre
nothwendig eine höchst anziehende Reisebeschreibung oder irgend ein
bedeutendes dichterisches Erzeugniß entstanden. Aber er wollte zu viel.
Neben der Reiseschilderung, an der er dictirte, schwebte ihm noch immer
Italien vor und das unabsehbare Meer seiner Kunstschätze, die ganze bunte
Welt der Renaissance und das classische Alterthum mit seiner Bildhauer=

---

[1] Die bruchstückweisen Notizen und eine Anzahl Briefe erschienen erst 1833,
nach seinem Tode, in den „Nachgelassenen Werken". III. Bd. Vgl. Eckermann,
Gespräche. I. 48. [2] Göthe's Werke [Hempel]. XXVI. 51 ff.

kunst, Malerei, Baukunst und Poesie. Dieser Ocean des Kunstschönen zerfloß in seiner Vorstellung in dem ebenso uferlosen der Natur. Er wollte der echten Kunst durch die Natur und der Natur durch die Kunst habhaft werden, und da er, aus Mangel an philosophischer Schulung, weder dem Erfahrungswissen noch der philosophischen Speculation ihren Antheil zuzuweisen und abzuwägen wußte, zersplitterte er dabei seine Kraft an ein ganz unfruchtbares Bemühen. Anstatt zu dichten, philosophirte er über Dichtkunst; anstatt die Dichtkunst dabei gesondert für sich zu betrachten, sprang er auf die Theorie der andern Künste über; anstatt in der Theorie der andern Künste sich an die trefflichen Leistungen Anderer anzuschließen, wollte er diese aus eigener Erfahrung und kunstgeschichtlichem Studium ganz neu aufbauen; anstatt hier von dem kunstgeschichtlichen Material auszugehen, wollte er das natürliche Substrat der Kunst, Steine, Farben, Licht, Ton u. s. w. ergründen und dieses wieder ohne mathematische Grundlage, und da sich so nichts Einheitliches gestalten wollte, verfiel er endlich auf den Plan, die Masse seiner zerfahrenen Beobachtungen, Einfälle und Speculationen fragmentarisch in kleinen Aufsätzen vor das Publikum zu bringen. Er hatte eine Fluth von Ideen, Meyer einen ansehnlichen Vorrath von kunstgeschichtlichen Kenntnissen. In Schillers historische, philosophische und idealistische Welt paßte Göthe's naturgeschichtliche, kunstgeschichtliche, realistische Welt nun einmal nicht. Man kam also auf den Gedanken, eine eigene Zeitschrift zu gründen: „Die Propyläen". Es wurden ein paar andere Freunde, anstandshalber auch Schiller, als Mitarbeiter eingeladen; aber da dieser sich fast gleichzeitig veranlaßt sah, die „Horen" eingehen zu lassen, und da er thatsächlich kaum hineinschrieb und die ganze Tendenz des neuen Organs seiner Richtung widerstritt[1], so ist klar genug, daß es sich bei der Einladung nur um eine Formalität oder aber um philosophische Unterordnung handelte. Denn jetzt wechselten die Rollen: Göthe war Chefredacteur, Meyer sein ergebener Adjutant, Schiller allenfalls untergeordneter Mitarbeiter, wenn er wollte.

Für Schiller ward diese Wendung der Dinge zu einem wahren Segen. Er schloß nun endlich das Redactionsbureau, das ihm Jahre lang die beste Kraft und Zeit entzogen hatte — er ward nun vollständig Dichter und brachte trotz zunehmender Kränklichkeit in den wenigen ihm noch beschiedenen Jahren mehr zu Stande, als früher in den zwanzig Jahren seiner besten Jugendkraft. An Göthe sollte sich das philiströse Unter-

---

[1] Göthe selbst fühlte die „Kluft" zwischen sich und Schillers „höchst beweglichem und zartem Idealismus". Riemer, Briefe von und an Göthe. 1846. S. 57.

nehmen, wodurch er das Kunstorakel von ganz Deutschland werden wollte, ernstlich rächen. Er wurde dadurch in der Blüthe der Kraft von seiner glänzenden Dichterthätigkeit fast ganz abgezogen — und erwies sich schließlich als einen sehr mittelmäßigen Redacteur, einen zwar geistreichen, aber nichts weniger als bahnbrechenden Kunsttheoretiker — und als einen bloßen Dilettanten auf naturwissenschaftlichem Gebiete.

„Jedem Kunstverständigen," sagt G. F. Waagen[1], „welcher mit Unbefangenheit die Werke Göthe's liest, muß es deutlich werden, daß der Sinn für bildende Kunst und namentlich für die Malerei diejenige Seite war, worin die Natur diesen so wunderbar begabten Genius am mindesten freigebig ausgestattet hatte." Wenn Urlichs[2] seine Fehlgriffe auf diesem Gebiete bloß seiner „angelernten Bescheidenheit" und „fremden Stimmen" zuwälzt, so beurtheilt er sowohl Göthe zu günstig, als seine Freunde zu ungünstig. Hätte er wirklich Genie für die bildende Kunst gehabt, so hätte es sich gerade durch frühe, selbständige Erkenntniß zeigen müssen. Aber das war nicht der Fall. Schon in Leipzig verwechselte er Osers nebelhafte Geistreichigkeit mit antiker Einfalt und Größe; in Dresden ließ er das Werthvollste stehen, um den späteren Italienern und den Niederländern nachzulaufen, und zog einen Domenico Feti sogar noch einem Tizian und Paolo Veronese vor. In Italien fällte er später die wunderlichsten Dilettantenurtheile über die Meister der italienischen Malerei, indem er weder ihren Standpunkt noch ihre Entwicklungs= geschichte richtig zu erfassen wußte, sondern ganz thörichter Weise den Maßstab antiker Kunst an sie anlegte. Über Guido Reni wie Francia und Perugino macht er die nichtssagendsten Bemerkungen; von Dürer meint er, er hätte sich „nie zu einer schicklichen Zweckmäßigkeit erheben können"; in den untergeordneten Leistungen der Angelica Kaufmann da= gegen erblickte er ein „unglaubliches Talent", und den geistlosen, schablonen= mäßigen Landschaftsmaler Philipp Hackert lobte er so unmäßig, wie er es nie hätte thun können, wenn er einen Ruysdael oder Poussin richtig verstanden hätte.

Mit solcher Dilettanten=Vorbereitung, welche nicht einmal die größten Meister von der Mittelmäßigkeit zu sondern wußte, warf er sich in den „Propyläen" zum Kunstorakel für ganz Deutschland auf.

Das Kühne, fast Verwegene seines Unternehmens scheint er einiger= maßen selbst empfunden zu haben. In der Einleitung, mit welcher er

---

[1] „Göthe's Kunsturtheil." Lützow, Zeitschrift für bildende Kunst. I. 79.
[2] „Göthe und die Antike." Göthe-Jahrbuch. III. 3. 4.

die neue Zeitschrift beim Publikum einführte, trat er eher in bescheidenem, zurückhaltendem, als anmaßlichem Tone auf. Es weht hier nichts mehr von jener bithyrambischen Kunstbegeisterung, mit welcher er einst über das Straßburger Münster declamirte. Damals war Alles Genie, Natur; jetzt war Alles Studium, Kunst. Er scheint eher lernen und sich berathen, als lehren zu wollen:

„Der Jüngling, wenn Natur und Kunst ihn anziehen, glaubt mit einem lebhaften Streben bald in das innerste Heiligthum zu bringen; der Mann bemerkt nach langem Umherwandeln, daß er sich noch immer in den Vorhöfen befinde.

„Eine solche Betrachtung hat unsern Titel veranlaßt. Stufe, Thor, Eingang, Vorhalle, der Raum zwischen dem Innern und Außern, zwischen dem Heiligen und Gemeinen kann nur die Stelle sein, auf der wir uns mit unsern Freunden gewöhnlich aufhalten werden.

„Will Jemand noch besonders bei dem Worte Propyläen sich jener Gebäude erinnern, durch die man zur Athenienfischen Burg, zum Tempel der Minerva gelangte, so ist auch dieß nicht gegen unsere Absicht; nur daß man uns nicht die Anmaßung zutraue, als gedächten wir ein solches Werk der Kunst und Pracht hier selbst aufzuführen. Unter dem Namen des Orts verstehe man das, was daselbst allenfalls hätte geschehen können; man erwarte Gespräche, Unterhaltungen, die vielleicht nicht unwürdig jenes Platzes gewesen wären.

„Werden nicht Denker, Gelehrte, Künstler angelockt, sich in ihren besten Stunden in jene Gegenden zu versetzen, unter einem Volke wenigstens in der Einbildungskraft zu wohnen, dem eine Vollkommenheit, die wir wünschen und nie erreichen, natürlich war, bei dem in einer Folge von Zeit und Leben sich eine Bildung in schöner und stätiger Reihe entwickelt, die bei uns nur als Stückwerk vorübergehend erscheint?

„Welche neuere Nation verdankt nicht den Griechen ihre Kunstbildung und in gewissen Fächern, welche mehr als die deutsche?"[1]

Der Irrthum, von welchem Göthe hier ausgeht, ist heute ziemlich allgemein überwunden[2]. Jedermann weiß, daß die neuere Welt ihre

---

[1] Göthe's Werke [Hempel]. XXVIII. 9.
[2] Daß Göthe selbst theilweise (freilich nicht ohne Schwankungen) davon abkam, gereichte dem Maler Peter Cornelius zu großer Befriedigung und er knüpfte daran folgende interessante Bemerkungen: „Göthe war darüber auch zur richtigen Einsicht gekommen, und in seinen Schriften bricht einmal sein Genius durch: ‚Wir können keine Griechen werden,‘ schrieb er einmal, ‚wir müssen uns an die barbarischen Avantagen halten (so drückt er sich seltsamer Weise aus), an Shakespeare und an die Nibelungen z. B. und die in griechischem Geiste beleben.‘ Und da hat er's getroffen. Im Griechenthum werden wir immer unser Licht und unsere Leuchte suchen müssen; aber die Tiefe der Ideen ist jetzt eine größere, die Anschauungen sind richtigere. Die muß man nun geben, und es war recht wenig bedacht vom guten Friedrich Wilhelm dem Vierten, als er die recht schönen und stilvollen Figuren auf die Schloßbrücke setzte, die greifen ja

Kunstbildung nicht ausschließlich den Griechen verdankt, daß diesen Ägypter, Assyrier und Indier vorangegangen, daß Römer und Italiener und viele andere Völker die griechische Kunst selbständig weitergebildet haben, daß es auch eine selbständige deutsche Kunst gibt, und daß der Kölner Dom und das Kölner Dombild, die Bildhauerei und Kleinkunst des Mittelalters bis herab auf das Kunstgewerbe nichts mit der Akropolis zu thun haben, sich aber recht wohl daneben sehen lassen können, so gut wie ein Shakespeare und Calderon neben Sophokles und Euripides, ein Dante neben Homer noch Platz hat.

Mochte man allenfalls zugeben, daß die griechischen Künstler sich am meisten dem Ideal des einfach natürlich Schönen genähert hatten, dann war es ein durchaus närrischer, unpraktischer Gedanke, sich in den Propyläen der Akropolis niederzulassen und darin über Kunst und Natur zu schwatzen; der naturgemäße Weg, von den Griechen etwas zu lernen, war bereits durch Winckelmann eingeschlagen, und Göthe konnte nichts Nützlicheres thun, als seinen Bilderatlas zu vervollständigen, die Beschreibung der Kunstwerke zu erweitern, zu vertiefen, zu ergänzen, im Anschluß an sie eine vollständige Geschichte der griechischen Kunst zu liefern und auf Grundlage derselben dann eine verläßliche Theorie der griechischen Kunst aufzubauen. Eine solche Geschichte der griechischen Kunst hätte sich ebenso praktisch zur allgemeinen Kunstgeschichte, eine solche Theorie der griechischen Kunst zur allgemeinen Ästhetik erweitern lassen.

Statt eines solchen naturgemäßen Planes eines kunstwissenschaftlichen Werkes oder einer ihm vorarbeitenden Kunstzeitschrift versuchte Göthe in seiner Einleitung all sein confuses und zerfahrenes Dilettantentreiben seit zwanzig Jahren her endlich a priori unter einen Hut zu bringen, die viele vertändelte Zeit auf diese Weise zu retten und sich sogar noch den Schein eines Kunstschriftstellers zu geben, wie die Welt eigentlich noch keinen besessen. Nichts charakterisirt seine Methode, ihre wunderliche Mischung von Oberflächlichkeit und Gründlichkeit, Empirismus und Phantasterei, Pedanterie und echtem Kunstsinn kürzer und besser, als das Schema, das er seiner „Einleitung" als „Einleitung" vorausschickt:

---

nicht in's Leben ein; die Kunst soll und muß das aber! Sehen Sie, die Griechen hatten keinen Himmel und keine Hölle; wenn wir Todesgedanken darstellen wollen, haben wir viel erhabenere und wahrere Ideen als sie zu geben: sie machten auf ihren Sarkophagen Bacchanalien, brachten die in äußere Kultverbindung, haben aber doch ihre Geistesarmuth in dieser Richtung nicht verstecken können." Gespräche mit Cornelius von Max Lohde. Lützow, Zeitschrift für bildende Kunst. III. 3.

15. Die dritte Schweizerreise. Die Propyläen.

„Veranlassung des symbolischen Titels — Das Werk soll eigentlich Bemerkungen und Betrachtungen harmonisch verbundener Freunde über Natur und Kunst enthalten — Aufmerksamkeit des Künstlers auf die Gegenstände — Bemerkungen — Praktischer Gebrauch — Mittheilung — Betrachtungen — Gefahr der Einseitigkeit — durch Verbindung mit mehreren Gleichdenkenden vermindert — Freundschaftliche Verbindung zu fortschreitender Ausbildung — Vortheile des Gesprächs — eines Briefwechsels — kurzer Aufsätze — Verhältniß des Schriftstellers zum Publikum — in früherer Zeit — in späterer — Wünsche — — Übereinstimmung der Verfasser im Ganzen — Abweichung im Einzelnen — Harmonie mit einem Theile des Publikums — Disharmonie mit einem andern — Beharrlichkeit auf einem Bekenntnisse — Natur — Forderung an den Künstler, daß er sich an die Natur halten solle — Größe dieser Forderung — Naturstoffe — praktische Ausbildung, sie zu beherrschen — theoretische Ausbildung — Nöthige Kenntnisse — Schwierigkeit, aus der Schule des Anatomen, des Naturbeschreibers, des Naturlehrers aufzusuchen, was zum Zweck des Künstlers dient — die menschliche Gestalt kann nicht allein durch das Beschauen ihrer Oberfläche begriffen werden — in der Kenntniß liegt die Vollendung des Anschauens — Beispiel vom Naturbeschreiber, der zugleich Zeichner ist — Überblick über organische Naturen überhaupt — die vergleichende Anatomie erleichtert ihn — organisches Verfahren der Natur — organisirendes Verfahren des Künstlers — Unorganische Naturen — Kenntniß derselben erleichtert — Allgemeine Naturwirkungen — nöthige Einsicht in ihre Gesetze — Töne — Farben — — Kunst — Aufsatz über bildende Kunst zunächst versprochen — Natur als Schatzkammer der Stoffe im Allgemeinen — Gegenstand durch den Künstler ergriffen — Kunstkreis abgeschlossen — Fabel, Inhalt des Kunstwerks — Sorgfalt bei der Wahl — ausführliche Abhandlung zunächst — Behandlung — geistige — sinnliche — mechanische — — Der Mensch leidet von seinem Zeitalter, wie er von demselben Vortheil zieht — Einfluß des Publikums auf die Kunst — Einstimmung des Künstlers — Zufriedenheit Beider mit einander — Einzelnes Beispiel, Schwierigkeit, von dem Formlosen zur Gestalt überzugehen — Wirkung eines Aufenthalts in Italien auf den Künstler — Sein Schicksal nach seiner Zurückkunft — Wirkung schlechter und guter Kunstwerke auf Empfindung und Einbildungskraft — Die Neuern nennen die Alten ihre Lehrer und entfernen sich von ihren Maximen — einzelne Beispiele — Vermischung der Kunstarten als Zeichen des Verfalls — Beispiel von der Bildhauerkunst — Auszusprechende Maximen — sie sind aus den Kunstwerken gezogen — sind von dem Künstler praktisch zu prüfen — sind bei Beurtheilung alter und neuer Kunstwerke zu Grunde zu legen — Eine genaue Kritik der ältern sowohl als neuern Kunstwerke nöthig — Beispiel von der wachsenden Kenntniß des Liebhabers in der plastischen Kunst — höchster Grad der Einsicht — mehrere Menschen können darnach streben — — Von Kunstwerken sollte man eigentlich nur in ihrer Gegenwart sprechen — doch läßt sich auch für solche Leser schreiben, welche die Werke gesehen haben und sehen werden — Wie man auch den übrigen nützlich sein kann — Nur auf dem höchsten und genauesten Begriff von Kunst kann eine Kunstgeschichte ruhen —

15. Die dritte Schweizerreise. Die Propyläen.

„Psychologisch-chronologischer Gang des Auf- und Absteigens der bildenden Kunst — Beurtheilung der alten und neuen Kunst nach Grundsätzen — Maximen am nöthigsten bei Beurtheilung der gleichzeitigen Künstler — Ausdehnung des Werks auf andere Gegenstände — Theorie und Kritik der Dichtkunst wird sich besonders an diese Arbeit anschließen — — Über Kunstlokal — Italien als ein großer Kunstkörper, wie er vor Kurzem noch bestand — Zerstückelung desselben — Kunstkörper in Paris — Was Deutschland und England thun sollte, einen idealen Kunstkörper bilden zu helfen — Die ausführlichen Vorschläge künftig."[1]

Zur Verwirklichung dieses gigantischen Programms, das schon unseren heutigen nationalen und internationalen Museen, Kunstausstellungen, Kunstreisen, Preisausschreiben und anderweitigen Anstalten für Kunst, Künstlerbildung und Kunstpflege vorauseilte, hätte Göthe wenigstens einen Napoleon zum Protector, Rom, Florenz, Paris und London zum abwechselnden Aufenthalt und die ersten Kunstkenner und Künstler Europa's zu Mitarbeitern haben müssen. Die Mittel in Weimar reichten nicht aus.

Der treue Heinrich Meyer arbeitete zwar recht fleißig. „Als Beschreiber von Kunstwerken, namentlich als sorgfältiger Beobachter der stilistischen Unterschiede hat er sich eine wohlverdiente Anerkennung verschafft, auch die Münzen fleißig herangezogen; aber als Kenner und Kritiker hängt der Zopf ihm hinten."[2] Wegen seiner sorgsamen Beobachtung haben seine Beiträge zu den „Propyläen": „Über die Gegenstände der bildenden Kunst", „Über etrurische Monumente", „Niobe mit ihren Kindern", „Über Masaccio" und „Über Raphaels Werke, besonders im Vatican", noch heute einigen Werth. „Sein Aufsatz ‚Über Lehranstalten zu Gunsten der bildenden Künste' enthält Winke, welche auch heute noch Beachtung verdienen und welche damals für die Kunstpflege in Weimar manche erfreuliche Früchte zeitigten." Aber gegen die Leistungen späterer Kunsthistoriker und Kunstschriftsteller verschwinden seine kleinen Tractate denn doch wie ein Minimal-Versuch, und ohne seine Beziehung zu Göthe wäre er wohl nie zu einer europäischen Berühmtheit gelangt[3]. Viel unbedeutender und in fast lächerlichem Gegensatz zu dem weitgezogenen Programm der Zeitschrift standen Göthe's eigene Beiträge.

Zum I. Band (1798 und 1799) lieferte er ein kleines Aufsätzchen

---

[1] Göthe's Werke [Hempel]. XXVIII. 7. 8.
[2] L. v. Urlichs, Göthe und die Antike. — Göthe-Jahrbuch III. 10. — „Er ist ein Kohlstrunk und wird ein Kohlstrunk bleiben", schrieb Herder über Meyer aus Rom. — Herders Reise nach Italien. Gießen 1859. S. 273.
[3] Alphons Dürr, Joh. Heinrich Meyer. Lützows Zeitschrift. XX. 61. 62.

über „Laokoon" [1], ein kurzes Gespräch „Über Wahrheit und Wahrscheinlichkeit der Kunstwerke" [2] und fing dann, da Kenntnisse und Arbeitskraft bei so vielen anderen Geschäften nicht zu raschem Arbeiten ausreichten, „Diderots Versuch über die Malerey" [3] zu übersetzen an. Er brauchte bloß einige Anmerkungen dazu zu machen; das war leichte Arbeit.

Im II. Band (1799) ward die Übersetzung aus Diderot fortgesetzt und mit einem ästhetischen Salongeplauder begleitet, das geistreicher Bemerkungen nicht entbehrt, aber höchstens dienen konnte, mobische Kunstliebhaber auf ein ernsteres Kunststudium hinzulenken. Das eigentliche Studium blieb ihnen überlassen. Das Stück heißt: „Der Sammler und die Seinigen" [4].

Im III. Band (1800) war die ganze grandiose ästhetisch-kunstgeschichtliche Seifenblase schon am Platzen. Göthe hatte nichts Druckbares zur Hand als „Einige Scenen aus Mahomet, nach Voltaire, von dem Herausgeber" und hinten S. 165 eine „Flüchtige Übersicht der Kunst in Deutschland", S. 169 eine „Dramatische Preisaufgabe" und S. 174 die „Ankündigung" eines kleinen dramatischen Festprologs „Paläophron und Neoterpe".

Ein IV. Band — erschien nicht mehr. Die Zeitschrift brachte es nicht über 450 Abonnenten; die Zahl sank bald auf 300. Schon Aufsätze wie „Der Sammler und die Seinigen" waren dem Modepublikum zu hoch. Göthe verlor den Muth und ließ seine „Propyläen" nach dreijährigem kümmerlichem Vegetiren den „Horen" in die Unterwelt folgen.

Weit beschämender für Göthe als das äußerliche Fiasko der Zeitschrift, das sich schließlich durch die Theilnahmslosigkeit des deutschen Publikums entschuldigen ließ, war der innere Zusammensturz seines hellenischen Kartenhauses. Kunst und Natur, Himmel und Erde, alle Wissenschaften und alle Künste sollten nach seinem Versprechen in den Vorhallen der Akropolis verhandelt und das Geheimniß der Kunst, wenn nicht gelüftet, doch einer Enträthselung nahe gebracht werden — und nun, nach einigen Aufsätzen, von denen die sachlich werthvollsten der Schweizer Heinrich Meyer geschrieben hat, ist die deutsch-hellenische Bildung richtig wieder bei Diderot und Voltaire angelangt. Ein paar Scenen aus „Mahomet" und etwas leichtfüßiges Kunstgeplauder aus Paris — das

---

[1] Göthe's Werke [Hempel]. XXVIII. 31—41.
[2] Ebdf. S. 97—102. [3] Ebdf. S. 47—102.
[4] Ebdf. 107—158. Vgl. L. v. Urlichs, Göthe und die Antike. Göthe-Jahrbuch III. 19.

ist schließlich das Kunstgeheimniß und die „deutsche" Bildung, mit welchen man aus diesen „Propyläen" entlassen wird.

Zur Charakteristik dieser Kunstweisheit läßt sich nichts Bezeichnenderes sagen, als was Schiller von Diderot berichtet, nachdem er die Handschrift seiner Lebensbeschreibung gelesen hatte[1]:

„Diderot hatte lange und oft mit dem Mangel zu kämpfen; viele seiner Schriften danken ihre Entstehung seinem Bedürfniß, noch mehrere einer Herzensangelegenheit mit einer Madame de Roussieux, die ihn tüchtig in Contribution setzte. Madame brauchte funfzig Louis am Charfreitag. Er schrieb „Pensées philosophiques" und brachte ihr auf Ostern funfzig Louis. So ging's mit fünf und sechs andern Werken. Advocatenreden, Missionspredigten, adresses au Roi, Dedicationen, Avertissements, Bettelbriefe und Anzeigen neuer Pomaden flossen aus seiner Feder."

Am meisten wirkte Göthe mit seinen „Kunstfreunden" von Weimar noch dadurch, daß er überhaupt das Interesse für Kunst belebte, junge Talente zur Thätigkeit anspornte und durch Ausstellungen und Ausschreiben von Preisaufgaben Künstler und Publikum gleichzeitig zu fördern suchte. Dieses sein Mäcenatenthum war indeß nicht frei von einer gewissen Kunsttyrannei und einem die Künstler beengenden Pedantismus. Durch Aufstellung und Begrenzung ganz bestimmter Vorwürfe entzog er dem Künstler die freie Wahl und drängte ihm mit dem Stoff schon einigermaßen seinen Geschmack auf[2]. Die Folgen hiervon hat Philipp Otto Runge, einer der talentvollsten jüngeren Maler jener Zeit, von Göthe selbst hochgeschätzt und wiederholt belobt[3], in seinen Briefen sehr

---

[1] Gödeke, Schillers Briefwechsel mit Körner. I. 162.

[2] Die erste Preisaufgabe 1799 war „Aphrodite, dem Paris die Helena zuführend". „Man mag die Scene als Geschichte, als symbolische Darstellung oder bloß in Rücksicht auf das rein Menschliche betrachten, so spricht sie sich allemal vollkommen aus, wirkt angenehm auf jedes Auge, jedes Gefühl", sagt Göthe. Die zwei Aufgaben von 1800: „Hektors Abschied von Andromache" und „Odysseus und Diomedes, welche die Pferde des Rhesos rauben"; die von 1801: „Achill auf Skyros" und „Der Kampf Achills mit den Flüssen"; die von 1802: „Perseus und Andromeda"; die von 1803: „Ulyß, der den Kyklopen hinterlistig durch Wein betrügt" und „Die Küste der Kyklopen, nach homerischen Anlässen"; die für 1804: „Das Menschengeschlecht vom Element des Wassers bedrängt" (allenfalls „Sündfluth"); die für 1805: „Ein beliebiger Gegenstand aus den Arbeiten des Herkules"; mit Ausnahme des vorletzten lauter griechische, meist mythologische oder mythologisch gedachte Stoffe. — Vgl. Göthe's Werke [Hempel]. XXVIII. 767—801.

[3] Göthe's Werke [Hempel]. XXVII. 183. — Philipp Otto Runge, Hinterlassene Schriften. Hamburg 1840. II. 307. 316. 329. 363. 388. 400. „Es ist ein Individuum, wie sie selten geboren werden. Sein vorzüglich Talent, sein wahres treues Wesen als Künstler und Mensch, erweckte schon längst Neigung und Anhänglichkeit bey mir u. s. w." II. 423. 529 ff.

anschaulich geschildert[1]. Als er im Sommer 1801 die Aufgabe „Der Kampf Achills mit den Flüssen" zu lösen versuchte, trieb ihn sein künstlerischer Geist, ein festes historisches Moment zu wählen, aber das hatte Göthe selbst in seinem Ausschreiben nahezu unmöglich gemacht, indem er dem Künstler rieth, den ganzen 21. Gesang der Ilias zu lesen. Der Maler Hartmann, der frühere Weimarer Preise gewonnen hatte und den Runge befragt, meinte selbst, Göthe hätte hier einen Fehler gemacht und den Künstler zum Allegorisiren und Symbolisiren hingetrieben. „Es gibt hier," sagt er, „eigentlich keinen Moment darzustellen, sondern die ganze Composition ist symbolisch, und wir können sie nur rein einsehen, wenn wir die Sache auf die platte Prosa zurückführen und dann diese Prosa ganz verlassen. Die Stelle ist der höchste Punkt der Ilias, wo Achill selbst den Göttern widersteht."[2] Je länger und ernstlicher sich Runge mit dem Gegenstand beschäftigte, desto tiefer empfand er das Unfruchtbare, das in dieser künstlichen Auferweckung der Antike lag:

„Der Achill und Skamander, sammt den Sachen, wie das nach und nach zur Vollendung gebracht werden soll, ist doch am Ende ein vergeblicher Wunsch; wir sind keine Griechen mehr, können das Ganze schon nicht mehr so fühlen, wenn wir ihre vollendeten Kunstwerke sehen, viel weniger selbst solche hervorbringen, und warum uns bemühen, etwas Mittelmäßiges zu liefern? Die neue Aufgabe („Perseus und Andromeda") ‚läßt viel Empfindung und Symbolisches zu‘; nun können wir sitzen gehen und empfinden; das heißt uns: beim verkehrten Ende anfangen. — Der Tiresias ist ‚eine neue Entdeckung in der Composition,‘ — ja, die Leute jagen nach Sujets, als wenn die Kunst darin stäke, oder als wenn sie nichts Lebendiges in sich hätten. Muß denn so etwas von außen kommen? Haben nicht alle Künstler, die noch ein schönes Kunstwerk hervorbrachten, erst ein Gefühl gehabt? Haben sie sich zu dem Gefühl nicht das passende Sujet gewählt?"[3]

Obwohl Runge seinen ersten Erfolg, nicht ohne Anregung von Versen Herders und Göthe's, mit einem mythologisch-symbolischen Bilde, „Triumph des Amor", erlangt hatte, so war er doch zu tief religiös, ernst und ideal angelegt, um jene künstliche, methodische Züchtung eines neuen Kunst-Griechenthums zu ertragen. Er fühlte die ganze Unnatur eines Strebens, das, alle historische Entwicklung verläugnend, über die Jahrhunderte hinweg in's Alterthum zurücksprang und die Kunst von Neuem zur Religion machte.

---

[1] Ph. O. Runge, a. a. O. II. 112.   [2] Ebds. II. 77. 78.
[3] Ebds. I. 5. 6. Vgl. Chr. Schuchardt, Die Göthestiftung u. s. w. Weimar 1861.

„Die Religion ist nicht die Kunst," schrieb er seiner Schwester [1]; „die Religion ist die höchste Gabe Gottes, sie kann nur von der Kunst herrlicher und verständlicher ausgesprochen werden. Es gibt ein böses Wesen in der Welt, das eben so den Schein für sich hat und das eben so nach der Erscheinung strebt, wie das Gute, aber die lebendige Kraft ist nicht in ihm, und es erlischt zuletzt in sich selbst: das ist das, was jetzt in der Welt regiert und überall die Oberhand hat. Aber das kann nicht so bleiben und wird alles bald anders."

Als Ausgangspunkt aller wahren Kunst erschien ihm „unsere Ahnung von Gott", dann „die Empfindung unserer selbst im Zusammenhang mit dem Ganzen". Aus diesen beiden leitete er dann „Religion und Kunst her: d. i. unsere höchsten Empfindungen durch Worte, Töne oder Bilder auszudrücken; und da sucht denn die bildende Kunst zuerst: 1. den Gegenstand, 2. die Composition, 3. die Zeichnung, 4. die Farbengebung, 5. die Haltung, 6. das Colorit, 7. den Ton" [2].

„Und was soll nun herauskommen," so frägt er sich, Angesichts dieser thatsächlichen Stufenfolge, die vom Innern zum Äußern, vom Wesentlichen zum Zufälligen folgerichtig fortschreitet, „was soll nun herauskommen bei all' dem Schnickschnack in Weimar, wo sie unklug durch die bloßen Zeichen etwas wieder hervorrufen wollen, was schon dagewesen? Ist das denn jemals wieder entstanden? Ich glaube schwerlich, daß so etwas Schönes, wie der höchste Punkt der historischen Kunst war, wieder entstehen wird, bis alle verderblichen neueren Kunstwerke einmal zu Grunde gegangen sind." [3]

„Die Sache war recht gut im Anfange," sagte er von den Weimarer Kunstfreunden [4], „wenn man da voraussetzen konnte, daß ihnen ein weit größerer Umfang von Kenntnissen zu Gebot stand und sie nur erst etwas herausließen; aber so ist das die allergrößte Extension gewesen und die sie am Ende bloß als Idee hatten und die nun immer einseitiger wurde. — Denn zuerst glaubte man doch, daß sie von allen den Forderungen auch den Grund angeben würden; sie haben aber eben die Sache auf eine individuelle Ansicht und Meinung ohne festen Grund gebaut, und wer sich so ernstlich geberdet, und so wichtig thut, wenn er auf Sand baut, der ist es billig werth, daß sein Haus bei der ersten Überschwemmung wegtreibt."

Für die falsche Richtung überhaupt, wie für die einzelnen Preis-Recensionen machte Runge anfänglich mehr Heinrich Meyer verantwortlich, als Göthe [5]: „Es ist nicht Göthe, der das Falsche will, vielmehr kommt das Gute, was in Weimar ist, gewiß von ihm ... Unterdessen ist es

---

[1] Ebds. II. 148. Vgl. II. 124. [2] Ebds. I. 13. 14.
[3] Vgl. das Urtheil Tiecks über die Weimarer Ausstellung. Ebds. II. 116.
[4] Ebds. II. 166. [5] Ebds. II. 120.

sehr bekannt, daß der Meyer in Weimar alle die Recensionen macht und auch die Aufgaben, und daß Göthe ihm sehr nachsieht." Indessen ließ er sich denn doch von Göthe's sonstigem Ruf nicht bestechen, und als ein Freund ihm schrieb, die in Weimar würden sich so schnell nicht ergeben, da antwortete er:

„Das ist desto kläglicher und schlimmer für sie. Erstlich hat Göthe selbst in den Propyläen nichts gemacht, als die Vorrede und den ‚Kunstsammler und die Seinigen‘, und von den andern Aufsätzen hat er nur ein paar durchcorrigirt. Und zweitens, wenn auch das andere von G. wäre, so verliert doch der Grund und wie sie alles angesehen haben, nichts von seiner Trivialität; denn was hat man sich nach ihren Worten für eine Idee von Gründlichkeit und von Dingen, die kommen würden, gemacht und machen müssen und — was ist gekommen? Die größte Weisheit sitzt in der Vorrede und das ist das vollendetste von allem, auch was nachgekommen ist, sie haben nicht einmal gewollt, daß man zu einer wirklich vollendeten Einsicht gelangen sollte, sondern haben jenes zum Grunde gelegt und sind davon ausgegangen d. h. sie sind auf die trübseligste Weise von der Regel abgewichen, haben sich gestellt, als hätten sie eine wunder-hohe Ansicht von der Kunst, und haben doch keine gehabt; denn ist irgendwo eine Spur in allem zu finden, die auf den lebendigen Punkt hin-führte, woher alles kommen muß, und um die Aussicht auf diesen Punkt zu reinigen? Wenn Göthe so etwas thun kann, wie dieses nun doch durch ihn geschehen ist, daß Sachen in die Welt hineingeschrieben werden, wovon er nicht gewiß ist, daß sie den Menschen aus sich wieder in die Kunst zeigen, so achte ich ihn nicht, und wenn es zehnmal Er ist, so ist es doch nur Rauch und Qualm. — Daß Gutes daraus entstanden ist, gebe ich gern zu, aber das ist doch nur insofern entstanden, da man einsieht, daß dieses die Sache noch nicht ist. Nun bleibt er beim Schwatzen — ja, was ist denn das? Damit wird die Lüge nicht wahr, daß man ihm den Mund nicht stopfen kann. — Lieber, werde nicht böse, daß ich so heftig geworden, aber ich versichere es Dir, der Göthe hat mich mit all dem verfl...... Zeuge nahe an den Abgrund ge-bracht, und was mich gerettet, ist das, was er nicht glaubt. Ich habe eine ordentliche Bosheit auf ihn. Sich mit solcher Prätension so wichtig machen — und ‚seine ganze Kraft ist nur in seinem Schnabel‘!"[1]

Das ist scharf gesprochen, aber nur allzu wahr.

Zwar milder in der Form, aber sachlich nicht weniger ungünstig lautet das Urtheil des sonst für Göthe warm begeisterten Kunstforschers Felix v. Rumohr[2]:

„Von Göthe verletzte Künstler und Kunstfreunde mögen nie aus den Augen lassen, daß Göthe in seiner dichterisch=philosophischen Ausbildung der

---

[1] Ebdf. II. 172. 173.
[2] Drey Reisen nach Italien. Leipzig. Brockhaus. 1832. S. 18.

Kunſt und allem ſie Angehenden der Welt das ehrenvollſte Zeugniß abgegeben und durch Lehre und Beiſpiel einer ganz von ihr abgewandten Zeit für ſie die größte Achtung mitgetheilt. Andererſeits iſt freilich auch nicht zu verkennen, daß ſeine hiſtoriſchen Kenntniſſe und techniſchen Einſichten weder ſehr mannigfaltig, noch ſelbſt zuſammenhängend waren; daß er in ſeinem langen Leben für die Kunſt nie einen feſten Standpunkt gewonnen, häufig dem Einfluſſe niedriger geſtellter Kunſtfreunde ſich hingegeben hat, daher nicht ſelten in Widerſprüche und Schwankungen verfallen iſt, welche in dieſer Hinſicht ſeinem Anſehen ſchaden mußten."

Ein wahrhaft großer Künſtler iſt aus der Weimarer Schule nicht hervorgegangen. Carſtens und Koch lebten in Rom. Dort, in der Caſa Bartholdi und in der Villa Maſſimi, fanden ſich Peter Cornelius, Overbeck, Veit, Schadow zuſammen, die Überwinder des ſteifen, akademiſchen Claſſicismus, die Neubegründer einer echt nationalen Kunſt, die geiſtigen Führer der Kunſtſchulen zu München und Düſſeldorf.

Nicht einmal in der Nachahmung griechiſcher Plaſtik, in welcher Göthe den Höhepunkt aller Kunſt erblickte, hat Göthe's Weimar etwas Bedeutendes geleiſtet. Der Genfer Pradier vollendete ſeine Phryne, Pſyche, Sappho durchaus ſelbſtändig in Paris, nicht nach Göthe's und Meyers ſchematiſchen Papieren. Der Italiener Canova hatte in Rom ſelbſt Zopf und Antike vor ſich und vermochte, trotz der beſten antiken Vorbilder, den Zopf nicht völlig zu überwinden. Wer aber den Griechen in edler Ruhe und Würde am nächſten kam, das war kein von Göthe gezüchteter Deutſch-Hellene, ſondern Bartel Thorwaldſen, deſſen Großvater ein isländiſcher Pfarrer, deſſen Vater ein Kopenhagener Schiffsmaler, deſſen Künſtlerheimath aber Rom war. Da hat er gelebt und gewirkt von 1796 bis 1841, da hat ihn Pius VII. in hochſinnigſter Weiſe begünſtigt und ſelbſt beſucht, da nannte ihn ein italieniſcher Dichter neiblos

l'islandico sculptor! emulo a Fidia!

Thorwaldſen hat wirklich einem Phidias nachgeſtrebt, Göthe aber Voltaire überſetzt und Diderot ausgeſchrieben: da endigt die Kunſtweisheit ſeiner „Propyläen".

16. Die erste Aufführung des Wallenstein.
1798. 1799.

„Weimar war die Wiege des idealen Dramas, die Stätte, wo der richtige und schöne Vortrag der Verse durch Göthe eingeübt wurde, sobald es möglich war."
Unsere Zeit, 1866. II. 572.

„Wenn das sämmtliche subalterne Personal nach und nach eine Nacht auf der Hauptwache wird zugebracht haben, so hoffe ich, soll unsere Sache vortrefflich stehen."
Göthe an Jirms.

Eine der Haupturfachen, welche Göthe's dichterische Entwicklung und zugleich sein kunsttheoretisches und kunstgeschichtliches Studium am meisten hemmte, ist nicht so sehr in seiner besonderen Eigenart, als in der ganzen Strömung des damaligen Geisteslebens zu suchen. Es war die Revolution, die in allen jüngeren Köpfen spukte, und die Philosophen wie die Dichter, die Kunsttheoretiker wie die ausübenden Künstler auf mannigfache Irrwege leiteten. Anstatt sich ruhig nach dem Plan des damaligen Unterrichts= wesens auszubilden, erst durch gründliche humanistische, dann philosophische, dann specielle fachmäßige Studien, warfen die jungen Genies fast sämmtlich schon während ihrer Gymnasialstudien alle Ehrfurcht für die Autorität und das Bestehende über Bord, füllten sich den Kopf mit neuer Mode= waare und Revolutionsliteratur, verachteten Regel und Form und dichteten darauf los, wie es ihnen in den Sinn kam. Ihre Liebschaften schrieben sie theils in Romanen nieder, theils in Dramen, ohne auch nur oberflächlich die Technik des Theaters studirt zu haben. Dabei mußten nothwendig Ungeheuer herauskommen, voll poetischer Ideen, aber formlos, übertrieben, unaufführbar. Nur die Scheere der Theaterdirectoren konnte den „Götz" und die „Räuber" bühnenfähig machen. Hatten die Genies nach einer größern oder geringern Zahl von Liebesabenteuern endlich etwas ausgetobt, so schlugen sie nun in's Gegentheil um und wurden die krittlichsten Kunst= philister. Da sie meist alle praktische und positive Religion bei Seite gelegt hatten, so wandte sich ihr ganzer Ernst der Kunst zu: sie wurde ihnen nun zur höchsten Lebensaufgabe, Kunst, Philosophie, Religion zugleich, der Inbegriff ihres geistigen Lebens. Nicht bloß von den deutschen Philosophen, sondern auch von den deutschen Dichtern und Schöngeistern setzte sich Jeder im vollsten Ernste daran, eine neue „Weltanschauung" — Philosophie zugleich und Religion, Kunsttheorie und private Lebensidee umfassend — auszubrüten. Diese wurde in den zahlreichen Zeitschriften fragmentarisch entwickelt, ganz und theilweise zurückgenommen, weitergeführt, bekämpft und vertheidigt, wie es sich traf. Die Kritik bemächtigte sich der geistreichen Fragmente sofort, lobte, tadelte, zankte, stritt, tödtete und machte wieder lebendig, verbannte und verhimmelte. Aus jedem von der Kritik abgesäbelten Drachenköpfchen wuchsen wieder zwanzig oder dreißig neue. Die Gährung blieb in lustigem Fluß, und da die Schreiberei anfänglich auch ihren Mann nothdürftig ernährte, so drängten sich immer zahlreichere Genies auf den Olymp.

Das Dichten, sonst die schönste Sache von der Welt, wurde aber jetzt das beschwerlichste Brutgeschäft unter der Sonne. Aus einer artigen vergessenen Novelle ein Drama zu gestalten, wie einst Shakespeare und Calderon gethan, das war zu trivial, das hielt man für gar keine Kunst mehr. Es mußte in jedem Stück wo möglich eine ganze neue Weltanschauung auf's Tapet gebracht, die ganze Welt neu geschaffen werden. Es entstanden nun andere Arten von poetischen Ungeheuern: der philosophische „Nathan", der ohne Kürzung nicht aufzuführen war; der alchymistische „Faust", der nicht fertig wurde, weil es dem Dichter selbst nicht gelang, seine neue Religion mit dem alten Heidenthum zu vereinbaren; der politische, weltbürgerliche „Don Karlos", so lang, daß man einen halben Tag daran spielen konnte, und so vielumfassend, daß der Dichter selbst Commentare darüber schreiben mußte. Es war die helle Unnatur. Selbst die Tragödie der Alten, obwohl religiösen Ursprungs, setzte sich denn doch nicht zum Ziel, Religion und Wissenschaft ersetzen und die höchste Bildung darbieten zu wollen. Das Theater war dem Griechen eine ernste, würdige Erholung — aber schließlich eine Erholung.

Schiller litt geistig und körperlich unter dem Frohndienst, zu welchem haltlose Speculation und zerstörende Kritik das Loos des dramatischen Dichters gestaltet hatte. Die Anstellung als Professor der Geschichte warf ihn noch weiter aus der naturgemäßen Bahn seines Talentes. Als er vollends erst für sich, dann mit Göthe, sich aus der Weltgeschichte in das Reich der ästhetischen und philosophischen Speculation verlor, schien sein dramatisches Genie völlig zu ersticken. Er stellte über seinen Herzog von Friedland solche historische Studien an, als ob er ein zehnbändiges Geschichtswerk hätte schreiben wollen; er brütete über Willensfreiheit, Schicksal, dramatische Einheit und Entwicklung so lange, daß alle poetische Frische und Kraft zu erliegen drohte. Der Stoff wuchs zu einem riesigen, tausendfach verschlungenen Berggewirre an, aus dem kein Pfad mehr hinauszuführen schien. In fünf Acte ließ sich diese Encyklopädie von Geschichte, Culturgeschichte, Schicksalsphilosophie, Charakterstudien, ästhetischen Beobachtungen und Reflexionen gar nicht mehr unterbringen. Das Stück konnte höchstens zu einem jener zehntausend Stadien langen Lindwürmer werden, mit welchen Aristoteles die endlosen episodischen Dramen vergleicht. Nach sieben Jahren Studium wußte Schiller nicht einmal, ob er das Stück eigentlich in Versen oder in Prosa schreiben sollte, während doch das Studium der Alten wie jenes des Shakespeare deutlich genug auf den Vers hinwies.

Ganz vergeblich waren bei einem so glücklich angelegten Geiste die Mühen und Leiden jener sieben Jahre nicht. Was er in der Jugend versäumt, ward reichlich nachgeholt. Er rang sich zwischen Irrungen aller Art zu einem reichen Schatz philosophischer Ideen, praktischer Kunstmaximen und ethischer Weltbetrachtung empor. Das geistige Ringen verlieh ihm eine mächtige Schwungkraft, das Leiden läuterte sein Herz zugleich und seinen Geist, und näherte ihn wieder den christlichen Idealen. Ein weit ausschauendes Geschichtsstudium machte ihn nach und nach mit fast allen wichtigeren Kreisen der Weltgeschichte bekannt, allerdings nicht im Sinne eines Historikers, sondern in jenem des dramatischen Dichters, der auf der Suche nach Stoffen ist[1].

Endlich sollte sich auch aus dem Wallenstein=Labyrinth ein Ausweg finden. Aristoteles, Sophokles und Shakespeare leisteten dabei wesentliche Dienste. Von nicht geringerer Bedeutung war es, daß beide Dichter, Göthe und Schiller, sich nunmehr von der nüchternen Theaterprosa der Aufklärungsperiode wieder entschieden zum Vers bekehrten.

„Man sollte," schrieb Schiller[2], „wirklich alles, was sich über das gemeine erheben muß, in Versen, wenigstens anfänglich, concipiren, denn das Platte kommt nirgends so ins Licht, als wenn es in gebundener Schreibart ausgesprochen wird ... Der Rythmus bildet auf diese Weise die Atmosphäre für die poetische Schöpfung, das gröbere bleibt zurück, nur das geistige kann von diesem dünnen Element getragen werden."

---

[1] Viehoff, Schillers Leben und Werke. III. 84 ff. — Palleske. II. 412 ff. Janssen, Schiller als Historiker.

[2] Schiller-Göthe Briefwechsel. I. 328. 329.

16. Die erste Aufführung des Wallenstein.

Auch Göthe gingen hierüber endlich die Augen auf:

„Alles poetische sollte rhythmisch behandelt werden! Das ist meine Überzeugung, und daß man nach und nach eine poetische Prosa einführen konnte, zeigt nur, daß man den Unterschied zwischen Prosa und Poesie gänzlich aus den Augen verlor. Es ist nicht besser, als wenn sich jemand in seinen Park einen trockenen See bestellte und der Gartenkünstler diese Aufgabe dadurch aufzulösen suchte, daß er einen Sumpf anlegte. Diese Mittelgeschlechter sind nur für Liebhaber und Pfuscher, so wie die Sümpfe für Amphibien. Indessen ist das Übel in Deutschland so groß geworden, daß es kein Mensch mehr sieht, ja, daß sie vielmehr, wie jenes kröpfige Volk, den gesunden Bau des Halses für eine Strafe Gottes halten. Alle dramatischen Arbeiten (und vielleicht Lustspiel und Farce zuerst) sollten rythmisch sein und man würde alsdann eher sehen wer was machen kann. Jetzt aber bleibt dem Theaterdichter fast nichts übrig als sich zu accommodiren, und in diesem Sinne konnte man Ihnen nicht verargen wenn Sie Ihren Wallenstein in Prosa schreiben wollten; sehen Sie ihn aber als ein selbständiges Werk an, so muß er nothwendig rythmisch werden."[1]

Der Wallenstein wurde nun in Jamben umgesetzt und erhielt ein viel besseres, poetischeres Ansehen. Nur ging die Exposition jetzt zu sehr in die Breite, was Schiller der „poetischen Gemüthlichkeit" der Jamben zuschrieb, was aber weit mehr darin lag, daß der weite Stoff noch nicht genug disponirt war.

Göthe, der den Dichter einst auf die Professoren-Laufbahn verführt hatte, sollte ihn nun auch wieder aus dem breitangeschwollenen historischen Stoff hinausleiten, nicht so sehr durch kunstrichterlichen Rath, als durch ein höchst realistisches Drängen als Chef der Theatercommission. Als solcher hatte er einen viel praktischeren Blick, denn als Redacteur der Propyläen. Weßhalb sich im Frühjahr 1798 unter seinen zwanzig proteischen Gestalten gerade diese in den Vordergrund drängte, ist schwer zu sagen. Denn unmittelbar nach der Rückkehr von seiner Schweizerreise (20. November 1797) trieb er wieder alles Erdenkliche.

Als Hofmann mußte er Herzog und Herzoginnen über seine Reise unterhalten, als Theaterchef mußte er die Vorstellungen besuchen und die Schauspieler kritisiren, als herzoglicher Familienrath hatte er mit dem Schloßbau und vertraulichen Finanzgeschäften zu thun, als Reiseschriftsteller wollte er das Actenmagazin ordnen, das er aus der Schweiz mit

---

[1] Ebdf 330. In weiteren Kreisen dauerte die Frage, ob Vers, ob Prosa im Drama, noch lange weiter. Die Schauspieler wie das Publikum waren nur an den prosaischen Conversationston gewöhnt, der nothwendig allen poetischen Schwung darnieder hielt. S. C. W. Weber, Zur Geschichte des Weimarischen Theaters. S. 9 ff.

nach Hause gebracht und das trotz aller Schemata nun doch noch nicht schematisirt war. Im December starb der Wirkliche Geheimerath Schnauß, und Göthe mußte nun auch eine Art Oberaufsicht über die herzogliche Bibliothek und das Münzkabinet übernehmen. Dazu hatte er die Theatercontracte in Ordnung zu bringen und die Theaterrechnungen abzuschließen, über die weitere Erziehung des Prinzen Rath zu geben, stellte die von Meyer mitgebrachten Kunstschätze in seinem Hause aus und machte dabei den Cicerone, plante ein großes Epos, die „Achilleis", die ein Seitenstück zur Ilias werden sollte, und überlegte ein Drama im Ton von „Hermann und Dorothea". So ging es hinüber in's Jahr 1798. Jetzt lief er in eine Menagerie, die gerade in Weimar war, jetzt blätterte er in Schellings „Ideen zu einer Philosophie der Natur", jetzt mußte er dem Herzog zu lieb die letzte Schrift Burke's Thoughts on a regicide peace lesen. Heute schrieb er an der Farbenlehre, morgen am Faust, übermorgen an der Achilleis, dann wieder am Cellini, an den Propyläen, an den Weissagungen des Bakis, an der Schweizerreise — immer nur ruck-, stoß- und setzenweise, ohne etwas endgültig abzuschließen. Die Bibliothekdirection übernahm er aber endlich definitiv, und in fast allen wichtigen Angelegenheiten wurde er als Quasi-Minister des herzoglichen Hauses zu Rathe gezogen. Zuletzt erwachte sogar in ihm wieder die einstige Liebe zum Bauernstand und er kaufte im März für 14000 Thaler ein Pachtgut in Oberroßla, ohne Gut noch Gebäude vorher anzusehen. Erst nachdem er den Kauf schon abgeschlossen und 6000 Thaler baar bezahlt, ging er hin, es sich anzusehen, und fand es wenigstens leidlich [1].

Für das Theater interessirte er sich sehr. Bei dem hundertfach verschlungenen Wirrwar seiner Geschäfte war es indeß schlechterdings unmöglich, ihm jene Sorgfalt zuzuwenden, welche eine planmäßige, energische Hebung der Bühne erfordert hätte. Die Hauptsorge für die Geschäfte ruhte auf dem Kammerrath Kirms. Die Schauspieler erhielten noch immer schmale Gage, brachten sie rasch durch, hatten viel Gezänke untereinander und führten sich nicht eben zum Besten auf. Die Stelle der ersten Schauspielerin, welche durch den frühen Tod der Christiane Neumann erledigt worden, war noch immer nicht entsprechend besetzt. Kirms suchte dafür zwei junge Fräulein Koch in Mannheim zu gewinnen, von denen der Schauspieler Beck sagt: „Die Acquisition wäre groß! die Älteste 16, die

---

[1] Düntzer, Göthe und Karl August. II. 231 ff. Viehoff, Göthe's Leben und Werke. IV. 8 ff. — O. Jahn, Göthe's Briefe an Voigt. S. 211 ff. — Schiller-Göthe Briefwechsel. II. 1 ff.

Andere 14 Jahre; schön, gesittet, talentvoll, kunstgierig Beide, was gewänne unsere Bühne!" Kirms schrieb ihnen: „Tugendhafte Frauenzimmer werden hier sehr geschätzt und werden dadurch gestärkt, wenn sie Gelegenheit zum Gegentheil bekommen sollten, wozu es aber hier wirklich fehlt. Wenn Sie einen Vormund brauchen sollten, so werden Sie schon brave Menschen finden, die sich Ihrer annehmen." Als Opitz, der Vormund der beiden Mädchen, die Einladung zurückwies, wurde der weimarische Hofjude Jakob Elkan verwandt, die Werbung weiter zu betreiben, jedoch umsonst. Dem Herrn Opitz kam zu Ohren, daß die Unschuld der beiden Mädchen in Weimar nicht sehr gesichert wäre, und Kirms widerlegte diese Befürchtung in solcher Weise, daß Opitz ihm schreiben konnte:

„Unbegreiflich ist mirs aber, wie ein Mann wie Sie junge unerfahrene Mädchen (laut dem Zeugniß Ihres eigenhändig geschriebenen Briefes) auf Dinge aufmerksam machen kann, die sie, zu deren Mädchen eygener Ehre sey es gesagt, noch nicht einmal verstehen, und sich deßhalb von mir erst eine Erklärung ausbitten, was Sie denn nehmlich in Ihrem Briefe damit sagen wollten, **eine M....... des Herzogs zu sein** und was denn das bedeute, **daß Ihr Herzog in diesem Punkte sehr gemäßigt sei**? Schamroth stand ich da und wußte gar nicht, was ich denen Mädchen darauf erwiedern sollte." [1]

Die beiden Fräulein Koch kamen nicht; dagegen wurde die siebenzehnjährige Karoline Jagemann, Tochter des Bibliothekars, welche Göthe selbst im Januar 1797 für die Weimarer Bühne gewonnen hatte, wirklich die „**M.......**" des „**in diesem Punkte sehr gemäßigten Herzogs**" und erlangte als solche einen solchen Einfluß auf die Weimarer Bühne, daß sie durch ihren Hochmuth nicht bloß allen anderen Schauspielerinnen unsäglichen Verdruß bereitete, sondern auch zuletzt Göthe selbst aus dem Sattel hob [2].

Vor der Hand gingen die Dinge noch erträglich; sie zankte sich höchstens mit anderen Schauspielerinnen herum.

Als Göthe von der Schweizerreise heimkam, fand er die Schauspieler, trotz seiner nun schon sechsjährigen Direction, noch so gut wie gar nicht vorgeschritten. Sie standen genau auf demselben prosaischen Niveau, wie die Schauspieler anderer Theater. Prosastücke trugen sie gut vor, für Poesie hatten sie nicht die nöthige Bildung. „Auf einem gewissen ebenen Wege der Natur und Poesie," sagt Göthe selbst [3], „machen sie ihre Sache

---

[1] E. Pasqué, Göthe's Theaterleitung in Weimar. I. 122. 145. 167. 158. — Düntzer, Göthe und Karl August. II. 231. 232.

[2] Ebdf. II. 169 ff.

[3] Schiller-Göthe Briefwechsel. I. 327.

über die Maßen gut, aber leider im Momente, wo nur eine Tinctur von Poesie eintritt, wie doch bei dem gelindesten Pathetischen immer eintritt, sind sie gleich null oder falsch." Er kam auf den Gedanken, Schiller die ästhetische Leitung der Bühne zu übertragen, und lud ihn Anfangs December (1797) zu einem Versuch in Weimar ein:

„Sehr nöthig thut unserem Theater ein solcher neuer Anstoß, den ich gewissermaßen selbst nicht geben kann. Zwischen dem, der zu befehlen hat, und dem, der einem solchen Institute eine ästhetische Leitung geben soll, ist ein gar zu großer Unterschied. Dieser soll auf's Gemüth wirken und muß also auch Gemüth zeigen, jener muß sich verschließen, um die politische und ökonomische Form zusammenzuhalten. Ob es möglich ist, freie Wechselwirkung und mechanische Kausalität zu verbinden, weiß ich nicht; mir wenigstens hat das Kunststück noch nicht gelingen wollen." [1]

Um das Interesse am Theater etwas zu heben, ließ Göthe auf Ende April den berühmtesten Schauspieler Deutschlands, Iffland, zu einem Gastspiel einladen und kündigte, als Iffland annahm, das Ereigniß „von Directionswegen" im Reichsanzeiger, in den Erfurter Anzeigen, in der Jenaischen Zeitung und im Weimarischen Wochenblatt an. Kirms versprach sich nicht viel davon; doch Göthe behielt Recht. Das Gastspiel wurde von nah und fern gut besucht, zwischen 380 und 430 Zuschauer bei jeder Vorstellung. Die erhöhten Preise (1 Thlr., 16 Gr., 8 Gr.) schlossen nur „einen gewissen Zirkel" von Zuschauern aus. Göthe war über Ifflands Leistungen außerordentlich entzückt, obwohl sein Repertoire nicht über die allergewöhnlichsten Zugstücke („Der deutsche Hausvater", „Stille Wasser sind tief", „Die verstellte Kranke" u. dgl.) hinausging und von jeder classischen Idealität noch weit entfernt war [2].

Wenn man an die heutigen Theater und Opernhäuser mit ihren 1200, 1500, 1600, 2000, 3000 Plätzen denkt, so kommt es Einem fast etwas wunderlich vor, nicht etwa von den dichterischen Leistungen Göthe's und Schillers, sondern von der „Hebung des Weimarischen Theaters" wie von einem Stück Weltgeschichte zu hören. Es streift ordentlich an Liliputerei. Im Juli 1798 wurde endlich der Riß zum neuen Theater bestimmt, das etwa 200 Leute mehr, also etwa 700 bis 800 Personen fassen und doch „bei weniger zahlreichen Repräsentationen nicht leer aus-

---

[1] Ebds. I. 337.
[2] Weber, Zur Geschichte des Weimarischen Theaters. S. 23. — Pasqué, Göthe's Theaterleitung. I. 271 ff. — Dünzer, Göthe und Karl August. II. 245. — Strehlke, Göthe's Briefe. I. 337.

16. Die erste Aufführung des Wallenstein.

sehen sollte"; Ende August war die Ausmalung schon beendet. Göthe war sehr damit zufrieden: „Die Anlage ist geschmackvoll, ernsthaft, ohne schwer, prächtig, ohne überladen zu sein."¹ Alles war leichtes Holzwerk, mit gemalten dorischen Säulen decorirt; die „Pracht" bestand in bronzirten Kapitälern, graugrünlichen Gesimsen und etlichen Masken daran „nach antiken Mustern".

Was dem kleinen Theater einigen Werth geben sollte, das war zunächst Schillers Wallenstein. Göthe hätte mit einer solchen Novität gern im October die Wintersaison eröffnet; aber so weit war es noch nicht². Schiller las ihm im August die zwei letzten Acte vor, so weit sie fertig waren. Aber fertig waren sie noch nicht und das Ganze wurde viel zu lang für eine Theatervorstellung. Nach all den jahrelangen hochfeierlichen ästhetischen Besprechungen über das Wesen und alle Eigenschaften der Tragödie entschied endlich das Ellenmaß über das Schicksal des Stückes. Der Lindwurm wurde nach einer Besprechung am 10. September entzwei geschnitten — erst in ein Vorspiel und ein Stück; dann wurden aus diesem noch zwei Stücke: „Die Piccolomini" und „Wallensteins Tod"³. Das Vorspiel war jetzt zu kurz und mußte erweitert werden. Nach Abraham a Santa Clara, den ihm Göthe zuschickte, flickte Schiller zwischen die Soldatenscenen die Kapuzinerpredigt hinein. Er hoffte, am 21. September fertig zu sein; es gelang ihm aber nicht. Göthe drängte und ging deßhalb selbst nach Jena hinüber. „Wahrscheinlich," schrieb er an Kirms⁴, „bringe ich das Vorspiel zum Wallenstein mit und wir können es zur Eröffnung geben. Es ist in mehr als einem Sinn geschickt, Aufsehen zu erregen." Einen Prolog, wie er versprochen hatte, lieferte er nicht; aber um recht Lärm zu schlagen, bereitete er schon Reclame vor, bevor Schiller noch die Kapuzinerpredigt vollendet hatte. „Übrigens," schrieb er ihm⁵, „ist eine Vorrecension (für Posselts allgemeine Zeitung), sowie des Effects, den das Stück gemacht, schema-

---

¹ Göthe's eigener Bericht in der Allgemeinen Zeitung vom 12. Oct. 1798. — Werke [Hempel]. XXVIII. 626—629.
² Schiller-Göthe Briefwechsel. II. 65 ff. 108 ff.
³ Göbeke, Schillers Briefwechsel mit Körner. II. 306. 307.
⁴ Göthe's Theaterbriefe. Berlin 1835. Nr. 0. Göthe und Kirms hatten die folgenden Wochen die größten Unannehmlichkeiten mit einem liederlichen Schauspielerpaar, die sich Herr und Madame Burgdorf nannten, aber gar nicht verheirathet waren. Eine ausführliche Geschichte ihrer Händel mit Kirms und Göthe gibt Pasqué. I. 177—252.
⁵ Schiller-Göthe Briefwechsel. II. 114.

16. Die erste Aufführung des Wallenstein.

tisirt und kann in einigen Stunden fertig werden. Da ich mich einmal auf das Gebiet der Unverschämtheit begeben habe, so wollen wir sehen, wer es mit uns aufnimmt." Schiller wurde noch in letzter, bringender Stunde fertig, Göthe nahm noch einige kleine Änderungen vor, am 11. war Hauptprobe vor den beiden Dichtern, am 12. wurde die Bühnensaison mit „Wallensteins Lager" eröffnet.

Der Erfolg war ein günstiger [1]. Das Stück gefiel, und mochte auch das große Publikum über das bunte Lagerbild mehr gaffen und staunen, so fehlte es doch nicht an solchen, welche den Übergang von der bisherigen seichten Theaterwaare zur ernsteren, höheren Dramatik verstanden und genossen und dem Dichter folgten, der sie schon im Prolog aus dem bisherigen kleinlichen Treiben zu Größerem emporrief:

> „Denn nur der große Gegenstand vermag
> Den tiefen Grund der Menschheit aufzuregen.
> Im engen Kreis verengert sich der Sinn,
> Es wächst der Mensch mit seinen größern Zwecken.
> Und jetzt an des Jahrhunderts ernstem Ende,
> Wo selbst die Wirklichkeit zur Dichtung wird,
> Wo wir den Kampf gewaltiger Naturen
> Um ein bedeutend Ziel vor Augen seh'n,
> Und um der Menschheit große Gegenstände,
> Um Herrschaft und um Freiheit wird gerungen,
> Jetzt darf die Kunst auf ihrer Schattenbühne
> Auch höhern Flug versuchen, ja sie muß,
> Soll nicht des Lebens Bühne sie beschämen." [2]

Nachdem am 13. noch eine Wiederholung stattgefunden, begleitete Göthe den ermuthigten Freund nach Jena, wo dieser sofort begann, den 2. und 3. Act des frühern Wallenstein zu dem Drama „Die Piccolomini" umzuarbeiten. Trotz Kränklichkeit und Schlaflosigkeit widmete er sich der Aufgabe mit unbeugsamer Energie. Da er im December noch Schwierigkeit über Wallensteins Astrologie bekam, Iffland und Göthe unaufhörlich drängten, gerieth er zuletzt in die unangenehmste Hetze hinein. In der Christnacht mußte er noch mit drei Copisten arbeiten, „qualvoll über der Angst, nicht fertig zu werden".

Als Schiller das Manuscript endlich einsandte, aber es immer wieder zurückforderte, um zu ändern, schickte ihm Göthe schließlich folgende Mahnung:

---

[1] Über die Aufführung vgl. Palleske, Schillers Leben. II. 429. 430.
[2] Schillers Werke [Hempel]. IV. 14. 15.

16. Die erste Aufführung des Wallenstein.

„Überbringer dieses stellt ein Detachement Husaren vor, das Ordre hat, sich der Piccolomini's, Vater und Sohn, wie es gehen will, zu bemächtigen, und wenn er derselben nicht habhaft werden kann, sie wenigstens stückweise einzulösen.

Weimar 27. Dezember 1798.

Melpomenische zum Wallenstein'schen Unwesen
gnädigst verordnete Kommission
Göthe und Kirms."[1]

Zu den Proben reiste Schiller am 4. Januar 1799 nach Weimar, wo er im Schlosse selbst eine bequeme Wohnung erhielt. Die Schauspieler hatten Mühe, sich an den Vers zu gewöhnen, und entsprachen nicht in Allem den Wünschen des Dichters. Die Aufführung fand am 30. Januar, dem Geburtstag der Herzogin, statt. Die Jagemann gab die Rolle der Thekla, Graff den Octavio. Da der Schauspieler Voß als Max zu weich spielte, suchte Schiller ihm mit Champagner nachzuhelfen, was aber fast dem Stück übel bekommen wäre. Denn Max verlor nun beinahe den Kopf. Das Personal that indeß, was in seinen Kräften stand, und der Erfolg war wenigstens insoweit erreicht, als das Publikum jetzt mit Spannung dem eigentlichen „Wallenstein" entgegensah.

Da die hemmenden Fäden der breiten geschichtlichen Exposition in den zwei vorausgehenden Stücken alle gezogen waren, gelang das dritte Stück rascher als verhältnißmäßig die beiden andern und konnte schon im April eingeübt und in Schillers Anwesenheit aufgeführt werden. Den 15., 17. und 20. wurden nach einander die drei Stücke gegeben, am 22. Wallensteins Tod wiederholt. Der Eindruck war ein tiefer, gewaltiger. Das ganze Publikum wurde mit fortgerissen, und selbst diejenigen, welche sich von der Dichtung nicht ganz Rechenschaft geben konnten, hatten das Gefühl, daß hier etwas Außerordentliches geleistet sei.

„Wallenstein" ist wirklich ein Markstein in der deutschen Literaturgeschichte. Mit ihm betritt das eigentliche classische Drama[2] die Bühne, eine Tragödie, die sich mit derjenigen der Griechen und Shakespeare's messen kann. Die Periode der „Räuber" und des „Don Karlos" ist hier gründlich überwunden. Handlung, Anlage, Durchführung, Form

---

[1] S. Palleske. II. 432 ff.

[2] Lessings „Emilie Galotti" steht noch zwischen dem bürgerlichen Trauerspiel und der höheren Tragödie, „Nathan" ist nach Lessings eigenem Geständniß nur eine Streitschrift in dramatischer Form. Für „Iphigenie" und „Tasso" war jetzt erst der Weg gebahnt.

und Sprache sind meisterhaft. Auch in religiöser Hinsicht ist Wallenstein eine Wendung zum Bessern.

Man darf in Beurtheilung desselben nicht von der neueren geschichtlichen Wallensteinforschung ausgehen. Schillers Wallenstein ist nicht jener der Geschichte. Der dramatische Dichter ist kein Geschichtschreiber, und sobald er nicht im Interesse einer Tendenz die Geschichte fälscht, kann man ihm keinen Vorwurf machen, wenn er im Interesse seines tragischen Planes von der Geschichte abgeht. Dazu fanden sich alle großen Dramatiker mehr oder weniger genöthigt.

Schiller verfolgte beim „Wallenstein" keine religiöse, keine politische Tendenz; er wollte lediglich ein großes historisches Drama schreiben, im Sinne des Aristoteles und der Alten, soweit sie sich mit Shakespeare im Einklang befinden. Indem er einen entsprechenden großen Stoff suchte, kam er aus dem künstlichen Griechenthum auf deutschen Boden zurück, auf diesem selbst in jene Zeit, wo es noch ein starkes deutsches Reich gab, wo die alte Ordnung der Dinge der Dichtung noch einen wahrhaft großen nationalen Hintergrund gab. Die Studien, aus welchen Wallenstein hervorging, waren eigentlich angestellt, um ein Epos über Gustav Adolph zu schreiben. Der Dichter kam davon ab, weil er für den fremden Plünderer Deutschlands sich nicht begeistern konnte. Vor eigentlich katholischen Charakteren und Stoffen mußte er als Protestant auch zurückschrecken. Da heftete sich sein Interesse aber auf eine Gestalt, welche zwischen den beiden Lagern steht, auf einen Mann, der, mit allen Anlagen zu einem Helden ausgerüstet, am Reichsverrath zu Grunde geht. Sein tragisches Loos ist verbunden mit der Tragik des gesammten deutschen Volkes. Er geht unter, weil er sich an der ewigen Ordnung, am historischen Recht, an Glauben und Treue zugleich versündigt. Völlig richtig und klar hat das Schiller nicht ausgesprochen; aber das Stück ist objectiv eine vollständige Verläugnung des protestantischen Parteistandpunktes, eine gewaltige Annäherung an die historische, katholische Ordnung des alten Deutschland. Schillers Scheu vor katholischen Stoffen war damit gebrochen; er trat auf einen Standpunkt, welcher demjenigen Shakespeare's sehr nahe steht.

Göthe hat sich um die Dichtung die größten Verdienste erworben, indem er den Dichter ermuthigte, seine theoretischen Kunstanschauungen förderte, bei der technischen Ausführung half, das Stück zuerst für die Bühne gewann, durch sein Drängen zur Vollendung führte und zur glänzenden Aufführung und zum Erfolge großmüthig beitrug. Jener inneren Richtung Schillers aber ist er mehr oder weniger fremd geblieben. Für ihn war das Stück nur ein glänzendes modernes Kunstgebilde, eine glückliche Novität, um das Weimarer Theater in Aufschwung zu bringen und das deutsche Drama selbst einer höheren künstlerischen Vollendung entgegenzuführen. Ihn kümmerte es wenig oder nicht, daß im Wallenstein die historische Ordnung triumphirt, ein genialer Revolutionär an seiner eigenen Halbheit, seinem Un- und Aberglauben, seiner Treulosigkeit zu Grunde geht, und zwar als Verbündeter der Schweden gegen Kaiser und Reich. Während Schiller an dieser inneren Pragmatik der Geschichte Befriedigung fand und sich daran begeisterte, plante Göthe ein griechisches Epos im Stile Homers, kramte in Diderot herum und übersetzte endlich ein Stück Voltaire's. Vergeblich mahnte ihn Wilhelm v. Humbolt, der in Paris soeben den ganzen Diderot gelesen hatte, daß bei diesem geistreichen Franzosen zwar Anregung, aber weder ein tieferes Kunstverständniß noch Poesie zu holen sei:

„Seine Stärke besteht wohl allein im Sprechen und Raisonniren, im beständigen und genievollen Verwechseln aller Bilder und Zeichen miteinander, in der seltenen Gabe schneller und allgemeiner Verknüpfung der verschiedenartigsten Gegenstände, in dem Talent, jedem Gedanken Farben zu leihen und durch jede Farbe den Gedanken durchschimmern zu lassen. ... Ich erinnere mich kaum, je aus einem Diderot'schen Aufsatz etwas gelernt zu haben, aber seine Lectüre hat mich immer in eine regere Geistesthätigkeit versetzt, und dasselbe hat mir auch Schiller oft von sich bezeugt."[1]

---

[1] Bratranek, Göthe-Humbolt Briefwechsel. S. 59—61.

17. Göthe und Schiller.

1795—1805.

„Schillers eigentliche Productivität liegt im Idealen, und es läßt sich sagen, daß er ebenso wenig in der deutschen als in einer andern Literatur seinesgleichen hat."
Göthe, Gespräche mit Eckermann. I. 212.

„Wenn Schiller so viel populärer geworden ist, als Göthe, so hat dieß bloß seinen Grund darin, daß er ein echt deutscher Dichter ist. Es ist ein deutscher Zug, daß er immer auf große und tiefe Gedanken ausgeht und ihren Ausdruck anstrebt; so auch der Widerspruchsgeist und Freiheitsfinn, welcher sich durch alle seine Dichtungen hindurchzieht."
Ludwig Tieck (Köpke. II. 196).

Es würde eine arge Täuschung sein, Schillers weitere dramatische Thätigkeit als eine dem Wirken Göthe's biametral entgegengesetzte, christliche oder gar katholisirende aufzufassen. Er blieb wie Göthe äußerlich Protestant, er beschränkte sich dabei wie Göthe auf die Erfüllung der allernöthigsten und dürftigsten Formalitäten, er ging praktisch wie Göthe allen weiteren religionsphilosophischen und theologischen Untersuchungen aus dem Wege. Seine Religion, der letzte Zielpunkt und das Centrum seines ganzen Strebens war die Kunst. In ihr suchte er für sich selbst Befriedigung; durch sie hoffte er auch auf seine Zeitgenossen segensreich einzuwirken. Denn ohne sich selbst genaue Rechenschaft von seinem Wissen und Glauben zu geben, faßte er seine Kunst — nunmehr fast ausschließlich die dramatische — als eine erhabene Mission an die Menschheit auf; er wollte durch seine Poesie Mit- und Nachwelt für das Höchste, Größte und Erhabenste begeistern; er wollte sie sittlich veredeln, heben, glücklich machen.

In diesem edeln, wenn auch unklaren und schwärmerischen Drange entfernte er sich indeß, ohne es zu beabsichtigen, ebenso sehr von dem protestantischen Parteistandpunkte, als von den Ideen der Revolution, dem künstlichen Griechenthum, dem er bis dahin gehuldigt hatte, und auch von Göthe. Indem er seine früheren Lieblingsideen fahren ließ und lediglich auf schöne, ergreifende Stoffe fahndete, kam er unversehens in das

Grenzgebiet katholischen Lebens hinüber, und siehe da! die ganze Weltgeschichte nahm hier ein freundlicheres und fruchtbareres Ansehen an. Er brauchte nun nicht mehr auf Verschwörungen zu sinnen. Auf katholischem Boden wuchsen die schönsten, poesievollsten Stoffe in Hülle und Fülle. Da hörte die biblische Wortklauberei, das Muckerthum, der nüchterne, bornirte, langweilige Rationalismus auf. Da fand er noch den Glauben an Gott und eine übernatürliche Weltordnung in voller Lebendigkeit. Da glaubte man noch an Wunder und Weissagung, da gab es Engel und Heilige. Da war der Gottesdienst voll bezaubernder Poesie. Er hat den Eindruck selbst seinem Mortimer in den Mund gelegt:

> „Ich zählte zwanzig Jahre, Königin,
> In strengen Pflichten war ich aufgewachsen,
> In finsterm Haß des Pastthums aufgesäugt,
> Als mich die unbezwingliche Begierde
> Hinaustrieb auf das feste Land. Ich ließ
> Der Puritaner dumpfe Predigtstuben,
> Die Heimath hinter mir; in schnellem Lauf
> Durchzog ich Frankreich, das gepriesene
> Italien mit heißem Wunsche suchend.
>
> Es war die Zeit des großen Kirchenfests,
> Von Pilgerschaaren wimmelten die Wege,
> Bekränzt war jedes Gottesbild, es war,
> Als ob die Menschheit auf der Wand'rung wäre,
> Wallfahrend nach dem Himmelreich. — Mich selbst
> Ergriff der Strom der glaubenvollen Menge
> Und riß mich in das Weichbild Roms —
> Wie ward mir, Königin!
> Als mir der Säulen Pracht und Siegesbogen
> Entgegenstieg, des Colosseums Herrlichkeit
> Den Staunenden umfing, ein hoher Bildnergeist
> In seine heil're Wunderwelt mich schloß!
> Ich hatte nie der Künste Macht gefühlt;
> Es haßt die Kirche, die mich auferzog,
> Der Sinne Reiz, kein Abbild duldet sie,
> Allein das körperlose Wort verehrend.
> Wie wurde mir, als ich in's Innere nun
> Der Kirchen trat, und die Musik der Himmel
> Herunterstieg, und der Gestalten Fülle
> Verschwenderisch aus Wand und Decke quoll,
> Das Herrlichste und Höchste gegenwärtig
> Vor den entzückten Sinnen sich bewegte,
> Als ich sie selbst nun sah, die Göttlichen,
> Den Gruß des Engels, die Geburt des Herrn,
> Die heil'ge Mutter, die herabgestiegene
> Dreifaltigkeit, die leuchtende Verklärung —

17. Göthe und Schiller.

> Als ich den Papst drauf sah in seiner Pracht
> Das Hochamt halten und die Völker segnen —
> O was ist Goldes, was Juwelen-Schein,
> Womit der Erde Könige sich schmücken!
> Nur er ist mit dem Göttlichen umgeben.
> Ein wahrhaft Reich, der Himmel ist sein Haus,
> Denn nicht von dieser Welt sind diese Formen."[1]

Sind diese glühend begeisterten Worte auch keineswegs als ein religiöses Glaubensbekenntniß des Dichters aufzufassen, so doch als ein ästhetisches. Schillers hoher, kühn zum Ideal emporringender Geist fand in dem vielgelästerten Katholicismus das Schöne, das Große, das Tragische, das Göttliche — das Ideale in reichster Fülle. Er hat die Peterskirche nie gesehen, ebenso wenig gesehen als Messina oder das Rütli; aber was ihm Göthe davon erzählte, fiel in seiner edeln, großen Seele auf einen ganz andern Boden, als bei dem sinnlichen, heidnischen Göthe. Ihm war der Papst kein bloßer Schauspieler, die Kirche kein bloßer ungeheuerlicher Betrug — glaubte er auch nicht an sie, so ehrte er sie doch als die großartigste historische Erscheinung[2], als die Erhalterin der altclassischen Wissenschaft, die Erbin der antiken Kunst, die einzige Religion, welche die höchsten Ideale auch mit allem Zauber der Kunst umgibt[3]. Seine kantische Philosophie mochte ihn die Wirklichkeit nur als „Erschei-

---

[1] Schillers Werke [Hempel]. V. 24. 25.

[2] Als Wilhelm von Humboldt über die traurigen Zustände in Rom berichtete, welche den Papst nöthigten, sich selbst in seinem Privatleben einzuschränken, schrieb Charlotte von Schiller: „Ich bin ordentlich gekränkt, daß die Größe des Papstes verschwindet, denn in der Phantasie war er eine so wunderbare Erscheinung." Charlotte von Schiller. I. 476.

[3] Es hat etwas Wahres, wenn Hermann Hettner über die „Jungfrau von Orleans" bemerkt: „Nicht wie gewöhnlich geschieht, aus romantischen Neigungen Schillers ist diese abzuleiten, sondern einzig aus seiner antikisirenden Richtung. Es kommt hier dem Dichter auf ein unmittelbares sinnliches Eingreifen der Gottheit in das Leben und Treiben der Menschen an, auf ein bestimmtes Göttergebot im Sinne des antiken Schicksals. Er sucht sich aber auf modernem Boden zu halten und sich an unsere Religion anzulehnen, wie der griechische Dichter an die seinige. So war ihm hier die einzig brauchbare Form der Katholicismus." Die romantische Schule in ihrem inneren Zusammenhang mit Schiller und Göthe. Braunschweig 1850. S. 112. 113. Dagegen irrt Hettner, wenn er diese „Brauchbarkeit" auf einen „fatalistischen Zug" bezieht. Fatalistisch ist die kirchliche Lehre durchaus nicht. Wohl aber bot sie dem Dichter einen tiefen Glauben an eine in's Sichtbare eingreifende Providenz, eine religiös-sichtbare Weltordnung, die Ideale der Heiligkeit und Jungfräulichkeit, der Unschuld und der Buße, das Wunderbare als Wirklichkeit, und hiermit die Grundlage der herrlichsten poetischen Motive. Vgl. ebds. S. 135. 136.

nung" auffassen lassen, aber es war die schönste, welche die ganze neuere
Zeit bot. Geschichtliche Irrthümer und Vorurtheile mochten seine Auffassung umdüstern, aber er suchte das „Schöne" nicht mehr in Hellas,
sondern im christlichen, katholischen Europa, und trat schon dadurch, daß
er den engherzigen deutschthümelnden Nationalstandpunkt aufgab, in den
Ideenkreis jener Kirche ein, welche alle Völker zu einer Gottesfamilie
vereinigt. Ganz und voll können seine nun folgenden Dramen keinen
Katholiken befriedigen, weil sie nicht aus der Fülle katholischen Glaubens
hervorgegangen sind; sie kranken da und dort an den irrigen Humani-
täts- und Schicksalsideen jener Zeit, an kantischen Irrthümern, an Über-
bleibseln der revolutionären Strömung, welcher Schiller früher gehuldigt
hatte; aber sie ragen in ihren ethischen Grundzügen, in ihrer ganzen
Auffassung des Menschenlebens weit über die kleinlichen, weichlichen und
weibischen Bühnenfiguren der Göthe'schen Sing- und Paradespiele, des
Egmont, der Stella, des Clavigo empor und stellen dem formlosen Götz
die vollendetste dramatische Gestaltung gegenüber. Da sind nicht bloß
Reden und Gefühle, da ist Handlung und Leben; da ist nicht ewiges
Liebesgezwitscher und Damendeclamation, wie Göthe sie für schöne Prima-
donnen zurechtgerichtet, sondern die bunte, reiche Welt der verschiedensten
Charaktere und Leidenschaften, wie Shakespeare sie in seinen Schauspielen
entfaltet. Auch Tasso und Iphigenie sind hier übertroffen.

In „Maria Stuart" riß sich Schiller insoweit von der altprote-
stantischen Geschichtschreibung völlig los, als er den Heiligenschein der
„jungfräulichen" Königin Elisabeth unerbittlich zertrümmerte. Sie steht
als die herrschsüchtige, neidische Buhlerin da, als welche sie die wirkliche
Geschichte ausweist. Die schöne Schottenkönigin ist nicht als Martyrin
aufgefaßt, wie sie bei den verfolgten Katholiken Englands galt, aber
auch nicht als jene Verbrecherin, zu der sie ihre bigotten Feinde für ewig
stempeln wollten. Sie ist eine durch ihre Schönheit und Liebenswürdigkeit in das Netz der Schuld gestürzte Frau, mehr bemitleidenswerth und
unglücklich, als schuldig und hassenswerth. Durch ihre Buße gestaltet
sich ihr Tod fast zum Heldentod. Das ganze Stück ist edel und groß
gedacht und verräth die innigste Sympathie mit der unglücklichen Königin, welche heute noch von Vielen als Martyrin des katholischen Glaubens verehrt wird. Es war durchaus nicht in feindlicher Absicht, wenn
der Dichter ihre Beicht und letzte Communion auf die Bühne brachte:
die Stelle selbst bezeichnet die tiefste Theilnahme und Ergriffenheit. Wer
sich zuerst daran stieß, war der leichtlebige Herzog Karl August, der

seine Karoline Jagemann lieber in anderen theatralischen Situationen sah, als büßend und sterbend.

Den 14. Juni 1800 ward „Maria Stuart" zum ersten Mal aufgeführt. Einen Monat zuvor (am 14. Mai) konnte Macbeth, eines der schönsten Stücke Shakespeare's, in Schillers Übersetzung gegeben werden. Nur ein Jahr war seit der Aufführung des „Wallenstein" verflossen; wieder nur ein Jahr (im Frühjahr 1801) — und die „Jungfrau von Orleans"[1] stand zur Aufführung bereit.

Um den Werth dieses Stückes zu würdigen, muß man vorab zwei Dinge in Erwägung ziehen: erstlich, daß Schiller feierlich von jener Nation zum Ehrenbürger ernannt worden war, die bald darauf — es waren sieben Jahre her — den Königsmord an Ludwig XVI. verübt hatte, und zweitens, daß Voltaire das Andenken der Jungfrau von Orleans durch sein Schandgedicht, die „Pucelle", in der Fluth des unzüchtigsten Schmutzes gleichsam ertränkt hatte. Herzog Karl August, in diesem Gedichte wohl bewandert, hielt es geradezu für unmöglich, daß dieser Stoff je wieder zu Ehren gebracht werden könnte[2]. Schiller hat das zu Stande gebracht. Vor einem seichten, noch an Voltaire, Rousseau und Diderot gebildeten Hof, dem jenes Schandgedicht geläufig war, wagte er es, Voltaire beherzt gegenüberzutreten; er rief die in Unrath verschüttete Heldengestalt vom Grabe auf, umgab sie mit allem Zauber ländlich-idyllischer Gemüthlichkeit und religiöser Weihe, er drückte ihr das jungfräuliche Banner der Himmelskönigin in die Hand, er stellte sie an die Spitze der französischen Heere, er ließ sie Frankreich retten und den König krönen und motivirte ihr tragisches Loos mit hinreißender, dramatischer Kunst in einer Verwicklung, durch welche der innerste Werth jungfräulicher

---

[1] „Abermals eine katholische Heldin, eine Wundergestalt des Mittelalters, aber eine Vertreterin der idealen Weiblichkeit, eine Kämpferin für die gute Sache, geheiligt durch die Weihe der Religion und durch die Weihe der Natur. Schiller nimmt mit seinem ganzen Herzen für sie Partei." W. Scherer, Schiller. — Deutsche Rundschau. XXXIV. 432.

[2] „In Voltaire's ‚Pucelle', können wir sagen, genoß das achtzehnte Jahrhundert sich selbst in seiner Frivolität, die an sich zwar häßlich, aber von seinen übrigen bessern Eigenschaften leider nicht zu trennen ist." D. Fr. Strauß, Voltaire. S. 71. — Zelter nennt die „Pucelle" bezeichnender den „Stinkpfuhl einer französischen Fleischgrube" und fügt bei: „Ungerechnet, daß ein schöner Geist sich einundzwanzig Gesänge lang con amore in grober Unzucht zu gefallen nicht ermüdete, ist mir die bestialische Gottlosigkeit gegen Poesie und Alterthum widerständig gewesen, die mit breitem Fuße auf alles tritt, was Blume oder Blüthe hat. Ich bin froh davon zu sein." — Göthe-Zelter Briefwechsel. VI. 341.

Reinheit, die Reinheit der Gesinnung und des Willens, glänzend hervorgehoben wurde. Schon durch den leisen Schatten einer Verletzung ihres Gelübdes — Mitleid mit dem überwundenen Lionel — wird die heldenhafte übernatürliche Sendung der Jungfrau gestört, und nur Leiden, Buße und Tod umgeben sie schließlich mit dem Strahlenkranze der Verklärung. Durch Schillers Drama ward für den besseren Theil der Gebildeten das Schandlibell Voltaire's aus dem Wege geräumt und die Jungfrau von Orleans in ähnlicher Weise wieder zu Ehren gebracht wie Maria Stuart, was aber weit kostbarer war, die Idee jungfräulicher Reinheit und der Glaube, daß sie in der übernatürlichen Welt und in den Schicksalen der Menschheit eine bevorzugte Stellung einnimmt. Hatte der Dichter einst eine Vertheidigungsschrift für Ludwig XVI. schreiben wollen, so schrieb er in diesem Stücke wenigstens eine des Königthums von Gottes Gnaden, indem er dasselbe mit aller Würde, Pracht und religiösen Weihe der katholischen Zeit umgab und den jammervollen Zerrbildern der Revolution triumphirend gegenüberstellte:

„Das edle Bild der Menschheit zu verhöhnen,
Im tiefsten Staube wälzte dich der Spott;
Krieg führt der Witz auf ewig mit dem Schönen,
Er glaubt nicht an den Engel und den Gott;
Dem Herzen will er seine Schätze rauben,
Den Wahn bekriegt er und verletzt den Glauben.

„Doch wie du selbst aus kindlichem Geschlechte,
Selbst eine fromme Schäferin wie du,
Reicht dir die Dichtkunst ihre Götterrechte,
Schwingt sich mit dir den ew'gen Sternen zu;
Mit einer Glorie hat sie dich umgeben;
Dich schuf das Herz, du wirst unsterblich leben." [1]

Schon auf den 30. Januar 1802 war ein neues Stück bereit, wiederum auf katholischem Boden gewachsen: „Turandot", das poesievolle Märchen des Italieners Carlo Gozzi — mit den wunderschönen Räthseln Schillers, ein köstliches Gegenstück zu der mehr oder weniger plattbürgerlichen Komik der damaligen deutschen Bühne. Weit angestrengtere Arbeit erforderte die Tragödie „Die Braut von Messina", welche am 19. März 1803 zur Aufführung kam. Über die Chöre und über die Schicksalsidee darin ist viel geschrieben worden. Das Theatermobvolk konnte sich in die Chöre nicht finden, welche den Vergleich mit den schönsten griechischen Chören vollständig aushalten und zum Großartigsten ge-

---

[1] Schillers Werke [Hempel]. I. 193.

hören, was die deutsche Literatur besitzt. Was die Schicksalsidee betrifft, so ist die Fabel um kein Haar heidnischer, als jene in Calderons „Andacht zum Kreuze". Daß Gott die Schuld der Eltern an den Kindern straft, daß er den Menschen durch Träume und wunderbare Mahnzeichen warnen kann, daß Leichtsinn und vor Allem leichtsinnige Liebe genügt, um die furchtbarsten Verwicklungen im Menschenleben herbeizuführen, das sind lauter Elemente der gewöhnlichen Providenz, die in hundert Erzählungen katholischer Völker ihre Rolle spielen. Calderon hätte kein Bedenken gehabt, die Fabel auszuführen, wie sie Schiller mit höchster tragischer Meisterschaft behandelt hat, und Herzog Karl August hatte ganz recht, wenn er die eigentlichen Personen des Stücks als „Stockkatholiken" erklärte. Wenn er sich aber über den Chor als „bewaffnete Poeten" lustig machte, so beweist das nur, daß er den griechischen Chor nicht zu würdigen wußte, und wenn er es lächerlich fand, daß der Chor von den heidnischen Göttern spricht, so übersah er ganz, daß die Renaissance in den dichtenden wie in den bildenden Künsten hieran nicht den mindesten Anstoß nahm.

Am 17. März 1804 beschritt endlich das letzte Meisterwerk Schillers, der „Tell", die Weimarer Bühne. Er hatte die Schweiz nie gesehen, aber was ihm Göthe davon erzählt, und was er in Tschudi, Scheuchzer u. A. darüber fand, genügte ihm, das schönste Bild der katholischen Urschweiz zu entwerfen, das je gezeichnet worden ist. Moralisten haben den Schuß auf Geßler sehr anstößig gefunden; er steht indeß in den alten katholischen Chronisten verzeichnet. Die historische Kritik hat die ganze Grundlage des Stückes zerpflückt, und doch hat es von seiner Popularität nichts verloren. Schiller kehrte darin zu seiner alten Lieblingsidee, der „Freiheit", d. h. der zugleich ethischen und politischen Freiheit als der Grundlage alles menschlichen Wohlseins zurück; aber er suchte sie nicht mehr unter Räubern und Verschwörern, sondern im Schooße eines katholischen Volkes, das nur innerhalb der Schranken der Gesetzlichkeit sich ungerechter Bedrückung erwehrt, des armen kleinen Volkes, das später Jahrhunderte lang die Ehrenwache der Päpste war. Die Rütli-Scene rechnete auch Göthe zu dem Schönsten, was Schiller hervorgebracht.

Bereits mit der letzten Krankheit ringend, wandte Schiller im Frühjahr 1805 sein Interesse einem andern katholischen Volke zu, dem polnischen. Der polnische Reichstag des begonnenen „Demetrius" ist ein würdiges Seitenstück zur Rütli-Scene. Das große historische Bild noch auf Rußland auszudehnen, war ihm nicht mehr vergönnt; dagegen entwarf der schon dem Tode zusinkende Dichter in seinem Festspiel „Huldigung der Künste" ein wunderbar schönes Kleinbild seiner ganzen, ernsten und tiefen Kunstauffassung, worin er, die einzelnen Künste treffend zeichnend, das höhere Ziel aller in das Wort zusammenfaßt:

„Ich trage dich hinauf zum höchsten Schönen."

Zwischen die großen Dramen hinein übersetzte er noch aus freundlich-dankbarer Rücksicht gegen den Herzog, dessen Liebhaberei für französisches Theater er keineswegs theilte, zwei harmlose kleine Lustspiele: „Onkel als Neffe" und „Der Parasit", sowie die „Phädra", eines der vorzüglichsten Stücke der classischen französischen Bühne, das Werk eines sehr braven Katholiken: Racine.

Unter den hinterlassenen Fragmenten bezeugt der ausführliche Plan zu den „Malthesern" die innigste Begeisterung Schillers für die poesievolle Erscheinung dieses religiösen Kriegerordens und seiner Heldenthaten an der großen Zeitenwende zwischen Mittelalter und Neuzeit.

Im „Gang nach dem Eisenhammer" hat er der heiligen Messe, im „Kampf mit dem Drachen" dem stillen Wallfahrtskirchlein und den Ritterorden, im „Grafen von Habsburg" der heiligen Eucharistie und dem christlichen Kaiserthum seine dichterische Huldigung dargebracht, so gut es eine mangelhafte Kenntniß katholischer Lehre und Sitte ihm erlaubte; in seinem Liede von der Glocke hat er in unübertroffener, classisch schöner Form den poetischen Zauber und die höhere Weihe gefeiert, welche die in der Glocke symbolisch verkörperte Christusreligion über das Leben des Einzelnen wie der Gesellschaft ausgießt:

„Hoch überm niedern Erdenleben
Soll sie im blauen Himmelszelt,
Die Nachbarin des Donners, schweben
Und grenzen an die Sternenwelt;
Soll eine Stimme sein von Oben,
Wie der Gestirne helle Schaar,
Die ihren Schöpfer wandelnd loben
Und führen das bekränzte Jahr."

Hält man das Alles zusammen, so ist es nahezu unmöglich, den tiefen, im Grunde religiösen Gegensatz zu verkennen, der zwischen der Poesie Schillers in seinen letzten Jahren und derjenigen Göthe's waltet. Eine „Stimme von Oben" kann man sie zwar ebenso wenig nennen, wie diejenige Göthe's. Es fehlt ihr die positiv-religiöse und gläubige Inspiration, die Klarheit, die Sicherheit, die volle Harmonie, welche nur das ganze und volle Christenthum zu gewähren vermag; aber während Schillers

Geist unaufhörlich sich läuternd und verklärend zu den Höhen der christlichen Ideale emporringt, setzt sich derjenige Göthe's immer zäher, behaglicher, sinnlicher auf der Erde fest. Schillers Poesie ist ein gewaltiger „Ruf nach Oben", zurück zur Geschichte, zum Übernatürlichen, zur Kirche, zu Gott. Göthe's Thätigkeit dagegen — in dieser Zeit mehr Prosa als Poesie — klammert sich immer enger an die sichtbare Natur und an den irdischen Genuß an, sinkt herab zu den Anschauungen des antiken Heidenthums und von diesen in die noch flacheren Niederungen der französischen Encyklopädie.

Dieser Gegensatz beleuchtet schon genugsam, was von der Vorstellung zu halten ist, Schiller habe in seinen letzten Jahren gleichsam nur „als Göthe's Bevollmächtigter" gedichtet, „Göthe habe commandirt und Schiller seine Anregungen ausgeführt"[1]. Nichts ist unwahrer, als das. Das Verhältniß der beiden Dichter zu einander erheischt indeß noch einige nähere Besprechung.

In materieller Hinsicht hat Schiller jedenfalls weder dem Herzog Karl August, noch seinem Günstling Göthe eigentlich viel zu danken gehabt. Göthe erhielt vom Herzog freie Wohnung und 1800 Thaler Gehalt. Als der lockere Knebel 1797 im Alter von 53 Jahren noch die Sängerin Rudorf heirathen wollte, von der er bereits ein Kind hatte, bekam er vom Herzog zur Aussteuer 1500 Thaler geschenkt. Kotzebue, der um jene Zeit maitre des plaisirs für die Prinzen in Berlin wurde, bezog ein lebenslängliches Gehalt von 1600 Thalern und erhielt dazu eine Domherrnstelle in Magdeburg. Schiller, der erste Dramatiker Deutschlands, der hoch über Knebel und Kotzebue stand und um diese Zeit auch bedeutend mehr als Göthe leistete, erhielt von dem gefeierten Mäcenas der deutschen Poesie bis zum September 1799 den jährlichen Bettel von zweihundert Thalern[2]. Als er im Jahre 1795 einen

---

[1] Hermann Grimm, Göthe. Vorlesungen. II. 169.
[2] Schon als Reinhold in Jena angestellt wurde, mußte sein Gehalt, 200 Thlr., „herausgebettelt" werden. S. Göbeke, Schillers Briefe an Körner. I. 253. Vgl. ebdf. I. 339. 343. 347. 348. „Mit gesenkter Stimme und einem verlegenen Gesichte sagte er (der Herzog), daß 200 Thlr. alles sei, was er könne. Ich sagte ihm, daß dieß alles sei, was ich haben wolle." Ebdf. I. 350. Vgl. I. 421; II. 149. — Die Erhebung zum professor ordinarius (1798) trug nicht einmal einen Anspruch auf eine künftig einmal vacante Besoldung ein (II. 294). Den 26. Sept. 1799 kamen 200 Thlr. mit etwas Holz in natura (II. 333). — Erst am 3. Juli 1804 konnte Schiller schreiben: „Der Herzog hat sich sehr generös gegen mich betragen und meine Besoldung auf 800 Thlr. erhöht, auch versprochen, bei ehester Gelegenheit das 1000 voll zu machen" (II. 466). Die Angabe Göthe's bei Ecker-

Ruf nach Tübingen erhielt, ließ ihm der Herzog auf seine Bitte Verdoppelung des Gehaltes in Aussicht stellen; es blieb aber bei der schönen Aussicht, sobald man seiner wieder sicher zu sein glaubte. Vom Herbst 1799 an wurden 200 Thaler mehr verwilligt. Erst 1804, als Schiller nach Berlin gereist war, um sich dort nach einer vortheilhafteren Stellung umzusehen, legte der Herzog zu dem bisherigen armseligen Gehalt noch 400 Thaler. Gehalt und Zulage betrugen nicht so viel als Schiller im Jahre 1803 vom Coadjutor Dalberg geschenkt erhielt[1].

Göthe hat später nicht bloß das Gehalt Schillers falsch angegeben, sondern auch seine precäre Lage mit ihren verhängnißvollen Folgen höchst lieb- und rücksichtslos dargestellt.

„In seinem reiferen Leben," sagt er von Schiller, „wo er der physischen Freiheit genug hatte, ging er zur ideellen über, und ich möchte fast sagen, daß diese Idee ihn getödtet hat, denn er machte dadurch Anforderungen an seine physische Natur, die für seine Kräfte zu gewaltsam waren.

„Der Großherzog bestimmte Schillern bei seiner Hierherkunft einen Gehalt von jährlich tausend Thalern und erbot sich, ihm das Doppelte zu geben, im Fall er durch Krankheit verhindert sein sollte, zu arbeiten. Schiller lehnte dieses letzte Anerbieten ab und machte nie davon Gebrauch. ‚Ich habe das Talent,' sagte er, ‚und muß mir selber helfen können.' Nun aber, bei seiner vergrößerten Familie in den letzten Jahren, mußte er der Existenz wegen jährlich zwei Stücke schreiben, und um dieses zu vollbringen, trieb er sich, auch an solchen Tagen und Wochen zu arbeiten, in denen er nicht wohl war; sein Talent sollte ihm zu jeder Stunde gehorchen und zu Gebote stehen.

„Schiller hat nie viel getrunken, er war sehr mäßig; aber in solchen Augenblicken körperlicher Schwäche suchte er seine Kräfte durch etwas Liqueur oder ähnliches Spirituoses zu steigern. Dieß aber zehrte an seiner Gesundheit und war auch den Productionen selbst schädlich.

„Denn was gescheite Köpfe an seinen Productionen aussetzen, leite ich aus dieser Quelle her. Alle solche Stellen, von denen sie sagen daß sie nicht just sind, möchte ich pathologische Stellen nennen, indem er sie nämlich an solchen Tagen geschrieben hat, wo es ihm an Kräften fehlte, die rechten und wahren Motive zu finden. Ich habe vor dem kategorischen Imperativ allen Respect, ich weiß wie viel Gutes aus ihm hervorgehen kann, allein man muß es damit nicht zu weit treiben, denn sonst führt diese Idee der ideellen Freiheit sicher zu nichts Gutem."[2]

---

mann (I. 213), daß Schiller bei seiner „Hieherkunft schon 1000 Thlr. bezogen" ist mithin falsch. Vgl. Palleske. II. 460. 461. Briefwechsel zwischen Schiller und Göthe. II. 193.

[1] Am 7. Januar 1803 erhielt er 650 Thlr., den 10. Oct. wieder 620 Thlr., den 22. Juni 1804 542 Thlr. 12 Gr. — Palleske. II. 571.

[2] Eckermann, Gespräche. I. 213.

Fast Alles ist hier in ein schiefes Licht gerückt. Das Gehalt Schillers ist höher angegeben, als es jemals wirklich war, der Zeitraum unrichtig angedeutet, als ob Schiller wenigstens fünf Jahre oder noch länger jenes Gehalt bezogen hätte, während er ein einziges Mal jene 800 Thaler erhielt. Spirituosen hat Schiller nach dem Zeugniß Karolinens von Wolzogen nicht angewendet, um sich aufzufrischen, sondern höchstens den harmlosen Kaffee [1]. Der Existenz wegen brauchte Schiller in den letzten Jahren seine Kräfte nicht so zu überanstrengen, er hat es lediglich aus freien Stücken gethan, um für die Seinigen zu sorgen. Die vornehme Ironie aber, womit Göthe „die Idee der ideellen Freiheit", Schillers Willensstärke und Selbstaufopferung belächelt, hat dieser selbst von seinem Standpunkt aus sehr treffend in seinen „Briefen über ästhetische Erziehung" beantwortet, wo er sagt:

„Das sinnliche Gute kann nur einen glücklich machen, da es sich auf Zueignung gründet, welche immer eine Ausschließung mit sich führt; es kann diesen Einen auch nur einseitig glücklich machen, weil die Persönlichkeit nicht daran theilnimmt. Das absolute Gute kann nur unter Bedingungen glücklich machen, die allgemein nicht vorauszusetzen sind; denn die Wahrheit ist nur der Preis der Verläugnung, und an den reinen Willen glaubt nur ein reines Herz." [2]

Das tausendstimmige Loblied, das über die Freundschaft Göthe's für Schiller gesungen worden ist, klingt, gegen die Wirklichkeit der Thatsachen gehalten, nahezu unausstehlich. Schiller hätte an dieser Freundschaft verhungern können, hätte er nicht anderweitige Freunde und vor Allem die sittliche Willenskraft gehabt, mitten unter den vornehmen Nichtsthuern und Plaisirmenschen von Weimar, bei kränklichem, gebrochenem Körper, unter Leiden aller Art, gedrängt vom Vorgefühl seines voraussichtlich baldigen Todes, standhaft von der Morgenfrühe bis in die tiefste Nacht zu arbeiten, ja sich förmlich zu Tode zu arbeiten, um nur den Seinigen die Mittel zu einem standesgemäßen Dasein hinterlassen zu können. Es liegt etwas Heldenhaftes hierin, das Göthe's satirischen Spott nicht verdiente. Schiller war nichts weniger als ein Verschwender. Er mußte sich in die knappsten Verhältnisse zu fügen. Wenn er aber mit den Seinen standesgemäß leben, den gesellschaftlichen Forderungen entsprechen, den armen, geplagten Schauspielern dann und wann eine kleine Freude bereiten, seine Mutter und seine andern unbegüterten Verwandten in

---

[1] „Sie erzählt, daß Schiller beim Schreiben oft Kaffee, nie Wein getrunken habe." Palleske. II. 572. Göthe dagegen trank viel Wein, und als „Curiosität" auch Kirschwasser. — Göthe-Reinhard Briefwechsel. S. 240.

[2] Schillers Werke [Hempel]. XV. 443.

Württemberg treulich unterstützen wollte: so blieb ihm nichts Anderes übrig, als, wie er es wirklich gethan hat, sich über seine Kräfte anzustrengen.

Er hatte das vollkommen richtige Gefühl, daß er als dramatischer Dichter und als Dichter überhaupt in der Nähe des Theaters, in Weimar wohnen sollte, nicht unter den Gelehrten zu Jena. Schon im Januar 1797 wäre er so gerne nach Weimar hinübergezogen. Er sprach den Wunsch wiederholt und herzlich aus; er fragte an, ob er nicht etwa das kleine Gartenhaus Göthe's miethen könnte, das schon lange leer stand. Ein wirklich hochsinniger Freund hätte es ihm geschenkt, aber Göthe wollte nicht; er überließ Schiller seinem Loose. Als Kränklichkeit und völliger Mangel an Arbeitsfähigkeit diesen im Frühjahr 1797 endlich nöthigte, einen Landaufenthalt zu suchen, blieb er völlig auf sich angewiesen. Göthe leistete zwar beim Kauf ein paar kleine Gefälligkeiten, bot sein „Gutachten" an, falls Schiller etwas umbauen wollte, und führte ihn in der Equipage, die er sich unterdessen angeschafft, huldvoll spazieren; aber weder der Herzog noch Göthe trugen etwas zu den 1200 Thalern bei, die Schiller für das Schmidt'sche Gartenhaus in Jena zu erlegen hatte [1]. Als im Herbst 1799 dann abermals der Wunsch erwachte, nach Weimar überzusiedeln, mußte Schiller sich in unterthänigstem Bittgesuch an den Herzog wenden [2], der dann endlich zustimmte, Schillers Besoldung etwas aufbesserte und ihm für den Winter Holz vor das Haus fahren ließ. Göthe that keine Schritte, ihm ein eigenes Haus zu verschaffen; er ließ ihn zur Miethe wohnen, für 122 Reichsthaler, die Schiller sich selbst erschreiben mußte.

Als Schiller, des Umziehens und der ärmlichen Miethwohnungen und Gartenwohnungen satt, endlich, drei Jahre vor seinem Tode, ein ordentliches Haus zu kaufen wünschte — das Haus an der Esplanade, das sich der Engländer Mellish gebaut hatte und das heute wohl Niemand für groß oder luxuriös ansehen wird; es ist das schlichteste Bürgerhaus von der Welt —, da leistete Göthe zwar einige Hilfe; aber die Hauptsache mußte Schiller wieder selber thun. Er mußte bei Göschen Honorar einfordern, bei Cotta ein beträchtliches Anlehen machen und bei dem Ökonomen Weidner zu Oberroßla 2000 Thaler auf Hypothek nehmen. Die nöthigen Reparaturen und Einrichtungen konnte er selbst bestreiten. Der Hof that nichts dafür. Schiller hielt es schon für eine hohe Gnade, als die Herzogin

---

[1] Schiller-Göthe Briefwechsel. I. 223 ff. 228. — Göbeke, Schillers Briefwechsel mit Körner. II. 326.
[2] Schiller-Göthe Briefwechsel. II. 203. 204.

ihn nach der ersten Wallenstein=Aufführung mit einem silbernen Kaffee=
service beschenkte.

Frau von Staël, die witzige Französin, die von ihrem Vater Necker
auch einige Finanzbegriffe ererbt hatte, war sehr verwundert, als sie im
Winter 1803/4 die fast ärmlich einfache Hauseinrichtung und die kärglichen
Verhältnisse der deutschen Genies kennen lernte.

„Sehr oft kam sie auf die Idee zurück, daß doch der Herzog statt des
prächtigen Schlosses sich mit einer anständigen Fürstenwohnung begnügt, und
die Hunderttausende, welche die Erbauung und Ausschmückung dieses Schlosses
gekostet haben müßte, auf Pensionen und kleine Besoldungen ausgezeichneter
Männer in der Literatur und in den Wissenschaften gewendet haben möchte...
Bei der Pracht des Schloßbaues schien sie Göthe in Verdacht zu haben, daß
er, um hier wenigstens Geheimrath des Geschmacks zu sein, dem Herzog zu=
geredet habe." [1]

Die Bemerkung ist vollkommen richtig. Hätte der Herzog und Göthe
zur rechten Zeit von den Hunderttausenden, welche das Schloß kostete,
nur etliche Hundert mehr auf Schiller verwendet, so hätte dieser voraus=
sichtlich sich nicht so früh in übermenschlicher Anstrengung aufgerieben.

Daß Schiller sich das gefallen ließ, hatte seine verschiedenen Gründe.
Einmal hatte er bei seinem früheren Wanderleben die Erfahrung gemacht,
daß Dichter und Schriftsteller auch anderswo nicht viel besser behandelt
wurden, von den Buchhändlern und Theaterintendanten wie von den
hohen Herren. An Weimar hatte er sich nun einmal gewöhnt. Es war
bei allen Fatalitäten doch für einen Dichter ein gemüthlich=stilles Plätzchen.
Göthe's Geist imponirte ihm durch seine großen Anlagen; sein persönlicher
Umgang gab ihm Anregung, die er bei Andern umsonst suchte; der
Gegensatz ihrer Richtung selbst wirkte dabei wie Zündstahl und Feuerstein.
In den „Horen" und „Xenien" hatten sie einmal gemeinschaftliche Sache
gemacht — gegen alle Andern. Göthe war in Vieler Augen, besonders der
Damenwelt, schon der größte deutsche Dichter, obschon seine Leistungen diesen
Ruf immer weniger rechtfertigten. Eine der begeistertsten Verehrerinnen
Göthe's aber war Lotte, Schillers Frau. Sie hatte die Annäherung
der beiden Dichter vermitteln helfen, sie hatte ihr Zusammenwirken mit
der innigsten Freude begrüßt, sie betrachtete Göthe wie einen wirklichen
Hausfreund und Wohlthäter. Sie wollte nicht von Weimar fort, als
Schiller im April 1803 ganz ernstlich daran dachte, nach Berlin über=
zusiedeln, und mit ihr und den Kindern dahin reiste, um sich Alles einmal

---

[1] Dünzer, Göthe und Karl August. II. 469. 470.

anzusehen. Daß es ihr dort gar nicht gefiel, suchte sie zu verbergen, um Schiller volle Freiheit zu lassen. Sie weinte aber fast vor Freude, als sie auf der Rückreise wieder die ersten Hügel von Thüringen erblickte. Sie meinte, die Natur in Berlin hätte sie zur Verzweiflung gebracht. Schiller selbst hatte den Eindruck, daß er sich materiell für sich und seine Familie besser in Berlin stehen würde. „Aber," schreibt er, „auf der andern Seite zerreiße ich höchst ungern alte Verhältnisse, und in neue mich zu begeben, schreckt mich meine Bequemlichkeit. Hier in Weimar bin ich freilich absolut frei und im eigentlichsten Sinne zu Hause." [1]

Wie Schiller die Schwierigkeiten seiner häuslichen und materiellen Existenz selbständig überwand, so hat er auch ebenso selbständig seine Balladen und Gedichte verfaßt, die umfangreichen Geschichtstudien zu seinen großen Dramen gemacht, die Pläne dazu entworfen und die Dichtungen selbst ausgeführt. Göthe lieh wohl Bücher und Bilder, gab Anregungen und Ideen, kritisirte treffend und schlug praktische Verbesserungen vor; aber die Arbeit, die ernste, treue, immer zum Höchsten emporringende Arbeit leistete Schiller selbst. Seine Werke gehören ganz ihm an, sie sind sein eigenstes Eigenthum, ohne alles Anlehen bei Göthe. Nach jahrelangem Brüten wußte dieser mit dem Tell nichts anzufangen, er konnte Schiller höchstens Rohmaterial zu einem Stoff bieten, der damals nicht mehr unbeachtet war. Kaum hatte Schiller sich des fruchtbaren Keimes bemächtigt, da wuchs und blühte er, und zwar nach einer Richtung hin, die Göthe ganz fremd war und zu deren Entwicklung er nichts beisteuern konnte. So war es mit all den großen tragischen Stoffen. Schiller ist der echte Dramatiker, der sie mit richtigem Gefühl erfaßt, ihnen Seele und Leben einhaucht, sein ganzes Sein und Leben daran hängt und sie siegreich durchführt; Göthe ist in dieser Zeit nur der behagliche Kunsttheoretiker, der zwischen hundert anderen Beschäftigungen geistreich darüber plaudert, Kleinigkeiten zurechtzupft, so viel Künstlerverstand hat, das neben ihm wachsende Kunstgewächs wachsen zu lassen, und so viel Theaterroutine und Kunstliebe, die genialen Leistungen als Theaterdirector zu unterstützen.

Wie es mit seiner Uneigennützigkeit bestellt war, ist nicht ganz klar. Den „Wallenstein" zu fördern, lag in seinem eigenen Interesse und in jenem der Weimarer Bühne; der „Wallenstein" aber hatte in ganz Deutschland solchen Erfolg, daß es Göthe geradezu unmöglich gewesen

---

[1] Göbeke, Schillers Briefwechsel mit Körner. II. 465.

wäre, Schillers weitere Arbeiten zu durchkreuzen. So lang dieser in
Weimar war, stand er unter Göthe's Direction, und seine Ruhmes=
sonne vereinigte ihre Strahlen mit derjenigen Göthe's. Zog er weg, so
wurde er nothwendig zum Concurrenten; ohne die Leistungen Schillers
hätte Weimar nie den Glanz erlangt, welchen es heute besitzt. Es läßt
sich darum nicht mit absoluter Bestimmtheit versichern, daß Göthe dessen
dramatische Thätigkeit aus wahrem, uneigennützigem Wohlwollen unter=
stützt hat. Daß er Schiller hochschätzte und bis zu einem gewissen Grade
auch liebte, ist kein Zweifel; aber ein zartfühlender, uneigennütziger, hoch=
sinniger Freund hätte für Schillers äußere Stellung ganz anders sorgen
müssen, als Göthe gethan hat.

Ein eigentlich idealer Freundschaftsbund, bei welchem beide Freunde
sich selbst vergaßen, jeder nur das Wohl des andern suchte, beide völlig
dasselbe Ziel anstrebten, beide ganz derselben Geistesrichtung angehörten,
beide in vollster Harmonie gleichsam zu einem gemeinsamen Geistesleben
verschmolzen, bestand also zwischen den beiden sogenannten „Dioskuren"
nicht. Es war eine Allianz, eine allerdings sehr intime „freundschaftliche
Allianz" zwischen den zwei ersten literarischen Großmächten Deutschlands,
welche, nachdem sie erst gegeneinander gehandelt und geschrieben hatten,
dann einander sorgfältig aus dem Wege gegangen waren, es zuletzt
ersprießlicher fanden, gemeinschaftliche Sache zu machen, anstatt einzeln
den Kampf mit der ganzen Kleinkritik aufzunehmen. Zusammen bildeten
sie eine Macht, gegen die Niemand ankommen konnte. Aber es war
schließlich eine Allianz. Man vergleiche nur die herzlichen, gemüthlichen
Briefe des alten Görres, Brentano's, Friedrich Leopolds von Stolberg
an ihre Freunde oder Schillers Briefe an Körner mit dem ästhetisch=
literarischen Depeschenwechsel zwischen Schiller und Göthe. Es ist schon
ganz charakteristisch, daß ihn Göthe noch selbst veröffentlicht hat. Es
war keine vertrauliche Herzensangelegenheit, es war eine officielle oder
halbofficielle Berichterstattung über ihre literarischen Bestrebungen, ein
Commentar zu den Werken beider, den man sofort herausgeben konnte.
Man behielt beiderseits Frack, Überrock und Handschuhe an — und konnte
sich deßhalb alsbald vor dem Publikum sehen lassen. Die schönsten, ver=
bindlichsten Artigkeiten, die glänzendsten Huldigungen, welche Göthe je
dargebracht worden sind, stehen in Schillers Briefen an ihn. Schiller
stellte sich darin an die Spitze seiner Verehrer. Göthe brachte es nicht
über's Herz, einen solchen Schatz von Weihrauch still in den Acten ruhen
zu lassen, er öffnete selbst noch die Kapsel, um sich in den Wolken desselben

der Welt als der Erste und Größte zu zeigen, dem selbst ein Schiller gehuldigt hatte[1].

Die „Allianz" der beiden Dichter beruhte aber, wie der Briefwechsel ausweist, keineswegs nur auf dem Druck der äußeren Verhältnisse oder auf der Machtfrage, welche durch ein Zusammengehen entschieden war. Sie hatte auch ihre innere Grundlage. Man hatte sich gegenseitig kennen gelernt und sich in vielen wichtigen Punkten angenähert und zusammengefunden.

Beiden Dichtern war die Kunst das Höchste — ihre Lebensaufgabe, ihr Eins und Alles, die Würze und Weihe des irdischen Daseins. Beide hatten in ihrem Lebensgang ähnliche Wandlungen durchgemacht, erst fromme Betrachtungen, dann freche Liebeslieder gedichtet, dann Shakespeare werden wollen, mit ihren dramatischen Mißgeburten großen Dichterruhm erworben, unter verschiedenen Abenteuern aber ihre Jugendrichtung langsam aufgegeben, sich den Alten zugewandt, den Göttern Griechenlands gehuldigt und dann theoretisch und praktisch versucht, die Kunstformen und Kunstideale der Alten mit den Stoffen der Neuzeit zu verbinden — zugleich classische und moderne Dichter zu werden. So verschieden jeder von ihnen diese Aufgabe auch angriff, beiden war klar, daß mit dem orthodoxen protestantischen Bekenntnißglauben für die Poesie nichts anzufangen sei; beide empfanden hinwieder bis zu einem gewissen Grad das Schöne des Christenthums, sogar des Katholicismus; beide zogen sich davon wieder auf einen freien, naturalistischen Standpunkt zurück und suchten nun gemeinsam wetteifernd das Höchste in der Kunst.

Das war die innere Grundlage der Allianz. In Bezug auf die Verwirklichung des Zieles gingen die Anschauungen sehr auseinander. Der kerngesunde, wohlbeleibte, von Haus aus reiche und vom Glück begünstigte Göthe faßte die Sache sehr behaglich auf. Von seinem häuslichen Herde aus, der nicht einmal durch die „Formalitäten" der Ehe

---

[1] Als Göthe im October 1824 den Briefwechsel mit Schiller zu redigiren begann, schrieb er: „Es wird eine große Gabe seyn, die den Deutschen, ja ich darf wohl sagen, den Menschen geboten wird. Zwey Freunde der Art, die sich immer wechselseitig steigern, indem sie sich augenblicklich expectoriren. Mir ist dabey wunderlich zu Muthe, denn ich erfahre, was ich einmal war. — Doch ist eigentlich das Lehrreichste der Zustand, in welchem zwey Menschen, die ihre Zwecke gleichsam par force hetzen, durch innere Überthätigkeit, durch äußere Anregung und Störung ihre Zeit zersplittern, so daß doch im Grunde nichts der Kräfte, der Anlagen, der Absichten völlig Werthes herauskommt. Höchst erbaulich wird es seyn; denn jeder tüchtige Kerl wird sich selbst daran zu trösten haben." — Briefwechsel mit Zelter. III. 455. 456.

beschränkt war, genoß er die bunten Zerstreuungen eines ewig unruhigen Geschäfts- und Hoflebens wie ein Schauspiel, das er selbst mitspielte, um sich zu beschäftigen, zu unterhalten, zu betrachten und neuen Schauspielstoff, Liederstoff, Romanstoff daraus zu gewinnen. Dem Sinnlichen und Greifbaren zugewandt, suchte er das Geistige nur als eine angenehme Zuspeise, die den Genuß erhöhte, das materiell Getheilte verband, die Sinnlichkeit anmuthig verklärte. Anscheinend willenlos, mit Allem spielend wie ein Kind, glaubte er durch die Menge der Erscheinungen allmählich hinter das Räthsel der Dinge zu kommen, ließ sich von Laune und Zufall treiben und faßte selbst das, was er nach ruhigem Plane vollbrachte, als ein nothwendiges Werk der Natur auf. Obwohl er bei seinen größeren Dichtungen mit fast pedantischer Sorgsamkeit voranging, jahrelang plante, schematisirte, corrigirte, veränderte, ganz umarbeitete, so zwang er sich doch auch hierbei nie zu mühsamer Arbeit, sondern wartete glückliche Stimmungen ab. So erschien seine Thätigkeit auch dann wie ein fröhliches Spiel, ein ungesuchtes Walten und Wirken unerschöpflicher Kräfte, der Dichter als ein seliger Genius, als ein Liebling der Götter.

Der hagere, brustleidende Schiller dagegen, vom Glück wenig begünstigt, von Jugend auf mit viel Widerwärtigkeit ringend, betrachtete die Kunst als ein überaus ernstes, hohes, nur mit voller Willenskraft zu erreichendes Ziel. Nach argen Unordnungen lebte er endlich in glücklich zufriedener Ehe, ein musterhafter Gatte und Vater, trug Leiden und Sorgen mit unbezwinglicher Willensstärke, einigte seine Thätigkeit auf die Poesie und in der Poesie wieder auf das Dramatische und faßte das Theater nicht als einen bloßen Genuß auf, sondern als eine sittliche Bildungsanstalt. Das Schöne sollte zugleich Wahres und Gutes bieten, die Seele über das Sichtbare erheben und besser machen, wie es ihn selbst sittlich läuterte und hob. Wie Göthe in seinem innersten Kern ein sinnlicher Genußmensch war, so war Schiller in seinem innersten Kerne religiös, ideal, sittlich angelegt [1]. Er mochte Göthe gegenüber und ihm zu liebe mitunter einen etwas frivolen Ton anschlagen, er selbst machte sich denselben nicht zu eigen. Weil er seine Thätigkeit nicht zersplitterte, sondern unabhängig von Laune und Stimmung energisch fortsetzte, machte sie auf ihn selbst und Andere den Eindruck des Mühsamen, Erworbenen, Erkämpften. Er

---

[1] Das mag erklären, daß ein so feinsinniger Kunstkenner, wie König Johann von Sachsen, „zwar einige Werke Göthe's, namentlich den Faust und Hermann und Dorothea, bewunderte, daß er aber Schiller wirklich liebte". Falkenstein, Zur Charakteristik König Johanns. Dresden 1874. S. 9.

schlug sein Talent viel zu gering an und bemerkte nicht, daß er in derselben Zeit viel mehr leistete als Göthe. Er war im Grunde auch ein weit ernsterer und tieferer Denker als Göthe, und konnte diesen nur so unumschränkt bewundern, weil er einerseits, wie alle tieferen Geister, bescheidener war, andererseits die eigene Thätigkeit immer mehr auf ein Ziel vereinigte und sich deßhalb nie die Mühe gab, seine Dilettantereien auf dem Gebiete der Kunstgeschichte, Kunsttheorie und Naturwissenschaft genau kritisch und fachwissenschaftlich zu prüfen. Es imponirte ihm, wie der Halbgott, der bei nur einiger Stimmung so überherrliche Verse machen konnte[1], sich plötzlich mit feierlicher Miene in die verschiedensten Zweige der Naturwissenschaft zurückzog, über Licht, Farben, Töne, Wolken, Knochen, Muskeln, Blattformen, griechische Statuen, antike Malereien orakelte, als ob er in jedem dieser Zweige sich den Doctorhut erworben hätte. Diese scheinbare Allseitigkeit bestach ihn. Er gewöhnte sich, Göthe wie einen ihm weit überlegenen Geist zu betrachten. Im beiderseitigen Verkehr ordnete er sich ihm ganz unter; nur wenn er sich in die eigenen Arbeiten hineingelebt, war er wieder ganz Schiller und folgte den Antrieben seiner meist reineren, edleren und tieferen Begeisterung.

Die Verschiedenheit ihres Wesens verkannten die beiden Männer durchaus nicht; aber eben aus der Verschiedenheit ergab sich auch eine größere Leichtigkeit, nebeneinander zu bestehen, ohne sich ihren Ruhm zu verkümmern. Dem Epiker und Lyriker kam der Dramatiker nicht in die Quere: außer der Dramatik und der dazu nöthigen Geschichte überließ Schiller die ganze Welt an Göthe. Jeder kannte die Schwächen des Andern, hatte damit rechnen gelernt. Niemand kam so gut aus wie die beiden, und so galten sie denn zuletzt als Freunde.

---

[1] „Gegen Göthen bin und bleib' ich eben ein poetischer Lump" (II. 205), schrieb er an Körner, als er diesem 1796 das letzte Lied Mignons im „Meister" übersandte. Körner antwortete mit Recht: „Du mußt die Bescheidenheit nicht übertreiben. In dieser Gattung kann Göthe Vorzüge vor Dir haben; aber diese Gattung ist nicht die ganze Sphäre der Dichtkunst" (ebdſ. 206).

18. Achilleis. Helena. Mahomet. Tancred.
1797—1801.

> „Man darf wohl sagen, daß in dem contemplativen Achill, der nun zu Tage kam, der keine Zeile enthalten sollte, die Homer nicht geschrieben haben könnte, und in der That keine enthält, die er hätte schreiben können, alles erfüllt ward, was die Fabel Parturiunt montes besagt."
> Gervinus.

> „Mahomet, tout entier de l'invention de Voltaire, est moins une tragédie qu'un pamphlet en vers. Sous prétexte de frapper l'islamisme, il voulut attaquer l'origine même de toute religion.... Il s'en faut que Tancrède soit l'une des pièces les mieux écrites de Voltaire."
> Frédéric Godefroy, Hist. de la litt. franç.

Die Zeit, während welcher Göthe wieder als Schriftsteller und Dichter in den Vordergrund trat, ist eine überaus kurze. Denn Reinete Fuchs ist keine Originaldichtung, sondern eine bloße Bearbeitung, die „Unterhaltungen deutscher Ausgewanderter" ein Stück leichtes Feuilleton, „Cellini" eine bloße Übersetzung, die „Xenien" mehr eine satirische Spielerei, als ein wirklich bedeutsames Werk. Im Jahr 1796 wird der „Wilhelm Meister", 1797 „Hermann und Dorothea" vollendet, von einer Anzahl Balladen, Elegien und lyrischer Gedichte begleitet. Dann schrumpft die poetische Thätigkeit wieder nahezu völlig ein. Den großen Dramen, welche Schiller von 1799 an Jahr für Jahr hervorbrachte, gehen keine gleichwerthigen Leistungen Göthe's zur Seite. Göthe empfand es selbst und war darüber niedergeschlagen. Schiller bemerkte es und suchte ihn liebevoll zu ermuthigen.

„Es hat mich," schrieb er ihm am 5. März 1799 [1], „diesen Winter oft geschmerzt, Sie nicht so heiter und muthvoll zu finden, als sonst, und eben darum hätte ich mir selbst etwas mehr Geistesfreiheit gewünscht, um Ihnen mehr sein zu können. Die Natur hat Sie einmal bestimmt, hervorzubringen; jeder andere Zustand, wenn er eine Zeit lang anhält, streitet mit Ihrem Wesen. Eine so lange Pause, als Sie dasmal in der Poesie gemacht haben, darf nicht mehr vorkommen, und Sie müssen darin ein Machtwort aussprechen und ernst-

---
[1] Schiller-Göthe Briefwechsel. II. 147.

lich wollen. Schon deßwegen ist mir Ihre Idee zu einem didaktischen Gedichte sehr willkommen gewesen; eine solche Beschäftigung knüpft die wissenschaftlichen Arbeiten an die poetischen Kräfte an und wird Ihnen den Übergang erleichtern, an dem es jetzt allein zu fehlen scheint.

„Wenn ich mir übrigens die Masse von Ideen und Gestalten denke, die Sie in den zu machenden Gedichten zu verarbeiten haben und die in Ihrer Phantasie lebendig liegen, so daß ein einziges Gespräch sie hervorrufen kann, so begreife ich gar nicht, wie Ihre Thätigkeit auch nur einen Augenblick stocken kann. Ein einziger dieser Pläne würde schon das halbe Leben eines andern Menschen thätig erhalten. Aber Ihr Realism zeigt sich auch hier; wenn wir andern uns mit Ideen tragen und schon darin eine Thätigkeit finden, so sind Sie nicht eher zufrieden, als bis Ihre Ideen Existenz bekommen haben."

„Es ist sehr sonderbar," antwortete Göthe, „daß meine Lage, die im allgemeinen genommen nicht günstiger sein könnte, mit meiner Natur so sehr im Widerstreite steht. Wir wollen sehen, wie weit wir's im Wollen bringen können." [1]

Er brachte es nicht weit, und zwar hauptsächlich deßhalb, weil er sich Verhältnisse geschaffen hatte, mit welchen sich zwar eine beständige poetische Anregung, aber keineswegs eine ruhige dichterische Thätigkeit vereinen ließ. Er war allerdings nicht mehr Kriegsminister und Finanz= minister, wie in den achtziger Jahren, aber er war doch so viele Dinge zugleich, daß das Flügelpferd der dichterischen Phantasie all das ihm auf= gehalste Gepäck nicht mehr tragen konnte.

„Die Phantasie hatte ihre Morgenfrische verloren und die Gestalten wurden zu Symbolen und Begriffen; ja es machte sich die Lust geltend, in die Poesie allerhand hineinzugeheimnissen und sich an den Räthseln allegorischer Maskenspiele zu ergötzen. Die sinnliche Saftfülle begann zu vertrocknen, der Stil ward mitunter zur Manier vornehmer Künst= lichkeit." [2]

Aus den Hexameterübungen, Homerlesungen und kunsttheoretischen Studien, welche Göthe bei Gelegenheit von „Hermann und Dorothea" angestellt hatte, ging der kühnste und größte Plan hervor, den er je ge= hegt, nämlich: als Epiker an die Seite Homers zu treten.

„Der Tod des Achilles scheint mir ein herrlicher tragischer Stoff zu sein, der Tod des Ajar, die Rückkehr des Philoktet sind uns von den Alten noch übrig geblieben. Polyrena, Hekuba und andere Gegen= stände aus dieser Epoche waren auch behandelt. Die Eroberung von

---

[1] Schiller-Göthe Briefwechsel. II. 149.
[2] Moritz Carriere, Die Kunst im Zusammenhang der Culturentwick= lung und die Ideale der Menschheit. Leipzig 1874. V. 358.

Troja selbst ist, als ein Erfüllungsmoment eines großen Schicksals, weder episch noch tragisch und kann bei einer echten epischen Behandlung nur immer vorwärts oder rückwärts in der Ferne gesehen werden." So schrieb er am 23. December 1797 an Schiller [1]. Ein paar Tage später meldet er: „Ich habe diese Tage fortgefahren, die Ilias zu studiren, um zu überlegen, ob zwischen ihr und der Odyssee nicht noch eine Epopöe inne liege. Ich finde aber nur eigentlich tragische Stoffe, es sei nun, daß es wirklich so ist, oder daß ich nur den epischen nicht finden kann. Das Lebensende des Achill mit seinen Umgebungen ließe eine epische Behandlung zu und forderte sie gewissermaßen wegen der Breite des zu bearbeitenden Stoffes. Nun würde die Frage entstehen: ob man wohl thue, einen tragischen Stoff allenfalls episch zu behandeln? Es läßt sich allerlei dafür und dagegen sagen. Was den Effect betrifft, so würde ein Neuer, der für Neue arbeitet, immer dabei im Vortheil sein, weil man ohne pathologisches Interesse wohl schwerlich sich den Beifall der Zeit erwerben wird." [2]

Da stand der größte Dichter nun nach aller Ästhetik, die von Lessing an seit 30 Jahren in Deutschland getrieben und geschrieben war, vor der seit Jahrtausenden klaren Wahrheit still, daß tragische Stoffe dramatisch und epische Stoffe episch sind. Das war ihm eigentlich selbst klar, aber da Niemand sich für das Epos interessirte, so meinte er, um des lieben Effectes willen die poetischen Gattungen mischen zu sollen. Auch Schiller stimmte zu [3]:

„Weil wir einmal die Bedingungen nicht zusammenbringen können, unter welchen jede der beiden Gattungen steht, sind wir genöthigt, sie zu vermischen. Gäb es Rhapsoden und eine Welt für sie, so würde der epische Dichter keine Motive von dem tragischen zu entlehnen brauchen, und hätten wir die Hülfsmittel und intensen Kräfte des griechischen Trauerspiels und dabei die Vergünstigung, unsere Zuhörer durch eine Reihe von sieben Repräsentationen hindurchzuführen, so würden wir unsere Dramen nicht über die Gebühr in die Breite zu treiben brauchen."

Über vier Monate verstrichen, ohne daß Göthe zu einem Plan gelangte. Er las indeß zwischen seinen andern Beschäftigungen in der Ilias und suchte sich ganz in die Vorstellungen derselben hineinzuleben, alles Subjective und Pathologische aus seiner Untersuchung fernzuhalten [4].

---

[1] Schiller-Göthe Briefwechsel. I. 345. [2] Ebdf. I. 350.
[3] Ebdf. I. 351. [4] Ebdf. II. 70.

18. Achilleis. Helena. Mahomet. Tancred.

„Soll mir ein Gedicht gelingen, das sich an die Ilias einigermaßen an=
schließt, so muß ich den Alten auch darin folgen, worin sie getadelt werden,
ja, ich muß mir zu eigen machen, was mir selbst nicht behagt; dann nur werde
ich sicher sein, Sinn und Ton nicht ganz zu verfehlen. Mit den zwei wichtigen
Punkten, dem Gebrauche des göttlichen Einflusses und der Gleichnisse, glaube
ich im reinen zu sein, wegen des letzten habe ich wohl schon etwas gesagt. Mein
Plan erweitert sich von innen aus und wird, wie die Kenntniß wächst, auch
antiker. Ich muß nur alles aufschreiben, damit mir bei der Zerstreuung nichts
entfallen kann."

Auch hier wieder das unfruchtbare Bemühen, an sich sonnenklare
Dinge zu bezweifeln, lange darüber zu betrachten und endlich dabei an=
zulangen, was die Welt schon lange gewußt: daß sich ohne homerische
Götter und ohne homerische Gleichnisse kein Epos im Stile Homers
schreiben läßt. Obwohl er Schiller am 19. Mai versprach, „nächstens
muthiglich zu beginnen", verging fast ein Jahr, ehe Schillers Mahnruf
endlich den Säumenden aus seiner Lethargie aufweckte:

„Das Frühjahr und der Sommer werden alles gut machen, Sie werden
sich nach der langen Pause desto reicher entladen, besonders wenn Sie den
Gesang aus der Achilleis gleich vornehmen, weil dadurch eine ganze Welt in
Bewegung gesetzt wird. Ich kann jenes kurze Gespräch, wo Sie mir den In=
halt dieses ersten Gesangs erzählten, noch immer nicht vergessen, so wenig als
den Ausbruch von heiterem Feuer und aufblühendem Leben, der sich bei dieser
Gelegenheit in Ihrem ganzen Wesen zeigte." [1]

So schrieb Schiller am 6. März 1799. Das trojanische Feld be=
gann sich nun wirklich vor Göthe auszubreiten. Am 16. März waren
180 Hexameter geschrieben und fünf Gesänge der „Achilleis" motivirt,
er hoffte schon, die Dichtung im Herbste zu vollenden; am 2. April war
der erste Gesang vollendet und konnte an Schiller gesandt werden [2]. Nach
einer kleinen Pause wollte der Dichter die übrigen Gesänge noch specieller
motiviren. Doch dabei blieb es. Die weitere Dichtung kam nicht zu
Stande. Nur der eine Gesang bezeugt, daß Göthe, der deutsche Grieche,
zwischen die Ilias und die Odyssee einst ein deutsches Epos rücken wollte,
das, beider würdig, griechische Bildung von Neuem in Deutschland auf=
leben lassen sollte.

Es ist ein sonderbarer Torso, dieser eine Gesang [3]. Die 650 Hexa=
meter sind mit ihren Götter= und Heldennamen, ihren homerischen
Formen und Reden, in Stoff und Haltung der Ilias so sorgfältig nach=

---

[1] Schiller-Göthe Briefwechsel. II. 148. [2] Ebds. II. 156.
[3] Göthe's Werke [Hempel]. V. 197—223.

gebildet, daß man auf den erſten Blick die Überſetzung oder Nachbildung einer griechiſchen Epopöe vor ſich zu glauben verſucht ſein möchte. Aber ſchon die Anrufung der Muſe und die feierliche Ankündigung des Sanges fehlt. Das Gedicht beginnt balladenartig mit einem gewaltigen Effect, dem großartigen Bilde des brennenden Troja, das ſich ſpäter kaum mehr durch etwas Bedeutenderes ſteigern läßt. Dann ſinkt es zu einer melan‍choliſchen Situation herab, welche nicht viele Handlung verſpricht. Denn Achilles läßt ſich ſeinen Grabhügel errichten — ein rieſiges Heldengrab allerdings, aber ſchließlich ein Grab — und er eilt dabei ſo, daß man fürchtet, ihn noch im erſten Geſang begraben zu ſehen. Verzögerung tritt indeß ein; es muß erſt Götterrath gehalten werden, und die Darſtellung ſpinnt ſich dabei in behaglicher Breite aus. Die Horen erreichen Zeus Kronions heiliges Haus, das ſie ewig begrüßen, der humpelnde Hephaiſtos begegnet ihnen und redet ſie in homeriſcher Form an. Aber ſchon in ſeiner Rede fällt der moderne Dichter aus ſeiner homeriſchen Rolle und läßt den olympiſchen Fräulein Complimente machen, wie ſie der gute alte Vater Homer nicht kennt:

„Euch allein iſt gegeben, den Charitinnen und euch nur,
Über das todte Gebild des Lebens Reize zu ſtreuen.
Auf denn! Sparet mir nichts und gießt aus dem heiligen Salbhorn
Liebreiz herrlich umher, damit ich mich freue des Werkes,
Und die Götter entzückt ſo fort mich preiſen wie anfangs!“
Und ſie lächelten ſanft, die Beweglichen, nickten dem Alten
Freundlich und goſſen umher verſchwenderiſch Leben und Licht aus,
Daß kein Menſch es ertrüg' und daß es die Götter entzückte.“ [1]

Die Zeichnung der Götter iſt in vielen Zügen durchaus homeriſch, aber es miſchen ſich da und dort moderne Anklänge hinein und verzärteln die feſten antiken Umriſſe zu jener Weichheit, von der die Alten nichts wußten.

„Spät kam Aphrodite herbei, die äugelnde [2] Göttin,
Die von Liebenden ſich in Morgenſtunden ſo ungern
Trennet. Reizend ermattet, als hätte die Nacht ihr zur Ruhe
Nicht genüget, ſo ſenkte ſie ſich in die Arme des Thrones.“ [3]

---

[1] Ebdſ. V. 208 (Vers 85—92).
[2] Demoiſelle Vulpius machte ſich viel mit „Äugeln“ und „Äugelchen“ zu ſchaffen. „Jetzt frage ich bey Jhnen an,“ ſchreibt ſie den 13. December an Nicolaus Meyer, „iſt es wahr, daß die Dem. Matizek nach Bremen aufs Theater kommt? Man ſagt hier, daß Sie das gute Werk geſtiftet hätten, und ich finde es recht, wenn man ſich der alten Äugelchen annimmt.“ Auf der Geburtstagsredoute am 31. Januar 1803 „ſuchten etliche Damen und Äugelchen den ſchwarzen Ritter von vorm Jahr“ ꝛc. — Freundſchaftliche Briefe von Göthe und ſeiner Frau an Nicolaus Meyer. Leipzig 1856. S. 76. 78.   [3] Vers 131—134.

18. Achilleis. Helena. Mahomet. Tancred.

Ganymed sieht wie ein sentimentaler Page drein:

„Nur zu Kronion trat Ganymed mit dem Ernste des ersten
Jünglingsblickes im kindlichen Aug', und es freute der Gott sich."[1]

Nicht minder modern wird dann Ares redend eingeführt:

„Aber Ares versetzte darauf mit Abel und Ehrfurcht."[2]

Aphrodite aber spricht beinahe, als ob sie von der Natalie im „Wilhelm Meister" erzogen worden wäre:

„Wilder, stürmst du so fort, die letzten Völker der Erde
Aufzufordern zum Kampf, der um ein Weib hier gekämpft wird?
Thu' es, ich halte dich nicht! Denn um die schönste der Frauen
Ist es ein wertherer Kampf, als je um der Güter Besitzthum.
Aber errege mir nicht die äthiopischen Völker,
Die den Göttern so oft die frömmsten Feste bekränzen
Reinen Lebens (!!!), ich gab die schönsten Gaben den Guten,
Ewigen Liebesgenuß und unendlicher Kinder Umgebung.
Aber sei mir gepriesen, wenn du unweibliche Schaaren
Wilder Amazonen zum Todeskampfe heranführst.
Denn sie sind mir verhaßt, die Rohen, welche der Männer
Süße Gemeinschaft fliehen und, Pferdebändigerinnen,
Jeden reinlichen Reiz, den Schmuck der Weiber, entbehren."[3]

Aus dem zürnenden Achilles der Ilias selbst ist ein an Größenwahn leidender Melancholiker geworden, der über seinen Grabhügel philosophirt, das allgemeine Menschenloos betrauert und sogar den Selbstmord empfiehlt, von dem die homerische Zeit, bei ihrem guten Appetit und naturgemäßen gesunden Leben, noch nichts wußte:

„Auch ehrwürdig sogar erscheinet künft'gen Geschlechtern
Jener, der, nahe bedrängt von Schand' und Jammer, entschlossen
Selber die Schärfe des Erzes zum zarten Leibe gewendet.
Wider Willen folgt ihm der Ruhm; aus der Hand der Verzweiflung
Nimmt er den herrlichen Kranz des unverwelklichen Sieges."[4]

So blicken zwischen der anstudirten homerischen Mythologie und der künstlich nachgebildeten Einfachheit und Naivetät der Darstellung überall die Armseligkeiten moderner Cultur durch und lassen es als einen sehr geringen Verlust erscheinen, daß Göthe die seltsame Nachdichtung nicht weiter fortgeführt hat. Bedeutsam ist sie immerhin als thatsächlicher Beweis, daß Göthe, der „Meister", auf der Höhe seines Ruhmes durchaus nicht vollständig in das eigentlichste tiefste Wesen der homerischen Dichtungen eingedrungen ist. Er hing viel zu viel an dem Weibe,

„Die, ihm göttlich scheinend, gefährlichen Jammer in's Haus bringt,"[5]

---

[1] Vers 145. 146. [2] Vers 314. [3] Vers 331—343.
[4] Vers 535—539. [5] Vers 603.

um die Heldenkämpfe der Ilias und die Abenteuer der Odyssee in ihrer männlichen Kraft, Würde und Bedeutung — ohne sentimentalen Beigeschmack — zu erfassen. Nach einer Andeutung bei Riemer[1] ging sein Plan sogar dahin, wie früher aus Werther, Clavigo, Wilhelm Meister, Hermann, Egmont und Faust, so aus dem gewaltigsten der homerischen Helden einen liebeskranken Träumer zu machen: „Achill weiß, daß er sterben muß, verliebt sich aber in die Polyxena und vergißt sein Schicksal rein darüber, nach der Tollheit seiner Natur." Zelter dagegen wußte noch 1831, trotz vieljähriger Vertraulichkeit mit Göthe nichts von einem solchen Plan, las noch in diesem Jahre abermals die Ilias „mit Hinsicht auf die Achilleis" und stellte sich dabei wieder die alte Frage: „ob dieser Eine Gesang wohl, der Anfang einer Fortsetzung des trojanischen Krieges, einen Folgeplan erwarten lasse, was bei einem so tiefen Studium des Homer sich denken läßt".

„Dabei," erzählt er naiv weiter[2], „fiel mir unser Wolf (der berühmte Philologe) wieder ein, der mir seine hundert Hexameter für Dich übergeben wollte, und über den Gesang der Achilleïs etwas leicht wegfuhr, indem ich ihm sagte: wenn ich so viel Griechisch wüßte, wie Er, so würd' ich das größere Verdienst erwerben, die Achilleïs in schöne griechische Hexameter zu übertragen; worauf er denn wie natürlich den Laien ablaufen ließ, und die Antwort bis heute schuldig geblieben ist." In seiner blinden Götheverehrung meinte er sogar, es wäre aus bloßem Neid, daß Wolf und die andern Philologen Göthe nicht für einen zweiten Homer ansehen wollten. „Den Gedanken," schrieb er an Göthe[3], „hat er Dir nicht vergeben; er hat ihn beneidet wie ein Kaufherr, der einen neuen Laden neben sich entstehen sieht."

Weder berühmte Philologen, noch Kritiker und Dichter haben sich indeß seither bemüßigt gefunden, Göthe um jenes Fragment zu beneiden; in strengerer oder milderer Form vereint sich vielmehr das allgemeine Urtheil dahin, daß der homerische Ton darin nicht getroffen ist[4]. Gervinus

---

[1] Mittheilungen. II. 523.
[2] Riemer, Briefwechsel zwischen Göthe und Zelter. VI. 301. 302.
[3] Ebdf. IV. 145.
[4] M. Bernays, Göthe's Briefe an Friedr. Aug. Wolf. Berlin 1868. S. 33 ff. — Cholevius, Geschichte der deutschen Poesie nach ihren antiken Elementen. Leipzig 1854—1856. II. 313. — Hettner, Literaturgeschichte des 18. Jahrhunderts. III. Thl. 3. Buch. 2. Abth. S. 281. — Gervinus, Geschichte der poetischen Nationalliteratur. V. 475. 476. — Gottschall, Die deutsche Nationalliteratur. I. 69. — Über die Art und Weise, wie Göthe vielleicht die „Achilleis" habe fortsetzen wollen, hat Dr. Klein in einem Gymnasialprogramm (Emmerich 1850) seine Vermuthungen aufgestellt.

ruft nicht ganz umsonst das Parturiunt montes dabei in's Gedächtniß, und Gottschall bemerkt witzig, daß Göthe hier „dem Homer zu direct auf die Fersen treten wollte".

An denselben Klippen wie die Achilleis scheiterte vorläufig auch eine andere, großartige Dichtung, die er auf Schillers Anregung zum zweiten Male aufgenommen hatte — der Faust. Zu der in der Hauptsache noch in Frankfurt gedichteten „Gretchentragödie" waren während der ersten Weimarer Jahre nur wenige Zusätze, in Italien zwei Scenen („Die Hexenküche" und „Wald und Höhle") getreten. Das so ergänzte Stück erschien 1790 als: „Faust. Ein Fragment" (168 S. 8⁰) bei Göschen sowohl im 7. Band von Göthe's Schriften, als auch separat bei demselben Verleger. Die übrigen Bruchstücke und Pläne wurden in einem Packet für künftige Zeiten zurückgelegt [1]. Als Schiller bei seiner Annäherung an Göthe die noch ungedruckten Scenen zu lesen und womöglich für die „Horen" zu bekommen wünschte, wagte Göthe nicht, das Packet aufzuschnüren. Er war in ganz andere Regionen gerathen und hatte den Muth verloren, die urdeutsche Sage mit seinem neuen Griechenthum in Einklang zu bringen. Auf Schillers wiederholtes und einbringliches Bitten versprach er, für das November- oder December-Heft der „Horen" „womöglich" etwas mitzutheilen; es geschah aber nicht.

Erst zwei Jahre später, nachdem „Wilhelm Meister" und „Hermann und Dorothea" vollendet waren, gegen Ende Juni 1797, einen Monat vor seiner Schweizerreise, taucht wieder der Faust auf. Göthe schreibt an Schiller [2]:

„Da es höchst nöthig ist, daß ich mir, in meinem jetzigen unruhigen Zustande etwas zu thun gebe, so habe ich mich entschlossen, an meinen Faust zu gehen, und ihn, wo nicht zu vollenden, doch wenigstens um ein gutes Theil weiter zu bringen, indem ich das, was gedruckt ist, wieder auflöse, und mit dem was schon fertig oder erfunden ist, in großen Massen disponire, und so die Ausführung des Plans, der eigentlich nur eine Idee ist, näher vorbereite. Nun habe ich eben diese Idee und deren Darstellung wieder vorgenommen und bin mit mir selbst ziemlich einig. Nun wünschte ich aber, daß Sie die Güte hätten, die Sache einmal in schlafloser Nacht durchzudenken, mir die Forderungen, die Sie an das Ganze machen würden, vorzulegen und so mir meine eigenen Träume, als ein wahrer Prophet, zu erzählen und zu deuten.

---

[1] Düntzer, Göthe's Faust. Leipzig 1850. I. 83—91. — K. J. Schröer, Faust. Heilbronn 1881. I. Thl. S. XXXVI ff. XLV. XLVI.
[2] Schiller-Göthe Briefwechsel. L 262.

18. Achilleis. Helena. Mahomet. Tancred.

„Da die verschiedenen Theile dieses Gedichts, in Absicht auf die Stimmung verschieden behandelt werden können, wenn sie sich nur dem Geist und Ton des Ganzen subordiniren, da übrigens die ganze Arbeit subjectiv ist: so kann ich in einzelnen Momenten daran arbeiten, und so bin ich auch jetzt etwas zu leisten im Stande.

„Unser Balladenstudium hat mich wieder auf diesen Dunst- und Nebelweg gebracht, und die Umstände rathen mir, in mehr als Einem Sinne, eine Zeit lang darauf herum zu irren."

Eine tiefe, wahre Dichterbegeisterung für das Werk ist weder aus diesem Briefe, noch aus der folgenden Correspondenz ersichtlich. Göthe behandelt es als bequeme Flickarbeit, an der sich gelegentlich ohne Mühe weiterzebbeln lasse — als „Luftphantome", die vor der Beschäftigung mit der „deutlichen" Baukunst rasch entschwinden, als „eine große Schwammfamilie" die in einem ruhigen Monat zu männiglicher Verwunderung und Entsetzen aus der Erde wachsen könnte, als „nordische Phantome", von südlichen Reminiscenzen leicht zurückdrängt. Nachdem er kaum Schema und Übersicht festgestellt und das Gedruckte neu abschreiben lassen, legt er das Material schon wieder zurück, und nach der Schweizerreise will er nur darangehen, um den „Tragelaphen", d. h. das Ungeheuer, halb Hirsch, halb Bock, möglichst bald los zu werden und etwas Besseres — etwa den Tell — in Angriff nehmen zu können[1].

Eine Anzahl „Xenien", welche Schiller nicht in den Musenalmanach für 1798 aufnehmen wollte, um denselben von aller Polemik frei zu halten, wurde vermehrt und dann als „Oberons und Titania's goldene Hochzeit" in die Faustfragmente gestopft[2].

Viel werthvoller war die „Zueignung", der „Prolog im Himmel" und das „Vorspiel auf dem Theater", welche wahrscheinlich in den Monaten Juni oder Juli, noch vor der Schweizerreise, gedichtet sind und welche für die Fortsetzung und den Abschluß des Stückes noch nahezu die ganze Welt offen ließen.

Die „Zueignung" drückt in ergreifendster Weise die Rührung aus, welche den Dichter beschlich, als er aus seiner griechisch-italienischen Kunstwelt zu der Dichtung seiner Jugend zurückkehrte, zu den gewaltigen Ideen, welche ihn damals beschäftigten, zu den ursprünglich religiösen, christlichen Anschauungen, welche der merkwürdigen Volkssage zu Grunde lagen:

---

[1] Schiller-Göthe Briefwechsel. I. 262. 264. 269. 336.
[2] Dünzer, Göthe's Faust. I. 87. — Fr. Vischer, Göthe's Faust. S. 8. 9.

„Und mich ergreift ein längst entwöhntes Sehnen
Nach jenem stillen, ernsten Geisterreich;
Es schwebet nun in unbestimmten Tönen
Mein lispelnd Lied, der Aolsharfe gleich:
Ein Schauer faßt mich, Thräne folgt den Thränen,
Das strenge Herz, es fühlt sich mild und weich;
Was ich besitze, seh' ich wie im Weiten,
Und was verschwand, wird mir zu Wirklichkeiten."

Der „Prolog im Himmel" nahm einen erhabenen Aufschwung in jenes ernste, stille Geisterreich. Das Lied der drei Erzengel rauscht wie Psalmensang aus den Höhen der erhabensten religiösen Poesie, aber es ist im Munde dieses Dichters bloß ein Wiederklang entlegener Jugenderinnerung. Durch die komische Fratzengestalt des Mephistopheles wird der tiefernste Eingang des Buches Job sofort aus seiner Majestät in das Gebiet des Niedrig-Menschlichen herabgedrückt. Aus Job, dem typischen Vorbild Christi, wird Faust, ein gegen Gott sich empörender Freigeist, aus der ernst-sittlichen Prüfung eine heitere Wette, aus der göttlichen Tragödie eine sehr menschliche Komödie[1]. Das „Vorspiel auf dem Theater" rückt die Sage dann vollends aus ihren idealen Höhen als reichen, unerschöpflichen Bühnenstoff auf das theatralische Brettergerüst herab, um Dichter und Director aus der Verlegenheit zu reißen.

Im April 1798 ist „vor die schöne homerische Welt ein Vorhang gezogen und die nordischen Gestalten Faust und Compagnie haben sich eingeschlichen"[2]. Stark gedieh die Arbeit nicht — jeden Tag etwa ein Dutzend Verse; aber der kleinste Theil, der Masse hinzugefügt, mehrte die Stimmung zum Folgenden. Am 28. April erwachte der Vorsatz: „Ebenso will ich meinen Faust auch fertig machen, der seiner nordischen Natur nach ein ungeheures nordisches Publikum finden muß."[3] Am 5. Mai war der Faust „um ein Gutes weitergebracht", Alles numerirt und schematisirt. Göthe suchte einige tragische, in Prosa verfaßte Scenen, die gegen das Andere als zu stark und natürlich abstachen, in Verse zu bringen und so zu dämpfen[4].

Wie weit diese Förderung des „Faust" reichte, darüber liegen bloß

---

[1] Wie Kuno Fischer (Deutsche Rundschau 1877. 2. Heft. 251 ff.) ausführt, gibt die Wette der ganzen bisherigen Dichtung eine neue Wendung: Faust muß gerettet werden, muß die Wette gewinnen. Doch wie die Läuterung und Rettung Fausts sich vollziehen sollte, das war die Hauptschwierigkeit, über die Göthe in dieser Zeit noch nicht hinauskam. Vgl. Fr. Vischer, Göthe's Faust. 1875. S. 285 ff. [2] Schiller-Göthe Briefwechsel. II. 308.
[3] Ebdf. II. 59. [4] Ebdf. II. 66.

Conjecturen vor[1]. Erst nach zwei Jahren (16. April 1800) wird er wieder in einem Brief an Schiller erwähnt, doch wie immer nur in allgemeinen Ausdrücken. Es wurde September, bis Göthe endlich die Helena auftreten ließ.

„Nun zieht mich aber," sagt er[2], „das Schöne in der Lage meiner Heldin so sehr an, daß es mich betrübt, wenn ich es zunächst in eine Fratze verwandeln soll. Wirklich fühle ich nicht geringe Lust, eine ernsthafte Tragödie auf das Angefangene zu gründen; allein ich werde mich hüten, die Obliegenheiten zu vermehren, deren kümmerliche Erfüllung ohnehin schon die Freude des Lebens wegzehrt."

Göthe hatte das richtige Gefühl, daß die antike Helena in die Fausttragödie, wie sie lag, nicht paßte. Schiller aber glaubte, daß sich beide verquicken ließen.

„Lassen Sie sich aber ja nicht durch den Gedanken stören, wenn die schönen Gestalten und Situationen kommen, daß es schade sei, sie zu verbarbarisiren. Der Fall könnte Ihnen im zweiten Theil des Faust noch öfters vorkommen, und es möchte einmal für allemal gut sein. Ihr poetisches Gewissen darüber zum Schweigen zu bringen. Das Barbarische der Behandlung, das Ihnen durch den Geist des Ganzen aufgelegt wird, kann den höheren Gehalt nicht zerstören und das Schöne nicht aufheben, nur es anders specificiren und für ein anderes Seelenvermögen zubereiten. Eben das Höhere und Vornehmere in den Motiven wird dem Werk einen eigenen Reiz geben, und Helena ist in diesem Stück ein Symbol für alle die schönen Gestalten, die sich hinein verirren werden. Es ist ein sehr bedeutender Vortheil, von dem Reinen mit Bewußtsein in's Unreinere zu gehen, anstatt von dem Unreinen einen Aufschwung zum Reinen zu suchen, wie bei uns übrigen Barbaren der Fall ist. Sie müssen also in Ihrem Faust überall Ihr Faustrecht behaupten."[3]

Ermuntert durch diesen Trostspruch, arbeitete Göthe weiter und las Schiller gelegentlich den Anfang seiner Helena vor. Dieser war ungemein befriedigt:

„Ihre neuliche Vorlesung hat mich mit einem großen und vornehmen Eindruck entlassen; der edle hohe Geist der alten Tragödie weht aus dem Monolog einem entgegen und macht den gehörigen Effect, indem er ruhig mächtig das tiefste aufregt. Wenn Sie auch sonst nichts poetisches von Jena zurückbrächten, als dieses und was Sie über den fernern Gang dieser tragischen Partie schon mit sich ausgemacht haben, so wäre Ihr Aufenthalt in Jena belohnt. Gelingt Ihnen diese Synthese des Edeln mit dem Barbarischen, wie ich nicht zweifle, so wird auch der Schlüssel zu dem übrigen Theil des Ganzen gefunden sein,

---

[1] S. Schröer a. a. O. — Kuno Fischer, Göthe's Faust. Deutsche Rundschau 1877. IV. Jahrg. 1. Heft. S. 93—95.
[2] Schiller-Göthe Briefwechsel. II. 250. [3] Ebdf. II. 251.

und es wird Ihnen alsdann nicht schwer sein, gleichsam analytisch von diesem Punkte aus den Sinn und Geist der übrigen Partien zu bestimmen und zu vertheilen. Denn dieser Gipfel, wie Sie ihn selbst nennen, muß von allen Punkten des Ganzen gesehen werden und nach allen hinsehen."[1]

Die „Helena", jetzt der Anfang des dritten Actes im zweiten Theile des „Faust", ist ein vollständiges Seitenstück zur „Achilleis", in der Form eine der vollendetsten Nachbildungen antiker Poesie, welche die deutsche Literatur besitzt, aber dem Gehalt nach ebenso modern gedacht als Göthe's Achilles. Die jambischen Trimeter wie die Chöre haben die ganze feierliche Würde der alten Tragödie: Sophokles, Euripides könnten sie gedichtet haben. Aber keinem der antiken Tragiker ist es eingefallen, Helena nach ihrem Liebeshandel mit Paris und nach dem trojanischen Krieg noch neue Romane anspinnen zu lassen. Vater Homer läßt sie nach Sparta zurückkehren, wo Odysseus sie bei Menelaos trifft[2]. Hieran knüpfte Göthe an, und soweit er sich beschränkt, die Rückkehr Helena's darzustellen, entspricht auch der Gehalt einigermaßen noch der Form. Ihr banges Reuegefühl, die kindliche Freude des Chors, in die Heimath zurückzukehren, die Vorwürfe des Phorkyas verbinden sich zu einigen echt dramatischen Scenen. Aber Menelaos erscheint nicht. Helena, die griechische Sagengestalt, verwandelt sich plötzlich in eine allegorische Figur, in das Symbol des altclassischen Schönheitsideals. Statt für das angerichtete Unheil entweder durch den Tod oder durch großmüthige Verzeihung Sühne zu erlangen, soll die Anstifterin des trojanischen Krieges heirathen, und zwar einen Barbaren, einen Zeitgenossen Luthers, — den Doctor Faust.

Das war der seltsame Übergang, an welchem die Dichtung vorläufig stockte. Göthe fand ihn nicht. Im October und November arbeitete er nur Weniges am Faust; dann ward er durch Krankheit gestört. Im Frühjahr nahm er die Arbeit wieder auf; aber noch Ende April schätzte Schiller das neu Hinzugekommene für nicht so groß als das früher Ge-

---

[1] Ebdſ. II. 254.
[2] Odyſſ. IV. 120 ff. 265 ff. Vgl. Virgil. Aen. II. 567 sqq.; VI. 494 sqq. Nach Pauſanias III. 19 iſt ſie in einem gemeinſchaftlichen Grab mit Menelaos beſtattet. Nach anderen Berichten dagegen wird ſie von den Söhnen des Menelaos verfolgt und ſchließlich erhängt. Die Sage, daß Helena den Achill geheirathet und ihm einen Sohn Euphorion geboren habe, findet ſich erſt bei Ptolemäus Hephäſtion, einem alexandriniſchen Grammatiker aus der Zeit von Nero bis Nerva. Wenn ſie etwas ſymboliſirt, ſo ſymboliſirt ſie zunächſt die nüchterne Verſtandesheirath der alexandriniſchen Philologie mit der altgriechiſchen Poeſie, aus der bekanntlich bis heute ein vorwiegend proſaiſches Geſchlecht hervorgegangen iſt, kein Byron und kein Shelley. S. Preller, Griechiſche Mythologie. II. 439.

druckte, beides zusammen auf kaum die Hälfte der Dichtung, wie sie nach den gemachten Entwürfen ausfallen sollte. Bald trat die Arbeit ganz zurück, um dann über 20 Jahre auf ihre Vollendung zu warten[1]. Die politische und literarische Welt war eine ganz andere geworden, als der 75jährige Greis sie wieder aufnahm und endlich den Schlüssel fand, das „Edle" und das „Barbarische", wie er das griechische und das national= deutsche Literaturelement nannte, auszusöhnen.

Was in den Jahren 1794 bis 1802 unter Schillers Rath zum Früheren hinzugekommen, darüber fehlen großentheils sichere Nachrichten. Außer der Zueignung, dem Vorspiel und Prolog entstanden in dieser Zeit jedenfalls der Walpurgisnachtstraum, die Walpurgisnacht, die Valentinsscene und ein Theil der „Helena", welche jetzt den dritten Act des zweiten Theiles eröffnet. Über alles Andere discutiren noch die Göthe=Philologen.

Wie es Göthe nicht gelang, ein Epos im Geiste Homers zu schaffen, so scheiterte auch sein Bemühen, die griechische Classicität und den in der Faustsage verkörperten deutschen Nationalgeist in einer wahrhaft harmoni= schen Dichtung auszugleichen, weil er, das Alterthum falsch erfassend, ihm die christliche Weltanschauung unterzuordnen versuchte, wodurch nothwendig eine schreiende Dissonanz entstand. Nur eine unverdiente Huld des Himmels ermöglichte es dem Greise, die verworrenen Bruchstücke endlich noch am späten Lebensabend nothdürftig zum Ganzen zu verbinden und dem langsamen Flickwerk von 60 Jahren eine Art Plan unterzulegen. Als Schiller seine großen Dramen längst vollendet hatte, war Faust noch ein hoffnungsloses Bruchstück.

Was immer von der classischen Bildung und dem deutsch=nationalen Geiste am Weimarer Hofe beclamirt werden mag: Thatsache ist, daß die beiden größten Dichterpläne Göthe's — Achilleis und Faust — gegen zwei Übersetzungen aus dem Französischen zurücktreten mußten, und zwar gegen Voltaire's Mahomet und Tancred[2]. Es ist das überaus bezeichnend. An einem Hofe, dessen ganze Bildung ursprünglich aus dem Paris

---

[1] Heinrich Heine schreibt es dem Unglauben Göthe's und seinem Mangel an Ehrfurcht für die alte Sage zu, daß es ihm nicht gelang, den Faust in ent= sprechender Weise abzuschließen: C'est pour s'être écarté de la pieuse ordonnance de la légende, telle quelle était sortie des profondeurs de la conscience popu- laire, qu'il lui a été impossible de mener à bonne fin son ouvrage, d'après un plan nouveau, dont l'incrédulité est la base." — Mephistophéla. Revue des Deux Mondes. 1852. t. I. p. 643.

[2] Göthe's Werke [Hempel]. X. 395—445; 449—509.

Voltaire's herrührte, durfte man den großen Patriarchen nicht in Vergessenheit gerathen lassen.

Der „Wallenstein", das erste große deutsche Schauspiel, hatte dem Herzog Karl August nicht gefallen. Es war ihm zu lang, zu historisch, zu deutsch. Er hatte Voltaire's **Mahomet** in Paris gesehen; das war etwas ganz Anderes! Als Göthe sich im September 1799 entschloß, denselben zu übersetzen, jauchzte der Herzog förmlich auf:

„Es wird schon an einer besonderen Ukase gearbeitet, durch welche Du in allen vier Welttheilen zum Fürsten unter dem Titel Meccanus ausgerufen werden sollst. Dieser Sieg ist in manchem Betracht dem der conquête von Italien vorzuziehen, denn erstlich arbeitest Du gegen Deine Natur und überwindest diese, was Suwarow nicht nöthig hatte, und dann gibt Deine Uebersetzung dem deutschen Theater gewiß eine neue und sehr wichtige Epoque, die Italiens Siege nicht in ihrem Fach hervorbringen." [1]

Göthe bekam zeitweilig ein Billet um's andere und hieß „liebster Meccanus". Der Herzog wollte selbst sein Omar sein, half der Jagemann ihre Palmire=Rolle einstudiren, kümmerte sich sogar um die andern Rollen und um die Gruppirung der Schauspieler.

„Gestern kam die Mahometische Partie der Serbischen zu nahe. In Paris war die erste fast ganz vorne, links den Zuschauern und die andere blieb rechts dem Hintergrunde nahe, wo auch das Bänkchen zum Sterben sich befand." [2]

Während Schiller das wunderbar schöne „Lied von der Glocke" dichtete, die tiefergreifendste Huldigung an jene hehre Weihe, welche das Christenthum über alle Verhältnisse des Menschenlebens ausgießt, verschwendete Göthe als gehorsamster Fürstendiener seine Zeit und Kraft, seine Gewandtheit im dramatischen Jambus und seine fesselnde Sprachfertigkeit an das nichtswürdige Tendenzmachwerk, in welchem Voltaire einst alle positive Religion dem Haß und der Verachtung preiszugeben suchte [3]. Wie der Herzog gewünscht, konnte es am 30. Januar 1800,

---

[1] Briefwechsel Karl August's mit Göthe. Weimar 1863. I. 252.

[2] Ebds. I. 256. Vgl. S. 253. 255. 257. 258. 261 und die lange Abhandlung des Herzogs (S. 262—266), wie „die Lauflichkeit des Publikums" gegen den „Großkophta" und die darin „anstößigen Verhältnisse" zu überwinden wären. Die Zärtlichkeit des Herzogs für die Betrüger Cagliostro und Mahomet ist für seinen Geschmack charakteristisch. Es ist der Rococogeschmack Voltaire's und Friedrichs II.

[3] „Unter der Herrschaft dieser Tendenz," sagt Dav. Friedr. Strauß (Voltaire. Bonn 1877. S. 53), „ist Voltaire's Mahomet ein hartes, zurückstoßendes Stück geworden, dem auch die mildernde Hand und der erwärmende Hauch des deutschen Dichters keine bessere Seele hat verleihen können ... Sein dramatischer

18. Achilleis. Helena. Mahomet. Tancred.

dem Geburtstag der Herzogin, schon gegeben werden. Das 19. Jahrhundert ward auf der Weimarer Bühne damit eingeweiht.

Schiller empfand den Gegensatz wohl, in welchem der Prophet und der Geschmack seines Omar sich zu seiner Geistesrichtung befanden; allein als Hofrath mußte er die Dinge ihren Gang gehen lassen und begnügte sich, Göthe in verblümt=poetischer Weise daran zu mahnen, daß er, im Widerspruch mit seiner eigenen Vergangenheit und seinem bessern Ich, überwundenen Götzen huldige und Mumien magnetisire:

"Du selbst, der uns vom falschen Regelzwange
Zur Wahrheit und Natur zurückgeführt,
Der, in der Wiege schon ein Held, die Schlange
Erstickt, die unsern Genius umschnürt;
Du, den die Kunst, die göttliche, schon lange
Mit ihrer reinen Priesterbinde ziert:
Du opferst auf zertrümmerten Altären
Der Aftermuse, die wir nicht mehr ehren?

"Einheimischer Kunst ist dieser Schauplatz eigen,
Hier wird nicht fremden Götzen mehr gebient;
Wir können muthig einen Lorbeer zeigen,
Der auf dem deutschen Pindus selbst gegrünt.
Selbst in der Künste Heiligthum zu steigen,
Hat sich der deutsche Genius erkühnt,
Und auf der Spur des Griechen und des Briten
Ist er dem bessern Ruhme nachgeschritten.

"Denn dort, wo Sklaven knien, Despoten walten,
Wo sich die eitle Aftergröße bläht,
Da kann die Kunst das Edle nicht gestalten,
Von keinem Ludwig wird es ausgesät;
Aus eigner Fülle muß es sich entfalten,
Es borgt nicht von ird'scher Majestät,
Nur mit der Wahrheit wird es sich vermählen,
Und seine Gluth durchflammt nur freie Seelen.

"Drum nicht in alte Fesseln uns zu schlagen,
Erneuerst du dieß Spiel der alten Zeit,
Nicht, uns zurückzuführen zu den Tagen
Charakterloser Minderjährigkeit;

Mahomet ist zwar kein gemeiner, d. h. kein ideenloser, aber ein kalter und bewußter Betrüger, eine Figur, die nur an Göthe's Großkophta, d. h. an Cagliostro erinnert, so plump und hölzern, daß der Zauber, die Gewalt über bedeutende Menschen unbegreiflich bleibt, die ihm im Stück zugeschrieben wird." — F. Godefroy, Histoire de la littérature française (XVIIIe Siècle, Poètes). Paris 1879. VI. 159—162. — Die von der Akademie preisgekrönte Schrift nennt den „Mahomet" einfach ein „Pamphlet in Versen". Vgl. V. Bénard, Frédéric II. et Voltaire. Paris 1878. p. 57. — P. W. Kreiten, Voltaire. 2. Aufl. Freiburg 1885. S. 217. 128. 203—204.

Es wär' ein eitel und vergeblich Wagen,
Zu fallen in's bewegte Rad der Zeit;
Geflügelt fort entführen es die Stunden,
Das Neue kommt, das Alte ist verschwunden." [1]

Damit war sowohl gegen den Geist der Tragödie, wie gegen die französische Rococo=Form genugsam Einsprache erhoben. Im Übrigen anerkannte Schiller, daß die Erinnerung an den französischen Regelzwang auch ihr Nützliches hätte, und als freisinniger Dramaturge ließ er sich die Aufführung als ein „Experiment" gefallen, an dem man seine Be=obachtungen und Erfahrungen machen könnte.

Herders Frau schrieb nach der Vorstellung an Knebel[2]:

„Nachdem man im Anfange an der Neuheit der Vorstellung (es war Anstand, Haltung in Bewegung und Sprache) ein Wohlgefallen hatte und der Zauber von Göthes Sprache und Rhythmus das Ohr ergötzte, so wurde man durch den Inhalt von Scene zu Scene empört. Eine solche Versündigung gegen die Geschichte (er machte den Mahomet zum groben, platten Betrüger, Mörder und Wollüstling) und gegen die Menschheit habe ich Göthe nie zu=getraut. Die platte, grobe Tyrannei, Macht, Betrug und Wollust wird gefeiert! — Ach, und die Ziererei der Kunst, uns Deutsche mit dem französischen Kothurn zu beschenken, weil es der Herr von Haaren durch den Herzog so bestellt hat."

Die eigentliche Nichtswürdigkeit in der Tendenz des Stückes — die positive Religion als Quelle aller jener triumphirenden Schändlichkeiten hinzustellen — entging der sonst belesenen Frau, vielleicht den meisten Weimarern. Doch machte das Stück keineswegs Epoche, wie der Herzog gemeint hatte. Schon am 14. Mai kam mit Schillers Macbeth wieder etwas Besseres auf die Bühne, worüber sich die Herzogin Luise und Andere sehr freuten. Der Herzog hielt indeß an seinem Franzosenthum fest, und Göthe that ihm den Gefallen, noch ein Stück Voltaire's zu übersetzen — ein komödienhaftes Ritterstück ohne allen tiefern Gehalt — den Tancred[3].

Amenaide, Herrscherin von Syrakus, bietet dem Tancred in Messina Hand, Herz und die Herrschaft in Syrakus an. Der Brief hat aber keine Adresse, wird dem Boten unterwegs abgenommen und fällt in die

---

[1] Schillers Werke [Hempel]. I. 210. Vgl. Schiller=Göthe Briefwechsel. II. 206. 208. 209. 226. 227. 245.

[2] Dünzer, Göthe u. K. Aug. II. 327. — „Vortreffliche Verse," sagte Herder selbst, „aber der Inhalt eine Versündigung gegen die Menschheit." — Haym. II. 785.

[3] Es war ihm dabei hauptsächlich darum zu thun, ein „Trauerspiel mit Chören" zu versuchen, da Schillers „Braut von Messina" sich in die Weite zog. Zelter sollte die Chöre componiren. S. Grenzboten. 1873. III. 293.

Hände des feindlichen Feldherrn Solamir. Sie wird als Verrätherin verurtheilt. Tancred kämpft nun zwar für sie, um ihre Ehre zu retten, gibt aber ihre Liebe auf, weil er sie wirklich für eine Verrätherin hält. Durch willkürliche Verwicklung wird der Irrthum nicht aufgedeckt. Amenaïde büßt ihren nicht abressirten Brief mit dem Tode, und Tancred sucht und findet Befreiung von dem ihm unerträglichen Leben im Kampfgewühl[1].

Dieses Ritterstück des alten Voltaire, worin die Ritter nur da waren, um zu beclamiren, wurde am 30. Februar 1801 in Göthe's Übersetzung aufgeführt; die „Jungfrau von Orleans" dagegen, welche bald darauf zum Abschluß kam, durfte nicht gegeben werden.

„Das Sujet ist äußerst skabrös," schrieb der Herzog an Schillers Schwägerin, Frau von Wolzogen[2], „und einem Lächerlichen ausgesetzt, das schwer zu vermeiden sein wird, zumal bei Personen, die das voltärsche Poem fast auswendig wissen. So oft und dringend bat ich Schillern, ehe er Theaterstücke unternähme, mir oder sonst jemanden, der das Theater einigermaßen kennt (!), die Gegenstände bekannt zu machen, die er behandeln wollte. So gerne hätte ich alsbann solche Materien mit ihm abgehandelt (!) und es würde ihm nützlich gewesen sein; aber all mein Bitten war vergebens."

Schiller war artig genug, nicht auf der sofortigen Aufführung eines Stückes zu bestehen, das Voltaire's Gemeinheit in der edelsten Weise an den Pranger stellte und dem mobischen Franzosenthum des Herzogs eine der rührendsten Erinnerungen des alten katholischen Frankreich entgegenstellte.

Die Schwierigkeit der Aufführung scheint übrigens nicht so sehr in dem Stoff und in der Richtung des Stücks gelegen zu haben, sondern in Umständen, welche den Herzog noch viel peinlicher berühren mußten. Das ganze Stück hing von der Titelrolle ab. Die Titelrolle mußte nothwendig von der ersten Schauspielerin des Hoftheaters gegeben werden, wenn diese nicht von einer andern in der Gunst des Publikums überflügelt werden sollte. Die erste Schauspielerin, Karoline Jagemann, war nun wohl noch eine „Demoiselle", aber stand als Freundin des Herzogs

---

[1] „C'est un ouvrage fondé sur la pointe d'une aiguille", sagt Diderot. Marmontel findet in dem Stil greisenhafte Schwäche: „Des vers lâches, diffus, chargés de ces mots rédondants qui déguisent le manque de forces et de vigueur, y annoncent la vieillesse du poëte." Gobefroh (V. 172) anerkennt hohe Schönheiten im Detail, aber tadelt die ganze Anlage. Einige Hauptfehler gesteht auch A. W. von Schlegel ein. (Über bramatische Kunst und Literatur. 1817. II. 221. 222.) [2] Nachlaß von K. von Wolzogen. I. 449. Vgl. oben S. 248.

nicht mehr im Rufe der Jungfrauschaft. „Als Karoline Jagemann," erzählt Palleske[1], „von einer längern Reise zurückkehrte, war zwar ein Hauptgrund, der sie an der Darstellung der Jungfrau gehindert hatte, beseitigt; allein erst am 23. April 1803 brachte der weise Schiller, vom Publikum vielfach bestürmt, das Stück auf die Weimarische Bühne."[2] Also „interessante Umstände" bereiteten dem Herzog an dem Stücke so viel Verlegenheit.

Noch bevor Voltaire's Tancred aufgeführt werden konnte, ward Göthe durch eine ernste Krankheit an die Hinfälligkeit alles irdischen Treibens und an den Ernst der Ewigkeit gemahnt.

Am Neujahrstag 1801 hatte er im Theater Haydns „Schöpfung" beigewohnt; am andern Tage befiel ihn ein starker Katarrh, der sich bald zu einer Blatternrose mit Fieber und Krampfhusten verschlimmerte. Wegen Erstickungsgefahr konnte er am 5. schon nicht mehr im Bette bleiben, sondern mußte in aufrechter Stellung gehalten werden. Kopf, Hals und das linke Auge schwollen auf. Hofrath Stark von Jena, der am 7. auf des Herzogs Anordnung gerufen wurde, befürchtete einen Gehirnschlag. Trotz Fußbad und Aberlaß phantasirte Göthe die ganze Nacht hindurch; auch das rechte Auge ward von der Geschwulst ergriffen. Mehrere Tage schwebte er phantasirend zwischen Leben und Tod[3]. In dieser furchtbaren Krise bestand sein stolzes Heidenthum die Feuerprobe nicht. Riemer erzählt, daß er, „nach seiner Gattin Zeugnisse, das sie wiederholt ablegte, wenn das Gespräch auf diese Epoche seines Lebens kam, von Schmerz übermannt, in Fieberphantasien, mit wahrhafter Begeisterung in die beweglichsten, herzergreifendsten Reden an den Erlöser ausgebrochen sei. Sie bedauerte nur, daß damals Niemand hätte daran denken können, diese aufzuzeichnen; es würde mehr als alles Andere beurkunden, was in seiner Seele für christlich-religiöse Gesinnung gelegen und wie sie nur bei solchen Gelegenheiten ohne Heuchelei und Rückhalt (sic!) sich zu äußern veranlaßt werden"[4].

---

[1] Schillers Leben und Werke. II. 621. — Wie Vehse berichtet, hatte sie „wiederholt nothwendige Reisen zu machen". Geschichte der deutschen Höfe. XXVIII. 264.

[2] Auch bei dieser Aufführung war man um eine „Jungfrau" verlegen. Amalie Malcolmi, welche die Titelrolle spielte, wurde, da sie nach Genasts Mittheilung ihren Mädchennamen gleichfalls verwirkt hatte, auf dem Zettel „Müller" genannt. Palleske, a. a. O.

[3] H. Dünzer, Aus Knebels Nachlaß. 1858. II. 1. (Brief von Karoline Herder. 22. Jan. 1801.) [4] Riemer, Mittheilungen. I. 121.

18. Achilleïs. Helena. Mahomet. Tancred.

Bereits am 13. trat eine Wendung zum Bessern ein. Am folgenden Tag schrieb Frau von Stein an ihren Sohn Fritz:

„Mit Göthe geht es besser, doch muß der einunbzwanzigste Tag vorüber sein; bis dahin könnte ihm noch etwas zustoßen, weil ihm die Entzündung etwas am Kopf und am Zwerchfell geschabet hat. Gestern hat er mit großem Appetit Suppe gegessen, die ich ihm geschickt habe, mit seinem Auge soll es auch besser gehen. Nur ist er sehr traurig, und soll drei Stunden geweint haben; besonders weint er, wenn er den August sieht. Der hat indessen seine Zuflucht zu mir genommen; der arme Junge bauert mich. Er war entsetzlich betrübt, aber er ist schon gewohnt, seine Leiden zu vertrinken. Neulich hat er in einem Klub von der Klasse seiner Mutter 17 Gläser Champagnerwein getrunken, und ich hatte alle Mühe, ihn bei mir vom Weine abzuhalten." [1]

Gegen Ende des Monats konnte Göthe wieder Besuche empfangen, nahm mit den Schauspielerinnen Caspers und Jagemann ihre Rollen vor und ließ auf seinem Zimmer sogar ein kleines Concertchen halten. Von nah und fern trafen die freundlichsten Kundgebungen der Theilnahme ein, darunter auch ein Schreiben des Musikers Reichardt, den Göthe in den „Xenien" so unverantwortlich verunglimpft hatte. Göthe antwortete auf sein Schreiben am 5. Februar [2]:

„Nicht Jedermann zieht von seinen Reisen solchen Vortheil, als ich von meiner kleinen, kleinen Abwesenheit.

„Da ich von der nahfernen Grenze des Todtenreichs zurückkehrte, begegneten mir gleich so viele Theilnehmende, welche mir die schmeichelhafte Ueberzeugung gaben, daß ich sonst nicht allein für mich, sondern auch für Andere gelebt hatte. Freunde und Bekannte nicht allein, sondern auch Fremde und Entfremdete bezeigten mir ihr Wohlwollen; und wie Kinder ohne Haß geboren werden, wie das Glück der ersten Jahre darin besteht, daß in ihnen mehr die Neigung, als die Abneigung herrscht, so sollte ich auch bei meinem Wiedereintritt in's Leben dieses Glücks theilhaft werden, mit aufgehobenem Widerwillen eine neue Bahn anzutreten.

„Wie angenehm mir Ihr Brief in diesem Sinne war, sagen Sie sich selbst, mit der Herzlichkeit, mit der er geschrieben ist. Ein altes gegründetes Verhältniß, wie das Unserige, konnte nur wie Blutsfreundschaften durch unnatürliche Ereignisse gestört werden; um so erfreulicher ist es, wenn Natur und Ueberzeugung es wiederherstellt.

---

[1] Dünzer, Charlotte von Stein. II. 134. 135. — Das „Ewig Weibliche" hat hier wohl aus alter Eifersucht und auf bloßes Hörensagen hin ein Dutzend Gläser zu viel gezählt. Daß August sich früh dem Trunk ergab, ist aber durch verläßliche Zeugen, namentlich den ihm befreundeten Karl von Holtei, festgestellt. — Vierzig Jahre. IV. 383. V. 70 ff.

[2] Blätter für literarische Unterhaltung. 1832. Nr. 143.

„Von dem, was ich gelitten habe, weiß ich wenig zu sagen. Nicht ganz ohne vorhergehende Warnung überfiel mich, kurz nach dem neuen Jahre, die Krankheit und bekämpfte meine Natur unter so vielerlei seltsamen Formen, daß meine Genesung selbst den erfahrensten Aerzten auf einige Zeit zweifelhaft werden mußte. Neun Tage und neun Nächte dauerte dieser Zustand, aus dem ich mich wenig erinnere. Das Glücklichste war, daß in dem Augenblick, als die Besinnung eintrat, ich mich selbst ganz wieder fand. . . .

„Auch hatte ich Zeit und Gelegenheit, in den vergangenen vierzehn Tagen mir manche von den Fäden zu vergegenwärtigen, die mich an's Leben, an Geschäfte, an Wissenschaft und Kunst knüpfen. Keiner ist abgerissen, wie es scheint, die Combination geht wie vor Alters fort, und die Production scheint auch in einem Winkel zu lauern, um mich vielleicht bald durch ihre Wirkung zu erfreuen.

„Doch wollen wir uns indeß als Genesende behandeln, und zufrieden mit einer so baldigen Wiederherstellung nach einem so großen Uebel, in geschäftigem Müßiggang dem Frühjahr entgegenschlendern.

„Das erste höhere Bedürfniß, was ich nach meiner Krankheit empfand, war nach Musik, das man denn auch, so gut es die Umstände erlaubten, zu befriedigen suchte. Senden Sie mir doch ja Ihre neuesten Compositionen, ich will mit und einigen Freunden damit einen Festabend machen."

19. Häusliches und geschäftliches Leben.
1798—1805.

> „Göthe kann selbst das Geschöpf nicht achten, das sich ihm unbedingt hingab. Er kann von Anderen keine Achtung für sie erzwingen. Und doch mag er nicht leiden, wenn sie gering geschätzt wird. Solche Verhältnisse machen den kraftvollsten Mann endlich mürbe."
>
> Körner an Schiller, 27. Oct. 1800.

> „Hätte ich mich mehr vom öffentlichen und geschäftlichen Wirken und Treiben zurückhalten und mehr in der Einsamkeit leben können, ich wäre glücklicher gewesen und würde als Dichter weit mehr gemacht haben."
>
> Göthe zu Eckermann. I. 76.

Als Haupthemmniß für Göthe's dichterische Thätigkeit hat Schiller selbst seine „elenden häuslichen Verhältnisse" bezeichnet. Er kannte sie sehr genau, als er das schrieb. Es ist viel aufgeboten worden, um sie in ein günstigeres Licht zu rücken; aber Thatsachen reden schließlich doch lauter als alle Worte. Einen gemüthlichen, glücklichen Familienkreis wie Schiller hatte Göthe nicht.

Am 14. October 1791 kam Christiane mit einem todten Knaben nieder; am 22. November 1793 gebar sie ein Mädchen, das aber schon am 3. December wieder starb. Am 1. November 1795 kam sie mit einem Knaben nieder, aber schon am 17. war derselbe eine Leiche. Ein viertes Kind, ein Mädchen, starb Ende December 1802, einen Tag nach der Geburt[1]. Das Haus am Frauenplan blieb öde, nur von Fremden bevölkert. Der kleine August, am Weihnachtstage 1789 geboren, ward von der Mutter und ihrer Schwester aufgezogen, die mit ihr in Göthe's Hause wohnte. Der Vater war mit zu viel anderen Dingen beschäftigt, um an des Knaben Erziehung sich zu betheiligen. Später hielt er ihm einen Erzieher im Hause, jenen Dr. Friedr. Wilh. Riemer, der nachmals die „Mittheilungen" über Göthe geschrieben hat[2]. Vor ihm bewohnte der

---

[1] „Wüthender Schmerz zerriß seine Seele," sagt Dünzer, Göthe's Leben. S. 478. Vgl. S. 446. 463. 520.

[2] Er war den 19. April 1774 geboren, hatte Philologie studirt und war dann Erzieher im Hause Wilh. v. Humboldts geworden.

19. Häusliches und geschäftliches Leben.

Maler Johann Heinrich Meyer als Hausfreund die oberen Zimmer in Göthe's Wohnung, einige längere Reisen abgerechnet, vom November 1791 bis Ende 1802, wo er ein Fräulein von Koppenfels heirathete und seinen eigenen Hausstand gründete.

„Meyer verstand es," wie A. Dürr sagt, „Christiane Vulpius gegenüber, so lange dieselbe noch nicht als Göthe's angetraute Frau im Hause weilte, in taktvoller Weise den richtigen Ton anzuschlagen. Seine Hausgenossenschaft erscheint angesichts dieser eigenartigen Verhältnisse im Göthe'schen Hause in besonderer Weise hervorhebenswerth. Die treue Sorgfalt, mit der Meyer bei längerem Fernsein Göthe's, wie gleich im Jahre 1792 während der Campagne in Frankreich sich der Obhut Christianens und des kleinen August von Göthe annahm, die eifrige Thätigkeit, die er während derselben Zeit beim Aus- und Umbau des Hauses entfaltete, mußten Göthe seine Gegenwart nur um so dankbarer empfinden lassen. Dieses schöne gemeinsame Verhältniß spricht sich auch in dem Familienbilde aus, das Meyer während der ersten Jahre in Weimar malte. In einer der Madonna della sedia verständig nachgebildeten Situation stellte er, wie Riemer berichtet, Christiane als Mutter mit ihrem Erstgebornen im Arme dar. Göthe hielt dieses Aquarellbild, das er besonders schätzte, immer in sorgfältiger Bewahrung."[1]

Als Gattin nicht anerkannt, Göthe's Bildung nicht entfernt gewachsen, völlig auf's Hauswesen beschränkt, wird Christiane in Göthe's Briefwechsel nur selten und kümmerlich erwähnt. Von seinem Geistesleben als Gelehrter und Dichter ist sie nahezu ausgeschlossen; sie hält sich für zu beschränkt, um ihm folgen zu können, obwohl seine Poesie gar oft eigentlich zu ihrem Niveau herabsinkt. Sie weiß nichts von seinen Plänen, von seinen großen Ideen, von seinen Studien. Sie staunt ihn nur an, wie Gretchen den Faust, und liebt ihn, daß der vielbewunderte Gott auf sie arme Bajadere herabgesehen. Sie sorgt treulich für ihn, kocht ihm gut, hält ihn warm und ist stolz auf alles, was sie von seinem Ruhme hört.

Einigen Einblick in ihr häusliches Wesen, ihren Charakter und ihre Anschauungsweise gewährt der Briefwechsel des späteren Medicinalraths Dr. Nikolaus Meyer in Bremen mit ihr und Göthe[2]. Als breiundzwanzigjähriger Student kam er 1798 nach Jena, besuchte unterwegs Göthe und ward, ohne weitere Empfehlung, wie ein Freund bei ihm aufgenommen. Während seiner Studien benützte er jeden freien Augen-

---

[1] Alphons Dürr, Johann Heinrich Meyer in seinen Beziehungen zu Göthe (Lützows Zeitschrift für bildende Kunst. 1884. 20. Jahrg. Heft 2. S. 31.)

[2] Freundschaftliche Briefe von Göthe und seiner Frau an Nicolaus Meyer. Leipzig 1856.

blick, um nach Weimar hinüberzuschlüpfen. Den größten Theil des Winters 1799 auf 1800 brachte er in Göthe's Hause zu, mit Studien über die Anatomie der Mäuse[1] beschäftigt. Göthe stellte ihm seine eigene naturhistorische Sammlung zur Verfügung, und Christiane mußte es geschehen lassen, daß die Mäuse an ihrem Küchenherd secirt und präparirt wurden. Sie versöhnte sich ohne Mühe mit dem jungen Studenten, der, wie sie, Tanz und Theater liebte und mit ihr häufig auf den Ball ging. Als er im folgenden Herbst wegzog, blieb er in freundschaftlicher Verbindung mit Göthe sowohl als Christiane und übernahm es für lange Jahre, seine früheren Gastfreunde mit seinen Weinen, Butter, Fischen und anderen Victualien zu versorgen, wofür er aus Weimar dann Bücher, Gedichte, Musikalien, Theaterutensilien, Obst, Pflaumenmus u. A. erhielt.

Man sieht aus diesen Briefen, daß Göthe nicht gerade luxuriös, aber doch gut lebte. Bestellungen von Franzwein, Portwein und Malaga[2] wiederholen sich in mäßigen Zwischenräumen. Dann liefert Bremen Lachs, Bricken, Häringe, Dorsche, Schellfische, Butten, Hummer und ansehnliche Lieferungen Butter, gewöhnlich zu 50 Pfund. Christiane's Lieblingsspeise waren Bricken, über die denn öfter näher berichtet wird. Ihr Hauptvergnügen aber war das Tanzen.

„Schon seit drei Wochen," heißt es in einem Briefe, „bin ich mit dem Geh. Rath und August in Lauchstädt, und jeden Tag hab' ich Ihnen schreiben wollen, aber frühe wird gebadet, alsdann muß man doch gehen, und dann geht es zu Tisch, von da wird sich geputzt und geht in das Theater, wieder zum Abendessen und alsdann auch wohl auf den Ball. Ich war schon hier auf 6 Bällen, wo es sehr brillant ist. Es sind viele junge Landsleute hier, die alle recht hübsch sind, viele Offiziere sind nicht da, aber die Halleschen Studenten sind meist sehr gescheute Leute, und der Herr Geh. Rath ist sehr mit ihrem Betragen sowohl auf Bällen als im Theater zufrieden . . . Zu jedem Ball werden wir 4—5 Mal eingeladen, und wenn wir nicht gleich kommen, geholt, und auf jedem Ball haben wir Sie immer gewünscht. Ich tanze auf jedem Ball mit einem wie mit dem andern, weil sie mir alle gleich sind — sie erweisen mir alle wo ich bin, viel Artigkeit, und haben auch dem Geh. Rath und mir ein Vivat zugerufen.

„Das Theater ist hier sehr schön geworden, es können tausend Menschen zusehen — im ersten Stück, das mit einem kleinen Vorspiel vom Geh. Rath

---

[1] Für eine Dissertation: Prodromus anatomiae murium.
[2] Göthe trank den Wein hauptsächlich zur Stärkung seines Willens: „Ich war in meinem Leben sehr oft in dem Fall, bei gewissen complicirten Zuständen zu keinem rechten Entschluß kommen zu können. Trank ich aber in solchen Fällen einige Gläser Wein, so war es mir sogleich klar, was zu thun sei, und ich war auf der Stelle entschieden." Eckermann, Gespräche. III. 164.

19. Häusliches und geschäftliches Leben.

anfing, betitelt: „Was wir bringen", waren 800 Menschen — wir waren auf dem Balkon in einer sehr schönen Loge, und wie das Vorspiel zu Ende war, so riefen die Studenten „es lebe der größte Meister der Kunst, Göthe!" Er hatte sich hingesetzt, aber ich stand auf und er mußte vor, um sich zu bedanken.

„Nach der Comödie war Jllumination, und dem Geh. Rath sein Bild und Namen illuminirt. Wir speisten im Salon, wo auch wieder alles illuminirt, und der ganze Saal mit Blumenguirlanden geschmückt war."[1]

Diese Ovation fällt eben in die Zeit, wo Schiller den Höhepunkt seiner Production erreicht hatte, Göthe's Poesie so dürftig quoll wie ein versiegender Brunnen.

Im Juli (1802) war es gar einsam in Weimar. Die Herrschaften waren verreist. Auch im August gab es keine Neuigkeiten als „einige Heirathen". Im October war die Hochzeit des Malers Meyer beschlossene Sache. Aber im November fingen die Redouten wieder an; auf dem Theater wurde das Donauweibchen gegeben, und alle „alten Äugelchen", besonders Demoiselle Burkhardt, erinnerten sich wieder des liebenswürdigen Nikolaus Meyer. Am 31. Januar war eine ganz besonders brillante Redoute, auf der Griechinnen und Circassierinnen und das Personal des Vorspiels „Was wir bringen" aufspazierten. Der Geheime Rath war sehr vergnügt und ließ Christiane täglich mit seinen schönen Pferden spazieren fahren[2]. Am fröhlichsten aber läßt sie sich in einem Briefe vom folgenden November über das Tanzen aus:

„Aus Ihrem Briefe sehe ich, daß Sie sich doch noch mit Tanzen abgeben, und da habe ich Hoffnung, wenn Sie zu uns kommen, auch wieder mit Ihnen zu tanzen.

„Es sind zwei junge Leute beim Theater hier, die bloß aus Liebe für die Kunst (!!) zum Theater gegangen, und als Schüler vom Geheimerath bei uns bekannt sind.

„Von diesen Beiden tanzt der Eine ganz wie Sie, nur noch mit mehr Leidenschaft.

„Wenn ich mit diesem tanze, so fliegen wir gleichsam den Saal hinunter; ob ich gleich stärker werde, so tanze ich doch immer wie sonst."[3]

Am Schlusse des Jahres konnte sie sich das Zeugniß geben, daß sie keinen Ball und keine Redoute versäumt habe, und war entschlossen, auch im folgenden Jahre fröhlich weiterzutanzen[4]. Auch nach ihrer letzten Niederkunft war ihre Hauptsorge, möglichst bald wieder auf einen Ball zu kommen, obwohl sie schon ihre 37 Jahre zählte und längst nicht mehr

---

[1] Briefe an Nik. Meyer. S. 68. 69.
[2] Ebdf. S. 71. 74. 75. 77.   [3] Ebdf. S. 85. 86.   [4] Ebdf. S. 87.

für schön galt. Im Hause zog Göthe oft Schauspieler zur Tafel; an anderen Gästen war kein Mangel. Im Januar 1804 meldet sie: „daß kein Mittag vergeht, wo nicht immer Freunde bey uns speisen; dann geht's in's Theater, wo wir jetzo sehr viel hübsche junge Männer und Mädchen haben; alsdann gibt's Redouten-, Harmonie- und Ressourcen-Bälle, wo ich mich dann immer sehr mit Tanzen amüsirt, denn ich tanze jetzt noch mehr als sonst und befinde mich recht wohl dabey."[1]

Zwischen dieses tanzlustige Mückenleben drängten sich aber doch mitunter die trüben Wolken ernüchternder Prosa.

„Ich lebe ganz still," schreibt sie am 21. April (1803), „und sehe fast keinen Menschen, das Theater nur ist meine Freude, denn wegen dem Geh. Rath lebe ich sehr in Sorge, er ist manchmal ganz hypochonder, und ich stehe oft viel aus, doch trage ich alles gerne, da es ja nur krankhaft ist, habe aber so gar Niemanden, dem ich mich vertrauen kann. Schreiben Sie mir aber hierauf nichts, denn man muß ihm ja nicht sagen, daß er krank ist; ich glaube aber, er wird wieder einmal recht krank."[2]

Als sie sich selbst einmal unpäßlich fühlte, schrieb sie:

„Ich kann mir jetzo recht gut vorstellen, wie Ihnen zu Muthe war, als Sie krank waren, nun geht es mir ebenso, alles ist mir verhaßt, und doch fehlt mir eigentlich nichts, ich habe alles was ich nur wünsche, es geht aber nichts auf dieser Welt über Gesundheit und frohen Muth, wenn man das nicht hat, so ist das ganze Leben nichts."[3]

Ungemein drückend und hart wurde ihr ihre rechtlich und gesellschaftlich ungesicherte Lage, als Göthe im Frühjahr 1805 ernstlicher zu kränkeln anfing. Sie war noch immer nicht seine Gattin, war um seinetwillen von der ganzen Gesellschaft zurückgestoßen, und nun?

„Der Geh. Rath hat nun seit einem viertel Jahr fast keine gesunde Stunde gehabt und immer Perioden wo man denken muß er stürbe. Denken Sie also sich mich die ich außer Ihnen und dem Geh. Rath keinen Freund auf dieser Welt habe — und Sie, lieber Freund, sind wegen der Entfernung für mich doch so gut wie verloren. Sie können sich denken, wenn so ein unglücklicher Fall käme, und ich so ganz allein stände, wie mir zu Muthe wäre. Ich bin wahrhaftig ganz auseinander — und dann kommt noch dazu, daß die Ernestine sehr abzehrt und dem Grabe sehr nah ist und die Tante auch sehr schwach — es ist also die ganze große Last der großen Haushaltung auf mich gewälzt, und ich muß fast unterliegen, es wollen zwar die Leute behaupten man sehe es mir nicht an, aber lange kann es doch nicht so fortgehen. Hier ist kein Freund, dem ich so

---

[1] Ebdf. S. 88.   [2] Ebdf. S. 79.   [3] Ebdf. S. 69.

Alles, was mir am Herzen liegt, sagen könnte — ich könnte sie genug haben, aber ich kann mich an keinen Menschen wieder so anschließen, und werde wohl für mich allein meinen Weg wandeln müssen."[1]

Das ist die Kehrseite der „römischen Elegien" und der „venetianischen Epigramme". Schiller hat sich doch wohl nicht getäuscht, wenn er von Göthe's „elenden häuslichen Verhältnissen" sprach. Göthe genoß nicht einmal jene irdische, sinnliche Behaglichkeit, von welcher Manche in Folge seiner vielen Liebesgedichte sich träumen. Vor den Augen seiner Geliebten und Haushälterin war der „ewig junge" Erotiker ein schon vielfach kränkelnder und hypochondrischer alter Herr, mit dem sie viel auszustehen hatte, wenn er auch nicht eben eifersüchtig war und sie mit Studenten und Schauspielern tanzen ließ, so viel sie wollte. Bei allem äußern Wohlstand und Wohlleben, bei aller Freiheit und Ungebundenheit fehlte es in diesen häuslichen Verhältnissen an dem, was allein die Familie zur Familie macht: an der geistigen Lebensgemeinschaft der Gatten, an Adel der Gesinnung, an einer auf das Ewige gerichteten wahren Freundschaftsliebe, an jener Würde und Weihe, welche nur die Religion dem ehelichen Verhältnisse zu geben vermag, an jenem wahren religiösen Trost, der allein die flüchtigen irdischen Genüsse überdauert, in Tagen der Prüfung Stand hält und in Tagen des Glücks volle Zufriedenheit gewährt.

Im Hause Göthe's, des größten deutschen Liebesdichters, fehlte nichts so sehr, als wahre, echte Liebe — und Frauen, welche sich für seine Poesien so schwärmerisch entzücken, thäten gewiß sehr wohl daran, sorgfältig zu prüfen, was er eigentlich „Liebe" nennt.

Über den Sohn August wird später die Rede sein[2].

Nicht weniger nachtheilig, als sein trostloses Familienleben, wirkte auf Göthe's dichterische Entwicklung seine höfische Stellung ein. Er dankte ihr allerdings viel äußere Bequemlichkeit, Ansehen, Geld, Einfluß, bedeutende Verbindungen, wissenschaftliche Hilfsmittel, auch poetische Anregungen. Auf ihr ruhte großentheils der Primat, den er seit der Verbindung mit Schiller nahezu unangefochten auf dem deutschen Parnaß behauptete. Er hatte sich so in die herzogliche Familie und in den Hof hineingelebt, daß sein Ruhm mit dem des Dichterhofes völlig zusammenfloß. Keine Kritik, keine Intriguen konnten die hohen Regionen erreichen,

---

[1] Ebdf. S. 95.
[2] Vgl. Sebastian Brunner, Hau- und Bausteine zu einer Literatur-Geschichte der Deutschen. Wien 1885. III. 101—127.

in denen er sich eingewurzelt, kein Ruhm eines Andern ihn aus der vornehmen Stellung drängen, die er nicht erobert, sondern sich langsam angelebt hatte. Der ganze Hof blickte zu ihm wie zu einem göttlichen Onkel auf, der mit zu Herzog und Herzogin, Hof und Land gehörte, ohne den Weimar kein Weimar mehr war. Er war der einzige Dichter, der aufhören konnte zu dichten, ohne seines Ansehens verlustig zu gehen, der bei jedem, noch so schwachen Stück sicher sein konnte, bewundert und sogar angebetet zu werden. Es war pure Herablassung, wenn er weiterdichtete.

Wie alle Herrschgewaltigen, mußte er indeß Erwerb und Behauptung der Herrschaft schwer bezahlen — mit großen Opfern an Zeit, Bequemlichkeit, freier Muße. So bequem er sich sein Poetenheim eingerichtet hatte, so hatte er doch eigentlich nicht viel davon; er gehörte weit weniger sich, als dem Hofe. Es macht einen halb wehmüthigen, halb komischen Eindruck, wenn man in seinen Geschäftsbriefen an Voigt u. A. all die Bagatellen nachliest, mit welchen der große Mann seine kostbare Zeit verderben mußte, um ganz Weimar mitregieren zu helfen und auf allen Punkten der Unentbehrliche zu bleiben. So schreibt er z. B. den 27. Mai 1798 an Voigt:

„Ich eile die mir übersendeten Depeschen zu beantworten und zurückzuschicken. Es erfolgt also:

1. Die Verordnung an den Bergrath in Concept und Mundo nebst den Acten.

Ein Pro Memoria, welches noch zu secretiren und mir Ihre Meynung darüber zu eröffnen bitte; so einen mineralogischen Schatz muß man bis er gehoben ist geheim halten.

Wegen des übrigen, das Sie mit freundschaftlicher Sorgfalt berühren, gebe ich folgendes zu erkennen.

Von Osann erfährt man ja wol, wenn Schenk die beiden Taxatoren vorgeschlagen hat, und man zeigt alsdann bei der Commission an, daß man ihnen aquiescire.

Fischer wird sich wohl die Freiheit nehmen die Cautionsgelder bei Ihnen zu deponiren.

Auf die Auction will ich Fischern aufmerksam machen; denn da ich ihm das Gut verpachtet habe, wie es überkommen, auch ihm erklärt ist, daß es seine Sache ist die Brandweinblase zu stellen, so kann ich das übrige abwarten und mich bis zur Uebergabe ruhig verhalten.

Haben Sie die Güte mir gelegentlich anzuzeigen, wie sich Thouret anläßt. Wenn ich mich nicht irre, so ist er bei seiner Geschicklichkeit resolut und expedit, Eigenschaften, die wir in dem gegenwärtigen Falle sehr brauchen. Nehmen Sie ihn doch im Gespräche einmal vor und hören, wo er hinaus will.

Wenn Riehl fleißig ist und accurat, so können wir ihm schon etwas mehr geben; da uns die Katalogen unentbehrlich sind und wir auf dem jenaischen

Tramite wohl schwerlich eine Abschrift sobald erhalten möchten, so kommt es auf einige Thaler mehr nicht an. Haben Sie die Güte mir Mittwochs einige Buch Papier, wie Sie solche Riehlen gegeben, zu überschicken. Geist hat hier manche müßige Stunde und kann bei meinem Hiersein vielleicht auch einen Band fördern.

Es thut mir leid, daß ich Trebra versäumt habe, ob es gleich nicht wohlthätig ist, alte Freunde wieder zu sehen, welche die ganze Richtung ihrer ehemaligen Beschäftigung mit einer andern vertauscht haben.

Dagegen hat mich die gute Behaglichkeit des Bergrathes in seinem neuen Zustande erfreut.

Sie haben ja wohl die Güte die Beilagen gefällig besorgen zu lassen und mich gelegentlich Serenissimo zu Gnaden zu empfehlen."[1]

Solche Briefe hat Göthe nahezu täglich expedirt, dazu Depeschen, Promemorien, Eingaben, Actenstücke, Gutachten, Empfehlungen aller Art. Der maßgebende Premierminister, auf dessen Bureau alle Fäden der weimarischen Verwaltung zusammenliefen, war er allerdings seit der italienischen Reise nicht mehr. Das war Christian Gottlob Voigt, ein tüchtiger, erprobter Geschäftsmann, sechs Jahre älter als Göthe, der nach soliden juristischen Studien in Jena von der Pike auf gedient hatte, erst als Advokat, dann als Bibliothekar, dann als Justizamtmann, Regierungsrath und endlich Minister. Bode nahm ihn bald nach der Gründung der Weimarer-Loge (1778) unter die Freimaurer auf. Von 1784 war er Göthe's Vertrauter in der Ilmenauer Bergwerkangelegenheit. Von 1794 an wurde er des Herzogs vorzüglichster Rathgeber in allen Fragen der Politik und Verwaltung. Da seine Collegen Fritsch und Schmidt alte Herren waren, fiel ihm nach und nach alle wichtige Arbeit zu; er wurde nach seinem eigenen Ausdruck „der Geschäftsschwerenzel für ganz Weimar", mußte „immer Trumpf sein" und klagte (12. Februar 1800) schließlich seinem Freunde Minister von Frankenberg in Gotha:

„Mich verläßt man nicht selten, um gar nichts zu thun; man läßt sich sogar nichts zuschicken, und was das wunderbarste ist, so ist man hintenbrein nicht einmal damit zufrieden, daß andere unsere Arbeiten gethan haben. Bey dem allen tröstet mich denn mein Vertrauen auf das ius talionis, das hienieden selten ausbleibt, nach welchem ich hoffe, daß, wenn ich auch einmal voll wunderlicher Laune, unbilliger Eifersucht, Verachtung alles Neuen, mir unbekannten u. s. w. sein werde, alsbann es auch redliche Collegen geben werde, die mit mir Geduld haben und mich ertragen."[2]

Obwohl Göthe bis zum Jahre 1809, die Theaterdirection und die Bergwerkscommission abgerechnet, keinen bestimmten Verwaltungskreis

---

[1] O. Jahn, Göthe's Briefe an Voigt. S. 210—212.
[2] Ebdf. S. 78. 79.

19. Häusliches und geschäftliches Leben.

übernahm, consultirte und regierte er doch zugleich mit Voigt in die verschiedensten Verwaltungszweige hinein, in Steuerangelegenheiten, Baufragen, Forst- und Militärsachen, Anstellungen von Beamten, Polizeimaßregeln u. s. w. Von der hohen Politik ist selten die Rede.

„Wenn man das ungeheure Interesse bedenkt," sagt Göthe einmal (1796), „was die Franzosen von Ancona bis Würzburg zu bedenken haben, so sollte man hoffen, daß wir in dem jetzigen Augenblicke kein bedeutender Gegenstand für sie wären. Dagegen läßt sich aber auch sagen daß es für sie ein leichtes seyn müßte noch einen Grad nördlicher Breite weiter mitzunehmen." [1]

Das verräth mehr Furcht und Friedensliebe, als politischen Scharfsinn, und fast komisch klingt es, wenn er beifügt:

„Daß Sie übrigens ein Bureau halb kriegerischer halb diplomatischer Art in Eisenach etablirt haben, ist doch wenn auch die Gefahr völlig vorüberginge im Augenblick ein großer Trost und Beruhigung für viele und muß den Platz zu einem interessanten Mittelpunkt machen." — „Möchten wir doch," seufzt er am 28. August [2], „noch recht lange zusammen in einem gemeinschaftlichen Kreise fortleben. Die Nachricht, die an den General Lind gekommen ist, ist freylich von der größten Bedeutung, verbunden mit dem was die Baireuther Zeitung von der großen Schlacht bey Amberg sagt, man kann, wenn, wie von unserer Seite bisher geschehen, alles gethan ist, doch nur abwarten was die verschiedenen Wendungen die die Dinge nehmen auf uns für Einfluß haben könnten, diese Wendung scheint wenigstens auf einer Seite günstig zu seyn."

Um so zu kannegießern, braucht man nicht eben Geheimrath, geschweige Minister zu sein. Weit mehr verbreitet sich Göthe's Geschäftscorrespondenz denn auch über Dinge, welche dem großen Weltlauf ferne stehen und in der Verwaltung des kleinen Weimar selbst zu den Winkelfragen gehören.

Der „hießige Gastwirth zum Bären wünscht bey sich ein Billard aufzustellen"; Göthe frägt an, ob so etwas zulässig ist und von wem die Vergünstigung abhängt. Der Nachbar des Bärenwirths hat sein Haus eingerissen und will es mit schon behauenen Steinen aus Zwätzen neu aufbauen; die Weimarer Maurer haben dagegen Streit erhoben und wollen die Steinfuhr nicht in die Stadt lassen: Göthe legt ein „pro memoria" für die Freizügigkeit ein [3]. Der Botaniker Batsch reicht ein Gutachten über „Weidenaussaat" ein, und Göthe empfiehlt, es im Reichsanzeiger „ventiliren" zu lassen, „um eine Menge Menschen mit einer solchen Anfrage in Bewegung zu setzen" [4]. Hofrath Lober wünscht, „gegen Be-

---

[1] Ebdſ. S. 169. [2] Ebdſ. S. 173.
[3] Ebdſ. S. 162. 163. [4] Ebdſ. S. 164.

zahlung ein Deputat von einigen Rehen und Hasen festgesetzt zu erhalten"; Göthe verlangt vom Minister Aufschluß darüber[1]. Dem Gastwirth Heiße in Stützerbach will er den Fischereipacht lassen, und glaubt, daß „ihm sogar das Pachtgeld gegen gute Aufsicht gut thäte"[2]. Konrad Franke, „ein gar hübscher Mensch, wünscht gar sehnlich, bey der gegenwärtigen vielen Tischlerarbeit in Weimar auch etwas zu lernen. Er gibt sich freylich nicht für einen perfecten Gesellen, allein behauptet doch, daß er brauchbar sey" — und so empfiehlt ihn Göthe[3]. Bei einer „heiligen Handlung", zu der er sich tragen lassen will, zeigt er Voigt sogar die zu gebenden Trinkgelder an: „der Liebcrinn einen Laubthaler, dem Kirchner einen Conventionsthaler, dem Andres einen Gulden, der Wartfrau einen halben Laubthaler" — nicht aus Freigebigkeit, sondern „weil ich es sonst nicht mit ganzen Stücken zu machen weiß"[4]. Zu „einer Art pro nota wegen der Bibliothekstreppe, wo ich eine allgemeine Ansicht künftiger Einrichtung, weil es verlangt, vorausgeschickt habe," fügt er „einen Vortrag wegen des Bibliothecarii," d. h. es ist „mehr eine Veranlassung zu einer Entscheidung der Sache, als ein Vortrag"[5]. Die Schauspielerin Demoiselle Maas wird „nach genommener Abrede mit Wache beehrt". „Wegen der Dauer dieser Quasi-Strafe" (über die er sich selbst später lustig machte) wünscht er Voigts Meinung: „Wie schlägt man einen Tag Arrest zu Gelbe an? ich bin immer so unglücklich, dergleichen zu vergessen"[6]. Für die Bibliothek will er nur einen Bibliothekschlüssel im Gebrauche wissen; denn „die mehreren Schlüssel in vorigen Zeiten haben nur Unordnung hervorgebracht und die Abneigung unter den Menschen vermehrt, von denen jeder nun glaubte für sich zu bestehen"[7]. Dagegen befürwortet er das Gesuch des Bibliothekdieners, sich Trinkgelder erbitten zu dürfen. „Zur allgemeinen Bettelei dürfte wohl auch diese billig hinzukommen. Wäre es nöthig, so gelangte etwas beßhalb an die fürstliche General-Polizei-Kommission und käme mit ins Wochenblatt."[8]

So gab es in dem kleinen Weimar kaum einen Quark, in welchen Göthe seine Nase nicht steckte. Dabei legt er wohl praktischen Sinn und ein gewisses Mitgefühl für Andere an den Tag, aber auch eine unendliche Kleinigkeitskrämerei, ein herrschsüchtiges Protectionswesen, und eine durch alle Schlüssellöcher bringende polizeiliche Vielregiererei. Neben all dem Plunder, den prosaische Geschäftsleute ebenso gut, ja wohl besser

---

[1] Ebdf. S. 180.   [2] Ebdf. S. 193.   [3] Ebdf. S. 226.
[4] Ebdf. S. 232.   [5] Ebdf. S. 234.   [6] Ebdf. S. 235.
[7] Ebdf. S. 239. 240.   [8] Ebdf. S. 240.

hätten besorgen können als er, hatte er dann noch seine besonderen Geschäftskreise, welche ihn, wie in der ersten Weimarer Zeit, Wochen, Monate, Jahre lang beschäftigten.

Gewaltige Actenstöße speicherte er allein über das verfehlte Bergwerk-Unternehmen in Ilmenau auf, das trotz aller Rapporte, Eingaben, Bauten, Subsidien, Berathungen und Besichtigungen doch nur Wasser, kein Silber zu Tage förderte. Eine unberechenbare Zeit nahm ihm der Schloßbau zu Weimar weg, da er nicht bloß die Bauentwürfe begutachtete, sondern die Wahl, Anstellung und Thätigkeit der Architekten und ihrer Unterbeamten offen oder insgeheim leitete und beaufsichtigte, sich sogar den Maurern und Decorationsmalern in ihr Geschäft mischte und bis auf die kleinsten Details in den Bau hineinregierte. Zu diesen langwierigen, vielverwickelten Bausorgen — das Schloß konnte erst am 1. August 1803 bezogen werden — gesellten sich ähnliche für die Bibliothek in Weimar, das Theater in Weimar, das Theater in Lauchstädt, das Theater in Jena und noch andere Bauten. Dabei ließ er es nicht bei einer mäßigen Überwachung und Leitung der einzelnen Experten bewenden, sondern übte durch zahllose Berathungen, Inspectionen, Berichte, neue Vorschläge einen unermüdlichen Bureaukratismus aus. Er war der Universalmensch in Weimar, der ganz allein wissen konnte, wie Alles sein und werden mußte. Seine Sorge für die Bibliothek in Weimar erstreckte sich bis auf den Schlüssel, die Trinkgelder des Bibliothekdieners und das Papier, auf das die Kataloge geschrieben wurden. Im botanischen Garten von Jena überwachte er nicht nur den Director, sondern gelegentlich auch den Gärtner, den Gärtnergehilfen und die Taglöhner, die Treibbeete und die Glashäuser. Im Theater von Weimar bestimmte er nicht nur Farbe und Zeichnung der Decorationen, Zahl und Anordnung der Sitze, sondern überwachte die aufzuführenden Stücke, Anwerbung, Contracte, Rollen, Costüme, Vortrag und Aufführung der Schauspieler, und ließ über Alles die weitläufigsten Correspondenzen, Acten und Protokolle führen. Er regte kaum einen Finger, ohne sofort zu sorgen, daß die Kunde davon durch ein feierliches Actenstück der Nachwelt aufbewahrt wurde. Er ist unbedingt den größten Bureaukraten der Neuzeit beizuzählen.

„1804 wurde," so berichtet er selbst, „der Entschluß reif, ein anatomisches Museum (in Jena) einzurichten, welches bei Abgang eines Professors der Anatomie der wissenschaftlichen Anatomie verbleiben müsse. Professor Ackermann, von Heidelberg berufen, machte sich's zur Pflicht, sogleich in diesem Sinn zu arbeiten und zu sammeln, und unter seiner Leitung gedieh gar bald das Unternehmen, zuerst im bidactischen Sinne, welcher durchaus ein anderer ist, als der

19. Häusliches und geschäftliches Leben.

wissenschaftliche, der zugleich auf Neues, Seltenes, ja Curioses Aufmerksamkeit und Bemühung richtet und nur im Gefolg des ersten ebenfalls Platz finden kann und muß. Das Cabinet enthält eine bedeutende Sammlung krankhafter Theile. Diese traurigen Gegenstände sind für den Arzt und Chirurg von der größten Bedeutung. Er lernt hier die wichtigsten Lebenswirkungen der Natur kennen, die sich selbst zerstört, um sich selbst zu heilen, und kann sich das, was bei seinen unglücklichsten Kranken unter Entstellung, Beulen und Geschwüren verborgen liegt, bei der großen Consequenz der Natur als vor Augen liegend vorstellen und wo nicht auf Heilung, doch auf Linderung des Zustandes sein geschärftes Augenmerk richten." [1]

Als der alte Hofrath und Professor Büttner, ein wunderliches Original, vorzüglich Münzen- und Naturaliensammler, der gegen eine Leibrente dem Herzog seine Bibliothek verkauft hatte, im Schloß von Weimar starb, hatte Göthe monatelang mit der Hinterlassenschaft zu thun, untersuchte die Bibliothek, plante einen Gesammtkatalog, setzte ein Promemoria darüber auf, empfahl die Sache dem Senat und dem „Concilio", entwarf über den Kostenpunkt ein Budget, sprach über die Ordnung den Bibliothekar Erich, wobei „ein unendliches Detail" vorkam, befürwortete die Sache bei Voigt, beim Herzog, in allen betheiligten Instanzen, und nahm endlich die Katalogisirung selbst in die Hand. Als die Büttner'sche Wohnung im Schloß dann für den Commandanten v. Hendrich eingerichtet werden sollte, ging er selbst hinein, untersuchte das Quartier und beschrieb es bis auf den letzten Staub und Ruß [2]:

„Ich kann versichern, daß die geläufigste Zunge und geschickteste Feder nicht fähig sein würde, den Zustand zu beschreiben, in dem man diese Zimmer gefunden. Sie schienen keineswegs von einem Menschen bewohnt gewesen zu sein, sondern bloß ein Aufenthalt für Bücher und Papiere. Tische, Stühle, Koffer, Kasten, Betten waren, bald mit einiger Ordnung, bald zufällig, bald ganz confus durcheinander, mit diesen literarischen Schätzen bedeckt, darunter verschiedenes altes Gerümpel, besonders mehrere Hackebretter und Drehorgeln; alles zusammen durch ein Element von rußigem Staube vereinigt. Die alte Garderobe machte zu lachen, erfreute aber ganz besonders den Trabitius, dem sie vermacht ist. Im Wohnzimmer, dessen Decke, Wände, Fußboden und Ofen gleich schwarz aussahen, waren mehrere Dielen von Feuchtigkeit und Unrath der Thiere aufgeborsten. Genug, es wird einiges zu fegen geben, bis auf diese literarische Schweinigeley eine militärische Propretät folgen kann. Übrigens habe ich bei diesem Anblick erst gefühlt, was unser gnädigster Herr Ihren unterthänigsten Dienern durch schnelle Vergebung dieses Quartiers für eine Noth decretirten."

---

[1] Dr. E. Vogel, Göthe in amtlichen Verhältnissen. Jena 1834. S. 20.
[2] O. Jahn, Briefe an Voigt. S. 223.

Da er sich angewöhnt hatte, jedem Geschäft bis in das entfernteste Mausloch nachzugehen, und die Geschäfte in hundertfach verschlungenem Durcheinander sich kreuzten, so ist es nicht zu verwundern, wenn der Plan einer „Achilleis" in diesem Gewirre erstickte, „Faust" in sonst günstiger Stimmung nur um zehn Zeilen täglich voranrückte und der Dichter dabei aufseufzte:

„Die Geschäfte sind polypenartig; wenn man sie in hundert Stücke zerschneidet, so wird jedes einzelne wieder lebendig. Ich habe mich indessen drein ergeben und suche meine übrige Zeit so gut zu nutzen, als es gehen will. — Die neuesten Erscheinungen haben mich auf's neue überzeugt, daß die Menschen statt jeder Art von ächter theoretischer Einsicht nur Redensarten haben wollen, wodurch das Wesen, was sie treiben, zu etwas werden kann. Einige Fremde, die unsere (größtentheils von Meyer mitgebrachte) Sammlung besuchten, die Gegenwart unserer alten Freundin und über alles das sich neu constituirende Liebhabertheater haben mir davon schreckliche Beispiele gegeben, und die Mauer, die ich schon um meine Existenz gezogen habe, soll nun noch ein paar Schuhe höher aufgerichtet werden." [1]

Diese Mauer war ein sehr wankelmüthiges Ding; für manche Leute wurde sie hoch und immer höher, für andere war immer Thür und Thor offen. Nur von Zeit zu Zeit zog sich Göthe in sein Haus oder nach Jena zurück, um, auch dann nicht ungestört, sich literarischen Arbeiten zu widmen. Da der Herzog an keinem festen Geschäftsgang hielt, sondern die Regierungsarbeiten oft Jagden oder anderen Vergnügen nachsetzte und dann plötzlich das Versäumte wieder einzubringen suchte, so wurde Göthe mitunter aus seinem Urlaub unangenehm aufgescheucht oder genöthigt, um verlängerten Urlaub zu bitten, was er in höchst devoter Form that, obwohl der Herzog ihn noch immer mit „Du" tractirte:

„Empfehlen Sie mich Serenissimo zu Gnaden. Wenn höchstdieselben vor Ihro Abreise nichts zu befehlen haben, wobei die geringe Persönlichkeit meiner Wenigkeit in Weimar nothwendig sein dürfte, so erbitte mir die Erlaubniß, meine literarische Quarantaine fortzusetzen." [2]

Merkwürdig ist, daß Göthe, obwohl mit dem Herzog viel länger vertraut, mitunter Voigt als Mittelsperson bei diesem gebrauchte. So schreibt z. B. Voigt an den Herzog [3]:

„Der Geheimerath v. Göthe hat mich ersucht, auszuwirken, daß er etwas guten Ungarischen Wein aus Ew. Durchlaucht Kellerey zu seiner Erholung gebrauchen

---

[1] Schiller-Göthe Briefwechsel. II. 184.
[2] O. Jahn, Briefe an Voigt. S. 228.   [3] Ebdf. S. 68.

dürfe. Er hat wohl für unbescheiden gehalten, dieß selbst bey Ew. Durchlaucht sich auszubitten, daher ich mich die Mittelsperson zu machen erkühne."

„Ich werde den Wein an Göthe schicken. C. A.", schrieb der Herzog auf das Billet. Ein andermal (1796) schreibt der Herzog an Voigt:

„Göthe will seinen Garten verkaufen; er hätte gern Geld dafür, aber die Frau will dieses nicht, weil sie weiß, daß es versplittert würde, sie wünscht lieber Grundstücke. Lassen Sie nachsehen, was die Kammer an Krautländereien in der hiesigen Flur noch besitzt." [1]

Ein anderes auf diese Gartenfrage bezügliches Billet lautet:

„Göthen hatte ich den Garten auf ein Jahr für 150 Thlr. abgemiethet, ohne mit ihm handeln zu wollen, weil ich wußte, daß er Geld brauchte; das Jahr darauf habe ich ihn stillschweigend wieder für dieses Geld behalten, nun wird mir das Ding zu lang und ich hatte den Pacht aufsagen lassen. Er hat sich neulich geäußert, daß, wenn ich seiner Wittwe eine mäßige Pension aussetze, er den Garten wohlfeil lassen wolle; die Frau meynte dabei, daß ihr Land lieber sey wie Geld. Auf ohngefähr 80 Thlr. Interessen schlagen sie den Werth des Gartens an. Ich kann den Garten der Kinder wegen nicht gut entbehren."

An dem Gut, das Göthe im März 1798 zu Oberroßla für 14 000 Thaler ankaufte, erlebte er wenig Freude. Er bekam Händel mit dem Pächter und war froh, es im Mai 1803 wieder los zu werden [2].

Zu den Häkeleien der Geld- und Geschäftsprosa dieser Jahre gesellte sich noch ein zersplittertes Studium, das allein hingereicht hätte, Göthe's Geist an aller einheitlichen Thätigkeit zu hemmen. Optik und Meteorologie, Botanik und Zoologie, Mineralogie und Geologie, Anatomie und Archäologie, Philologie und Ästhetik, Kunstgeschichte und Geschichte der Naturwissenschaften wurden stoßweise im buntesten Wirrwarr getrieben, nahezu wie in den ersten Weimarer Jahren, nur daß Göthe jetzt Alles schematisirte, für jedes Fach seine Schablonen und Schubladen

---

[1] Ebds. S. 67.
[2] „Göthe hat das Roßla übertheuer mit 14 000 Reichsthalern gekauft, mit schlechtem Haus und Stallung, alles baufällig und schlechter Gegend. Er hat darauf 6000 Rthlr. bezahlt. Jetzt soll er abermal 4000 Rthlr. abzahlen und sucht in Apolda und umliegender Gegend bei Rentbeamten und dergleichen das Geld zusammen. Mit seinem Pächter, der ihm zwei Jahre den ordentlichen Pacht nicht gegeben hat, hatte er bei dem Hofgericht einen Proceß, den er zwar gewonnen und den Pächter hinausgeworfen hat, indessen aber Unkosten und Verdruß davon getragen. Jetzt, heißt es, will er das Gut selbst administriren — durch die Mademoiselle Vulpius, die Nachbarschaft prophezeit aber kein Gelingen, da Er und Sie die Landwirthschaft nicht verstehen. Das Gerede über ihn thut uns oft leid; er wird meist in zweideutigem Licht beurtheilt, und wir haben zu thun, die Menschen eines andern zu überzeugen." Brief Karoline Herders vom 15. April 1801. — H. Düntzer, Aus Knebels Nachlaß. Nürnberg 1858. II. 7.

hatte, so daß er bequemer von Einem in's Andere überspringen konnte, ohne dabei den Faden ganz zu verlieren.

Auch den philosophischen und politischen Bewegungen an der Universität Jena konnte er sich nicht ganz ferne halten und naschte wenigstens in den Büchern herum, mit welchen Fichte, Schelling, Paulus u. A. das deutsche Vaterland beglückten.

„Fichte," so schreibt er am 5. Mai 1798 an Schiller, „hat mir den zweiten Theil seines Naturrechts geschickt, ich habe aus der Mitte einiges herausgelesen und finde vieles auf eine beifallswürdige Weise deducirt(!), doch scheinen mir praktischem Skeptiker bei manchen Stellen die empirischen Einflüsse noch stark einzuwirken... Ich mag mich stellen, wie ich will, so sehe ich in vielen berühmten Axiomen nur die Aussprüche einer Individualität, und gerade das was am allgemeinsten als wahr anerkannt wird, ist gewöhnlich nur ein Vorurtheil der Masse (sic!), die unter gewissen Zeitbedingungen steht, und die man daher eben so gut als ein Individuum ansehen kann."

So wenig er Fichte's Philosophie wirklich studirte und schätzte, so war doch dieser Philosoph, wie auch der Rationalist Paulus, mit seiner und Voigts Zustimmung nach Jena gekommen. Paulus wurde von der orthodoxen Geistlichkeit sehr verabscheut. Das Oberconsistorium klagte schon am 10. Januar 1794, daß zu Jena im ganzen Jahr nur acht Studenten zum Abendmahl gegangen und diese noch von den anderen verspottet worden seien. Herder stand für die Professoren ein, Karl August entschied nach längerem Streit, daß sämmtliche Schreiben, Berichte und Acten einstweilen beigelegt werden sollten (8. März).

Als Fichte im Wintersemester 1794/1795 die Studentenvereine der „schwarzen Brüder, Constantisten und Unitisten" angriff, entstand ein gewaltiger Rumor wider ihn, so daß er für das folgende Semester um Urlaub bat und ihn erhielt[1]. Wie er befürchtet, entstanden Tumulte, Schlägereien, Excesse der schlimmsten Art. Der Herzog machte keinen Spaß; er schickte eine Untersuchungscommission mit Husaren und Jägern nach Jena und schrieb an Freund Göthe:

„Es ist meinen Grundsätzen ganz angemessen, daß man den Studenten aus den Köpfen bringe, daß sie etwas anderes sind, als Schutzverwandte und temporäre Bürger des Staats, in welchem sie sich aufhalten. Dieses gelingt gewiß, wenn man sie nach Civilgesetzen richtet und sie wie die Bursche der Handwerker behandelt, die auch unter den allgemeinen Gesetzen des Landes stehen. Ich habe Frankenberg Deinen Vorschlag und Voigts Votum geschickt, um seine Meinung darüber zu erfahren. Ich hoffe, daß die jetzige Untersuchung

---

[1] O. Jahn, Göthe's Briefe an Voigt. S. 48 ff. — L. von Urlichs, Schiller und Fichte. — Deutsche Rundschau. XXXVI. 248 ff.

sehr consequent geführt worden ist und daß die Beschließung des Processes ebenso ausfallen wird. Gebe der Himmel, daß unser Bemühen und die aufgewendeten beträchtlichen Kosten fruchten mögen."

So dachten der Dichter des „Faust" und sein herzoglicher Freund praktisch, wenn es in „Auerbachs Keller" etwas lebendig wurde: die Tollheiten ihrer eigenen „Genie"-Periode hatten sie ganz vergessen. Eine Anzahl Studenten wurde relegirt und consilirt, die übrigen eingeschüchtert.

„So sehr es mich freut," schrieb der Herzog (29. Aug. 1795), „daß der Wasserbau in Jena gut anschlägt, so sehr wünsche ich auch, daß unsere neuerlichst erzwungene Rigolung des akademischen Bodens Anlaß zu bessern Früchten bringe."[1]

Nachdem der Rumor unter den Studenten beschwichtigt war, fing er aber unter den Professoren an. Fichte wurde nämlich wegen eines Aufsatzes in seinem „Philosophischen Journal" des Atheismus angeklagt. Von Dresden aus erging ein Requisitionsschreiben, das zu seiner Bestrafung aufforderte. In Weimar hätte man gern die Sache mit einer stillen, formellen Untersuchung beigelegt. Allein Fichte erließ eine „Appellation an das Publikum" und ließ auch seine gerichtliche Vertheidigung sofort drucken. Dadurch brachte er die ganze Regierung gegen sich auf. Göthe entschied im Conseil gegen Fichte. „Ich für meine Person," schrieb er an Schlosser, „gestehe gern, daß ich gegen meinen eigenen Sohn votiren würde, wenn er sich gegen ein Gouvernement eine solche Sprache erlaubte." Fichte hatte mit Demission gedroht, wenn er einen Verweis erhielte. Er erhielt den Verweis durch Rescript vom 29. März 1799 und zugleich seine förmliche Entlassung. Umsonst suchte Paulus zu vermitteln, umsonst petitionirten die Studenten für Fichte. Der Herzog bestand auf der Entlassung[2]. Unterdessen war schon der Naturphilosoph Schelling, erst 23 Jahre alt, als Professor für Jena angeworben.

„Wir waren," schreibt Göthe an Voigt (29. Mai 1798)[3], „immer geneigt den Doctor Schelling als Professor hierher zu ziehen; er ist gegenwärtig zum Besuche hier und hat mir in der Unterhaltung sehr wohl gefallen. Er ist ein sehr klarer, energischer und nach der neuesten Mode organisirter Kopf; dabei habe ich keine Spur einer Sansculotten-Tournüre an ihm bemerken können, vielmehr scheint er in jedem Sinne mäßig und gebildet. Ich bin überzeugt, daß er uns Ehre machen und der Akademie nützlich sein würde."

Schelling nahm an.

---

[1] Briefwechsel Karl Augusts mit Göthe. I. 200.
[2] O. Jahn, Göthe's Briefe an Voigt. S. 55 ff. — Fichte's Leben. I. 269 ff. [3] Ebds. S. 213 ff.

20. Göthe der Meister.

1798—1803.

> „Göthe allein unter allen späteren Dichtern der neueren Zeit war es gegeben, zuerst wieder zu den Urquellen der Poesie zurückzugehen und einen neuen Strom zu öffnen, dessen belebende Kraft das ganze Zeitalter erfrischt hat."
>
> Schelling.

> „So sehr auch die Romantiker Göthe als den ersten deutschen Dichter verehrten, so genau wußten sie doch zugleich, was sie für immer von diesem trenne."
>
> H. Hettner, Die romantische Schule.

Obwohl Göthe's dichterische Fruchtbarkeit vom Jahre 1798 an durchaus nicht den Erwartungen entsprach, die man von einem Genie hegen mochte, so litt sein Ruf und sein Ansehen doch nicht im mindesten darunter; sie wuchsen vielmehr von Jahr zu Jahr, verschafften ihm einen nahezu unbedingten Primat in der Literatur und geleiteten ihn als den anerkannt ersten Dichter in das neue Jahrhundert hinüber, das er noch dreißig Jahre mit seiner persönlichen Thätigkeit, später mit seinem immer wachsenden Einfluß beherrschen sollte. Verschiedene Umstände begünstigten ihn dabei in der auffallendsten Weise. Alle, welche den Glanz seines Namens hätten beeinträchtigen können, entschwanden vor ihm in's Grab oder zogen sich vor ihm zurück, oder schlossen sich ihm an, um mehr oder weniger als Trabanten um ihn zu kreisen. Selbst Schillers Ruhm strahlte zu großem Theil auf ihn zurück.

Lessing hatte mit keinem seiner Werke einen so zündenden Erfolg gehabt, wie Göthe mit seinem Götz und seinem Werther. Minna, Emilie Galotti und Nathan gingen zwar über die deutschen Bühnen, aber entflammten nirgends jene Gluth der Begeisterung, welche der ungeschlachte, formlose Götz bei der deutschen Jugend hervorrief. Von den namhaftesten Verehrern Lessings ging der empfängliche und gefühlvolle Herder auf wesentlich anderen Bahnen als sein Meister, und Nicolai hatte sich als nüchterner Aufklärer und Biederphilister so in Mißcredit gebracht, daß der Ruf seines geistvollen Freundes durch seine Anhänglichkeit eher gefährdet, als begünstigt war.

20. Göthe der Meister.

Göthe's Jugendfreunde, die Schaar der tollen Sturm- und Drang-poeten, waren nahezu vom Schauplatz verschwunden — gleich einem Feuer-werk rasch verpufft. Heinrich Leopold Wagner, der Dichter der „Kinds-mörderin", starb, nur 32 Jahre alt, im Frühjahr 1779, als Göthe die erste „Iphigenie" dichtete. Schubart überlebte seine Befreiung aus dem Hohenasperg nur um vier Jahre; er starb 1791. Lenz, der tollste von Allen, schon 1777 irrsinnig geworden, erlag 1792 zu Moskau einer langen Kette von Leiden, die sein überspanntes Treiben über ihn gebracht. Klinger hatte längst Sturm und Drang, Poesie und Theater mit einer russischen Uniform vertauscht und war zum Generallieutenant und einfluß-reichen Beamten der Militärverwaltung emporgestiegen. Johann Martin Miller dagegen, der Verfasser des wehmuthtriefenden „Siegwart", ruhte als würdiger Gymnasiallehrer, Prediger und endlich Dekan zu Ulm von den Phantastereien seiner Jugend aus. Schiller und Göthe hatten den Rausch der Genieperiode längst ausgetobt: sie wirkte bloß durch ihre Jugenddichtungen fort, die noch immer gelesen wurden.

Gleim, der alte Grenadier, dichtete noch unermüdlich bis zu seinem seligen Ende im Februar 1803 und trat sogar mit Gegenrezenien gegen Göthe und Schiller auf, die Herder lobte; doch beim großen Publikum hatte er sich längst überlebt: Gesinnung und Geschmack hatten sich völlig geändert. Ähnlich war das Loos des einst so hochgefeierten Klopstock, des „heiligen Sängers": er wurde schon mehr verehrt als gelesen, und zehrte mehr von der Vergangenheit als von der Gegenwart, bis ihn, den fast achtzigjährigen Greis, den 14. März 1803 der Tod von dieser Welt abrief. Der Göttinger Hainbund hatte sich schon längst vor seinem Tode aufgelöst. Boie's „Neues deutsches Museum" erhielt sich nur bis 1791; dann überließ der einst so thätige Schriftsteller die Literatur mehr und mehr ihrem Schicksal. Friedrich Leopold von Stolberg trat 1800 in den Schooß der katholischen Kirche zurück und widmete sich von da ab hauptsächlich kirchengeschichtlichen Studien; auch sein Bruder Christian beschäftigte sich nur noch spärlich mit Poesie. Hölty starb schon 1776. Bürger hatte nach den qualvollsten Liebesverhältnissen kurz vor seinem Tode (1794) noch den Verdruß, von Schillers scharfer Recensentenfeder auf's Schärfste zerzaust zu werden [1]. Der gemüthliche Mathias Clau-dius, seit 1788 Revisor der Schleswig-Holstein'schen Bank in Altona, ver-lor im Alter jene Frische und Munterkeit, durch die sein Wandsbecker Bote

---
[1] S. Recension, Gegenrecension u. s. w. Schillers Werke [Hempel]. XIV. 521—546.

einst so volksthümlich geworden. Wie die Dichter der Genieperiode, so hatte auch der Dichterkreis Klopstocks keinen lebensfähigen Nachwuchs. Alles ging auseinander. Johann Heinrich Voß schmollte zeitweilig gegen Göthe's Hexameter, kam aber zuletzt nach Weimar herüber, knüpfte Freundschaft mit dem Allgewaltigen und blieb ihm ergeben bis zu seinem Tode. Von den Freunden Göthe's aus früherer Zeit war der ältere Jacobi, Johann Georg, ein würdiger Professor der schönen Wissenschaften zu Freiburg i. B. geworden; der jüngere, Fritz, warf sich ganz auf Philosophie und wurde 1804 als Präsident der königlich bayerischen Akademie der Wissenschaften nach München berufen. Der abenteuerliche Karl Philipp Moritz, Göthe's italienischer Kunstgenosse und Berather in prosodischen Dingen, starb 1793 in Berlin; Gotter, der einstige Wetzlarer Legationssecretär, 1797 in Gotha. Merck entleibte sich 1791 zu Darmstadt, Lavater erlag am 2. Januar 1801 den Folgen eines Schusses, den er von einem französischen Solbaten erhalten hatte.

Göthe sah der aussterbenden Generation weder mit jener dankbaren Pietät nach, welche sie in mancher Hinsicht, wenigstens von seiner Seite, verdient hätte, noch mit jener theilnehmenden Trauer, welche jedes gefühlvolle Herz in ähnlichem Falle beschleicht. Er lebte für die Gegenwart und rechnete auf die Zukunft, durch und durch Realist.

„Die Tage und Jahre," schreibt er am 16. Juli 1798 an Kestner, den Gemahl der Wetzlarer Lotte, „fliehen mit einer so reißenden Lebhaftigkeit, daß man sich kaum besinnen kann, und bergab scheint es noch immer schneller zu gehen. Wenn wir uns wieder sähen so hoffte ich, Ihr solltet mich dem innern nach wohl wieder erkennen, was das äußere betrifft, so sagen die Leute, ich sei nach und nach dick geworden. Ich lege Euch eine Schnur bey, als das Maas meines Umfangs damit Ihr messen könnt ob ich mich von dieser Seite besser gehalten habe als Ihr, denn sonst waren wir ziemlich von einerley Taille. Ich befinde mich wohl und thätig, und so glücklich, als man es auf diesem Erdenrund erlangen kann." [1]

Das ist der letzte, realistische Nachklang zu dem Lotte-Roman von 1772 und zu den zahllosen Thränen, die „Werther" hervorgerufen.

Der Romanschriftsteller Heinse, vom Mainzer Kurfürsten als Hofrath und Vorleser angestellt, hatte in den lüsternen Schilderungen seines Arbinghello sich selbst überboten, so daß ihm keine Steigerung mehr glückte; der ebenso lüsterne Reisebeschreiber Thümmel ging über sein belletristisches Genre nicht hinaus. Der Humorist Jean Paul, Friedrich

---

[1] A. Kestner, Göthe und Werther. Stuttgart 1854. S. 282.

20. Göthe der Meister.

Richter, hielt es nach seinen ersten Erfolgen für das Gerathenste, nach Weimar zu ziehen, wo er die Ideale der Menschheit verkörpert beisammen glaubte. Auch die beiden beliebtesten Bühnendichter widerstanden dem Zuge nach Weimar nicht. August von Kotzebue ließ sich in seinem vielbewegten Leben zweimal, 1799 bis 1801 und dann 1802 wieder auf kürzere Zeit daselbst nieder. Iffland blieb nach seinem Gastspiel daselbst 1798 in steter Beziehung zu Göthe und Schiller. Weder Berlin noch Dresden und Wien hatten Namen aufzuweisen, wie sie in Weimar beisammen waren. Die kleine Stadt an der Ilm wurde immer mehr eine Art von literarischer Centralsonne, nach der alle Schöngeister, ja auch viele jüngere Gelehrte ihre Blicke ehrfurchtsvoll richteten.

Göthe's und Schillers vereinter Einfluß brachten es zu Stande, daß nicht nur die Professoren in Jena mit der Poesie in freundliche Berührung traten, sondern daß sie mit ihr bis zu einem gewissen Grade gemeinschaftliche Sache machten. Wilhelm von Humboldt, der Sprachenkenner, schloß sich eng an Schiller an; Alexander von Humboldt, der Naturforscher, an Göthe. Nach einander wurden die drei Stammväter des deutschen Pantheismus, Fichte, Schelling und Hegel, nach Jena berufen und entwarfen hier zum Theil ihre Systeme. Von den Führern der rationalistischen Theologie schlug Paulus längere Zeit daselbst seinen Lehrstuhl auf, während Schleiermacher in engstem Anschluß an die dort wehende Literaturrichtung seine theologischen Phantasieen entwickelte. Am entscheidendsten aber für die deutsche Literatur war es, daß von 1798 an einige der begabtesten jüngeren Dichter, Kritiker und Ästhetiker sich, meist als Docenten, in Jena niederließen und sich wenigstens zeitweilig als Schule um Göthe gruppirten. Es waren Ludwig Tieck (geb. 1773), August Wilhelm Schlegel (geb. 1767), Friedrich Schlegel (geb. 1772), Clemens Brentano (geb. 1778). Der ihnen gleichgesinnte Wilhelm Heinrich Wackenroder starb schon 1798 in Berlin; der mit ihnen innig befreundete Friedrich von Hardenberg, Novalis genannt (geb. 1772), wohnte in der Nachbarschaft und verkehrte bis zu seinem Tode (März 1801) lebhaft mit ihnen. Man nannte diesen Dichterkreis die romantische Schule.

„Der Begriff von classischer und romantischer Poesie," erklärte später (1830) Göthe[1], „der jetzt über die ganze Welt geht und so viel Streit und Spaltungen verursacht, ist ursprünglich von mir und Schiller ausgegangen. Ich hatte in der Poesie die Maxime des objectiven Verfahrens und wollte nur dieses gelten lassen. Schiller aber, der ganz subjectiv wirkte, hielt seine Art für die rechte,

---

[1] Eckermann, Gespräche. II. 187.

und um sich gegen mich zu wehren, schrieb er den Aufsatz über naive und sentimentale Dichtung. Er bewies mir, daß ich selber, wider Willen, romantisch sei und meine ‚Iphigenie‘, durch das Vorwalten der Empfindung, keineswegs so klassisch und in antikem Sinne sei als man vielleicht glauben möchte. Die Schlegel ergriffen die Idee und trieben sie weiter, so daß sie sich denn jetzt über die ganze Welt ausgedehnt hat."

Durch die verschiedenen, einander vielfach widerstreitenden Elemente, die sich in der sogen. romantischen Schule, unter Göthe's Führung, vereinigten, ist der Name nach seinem Tode noch vielsinniger und ein Parteiwort geworden, das man vielleicht besser aufgäbe als beibehielte, namentlich soweit es mit dem Katholicismus oder einer katholisirenden Richtung zusammengeworfen wurde [1].

Die ersten Romantiker haben mit der katholischen Kirche ganz und gar nichts zu schaffen. Sie waren, Brentano abgerechnet, lauter junge, freisinnige Protestanten, ohne jeden theologischen Charakter, ohne religiöse Klarheit, in philosophischer Hinsicht so verworren und verschwommen wie möglich, echte Söhne des Revolutionszeitalters, eine zweite Generation der Sturm- und Drangperiode. Sämmtlich noch in jugendlicher Kraftfülle strotzend, von den revolutionären Zeitideen in Gährung versetzt, voll Phantasie und ohne methodische Bildung, lebten sie fast ebenso toll und ungebunden, als sie schrieben und dichteten, und trieben ihre phantastischen Liebeshändel bis zu skandalösen Excessen. Friedrich Schlegel brachte die entführte Frau des Bankiers Veit mit nach Jena. August Schlegel heirathete die mehr als zweideutige Culturdame Karoline Michaelis, die nach zahlreichen unsauberen Liebschaften auch ihm untreu wurde und als Hausfrau zu dem Philosophen Schelling übersiedelte [2]. Schleiermacher, der Freund beider und der philosophische Gevatter ihrer Poesie, brütete seine „Religion" in Liebesverhältnissen mit einer Eleonore Grunow und Henriette Herz aus [3]. Brentano phantasirte schon als Student über „freie Liebe" [4]. Novalis, der gemüthreichste und liebenswürdigste von Allen, verliebte sich in ein zwölfjähriges Kind und quälte sich über ein Jahr im unsäglichsten Weltschmerz, als der Tod ihm dasselbe entriß, bevor es noch seine Braut werden konnte [5]. Tieck ward schon als sieben-

---

[1] Vgl. Hettner, Die romantische Schule in ihrem innern Zusammenhang mit Schiller und Göthe. Braunschweig 1854. S. 1 ff.
[2] Janssen, Zeit- und Lebensbilder. Freiburg 1875. S. 4 ff.
[3] Ebbf. S. 44 ff.
[4] Diel-Kreiten, Clemens Brentano. Freiburg 1877. I. 111 ff.
[5] Haym, Die Romantische Schule. 330 ff.

zehnjähriger Gymnasiast Bräutigam und Theaterheld und entlockt dem
gewiß nicht prüden R. Haym die vielsagende Bemerkung: „Es ist nicht
gut, schon als Tertianer und Secundaner die Schätze der Leihbibliotheken
erschöpft zu haben und als Primaner für ein vorzüglicher Schauspieler
zu gelten. Mit der Berliner Verstandescultur, welcher keinerlei religiöse
Einwirkungen das Gleichgewicht hielten, mischte sich eine unverhältniß=
mäßige Reizung der sinnlichen und der einbildnerischen Kräfte des Gei=
stes, eine verfrühte Gewöhnung an ästhetische Genüsse."[1]

Nach was diese jungen Genies sämmtlich hungerten und dürsteten,
war einzig — Poesie. Liebe, Genuß, Politik, Wissenschaft, Kunst,
Leben, Alles strudelte in ihnen traumhaft in diesem einen vagen Begriff
zusammen. Sie wollten Poesie leben, um Poesie hervorzubringen; sie
wollten alle Poesie der Welt genießen und studiren, um sie zur einen
Hauptwissenschaft zu machen und daraus das ganze menschliche Leben zu
erneuern. Durch unbegrenzte Vielleserei mit allen Literaturströmungen be=
kannt, schworen sie auf keine derselben: sie waren ebenso wenig katholisch
als protestantisch, ebenso wenig ausschließlich griechisch als altdeutsch; sie
kochten in allen Töpfen und brauten aus der Poesie aller Völker und
Jahrhunderte zusammen, was ihnen gerade in die Hände fiel und sie poe=
tisch anmuthete und begeisterte.

Schon bei ihrem ersten Auftreten ging die junge Schule nach der
Verschiedenheit des Talentes in ihrer Thätigkeit etwas auseinander. Tieck,
Novalis und Brentano waren geborene Dichter: unwiderstehlicher Schaffens=
drang führte sie sofort zur Production, noch ehe sie sich eine Weltanschauung
zurechtgezimmert; die beiden Schlegel dagegen besaßen weit mehr receptives,
kritisches Talent. August Wilhelm entwickelte sich zum formgewandten
Übersetzer und Kritiker, Friedrich zum Ästhetiker und Literaturhistoriker.
Auch sie hatten übrigens wirkliches poetisches Talent und beide Richtungen
vereinigte nicht bloß eine stürmische Begeisterung für Poesie, sondern auch
der unwillkürliche Anschluß an Göthe, den Novalis geradezu als den
„wahren Statthalter des poetischen Geistes auf Erden" bezeichnete.

Es ist nicht möglich, hier alle die Huldigungen aufzuzählen, welche
die jungen Romantiker ihm in ihrer ersten Begeisterung darbrachten, noch
all die Einflüsse nachzuweisen, die er auf ihr Dichten und Leben gehabt
hat. Wie sie ihn abgöttisch verehrten und wie er huldreich sich zu ihnen
herabließ, hat Dorothea Veit in einem Briefe aus der ersten Zeit ihres
Jenaer Aufenthaltes am anschaulichsten beschrieben:

---
[1] Ebdf. S. 24 ff.

„Und nun zuletzt: ein heller Punkt in meinem Lebenslauf. Göthe habe ich gesehen! und nicht bloß gesehen; er ist mit mir und den beiden Schlegel's wohl eine gute halbe Stunde spazieren gegangen; hat mich mit einem aus= zeichnenden Blick gegrüßt, als mein Name genannt wurde, und sich freundlich und ungezwungen mit mir unterhalten. Er hat einen großen und unauslösch= lichen Eindruck auf mich gemacht; **diesen Gott so sichtbar und in Men= schengestalt neben mir, mit mir unmittelbar beschäftigt zu wis= sen, es war für mich ein großer, ein ewig dauernder Moment!** — Von dem zurückschreckenden Wesen, das man so allenthalben von ihm sich erzählt, habe ich wenig gemerkt; im Gegentheil, obgleich meine Schüchternheit und Angst groß war, so nahm sie doch sehr bald ab und ich gewann vielmehr ein gewisses schwesterliches Vertrauen in ihn. Ewig schade ist es, daß er so korpulent wird; das verdirbt einem ein wenig die Imagination! Wie er so neben mir herging und freundlich redete, da verglich ich seine Person mit allen seinen Werken, die mir von ihm in der Eil einfielen, und da hab ich gefunden, daß er dem ‚Meister' und dem ‚Hermann' am meisten ähnlich sieht. Am aller= wenigsten konnte ich aber den ‚Faust' in ihm finden, alles andere aber ganz deutlich, die ‚vermischten Gedichte', ‚Tasso', ‚Egmont', ‚Werther', ‚Götz', ‚Ele= gieen', überhaupt alles, alles! — Auch der väterliche Ton in seinen letzten Sachen ward mir klar. — Er geht zu niemand als zu Schiller, dessen Frau sehr krank ist; die Schlegel macht mir aber doch Hoffnung, daß er einmal ein Soupé annehmen wird."[1]

Der Göthe, auf den die Romantiker schworen, den sie als Alt= meister verehrten und zum Führer nahmen, war übrigens nicht zunächst der bedächtige Redacteur der „Propyläen" und der Forscher der „Farben= lehre" — es war der junge Göthe in seinem Sturm und Drang, den sie in ihrem eigenen Leben und Treiben einigermaßen neu aufleben ließen. „Götz", „Werther", „Faust" waren es, die blitzartig — gleich Offen= barungen, wie Tieck selbst sagt[2], in ihre ersten Jugendträume hinein= flammten und wie mit einem Zauberstab eine ganze Märchenwelt darin aufleben ließen. Wie Tieck, so konnten auch Novalis und Brentano sich diesen Eindrücken nicht entziehen. Göthe war ihnen wie ein Gott, „der Dichter" schlechthin, die sichtbare Verkörperung der Poesie auf Erden. Selbst sein „Wilhelm Meister" wurde zuerst wie ein Musterroman, ein Grundbuch der Poesie aufgenommen, verschlungen, nachgeahmt. Tiecks „Sternbald", Friedrich Schlegels „Lucinde", Dorothea Veits „Florentin", Brentano's „Godwi" sind vom „Wilhelm Meister" angeregt, beherrscht, durchdrungen. Jünger und feuriger als Göthe, sprengten die Romantiker dabei sowohl die engen Schranken der Kunstform, die der „Meister" in

---

[1] J. M. Raich, Dorothea von Schlegel. Mainz 1881. I. 22. 23.
[2] R. Köpke, L. Tieck. Leipzig 1855. I. 108; II. 188.

Composition, Stil und Sprache gezogen, als auch die künstlichen und willkürlichen Grenzen, denen er seinen „Wilhelm" auf sittlichem Gebiete noch unterwarf. Wie berauscht von der Vorstellung, daß die Poesie das Höchste sei, daß ihr Alles erlaubt sei, daß sie sich keinen Fesseln unterwerfen dürfe, predigten Friedrich Schlegel und Clemens Brentano rundheraus die freie Liebe, und Schleiermacher gab seinen Segen dazu, und richtete die Religion darauf ein.

Noch ehe dieser phantastische Genierausch indessen völlig ausgetobt hatte und die Gährung sich zu legen begann, stellten sich zwischen dem Meister und seinen Schülern unüberbrückbare Verschiedenheiten heraus. Sie waren sämmtlich Idealisten, er ein nüchterner Realist; sie waren jugendliche Träumer, er ein durch lange Abenteuer und Erfahrungen gewitzigter Lebemann; sie fanden im buntesten Lebensgenuß keine Befriedigung, sondern strebten weit darüber hinaus nach dem verlorenen, geistigen Reich der Poesie, er hatte sich längst mit dem reellen irdischen Leben friedlich abgefunden und machte aus der allergewöhnlichsten Prosa Poesie. Es war der alte Gegensatz zwischen Augustin und Julian dem Apostaten. Der Eine wendet sich mitten in seinen Verirrungen sehnend dem höchsten Gute zu; der Andere, von Erdenlust befangen, kehrt zurück zu den Göttern der Griechen. Das edle, hohe Streben, das die Romantiker mitten in ihren Verirrungen beseelte und himmelanzog, zeigt sich am frühesten, hellsten und schönsten in dem Aufsatz des kindlichen, reinen, wenn auch träumerisch-schwärmerischen Novalis: „Europa oder die Christenheit". Von Licht und Thau der Gnade geöffnet, erschließt sich darin, mitten in dem wildwuchernden Schlingpflanzengewächs der Romantik, eine Frühblüthe der wahren Erkenntniß, eine Ahnung des Zieles, in welchem Literatur und Kunst, Politik und Volksleben ihre gottgewollte Harmonie wieder finden sollten.

„Angewandtes, lebendig gewordenes Christenthum," so heißt es da, „war der alte katholische Glaube, die letzte dieser Gestalten. Seine Allgegenwart im Leben, seine Liebe zur Kunst, seine tiefe Humanität, die Unverbrüchlichkeit seiner Ehen, seine menschenfreundliche Mittheilsamkeit, seine Freude an Armuth, Gehorsam und Treue machen ihn als ächte Religion unverkennbar und enthalten die Grundzüge seiner Verfassung.

„Er ist gereinigt durch den Strom der Zeiten; in inniger, untheilbarer Verbindung mit den beiden andern Gestalten des Christenthums wird er ewig diesen Erdboden beglücken. Seine zufällige Form ist so gut wie vernichtet; das alte Papstthum liegt im Grabe und Rom ist zum zweiten Mal eine Ruine geworden. Soll der Protestantismus nicht endlich aufhören und einer neuen, dauerhafteren Kirche Platz machen?

Baumgartner, Göthe. III.

„Die andern Welttheile warten auf Europa's Versöhnung und Auferstehung, um sich anzuschließen und Mitbürger des Himmelreiches zu werden. Sollte es nicht in Europa bald eine Menge wahrhaft heiliger Gemüther wieder geben, sollten nicht alle wahrhaften Religionsverwandte voll Sehnsucht werden, den Himmel auf Erden zu erblicken, und gern zusammentreten und heilige Chöre anstimmen?

„Die Christenheit muß wieder lebendig und wirksam werden und sich wieder eine sichtbare Kirche ohne Rücksicht auf Landesgränzen bilden, die alle nach dem Überirdischen durstigen Seelen in ihren Schooß aufnimmt und gern Vermittlerin der alten und neuen Welt wird.

„Sie muß das alte Füllhorn des Segens wieder über die Völker ausgießen. Aus dem heiligen Schooße eines ehrwürdigen europäischen Conciliums wird die Christenheit aufstehen, und das Geschäft der Religionserweckung nach einem allumfassenden, göttlichen Plan betrieben werden. Keiner würde dann mehr protestiren gegen christlichen und weltlichen Zwang, denn das Wesen der Kirche wird ächte Freiheit sein, und alle nöthigen Reformen werden unter Leitung derselben als friedliche und förmliche Staatsprocesse betrieben werden.

„Wann und wann eher? Darnach ist nicht zu fragen. Nur Geduld, sie wird, sie muß kommen, die heilige Zeit des ewigen Friedens, wo das neue Jerusalem die Hauptstadt der Welt sein wird, und bis dahin seid heiter und muthig in den Gefahren der Zeit, Genossen meines Glaubens, verkündigt mit Wort und That das göttliche Evangelium und bleibt dem wahrhaften, unendlichen Glauben treu bis in den Tod." [1]

Göthe's „Wilhelm Meister", den er früher als das Muster aller Romane, den Roman einfachhin verehrt hatte, gefiel Novalis nun nicht mehr. Er fühlte, daß der junge poetische Göthe darin von sich selbst abgefallen war; er wollte die an das nüchterne Leben verkuppelte Poesie wieder aus diesen Niederungen befreien und stellte dem „Meister" seinen „Heinrich von Ofterdingen" gegenüber, eine Märchenwelt der Poesie, durch deren phantastisches Gewirre die Neigung zum katholischen Mittelalter gleich dem freundlichen Auge eines unschuldigen Kinderantlitzes hervorblickt [2]. Aber über die Schwelle der katholischen Kirche gelangte der Dichter nicht. Unbarmherzig riß der Tod schon 1801 seinen Lebensfaden ab, ehe er von seinen schönen, edlen Träumen eine Brücke in die Wirklichkeit bauen konnte. Seinem Freunde Tieck war zwar ein längeres Leben gegönnt. Er folgte ihm gemüthlich, echt poetisch in das Reich der katholischen Legende und fand hier ein fröhliches Gebiet der Schaffenskraft, während Göthe's Poesie in französischen Memoiren nahezu versandete. Aber tiefer in das eigent=

---

[1] J. M. Raich, Novalis' Briefwechsel u. s. w. Mainz 1880. S. 143 ff. Vgl. Jos. von Eichendorff, Vermischte Schriften. Paderborn 1866. II. 17 ff.
[2] R. Haym, Romantik. S. 381 ff. — Hettner a. a. O. S. 83.

liche Reich der katholischen Ideen drang auch Tieck nicht, weil ihm der Glaube fehlte. Erst viel später durchtränkten Brentano und Eichendorff das jugendlich blühende, verschwenderisch formenreiche Zauberspiel der romantischen Phantasie mit wirklich katholischem Gehalt.

Während Tieck, Novalis und Brentano ziemlich unabhängig von Göthe lebten und dichteten, kamen die beiden Schlegel mit ihm und Anfangs auch mit Schiller in nähere Berührung. Als Philologen mit der griechischen und römischen Literatur wohl bekannt, genauer als Göthe, voll Interesse am antiken Drama und an demjenigen Shakespeare's und Calderons, standen sie den Bestrebungen der Weimarer Duumvirn so nahe als möglich. Nur hatten diese unmittelbar das Theater im Auge, jene die Poesie als Poesie. Aber Classicismus und Romantik, Antikes und Modernes standen sich weder bei den Einen noch bei den Andern als unversöhnliche Gegensätze gegenüber. Ein herzliches, wahrhaft freundliches Verhältniß entspann sich indeß nicht. Es blieb bei einer herablassenden und sehr bedingten Gönnerschaft von der einen Seite, bei einer ziemlich freien Gefolgschaft von der andern Seite.

Nachdem die beiden Brüder, besonders Friedrich, in den „Xenien" als junge, rohrspätzische Recensenten scharf mitgenommen worden waren [1], neigten sich zwar Göthe und Schiller huldvoll zu ihnen herab, aber nur wie hohe Besitzende zu hoffnungsvollen Strebern. Friedrich Schlegel hielt das nicht aus, recensirte tapfer weiter, und die Folge war, daß Schiller, den er nicht schonte, nichts mehr mit ihm und seinem Bruder zu thun haben wollte [2]. Göthe, der längst in kluger Diplomatie sich „aufknöpfte" oder „zuknöpfte", herzlich gemüthlich oder eisig kalt ablehnend war, wie es ihm gerade sein Interesse zu gebieten schien, schlug dießmal einen Mittelweg ein, indem er die Brüder nicht allzunahe in seine Kreise herantreten ließ, doch nicht mit ihnen brach, den jüngeren, den eigentlichen Theoretiker und Bannerträger der jungen Schule, gewähren ließ, ohne sich viel mit ihm einzulassen [3], den älteren dagegen, von dem er viel für die Dramatik erwartete, freundschaftlicher behandelte und näher an sich heranzog. Das hatte praktisch für ihn seine großen Vortheile, für seine eigene Weiter-

---

[1] Saupe, Die Schiller-Göthe'schen Xenien. Leipzig 1852. S. 177—180.
[2] Vgl. Hermann Hüffer, Erinnerungen an Schiller. Breslau 1885. S. 12 ff.
[3] Es ist nur ein Brief von ihm an Friedrich Schlegel und zwar aus späterer Zeit erhalten. S. Strehlke, Göthe's Briefe. II. 176. 177. Dagegen sind an August Wilhelm ein paar Dutzend Göthe-Briefe vorhanden. Ebds. S. 171—176.

bildung, wie für seine Stellung. „Daß die Gebrüder von Humboldt und Schlegel unter meinen Augen aufzutreten anfingen, war von der größten Wichtigkeit. Es sind mir daher unnennbare Vortheile entstanden."[1] Das hat er selbst anerkannt.

Der eine weittragende Vortheil war, daß er durch die Schlegel mit der lebenskräftigen poetischen Thätigkeit der Romantiker in Fühlung blieb, die sich — gleichzeitig mit Schillers Blüthezeit — zu einem fast unerschöpflichen poetischen Blüthenfrühling entfaltete.

„Wohl ist noch kein Zeitalter gewesen," konnte Tieck im Jahr 1803 behaupten, „welches so viel Anlage gezeigt hätte, alle Gattungen der Poesie zu lieben und zu erkennen und von keiner Vorliebe sich zur Parteilichkeit und Nichterkennung verleiten zu lassen. So wie jetzt wurden die Alten noch nie gelesen und übersetzt, die verstehenden Bewunderer des Shakespeare sind nicht mehr selten, die italienischen Poeten haben ihre Freunde, man liest und studirt die spanischen Dichter so fleißig, als es in Deutschland möglich ist; von der Übersetzung des Calderon darf man sich den besten Erfolg versprechen; es steht zu erwarten, daß die Lieder der Provençalen, die Romanzen des Nordens und die Blüthen der indischen Imagination uns nicht mehr lange fremd bleiben werden. Man ist in Grundsätzen fast einig, die man noch vor einigen Jahren Thorheit gescholten hätte, und dabei sind die Fortschritte der Erkenntniß nicht von mehr Widersprüchen und Verwirrungen begleitet und gestört, als jede große menschliche Bestrebung nothwendig immer herbeiziehen wird."[2]

Obgleich unter seinen optischen Experimenten sehr prosaisch geworden, mit Übersetzungen aus dem Französischen und abgezirkelten Kunstaufsätzchen beschäftigt, galt Göthe doch als derjenige, der diesen Frühling zuerst angeregt, als Meister und Prophet der ganzen jungen Schule. Vergeblich suchten die Schlegel seinem Ansehen dasjenige Tiecks gegenüberzustellen, der an Fruchtbarkeit der Erfindung, Fülle der Phantasie, poetischer Kraft den zaubernden Göthe augenblicklich übertraf[3]. Als eigentlicher Meister der schönen Form in allen Gattungen stand aber schließlich doch dieser da. Der jugendlich=poetische Zauber des „Götz" und des „Faust=Fragments", die wunderbare Formschönheit des „Tasso" und der „Iphigenie" schlug alle Einsprüche nieder, und so lange jeder der Romantiker noch auf eigene Faust poetisirte, die „Weltanschauungen" zu Dutzenden in Jena geboren wurden, mochte diejenige Göthe's wenigstens ebenso berechtigt und ebenso poetisch scheinen, als sämmtliche andere.

Auch für Göthe's äußere Stellung in Weimar und in der Literatur

---

[1] Eckermann, Gespräche. I. 152. [2] S. Hettner a. a. O. S. 35.
[3] Eckermann, Gespräche. I. 100.

war der Anschluß der Romantiker an ihn nicht ohne Folgen. Bevor sie ihn zum Führer erkoren, war Göthe's unbedingter Primat noch immer in Frage gestellt. Noch am 18. Juli 1796 schrieb Jean Paul:

„Schon am zweiten Tage warf ich hier mein dummes Vorurtheil für große Autoren ab, als wären es andere Leute; hier weiß Jeder, daß sie wie die Erde sind, die von weitem am Himmel als leuchtender Mond dahinzieht, und die, wenn man die Ferse auf ihr hat, aus boue de Paris besteht, und einiges Grün ohne Juwelen=Nimbus. Ein Urtheil, das ein Herber, ein Wieland, ein Göthe fällt, wird so bestritten, wie jedes andere: das noch abgerechnet, daß die drei Thurmspitzen unserer Literatur einander — meiden. Auch werd' ich mich jetzt vor keinem großen Mann mehr ängstlich bücken, bloß vor dem Tugend= haftesten."

Die „Thurmspitzen"=Frage wurde thatsächlich durch die Romantiker entschieden. Obwohl manche ihrer Neigungen, wie diejenige zu Shakespeare, zur Poesie der katholischen Völker, zu Geschichte und Sage, im Grunde mehr mit Schillers als mit Göthe's Richtung übereinstimmten, ließen sie ihn, nachdem er mit den Schlegel gebrochen hatte, einfach links liegen und zollten ihm nur in zweiter Linie Respect, sofern er eben der Freund Göthe's war. Jean Paul hatte das höchst zweifelhafte Glück, sich zeit= weilig in jene 35jährige „Titanin" Charlotte von Kalb zu verlieben, die einst Schiller unglücklich gemacht hatte, und von der Damenwelt in Weimar mit Ehre und Aufmerksamkeit überschüttet zu werden[1]; aber Göthe knöpfte sich gegen ihn zu, und die Romantiker gaben sich gar keine Mühe, ihn zu studiren und zu verehren. Herder konnte sich nicht darein finden, daß die jungen, geistvollen, formgewandten Poeten das Werk übernahmen, das er in seinen „Stimmen der Völker" begonnen hatte, und nun nicht bloß Volkslieder, sondern Volks= und Kunstpoesie, Epos und Drama aus allen Zonen und Zungen für die deutsche Literatur eroberten. Er pole= misirte offen und verdeckt gegen sie — und wurde deßhalb von ihnen per= sönlich vernachlässigt, wie der alternde Sprößling eines aussterbenden Ge= schlechts, der sich in die neue Zeit, ihre Ideen und Sitten nicht mehr zu finden weiß. Bei dem rüstigen Forschen in griechischer und römischer, französischer und italienischer, englischer und spanischer Literatur kam es

---

[1] Auch in Berlin, wohin er 1800 ging, wurde er von den Damen „verzehrt". „Viele Haare erbeutete ich," so schreibt er, „und viele gab mein eigener Scheitel her, so daß ich ebensowohl von dem leben wollte, wenn ich's verhandelte, was auf meiner Hirnschale wächst, als was unter ihr." Man erzählt sogar, daß die Haare von Jean Pauls Pudel für kostbare Reliquien galten. S. Jean Pauls Werke [Hempel]. Bd. I. S. XXIV.

an den Tag, daß Wieland in all diesen Bereichen das eigentlich Werthvolle, Große, Bedeutende und echt Poetische meist vernachlässigt, das minder Gute dagegen zur Ausfüllung seines Merkur verwendet hatte. Als wahre enfants terribles erkannten die Romantiker nicht einmal seine wirklichen Verdienste an, sondern erneuerten noch einmal die Komödie, welche Göthe zweimal schon in burschikoser Weise mit dem unendlich fleißigen und schreibseligen „Freunde" getrieben hatte. Sie erließen gegen ihn jene berühmte Edictalvorladung:

„Nachdem über die Poesie des Hofraths und Comes Palatinus Caesarius Wieland in Weimar auf Ansuchen der Herrn Lucian, Fielding, Sterne, Bayle, Voltaire, Crebillon, Hamilton und vieler anderer Autoren Concursus creditorum eröffnet, auch in der Masse mehreres verdächtige, und dem Anschein nach dem Horaz, Ariost, Cervantes und Shakespeare zustehende Eigenthum sich vorgefunden: als wird jeder, der ähnliche Ansprüche titulo legitimo machen kann, hiedurch vorgeladen, sich binnen sächsischer Frist zu melden, hernachmal aber zu schweigen." [1]

Das war hart. Wieland rieth einem Freund, „sich mit den Gebrüdern Schlegel u. Comp. nicht abzugeben. Es sind grobe, aber witz- und sinnreiche Patrone, die sich Alles erlauben, nichts zu verlieren haben, nicht wissen, was Erröthen ist, und mit denen man sich beschmutzen würde, wenn man auch den Sieg über sie erhielte, welches doch beinahe unmöglich ist, da sie, auch geschlagen und niedergeworfen, gleich wieder aufstehen und es nur desto ärger machen würden".

„Alles," meinte er indeß hinwieder, „will seine Zeit haben. Auch diese Periode der schändlichsten Anarchie in der Gelehrtenrepublik wird vorübergehen, und das unfehlbarste Mittel, ihr Ende zu beschleunigen, wäre, es wie ich zu machen, und zu thun, als ob gar keine Schlegel, Tieck's, Bernhardi's, Clemens Brentano's, und wie die Gesellen alle heißen, in der Welt wären."

Er täuschte sich. Der „Sansculottismus", wie er die neue Literaturbewegung nannte, erlangte den Sieg. Die alten Literaturthürme aus dem 18. Jahrhundert wurden zwar nicht abgetragen, aber ohne große Ehrfurcht der Vergangenheit überlassen. In das Weimar des 19. Jahrhunderts ragte nur noch eine Thurmspitze hinein: Göthe, der Altmeister der Romantiker.

Göthe seinerseits begnügte sich mit dieser ihm gezollten allgemeinen Verehrung. Er suchte weder irgend eine Leitung auf die jüngeren Dichter auszuüben, noch mischte er sich irgendwie in ihr Leben und Treiben. Seine eigenen Pläne besprach er höchstens mit Schiller oder Meyer. In

---

[1] Döring, Wielands Leben. Jena 1853. S. 117.

den Angelegenheiten des Theaters hatten sie ebenso wenig ein Wort mitzureden, als in seinen ästhetischen Verhandlungen mit Schiller. Mit hocharistokratischer Gelassenheit sah er den lustigen „Teufeleien" zu, welche sie in ihrem „Athenäum" gegen Wieland und andere „Biedermänner" anrichteten. Während er fortwährend noch Stücke von Kotzebue aufführen ließ, regte er sich nicht, als die Romantiker diesen zu zerzausen begannen, Kotzebue ihnen mit seinem „hyperboreischen Esel" zu Leibe rückte, A. W. v. Schlegel dem Theaterpräsidenten seine „Ehrenpforte" errichtete und Clemens Brentano seinen übermüthigen „Wasa" gegen ihn losließ[1]. Wie ein Gott hielt er sich vornehm lächelnd oben in den Wolken, während die kleineren Poeten unten auf der Erde sich prügelten. Was für diese ein Kampf um Sein oder Nichtsein war, das waren für ihn bloß dramaturgische Experimente. Persönlich und als Dichter neigte er allerdings mehr zu den Romantikern, als zu Kotzebue, der durch Intrigue ihn und Schiller zu entzweien und neben beiden eine Hauptrolle in Weimar zu spielen versuchte. Diese wiederholten Versuche drängten ihn 1802 endlich sogar aus seiner halbgöttlichen Zuschauerrolle heraus, so daß er offen für die beiden Schlegel gegen Kotzebue eintrat[2]. Die Gelegenheit gestaltete sich zu einer Art Feuerprobe für seine Macht.

A. W. v. Schlegel hatte nach dem Vorbild des Euripides ein vollständig antik gehaltenes Drama, „Jon", gedichtet. Der Inhalt wäre für einen alten Griechen nicht anstößig gewesen. Kreusa, von Apollo verführt, setzt ihr Kind in der Nähe des Orakels aus und findet es da nach Jahren wieder, und die Stätte erhält dadurch ihre mythologische Weihe. Für ein deutsches Theater war der Stoff nicht glücklich gewählt und mußte durch einzelne Stellen verletzend wirken. Göthe in seinem Interesse für das antike Drama ließ das Stück indeß mit dem größten Pomp aufführen und nahm sich desselben auf's Angelegentlichste an. Es war nicht besser und nicht schlimmer als vieles Andere, was die Weimarer Bühne schon gesehen, poetisch jedenfalls bedeutender als die meisten Stücke Kotzebue's. Dieser und sein Freund Böttiger hingen sich jedoch an die moralischen Bedenken und an die Vorzüge des Euripides vor A. W. v. Schlegel.

---

[1] S. A. W. von Schlegels sämmtliche Werke. Leipzig 1846. II. 279 ff. — Diel, Clemens Brentano. I. 117 ff.
[2] S. Karl von Beaulieu-Marconnay, Göthe's Cour d'Amour. Göthe-Jahrbuch VI. 69—83. — Julius Braun, Göthe und Kotzebue. Wochenblatt der Frankfurter Zeitung. 1885. Nr. 32 und 33. — Düntzer, Göthe und Karl August. II. 382 ff. 402 ff. — Palleske, Schillers Leben. II. 491 ff.

Böttiger sandte einen geharnischten Angriff auf Göthe's Bühnenleitung an die Redaction des „Journals für Luxus und Mode", und Göthe sah sich genöthigt, den stärksten Trumpf auszuspielen — Berufung an den Herzog nebst Drohung, die Theaterdirection niederzulegen. Das wirkte. Der Artikel wurde unterdrückt. Göthe blieb Sieger, obwohl das Stück Schlegels nicht weiter auf der Bühne erschien.

Göthe, der lange das gesellige Leben etwas vernachlässigt hatte, bekam plötzlich Lust, es wieder aufblühen zu lassen. Er gründete einen kleinen „Liebeshof", b. h. ein Kränzchen, das sich am Sonnabend bei dem alten, aber noch immer heitern Fräulein v. Göchhausen versammelte[1]. Es wurden sieben Paare zusammengebracht: Göthe und die Frau v. Egloffstein, Herr v. Wolzogen und Frau v. Schiller, Schiller und Frau v. Wolzogen, der Kammerherr v. Einsiedel und die Hofmarschallin v. Egloffstein, der Hofmarschall Eglofsstein und Fräulein v. Wolfskeel, Hauptmann v. Egloffstein und Amalie v. Imhof, Professor Meyer und Fräulein v. Göchhausen. Kotzebue wollte sich in das Kränzchen drängen, wurde aber von Göthe auf's Entschiedenste abgewiesen. Er sann auf Rache und glaubte dieselbe am besten dadurch zu erreichen, daß er in Opposition zu Göthe eine Schiller-Feier inscenirte, um die beiden Dichter sammt ihrem Publikum durch Eifersucht zu trennen. Es gelang ihm, zahlreiche angesehene Theilnehmerinnen, darunter die Gräfin Egloffstein, zu gewinnen. Alles war eingefädelt und vorbereitet. Den 5. März sollte das Fest sein. Aber Göthe hatte Wind bekommen und seine Gegenminen gestellt. Im letzten Augenblick verweigerte der Bürgermeister Schulze den Saal, dessen man bedurfte, und Professor Meyer die Schillerbüste, die man bekränzen wollte. Die Schillerfeier fiel in's Wasser und Göthe stand abermals als Sieger da. Am folgenden Tag wurde der Bürgermeister vom Herzog zum Rath erhoben, und im Theater gab man „Üble Laune" von Kotzebue.

Noch einmal kämpfte Kotzebue gegen Göthe an, als derselbe im Mai ein Drama Friedrich Schlegels, den „Alarkos", aufführen ließ, ein nach Lope de Vega gedichtetes Ritterstück, nicht pathetischer als die „Braut von Messina", durch die Anwendung verschiedener Versmaße eine zum Wenigsten merkwürdige Novität. Je sonderbarer das neue Stück von allem bisher Dagewesenen abstach und je pathetischer sein Stil war, desto leichter war es natürlich Kotzebue, eine an nüchternere Dramatik gewöhnte

---

[1] Die Statuten im Göthe-Jahrbuch. VI. 68.

Zuhörerschaft gegen dasselbe einzunehmen. Statt Rührung brachten die Stellen, welche am meisten erschüttern sollten, allgemeine Heiterkeit und zuletzt ein schallendes Gelächter im Publikum hervor. Göthe verlor die gewohnte Fassung, sprang auf und rief mit Donnerstimme in den Saal hinein: „Man lache nicht!"

Die Aufführung endete mit einem vollständigen Fiasko. Das Lachen hörte zwar auf, aber die Komik des Zwischenfalls konnte Göthe mit aller Macht seines Ansehens nicht niederschlagen. Er blieb indeß insofern Sieger, als er das Theater nicht in die Richtung Kotzebue's zurücksinken ließ, sondern fortfuhr, das ideale Drama mit nicht geringer Mühe zu pflegen. Auf diesem Gebiet näherte er sich den Romantikern so sehr, daß er ihre Verehrung für Calderon, den priesterlichen Dramatiker Spaniens, in hohem Grade theilte und über dessen „Standhaften Prinzen" an Schiller schrieb: „Ich möchte sagen, wenn die Poesie ganz aus der Welt verloren ginge, so könnte man sie aus diesem Stück wieder herstellen." Weitere Plänkeleien Kotzebue's in seinem Journal: „Der Freymüthige", gegen Göthe führte nur dazu, den Schreiber selbst nach Verdienst zu discreditiren. Der Gönner der Romantiker behauptete abermals das Feld, auch als diese Jena verließen und sich in die ganze Welt zerstreuten.

August Wilhelm zog schon 1801 nach Berlin, nachdem er seine „Frau", die berüchtigte Michaelis-Böhmer-Forster, an den Philosophen Schelling verloren hatte. Friedrich Schlegel wanderte 1802 nach Paris. Schelling folgte 1803 einem Ruf nach Würzburg, wohin Paulus und Hufeland (der Jurist) bald nachkamen. Loder, Schütz und Ersch zogen nach Halle, der Mathematiker Stahl nach Coburg. Mit Schütz ging die von Bertuch 1785 gegründete „Allgemeine Literaturzeitung", die bis dahin sehr günstig für Göthe und Schiller gewirkt und nicht wenig zu Göthe's Literaturherrschaft beigetragen hatte, nach Halle hinüber. Eine große Verlegenheit! Nicht weniger peinlich war dem Herzog und Göthe der drohende Verfall der Universität.

„Indem das neue Schloß in Weimar bezogen ist," schrieb Schiller an Wolzogen, „und hier ein neues Leben beginnt, droht die alte Universität in Jena über den Haufen zu fallen."[1] „Ich bin nicht ganz unthätig gewesen," meldet er einen Monat später an Körner, „das hiesige Ministerium und den Herzog zu einem nachdrücklichen Schritt zu bringen; aber es ist ein böser Geist hier zu Hause, der sich allen guten Maßregeln widersetzt."[2]

---

[1] K. v Wolzogen, Literarischer Nachlaß. I. 410 ff.
[2] Göbeke, Schillers Briefwechsel mit Körner. II. 451.

Hauptursache der Verlegenheit war zum Theil die bureaukratisch=
polizeiliche Strenge, welche die Regierung, an ihrer Spitze der Herzog,
Göthe und Voigt, gegen Fichte an den Tag gelegt, weit mehr aber der
in Weimar heikle Kostenpunkt. Man hatte gespart und geknickert, bis
es zu spät war. Die jetzt nachträglich angebotenen Gehaltszulagen ver=
fingen nicht mehr. Weimar war wohl, wie Brentano witzig sagt, ein
Schmetterlingsflügel oder Blumenteppich, auf dem lose Poeten sich einen
Sommer fröhlich tummeln mochten, aber nicht ein „deutsches Athen, mit
welchem absurden Namen es sich prahlt". Athen, Rom, Paris sind durch
Überfülle materieller und geistiger Kräfte Centralpunkte der Weltliteratur
geworden, Weimar blieb ein Kleinstädtchen, über dessen Finanznöthen die
glücklichst angelegten Geister sich nur mit Noth emporzuschwingen ver=
mochten.

Für die Romantiker war die Trennung von Jena und Weimar nur
Gewinn. Aus dem beständigen Guerillakrieg ihres Recensententhums, aus
dem dumpfen Gewölk sich stets verändernber Religionsphilosophien traten
sie in einen selbständigeren Kreis ruhiger Thätigkeit. August Wilhelm
v. Schlegel vollendete jene meisterhaften Vorlesungen über dramatische
Literatur und Kunst, die noch heute zu dem Besten gehören, was auf diesem
Gebiete geschrieben worden ist. Sein Bruder Friedrich erweiterte durch das
Studium indischer Literatur und mittelalterlicher Kunst seine schon früher
sehr universelle Bildung, und trat 1806 mit Dorothea Veit nach langer
religiöser Irrfahrt in den Schooß der katholischen Kirche zurück. Clemens
Brentano fand, allerdings nicht ohne erst noch manche Irrungen durch=
zukämpfen, den vollen Glauben seiner Kindheit wieder. In Berlin und
anderwärts gewann die Romantik einen ansehnlichen Kreis von Anhängern,
Dichtern, Künstlern, Gelehrten und Politikern. Das Interesse für alt=
deutsche Kunst und Literatur erfaßte immer weitere Kreise. Nachdem der
Katholicismus in Frankreich von den Todten auferstanden war, begann
er auch in deutschen Landen sich neu zu beleben, während Göthe mit
seiner heidnischen Kunstreligion sich einstweilen auf sehr enge Kreise be=
schränkt sah. Trotz des immer mehr sich entfaltenden Gegensatzes behielten
die Romantiker einen Rest von Jugendliebe für den alternden Dichter
bei, den sie auch auf die folgende Generation vererbten. Er blieb ihnen
der „Altmeister" der deutschen Poesie, eine ganz eigene, wunderfame Er=
scheinung. Noch viele Jahre vergingen, bis Friedrich v. Schlegel fand, daß
Göthe zwar Vieles von Shakespeare's Dichtergeist besitze, aber daß er
doch seiner Denkart nach „auch wohl ein deutscher Voltaire genannt

werben" könnte, und „daß es dieser verschwenderischen Fülle des mit Gedanken spielenden Geistes an einem festen, innern Mittelpunkte fehlt"[1]. Auch Aug. Wilhelm von Schlegel kam später von seiner übermäßigen Andacht für Göthe zurück und spendete ihm, neben einer Anzahl sehr witziger Epigramme über den Schiller-Göthe'schen Briefwechsel[2], die „landschaftliche Anpreisung":

„Als Waimerischer Hofpoëte
Erschaint am kreeßten unser Keethe."

Unter den übrigen protestantischen Romantikern blühte die Göthe-Verehrung lebhafter fort und trug viel dazu bei, daß seine Leistungen überschätzt wurden, diejenigen der Romantiker aber lange nicht zu dem Ansehen und dem Einfluß gelangten, den sie verdienten. Am glänzendsten hat ihm Tieck im Zaubergarten seines „Zerbino" gehuldigt:

„Ein blumenvoller Hain ist zubereitet
Für jenen Künstler, den die Nachwelt ehrt,
Mit dessen Namen Deutschlands Kunst erwacht,
Der euch noch viele edle Lieder singt,
Um euch in's Herz den Glanz der Poesie
Zu strahlen, daß ihr künftig sie versteht;
Der große Britte hofft ihn zu umarmen,
Cervantes sehnt nach ihm sich Tag und Nacht
Und Dante dichtet einen kühnen Gruß,
Dann wandeln diese heiligen vier, die Meister
Der neuen Kunst, vereint durch dieß Gefilde."

Dafür ertheilte ihm Göthe das huldvolle Lob, daß er „eine recht leibliche Natur" sei[3].

---

[1] Friedrich von Schlegel, Geschichte der alten und neuen Literatur. Bonn. Lempertz, 1845. II. 228. 229.
[2] Aug. Wilh. von Schlegels Sämmtliche Werke. Leipzig 1846. II. 204 bis 207.
[3] Schiller-Göthe Briefwechsel. II. 183.

21. Die natürliche Tochter.

„Der ‚Natürlichen Tochter' habe ich nie Geschmack abgewinnen können; es ist darin allerdings eine hohe Vollendung der Sprache und des Verses, aber es ist eine kalte Pracht. Alles ist verallgemeinert. Auch könnte man sagen, das Stück bestehe nur aus fünf ersten Acten."
Ludwig Tieck. (Köpfe. II. 191.)

„Göthe zeigte in der ‚Eugenie' nur seinen unhistorischen Sinn, indem er wie in den ‚Aufgeregten' die Privatintrigue benutzte, um die Geheimnisse der Revolution zu enthüllen."
Rudolf v. Gottschall.

Bald nach seiner Krankheit und Genesung im Januar 1801 begann Göthe ein neues Stück zu planen, das er aber vor Jedermann, auch vor Schiller, sorgfältig geheim hielt. Es wurde im Laufe des Jahres noch nicht viel daraus. Das Schicksal des „Jon" und „Alarkos" im nächsten Jahre konnten unmöglich sehr ermuthigend wirken. Im Anfang des Jahres 1803 indeß, noch bevor der Krach in Jena erfolgte, wurde das Drama vollendet, und einen Monat nach der „Braut von Messina" bestieg es die Weimarer Bretter. Es hieß ursprünglich nach der Titelrolle „Eugenie"; ob Göthe es durch den neuen Titel pikanter und lockender machen wollte, wer weiß das? Jedenfalls ist es inhaltlich viel unverfänglicher, als der Titel vermuthen läßt, nächst „Iphigenie" und „Tasso" das abgerundetste und formvollendetste der Göthe'schen Dramen, reicher an scenischer Handlung als beide und in seiner psychologischen Seelenmalerei ihnen sehr nahestehend. Alle drei kann man Renaissancestücke nennen soweit sie die einfache classische Ruhe und Hoheit der alten Tragödie nachzubilden suchen, „Iphigenie" an einem antiken, „Tasso" an einem neueren, „Eugenie" an einem unmittelbar zeitgenössischen Stoffe. Die tiefe, gewaltige Leidenschaft der antiken Tragödie besitzt das neue Stück aber nicht; es ist ebenso modern gedacht als die beiden anderen.

Anregung, Stoff und eine Menge Einzelheiten entnahm Göthe einer eben erst — 1798 — erschienenen französischen Schrift, den widerlich pomphaften und eitlen „Memoiren der Stephanie de Bourbon-Conti"[1].

---

[1] Mémoires historiques de Stephanie-Louise de Bourbon-Conti. Écrits

Der Inhalt derselben spielt von den letzten Jahren Ludwigs XV. in die Regierung Ludwigs XVI. und die Zeiten der Revolution hinein. Die Heldin ist eine uneheliche Tochter des Prinzen Louis François de Bourbon-Conti, eines Vetters Ludwigs XV., der, erst mit Diana von Orleans vermählt, nach deren frühem Tode ein geheimes Liebesverhältniß mit der Gräfin von Mazarin einging. Ihr Kind Stephanie durfte, wegen Rücksicht auf die Mutter, nicht öffentlich anerkannt und erzogen werden; doch verlieh ihm der König schon bei der Geburt (1762) den Titel einer Gräfin, versprach spätere Legitimation und ertheilte ihm die Erlaubniß, ein Medaillon mit einem blauen Bande zu tragen, wie es früher nur der Mutter zu tragen vergönnt war. Stephanie wurde einer Frau Delorme zur Erziehung übergeben, lernte fechten, reiten, exerciren, fahren und bekam zeitweilig auch den unsaubern J. J. Rousseau zum Lehrer. Sehr sorgfältig wahrte Prinz Bourbon-Conti das Geheimniß nicht; er ließ das Mädchen oft in sein Palais kommen und stellte sie bei der Vermählung des Dauphins mit Marie Antoinette (1770) sogar der letzteren vor. Drei Jahre später sollte nach erneuertem Versprechen von Seite des Königs die feierliche Legitimation erfolgen. Der Prinz brachte seiner Tochter dafür ein herrliches Festkleid und einen Diamantenschmuck, den sie jedoch sorgfältig geheimhalten sollte. Das gelang dem über seine Diamanten überglücklichen Mädchen nicht. Sie verrieth das Geheimniß an Frau Delorme, diese an ihre Mutter, die Gräfin Mazarin. Die Gräfin ließ das arme Kind unter dem Vorwande einer Einladung nach Lons-le-Saunier in der Franche-Comté entführen und brachte ihr bei, sie sei durch den Verrath ihres Geheimnisses bei dem Vater in Ungnade gefallen, dieser habe die königliche Gunst verloren, und nur unbedingter Gehorsam könne sie retten. Frau Delorme wußte durch Bestechung eines Abbé's einen Todtenschein aufzubringen, der den Tod des Mädchens genau auf den 7. Juni 1773 feststellte. Der Vater ließ sich wirklich täuschen und

---

par elle-même. Paris. Floréal. An VI (1798). — Übersetzt von F. A. U. Lübeck 1809. — Vgl. F. Zirklaup, Die natürliche Tochter. Memoiren zu Göthe's Trauerspiel. Meißen. 1835. — K. Rosenkranz, Göthe und seine Werke. Königsberg 1847. S. 347—367. — Herm. Grimm, Göthe. 1877. S. 227—229. Gervinus, Geschichte der poet. Nationalliteratur. V. 403. 404. — Göd eke, Göthe. 1877. S. 404—407. — Riemer, Mittheilungen. II. 557—561. — Düntzer, Erläuterung von Göthe's Trilogie „Die natürliche Tochter". Leipz. 1873. — Viehoff, Göthe's Leben. 1877. IV. 43—47. — Weber, Zur Geschichte des Weimarischen Theaters 1865. S. 87—91. — Riemer, Briefwechsel zwischen Göthe und Zelter. I. 63—67; 76—80, 91—93, 112. 129. 133. 138. 139. 181.

glaubte seine Tochter für immer verloren. Dieser ward indeß die Wahl gestellt, entweder in's Kloster zu gehen oder einen höchst widerlichen alten Herrn zu ehelichen. Sie wählte das Kloster, wo sie indeß bald als Tochter des Prinzen Conti erkannt ward. Die schlaue Delorme wußte sie aber ein zweites Mal zu entführen und nach Paris zu bringen. Zu Biroflay, in der Nähe von Paris, wurde die Unglückliche erst berauscht gemacht und dann in diesem Zustande jenem alten Herrn angetraut, den sie früher von sich gewiesen. Sie sinnt nun auf nichts Anderes, als dem ihr aufgedrungenen Gemahl zu entgehen, sie entflieht ihm, sucht und findet zeitweilige Zuflucht in verschiedenen Klöstern, erlebt während der Revolution die seltsamsten Abenteuer und schreibt endlich ihre Memoiren.

Eine schöne und erbauliche Geschichte ist das nicht. Sie gehörte indeß jenen Regionen an, in welchen die sogen. Bildung eines Voltaire, Rousseau, Diderot, d'Alembert und auch zum Theil Göthe's eigene Bildung aufgekeimt war und wohin er sich während der Revolutionsjahre immer und immer wieder zurückversetzte. Die spannende Intrigue hatte den ganzen Hautgout jener vornehmen Liederlichkeit der höchsten Kreise, an welcher Frankreich zu Grunde ging, als deren unschuldige Sühnopfer Ludwig XVI. und Marie Antoinette das Blutgerüst bestiegen. Im Zusammenhang mit diesem Sühnopfer und mit der grausigen Katastrophe der Revolution konnte das Bild jener sittlichen Verkommenheit allerdings eine tieftragische Bedeutung gewinnen. Göthe dämmerte dieselbe, aber ganz vermochte er sie nicht zu durchdringen. Er hatte die Revolution weder als principieller Freund, noch als principieller Gegner durchgemacht. Er haßte sie, weil sie die behaglichen Zirkel jener glatten Salonsbildung durchkreuzte, von der er jetzt noch zehrte. Denn auf dem leichten, naturwissenschaftlichen Empirismus der Encyklopädie ruhte sein ganzes sogen. wissenschaftliches Treiben; Diderot war für ihn noch immer ein Kunstorakel, Voltaire ein großer Dichter und Rousseau eine liebe Jugenderinnerung. Es ärgerte ihn, daß der gemeine Mann so unliebsame Folgerungen aus dieser sonst so vornehmen Bildung zog, Könige und Prinzen köpfte und rohe Sansculotten zu Herren der Welt ausrief. Es wurde ihm ganz elegisch zu Muth, wenn er an das alte königliche Frankreich dachte, das schon so schön aufgeklärt und human war, das an der Spitze der Literatur stand — und nun völlig zertrümmert war, während eine wilde Militärmacht sich über den Trümmern erhob und die ganze Welt, vielleicht sogar Weimar, mit dem Untergang seiner „Bildung" bedrohte. Die tieferen Ursachen der Revolution begann er allmählich einzusehen;

aber das Christenthum, auf das sie als unabweisliches Postulat hin=
wiesen, stand mit seiner heidnischen Kunst und Lebensanschauung im
Widerspruch; er wagte auch hier nicht, entschieden für dasselbe sich aus=
zusprechen.

Während Schiller sich in seiner „Jungfrau von Orleans" so gut
als möglich in die Ideen des alten katholischen und königlichen Frankreich
zurückzuversetzen bemühte, ging Göthe nicht weiter als auf den Stand=
punkt seiner Memoirenschreiberin zurück, d. h. auf den Standpunkt eines
Royalisten, welcher die königliche Macht als etwas Geheiligtes anerkennt,
die Revolution verwirft, aber der eigentlichen Schuld des Königthums
wie der Revolution aus dem Wege geht. Eine ungeheure sittliche Cor=
ruption, das gibt er zu, hat den Thron erst innerlich untergraben und
dann von außen gestürzt; aber wo diese sittliche Corruption herrührte,
das untersucht er nicht, um nicht verurtheilen zu müssen, was er inner=
lich noch hochschätzte und liebte.

In der Ausführung ist der Dichter im Wesentlichen den Memoiren
gefolgt, hat ihren Inhalt aber durch Gedanke, Form und Sprache weit
über das ursprüngliche Niveau erhoben, geadelt und verklärt. Eine
königliche Jagd führt im I. Act höchst anmuthig Vater und Tochter vor
dem König zusammen, zeichnet ihre Charaktere und Lage, Eugeniens Er=
ziehung und trauriges Lebensloos, und bietet in dem königlichen Ver=
sprechen zugleich den Punkt einer individuellen und politischen Verwick=
lung. Alle drei Charaktere sind hohe, vornehme Idealgestalten. Eugenie
verbindet mit dem Zauber jugendlicher Schönheit und Unschuld eine fast
männliche Kraft des Geistes und Charakters. Indem Göthe sie knieend
dem König huldigen läßt, legt er dem Königthum den Inbegriff seiner
höchsten Ideale zu Füßen:

> „Wenn wir in raschen, muthigen Momenten
> Auf unsern Füßen stehen, strack und kühn
> Als eigner Stütze froh uns selbst vertrau'n,
> Dann scheint uns Welt und Himmel zu gehören.
> Doch was in Augenblicken der Entzückung
> Die Kniee beugt, ist auch ein süß Gefühl.
> Und was wir unserm Vater, König, Gott
> Von Wonnedank, von ungemess'ner Liebe
> Zum reinsten Opfer bringen möchten, drückt
> In dieser Stellung sich am besten aus."
> (Sie fällt vor ihm nieder.)

Der König ist kein Ludwig XV., sondern ein Ludwig XVI., auch
dieser noch verklärt. Er ist so edel, groß, gütig, daß man nicht begreift,

wie eine Revolution noch möglich ist. Nur etwas schwach scheint er zu sein und furchtsam:

„Was unter uns gescheh'n,
Erfahre Niemand! Mißgunst lauert auf,
Schnell regt sich Wog' auf Woge, Sturm auf Sturm;
Das Fahrzeug treibt an jähe Klippen hin,
Wo selbst der Steurer nicht zu retten weiß.
Geheimniß nur verbürget unj're Thaten;
Ein Vorsatz, mitgetheilt, ist nicht mehr dein;
Der Zufall spielt mit deinem Willen schon;
Selbst wer gebieten kann, muß überraschen.
Ja, mit dem besten Willen leisten wir
So wenig, weil uns tausend Willen kreuzen.
O wäre mir zu meinen reinen Wünschen
Auch volle Kraft auf kurze Zeit gegeben,
Bis an den letzten Herd im Königreich
Empfände man des Vaters warme Sorge!
Begnügte sollten unterm niedern Dach,
Begnügte sollten im Palaste wohnen.
Und hätt' ich einmal ihres Glücks genossen,
Entsagt' ich gern dem Throne, gern der Welt."

Im II. Act erhält Eugenie ihre glänzende Ausstattung mit dem Diamantschmuck, bereitet das Sonett vor, mit welchem sie dem König bei ihrer Legitimation danken will, und plaudert das Geheimniß aus, von welchem ihr ganzes Lebensglück abhängt. Von dem Amazonenhaften und Ritterlichen, das sie im ersten Act auszeichnet, sinkt ihr Charakter trotz der marmorglatten Verse auf den Grad eines neugierigen, putzsüchtigen, geschwätzigen Mädchens herab, das wohl noch Mitleid einflößen mag, aber viel zu schwächlich und unbedeutend ist, um weiter als Heldin das königliche Frankreich im Kampf gegen die wachsende Corruption und die Revolution zu verkörpern. Sie ist von da ab eben die „natürliche Tochter".

Der III. Act entwickelt die gegen Eugenie gesponnene Intrigue in wenigen kurzen Zügen. Der „Weltgeistliche" theilt dem Secretär die Entführung mit, sowie den Plan, Eugenie als todt auszugeben. Der Secretär meldet dem Herzog die erdichtete Botschaft, der „Weltgeistliche" tritt dann mit der schauerlich-ruhigsten Heuchelei als Zeuge auf.

Im Beginn des IV. Actes ist Eugenie schon an eine Hafenstadt gelangt. Der Dichter verläßt hier die Erzählung der Memoiren zum Theil, indem er sie nicht bloß zwischen dem ältern Gerichtsrath und dem Kloster wählen läßt, sondern auch noch zwischen der Möglichkeit, in ein fernes, überseeisches Land (Amerika?) auszuwandern. Der Kampf spielt

21. Die natürliche Tochter.

sich in den V. Act hinüber, wo das Kloster erst ziemlich herb abgefertigt wird:

„Entsag ich denn auf ewig dieser Welt!
O dieß vergönnst du mir! Du willst es ja,
Die Feinde wollen meinen Tod, sie wollen
Mich lebend eingescharrt. Vergönne mir,
Der Kirche mich zu nähern, die begierig
So manch unschuldig Opfer schon verschlang!
Hier ist der Tempel; diese Pforte führt
Zu stillem Jammer wie zu stillem Glück."

Nachdem aber Eugenie, von Äbtissin und Nonnen liebevoll begrüßt, freundlicher vom Kloster zu denken beginnt und herzlich um Aufnahme fleht, tritt die Hofmeisterin mit einem königlichen Befehl dazwischen und mahnt zur Einschiffung. Ein Mönch tröstet sie und räth ihr, die Auswanderung als das leichtere Schicksal zu wählen. Sie aber hängt an Frankreich, Vater, König und bietet, um allenfalls dem bedrohten Königthum noch hilfreich sein zu können, dem ihr vorher widerwärtigen Gerichtsrath die Hand an:

„Ob ich vertraue, daß dein Äuß're nicht,
Nicht deiner Worte Wohllaut lügen kann,
Daß ich empfinde, welcher Mann du bist,
Gerecht, gefühlvoll, thätig, zuverlässig:
Davon empfange den Beweis, den höchsten,
Den eine Frau besonnen geben kann!
Ich zaudre nicht, ich eile, dir zu folgen,
Hier meine Hand! Wir gehen zum Altar!"

Dieser Schluß, die freiwillige Vermählung der Prinzessin mit dem alten „Gerichtsrath", kommt auf das ganze Stück sehr unerwartet. Er kann unmöglich befriedigen. Er ist das philiströse Gegenstück zu den zahllosen Komödien, in welchen ein alter Onkel gegen einen jungen Liebhaber den Kürzern zieht. Und nun gar die Mißheirath aus lauter Patriotismus! Wird im zweiten Act die Bewunderung auf Mitleid herabgestimmt, so muß auch dieses nun aufhören, da wir die romantische Amazone im Hause des soliden Gerichtsraths versorgt wissen und mit ihr wohlgemuth der drohenden französischen Revolution entgegensehen mögen.

Als bürgerliches Schauspiel gehört das Stück gewiß zu dem Besten, was die deutsche Sprache in dieser Art aufzuweisen hat; aber zur großen historischen Tragödie darf man es nicht rechnen. Da hätte Göthe eine Marie Antoinette oder eine Charlotte Corday zur Heldin nehmen müssen. Ist Göthe auch den Memoiren nicht so sklavisch gefolgt wie im „Clavigo", so hat er doch ihren kleinlichen, individuellen, weibischen

Charakter nicht völlig überwunden. Die Prinzessin ist keine wahre Heldin geworden.

Die schönste Kritik zu dem Stück bildet die „Jungfrau von Orleans", die ihr voranging, und der „Tell", der ihr folgte. Jene weist die beclamatorische Eugenie unter die Zahl der „echt weiblichen" und „natürlichen", d. h. unbedeutenden Frauencharaktere herab, die Göthe immer am meisten interessirten; dieser macht es fühlbar, wie wenig Göthe eine große Volksbewegung, geschweige denn eine Weltbewegung, politisch und dramatisch aufzufassen wußte. Darum schlug auch der Versuch fehl, den angesponnenen Stoff in einem zweiten Drama weiterzuführen. Eugenie blieb bei ihrem heroischen Entschluß, einen „Gerichtsrath" zu heirathen, wozu ein Fräulein weder eine Prinzessin, noch eine „natürliche Tochter" zu sein braucht.

„Die Charakteristik" des Stückes leidet nach Gottschalls Bemerkung „an einer mehr typischen als individuellen Haltung und erinnert an die Figuren auf alten, abgeblaßten Tapeten." [1]

Fichte erklärte das Drama nichtsdestoweniger für das höchste Meisterwerk des Dichters, und Schiller, welcher seine „Braut von Messina" ebenfalls mehr nach seinen eigenen hohen Idealen, als nach den Begriffen des gewöhnlichen Theaterpublikums und der alltäglichen Bühnenpraxis ausgearbeitet hatte, nahm an den typischen Bühnenfiguren, welche mit Ausnahme der Titelrolle nicht einmal einen Namen trugen (König, Herzog, Graf, Hofmeisterin, Secretär, Weltgeistlicher, Gerichtsrath, Gouverneur, Äbtissin, Mönch), durchaus keinen Anstoß. Sein Urtheil lautet:

„Die hohe Symbolik, mit der Göthe den Stoff behandelt hat, so daß alles Stoffartige vertilgt und alles nur Glied eines idealen Ganzen ist, dieß ist wirklich bewundernswerth. Es ist ganz Kunst und ergreift dabei die innerste Natur durch die Kraft der Wahrheit."

---

[1] Die deutsche Nationalliteratur 1855. I. 71. — Vgl. Goedeke, Schillers Briefwechsel mit Körner. II. 453. — Bratranek, Göthe-Humboldt Briefwechsel. S. 203. 204.

22. Herders und Schillers Tod.

1803—1805.

> „So sank Herder lebens- und kampfesmüde auf's Todtenbett, hoffte zu gesunden, wenn nur eine neue, große Idee seine Seele durch und durch ergriffe; wünschte, beim Geläute der Glocken, im Mittelalter geboren zu sein, und sehnte sich, lechzend nach geistigen Aufschlüssen, darnach, daß ein Geist ihm erscheine und ihn spreche.
>
> Gelzer, Die deutsche poetische Literatur. 334.

> „An dem Leichenbegängniß Schillers nahm Göthe keinen Theil; für die Familie des Verstorbenen hatte er keine Sorge; die laut verlangte Todtenfeier auf der Bühne erklärte er für eine Sucht der Menschen, aus jedem Verlust und Unglück wieder einen Spaß herauszubilden."
>
> Göbeke, Grundriß. II.

Die Vollendung des „Faust" abgerechnet, war die „Natürliche Tochter" Göthe's letzte größere dramatische Dichtung. Vom Frühjahr 1803 stockte überhaupt seine dichterische Thätigkeit geraume Zeit. Am 4. April ward „Eugenie" aufgeführt. Im Mai war Göthe mit dem Verkauf seines Gutes in Oberroßla beschäftigt, im Juni fingen die Fatalitäten in Jena an und die Sorge, neue Kräfte anzuwerben; im Juli galt es, den Bau des Schlosses zu vollenden, das am 1. August endlich bezogen werden konnte. Darauf begannen die Unterhandlungen über die neue Jenaer Literaturzeitung, die Sorge für den Bau eines neuen Schießhauses und die Einübung des Shakespeare'schen „Julius Cäsar". Eine prosaische Welle drängte die andere und überfluthete die poetischen Velleitäten und Pläne des Dichters. Am meisten scheint ihn die Uebersiedelung der Literaturzeitung nach Halle verdrossen zu haben.

„Was sagen Sie zu dem Unternehmen," schreibt er an Zelter, „die Literaturzeitung nach Halle zu verpflanzen? Wir andern, die wir hinter den Koulissen stehen, können uns nicht genug wundern, daß sich ein königlich preußisches Kabinet so gut, wie jedes andere Publikum, durch Namen, Schein, Charlatanerie und Zudringlichkeit zum Besten haben läßt. Als wenn sich eine solche Anstalt erobern und transportiren ließe, wie der Laokoon oder ein anderes bewegliches Kunstwerk! Wir setzen sie eben in Jena immer fort, und da der thätigste Redacteur, Hofrath Eichstädt, bleibt, so geht alles seinen alten Gang. Neue

Menschen, die beitreten, neue Mittel die man vorbereitet, sollen, hoffe ich, der Sache einen ehrenvollen Ausschlag geben."[1]

Schiller, Voß, Heinrich Meyer sagten ihre Mitwirkung zu, Fichte und Zelter wurden eingeladen. Göthe lag Alles daran, die bisherige angesehene Literaturkritik in seinen und seiner Freunde Händen zu behaupten[2].

Ein großes, in den Briefwechseln der Zeit sich spiegelndes Aufsehen erregte am Ende des Jahres der angesagte Besuch der Frau von Staël, der Tochter des einstigen französischen Finanzministers Necker[3]. Es bezeichnet sowohl die Kleinstädterei als das Franzosenthum in Weimar, daß ein derartiger Besuch so viel von sich reden machte und daß selbst ein Schiller und Göthe sich dadurch beeinflussen ließen. Schiller war ein wenig bang vor ihrem Besuch, da er sich des Französischen nicht völlig mächtig fühlte. „Wenn sie nur deutsch versteht," meinte er indeß, „so zweifle ich nicht, daß wir über sie Meister werden; aber unsere Religion in französischen Phrasen vorzutragen und gegen ihre französische Volubilität aufzukommen, ist eine zu harte Aufgabe." Sie kam gegen Mitte December. Göthe war eben in Jena und hieß sie von da aus willkommen. Sie stellte sich ihm brieflich vor, nicht als „eine Pariserin, sondern als jene Frau, welche von allen auf der Welt am meisten über Werther und den Grafen Egmont geweint hat"[4]. Sie wollte zu ihm nach Jena kommen, er war aber artig genug, herüberzukommen und sie mit Aufmerksamkeiten zu überhäufen. Am 1. Januar „schmollte" sie schon, um ihn auf den folgenden Tag allein zu sich einzuladen[5]. Ob-

---

[1] Riemer, Briefwechsel zwischen Göthe und Zelter. I. 80.

[2] „Die Herren sind übrigens fort," schreibt er über die weggezogenen Professoren an Schiller, „und gehen fort und es fällt niemanden ein, als ob dadurch etwas verloren sei. Man läutet zum Grabe des tüchtigsten Bürgers allenfalls noch die Stadt zusammen und die überbleibende Menge eilt mit dem lebhaften Gefühl nach Hause, daß das löbliche gemeine Wesen vor wie nach bestehen könne, werde und müsse." II. 348.

[3] Schiller-Göthe Briefwechsel. II. 388. 389. 350 ff. — Charlotte von Schiller. II. 240. 241. — Göbele, Schillers Briefwechsel mit Körner. II. 456–450. — Aus Göthe's handschriftl. Nachlaß. Göthe-Jahrbuch V. 112 bis 132. — M. de Staël, De l'Allemagne. Paris 1810. 3 vols. — Fr. Chr. Schlosser, Mme de Staël et Mme Roland, parallèle, trad. de l'Allemand. Francfort 1830. — Maltzahn, Schillers Briefwechsel mit seiner Schwester Christophine. S. 248.

[4] „Pas comme une dame·de Paris, mais comme la femme du monde, qui a le plus pleuré à Verther et au comte d'Égmont."

[5] „Je serai seule pour me fâcher sans témoin — ne faut-il pas que j'avoue que je suis jalouse d'un professeur — nouveau genre de jalousie dont j'étudierai les sentiments."

wohl der Herr Geheimrath seine 55 Jahre hatte und sie ihre 38, so fing sie an, ihm noch mit überschwenglichen Lobes- und Liebesversicherungen den Hof zu machen, ja ihn mit „ihrem ganzen Herzen und ihrem ganzen Charakter und ihrem ganzen Talent zu lieben" [1]. Schiller war zu deutsch geartet, um der poesielosen Geistreichigkeit der französischen Schriftstellerin viel Geschmack abzugewinnen [2]. Göthe dagegen war in diesem Elemente besser zu Hause, ließ sich die vielen Complimente wohl gefallen und rechnete darauf, daß ihr Besuch den Glanz Weimars vermehren werde. „Wie glänzend Weimar gegenwärtig sei," schrieb er am 4. Februar an Wolzogen, „mögen Sie von Anderen erfahren. Daß ich nur Frau von Staël nenne, welche sich seit vier Wochen hier aufhält." In der That trug ihr Lob nicht wenig bei, Göthe's Weltruf zu vermehren und zu befestigen [3]. Sie glaubte zwar,

[1] „My dear Sir, il n'y a qu'en Anglais qu'on a cette première nuance d'une timide amitié." — „Je lis vos pièces fugitives et c'est un trésor de poésies qui me ravit." — „Je tâcherai dans mon voyage littéraire d'Allemagne de donner une idée des morceaux qui me frappent le plus, la bayadère, l'épouse de Corinthe etc." — „Les journaux français retentissent aujourd'hui de votre nom." — „Je vous aime plus que vous ne savez aimer philosophe que vous êtes." — „Merci, my dear Sir, et dans l'empyrisme ou dans l'absolu aimez-moi un peu, je vous aime de tout mon coeur, de tout mon caractère et de tout mon talent si j'en ai." — Göthe-Jahrbuch. V. 115 ff.

[2] „Nun führt mir der Dämon noch die französische Philosophin hieher," schreibt er an Körner, „die unter allen lebendigen Wesen, die mir noch vorgekommen, das beweglichste, streitfertigste und redseligste ist. Sie ist aber auch das gebildetste und geistreichste weibliche Wesen, und wenn sie nicht wirklich interessant wäre, so sollte sie mir auch ganz ruhig hier sitzen. Du kannst aber denken, wie eine solche ganz entgegengesetzte auf dem Gipfel französischer Cultur stehende, aus einer ganz andern Welt zu uns hergeschleuderte Erscheinung mit unserm deutschen, und vollends mit meinem Wesen contrastiren muß. Die Poesie leitet sie mir beinahe ganz ab, und ich wundere mich, wie ich jetzt nur noch etwas machen kann. Ich sehe sie oft, und da ich mich noch dazu nicht mit Leichtigkeit im Französischen ausdrücke, so habe ich wirklich harte Stunden. Man muß sie aber ihres schönen Verstandes, selbst ihrer Liberalität und vielseitigen Empfänglichkeit wegen hochschätzen und verehren." Für die Vollendung seines „Tell" war indeß der Besuch nicht eben günstig. Ende Februar seufzte Schiller: „Die französische Dame, die mir hier in der besten Zeit meines Arbeitens auf dem Halse saß, habe ich tausendmal verwünscht. Die Störung war ganz unerträglich."

[3] Freilich war sie nicht im Stande, die Franzosen zu überzeugen, daß die deutsche Bildung der französischen auch nur gleichkäme. „Cette poésie du nord, un peu studieuse comme le fut celle d'Alexandrie, avec quelle vivacité Mme de Staël la reproduit et l'interprète! Ne vous y trompez pas; l'Allemagne est encore plus spirituelle dans son livre qu'elle ne l'est en elle-même." Villemain, Cours de littérature française. Tournal 1839 p. 550.

daß der Philosoph Göthe bisweilen den Dichter Göthe störe und daß der Philosoph nur das Phantom des Dichters sei; aber bei alledem erklärte sie doch auch, daß er in Bezug auf Originalität und reine Conceptionen der größte Mann Deutschlands sei und bleiben werde.

Während Göthe dem Besuche der Frau von Staël mit Interesse, Schiller mit Unbehagen entgegensah, rang der einstige Freund Beider, Herder, mit schmerzlicher Krankheit und mit dem Tode, ohne daß es ihnen eingefallen wäre, den Leidenden oder Sterbenden noch mit einem Besuche zu erfreuen. Mit ihm begann die kurze Blüthe der sogen. classischen Literatur in Weimar schon in's Grab zu sinken.

Herders letzte Lebensjahre boten wenig Freudiges. Er entwickelte zwar eine staunenswerthe Thätigkeit als Geistlicher, Schulmann, Theolog, Philosoph, Literat, Dichter, Polyhistor im weitesten Sinne; er hatte einen im Grunde freundlichen Familienkreis, eine brave, geistreiche Frau, gesunde und talentvolle Kinder; wenn er auch kein so ansehnliches Lesepublikum fand, wie Schiller und Göthe, so hatte er doch seine Freunde und Verehrer durch ganz Deutschland hin; alle Weimarer Größen mußten seine Anlagen und seine ausgebreitete Gelehrsamkeit zu schätzen; Göthe erklärte ihn für den größten Bücherleser, den er kenne; Herzogin Luise war ihm mit besonderer Gunst zugethan; auch als Dichter und Schöngeist fand er mehr Anerkennung, als ihm die Gegenwart zu spenden pflegt. Andauernde Kränklichkeit, Reizbarkeit, Melancholie ließen ihn jedoch all dieser Vortheile und des Lebens selbst fast nie mehr recht froh werden. Pecuniäre Sorgen drückten ihn nieder, und indem er sich an keine der herrschenden Richtungen beherzt und folgerichtig anzuschließen wagte, verdarb er es zuletzt mit allen und saß vereinsamt zwischen Thüre und Angel.

Bis zum Tode wurde er wohl vom Hofe unterstützt, aber nie so, daß er völlig aufathmen konnte. Man trug die Erziehungskosten mehrerer seiner Kinder, doch die zugesagte Unterstützung wurde mit geringem Zartgefühl behandelt. Meist mußte er abermal und abermal darum betteln und sogar Knebels und Göthe's Dazwischenkunft anrufen, um einige hundert längst zugesagte Thaler zu erhalten. Es wurde scharf abgerechnet. Im Januar 1798 marktete der Herzog um 50 Thaler, obwohl Göthe deren Bezahlung „als eine rechtlich begründete Forderung anerkannte"[1]. Als der eine Sohn ausstudirt hatte, wollte ihm Karl August ein Pacht-

---

[1] Haym, Herder. Berlin 1885. II. 621 ff.

22. Herders und Schillers Tod.

gut übergeben, aber nur unter der Bedingung, daß er die Wittwe des Pächters heirathe; als er sich weigerte, wurde das vom Hof wie eine zugefügte Beleidigung behandelt [1].

Als der Erbprinz und dann die Prinzeß Karoline confirmirt werden sollte, versöhnte man sich wieder: Herder war für etliche Wochen sogar bei Karl August wieder persona grata, ja gratissima. Der Herzog wollte die ganze Ceremonie beschrieben und gedruckt haben. Doch das waren spärliche Lichtblicke in das Leben des Predigers. Für gewöhnlich konnte er sein Licht nur vor Weibern, Kindern und geringeren Bürgern leuchten lassen. „Eine Predigt," erklärt Schiller, „ist für den gemeinen Mann — der Mann von Geist, der ihr das Wort spricht, ist ein beschränkter Kopf, ein Phantast oder Heuchler." Im Beginn seines Weimarer Aufenthalts hatte er einmal eine Predigt Herders angehört. „Es war weniger eine Rede, als ein vernünftiges Gespräch. Ein Satz aus der praktischen Philosophie, angewandt auf gewisse Details des bürgerlichen Lebens — Lehren, die man ebenso gut in einer Moschee, als in einer christlichen Kirche erwarten könnte." [2] Er ging nicht mehr in die Predigt, Göthe ebenso wenig. Ihre Kanzel war die Bühne, ihre Kirche das Schauspielhaus. Sie brauchten keinen Superintendenten, als um ihre Kinder taufen und confirmiren zu lassen. Bei solchen Gelegenheiten zeigte sich Herder sehr zuvorkommend. Als Göthe's August im April 1802 zur Confirmation gehen sollte, übernahm es Herder, ihn „in einer liberaleren Weise, als das Herkommen vorschreibt, in die christliche Versammlung aufzunehmen" [3]. Vater Göthe dankte ihm höflich dafür, weniger für die Aufnahme, als für die liberale Weise.

In dieser mattherzigen, weichen Unentschiedenheit lag wohl der tiefste Grund von Herders inneren Leiden. Sie konnte wenig Trost gewähren. Sein ganzes Geistesleben, Religion und Wissenschaft, hatte keinen festen, rationellen Halt. Alles schwankte auf Nebelformen, die sich erst noch entwickeln sollten. Sein Ausgangspunkt war eine mystisch-intuitive Gotteserkenntniß, wie Hamann in räthselhafter Prophetensprache sie lehrte, ohne deutliche Begriffe, ohne feste Lehrsätze, ohne ein syllogistisches System, ohne eigentliche philosophische Grundlage, ohne theologische Autorität. Er fühlte Gott: nun war Alles gut. Niemand sollte ihm Gott beweisen,

---

[1] Haym, Herder. II. 798. — Herders Werke [Hempel]. I. Bd. S. CXXIII. — Dünzer, Göthe und Karl August. II. 303. 304.

[2] Göbeke, Schillers Briefwechsel mit Körner. I. 80.

[3] Aus Herders Nachlaß. I. 150.

22. Herders und Schillers Tod.

Niemand aber es unterfangen, sein Gottesgefühl zu bezweifeln. Die Orthodoxie mochte er nicht leiden, weil sie sein, wie er glaubte, lebendiges Gottesgefühl in „taube Wörter" schrauben wollte. Als in Jena nur mehr acht Studenten zum Abendmahl gingen und diese noch von den Anderen verspottet wurden, erklärte er officiell, man könne den Theologieprofessoren daselbst „die Zeugnisse gleicher Behutsamkeit und Vorsicht, als Gelehrsamkeit und zweckmäßigen Unterrichts nicht versagen". Göthe's Treiben hatte er bis dahin nicht bloß stillschweigend approbirt, er stand an der Spitze derjenigen, die ihm durch ihr Lob und ihre Anbetung zu seiner fast unbedingten Machtstellung verholfen hatten. Auch Schillers Annäherung an Göthe brachte anfänglich keine Änderung hervor. Er betheiligte sich an den „Horen". Schiller kam ihm ungemein höflich entgegen und bot ihm sogar einigen Antheil an der geistigen Leitung an[1].

Nichtsdestoweniger bestand zwischen den beiden Dichtern, namentlich Göthe, und Herder ein tiefgehender Gegensatz, der früher oder später zu einer Krisis führen mußte. Göthe war die schöne Form, die Kunst, das Sinnliche, Reale Eins und Alles. Herder war in langjährigen Leiden, Mühen, Sorgen ernster und ideeller geworden. Er stellte Poesie und Kunst sehr hoch; aber er stellte das, was er Humanität nannte, d. h. im Grunde Religion und Sittlichkeit, weit über Poesie und Kunst. Es kam ihm in der Poesie nicht mehr so sehr auf die schöne, sinnfällige Form an, als auf den Gehalt, die Erhabenheit und Bedeutung der Ideen. Er näherte sich hierin einigermaßen Schiller; aber Schiller war Kantianer, und in der kantischen Philosophie erblickte Herder — gewiß mit vollem Recht — ein dem Christenthum durchaus feindliches System. Er hatte als Schulmann in dieser Hinsicht bei seinen jungen Theologen deutliche Erfahrungen gemacht.

Nachdem Herder in seinen „Briefen zur Beförderung der Humanität" die Richtung Göthe's nur sehr indirect bekämpft hatte[2], kam es endlich durch sein freimüthiges Urtheil über den „Wilhelm Meister" zum offenen

---

[1] Haym, Herder. II. 693 ff.
[2] Göthe fühlte sich immerhin getroffen. „Und so schnurrt auch wieder," schreibt er an H. Meyer, „durch das Ganze die halbwahre Philisterleier, ‚daß die Künste das Sittengesetz anerkennen und sich ihm unterordnen sollen'. Das erstere haben sie immer gethan und müssen es thun, weil ihre Gesetze so gut als das Sittengesetz aus der Vernunft entspringen; thäten sie aber das zweite, so wären sie verloren; und es wäre besser, daß man ihnen gleich einen Mühlstein an den Hals hinge und sie ersäufte, als daß man sie nach und nach ins Nützlichplatte absterben ließe." Riemer, Briefe von und an Göthe. Leipzig 1846. S. 38.

Bruch. Es gereicht Herder nicht zur Unehre. Er sah in Göthe's Roman die moralische Existenz der ästhetischen geopfert, sein Sittlichkeitsgefühl empörte sich dagegen, er sprach sein Urtheil gelassen, aber muthig aus und blieb dabei. Es war die entscheidende Krisis für Herders übriges Leben. Göthe ertrug das Urtheil nicht. Er brach zwar äußerlich nicht ganz mit dem unangenehmen Censor, er vermittelte ihm noch einigemal Unterstützungen des Herzogs, er schickte ihm ein Exemplar von „Hermann und Dorothea", er schrieb ihm noch einige kurze Billets, aber das mehr als zwanzigjährige geistige Freundschaftsband war gelöst. In seinem literarischen Leben wandte sich Göthe gänzlich von Herder ab und verbündete sich mit Schiller.

Für Herder war das ein furchtbarer Schlag. Er verlor den ältesten, interessantesten und einflußreichsten Freund, den er je gehabt, mit dessen Leben das seinige bis dahin auf's innigste verknüpft war. Doch zeigte er diesmal mehr Charakter, als je in seinem Leben. Obwohl er sah, daß mit Schiller die ganze jüngere Generation, mit ihr die Zukunft, sich an Göthe anschloß, ging er von seinem Worte nicht ab. Immer mehr dämmerte es ihm, bei aller Verschwommenheit seiner Ideen, daß es sich hier nicht um bloß persönliche oder ästhetische Gegensätze handle, sondern um die tiefste aller Principienfragen, den Gegensatz zwischen Heidenthum und Christenthum, zwischen Gott und einem für Religion und Sitte gleich verhängnißvollen Götzenthum.

„Hinfort," schrieb er am 1. Dec. 1797 an Jacobi, „ist zwar kein Gott mehr, aber ein Formidol ohn' allen Stoff, ein Mittler zwischen dem Ungott und den Menschen, der Mensch Wolfgang." Dem alten Gleim aber klagte er: „Ein Einziger paradirt auf Erden, Apollo's Stellvertreter, der Eindichter (Göthe). Wir wollen hinunter, hinunter!"

Obwohl von Krankheit und körperlichen Leiden niedergebeugt, von häuslichen Sorgen gedrückt und seine Vereinsamung schwer empfindend, entwickelte Herder in seinen letzten Lebensjahren eine wahrhaft erstaunliche Thätigkeit. Seine Schriften erstrecken sich nahezu über alle Gebiete menschlichen Wissens, Theologie und Philosophie, Naturwissenschaft und Geschichte, Literatur und Kunst. So weit die Gegenstände auseinanderliegen und so wenig Herder dabei zu einem festen Mittelpunkt gelangt, ist das Bestreben doch unverkennbar, gut zu machen, was er einst gesündigt, das halberloschene christliche Bewußtsein im Volk und bei den Gebildeten wieder neu anzufachen, die dem Christenthum feindliche Philosophie zu bekämpfen und in der Literatur wieder eine christliche Richtung anzubahnen. Selbst seine Humanitätsbriefe klingen in eine, wenn auch sehr verschwommene, Huldigung an Christus aus [1].

Am schwächsten sind, zum großen Nachtheil seiner wohlmeinenden Absicht, gerade seine religiösen und theologischen Schriften ausgefallen, in welchen er unaufhörlich zwischen den Evangelisten und Reimarus, Luther und Lessing, den protestantischen Symbolen und Spinoza schwankt, Alles mengseln, kitten und verquicken will, und dabei das Christenthum, das er retten möchte, zu einem vagen Gefühlstraum vermenschlicht.

Mehr Schärfe und Kraft zeigt er in seiner „Metakritik" gegen Kant, dessen Schwächen er ebenso klar als rücksichtslos aufdeckt, um schließlich sein System als „ein Reich unendlicher Hirngespinnste, blinder Anschauungen, Phantasmen, Schematismen und leerer Buchstabenworte", als „einen Marktplatz höchster Keckheit" und als „ein Reich der crassesten Ignoranz" zu verurtheilen [2].

Schiller und Göthe griff er direct nicht an, aber er errichtete in seiner „Kalligone" ein selbständiges, abgerundetes System der Ästhetik, das zunächst den Kunstanschauungen Kants, mittelbar jedoch auch den ihrigen sehr entschieden und mit gründlicher Belesenheit entgegentrat. In seiner „Abrastea" aber, einer Art Zeitschrift in zwangslosen Lieferungen, entwarf er ein fragmentarisches Cultur- und Literaturbild des 18. Jahrhunderts, welches sehr fein daran gemahnte, daß Göthe denn doch nicht eine plötzlich das ganze Universum erleuchtende Centralsonne sei, sondern der Erbe und Nachfolger einer langen vorausgegangenen Literatur und Cultur, von der er manches Gute überkommen oder entlehnt, aber noch weit mehr Schlechtes, Seichtes und Halbes, von der er hundert wichtige Dinge kaum kannte und in deren weitem europäischem und außereuropäischem Rahmen seine künstlich aufgebauschte Größe doch bedeutend zusammenschrumpfte.

In der ästhetischen Beurtheilung Göthe's und Schillers ist Herder unzweifelhaft zu weit gegangen; er hat Schillers ideale Richtung und seine dramatischen Kunstleistungen völlig verkannt, Göthe's Verdienst um schöne Form und Sprache unterschätzt und die Dichter zu hoch gestellt, welche Beiden unmittelbar vorhergingen und gleichzeitig mit ihnen thätig waren. Ungerechtigkeit stand indessen hier gegen Ungerechtigkeit, da Göthe und Schiller sich geberdeten, als ob erst durch sie wieder poetischer Geist

---

[1] Herders Werke [Hempel]. XIII. 632.
[2] Ebdf. XVIII. 464. 465 (Vorrede zur „Kalligone"). Vgl. O. Pfleiderer, Religionsphilosophie. I. 207. — T. Pesch S. J., Die Haltlosigkeit der modernen Wissenschaft. 1877, bes. S. 121 ff.

und künstlerisches Streben in Deutschland aufgetaucht wäre, Klopstock, Lessing, Wieland, Stolberg, Claudius, Voß und alle übrigen Dichter verachteten und todtschwiegen, immer nur von sich redeten und reden ließen. Da war eine scharfe Einsprache wenigstens einigermaßen gerechtfertigt, um so mehr, da Göthe's Richtung wesentlich darauf hinauslief, die Kunst allen Forderungen der Sittlichkeit zu entziehen, ihr dagegen Wissenschaft und Leben unterzuordnen und in Wissenschaft, Kunst und Leben praktisch ein neues Heidenthum einzuführen[1].

Mit vollem Recht mochte Herder da in seiner „Adrastea" die Frage aufwerfen: „Ist dem Volke so viel Kunstsinn als Sinn für Wahrheit und Ehrbarkeit nöthig?" Und mit gleichem Recht mochte er antworten:

„Ein Volk mit Kenntnissen überschnellen und übereilen, die ihm nicht gehören, ist ebenso vernunftlos und unbarmherzig, als ihm die Augen ausstechen wollen und das ihm nöthige Licht versagen; es unzeitig verwirren, schwächen, aus seiner Bahn locken, seinen Charakter verderben ist ebenso schändlich als schädlich. Was könnt Ihr dem Volke geben, wenn Ihr ihm sein Herz und Vergnügen, seinen täglichen Fleiß und Frohsinn, seine glücklichen Schranken geraubt habt und es auf die dürren Weiden Eurer nie ersättigten Begierden, Eurer lechzenden Kenntnisse, Eurer Kunstspeculationen und Subtilitäten hinaustreibt? Jemand an Vergnügen gewöhnen, denen er nicht nachgehen kann und darf, ist schon grausam, grausamer, wenn diese Vergnügen falsch sind."[2]

Mit jener Begeisterung, wie sie nur die tiefste Überzeugung verleiht, forderte er in seiner „Kalligone" für die Poesie den ernsten männlichen Gehalt, die sittliche Weihe und Würde zurück:

„Triebe der Wohlanständigkeit und Milde, Regungen der Ehre und Liebe fordert unsere Zeit, wie sie Horaz und Pindar, Terenz und Menander jetzt singen würden. Reizender ist nichts, als die Muse des sittlichen, des häuslichen Umgangs; und was bedarf in unserer Zeit mehr der Erweckung, als der entschlafene Trieb der Ehre? was bedarf einer sittlichen Richtung mehr als der verwilderte Trieb der Liebe? So Manches hat die Poesie, so Manches hat die Kunst zu vergüten, was sie hier Übles gestiftet, und womit sie sich selbst geschadet haben. Ernste Zeiten rufen von Buhlereien zurück; sie fordern eine frische, eine zu Anstrengungen und Entbehrungen gebildete Jugend; und was bildet inniger den Charakter als bei den Vorbildern und Beispielen die Stimme der Muse? Aus euern Gräbern tönet hervor, ihr Gesänge edlerer Gemüther, festerer Nerven, zu Zwecken unserer Zeit mit schärferem Reiz gewürzt und süßerer Anmuth! Die Verkündigerin der Ehre hat durch ihr leidiges Spiel Macht und Glauben verloren; Macht, Glaubwürdigkeit und Ehre kommen der Entweihten wieder!"[3]

---

[1] Haym, Herder. II. 637 ff. 699 ff. 707 ff.
[2] Herders Werke [Hempel]. XIV. 665.   [3] Ebbf. XVIII. 719.

22. Herders und Schillers Tod.

Zürnend aber erhob sich sein ernster Geist gegen das unwürdige Dilettantenspiel, das am Hofe von Weimar mit der Kunst wie mit der Wissenschaft getrieben ward:

„Leben wir denn vergebens hinter allen den großen Offenbarungen, die uns von Herschel's letztem Sternennebel bis zur Pflanze des Meeres, von Galvani's zuckendem Frosch bis zur feinsten Erfahrung der Seelenlehre zu Theil geworden sind, um immer am alten galanten Spielwerk der sieben schönen Künste fortzuklöppeln und uns damit recht amusant zu ennuyiren? Wenn der Pythagoraischen, der Orphischen Schule, wenn einem Empedokles, Parmenides und Lucrez die Wunder der Natur, die wir kennen, bekannt gewesen wären, würden sie mit ihnen gespielt haben? Wodurch unterscheidet sich der Affe vom Menschen? Des Menschen Spiel wie das Spiel der Natur ist sinniger Ernst! Die Äfferei spielt ohne Begriffe und Empfindungen mit Formen wie mit der Kritik, um zu spielen." [1]

Die ernstere Richtung, welche Herder in Literatur und Leben eingeschlagen hatte, führte in seinem letzten Lebensjahre auch noch zum offenen Conflict mit Göthe [2]. Da eine Menge größerer Schauspiele und Opern einen Chor von Statisten erforderte, Göthe aber in seiner Theaterverwaltung nicht nur sparsam, sondern knickerig war, so hatte er einfach eine Anzahl Schüler des Gymnasiums zu Statisten herangezogen, meist arme Leute, die für eine neue Oper acht Groschen, für eine Wiederholung sechs Groschen Vergütung erhielten. Herder, der als Ephorus die Oberleitung des Gymnasiums hatte, sah Jahre lang durch die Finger. Doch der Mißbrauch nahm mit den Jahren einen immer größeren Umfang an. Die Proben vervielfältigten sich. Die jungen Leute versäumten Schule und Studium, verloren alle Zucht und Ordnung, geriethen in alle Unordnungen des Schauspielerlebens hinein [3] und gaben schließlich das Gymnasium dem Gespötte preis. Nach einem an sich komischen Zwischenfall, der den Unfug zum Stadtgespräche machte, schritt Herder endlich ein und verlangte vom Herzog entschiedene Trennung von Schule und Theater, indem er zu bedenken gab, daß „der heilloseste Schritt in ein Kirchen- oder Landschulamt der Weg über das Theater wäre". Der Herzog wies die Sache zum Entscheide an Göthe, welcher zwar jetzt die Proben auf

---

[1] Herders Werke [Hempel]. XVIII. 728. — Vgl. Haym, Herder. II. 765 ff. 772 ff. 804 ff.
[2] „Streit zwischen Herder und Göthe", bei Weber, Zur Geschichte des Weimarischen Theaters. S. 227—247.
[3] „Unter den Schauspielern," sagt Weber, „gab es damals nicht bloß Künstler, sondern auch Komödianten, da das frühere Zigeunerleben derselben noch nicht vorüber war." Zahlreiche Belege bei E. Pasqué, Göthe's Theaterleitung. I. 177 ff.; II. 41 ff. u. s. w.

22. Herders und Schillers Tod.

Stunden ansetzte, die mit den Schulstunden der Gymnasiasten nicht collidirten, aber den Mißbrauch selbst fröhlich weiterwuchern ließ.

„Göthe konnte leicht abhelfen," bemerkt hierzu Weber, „zumal da damals die Theatereinnahmen schon bedeutend waren, wenn er auf Errichtung eines eigenen Chors und einer eigenen Komparserie angetragen hätte. Er war aber zu sparsam in der Verwaltung der Theatermittel, und was besonders in's Gewicht fällt, die tiefen und heilsamen Ansichten von einer tüchtigen Volksbildung wie sie Herder hatte, waren ihm fremd. Herder meinte, auf die Erziehung des Volkes müsse der Staat als auf eine seiner wichtigsten Aufgaben alle Aufmerksamkeit wenden; von unten her müsse die Bildung ihr Fundament erhalten, um das Rechte zu finden und ihm die Herrschaft zu sichern, während Göthe, ohne inneres Bedürfniß, für das Volk als Volk zu wirken, seine eigentliche Wirksamkeit in der Aristokratie der Gesellschaft fand." [1]

Indem Herder der Poesie wieder christlichen Gehalt und sittliche Würde zu geben versuchte, streifte er vielfach katholisches Gebiet, studirte die katholische Liturgie und deren herrliche Hymnen und Gebete, las in den Bollandisten, vertiefte sich in mittelalterliche Chroniken, bearbeitete alte Legenden, übersetzte Balde und verfaßte zuletzt seine schönste Dichtung, den Cid, zwar größtentheils nach einer französischen Vorlage, aber doch völlig im Sinn und Geist der alten spanischen Romanzen.

Tiefer in die Lehren und in den Geist der katholischen Kirche drang er indeß nicht ein; er blieb bei ihren freundlichen poetischen Erscheinungen stehen. Diese konnten ihm für sich natürlich wenig Trost gewähren, als im Spätherbst 1803 die letzte Krankheit über ihn hereinbrach. Der Kurfürst von Bayern hatte ihm noch das Jahr zuvor einen Adelsbrief ertheilt, aber erst im September 1803, und dann noch in verletzender Weise, gewährte ihm der Herzog die Erlaubniß, sein „von" in Weimar führen zu dürfen [2]. Er hatte wenig Genuß und Freude davon.

„Menschen von zartem Gefühl," klagte er, „haben ein Höchstes, wonach sie streben, eine Idee, an welcher sie mit unaussprechlicher Sehnsucht hangen, ein Ideal, auf welches sie mit unwiderstehlichem Triebe wirken; wird ihnen diese Idee genommen, wird dieß schöne Bild vor ihren Augen zertrümmert, so ist das Herzblatt ihrer Pflanze gebrochen, der Rest steht mit unkräftigen, welken Blättern da. Vielleicht gehen mehr Erstorbene dieser Art in unserer Gesellschaft umher, als man glaubt, eben weil sie am meisten ihren Kummer verbergen und das Gift ihres langsamen Todes als ein trauriges Geheimniß ihres Herzens auch ihren Freunden verhehlen."

„Ach," seufzte er auf dem Krankenbett, „wenn mir nur eine neue, große Idee woher käme, die meine Seele durch und durch ergriffe und erfreute, ich würde auf einmal gesund."

---

[1] A. a. O. S. 234. 235. [2] Haym, Herder. II. 798—802.

22. Herders und Schillers Tod.

Die Klage hat etwas unendlich Tragisches. Sein ganzes Leben lang war der hochbegabte Mann nur auf der Suche nach "Ideen" gewesen; jetzt, wo er erschöpft zusammenbrach, war keine seiner tausend "Ideen" im Stande, ihn zu trösten und zu erfreuen. Sein ganzes Leben lang hatte er "Menschlichkeit" als das höchste Ziel der Menschheit gepredigt — nun lag er auf dem Schmerzenslager, und keiner der "edeln Menschen" dieser Blüthe der "Menschheit" kam, um in das Ohr des Leidenden ein freundliches Wort der Liebe und des Trostes zu lispeln. Eine Französin beschäftigte diese biedern Deutschen, damit die französischen Zeitungen doch ja die Weimarische Reclame in aller Welt herumposaunen möchten. Das war Weimarer Humanität!

Am 18. December 1803 Abends wurde Herder von seinen langen Leiden endlich erlöst. Er war erst 59 Jahre alt. Gleim, Klopstock und Kant waren ihm im Frühjahr vorangegangen. Göthe war nicht sonderlich betrübt über seinen Tod, wohl aber verdrießlich, daß Frau v. Staël zu einer ungelegenen Zeit nach Weimar gekommen sei:

"Das ist das Verwünschte in diesen irdischen Dingen, daß unsere Freundin, der zu Liebe ich zu gelegener Zeit (!) dreißig Meilen gern und weiter führe, gerade ankommen muß, wo ich dem liebsten was ich auf der Welt habe, meine Aufmerksamkeit zu entziehen genöthigt bin. Gerade zu einer Zeit, die mir die verdrießlichste im Jahre ist; wo ich recht gut begreife, wie Heinrich III. den Herzog von Guise erschießen ließ, bloß weil es fatales Wetter war, und wo ich Herbern beneide, wo ich höre, daß er begraben wird."

Etwas wurmte ihm Herders Tod doch; denn er fügte bei: "Ich habe nöthiger als jemals, mich durch Freundschaft und guten Willen zu stützen und zu steifen." Und unmittelbar nach Herders Tod wünschte er sich Glück, "daß diese winternächtlichen Kranken- und Todtenbilder durch eine so geistreiche Natur einigermaßen verscheucht und der Glaube an's Leben wieder gestärkt wird"!

Der Besuch der Staël, Diners und Soupers, Hofleben und Theater, Geschäfte und Dilettanterien verfehlten denn auch ihren Zweck nicht. Der "Glaube an's Leben" war bald wieder hergestellt. Als heiteres Pendant zu der Frau v. Staël kam Anfangs Februar 1804 der alte Voß, der grobkörnige Hexameterschmied und Scholaster von Eutin, nach Weimar, um sich mit Göthe über die Anstellung seines Sohnes in Weimarischen Diensten zu berathen. Am 10. erschien dann dieser Voß junior und sah sich seinen neuen Wirkungskreis an. Göthe holte während seines Besuches bei einer Sonntagsgesellschaft die "Luise" des alten Voß hervor, las daraus vor, brach bei der Trauungsscene in Thränen aus, rief: „Eine heilige Stelle!" und gab das Buch seinem Nachbarn. Das brachte eine ungeheure Rührung hervor, obwohl Göthe selbst noch immer nicht getraut war. Die Familie Voß konnte jetzt an seiner Freundschaft nicht mehr zweifeln, und im April trat der junge Voß denn auch sein Amt als Gymnasiallehrer an und entwickelte sich dabei zu einem der vorzüglichsten Lobestrompeter Göthe's. Er fand den beleibten Herrn in Allem göttlich, sogar wenn er in Hemb= ärmeln oder im Schlafrock auf dem Kanapee lag. Alles was Göthe's Reden zu Grunde lag, war „unendlich schön und edel" und „alles, was er sprach, trug das Gepräge davon". Doch ist dem Anbeter in seinen Lobeserhebungen auch dann und wann ein unbedachtes Körnchen Wahr= heit entschlüpft, wie wenn er z. B. sagt:

„Göthe eröffnet mir den wahren Sinn für klassische Literatur immer mehr, obgleich er selbst nur ein sehr dürftiger Philolog ist und kaum den Sophokles im Original lesen kann."[1]

Das Hauptereigniß des Weimarer Theaters war in diesem Jahre die Aufführung von Schillers „Wilhelm Tell" am 17. März. Die politischen Bedenken, die Göthe und Iffland dawider hegten, erfüllten sich nicht. Obwohl die Aufführung 5½ Stunden in Anspruch nahm, war der Beifall ein ungetheilter und allgemeiner. Für die nächsten Auf= führungen wurde es ohne großen Nachtheil etwas gekürzt. Kein anderes Stück Schillers erfreute sich solchen Erfolges. Schon im Juli ward es in Berlin aufgeführt und zwei Auflagen verbreiteten es noch im selben Jahre über ganz Deutschland.

Offenbar ließen Schillers Lorbeeren Göthe nicht ganz rasten. Schon vom Februar an begann er seinen „Götz von Berlichingen" wieder vor= zunehmen, um ihn, wie er sagt, „zu einem Bissen zusammenzukneten, den das deutsche Publikum allenfalls auf einmal herunterschluckt". Er fand aber, „es sei eine böse Operation, wobei man, wie beim Umändern eines alten Hauses, mit kleinen Theilen anfange und am Ende das Ganze mit schweren Kosten umgekehrt habe, ohne deßhalb ein neues Gebäude zu haben."[2] Die Arbeit zog sich bis in den Herbst hinein und lohnte sich wenig. Die Aufführung am 22. September dauerte sechs Stunden und fand nicht den Beifall, den Göthe erwartet hatte. Er theilte das „bezaubernde Ungeheuer" nun in zwei Theile, von denen der eine am

---

[1] Dünzer, Göthe u. Karl August. II. 482. — Vgl. Göthe-Jahrbuch. V. 45 ff.
[2] S. A. Baumgartner, Götz von Berlichingen. Stimmen aus Maria= Laach. XVII. 308 ff.

29. September, der andere am 13. October gegeben wurde. Auch damit war nicht geholfen. „Das Stück blieb immer zu lang," klagte Göthe selbst, „in zwei Theile getheilt, war es unbequem, und der fließende, historische Gang hinderte durchaus ein stationäres Interesse der Scene, wie es auf dem Theater gefordert wird. Indessen war die Arbeit angefangen und vollendet, nicht ohne Zeitverlust und sonstige Unbilden."

Nach den zehnjährigen dramaturgischen Studien, die Göthe mit Schiller zusammen angestellt, und nach den dreißigjährigen dramaturgischen Experimenten, welche er Gelegenheit gehabt, auf der Liebhaberbühne und auf dem Hoftheater selbst vorzunehmen, war es ein Bankerott sonder Gleichen. Ein jeder Andere wäre für eine solche Leistung ausgezischt und ausgepfiffen worden; aber von seinem Gott mußte sich Weimar eine solche amüsante Langeweile schon gefallen lassen, und deutsche Gelehrte waren dankbar genug, den ersten Götz nebst dieser und einer noch späteren Bühnenbearbeitung, Commentaren und Anmerkungen herauszugeben, gleich als ob das mißlungene Stück ein heiliges Buch oder ein classisches Meisterwerk wäre.

In große Nöthen gerieth der ganz ausgetrocknete Dichter, als der November heranrückte und mit ihm die Ankunft des Erbprinzen und seiner neuvermählten Gemahlin, der Großfürstin Maria Paulowna, der Tochter Pauls I. Es war das größte Ereigniß, das Weimar seit 1775 erlebt hatte. Die herzogliche Familie, durch Anna Amalie mit dem preußischen Hofe verwandt, trat dadurch nun auch in den Sonnenglanz des russischen Kaiserhofes. Schon Anfangs September ward der Herzog mit drei ganz von Juwelen strahlenden Orden geziert, die Herzogin strahlte nicht weniger, und Göthe, Voigt und Schmidt wurden von dem glücklichen Herzog zu „Wirklichen Geheimen Räthen mit dem Titel Excellenz" ernannt[1]. Doch das neue Prädicat half dem Dichter nicht zu Ideen.

„Etliche Tage vor dem Einzug der Princessin," schreibt Schiller an Körner[2], „wurde Göthe Angst, daß er allein sich auf nichts versehen habe — und die ganze Welt erwartete etwas von uns. In dieser Noth setzte man mir zu, noch etwas Dramatisches zu erfinden, und da Göthe seine Erfindungskraft umsonst anstrengte, so mußte ich endlich mit der meinigen noch aushelfen."

In vier Tagen — vom 4. bis 8. November — schrieb er das herrliche Festspiel „Die Huldigung der Künste", das seinem Zweck vollkommen entsprach und auch bei der Mutter der Neuvermählten, der

---

[1] Böttiger, Literarische Zustände und Zeitgenossen. II. 241. 242. — Dünzer, Göthe und Karl August. II. 488.

[2] Göbele, Schillers Briefwechsel mit Körner. II. 474. 475.

Czarin Maria Feodorowna in St. Petersburg, die freundlichste Aufnahme fand[1]. Mit der Musik und mit der Oper in Weimar war dagegen die musikliebende Großfürstin-Erbprinzessin nicht zufrieden.

Für den Geburtstag der Herzogin am 30. Januar 1805 übersetzte Schiller zu großer Genugthuung des Herzogs die „Phädra" des Racine. Es war eine Artigkeit, die er dem Mäcenas zu schulden glaubte; für sich war er mit anderen Projecten beschäftigt, besonders mit jenem des „Demetrius". Göthe übersetzte unterdessen einen ungedruckten Dialog Diderots: „Der Neffe des Rameau", in's Deutsche und schrieb Anmerkungen dazu[2]. Die Handschrift war wahrscheinlich eine Copie, welche der Kaiserin Katharine von Rußland gehört hatte und durch Vermittelung des gothaischen oder preußischen Hofes nach Weimar gelangt war. Göthe hegte für Diderot eine unbegrenzte Verehrung; noch ein Jahr vor seinem Tode schrieb er an Zelter[3]:

„Diderot ist Diderot, ein einzig Individuum; wer an seinen Sachen mäkelt, ist ein Philister, und deren sind Legionen. Wissen doch die Menschen weder von Gott noch von der Natur noch von Ihresgleichen dankbar zu empfangen, was unschätzbar ist."

Auch auf ihrem Höhepunkt ist also die deutsche classische Nationalliteratur wieder bei ihrem Ausgangspunkt, den französischen Encyklopädisten, angelangt — oder, besser gesagt, sie ist nie ganz davon abgekommen.

Ein gewisses biographisches und literaturhistorisches Interesse hat die Übersetzung indessen nicht nur dadurch, daß Göthe sich dabei als Verehrer und Nachtreter Diderots kundgibt, sondern auch in einer seiner Anmerkungen, deutlicher und unumwundener als irgendwo sonst, sich von jeder ästhetischen und sittlichen Kritik unabhängig erklärt. Er läugnet dem Publikum geradezu jede Fähigkeit ab, ein Talent zu beurtheilen:

„Das Publikum, im Ganzen genommen, ist nicht fähig, irgend ein Talent zu beurtheilen; denn die Grundsätze, wonach es geschehen kann, werden nicht mit uns geboren, der Zufall überliefert sie nicht; durch Übung und Studium allein können wir dazu gelangen."

Er spricht dem Publikum ebenso jede Berechtigung ab, besonders Begabte vor den allgemeinen Richterstuhl der Sittlichkeit zu ziehen:

---

[1] Schillers Werke [Hempel]. VI. 139—154.
[2] Göthe's Werke [Hempel]. XXXI. 19—102. Anmerkungen dazu 107—143. Nachträgliches 147—157. — Vgl. dazu Göthe-Jahrbuch III. 311—317.
[3] Riemer, Briefwechsel zwischen Göthe und Zelter. VI. 161. S. ebdf. S. 166 den treffenden Vergleich Zelters, daß Diderot das Anstößige „wie Speck um die Pille" wickle. — Vgl. Bratranek, Göthe-Humboldt Briefwechsel. S. 59—62.

„Niemand," sagt er, „gehört als sittlicher Mensch der Welt an. Diese schönen, allgemeinen Forderungen mache Jeder an sich selbst; was daran fehlt, berichtige er mit Gott und seinem Herzen, und von dem, was in ihm wahr und gut ist, überzeuge er seinen Nächsten."

Unfähig, begabtere Schriftsteller von Seiten der Kunst zu beurtheilen, unberechtigt, irgend welche sittliche Forderungen an sie zu stellen, soll das Publikum in blinder Unterwerfung und bemüthigem Gehorsam sich unbedingt und kritiklos einfach Alles bieten lassen, was sie ihm zu bieten belieben.

„Alles Vorzügliche kann nur für einen unendlichen Kreis arbeiten, und das nehme denn auch die Welt mit Dank an und bilde sich nicht ein, daß sie befugt sei, in irgend einem andern Sinne zu Gericht zu sitzen!"[1]

Und was ist es denn, das die Welt dießmal in stummer Dankbarkeit aus den Händen des „Vorzüglichen", des Unabhängigen und Unkritisirbaren wie aus den Händen eines Gottes entgegennehmen soll?

Der Dialog ist eine im Stile der leichtfertigsten Causerie geschriebene Schilderung des Pariser Lebens im 18. Jahrhundert. Musiktheorie, Literaturnotizen, seichtes Pflastertreter- und Weibergeschwätz, Encyklopädistenmoral, lieberliche Witze und Pikanterien, Spott auf Religion, auf Sitte, auf alles ernstere Streben quirlen darin wie in einem orgiastischen Feuerwerk durcheinander. Inhalt und Form haben das echte Colorit jenes verkommenen Literaten- und Künstlergesindels, das unter dem Titel von Bildung seine Schlechtigkeit von den niedersten Schichten in die Aristokratie, und von dieser wieder hinab in die Massen trug. Als ob ein solches Stück Skandalliteratur eine ehrwürdige Kostbarkeit, ein Schatz von Geist und Wissen wäre, begnügte sich Göthe nicht mit einer Übersetzung, er begleitete es noch mit ganz ernst und feierlich gehaltenen literarhistorischen Anmerkungen. Die Übersetzung ist nicht einmal fehlerfrei[2]. Abbé übersetzt er mit

---

[1] Göthe's Werke [Hempel]. XXXI. 189.

[2] „Einem Manne wie Gentz sogar schien diese ganze Arbeit, Übersetzung und Noten, das Werk eines gesunkenen Autors und Göthe's ganz unwürdig. Auch wir gestehen," fügt Gervinus bei, „daß wir, was dieses Kunstwerk etwa von Menschenkenntniß bietet, lieber in Tribunal- und Tollhausacten suchten, und daß wir für eine noch so treffliche Form, die an solche Gegenstände verschwendet wird, keinen Sinn haben. Und auch Göthe's Anmerkungen sind von dem bösen Geiste wie angesteckt, und zwar gerade da, wo sie sich um Kunst und Geschmack drehen." — Gervinus, Geschichte der deutschen Dichtung. V. 704. Vgl. das Urtheil Rehbergs (Göthe-Jahrbuch VI. 351), der nicht begreifen konnte, „wie Göthe seine Kraft an eine Übersetzung von Rameau's Neffen verschwenden mochte".

22. Herders und Schillers Tod.

„Abt", plats, parasites mit „platte Schmarotzer", molécule mit „Erbfaser", tandis que mit „indessen daß", aliénation d'esprit mit „Entfremdung des Geistes", épicycle mit „Planetenbahn" u. s. w.[1] Aber Göthe hat die Übersetzung gemacht, Schiller hat sie durchgesehen — also ist sie classisch. Zu den Anmerkungen sind Glossen, zu den Glossen neue Anmerkungen abgefaßt worden, und man ist nicht deutsch gesinnt, wenn man diese Pariser Boulevard-Weisheit nicht kindlich anbetet!

Es beschleicht Einen fast Wehmuth, wenn man liest, wie Schiller in seinen letzten Tagen, schon den Tod in der Brust, noch ein solches Manuscript durchmustern mußte. Es war seine letzte kritische Thätigkeit, sein Abschied von der „deutschen" classischen Literatur. Er machte zu Göthe's Beigaben übrigens zwei treffende Bemerkungen, welche zeigen, daß er sich von dem lächerlichen Franzosenthum seines Freundes durchaus nicht bestechen ließ:

„Sie haben zwar, indem Sie Voltaire die Tiefe absprechen, auf einen Hauptmangel desselben hingedeutet, aber ich wünschte doch, daß das, was man Gemüth nennt und was ihm sowie im Ganzen allen Franzosen so sehr fehlt, auch wäre ausgesprochen worden. Gemüth und Herz haben Sie in der Reihe nicht mit aufgeführt, freilich sind sie theilweise schon unter andern Prädicaten enthalten, aber doch nicht in dem vollen Sinn, als man damit verbindet.

„Schließlich gebe ich Ihnen zu bedenken, ob Ludwig XIV., der doch im Grund ein sehr weicher Charakter war, der nie als Held durch seine Persönlichkeit viel im Kriege geleistet, und dessen stolze Repräsentations-Regierung, wenn man billig sein will, zunächst das Werk von zwei sehr thätigen Ministerialregierungen war, die ihm vorhergingen und ihm das Feld rein machten, ob Ludwig XIV. mehr als Heinrich IV. den französischen Königscharakter darstellt. Dieser heteros logos fiel mir beim Lesen ein, und ich wollte ihn nicht vorenthalten."[2]

Das waren Schillers letzte Zeilen an Göthe. Sie haben etwas Tragisches. Daß er sterbend dem größten „deutschen" Dichter sagen mußte, daß Voltaire kein Gemüth habe und daß Ludwig XIV. kein Königsideal sei! Mit zitternder Hand riß er gleichsam noch die fremden Idole zusammen, welche Göthe in der deutschen Literatur von Neuem aufzurichten versuchte.

Göthe befolgte den Rath nicht. Er blieb bei seiner Marotte:

---

[1] Eine ganze Menge von Auslassungen, allzufreien Übersetzungen, Mißverständnissen, falschen Wendungen und offenbaren Fehlern hat L. Geiger zusammengestellt. Göthe-Jahrbuch. III. 334—338. Ein Lohnübersetzer könnte stellenweise kaum eine nachlässigere Übersetzung liefern.

[2] Schiller-Göthe Briefwechsel. II. 383.

22. Herders und Schillers Tod.

„So entstand in Ludwig XIV. ein französischer König im höchsten Sinn, und ebenso in Voltaire der höchste unter den Franzosen denkbare, der Nation gemäßeste Schriftsteller." Nachdem er dann bemerkt, daß die Franzosen, wo nicht größere, doch mannigfaltigere Forderungen an einen „geistvollen Mann" stellen, als andere Nationen, zählt er folgenden Maßstab auf:

„Tiefe, Genie, Anschauung, Erhabenheit, Naturell, Talent, Verdienst, Adel, Geist, schöner Geist, guter Geist, Gefühl, Sensibilität, Geschmack, guter Geschmack, Verstand, Richtigkeit, Schickliches, Ton, guter Ton, Hofton, Mannichfaltigkeit, Fülle, Reichthum, Fruchtbarkeit, Wärme, Magie, Anmuth, Grazie, Gefälligkeit, Leichtigkeit, Lebhaftigkeit, Feinheit, Brillantes, Saillantes, Petillantes, Pikantes, Delicates, Ingenioses, Stil, Versification, Harmonie, Reinheit, Korrektion, Eleganz, Vollendung.

„Von allen diesen Eigenschaften und Geistesäußerungen kann man vielleicht Voltairen nur die erste und die letzte, die Tiefe in der Anlage und die Vollendung in der Ausführung streitig machen. Alles, was übrigens von Fähigkeiten und Fertigkeiten auf eine glänzende Weise die Breite der Welt ausfüllt, hat er besessen und dadurch seinen Ruhm über die Erde ausgedehnt."[1]

Vom Gemüth schwieg er, auch von der Wahrheit, der Wahrheitsliebe, dem Charakter, dem Edelsinn und allen jenen Eigenschaften, ohne welche ein „geistvoller Mann" eine glänzende Niete ist[2].

Das war das Ende der zehnjährigen Freundschaft mit Schiller, das Schlußergebniß der zehnjährigen Rodomontaden über classische Kunst und Poesie, das die Schlußantwort auf die herrlichen Dramen, die Schiller

---

[1] Göthe's Werke [Hempel]. XXXI. 142. 143.
[2] Man vergleiche zu Göthe's Liste die Bemerkungen Wielands: „Voltaire's Schriften wimmeln von Anekdoten, die keinen andern Gewährsmann haben, als ihn selbst, und von Urtheilen, die keinen andern Grund haben, als seine Einbildung oder seine Laune. Alle Augenblicke gibt er uns witzige Einfälle für Gründe, Sophismen für Vernunftschlüsse, Orakelsprüche für Beweise. Eine glückliche Gabe, Alles zu sagen, was er will, hat es ihm leicht gemacht, seine Leser zu überreden, wovon er will.... Gestehen wir, daß er uns diese Vortheile theuer bezahlen gemacht hat! Die irrigen Sätze, von denen seine Schriften strotzen; die gefährliche Gabe, durch die Magie seiner Farben und die künstliche Vertheilung des Lichts und Schattens in seinen Gemälden die wahre Gestalt der Gegenstände zu verfälschen; der verwegene Gebrauch, den er schon so lange und mit einer so hartnäckigen Beharrlichkeit von dieser Gabe macht; der Muthwille, womit er Beifall oder Verdammung ausspricht; die Zuversichtlichkeit, womit er Gegenstände einer mühsamen und langwierigen Untersuchung durch einen einzigen flüchtigen Blick hinlänglich ergründet zu haben glaubt; seine Fertigkeit, Bücher zu citiren, die er nie gelesen, und Meinungen zu widerlegen, die er nie verstanden hat, und zwanzig andere Untugenden dieser Art machen ihn zu einem verführerischen Schriftsteller für den großen Haufen, von welchem die Meisten nur zum Zeitvertreibe lesen, die Wenigsten hingegen Muße, Geduld, Verstand oder Wissenschaft genug haben, zu prüfen, was sie lesen." Werke [Hempel]. XXXVI. 125. 126. — Vgl. Strauß, Voltaire. S. 236.

in den letzten Jahren hervorgezaubert: Rückkehr zur alten Pariser Rococo=
wirthschaft, zu Diderot und Voltaire, zur literarischen Charlatanerie der
Encyklopädisten! Erhebung Voltaire's zum höchsten Ideal der Literatur!
Schillers Brief ist vom 25. April oder einem der nächsten Tage.
Am 29. sahen sie sich zum letzten Mal. Schiller wollte eben in's Theater,
als Göthe in's Zimmer trat. Sie schieden vor Schillers Hausthüre,
da Göthe, kränkelnd, nicht mit in's Theater zu gehen wagte. Schiller
kehrte mit starkem Fieberfrost aus der Vorstellung nach Hause; am 1. Mai
gestaltete sich der erste Anfall zur ernstlichen Krankheit. Alle Geschäfte
mußten vorläufig aufgegeben werden. Vom 6. an begann er viel zu
phantasiren und nahm sichtlich ab. Wiederholt rief er Gott an, ihn vor
einem langsamen Hinsterben zu bewahren. Am 9. früh trat Besinnungs=
losigkeit ein, im Lauf des Nachmittags kam er noch einmal zu sich, erkannte
seine Frau und küßte sie. Es war sein Abschied vom Leben. Als er
nach heftigen Krampfanfällen ruhig einschlummerte, hofften seine Frau
und Schwägerin schon auf eine Wendung zum Bessern; doch nach Kurzem
zuckte er zusammen und starb. Es war gegen 6 Uhr [1].

Göthe, selbst krank und an's Zimmer gefesselt, sah ihn nicht wieder.
Heinrich Meyer war eben bei Göthe, als die Todesbotschaft gebracht
wurde. Christiane rief Meyer heraus, der aber so erschüttert wurde,
daß er davoneilte, ohne sich bei Göthe zu verabschieden. Dieser sagte
zu Christiane: „Ich merke wohl, Schiller muß sehr krank sein." Sie
suchte es ihm auszureden. Als Göthe aber am andern Morgen die Frage
wiederholte und sie laut zu schluchzen anfing, dämmerte ihm die Wahr=
heit. „Er ist todt?" fragte er bestimmt. Sie wagte es nicht zu
läugnen, und nun gab sich auch Göthe weinend seinem Schmerze hin [2].

Zum Begräbniß konnte er nicht gehen, weil er krank war. Seltsam
ist es indeß, daß er für dasselbe nicht wenigstens durch Andere Sorge
trug. Denn Schiller wurde in der armseligsten Weise bestattet. In der
ersten Stunde des 12. Mai, etwas nach Mitternacht, holte die Schneider=
zunft, an der gerade die Reihe war, den Sarg im Hause ab. Vom
Hofe, von den Behörden war Niemand da. Ein Zufall war es, daß
am Nachmittag des 11. ein junger Jurist, Karl Lebrecht Schwabe, eben
von einer Geschäftsreise zurückkehrend, von Schillers Tod hörte und
wenigstens ein paar Freunde des Verstorbenen, darunter Heinrich Voß,
Hofrath Helbig und Maler Jagemann, einlud. Zwanzig Mann im Ganzen

---

[1] Charlotte von Schiller. I. 351 ff. — Viehoff, Schillers Leben.
III. 254 ff.   [2] Dünzer, Göthe und Karl August. II. 510.

geleiteten den Sarg zum Jakobskirchhof, wo derselbe zu zehn andern Särgen in ein großes Gewölbe hinabgelassen wurde, ohne Sang und Klang, ohne Ceremonien und Gebete. Am andern Tage wurde dann in der Jakobskirche eine Grabrede und Collecte gehalten und Mozarts Requiem aufgeführt [1].

Die seltsame Bestattung wird damit entschuldigt, daß dieß alter lokaler Brauch in Weimar gewesen sei, ja sogar, zufolge einer Begräbniß= ordnung von 1736, ein besonderes Vorrecht „der Minister, wirklichen Räthe und Cavaliers, ingleichen derer von Adel in den Städten und auf dem Lande" [2].

Den Plan, Schillers „Demetrius" zu vollenden, gab Göthe bald auf. In zerstreuenden Geschäften aller Art legte sich allmählich die tiefe Erschütterung, welche Schillers Tod in ihm hervorgerufen hatte. Am 10. August fand auf dem Theater zu Lauchstädt auch eine theatralische Todtenfeier statt. Schillers „Glocke" wurde dramatisch aufgeführt mit einem von Göthe gedichteten Epilog. Ungemein wahr hat Göthe in einer Strophe desselben Schillers triumphirendem Idealismus Gerechtigkeit wider= fahren lassen:

"Denn er war unser! Mag das stolze Wort
Den lauten Schmerz gewaltig übertönen!
Er mochte sich bei uns im sichern Port
Nach wildem Sturm zum Dauernden gewöhnen.
Indessen schritt sein Geist gewaltig fort
In's Ewige des Wahren, Guten, Schönen,
Und hinter ihm im wesenlosen Scheine
Lag, was uns alle bändigt, das Gemeine." [3]

Schillers Gegensatz zu der in Weimar vorherrschenden Richtung wurde zwar auch noch in einer weiteren Strophe bezeichnet; aber durch den Gedanken: „Er war unser!" freundlich ausgeglichen. Es war ein feiner Staatsstreich. Schiller war damit an den Triumphwagen seines einstigen Rivalen für immer festgebannt.

---

[1] J. Schwabe, Schillers Beerdigung und die Aufsuchung und Beisetzung seiner Gebeine. Nach Aktenstücken u. f. w. Leipzig 1852. — Palleske, Schillers Leben. II. Anhang. 605—607. [2] Viehoff, Schiller. III. 239.
[3] Von Schiller sagt Peter Cornelius, „der größte Genius unserer neu= deutschen Kunst": „War doch eine bessere, idealere Natur als sein Freund (Göthe): der war ein geistreicher Lebemann. Göthe hatte ganz recht, als er beim Begräbniß Schillers auch von sich sagte: „Und hinter ihm, im wesenlosen Scheine, Lag, was uns alle bändigt, das Gemeine." Lützow, Zeitschrift für bildende Kunst. III. 3.

23. Göthe's Hochzeit.
1806.

„Die Schiller hat wenig verloren, Göthe gar nichts; er hat den Augerau bei sich gehabt, und während der Plünderung hat er sich mit seiner Mätresse öffentlich in der Kirche trauen lassen, und war dieß die letzte kirchliche Handlung; denn all unsere Kirchen sind nun Lazarethe und Magazine."
Charlotte v. Stein an ihren Sohn Fritz.

„Ich wünsche mir eine hübsche Frau,
Die nicht Alles nähme gar zu genau,
Doch aber zugleich am besten verstände,
Wie ich mich selbst am besten befände."
Göthe, Zahme Xenien.

Wie Schiller vorausgeahnt, sollte Göthe schließlich doch noch heirathen. Es war keine fröhliche Hochzeit. Herder und Schiller waren schon zu Grabe gestiegen; Fritsch und Schmidt, die alten Geheimräthe, ebenfalls. Corona Schröter, die Blume der Genieperiode, war todt. Charlotte von Stein führte als Wittwe ihr Hündchen, den kleinen Lolo, spazieren[1]. Herzogin Anna Amalia und Wieland waren greise Überreste einer entschwundenen Zeit. Mit dem Erbprinzen und seiner Großfürstin war schon eine neue Generation in die Nähe des fürstlichen Thrones getreten. Göthe selbst, der Bräutigam, stand im 58. Jahre, Christiane Vulpius, die Braut, im 42. Zur Vorfeier der Hochzeit bonnerten die Kanonen der Franzosen von Jena herüber und verkündigten Deutschlands tiefste Erniedrigung.

Was zwischen Schillers Tod (9. Mai 1805) und Göthe's Hochzeit (19. October 1806) liegt, ist bald erzählt, wenn man ihn nicht als einen Gott auffaßt, dessen gewöhnlichste Lebensregung schon für die ganze Welt von entscheidender Bedeutung war.

An Dichtung kam nichts Nennenswerthes zu Stande. Aus der Bühnenbearbeitung des mißglückten „Götz" wurden in der „Zeitung für

---

[1] Als Lolo (auch Loulou) im Herbst 1807 crepirte, ließ sie ihm ein Grabsteinchen machen mit der Inschrift: Have anima, „wie es die Alten auf die Gräber eines geliebten Thiers zu setzen pflegten, und heißt: Ruhe wohl, Seelchen." Charlotte von Schiller. II. 352.

„die elegante Welt" ein paar Bruchstücke, sowie ein „Bericht über die Aufführung desselben auf dem Weimarischen Hoftheater" mitgetheilt, der Epilog zu Schillers „Glocke" im „Taschenbuch für Damen" gedruckt. Bei Göschen erschien „Rameau's Neffe" von Diderot, bei Cotta eine Schrift mit dem Titel „Winckelmann und sein Jahrhundert. In Briefen und Aufsätzen herausgegeben von Göthe"[1].

Den Grundstock der letzteren Schrift bildeten 27 Briefe Winckelmanns an seinen Freund Berendis, welche durch die Herzogin Anna Amalia in Göthe's Hand gekommen waren. Göthe schrieb dazu eine Widmung, eine Vorrede, dann ein allgemeines Vorwort zu dem „Entwurf einer Geschichte der Kunst des 18. Jahrhunderts" nebst einer kurzen Biographie von Berendis, eine „Schilderung Winckelmanns" und endlich noch „Skizzen zu einer Schilderung Winckelmanns" nach der allgemein menschlichen Seite hin. Meyer mußte dann den „eingeleiteten" Entwurf einer Kunstgeschichte des 18. Jahrhunderts und Skizzen über Winckelmanns künstlerische Entwicklung liefern, während der Philologe F. A. Wolf in Halle die Artigkeit hatte, einige Skizzen über Winckelmanns wissenschaftliche Entwicklung hinzuzufügen[2].

Die aus so verschiedenen Bruchstücken zusammengewürfelte Sammelschrift der sogen. „Weimarer Kunstfreunde" hatte den Zweck, Göthe's antikisirende Kunstrichtung gegen die durch die Romantik angeregten christ-

---

[1] S. L. Hirzel, Verzeichniß einer Göthe-Bibliothek. 1884. S. 59—62.
[2] Göthe's Werke [Hempel]. XXVIII. 183—229. Höchst merkwürdig ist, daß Herder schon 28 Jahre zuvor, als Göthe noch die lustige Person der Liebhaberbühne von Weimar war, die Bedeutung Winckelmanns weit tiefer und umfassender dargelegt hatte, als Göthe in diesen Einleitungen und Skizzen. Seine Schrift „Denkmal Johann Winckelmanns" wurde 1778 auf ein das Jahr zuvor ergangenes Preisausschreiben der Alterthumsgesellschaft in Kassel dem Ausschuß dieser Gesellschaft eingereicht, aber weil deutsch, nicht französisch geschrieben, ungekrönt bei Seite gelegt und erst ein Jahrhundert später durch Dr. A. Duncker (Kassel, Kay, 1882) veröffentlicht. Sie erläutert trefflich die ungeheure Aufgabe, die Winckelmann sich gestellt, die Vorzüge dessen, was er geleistet, aber auch den verhängnißvollen Mißgriff, den er begangen, die griechische Kunst nicht genugsam als ein Glied der allgemeinen Kunstgeschichte überhaupt, mit gerechter Würdigung der früheren und späteren Kunstentwicklung aufzufassen, woraus sich dann eine maßlose Überschätzung der griechischen Kunst und andere Fehlgriffe nothwendig ergaben. S. Lützow, Zeitschrift für bildende Kunst. 1882. Beiblatt Nr. 0 u. 8. Winckelmann ist „der Begründer der modernen Kunstwissenschaft" (F. X. Kraus, Tabellen zur Kunstgesch. Freib. 1880. S. 235), aber auch ihrer einseitigen Richtung zum Hellenismus. — Vgl. M. Carrière, Die Kunst u. s. w. V. 203 ff. — Lemcke, Ästhetik. 1879. S. 21.

lichen und deutschen Kunstanschauungen festzuhalten und zu vertheidigen. Denn seine Richtung hatte bereits einen harten Stoß erlitten. Nach sieben Kunstausstellungen in Weimar war sie beim Publikum noch immer nicht zu Gunst und Einfluß gelangt. „Die Romantik hatte gesiegt; der Alte zog sich grollend in seine Zelle zurück." [1] Göthe sah sich genöthigt, weitere Ausstellungen aufzugeben, beschloß aber mit seinen wenigen Getreuen, den einmal eingeschlagenen Weg „recht still, aber auch recht eigensinnig zu verfolgen". Den eigentlichen Kern seiner Richtung hat er trefflich selbst gekennzeichnet, indem er Meyer bemerkte: „Wir stehen gegen die neuere Kunst wie Julian gegen das Christenthum." [2]

Dabei hatten sie aber das Unglück, weder die alte Kunst, noch die Renaissance gründlich zu kennen, Künstler der Spätzeit gegen eigentlich classische Meister weit zu erheben und einen Mengs sogar neben, ja fast über Raphael zu stellen. Meyers „Entwurf" ist durch die neuere Kunstgeschichte längst überholt, wenn er auch im Allgemeinen mehr Wissen und Urtheil bewährt als Göthe [3].

Die Charakteristik, welche Göthe von Winckelmann gibt, ist, zum großen Schaden der objectiven Wahrheit und Lebendigkeit [4], nicht in einfachem, klarem Erzählungsstil gehalten, sondern in hochtrabendem, akademischem Pathos, wie die Leichenrede auf einen entschlummerten Professor. Ganz ausgeführt ist dieselbe nicht. Man hat noch die Schablonen vor sich, nach denen Göthe sie ordnete: „Eintritt. — Antikes. — Heidnisches. — Freundschaft. — Schönheit. — Katholicismus. — Gewahrwerden griechischer Kunst. — Rom. — Mengs" u. s. w. Die spärlichen Thatsachen und concreten Züge der Wirklichkeit sind durchspickt von allgemeinen Betrachtungen, ästhetischen Weisheitssprüchen, Selbstbekenntnissen, mit der sichtbarlich durchblickenden Überzeugung, daß der große Todte durch seinen Lobredner wenn nicht überholt, so doch ersetzt ist. Um sich mit Winckel-

---

[1] L. von Urlichs, Göthe und die Antike. Göthe-Jahrbuch. III. 20.

[2] Alph. Dürr, Johann Heinrich Meyer in seinen Beziehungen zu Göthe (v. Lützow's Zeitschrift für bildende Kunst. 1885. S. 64 ff.).

[3] Dieser schwor nicht höher, als auf seinen Meyer. Er fand in ihm „eine Kunsteinsicht von ganzen Jahrtausenden" (Gespräche mit Eckermann. I. 149) und nannte seine Kunstgeschichte „ein ewiges Werk" (ebdf. I. 235); Peter Cornelius dagegen nannte Meyer einfach einen „Schwätzer".

[4] Von den 1781 veröffentlichten Briefen Winckelmanns an „einen seiner vertrautesten Freunde", sagte Göthe: „So sind, um nur einiger größerer Sammlungen Winckelmann'scher Briefe zu gedenken, die an Stosch geschriebenen für uns herrliche Dokumente ... wenn sie ganz und unverstümmelt hätten gedruckt werden können." Göthe's Werke [Hempel]. XXVIII. 194.

mann bis zu einem gewissen Grade identificiren zu können, macht Göthe einen vollständigen Heiden aus ihm — und, da es nicht anders geht, auch — einen Heuchler [1].

Das Musterbild eines Convertiten war Winckelmann gewiß nicht. Was ihn auf den Weg nach Rom führte, war seine grenzenlose Begeisterung für die antike Kunst. Zwei Monate nach seiner Conversion klagt er in einem Briefe, daß er sein Ziel, das Studium der römischen Kunstschätze, nicht erreichen könne, „ohne einige Zeit ein Heuchler zu werden" [2]. Zahlreiche Briefe bezeugen den verworrenen Seelenzustand, in welchem er zur Kirche zurücktrat und vielleicht Jahre lang blieb. Er schwärmte wie vorher für die Antike. Aber er erfüllte doch immerhin die dringendsten äußeren Obliegenheiten eines Katholiken. Das katholische Rom, mit seinem Papst, seinen Cardinälen, seinen Prälaten ward ihm allmählich eine zweite Heimath. Er fand da, was er suchte: „Köpfe von unendlichem Talent, Menschen von hohen Gaben, Schönheiten von dem hohen Charakter, wie sie die Griechen gebildet haben, Leute von Wahrheit, Redlichkeit und Großheit, eine Freiheit, gegen welche die in anderen Staaten und Republiken nur ein Schatten ist" [3], und endlich sein Glück: „In mir selbst bin ich glücklich und zufrieden, welchen Zustand ich mit keinem Menschen vertauschen wollte." [4] Als ein gewaltsamer Tod unerwartet seinem Leben ein Ende machte und den Heuchler entlarven mußte, wenn er einer war, empfing er mit voller Andacht die heiligen Sacramente, verzieh seinem Mörder, stiftete 20 Zechinen für ein Armenhaus und 10 Scudi, um für seine Seelenruhe Messen lesen zu lassen [5]. Er starb als gläubiger Katholik, und das macht den Rückschluß möglich, daß seine Liebe zum altheidnischen Rom schon vorher eine fromme Verehrung für das christliche Rom herbeigeführt hatte. Er war kein Heuchler, wie Göthe ihn sich dachte.

Auch ein „Kunstheide" im Sinne Göthe's war Winckelmann nicht. Er war kein Genußmensch, kein Erotiker, kein Schwärmer für Properz und Ovid, er war ein unendlich fleißiger, strebsamer Gelehrter, der seine Thätigkeit mit unermüdlichem Ernst auf ein großes Ziel gerichtet hielt. „Das antiquarische Studium galt für die edelste, von den Gelehrten und Gebildeten Italiens in jedem Stande mit einer Art patriotischer Leiden-

---

[1] Göthe's Werke [Hempel]. XXVIII. 204—206.
[2] Bischof Räß, Die Convertiten seit der Reformation. Freiburg 1871. X. 182.
[3] Ebdf. S. 188.   [4] Ebdf. S. 199.   [5] Ebdf. S. 213.

schaft getriebene Beschäftigung." [1] Das war seine Leidenschaft, sein Studium und zugleich seine Erholung. Er brachte aus dem Norden reiche philologische Kenntnisse und die Lust mit, über das gesammelte Detail zu philosophiren; aber gegen Kirche und Christenthum war sein Studium nicht im mindesten gerichtet. Papst Benedict XIV. ließ sich aus seinen Monumenti inediti vorlesen, und Cardinal Albani blieb sein Freund auf Lebenszeit. Das päpstliche Rom war nie der Feind antiker Kunst und Bildung, soweit dieselbe der christlichen Gesittung wirklich dienen konnte, nur jener heidnischen Lebensanschauungen, welche in Rom und Griechenland selbst den Verfall der Kunst herbeigeführt haben. Als Freund und Genosse hochkirchlicher Kreise hat Winckelmann die alte Kunst weit eingehender und umfassender kennen gelernt, als Göthe es je erreichte; er ist, was dieser nur zu werden wünschte, wirklich geworden: der Begründer der neueren Kunstwissenschaft und Kunstgeschichte, soweit sie das classische Alterthum betrifft.

Göthe hat deßhalb nicht bloß der Kirche, sondern auch Winckelmann Unrecht angethan, indem er ihn zu seinem eigenen Vorläufer, zum Propheten einer Richtung zu stempeln versuchte, welche die alte Kunst an die Stelle der christlichen Religion setzte, indem er Convertiten mit „Renegaten" und „geschiedenen Frauen" wegen ihres interessanten „Wildpretgeschmacks" spöttisch auf Eine Linie stellte [2], und indem er endlich das Verdienst um die Wiederbelebung des antiken Kunstverständnisses von Winckelmann und seinen römischen Gönnern auf die „Weimarischen Kunstfreunde", von Rom auf Weimar übertrug [3].

Neben „Rameau's Neffe" und „Winckelmann" veröffentlichte Göthe in den Jahren 1805 und 1806 nichts Neues als einige Recensionen in der „Jenaischen Allgemeinen Literaturzeitung". Vier Bände seiner „Werke", die nunmehr bei Cotta erschienen, riefen seine früheren productiven Jahre zurück, während der Dichter selbst an seiner Farbenlehre redigirte, an Polygnots Gemälden herumkramte, neben ein paar werthvollen Schriften auch herzlich unbedeutende recensirte und als galanter Patron und Gönner die schriftstellernden Damen einlud, sich ihre Romane von ihm corrigiren zu lassen:

---

[1] Rob. Zimmermann, Winckelmann, in Lützow's Zeitschrift für bildende Kunst. VIII. 148. [2] Göthe's Werke [Hempel]. XXVIII. 205.
[3] Knebel gratulirte zu der Veröffentlichung der Briefe; sie sei sehr zeitgemäß, um „nämlich die Albernheit des Katholicismus eben nicht durch Winckelmanns Überzeugung zu beschönen". Guhrauer. I. 265. Die Albernheit stak anderswo.

23. Göthe's Hochzeit.

„Sollten denn aber geistreiche und talentvolle Frauen nicht auch geist- und talentvolle Freunde erwerben können, denen sie ihre Manuscripte vorlegten, damit alle Unweiblichkeiten ausgelöscht würden und nichts in einem solchen Werke zurückbliebe, was dem natürlichen Gefühl, dem liebevollen Wesen, den romantischen, herzerhebenden Ansichten, der anmuthvollen Darstellung und allem dem Guten, was weibliche Schriften so reichlich besitzen, sich als ein lästiges Gegengewicht anhängen dürfte!"[1]

Hatte sich doch eine dieser Damen erkühnt, gegen Naturphilosophie und gegen den „Wilhelm Meister" zu schreiben, die andere aber ältere Dichter: Uz, Hagedorn, Kleist, Matthisson und Hölty, mit gar zu viel Enthusiasmus genannt[2]. Das konnte Göthe niemals leiden. „Des Knaben Wunderhorn" dagegen empfahl er mit größter Wärme, charakterisirte jedes Gedicht in ein paar Zeilen, weil er glaubte, daß das „wohl einige Sensation" machen werde, lehnte jede eigentliche Kritik ab, stellte sogar die Competenz einer Kritik in Frage, glaubte aber doch die Sammler für die Fortsetzung „vor allem Pfäffischen und Pedantischen" höchlich verwarnen zu müssen[3].

Wie vorsichtig Göthe selbst in seiner literarischen Thätigkeit jetzt mit dem Publikum rechnete und wie er seine eigene Stellung in der Literatur auffaßte, bezeichnet sehr gut eine Mahnung, welche an die Schriftstellerin Eleutherie Holberg (pseudonym für die Frau des Theologen Paulus) gerichtet ist:

„Daß aber der Verfasser (d. h. die Verfasserin) Göthens natürliche Tochter gleichsam an die Stelle der ganzen Literatur setzt, können wir nicht billigen. Denn ob wir gleich eingestehen müssen, daß gewisse Werke mehr als andere den Punkt andeuten, wohin eine Literatur gelangt ist, so hätte doch der Verfasser sicherer gehandelt, wenn er den geistigen Sinn der Werke seiner Zeit dargestellt, und, wie die besseren selbst thun, auf einen unendlichen Fortschritt hingedeutet hätte, als daß er sich an ein besonderes Gedicht hält und dadurch den Widerspruch aufreizt."[4]

In den sehr wenigen und kurzen Recensionen dieser Zeit zeigt sich Göthe überhaupt nicht als strengen, scharfen Kritiker, sondern als vornehmen, geistreichen Herrn, der seine Gegner ignorirt, sich darbietende Schützlinge geistreich lobt und ermuthigt, andere an sich zu ziehen sucht und die sich weiter entwickelnde Literatur und Literaturgeschichte schon zum Voraus unter seine Fittige nimmt. Wenn dann so ein Küchlein von literarischer Dame gegen seine Naturphilosophie zu piepen wagt, so pickt er höchstens ein wenig nach dem kleinen Wesen und sagt:

---

[1] Göthe's Werke [Hempel]. XXIX. 379.   [2] Ebbf. 378. 379.
[3] Ebbf. 384—398.   [4] Ebbf. 378.

„Sollte man mit so viel Liebenswürdigkeit, Gefühl und Lebenslust an Philosophie überhaupt, geschweige an Naturphilosophie, denken?"

Zur mannigfaltigen Abwechslung des gewöhnlichen Hof= und Geschäftslebens, zu Theaterdirection und Naturstudium, Kunstarchäologie und Literatur gesellten sich als Zuspeisen noch verschiedene Besuche, Reisen, Ausflüge.

Von alten Bekannten erschien im Juni 1805 Fritz Jacobi in Weimar; doch Göthe, der Mann des „unendlichen Fortschritts", hing wenig an der Vergangenheit, sondern lebte mit der jungen Gegenwart weiter. Jacobi konnte sich in seine Poesie nicht finden, er nicht in Jacobi's philosophische Sprache; sie begnügten sich also, „den alten Bund treulich und liebevoll zu bekräftigen" und im Allgemeinen vom beiderseitigen Thun und Lassen Kenntniß zu nehmen. Sehr innig schloß sich Göthe dagegen an den Philologen Friedrich August Wolf an, mit welchem er einst in der Xenienperiode wegen Herders Homer fast in peinliche Händel gerathen wäre. Alles legte sich in schöne, griechische Falten[1]. Göthe nahm Wolfs Hypothese über den Ursprung der homerischen Gedichte an, und Wolf ließ seinen nicht zu verachtenden Beistand, um Göthe's wankenden Kunst= Hellenismus zu stützen. Während die Schillerfeier zu Lauchstädt vorbereitet wurde, erwiederte Göthe den Besuch Wolfs in Halle und that ihm sogar die Ehre an, einer Vorlesung beizuwohnen. Sehr willkommen war es ihm, daß Dr. Gall eben an der Universität seine Vorlesungen er= öffnete. Er besuchte seine Vorlesungen fleißig und freute sich, daß sie zu seinen eigenen osteologischen Anschauungen ziemlich stimmten; der berühmte Kraniologe aber fand aus der Untersuchung von Göthe's Schädel richtig heraus, daß er eigentlich zum Volksredner geboren sei und nicht den Mund aufthun könne, ohne einen Tropus zu sprechen. Das Letztere hatten Andere auch schon gefunden, ohne gerade die Hügel und Thäler seiner Hirnschale zu befühlen.

Mit Wolf reiste Göthe nach Helmstedt, der braunschweigischen

---

[1] Das Verhältniß zu Wolf, die beiderseitigen Besuche und die gemeinschaft= liche Reise hat Göthe weitläufig beschrieben (Tag= und Jahreshefte. 1805), indem er Wolf sofort an die durch Schiller erledigte „Freundes"=Stelle treten läßt. Tiefes Gefühl verräth das nicht, aber kluge Berechnung; denn in Wolf zog er die deutsche Philologie huldigend an seine Seite, um später die Huldigung mit Zinsen und Zinseszinsen wieder an sich zu bringen. — Göthe's Werke [Hempel]. XXVII. 116 ff. — M. Bernays, Göthe's Briefe an Fr. August Wolf. Berlin 1868. — Loththolz, G., Das Verhältniß Wolfs und W. von Humboldts zu Göthe. Wer= nigerode 1863.

Landesuniversität, nach Halberstadt, in den Harz. Überall glichen sich alte Abneigungen aus, überall wurden neue Freundschaften angeknüpft, alte erneuert, größere oder kleinere Ovationen in Empfang genommen. Die glänzendste erfolgte an einer großen Abendtafel zu Helmstedt, bei welcher die Universitätsprofessoren sowohl den Erklärer des Homer, als den neuen Homer von schöner Hand mit einem Lorbeerkranz bekrönen ließen. Göthe bezahlte den Kranz mit einem Kuß, Wolf dagegen wollte weder Kranz noch Kuß. Der Göthe-Cultus blühte munter auf. Die Damen fanden den Gefeierten höchst liebenswürdig, die Gelehrten mußte er mit seiner allseitigen Wißbegier zu gewinnen.

Wolf war ebenso wie Göthe dem Christenthum völlig abgewandt. Das Neue Testament ist nach ihm nichts weiter „als griechische Moral, vermischt mit jüdischen Vorstellungen"[1]. Als das Hauptziel der humanistischen Bildung und damit aller Bildung überhaupt betrachtete er die Ablösung des griechischen Elements von allen jüdischen, d. h. christlichen Zusätzen und eine völlige Rückkehr zur griechischen Cultur. Auf dem Boden dieser gemeinsamen Grundanschauung völlig eins mit Göthe, schwärmte er zeitweilig für ihn wie für einen Abgott und legte ihm in einer Dedication seine ganze Philologie und Pädagogik zu Füßen:

„Ihr Wort und Ansehen, Würdigster unserer Edeln, helfe hinfort uns kräftig wehren, daß nicht durch unheilige Hände dem Vaterlande das Palladium dieser Kenntnisse entrissen werde; wie wir denn gegründete Hoffnung hegen, daran ein unverlierbares Erbgut für die Nachkommen zu bewahren. Wo auch der Grund zu suchen sei, in der Natur unserer Sprache oder in Verwandtschaft eines unserer Urstämme mit dem hellenischen oder wo sonst etwa: wir Deutschen, nach so manchen Verbildungen, stimmen am willigsten unter den Neuern in die Weisen des griechischen Gesanges und Vortrags: wir am wenigsten treten zurück vor den Befremdlichkeiten, womit jene Heroen andern den Zutritt erschweren; wir allein verschmähen immer mehr, die einfache Würde ihrer Werke verschönern, ihre berühmten Unanständigkeiten meistern zu wollen. Wer aber bereits so viel von dem göttlichen Anhauch daheim empfand, dem wird der ernsthafte Gedanke schon leichter, in den ganzen Kultus der begeisternden Götter einzugehen."

Wie Paulsen[2] bemerkt, war Wolfs Streben auf nichts Geringeres gerichtet, als an die Stelle des Christenthums „eine neue Religion" zu setzen und nach dieser den ganzen Plan des gelehrten Unterrichts umzu-

---

[1] J. F. J. Arnold, Fr. Aug. Wolf in seinem Verhältniß zum Schulwesen. Braunschweig 1861—1862. II. 395.
[2] Fr. Paulsen, Geschichte des gelehrten Unterrichts. Berlin 1885. S. 538.

gestalten. Mochte sich auch später seine freundschaftliche Beziehung zu Göthe etwas lockern, so hat er doch in verhängnißvollster Weise mit ihm zusammengewirkt, christlichen Geist und christlichen Glauben aus den philologisch=humanistischen Kreisen des neueren Deutschland zu ver= drängen.

Den Winter über kamen hauptsächlich die Naturwissenschaften und das Theater zu Ehren. Da Göthe dem Theater seit der „Natürlichen Tochter" nichts Neues mehr zu bieten hatte, hatte er schon von 1803 an begonnen, außer dem „Götz", „Iphigenie" und „Tasso" auch seine arm= seligen Jugenddramen aus der Mappe hervorzuziehen und neben Schillers Meisterwerken aufführen zu lassen. Geändert wurde wenig daran; denn der geniale Mann des „unendlichen Fortschritts" war entsetzlich unpro= ductiv geworden. In der „Stella" mußte natürlich die schwärmerische Doppelliebschaft stehen bleiben, worauf das Stück beruhte; um aber der „Moral" besser zu entsprechen, heirathete Fernando die beiden Weiber nicht mehr, sondern mußte sich erschießen, während Stella sich vergiftete. Von Schillers Dramatik zu solchem „Quark" — war ein Rückschritt um 30 Jahre; aber etwas Neues von Göthe mußte doch erscheinen, um den Glauben an ihn aufrecht zu erhalten, und so machte er das Alte zum Neuen. Nicht bloß die schwachen Stückchen der Geniezeit, wie „Die Ge= schwister" und „Jery und Bätely", auch „Die Mitschuldigen" und „Die Laune des Verliebten", diese schülerhaften Hervorbringungen der Leipziger Rococo=Zeit, kamen im hellen 19. Jahrhundert auf die Bühne von Weimar und wurden applaubirt[1]. Alle Ästhetik und alles Kunstgerede von zehn Jahren hatten den Geschmack unendlich wenig gehoben. Göthe selbst aber hing nicht an den großen idealen Zielen der Kunst, sondern an seiner eigenen kleinlichen Individualität mit all ihren gegenwärtigen Schwächen und früheren Jugendsünden.

Der lockere Student, der diese Dinge gedichtet, war indeß längst eine steife Excellenz geworden, mit vielen Sorgen und Unterleibsleiden (besonders Nierenkolik) geplagt. Gegen Ende Juni 1806 mußte Göthe Karlsbad aufsuchen und ward daselbst fürder ein regelmäßiger Badegast. Bei „einer völligen Tagebieberei", wie er das Babeleben nennt, erholte er sich sichtlich, benützte seine Spaziergänge und Ausflüge zu minera=

---

[1] 1804 kamen erst „Jery und Bätely", sowie „Die Geschwister" in's ständige Repertoir, dann 1805 „Die Mitschuldigen" und „Die Laune des Verliebten", 1806 die verbesserte „Stella" mit Gift und Pistole, 1807 der „Tasso". S. Burkhardt, Göthe's Werke auf der Weimarer Bühne. — Göthe-Jahrbuch. IV. 120. 121.

logischen Studien und knüpfte mit allerlei vornehmen Leuten Bekannt=
schaft an, unter Anderen mit dem Fürsten Heinrich XIII. von Reuß.
Schon das Jahr zuvor, während Göthe sich in Halle und Helmstädt
feiern ließ, war mit der Coalition der große Weltsturm ausgebrochen.
Das Vordringen Napoleons in Italien und sein Verlangen nach der ita=
lischen Königskrone trieb die österreichischen Staatsmänner endlich zum
Entschluß, sich schlagfertig zu machen. Vom Mincio und Po bis nach
Pommern und Hannover sollten österreichische, russische und schwedische
Truppen eine große Offensivlinie bilden, Russen und Engländer die Fran=
zosen aus Neapel werfen. Um Mitte Juli ward der Plan in Wien be=
rathen. Doch Napoleon kam allen Plänen der Coalition zuvor. Göthe
war kaum wieder in seinem Weimar angelangt, als schon Bayern sein
Bündniß mit Frankreich geschlossen hatte und eine französische Armee von
200000 Mann auf Deutschland losmarschirte. Anfangs September wur=
den die diplomatischen Beziehungen abgebrochen, am 8. begann der offene
Krieg. Schlag folgte auf Schlag — die Übergabe Ulms — der Einzug
der Franzosen in Wien — die Schlacht bei Austerlitz — der Vertrag
von Schönbrunn — der Preßburger Friede. Von all diesen großen
Ereignissen findet sich kaum ein dürftiger Anklang oder Wiederhall in
Göthe's Schriften. Er lebte ganz außerhalb der europäischen Welt. Im
folgenden Jahre wandte sich Napoleons Action gegen Preußen. Am
17. Juli, während Göthe in Karlsbad weilte, ward der Rheinbund
unterzeichnet, am 6. August unterschrieb Kaiser Franz das Todesurtheil
des alten römischen Reiches deutscher Nation. Preußen entschloß sich nun
zum Kriege, und zum Kriegsschauplatz sollte dießmal Thüringen werden,
ein Theil des Weltkampfes sollte sich bei jenem stillen Jena entscheiden,
wo Göthe alljährlich die Professoren besuchte, seinen botanischen Garten
pflanzte, anatomische Präparate studirte und Verse machte. Wie ein
riesiges Ungewitter brach die gewaltige Weltkatastrophe auch über sein
kleines Weimar herein.

Der Schlag kam, trotz aller politischen Vorzeichen, den großen Gei=
stern daselbst fast unerwartet. Man hielt es nicht für möglich, daß
Preußen, das im Jahr zuvor nicht mit Österreich und Rußland hatte
gehen wollen, sich jetzt entschlossen haben sollte, allein den französischen
Imperator auf seiner Siegeslaufbahn aufzuhalten. Noch unterwegs von
Karlsbad nach Weimar scherzte Göthe über die in Aussicht stehende
Universalmonarchie und ertheilte dem Franzosenkaiser die Titel: „Wir
Napoleon, Gott im Rücken, Mahomed der Welt, Kaiser von Frankreich,

Protector von Deutschland, Setzer und Schützer des empirischen Universums ꝛc." Er war der besten Laune [1]. Der junge Professor Luden, eben als Extraordinarius angestellt, hatte das Glück, bei dem ersten Besuche zugegen zu sein, den Göthe nach der Heimkehr bei Knebel in Jena machte, und hat den Herrn mit allen seinen angenehmen und unangenehmen Eigenthümlichkeiten, wie ein Interviewer skizzirt. Göthe war erst verdrießlich, weil Luden zu spät gekommen, thaute aber bald auf. „Wir aßen gut und tranken noch besser. Auch schienen Alle einen vortrefflichen Appetit zu haben und einen anständigen Durst." Nach einigem Wechselgespräch übernahm es Göthe, die Gesellschaft zu unterhalten. Zur Unterbrechung sang Knebels Frau, die frühere Sängerin Rudorf, ein Göthe'sches Lied. Dann fuhr Göthe wieder mit Anekdoten fort. „Die Gesellschaft wurde ungemein lebendig und brach zuweilen in ein schallendes Gelächter aus, nur dem Lachen der unsterblichen Götter vergleichbar." Göthe erzählte lauter komische Geschichten, aber „er erzählte nicht bloß, sondern er stellte Alles mimisch dar". Die Heiterkeit dauerte bis 1 Uhr. Am andern Tage hatte Luden dann ein langes Gespräch mit Göthe über den Faust und über Weltgeschichte [2].

Noch am 30. September war Göthe wieder ganz fröhlich in Jena, schickte seiner Christiane einen Kasten voll frischer Nüsse und bestellte sich ein Pfund „Schokolade und drey Flaschen von dem rothen Wein" [3]. Aber am 1. October zog schon das Infanterie-Regiment Owstien in die Stadt ein. Am folgenden Tag erschien der preußische Generalstab, an seiner Spitze der Fürst von Hohenlohe, der Prinz Louis von Preußen und Oberst Massenbach, der Generalquartiermeister. Den Letzteren behauptet Göthe von Erlassung eines sehr verletzenden Manifests gegen Napoleon abgebracht zu haben [4]. Am 3. war er bei dem Fürsten zu Tafel, wo zwar viel Zuversicht in die preußische Macht ausgesprochen wurde, aber doch auch die Mahnung, die besten Sachen und wichtigsten Papiere zu verbergen. Göthe machte noch seine Witze dazu. Doch wurde die Lage immer ernster und bedenklicher. In Weimar fand er am 6. Alles in höchster Unruhe und Bestürzung.

„Die großen Charaktere," behauptet er freilich in seinen später ge-

---

[1] Rich. und Rob. Keil, Göthe, Weimar und Jena im Jahre 1806. Leipzig 1882. S. 7. — Irriger Weise wird S. 6 Göthe ein Brief zugeschrieben, den Karl August (13. Januar 1792) an Knebel richtete. Sein „Patriotismus" ist damit nicht gerettet.

[2] Heinr. Luden, Rückblicke in mein Leben. Jena 1847. S. 13—20.

[3] Keil a. a. O. S. 13.   [4] Göthe's Werke [Hempel]. XXVII. 161.

schriebenen Annalen, „waren gefaßt und entschieden."[1] Allein wer waren die großen Charaktere? Herzog Karl August verdient gewiß alle Anerkennung, daß er in der Stunde der Gefahr als preußischer General sein Commando übernahm und sein weimarisches Jägerbataillon und 40 Husaren zur Verfügung stellte. Er erfüllte seine nächste Pflicht; aber weder in dem Wirrwarr, den die klägliche Kirchthurmpolitik der übrigen sächsischen Fürsten anrichtete, noch in den kopflosen Kriegsberathungen, welche vom 4. bis 6. October das jammervolle Loos der preußischen Armee vorbereiteten, noch in dem Kampfe, welcher die volle Niederlage der deutschen Waffen entschied, tritt er irgendwie als eine entscheidende Größe oder durch eine That hervor, die einen wirklich „großen" Charakter bekundete. Während die Franzosen unbehindert durch die Schluchten und Pässe des Thüringerwaldes nach Jena zogen, stand er mit seinem Corps, der Avant-Garde, außer der eigentlichen Region des Kampfes bei Ilmenau und Arnstadt. Nachdem die Entscheidungsschlachten bei Jena und Auerstädt geschlagen waren, rückte er nach Erfurt, und da man die Stadt nicht halten zu können glaubte, den Trümmern der geschlagenen Armee nach über Sondershausen, Nordhausen, Braunschweig, Wolfenbüttel und Stendal nach Havelberg. Tage lang wußte man in Weimar nicht mehr, wo er war[2]. Ein Kurier des Königs von Preußen, der ihn aller seiner Pflichten gegen Preußen entbinden sollte, wurde von den Franzosen aufgefangen. Ein Feldjäger, der ihm die Verabschiedung bringen sollte, drang nicht zu ihm durch. Von Havelberg aus schrieb er am 27. October einen in französischer Sprache abgefaßten Brief an die Herzogin, welcher, in Napoleons Hände gespielt, dessen Zorn über den Herzog beschwichtigen und ihn zum Erbarmen über Sachsen-Weimar bewegen sollte. Er lehnt darin die preußische Freundschaft in mehr kluger als heldenmüthiger Weise ab und wendet sich kleinlaut an des Siegers Milde:

„Du weißt, daß ich in der letzten Zeit keinen Einfluß in Berlin gehabt habe, daß ich dort nicht beliebt war, und daß ich den preußischen Dienst in diesem Sommer würde verlassen haben, hätten mich nicht die Gesetze der Ehre gezwungen, dem Heer in diesen Krieg zu folgen. Ich stehe bei diesen Fahnen bereits 20 Jahre, ich konnte mich nicht davon lossagen ohne einen Fleck, und überall ist die Überzeugung, seine Pflicht gethan zu haben, und ein reiner Name der einzige wahre Trost, der uns nicht verläßt, wenn uns das Unglück der äußeren Güter beraubt.

„Mir ist bekannt, daß der Kaiser den Soldaten ehrt, der seinem Beruf ergeben ist, er wird mich also nicht mißachten können, sein Wille wird über das

---

[1] Ebdf. 162. [2] Häußer, Deutsche Geschichte. III. 10. 14. 15 ff.

Schicksal meiner Freunde und meines Landes entscheiden. Es ist zu hoffen, seiner kaiserlichen Majestät hohe Milde werde diesem siegreichen Monarchen billige Entschließungen für unser Sachsen eingeben. Es ist in seiner Hand. Ich wünsche, daß seine Majestät sich besänftige und mir ihre Achtung schenke."[1]

Er anerkannte, daß eigentlich nur die Herzogin in der Stunde der Gefahr einen „großen Charakter" bewiesen hatte:

„Über das, was Du für Weimar gethan hast, die Standhaftigkeit und den Muth, mit dem Du die Drangsale trugst, giebt es nur eine Stimme. Einzig Dein eigenes Bewußtsein kann Dir völlig lohnen. Du hast Dir einen Ruhm erworben, würdig der vergangenen Zeiten. Die Vorsehung segne Dich und lasse Dich die Frucht Deiner guten Handlungen ernten!"[2]

Der Erbprinz und die Erbprinzessin flüchteten schon am 11. October nach Schleswig, wo sie bis im Herbst des folgenden Jahres blieben. Die Herzogin-Mutter Anna Amalia ergriff am 14. mit ihrer Enkelin Karoline und ihren Hofdamen Luise v. Göchhausen und Henriette v. Knebel ebenfalls die Flucht, während die Kanonen der furchtbaren Schlacht schon von Jena herüberdröhnten. Der jüngere Prinz Bernhard war mit seinem Gouverneur im preußischen Hauptquartier, floh indeß schon während der Schlacht nach Weimar und dann weiter nach Leipzig. Im Schloß blieb Niemand als die muthige Herzogin Luise, dieselbe, welche einst von den Anderen, auch von Göthe, im Rausch der Genieperiode als die „Empfindsame" so viel bespöttelt worden war.

Im Laufe des Nachmittags kamen schon preußische Reiter mit Siegesnachrichten vom Schlachtfeld dahergeritten, ritten aber gleich weiter zum andern Thor hinaus. Prinz Bernhard nahte mit der furchtbaren Botschaft: „Kinder, Alles ist verloren!" Gegen 4 Uhr füllten sich Stadt und Umgegend mit Flüchtigen. Der Kanonendonner kam immer näher. Kugeln sausten über die Stadt hin. Unendlicher Schrecken bemächtigte sich aller Gemüther. Göthe, der eben sein Abendessen hatte nehmen wollen, sprang auf, ließ schleunig abräumen und ging in seinen Garten. Über eine Stunde dauerte der Durchzug der fliehenden Preußen[3]. Dann kamen die ersten französischen Husaren hinterher[4]. Unter ihnen kam Wilhelm von Türckheim, ein Sohn Lili Schönemanns, angesprengt und stieg bei Göthe ab. Dieser ging mit ihm in's Schloß und ließ den

---
[1] A. Schöll, Karl-August-Büchlein. S. 120. 121.   [2] Ebds.
[3] Riemer, Mittheilungen. I. 362—370.
[4] Hinter Göthe's Gartenmauer soll es sogar noch zum Kampf gekommen sein. Dünker, Göthe's Leben. S. 543.

Seinen sagen, sie würden den Marschall Ney und einige Kavalleristen zur Einquartierung bekommen, sonst aber sollten sie Niemand einlassen. Um 6 Uhr drangen die französischen Truppen massenweise in die Stadt und fingen zu plündern an. Ein paar Häuser gingen in Flammen auf. Niemand löschte. Den meisten der müden Soldaten war es indeß zunächst um Essen und Quartier zu thun. Göthe bekam 16 Kavalleristen in's Haus, meistens Elsässer. Christiane versorgte sie mit Essen; dann waren sie zufrieden und legten sich zur Ruhe. Es war schon tief in der Nacht, das Haus verriegelt und Göthe zu Bette gegangen, als zwei Tirailleurs, kleine Kerls von der sogen. Löffelgarde, an die Thüre polterten und erst zu essen und dann den Hausherrn verlangten. Göthe ging zu ihnen hinab, trank mit ihnen und zog sich dann wieder in sein Zimmer zurück. Nachdem sie weitergetrunken, gingen sie ihm die Treppe hinauf nach, stürzten in sein Zimmer und bedrohten ihn mit ihren Waffen. Mit Muth und Entschlossenheit warf sich Christiane jedoch zwischen ihn und sie, rief einen im Hinterhaus versteckten Mann herbei und trieb mit seiner Hilfe die beiden Soldaten aus dem Zimmer. Aus dem Haus gelang es ihr jedoch nicht, sie zu entfernen. Sie nahmen das Zimmer in Beschlag, das für den Marschall Ney bereitet worden war, und blieben, bis sie am Morgen ein Adjutant des Marschalls Augerau mit flacher Klinge hinausprügelte.

Das war das einzige Abenteuer, das Göthe zu bestehen hatte. Am Morgen des 15. nahm Marschall Augerau bei ihm Quartier, später Marschall Lannes, General Victor und andere Offiziere, vorübergehend Marschall Ney, welcher auch nicht vergaß, Wieland unter französischen Schutz zu stellen. Göthe erhielt eine Sicherheitswache vor die Thüre, zwei Schutzbriefe vom Generalstab[1], und hatte weiter kein Ungemach zu erleiden als eine ziemlich starke Einquartierung. Zuweilen waren 28 Betten besetzt, und die Beköstigung der Sieger soll ihn im Ganzen auf 2000 Thaler zu stehen gekommen sein[2]. Einem Gerücht nach hätte er eine Audienz bei Napoleon nachgesucht, aber nicht erhalten. Die Hauptverhandlungen über Weimars Schicksal spielten sich im Schlosse ab.

Herzogin Luise brachte hier lange, trübe Stunden zu. Ihr Gefolge, ihre Dienerschaft und eine Menge Leute suchten bei ihr Zuflucht und Hilfe, während sie ganz vereinsamt stand und nicht helfen konnte. In der Nähe des Schlosses wüthete Brand die ganze Nacht vom 14. bis 15.

---

[1] Keil a. a. O. S. 46. 47. [2] Göthe-Jahrbuch. II. 423. 424.

23. Göthe's Hochzeit.

Murat, der zuerst im Schlosse abstieg, gewährte nur nach mehrmals wiederholten Bitten das Versprechen, der Plünderung in der Stadt steuern zu lassen. Erst am folgenden Abend (15. Oct.) traf Napoleon in Weimar ein. Die Herzogin empfing ihn oben an der großen Treppe mit allem ihm gebührenden Ceremoniell. Er antwortete kurz und barsch und ging sofort auf seine Zimmer. Er war sehr ungehalten über den Herzog. „Wenn man," sagte er ein paar Wochen später dem weimarischen Regierungsrath Müller, „nicht mehr als ein paar hundert Mann aufstellen kann, so muß man sich ruhig verhalten. Aber ich weiß schon, man hat dem Ehrgeiz Ihres Herzogs mit einem Commando geschmeichelt und so das Netz um sein Haupt gesponnen. Es ist fürwahr jetzt die beste Zeit, seinen Staat im Nu zu verlieren."

Den andern Morgen bat die Herzogin um Audienz. Napoleon gewährte sie, redete die Herzogin aber barsch an: „Wie konnte Ihr Mann so toll sein, Krieg mit mir zu führen?" Die Herzogin vertheidigte mit ruhiger Würde die Stellung, die militärische Ehre und die Pflichten ihres Gemahls, schilderte die Noth des Landes und flehte um Einstellung der Plünderung. Ihre Festigkeit brach Napoleons Zorn. „Madame," sagte er, „Sie sind eine der achtungswerthesten Frauen, die ich jemals kennen gelernt habe. Sie haben Ihren Gemahl gerettet. Ich verzeihe ihm freiwillig, aber allein um Ihretwillen; denn was ihn betrifft, so taugt er gar nichts." Er versprach, der Plünderung Einhalt zu gebieten. Wenn Karl August binnen 24 Stunden die preußische Armee verlassen und mit seinen Truppen nach Weimar zurückkehren würde, sollte ihm verziehen sein und seine Souveränität erhalten bleiben. Sonst wurde ihm mit Absetzung gedroht.

Bei dem Gegenbesuch, den Napoleon der Herzogin machte, sagte er ihr die merkwürdigen Worte: „Glauben Sie mir, Madame, es gibt eine Vorsehung, die Alles leitet, ich bin nur ihr Werkzeug." Je mehr er die Herzogin kennen lernte, desto mehr wuchs seine Achtung vor ihr. Auf seine Zimmer zurückgekehrt, sagte er zu General Rapp: „Das ist einmal eine Frau, der unsere zweihundert Kanonen keine Angst haben machen können." Am 17. früh verließ er die Stadt, um seinen Sieg weiter zu verfolgen [1].

Denselben Tag faßte Göthe, durch Christiane's treue Aufopferung tief gerührt und durch die Noth rundum wohl auch ein wenig an seinen

---

[1] Müller, Erinnerungen. S. 2 ff. — Keil S. 41—45.

23. Göthe's Hochzeit.

Tob gemahnt, den Entschluß, ihre Stellung für die Zukunft zu sichern, und schrieb deßhalb an den Oberconsistorialrath und Hofprediger Wilhelm Christoph Günther:

„Dieser Tage und Nächte ist ein alter Vorsatz bei mir zur Reife gekommen, ich will meine kleine Freundin, die so viel an mir gethan und auch diese Stunden der Prüfung mit mir durchlebt, völlig und bürgerlich anerkennen als die meine. Sagen Sie mir, würdiger geistlicher Herr und Vater, wie es anzufangen ist, daß wir so bald wie möglich, Sonntag oder vorher, getraut werden. Was sind deßhalb für Schritte zu thun? Können Sie die Handlung nicht selber verrichten? Ich wünschte, daß sie in der Sakristei der Stadtkirche geschähe. Geben Sie dem Boten, wenn sich's trifft, Antwort. Bitte. Göthe."[1]

Günther war nicht Pfarrer an der Stadtkirche, sondern an der Jakobskirche (Stadt- und Garnisonskirche), an deren Friedhofmauer Schiller begraben war. Die Hauptschwierigkeit war aber das dreimalige, durch die Kirchenordnung an drei aufeinanderfolgenden Sonntagen vorgeschriebene Aufgebot, von der das Oberconsistorium allerdings gegen eine festgesetzte Gebühr dispensiren konnte. Göthe mußte sich deßhalb an seinen Freund, den Minister Voigt, wenden, welcher, als augenblicklich höchste Instanz, Sonntag den 19. die erforderliche Dispens gab:

„Alsbald gestern, wie ich ein Blättchen von E. E. erhielt, das mir unsern affreusen Zustand doppelt fühlbar machte — besorgte ich, was nöthig war, mittelst eines Voti, das sofort an die Geistl. Instanz gegeben und die Nachsendung eines Rescripts verheißen wurde. Es versteht sich, daß alle die Dispensations- und Canzley-Brocken wegfallen, woraus vormals unsere Waisen und Armen sich ihr Brod nehmen halfen — Fuimus!

„Möge die Befestigung Ihres häuslichen Zustandes und seiner externen rechtl. Folgen, E. E. zu einiger mehrer innern Ruhe des Lebens gereichen, und die treue Gefährtin Ihres Lebens solches verlängern und theilen helfen!

„Was noch an Leben bey mir übrig seyn wird, soll Ihnen usque ad cineres gewidmet bleiben.

„Allerlei betrübte Unterhandlungen haben mir gestern den Tag genommen; besonders die möglichste Erhaltung des . . .

„Doch ich schweige — mein übrig gebliebener Wunsch ist bloß: daß alles endlich ende, ich bin auf das Aeußerste bereit.

Sonntags, den 19. Oct. 1806.   V."[2]

Noch am Sonntag Morgen, an welchem er dieses Billet erhielt, fuhr Göthe mit Christiane Vulpius zur Jakobskirche. Ihr sechzehnjähriger August und dessen Lehrer Dr. Riemer fuhren als Zeugen mit. Der Oberconsistorialrath Günther vollzog die Trauung in der Sacristei.

---
[1] Reil S. 54. [2] Ebdf. S. 68.

Christiane war nun Frau Geheimräthin und Göthe's anerkannte Gattin, ein großes Ärgerniß gesühnt. Frau von Stein aber grollte, und für Herders Frau, Karoline, hatte diese Trauung „etwas Grausenhaftes".

Poetisch war diese Hochzeit jedenfalls nicht: es war das prosaische Ende einer höchst bedauerlichen Verirrung. Keine Festglocken tönten, keine Kränze schmückten Haus und Kirche; es war nicht einmal Zeit, Brautkleider machen zu lassen. Weimar und Jena befanden sich in unsäglichem Jammer. Alles geplündert, kaum irgendwo noch ganze Fenster und verschließbare Thüren![1] Voigt hielt noch das Äußerste für möglich. Den Muth verlor der wackere Beamte indeß nicht.

„Meine Gesundheit," schrieb er (am 19.)[2], „und die meiner ganzen kleinen Familie ist gut genug, unsere Muthlosigkeit ist auch erhoben, weil wir nicht aufgehört haben, an einen Gott zu glauben."

Sein Besitzthum blieb, bis auf einige Kleinigkeiten, verschont; mit Victualien, an denen großer Mangel, ward er von seinen Freunden in Allstedt versorgt. Es gelang ihm, die öffentlichen Kassen, wovon er die wichtigste in seinem Hause hatte, unversehrt zu retten. Nächst der Herzogin zeigte er am meisten sittliche Kraft und Charakter.

Im Einverständniß mit ihm und der Herzogin ging am 20. der Regierungsrath Müller in das Hauptquartier des Kaisers ab, um für die noch immer nicht erfolgte Begnadigung des Herzogs und die Erhaltung der Universität Jena zu wirken. Denn der Herzog war noch nicht nach Weimar zurückgekehrt, Napoleon legte das als Trotz aus und grollte ihm noch immer[3]. Noch am 5. November erklärte er dem Regierungsrath Müller, der ihm bis Breslau nachgereist war und dort Audienz erhalten hatte: „Mir ist es Pflicht, Fürsten, die so gegen mich handeln, wie der Ihrige, ohne Weiteres abzusetzen. Sie sehen, wie ich's mit dem Herzog von Braunschweig gemacht habe. Ich will diese Welfen in die Sümpfe Italiens zurückjagen, aus denen sie hervorgegangen sind. Wie diesen Hut will ich sie zertreten und vernichten, daß ihrer in Deutschland nie mehr gedacht werde." Umsonst suchte Müller den Herzog mit seiner militärischen Pflicht zu entschuldigen. „Nein," sagte Napoleon, „sein Ehrgeiz überwog, er wollte eine Rolle spielen, nun mag er dafür büßen, da er seine Familie und sein Land in's größte Elend gestürzt hat."

---

[1] S. die Schilderung von Vulpius, Göthe-Jahrbuch. II. 424.
[2] O. Jahn, Briefe an Voigt. S. 88 ff.
[3] Müller, Erinnerungen S. 27.

23. Göthe's Hochzeit.

Als Karl August am 23. November in Berlin eintraf, um eine Audienz bei dem französischen Imperator nachzusuchen, war dieser schon weiter nach Polen aufgebrochen. Am 11. December trat Kursachsen, am 15. Weimar, Gotha, Meiningen, Hildburghausen, Coburg nach kurzer Unterhandlung in Posen dem Rheinbund bei. Dem Herzogthum Weimar wurde eine Kriegssteuer von 2 200 000 Franken nebst großen materiellen Kriegslieferungen auferlegt. Der Herzog war zum Theil selbst daran schuld, da er gezögert hatte, Napoleon zu huldigen, dieser aber wahrscheinlich sehr gewünscht hatte, ihn zu Unterhandlungen mit Rußland zu verwenden. Die aufgebürdete Last war groß; aber wie die Dinge lagen, konnte Karl August zufrieden sein, daß wenigstens seine Absetzung nicht erfolgte [1].

Die Unterhandlungen mit Napoleon führte der erwähnte Regierungsrath und spätere Kanzler Müller. Dem Minister Voigt gelang es nur unter unsäglichen Mühen und Anstrengungen, die verlangte Contribution zusammenzubringen, zu welcher die Herzogin Luise ihre Juwelen opferte [2]. Göthe's Sorge war während der trüben und angstvollen Zeit besonders darauf gerichtet, die wissenschaftlichen und Kunstanstalten zu Jena und Weimar für die Zukunft zu retten. Nachdem eine Abordnung der Universität vergeblich einen kaiserlichen Schutzbrief zu erwirken versucht, wandte sich die Behörde derselben an den französischen Kriegsminister Berthier in Berlin. Ein emigrirter französischer Priester, Abbé Henry, arbeitete die Bittschrift aus [3]. Göthe legte ein Exposé bei, in welchem er die literarischen Zustände von Weimar und Jena mit bureaukratischer Genauigkeit schilderte und besonders seine Stellung als conseiller privé de Goethe mit all seinen „Aufsichten" und „Oberaufsichten" sorgfältigst verzeichnete.

Auf das übereinstimmende Zeugniß Deutschlands und fremder Nationen sich berufend, erklärt er, daß Weimar und Jena zwei ganz hervorragende Culturstätten seien, durch ausgezeichnete Gelehrte berühmt, von

---

[1] Müller, Erinnerungen. S. 93 ff. — Häusser. III. 62.
[2] O. Jahn, Briefe an Voigt. 90. 91.
[3] Knebel, welcher die ganze Zeit über in Jena war, schrieb an Göthe (24. Oct.): „Henri, der französische Geistliche, ist auch unermüdet und brav. Es wäre zu wünschen, daß die Männer, die wirklich Antheil an der gemeinschaftlichen Sache genommen, künftig mehr distinguirt würden, und nicht immer nur die Heuchler, Schlechten und Gefälligen. Die Stadt ist eigentlich durch die Fremden errettet worden, die aber zu nichts authorisirt waren, und überall Widerspruch fanden." Keil a. a. O. S. 105. Henry wurde später des Verrathes bezichtigt; ein amtliches „Precis" documentirt aber seine segensreiche Wirksamkeit. Grenzboten 1874. I. 40.

benen Wieland als „Dechant der deutschen Literatur" (doyen de la littérature allemande) hervorgehoben wird. Dann folgt eine Übersicht der wissenschaftlichen Einrichtung der Universität Jena, nebst Lections=katalog.

Als „seiner" Amtsführung unterstellt erwähnt Göthe: 1) den botanischen Garten, 2) das zoologische Cabinet, 3) das anatomische Cabinet, 4) die Büttner'sche Bibliothek, 5) die mineralogische Gesellschaft, 6) die naturforschende Gesellschaft, sämmtlich in Jena; in Weimar aber 7) die Zeichenschule mit der ihr annexen „Gesellschaft von Kunstfreunden" und deren Preisausschreiben und Kunstausstellungen, und 8) die weimarische Bibliothek nebst Kupferstich=, Münz= und Antiquitätensammlung.

Daneben findet dann auch die Jenaische Literaturzeitung Erwähnung, die von Eichstädt präsidirte lateinische Gesellschaft, Bertuchs Industrie=comptoir und geographisches Institut, die Hofkapelle, das Hoftheater, die Gymnasien zu Weimar und Jena[1].

Auf diesen Amtsbericht, in welchem Göthe sich selbst als Director der ganzen Wissenschaft und Kunst in Weimar und Jena hervorhob[2], erfolgte keine einläßlichere Nachricht; dagegen stellte der Kriegsminister Berthier, „Fürst von Neufchâtel", am 24. November 1806 den verlangten Schutzbrief für Jena aus. Durch sorgfältigen Haushalt brachte es der treue Minister Voigt nicht nur zu Stande, trotz der Contribution noch alle Gehalte und Pensionen regelmäßig auszuzahlen, sondern auch die Anstalten für Kunst und Wissenschaft, Universität, Bibliotheken und Sammlungen, ja sogar das Theater auf würdigem Fuße zu erhalten.

„Als ich im December 1806," so konnte er ein paar Jahre später an Frankenberg schreiben, „das Theater hier allein noch erhielt, gründete ich mich darauf, daß man die Betrübten nicht ganz der Mittel berauben müsse, ihre Noth ein wenig zu vergessen, wiewohl ich selbst seit jener Zeit das Schauspiel nicht besucht habe, außer Talma zu sehen."

---

[1] Der französische und deutsche Text des Berichtes nach Göthe's Dictat und mit seinen Correcturen bei Keil a. a. O. S. 134—148.

[2] Auf Humboldts Anrathen sollte der Regierungsrath Fr. Müller in Berlin den Vorschlag anregen, Göthe zum Kanzler der Universität Jena mit ausgedehnter Vollmacht zu ernennen. Müller, Erinnerungen. S. 111.

24. Göthe vor Napoleon.

1807. 1808.

„Da es mein Geschick nicht war, an der reichen Tafel einer großen Stadt bequemlich mitzuschwelgen, so muß ich im Kleinen bauen und pflanzen, hervorbringen und geschehen lassen, was dem Tag und Umständen nach möglich ist."
Göthe an Zelter, 20. April 1808.

„Was will gegen eine solche Erhebung auf Sturmflügeln über Heersäulen und Völkergruppen der Minister eines Kleinstaates und Heros idealer Pflanzungen, was in dieser Periode bis zu seinem sechsundfünfzigsten Lebensjahre der Dichter Göthe gegen den sechsunddreißigjährigen Kaiser besagen!"
A. Schöll, Göthe. 473.

Der Krieg und die napoleonische Gewaltherrschaft lastete die nächsten Jahre schwer auf dem kleinen Lande. Vieles war verwüstet. Bürger und Bauern hatten große Verluste erlitten und mußten nun für die hohe Kriegscontribution aufkommen. Der Credit des Herzogs war tief gesunken; Voigt hatte Mühe, die nöthigen Anlehen aufzubringen, und plante, obwohl durchaus nicht karg oder knickerig, doch den fürstlichen Hofstaat, nach dem Beispiel desjenigen von Gotha, etwas einzuschränken[1]. Die Franzosen forderten ihre Zwangslieferungen mit Härte ab. Als die Professoren in Jena klagten, daß eine ihnen auferlegte Fleischlieferung unerschwinglich sei und daß sie darob selbst Mangel leiden müßten, erwiederte Daru: „Ich sehe gar keine Nothwendigkeit, daß diese Herren Fleisch essen müssen." [2]

---

[1] Als er gehört hatte, daß sich der Hof zu Gotha solche Einschränkungen auferlegt hatte, fragte er an: „Welche Ersparnisse sind wohl bei Ihrem Hofe gemacht? Wollen wir nicht gute Exempel geben und nehmen? Hat die Zuckerbäckerei noch viel zu thun? Wird Kaffe nach Tafel gegeben? Sind Schüsseln und Couverts reducirt? unnöthige Bediente vermehrt? unnöthige Tändeleien gekauft? den Hunden einige hundert Malter gefüttert? u. s. w. Sagen Sie mir, theuerste Excellenz, etwas Belehrendes." O. Jahn, Göthe's Briefe an Voigt. Leipzig 1868. S. 93.
[2] Vgl. Jahn a. a. O. S. 90—93. 256. 257. — A. Schöll, Karl-August-Büchlein. Weimar 1857. S. 121—124. — Rich. und Rob. Keil, Göthe, Weimar und Jena im Jahre 1806. Leipzig 1882. S. 153 ff. — H. Dünzer,

24. Göthe vor Napoleon.

Herzog Karl August war in der peinlichsten Klemme. Sein Ehrgeiz war durch die furchtbare Niederlage wohl äußerlich zu Boden geschmettert, aber innerlich nicht gebrochen. Obwohl in der Literatur ein Verehrer der Franzosen, hielt er in der Politik doch stramm zu Preußen und bäumte sich stolz gegen die verhaßte Nothwendigkeit, Napoleon wenigstens äußerlich zu huldigen. Ohne Sang und Klang, tiefgebeugt, kehrte er Ende Januar, während Napoleon ihn in Warschau erwartete, nach Weimar zurück. Der Regierungsrath Müller drängte ihn, Napoleon aufzusuchen[1]. Er reiste am 7. Februar 1807 ab, kehrte aber wieder um, nachdem er vernommen, daß Napoleon wieder im Felde sei und die Schlacht von Eylau gewonnen habe.

Am 10. April starb seine Mutter, die Herzogin Anna Amalia, die Gründerin des Musenhofes, die Gönnerin Wielands und Göthe's. Ihr folgte schon im September ihre treue Hofdame Luise v. Göchhausen in's Grab nach; ihr Bibliothekar Jagemann war schon früher gestorben. Von der lustigen Weimarer Zeit waren nur etliche ältere Leute übrig: Wieland, Göthe, Knebel, Charlotte v. Stein und die Wittwen Herders und Schillers. Die Erbprinzessin hatte die Pässe nicht annehmen dürfen, welche ihr Napoleon für ihre Rückreise zugestellt hatte, und blieb noch bis im September in Schleswig.

Nach einer Kur in Karlsbad suchte der Herzog endlich doch den französischen Imperator auf, gerade am Tage seines glänzenden Einzuges in Dresden, am 17. Juli. Er erhielt auf den folgenden Tag Audienz, verspätete dieselbe jedoch und erweckte dadurch bei Napoleon neue Verstimmung. Eher noch mehr gedrückt als ermuthigt, kam er wieder nach Hause.

Göthe war von dem allgemeinen Unglück im Grunde sehr wenig mitbetroffen. Die Franzosen hatten wohl seinen Weinkeller stark geleert; doch der ließ sich wieder füllen. Geld und Credit waren noch da. Er

---

Göthe's Leben. S. 545 ff. — L. Häusser, Deutsche Geschichte. III. 02 ff. — Guhrauer, Briefwechsel zwischen Göthe und Knebel. Leipzig 1851. I. 273 ff. — Friedr. von Müller, Erinnerungen aus den Kriegszeiten. Braunschweig 1851. S. 93 ff. 104 ff. 111 ff.

[1] Dieser that dem Herzog sehr schön, um ihn an sich zu ziehen. Er schrieb ihm am 29. Januar aus Warschau: „Mon Cousin, en rétablissant la paix entre nous, j'ai désiré Vous donner des gages durables de mon amitié et Vos états ont été admis dans la confédération du Rhin. Vous reconnaîtrez dans cette mesure l'intention, où je suis de protéger toujours Vos intérêts et de la part que je prends à Votre prospérité. Je prie Votre Altesse d'en recevoir les nouvelles assurances, ainsi que celle de mon attachement et de mon estime. Votre bon Cousin Napoléon." Müller, Erinnerungen. S 125.

war längst gewohnt, mitten im unruhigsten Wirrwarr organische Formen zu studiren und optische Erscheinungen zu beobachten, an angefangenen Versen weiterzudichten und in seinen alten Schriften herumzukramen. In Jena fand er sogar seine große botanische Karte unversehrt in dem Zimmer wieder, das dem Fürsten Hohenlohe zum Aufenthalt gedient. In Weimar hielt die neuangekommene Johanna Schopenhauer fröhliche Abendkränzchen[1]. Am Vorabend vor Weihnachten 1806 wurde das Theater wieder eröffnet, und so setzte sich bald des Dichters gewohntes buntes Allerlei wieder fort.

Die Politik überließ Göthe völlig andern Händen, die äußere dem klugen und thätigen Müller, die innere dem umsichtigen und haushälterischen Voigt, den letzten Entscheid dem Herzog. J. Falk hat eine lange Rede aufgezeichnet, die Göthe um jene Zeit bei Anlaß einer französischen Beschwerdeschrift ihm allein vertraulich gehalten haben soll, voll von deutsch-preußischer Nationalbegeisterung und überspanntem Franzosenhaß.

„Ich will ums Brod singen!" heißt es darin, „Ich will ein Bänkelsänger werden und unser Unglück in Liedern verfassen! Ich will in alle Dörfer und in alle Schulen ziehen, wo der Name Göthe bekannt ist. Die Schande der Deutschen will ich besingen und die Kinder sollen mein Schandlied auswendig lernen, bis sie Männer werden und damit meinen Herrn wieder auf den Thron herauf und euch von dem euern heruntersingen."[2]

---

[1] Ihr stellte Göthe zuerst seine Christiane als Geheimräthin vor. „Ich empfing sie," erzählt diese, „als ob ich nicht wüßte, wer sie bisher gewesen. Ich sah deutlich, wie sehr mein Benehmen ihn freute; es waren noch einige Damen bei mir, die erst formell und steif waren und hernach meinem Beispiel folgten. Göthe blieb fast zwei Stunden und war so gesprächig und freundlich, wie man ihn seit zwei Jahren nicht gesehen hat. Er hat sie noch zu Niemand als zu mir in Person geführt. Als Fremder und Großstädterin traute er mir zu, daß ich die Frau so nehmen werde, als sie genommen werden muß; sie war in der That sehr verlegen, aber ich half ihr bald durch." Göthe fand an der sechsunddreißigjährigen Bankierswittwe eine ganz unbegrenzte Verehrerin. „Er ist," sagt sie, „das vollkommenste Wesen, das ich kenne, auch im Äußern. Eine hohe, schöne Gestalt, die sich sehr gerade hält, sehr sorgsam gekleidet, immer schwarz oder ganz dunkelblau, die Haare recht geschmackvoll frisirt und gepudert, wie es seinem Alter ziemt, und ein gar prächtiges Gesicht mit zwei klaren, braunen Augen, die mild und durchbringend zugleich sind." S. Dünzer, Göthe's Leben. S. 545. 546.

[2] Johannes Falk, Göthe aus näherem persönlichem Umgange dargestellt. Leipzig 1836. S. 114—120. Abgedruckt bei R. u. R. Keil, Göthe, Weimar und Jena. S. 157—159. Oratorisch verwerthet von Dr. Gustav Zeiß, Karl August. Rede zur Feier des Geburtstags Sr. K. Hoheit des Großherzogs Alexander. Weimar, Kühn, 1857. S. 26 ff. Nach Riemer (Mittheilungen über Göthe. 1841. I. 21) war Falk „ein unerträglicher Schwätzer" und sind auch seine Relationen (S. 22) nicht alle aus persönlichem Umgang mit Göthe geschöpft.

Das hat Göthe wohl kaum gesagt oder nur gedacht [1].

Wenn er aber je so bramarbasirt haben sollte, so war es eine Faust in der Tasche. Er hat weder seinen Herzog in Noth und Gefahr begleitet, noch solch ein „Schandlied" gedichtet, noch viel weniger irgend etwas dergleichen veröffentlicht; er hat weder französische Beschwerdeschriften verbrannt, noch die Jugend gegen Napoleon aufgereizt. Für preußische Überlieferungen und preußische Politik hatte er nie geschwärmt, wie sollte er jetzt dafür schwärmen, wo sein Herr selbst den preußischen Dienst aufgeben und die preußische Freundschaft, wenigstens officiell, verläugnen mußte? Am alten deutschen Reich hatte er niemals gehangen; dagegen erweckte Napoleons Genie und Energie seine vollste Bewunderung:

„Es giebt einem gar nicht Wunder, daß die Weiber dieser Nation (der Franzosen) nicht seind seyn können, da sich das männliche Geschlecht kaum ihrer erwehren kann. Wenn man den Regierungsrath Müller erzählen hört, der von Berlin mit dem Friedens=Document gekommen ist, so begreift man recht gut, wie sie die Welt überwunden haben und überwinden werden. Wenn man in der Welt etwas voraussähe, so hätte man voraussehen müssen, daß die höchste Erscheinung, die in der Geschichte möglich war, auf dem Gipfel dieser so hoch, ja übercultivirten Nation hervortreten mußte. Man verleugnet sich das Ungeheuere so lange man kann und verwehrt sich eine richtige Einsicht des Einzelnen woraus es zusammengesetzt ist. Wenn man aber diesen Kaiser und seine Umgebungen mit Naivetät beschreiben hört, da sieht man freilich, daß nichts dergleichen war und vielleicht auch nicht sein wird." [2]

So dachte und fühlte der wirkliche Göthe, so schrieb er vertraulich an seinen alten Freund Knebel. Kriegerische und politische Vaterlandsliebe — Römerpatriotismus — stand ihm, dem Frankfurter Parvenu, jetzt noch ebenso fern, als in früheren Jahren. Sehr viel lag ihm aber, nach Fernows Zeugniß, daran, „das bis jetzt noch unangetastete Palladium unserer Literatur aufs Eifersüchtigste zu bewahren". Die Schriftsteller sollten, mit Hintansetzung aller persönlichen Nergeleien, „jetzt mehr als je zusammenhalten, da Dresden, Leipzig, Jena und Weimar künftig leicht der Hauptsitz der germanischen Cultur im nördlichen Deutschland bleiben dürften" [3].

---

[1] Ad. Stern (Lex. der deutschen Nationalliteratur S. 89) nennt das Buch Falks mit Recht „zweideutig und unzuverlässig", was aber die Götheverehrer nicht abhält, ihn auszuschreiben, wo seine Mittheilungen ihnen behagen. Falk (geb. 1768) war ein mißglückter Theologe, der sich als Privatier in Weimar niederließ, Satiren schrieb und dafür zum Legationsrath ernannt wurde. Er starb 1826.   [2] Guhrauer, Briefwechsel zwischen Göthe und Knebel. I. 288.
[3] Böttiger, Literarische Zustände und Zeitgenossen. II. 279. 280.

Er soll sogar im October 1808 beabsichtigt haben, im nächsten Winter einen Congreß „ausgezeichneter deutscher Männer" in Weimar zu halten, „um über Gegenstände der deutschen Cultur gemeinschaftlich zu berathen"[1]. Aber dabei hielt er es doch auch nicht unter seiner Würde, dem Geschichtschreiber Johannes v. Müller den Hof zu machen, der damals aus einem „deutschen" Patrioten ein begeisterter Verehrer und Augenbiener Napoleons geworden war und eine französische Vorlesung über Friedrich II. in Berlin am 29. Januar 1807 dazu benützt hatte, in dem französen=liebenden und halbfranzösischen Preußenkönig den neuen französischen Allherrscher zu feiern. Göthe übersetzte höchst devot die fein=augenbienerische Rede, welche mit dem allerliebsten Rococogebete schließt:

„Und Du, unsterblicher Friedrich! wenn von dem ewigen Aufenthalt, wo Du unter den Scipionen, den Trajanen, den Gustaven wandelst, Dein Geist, nunmehr von vorübergehenden Verhältnissen (sic!) befreit, sich einen Augenblick herablassen mag auf das, was wir auf der Erde große Angelegenheiten zu nennen pflegen, so wirst Du sehen, daß der Sieg, die Größe, die Macht immer Dem folgt, der Dir am ähnlichsten ist. Du wirst sehen, daß die unveränderliche Verehrung Deines Namens jene Franzosen, die Du immer sehr liebtest, mit den Preußen, deren Ruhm Du bist, in der Feier so aus=gezeichneter Tugenden, wie sie Dein Andenken zurückruft, vereinigen mußte."[2]

Wie Göthe für sich selbst den „Patriotismus" auffaßte, hat er übrigens ganz deutlich und klar in dem „Vorspiel" ausgedrückt, das er im September bei der Rückkehr der Großfürstin=Erbprinzessin aufführen ließ. Die „Majestät" sagt darin:

„Dieses Thun, das einzig schätzenswerthe,
Das hervordringt aus dem eig'nen Busen,
Das sich selbst bewegt und seines Kreises
Holden Spielraum wiederkehrend ausfüllt,
Lob' ich höchstens; denn es zu belohnen,
Bin ich selbst nicht mächtig g'nug, es lohnt sich
Jeder selbst, der sich im stillen Hausraum
Wohl befleißigt übernomm'nen Tagwerks,
Freudig das begonnene vollendet.
Gern und ehrenhaft mag er zu Andern
Öffentlich sich fügen, nützlich werden,

---

[1] Brief von Woltmann an Smidt in Bremen. Göthe=Jahrbuch. VI. 116.
[2] Göthe's Werke [Hempel]. XXIX. 853. 854. — Auf den Übersetzer Göthe paßt entschieden, was Häusser (III. 36) von dem Lobredner Müller sagt: „Zum Kampfe gegen Bonaparte bedurfte es mehr, als dieser rhetorischen Salbung und der selbstgefälligen Autoreneitelkeit, wie sie bei Müller von den literarischen Came=raderien, den Salons und den Weibern großgehätschelt worden war."

Nun dem Allgemeinen weislich rathend,
Wie er sich berieth und seine Liebsten.
Also, wer dem Hause trefflich vorsteht,
Bildet sich und macht sich werth, mit Andern
Dem gemeinen Wesen vorzusteh'n.
Er ist Patriot, und seine Tugend
Dringt hervor und bildet Ihresgleichen,
Schließt sich an die Reihen Gleichgesinnter.
Jeder fühlt es, Jeder hat's erfahren:
Was dem Einen frommt, das frommet Allen."[1]

Dieser Patriotismus trug weder Patrontasche noch Seitengewehr: er konnte unter Napoleons Oberherrlichkeit ebenso gut bestehen, wie früher unter dem Patronat Friedrichs II. Im Schlafrock war ihm am wohlsten, und Göthe hat dieses behagliche Kleidungsstück wohl nicht umsonst seinen „Prophetenmantel" genannt.

Kranke, besonders todkranke Freunde zu besuchen, scheint nicht seine Sitte gewesen zu sein. Gegen die todten Größen des alten Weimar wurden die Pflichten officieller Verehrung mit Würde erfüllt. Im Übrigen schloß sich Göthe an die Lebenden und Fröhlichen an, nicht an die Todten und Leidenden[2]. Von der früheren Generation war noch Knebel da, welcher zwar auch schon ein wenig das Alter fühlte, aber doch noch munter und lustig war. Sie schrieben einander in sehr jovialem, gemüthlichem, — oft fast jugendlichem Ton. Von Trauer über Deutschlands tiefe Erniedrigung ist da kaum etwas zu spüren[3]. „Man kann anjetzt das Lachen nicht genug vervielfältigen", schreibt Knebel am 12. Januar 1807[4].

So dachte Göthe auch. Ein Brief Johanna Schopenhauers[5] an

---

[1] Göthe's Werke [Hempel]. XI. 96.
[2] „Trotz seiner Scheu vor Begräbnissen," bemerkt Dünzer (Göthe 543), „war Göthe bei der Bestattung des an den Folgen seiner bei der Plünderung erlittenen Mißhandlung gestorbenen Landsmannes Kraus", des Directors der Zeichenschule.
[3] Wie Knebel über Preußen und Franzosen dachte, zeigt ein Brief vom 30. December 1805: „Gestern hatten wir zusammen ein großes Convivium bei Frommanns, wo auch einige Preußische Offiziers zugegen waren. Die rohe Beschränktheit dieser Menschen leuchtet bei solchen Gelegenheiten am meisten hervor. Sie können sich von nichts Begriffe machen, was nicht in ihrem engen Kreise liegt, und finden da allein alles schön und höchst verständig. Selbst ihr Patriotismus ist nur Roheit und daher gewissermaßen beleidigend. Wir hielten uns sehr still und gut, und sie schienen nicht zu ahnden, was die andern dachten. Nur ich vertheidigte und lobte einigermaßen die französische Bildung." — Guhrauer I. 270. [4] Guhrauer I. 290.
[5] Brief Johanna Schopenhauers vom 12. Februar 1807, mitgetheilt von Löper. Göthe-Jahrbuch. IV. 327.

ihren Sohn schildert sehr anschaulich, wie gut er sich von Deutschlands Noth und Bedrängniß zu erholen wußte. Junge Schauspieler ließ er Abends kommen, „um sie für ihre Kunst zu bilden". Und dafür holte er kein Stück des Shakespeare oder Schiller hervor, auch nicht Tasso oder Iphigenie, sondern das mißrathenste und unsittlichste seiner Jugenddramen: „Die Mitschuldigen", und übernahm selbst die Rolle des Gastwirths. Zwischendurch meisterte er die jungen Leute, weil sie ihre Liebesrollen „zu kalt" declamirten.

„Seid ihr denn gar nicht verliebt?" rief er komisch erzürnt, und doch war's ihm halber Ernst, „seid ihr denn gar nicht verliebt? Verdammtes junges Volk! Ich bin 60 Jahr alt und ich kann's besser."[1]

„Wir blieben bis halb 12 zusammen," erzählt Johanna, „ich saß bei ihm und die Barbua (eine junge Schauspielerin) auf der andern Seite, wir beide sind seine Lieblinge." — Ein andermal, als gerade die „interessantesten Herren" und Frau von Göthe bei Johanna beisammen waren, sagte er: „Weil wir eben so ganz unter uns sind" — und „damit fing er aus einem Briefe die Geschichte einer Mamsell, die in die Wochen gekommen war, zu lesen an. Darüber kam die Barbua. ‚Gerechter Himmel, da kommt die Barbua,' rief er aus, ‚nun darf ich nicht weiter lesen.' ‚Es thut nichts,' sagte ich, ‚die Barbua muß so lange draußen bleiben.' Das war Wasser auf seine Mühle. Der Barbua kündigte er gleich gravitätisch an, sie müsse draußen bleiben, den Bertuch, den Sohn, der gewaltig lang ist, stellte er an die zugemachte Thüre, welche die Barbua von draußen gewaltig berannte. ‚Halten, halten Sie Ihren Posten wohl, Bertuch, denken Sie, Sie sind in Breslau, es soll Ihr Schaden nicht sein, ich will schon so lesen, daß Sie bort so gut hören sollen, als hier.' Die Barbua machte einen erbärmlichen Spektakel, er ließ sich nicht stören und verwies sie nur von Zeit zu Zeit mit ein paar Worten zur Ruhe und Gedulb, zuletzt spielte sie aus Leibeskräften auf dem Klavier. ‚Eine Kriegslist,' sagte er, ‚hilft nichts, wir lesen lauter' und so erhob er die Stimme oder ließ sie sinken, nachdem sie akkompagnirte, wie in einem Melodram, bis ans Ende, wo sie dann feierlich hereingeholt ward . . ."

„Es wurde viel den Abend gelacht," bemerkt Johanna.

---

[1] Vgl. den Aufruf der am 21. Juni 1885 zu Weimar gestifteten Göthe-Gesellschaft, worin es heißt: „Mit dem neuen deutschen Reich ist die Zeit einer großen nationalen und politischen Denkart gekommen, für welche jene Vorurtheile und Befangenheiten nicht mehr sind, die in vergangenen Jahrzehnten die richtige Erkenntniß und Würdigung Göthe's bei Vielen gehemmt haben. Ein großes nationales Reich weiß den größten seiner Dichter in seinem vollen Werthe zu schätzen. Die Begründung und Erhaltung der politischen Größe unseres Volkes geht Hand in Hand mit der Pflege und Förderung seiner idealen Güter." — Für die höchsten idealen Güter des deutschen Volkes, christlichen Glauben und christliche Sitte, hat Göthe kein Herz gehabt; politisch war er so gleichgiltig als möglich.

Eine kleine Störung erhielt diese „nationale" und „ideale" Heiterkeit durch den Tod der Herzogin-Mutter Anna Amalia. „Auch das kleine Bethlehem (!) Weimar," klagte Wieland, „hat in der Geschichte des 18. Jahrhunderts seinen Tag gehabt, aber seine Sonne ist im Jahre 1807 untergegangen, und die Nacht bricht herein, ohne einen neuen Tag zu versprechen." Auch Göthe mußte nun Hoftrauer anlegen, Dankbarkeit und Rührung, Liebe und Verehrung, Freundschaft und Tugend aus der poetischen Vorrathskammer seiner Affecte hervorholen und „zum feierlichen Andenken der durchlauchtigsten Fürstin und Frau" die zahllosen Komödienerinnerungen der Geniejahre mit einem Strahlenkranze der Verklärung umgeben.

„Wenn das Leben der Großen dieser Welt," so hub er an, „so lange es ihnen von Gott gegönnt ist, dem übrigen Menschengeschlecht als ein Beispiel vorleuchten soll, damit Standhaftigkeit im Unglück und theilnehmendes Wirken im Glück immer allgemeiner werde, so ist die Betrachtung eines bedeutenden vergangenen Lebens von gleich großer Wichtigkeit, indem eine kurzgefaßte Übersicht der Tugenden und Thaten einem Jeden zur Nacheiferung als eine große und unschätzbare Gabe überliefert werden kann."

Die hochtrabende officielle Stilübung, welche höchst salbungsvoll alle Lebensbezüge der Herzogin in lauter Tugenden verwandelt, gestaltet sich zum Schluß zu einer vollständigen Canonisationsbulle, in welcher der weimarische Kunstpapst nicht ansteht, die verstorbene Herzogin unter die Zahl der „Seligen" zu versetzen:

„Ja, das ist der Vorzug edler Naturen, daß ihr Hinscheiden in höhere Regionen segnend wirkt wie ihr Verweilen auf der Erde; daß sie uns von dort her gleich Sternen entgegenleuchten, als Richtpunkte, wohin wir unsern Lauf bei einer nur zu oft durch Stürme unterbrochenen Fahrt zu richten haben; daß diejenigen, zu denen wir uns als zu Wohlwollenden und Hilfreichen im Leben hinwendeten, nun die sehnsuchtsvollen Blicke nach sich ziehen als Vollendete, Selige."[1]

Noch im selben Monat, in welchem die Herzogin starb und Göthe's salbungsvolle Leichenpredigt durch die Geistlichen von den Kanzeln verlesen wurde[2], ging dem Dichter ein neuer Stern auf — die erst 22jährige Bettina Brentano, die Tochter jener Maximiliane La Roche, in welche er

---

[1] Göthe's Werke [Hempel]. XXVII. Anh. 40.
[2] Jahn, Göthe's Briefe an Voigt. S. 260. 261. „Ich dächte, man ließe es auf ein Folio-Blatt hüben und drüben abdrucken. Die Jahreszahlen setzte man ad marginem. Nur müßte alsdann in den Circularien an die Geistlichen bemerkt werden, daß die Jahreszahlen nicht mit abgelesen werden" (!!).

sich während der Wertherzeit verliebt hatte. Wieland war in die Großmutter verliebt gewesen, Göthe in die Mutter, warum sollte er nicht auch mit dem Töchterchen ein bischen tändeln? Den Jahren nach konnte sie allerdings seine Tochter oder Nichte sein; aber der alte Onkel hatte ein der „Liebe" immer noch zugängliches Herz. Bettina „das Kind" war von seiner Mama empfohlen und war noch so jung und so phantastisch und geistreich irrlichtelirend, und that dem alten Onkel so schön, und schmeichelte so artig, und verehrte und betete an, und wollte ihr unendliches Herzchen an seiner unendlichen Weisheit bilden. Das Kind war auch sonst interessant: es kam eben von seiner Jugendfreundin, der Günderode, mit der es lange zusammen romantische Poesie getrieben und die sich jetzt wegen einer unglücklichen Liebe erstochen hatte. Göthe konnte nicht umhin, sich Schmeichelei und Spielerei mit dem Behagen eines halbverliebten Onkels gefallen zu lassen und mit Bettina einen kleinen Briefwechsel anzuknüpfen, der später den Literaturhistorikern viel Kopfbrechen verursachen sollte. Denn Bettina erweiterte die Billets Göthe's zu einem phantastischen Briefroman und schrieb sich dabei einen viel wichtigeren Platz im Herzen Göthe's zu, als sich actenmäßig nachweisen läßt. Sie behauptete sogar, daß eine Anzahl verliebter Sonette an sie gerichtet seien, von denen sicher ist, daß sie einer andern Liebe galten[1].

Das andere Liebesverhältniß, welches Göthe um diese Zeit — kaum ein Jahr nach seiner formellen Hochzeit — anknüpfte, war nach seinem eigenen Geständniß ernsterer und leidenschaftlicherer Natur. Wilhelmine oder „Minchen" Herzlieb hieß ein Waisenkind, das der Buchhändler Frommann und seine Frau im Alter von neun Jahren zu sich nahmen und aufziehen ließen. Göthe verkehrte oft im Haus und lernte Minchen schon als Kind kennen, und Minchen verehrte schon früh den „lieben alten Herrn". Während der Jenaer Leidenszeit war das Kind bereits zur Jungfrau herangeblüht, nicht eben von auffallender Schönheit, aber von gewinnender Anmuth und Liebenswürdigkeit. Der fast sechzigjährige Göthe

---

[1] „Göthe's Briefwechsel mit einem Kinde." Berlin 1835. Vgl. G. von Loeper, Briefe Göthe's an Sophie von La Roche und Bettina Brentano. Berlin 1879. Wie Bettina die Billets Göthe's verarbeitete, wurde bereits 1861 an einem derselben deutlich veranschaulicht. „Ein Originalbrief Göthe's an Bettina." Bl. für Lit. Unt. 1861. Nr. 45. Vgl. Art. Bettina in der Deutschen Biographie. II. 578 bis 583. — Lewes (Frese) II. 432—435 zeichnet das Verhältniß im Wesentlichen richtig. Sehr übertrieben ist die komische Charakteristik bei Keil, Frau Rath. 1871. S. 22 ff.: „halb Hexe, halb Engel; halb Priesterin, halb Bajadere; halb Prophetin, halb Lügnerin; halb Katze, halb Taube" u. s. w.

24. Göthe vor Napoleon.

verliebte sich allen Ernstes in das kaum siebenzehnjährige Mädchen (geb. 1789), und dichtete Sonette an sie, in welchen er sogar ihren Namen, wenigstens versteckt, dem Publikum und der Nachwelt anvertraute: „Lieb Kind, mein artig Herz, mein einzig Wesen" [1], d. h. „mein artig Kind Herzlieb". Der Ernst der Zeit war damit vorläufig wieder überwunden; er hatte einen Roman, der sein „so weises und so thörichtes Herz" wieder beschäftigte und ihm Stoff und Anregung gab, auch einen neuen literarischen Roman zu planen. Das Lächerliche des Verhältnisses entging ihm nicht, allein die Leidenschaft war noch immer mächtiger als der Verstand: „Ich höre wohl der Genien Gelächter; doch trennet mich von jeglichem Besinnen Sonnettenwuth und Raserei der Liebe." [2] Wie immer, war das aber auch jetzt nur eine der Ingredienzien, deren er zu seinem bunten Leben bedurfte. Daneben regierte er gravitätisch Schauspieler und Schauspielerinnen, inspicirte den botanischen Garten und das Münzcabinet, und beschäftigte sich mit fast allen Wissenschaften und Künsten zugleich.

Während der Badekur in Karlsbad gefiel sich die weimarische Excellenz im Anschluß an die dort weilende vornehmere Welt. Er erwähnt darunter einer Fürstin Solms, geb. Prinzessin von Mecklenburg, die später Königin von Hannover wurde, einer Fürstin Bragation, des Herzogs von Coburg, des Prinzen Ligne, des Grafen Corneillan, des Hofraths Gentz, des französischen Residenten von Reinhard, seines eigenen Herzogs. Während diese hohe Gesellschaft sein Ansehen und seinen Ruf vermehrte, brachten ihn seine naturwissenschaftlichen Liebhabereien mit Ärzten und Gelehrten, Sammlern und Geschäftsleuten in Verkehr. Immer mehr gewöhnte er sich indeß, den hohen herablassenden Herrn hervorzukehren und sich majestätisch zuzuknöpfen, wo nicht sein Interesse gerade einen heitern und behaglichen Verkehr zu erheischen schien.

In Weimar ward er bei seiner Rückkehr mit einer Serenade beehrt,

---

[1] Göthe's Werke [Hempel]. I. 214.
[2] Ebdf. I. 215. Nach Luise Seidler hätte sich Minchens „tiefe Verehrung" für Göthe nie zur „Leidenschaft" gesteigert. S. Grenzboten 1874. IV. 445. — Vgl. F. J. Frommann, Das Frommann'sche Haus und seine Freunde. Jena 1872. S. 116 ff. 163 ff. Göthe selbst gleitet in den Tag- und Jahresheften ohne nähere Angaben über die Sache weg. Er spricht nur von einem „schmerzlichen Gefühl der Entbehrung" (Werke. XXVIII. 177) und: „Niemand verkennt an diesem Roman eine tief leidenschaftliche Wunde, die im Heilen sich zu schließen scheut, ein Herz, das zu genesen fürchtet" (ebdf. XXVIII. 186). Nach einer zweiten unglücklichen Liebe ging Wilhelmine eine noch unglücklichere Ehe ein und starb als Geisteskranke 1865.

welche in ihm nicht wenig den Plan befestigte, eine kleine Singschule zu gründen. Das war noch ein Fach, mit welchem er sich bis dahin wenig abgegeben.

„Ob wir gleich Stimmen und Instrumente in Weimar haben, und ich noch dazu der Vorgesetzte solcher Anstalten bin, so habe ich doch niemals zu einem musikalischen Genuß in einer gewissen Folge gelangen können, weil die garstigen Lebens- und Theaterverhältnisse immer das Höhere aufheben, um dessentwillen sie allein da sind und da sein sollten." [1] So klagt er seinem Freunde, dem Musiker Zelter in Berlin, mit dem er jetzt viel über Musik correspondirte. „Mit der Oper," fügte er bei, „wie sie bei uns zusammengesetzt ist, mag ich mich nicht abgeben, besonders weil ich diesen musikalischen Dingen nicht auf den Grund sehe." [2] Donnerstag wurden Übungen mit einem heitern Souper gehalten, am Sonntag — an Stelle des Gottesdienstes — ein klein Concert mit Frühstück.

In Jena, wo er sich vom 11. November bis 15. December 1807 aufhielt, brachte Minna Herzlieb die schon erwähnte „Sonettenwuth" über ihn. Um diese Zeit ward er auch von Zacharias Werner besucht, der ihm sehr gut gefiel [3]. Werner kam dann nach Weimar hinüber und blieb da bis in den April. Göthe ließ dessen Tragödie „Wanda" aufführen. Anspielend auf ein anderes Stück Werners, schrieb er (11. Januar 1808) an Jacobi [4]:

„Es kommt mir, einem alten Heiden, ganz wunderlich vor, daß Kreuz auf meinem eigenen Grund und Boden aufgepflanzt zu sehen, und Christi Blut und Wunden poetisch predigen zu hören, ohne daß es mir gerade zuwider ist."

Schon ein Jahr später war er indeß mit Werner, wie mit der ganzen sogen. romantischen Schule, höchlich unzufrieden:

„Die Kunstwelt liegt freilich zu sehr im Argen, als daß ein junger Mensch so leicht gewahr werden sollte, worauf es ankommt. Sie suchen es immer wo anders, als da, wo es entspringt, und wenn sie die Quelle je einmal erblicken, so können sie den Weg dazu nicht finden.

„Deßwegen bringen mich auch ein halb Dutzend jüngere poetische Talente zur Verzweiflung, die bei außerordentlichen Naturanlagen schwerlich viel machen werden, was mich erfreuen kann. Werner, Öhlenschläger, Arnim, Brentano und andere arbeiten und treibens immer fort; aber alles geht durchaus in's Form- und Charakterlose. Kein Mensch will begreifen, daß die höchste und einzige Operation der Natur und Kunst die Gestaltung sei, und in der Gestalt die Specification, damit ein jeder ein Besonderes, ein Bedeutendes werde, sey und bleibe. Es ist keine Kunst, sein Talent nach individueller Bequemlichkeit humoristisch walten zu lassen; etwas muß immer daraus entstehen . . .

---

[1] Riemer, Briefwechsel zwischen Göthe und Zelter. Berlin 1833. I. 268.
[2] Ebbf.   [3] Ebbf. S. 289.
[4] Göthe's Briefe. Berlin. Nr. 113. — Viehoff, Göthe's Leben. IV. 65.

„Sehr schlimm ist es babey, baß bas Humoristische, weil es keinen Halt und kein Gesetz in sich selbst hat, doch zuletzt früher ober später in Trübsinn und üble Laune ausartet, wie wir davon die schrecklichsten Beispiele an Jean Paul (siehe beßen letzte Probuction im Damenkalender) unb an Görres (siehe beßen Schriftproben) erleben müßen. Übrigens gibt es noch immer Menschen genug, die bergleichen Dinge anstaunen und verehren, weil bas Publikum es jebem Dank weiß, der ihm ben Kopf verrücken will." [1]

Hatte Göthe in Bezug auf bie mangelhafte äußere Kunstform der Romantiker theilweise Recht, so täuschte er sich bagegen sehr über ben üblen Humor, ben er Görres zuschrieb [2]. Dieser sprubelte gerade in bieser Zeit über von gutem Humor, wie seine Briefe unb die Einsieblerzeitung beweisen [3]. Der alte Voß schlug barüber um sich, als wäre er von einem Bienenschwarm gestochen. Göthe selbst scheint über Görres nicht sonberlich guten Humors gewesen zu sein, wie ihn auch bie Conversion Friedrich Schlegels offenbar sehr unangenehm berührte.

„Lesen Sie ja doch Friedrich Schlegel: Ueber die Sprache und Weisheit der Indier," so schrieb er an Zelter, „unb bewundern, wie er ein ganz crubes christkatholisches Glaubensbekenntniß mit ben herrlichsten Ansichten über Welt=, Menschen= und Culturgeschichte zu verweben gewußt hat. Man kann bieses Büchlein also auch für eine Declaration seines Übertritts zur alleinseligmachen= ben Kirche ansehen. Alles bieses hocus pocus, es mag nun wirken wie es will, wirb ihm aber doch im Ganzen nichts helfen. Die ächte Sinnesart ist zu weit verbreitet, unb kann nicht mehr untergehen, sie mag sich auch burch Inbivibualitäten mobificiren als sie will." [4]

Schon früh im Jahre 1808 (ben 12. Mai) ging Göthe wieder als Kurgast nach Karlsbab und genoß ba bas vornehme gesellige Leben, bas ihn mit weiteren Kreisen in Verbindung setzte. Die Herzogin von Kur= land war ba, mit ihr ber Dichter Tiebge und die Präsidentin von ber Recke, bann ber Herzog August von Gotha, ber Fürstbischof von Breslau, ein geheimnißvoller Schwebe unter bem Namen „von Reiterholm", Kreis= hauptmann von Schiller, bie Bergräthe Werner unb von Herber, letzterer

---

[1] Briefwechsel mit Zelter. I. 340.
[2] J. Galland, Jos. v. Görres. Freiburg 1876. S. 118 ff. 130.
[3] In ben „Schriftproben von Peter Hammer" sagt Görres u. A.: „Welche aber bie Unausstehlichsten sind? Das sind die bummen Propheten unb Jene, die nur immerfort vorgackern von Politik und politischen Sachen; bas Geschmeiß aber, bas nistet im Verberben ber Zeit unb von seinen Sünden sich mästet, jenes schachernbe Volk, bas die Ehre ber Nation auf bem literarischen Tröbelmarkte vergaunert u. s. w." Voß bezog bas auf sich unb warb ganz erbost; sollte auch Göthe sich getroffen gefühlt haben?
[4] Briefwechsel mit Zelter. I. 327.

des alten Freundes Sohn. Vertraulicher verkehrte er mit der Familie von Ziegesar, die ihm längst bekannt war und bei der er Pauline Gotter und Frau von Seckendorf antraf[1].

Höchst pedantisch erzählt er in den „Tages- und Jahresheften", wie er die ersten Bände der bei Cotta erscheinenden Allgemeinen Zeitung habe binden lassen, um sie dann mit nach Karlsbad zu nehmen[2].

Nach seiner Rückkehr schickte er seinen August an die Universität Heidelberg, mit Empfehlung an Voß und Thibaut. In Frankfurt traf derselbe die Großmutter noch am Leben; doch starb dieselbe am 13. September, 77 Jahre alt. Göthe sah sie nicht mehr: er ging auch hier wieder dem Leiden und dem Tode aus dem Wege. Um die Erbschaftsangelegenheiten zu ordnen, ließ er Christiane nach Frankfurt reisen. Sie that es „auf eine glatte und noble Weise", wie Göthe anerkennend an Knebel berichtet[3].

Unterdessen rückte der Fürstencongreß von Erfurt heran. Das Statthalter-Palais Dalbergs, wo Wieland, Göthe, Schiller, Herder und die anderen Genies so manchen Besuchsabend verplaudert hatten, sollte den mächtigsten Herrscher Europa's beherbergen. Alle Fürsten Europa's sollten sich um ihn versammeln. Französische Decorateurs erschienen, um die vielthürmige Kleinstadt aufzuputzen. Die berühmtesten Schauspieler von Paris kamen, um vor einem Parterre von Königen und Fürsten zu spielen. Alle Rheinbundsstaaten bis auf die kleinste Souveränität herab wurden durch ihre Fürsten oder ihre Thronerben vertreten. Preußen hatte den Prinzen Wilhelm, Österreich den General Vincent geschickt. Am 27. September 1808 kam Napoleon an und traf noch am selben Tage mit dem Kaiser Alexander und dem Großfürsten Constantin zusammen. Seit den Zeiten des Mittelalters war kaum mehr ein so großartiger Fürstentag gehalten worden. Doch kein deutscher Kaiser hatte ihn berufen, sondern der korsische Emporkömmling, der Sohn der Revolution, der die alten, ehrwürdigen Fürstengeschlechter verachtete und sie, an der Seite der russischen Autokraten, sehr von oben herab behandelte[4].

Während Göthe Napoleon bewunderte, Voigt jede Auflehnung gegen

---

[1] Tag- und Jahreshefte — Werke [Hempel]. XXVIII. 179.
[2] Ebdf. S. 184.
[3] Guhrauer, Briefwechsel zwischen Göthe und Knebel. I. 339. — Vgl. Frese, Göthe-Briefe aus Friß Schlossers Nachlaß. Stuttgart 1877. S. 7.
[4] Vgl. Häusser, Deutsche Geschichte. III. 195—200. — A. Schöll, Karl-August-Büchlein. S. 124. — Friedr. von Müller, Erinnerungen. S. 217 ff.

seine Gewaltherrschaft für Vermessenheit hielt, trug der Herzog nur widerwillig das fremde Joch[1]. Er berief noch 1808 den Herrn von Müffling in seine Landesregierung, der als preußischer Offizier und Unterquartiermeister den Rückzug von 1806 mit ihm gemacht und die Franzosen gründlich haßte. Voigt sah ihn nicht gerne. Niemand wußte, daß er hauptsächlich dazu angestellt war, die Erregung und Bewegung gegen Napoleon im Geheimen zu schüren und den verstreuten Elementen einen Vereinigungspunkt zu geben. So stellte wenigstens Müffling selbst seine Aufgabe dar. „Von Weimar aus," sagte er, „wurden die Schwachen ermuthigt, der Haß gegen den Tyrannen genährt und manches ohne Aufsehen vorbereitet, was 1813 beim Ausbruche des Krieges sich als echt deutsches Element zeigte." [2] Auch die Badereisen des Herzogs nach Karlsbad und Teplitz sollen nach seiner Versicherung in diesem Sinne ausgenützt worden sein.

Auf dem Fürstencongreß war begreiflicher Weise nichts von solcher Gesinnung zu spüren. Der Herzog verschwand unter den übrigen Vasallen des französischen Kaisers. Wurde doch die Wache, als sie den König von Württemberg mit dreifachem Trommelzeichen begrüßen wollte, von dem Offizier angeschrieen: Still! Es ist ja bloß ein König! Taisez-vous, ce n'est qu'un roi!

Göthe, der früher in Weimar kein Gehör bei Napoleon hatte finden können, wollte anfänglich von den Festlichkeiten, die mit dem Congreß verbunden waren, nichts wissen. Aber der Herzog schickte am 29. nach ihm. Nun kam er und interessirte sich an dem merkwürdigen Schauspiel. Besonders zog ihn das französische Theater an. Am 29. wurde Racine's „Andromache", am 30. dessen „Britannicus", am 3. October Voltaire's „Ödipus" gegeben. Göthe war über die Leistungen der Schauspieler in heller Begeisterung. Dazu Stücke, welche zu den bedeutendsten der französischen Bühne gerechnet wurden — und ein „Parterre von Königen"!

Den Königen und Fürsten erwies Napoleon wenig Artigkeit. Dem Kaiser Alexander ersparte er die Demüthigung nicht, in seiner Gegenwart die Tapfersten eines französischen Regiments, das 1807 gegen die Russen gekämpft, vor sich kommen und sich ihre Heldenthaten erzählen zu lassen. Dagegen entsprach es seiner Politik, die gleich ihm aus dem Bürgerstande aufgekommenen literarischen Berühmtheiten etwas auszu-

---

[1] O. Jahn, Göthe's Briefe an Voigt. S. 96 ff.
[2] Müffling, Aus meinem Leben. S. 18 ff.

zeichnen. Sie waren nicht so zahlreich wie die kleinen deutschen Souveräne und hatten von jeher eine gute Dosis französischer Gesinnung an den Tag gelegt. Von der ganzen frühern weimarischen Herrlichkeit waren eigentlich nur noch zwei übrig: der eine war Wieland, wie Göthe ihn genannt hatte, le doyen de la littérature allemande, 75 Jahre alt, einst der unermüdliche Nachahmer des Mercure de France und der französischen Salonliteratur, der begeisterte Prediger der französischen Revolutionsideen und der gestrenge Richter der französischen Revolution, jetzt ein gebrochener Greis, den Göthe und sein Kreis mehr oder weniger als eine überlebte Größe behandelten und über den längst die komische Edictalvorladung der Romantiker ergangen war, der sich aber nicht als falschen Propheten erwiesen hatte, wenn er früher den Sieg Frankreichs von Bonaparte erwartete. Der Andere war Göthe, schon nahezu ein Sechziger, nach gewöhnlicher Berechnung auch über die Jahre hinaus, in welchen ein Schriftsteller große Erfolge zu erzielen pflegt. Seine der classischen französischen Bühne nahestehenden Leistungen „Tasso" und „Iphigenie" und sein moderner „Wilhelm Meister" waren noch nicht viel über die Grenzen Deutschlands hinausgedrungen. Napoleon scheint ihn nur als Dichter des „Werther" und „Götz" gekannt zu haben — also bloß den jungen stürmischen Göthe, der, Shakespeare nacheifernd, alle Schranken der Kunst durchbrach, nicht den alten Geheimrath, dem vor lauter Kunstgeheimnissen die eigene Poesie beinahe zum Geheimniß geworden war, der Voltaire und Diderot übersetzte und die griechischen Göttinnen ähnlich verehrte, wie sie in Paris immer verehrt worden waren.

Seine Audienz bei Napoleon hat Göthe erst nach vielen Jahren, den 15. Februar 1824, skizzirt[1]. Am 2. October 11 Uhr Vormittags wurde er zu dem Kaiser gerufen, der, eben beim Frühstück, sich mit Talleyrand und Daru über Contributions-Angelegenheiten unterhielt[2]. Göthe blieb in respectvoller Entfernung, bis ihn der Kaiser herbeiwinkte.

---

[1] Kanzler Müller trieb ihn dazu an. Am andern Morgen schrieb ihm Göthe: „Sie haben mir gestern einen Floh hinters Ohr gesetzt, der mich nicht schlafen ließ. Ich stand um fünf Uhr auf und entwarf die Skizze jener Unterredung mit Napoleon. Zur Strafe aber, daß Sie mich dazu verleitet, secretire ich mein Produkt." — Burkhardt, Göthe's Unterhaltungen mit Müller. 1871. S. 80. 81.
[2] Göthe's Werke [Hempel]. XXVII. 323 ff. 553 ff. Vgl. A. Schöll, Göthe in den Hauptzügen seines Lebens und Wirkens. 1882. S. 467—484 (Dichter und Eroberer).

„Nachdem er mich aufmerksam angeblickt, sagte er: ‚Vous êtes un homme.' Ich verbeuge mich.

Er fragt: Wie alt seid Ihr?
Sechzig Jahre.
Ihr habt euch gut erhalten —
Ihr habt Trauerspiele geschrieben.
Ich antwortete das Nothwendigste.

Hier nahm Daru das Wort, der, um den Deutschen, denen er so wehe thun mußte, einigermaßen zu schmeicheln, von deutscher Literatur Notiz genommen; wie er denn auch in der lateinischen wohlbewandert und selbst Herausgeber des Horaz war.

Er sprach von mir, wie etwa meine Gönner in Berlin mochten gesprochen haben; wenigstens erkannt' ich daran ihre Denkweise und ihre Gesinnung.

Er fügte sodann hinzu, daß ich auch aus dem Französischen übersetzt habe, und zwar Voltaire's Mahomet.

Der Kaiser versetzte: ‚Es ist kein gutes Stück'[1], und legte sehr umständlich auseinander, wie unschicklich es sei, daß der Weltüberwinder von sich selbst eine so ungünstige Schilderung mache.

Er wandte sodann das Gespräch auf den Werther, den er durch und durch mochte studirt haben. Nach verschiedenen ganz richtigen Bemerkungen bezeichnete er eine gewisse Stelle[2] und sagte: ‚Warum habt Ihr das gethan? es ist nicht naturgemäß'; welches er weitläufig und vollkommen richtig auseinandersetzte."

Göthe entschuldigte sich, indem er dem Kaiser zugleich über seinen literarischen Scharfblick ein Compliment machte.

„Der Kaiser schien damit zufrieden, kehrte zum Drama zurück und machte sehr bedeutende Bemerkungen, wie Einer, der die tragische Bühne mit der größten Aufmerksamkeit gleich einem Kriminalrichter betrachtet und dabei das Abweichen des französischen Theaters von Natur und Wahrheit sehr tief empfunden hatte.

So kam er auch auf die Schicksalsstücke mit Mißbilligung. Sie hätten einer dunklern Zeit angehört. ‚Was,' sagte er, ‚will man jetzt mit dem Schicksal? Die Politik ist das Schicksal.'"

Nachdem das kurze Literaturgespräch eine Weile durch politisch-militärische Conversation des Kaisers mit Daru und Marschall Soult unterbrochen, stand der Kaiser plötzlich auf und wandte sich wieder zu Göthe.

---

[1] Wie Göthe Boisserée erzählte, sagte Napoleon geradezu: „Mahomet est une mauvaise pièce", und Göthe meinte dazu: „Er, der ein anderer Mahomet war, mußte sich wohl darauf verstehen." — Sulpiz Boisserée. I. 285.

[2] Welche, hat Göthe selbst dem Freund Eckermann nicht einmal verrathen wollen (Gespräche III. 28); doch fand „der Alles besser wissende Düntzer" sogar zwei Stellen für eine. S. Schöll, Göthe. S. 482.

„Indem er jenen den Rücken zukehrte und mit gemäßigter Stimme zu mir sprach, fragte er, ob ich verheirathet sei, Kinder habe und was sonst Persönliches zu interessiren pflegt; ebenso auch über meine Verhältnisse zu dem fürstlichen Hause, nach Herzogin Amalia, dem Fürsten, der Fürstin und sonst; ich antwortete ihm auf eine natürliche Weise. Er schien zufrieden und übersetzte sich's in seine Sprache, nur auf eine etwas entschiedenere Art, als ich mich hatte ausdrücken können.

Dabei muß ich überhaupt bemerken, daß ich im ganzen Gespräch die Mannichfaltigkeit seiner Beifallsäußerung zu bewundern hatte, denn selten hörte er unbeweglich zu, entweder er nickte nachdenklich mit dem Kopfe, oder sagte Oui oder C'est bien oder dgl.; auch darf ich nicht vergessen zu bemerken, daß, wenn er ausgesprochen hatte, er gewöhnlich hinzufügte: ‚Qu'en dit Mr. Göt?'"

Damit hatte die weltgeschichtliche Unterredung vorläufig ihr Ende. Die zwei folgenden Tage hatte Göthe als Theaterchef viele Sorge, weil Napoleon nach Weimar hinüberkommen und die Schauspieler des Théâtre français auch dort eine Vorstellung geben lassen wollte. Am 6. war große Treibjagd in der Nähe von Weimar, dann Festessen, Theater und Hofball. Es wurde Voltaire's „Tod des Cäsar" aufgeführt, ein in Paris polizeiwidriges Stück, das aber Napoleon vor den guten Deutschen für weniger gefährlich hielt[1]. Bei dem Ball ließ er nach kurzer Begrüßung den Kaiser Alexander stehen und suchte nochmals Göthe auf. Wahrscheinlich bei dieser Gelegenheit[2] redete er ihm zu, daß er nicht Shakespeare, sondern die classische Tragödie nachahmen sollte: „Je suis étonné qu'un grand esprit comme vous n'aime pas les genres tranchés ... Das Trauerspiel sollte die Lehrschule der Könige und der Völker sein; das ist das Höchste, was der Dichter erreichen kann." Ferner soll er ihm noch gesagt haben:

„Sie sollten den Tod Cäsars auf eine vollwürdige Weise großartiger als Voltaire schreiben. Diese Arbeit könnte Ihre Hauptlebensaufgabe werden. In dieser Tragödie müßte man der Welt zeigen, wie Cäsar die Menschheit hätte glücklich machen können, wenn man ihm Zeit gelassen hätte, seine weitausschauenden Pläne zu verwirklichen ... Kommen Sie nach Paris! Ich fordere das von Ihnen. Da werden Sie einen viel weitern Kreis für Ihren beobachtenden Geist finden, da werden Sie ungeheures Material für Ihre poetischen Schöpfungen finden."

---

[1] Er soll zur Herzogin Luise gesagt haben: Étrange pièce, ce César! Pièce républicaine! J'espère que cela ne fera aucun effet ici." — Knebels Briefwechsel mit seiner Schwester Henriette. S. 348.

[2] S. Müller, Erinnerungen. S. 240. — Thiers, Histoire du Consulat etc. Liv. 32. — Lewes (Frese). II. 431.

24. Göthe vor Napoleon.

Wieland war den Festlichkeiten in Erfurt fern geblieben; er war zu alt. Einen Monat zuvor hatte der gemüthliche Schwabe folgenden Rückblick auf sein Leben geworfen [1]:

„Ich habe zwar in vollen 75 Jahren Gottlob! kein glänzendes, noch sonderliches Glück gemacht; sondern auch das herzbrückende Schicksal erfahren, alle Freunde und Freundinnen meiner Jugend und meiner besten Jahre zu überleben. Aber demungeachtet verdanke ich der Mutter Natur eine so glückliche Organisation und Sinnesart, und meinem guten Genius so manche glückliche Ereignisse, und ein so freundlich schönes Gewebe der 27 593 Tage (die Schalttage mit eingerechnet), daß ich mich nicht zu täuschen glaube, wenn ich gegen einen trüben und stürmischen Tag, womit die Parzen mich nicht verschonen konnten oder wollten, vierzehn heitere und vergnügte Tage eines so frohen Lebensgenusses zähle, als ein Sterblicher, ohne thörichte Forderungen an den Himmel zu machen, von diesem unvollkommenen Erdenleben nur immer verlangen kann. Denn für mich sind die Gefühle, worin sich ein Tropfen Bitterkeit mit dem Süßen vermischt, immer die angenehmsten."

Wie Göthe, wurde auch er zu dem großen Gala-Diner und zum Hofball eingeladen, fühlte sich aber nicht wohl genug [2]. Dagegen konnte er der Lust nicht widerstehen, die Pariser Schauspieler zu sehen. Er wohnte dem „Tode Cäsars" bei, in einer Seitenloge, in welcher sonst der Herzog dem Schauspiel beizuwohnen pflegte. Napoleon sah da den einfach gekleideten Greis mit seinem Sammetkäppchen und fragte, wer es sei. Als er hörte, daß es Wieland sei, wollte er ihn durchaus sehen.

„Nun war kein anderer Rath," erzählt Wieland selbst, „als mich in den Hofwagen, der mir geschickt wurde, zu setzen und — in meinem gewöhnlichen accoutrement, eine Calotte auf dem Kopf, ungepudert, ohne Degen und in Tuchstiefeln (übrigens anständig costumirt) im Tanzsaal zu erscheinen. Es war gegen halb eilf Uhr. Kaum war ich etliche Minuten dagewesen, so kam Napoleon von einer andern Seite des Saales auf mich zu. Die Herzogin präsentirte mich ihm selbst, und er sagte mir ganz sentselig — das Gewöhnliche, indem er mich zugleich scharf ins Auge faßte. Schwerlich hat wohl jemals ein Sterblicher die Gabe, einen Menschen gleich auf den ersten Blick zu durchschauen, in höherm Grade besessen, als Napoleon. Er sah, daß ich, meiner leibigen Celebrität zum Trotz, ein schlichter, anspruchsloser, alter Mann war, und da er, wie es schien, für immer einen guten Eindruck auf mich machen wollte, so verwandelte er sich augenblicklich in die Form, in welcher er sicher sein konnte, seine Absicht zu erreichen. In meinem Leben habe ich keinen einfacheren, ruhigeren, sanfteren und anspruchsloseren Menschensohn gesehen. Keine Spur, daß der Mann, der mit mir sprach, ein großer Monarch zu seyn, sich bewußt war. Er unterhielt sich mit mir wie ein alter Bekannter mit seines

---

[1] H. Döring, Chr. M. Wielands Biographie. 1853. S. 146.
[2] Ebdf. S. 147 ff.

Gleichen, und was noch keinem Andern meines Gleichen wiederfahren war, an anderthalb Stunden lang in Einem fort, und ganz allein, zum großen Erstaunen aller Anwesenden. Da ich ein sehr ungeübter, schwerzüngiger französischer Orateur bin, so war es glücklich für mich, daß er gerade in der Laune war, viel zu sprechen und die frais de la conversation fast allein auf sich nahm. Es war nahe an zwölf Uhr, als ich endlich zu fühlen anfing, daß ich das Stehen nicht länger ertragen könne. Ich nahm mir also eine Freiheit heraus, die sich schwerlich irgend ein anderer Deutscher oder Franzose unterstanden hätte. Ich bat Se. Majestät, mich zu entlassen, weil ich mich nicht stark genug fühle, das Stehen länger auszuhalten. Er nahm es sehr gut auf. „Allez donc', sagte er mit freundlichem Ton und Miene, „allez! bon soir!"

Das lange Gespräch drehte sich erst um Wielands Schriften, dann um geschichtliche Fragen. Wieland sollte sagen, welches Zeitalter er für das glücklichste halte. Als Wieland ausweichend antwortete, ging Napoleon gegen Tacitus los: die römischen Kaiser seien lange nicht so schlecht gewesen, als Tacitus sie geschildert. Darauf kam er auf den Einfluß der Griechen und auf das Christenthum zu sprechen. Wieland fragte Napoleon, weßhalb „der Cultus, den er in Frankreich reformirt habe, nicht philosophischer und dem Geiste unserer Zeit nicht angemessener ausgefallen sei". Napoleon antwortete: „Ja, mein lieber Wieland, für Philosophen ist er auch nicht gemacht, denn die Philosophen glauben weder an mich, noch an meinen Cultus, und den Leuten, die daran glauben, kann man nicht Wunder genug thun. Wenn ich einmal eine Religion für Philosophen stiften könnte, die sollte freilich anders beschaffen sein." In dem weitern Gespräch über Religion machte Napoleon den Skeptiker und ging so weit, die wirkliche Existenz Christi zu bezweifeln. Das war Wieland doch zu arg; er vertheidigte sie mit Lebhaftigkeit.

„Ich weiß wohl, Sire, daß es einige Unsinnige gab, die daran zweifelten, aber es kommt mir ebenso thöricht vor, als wollte man bezweifeln, daß Julius Cäsar gelebt und Ew. Majestät leben."

„Gut, gut," erwiederte Napoleon, „die Philosophen quälen sich ab, Systeme aufzubauen, aber sie suchen vergeblich ein besseres, als das Christenthum, durch welches der Mensch mit sich selbst versöhnt und zugleich die öffentliche Ordnung und die Ruhe der Staaten gleich stark verbürgt wird, wie das Glück und die Hoffnung der Individuen." [1]

Das Gespräch Wielands mit Napoleon war somit in jeder Hinsicht bedeutender und gehaltvoller, als dasjenige Göthe's. Göthe war am andern Tag so müde, daß er, als er einen Besuch bei Frau von Stein

---

[1] Müller, Erinnerungen. S. 251.

machte, sofort einschlief und fortschlief, bis die bei ihr versammelte Gesellschaft wieder fort war.

Am 7. October war wieder große Jagd zwischen Apolda und Jena, auf der Höhe des Landgrafenberges, von wo aus Napoleon zwei Jahre zuvor die Schlacht von Jena befehligt hatte. In Begleitung des Prinzen Wilhelm besuchte er das Schlachtfeld. Er soll dabei, nach dem Berichte Mufflings[1], nur durch seinen Begleiter einem Attentate entgangen sein, das zwei preußische Reiter auf ihn vorhatten. Sie lauerten im Webicht, dem nächsten Wald bei Weimar, mit Musqueten unter dem Mantel auf den Vorbeireitenden. Als sie jedoch den preußischen Prinzen an Napoleons Seite erblickten, entsank ihnen Muth und Entschluß.

In den nächsten Tagen regnete es Sterne und Ordensbänder. Sowohl Göthe als Wieland erhielten am 14. October von Napoleon das Kreuz der Ehrenlegion, von Kaiser Alexander den St.-Annenorden. Was Göthe mit Napoleon eigentlich gesprochen, konnte Frau von Stein in den nächsten Tagen nicht erfahren: es hieß, er sei zufrieden, wolle aber die Unterredung geheimhalten. Daß Napoleon aber zu seiner Umgebung von ihm gesagt habe: Voilà un homme! verbreitete sich bis zu dem Grafen von Reinhard, der damals in Frankfurt war. Er schrieb wenigstens: „Von Ihnen soll der Kaiser gesagt haben: Voilà un homme! Ich glaube es; denn er ist fähig, dieß zu fühlen und zu sagen."[2]

Göthe antwortete:

„Also ist das wunderbare Wort des Kaisers, womit er mich empfangen hat, auch bis zu Ihnen gedrungen! Sie sehen daraus, daß ich ein recht ausgemachter Heide bin, indem das Ecce homo in umgekehrtem Sinne auf mich angewendet worden. Uebrigens habe ich alle Ursache mit dieser Naivetät des Herrn der Welt zufrieden zu seyn."[3]

Auf die theatralische Verherrlichung sollte indeß bald eine peinliche Ernüchterung folgen. Weimar sank nach den meteorhaften Festlichkeiten bald wieder in seine alltägliche Kleinheit zurück. Aber nicht einmal in seinem winzigen Königreiche von Mineralien, Gypsabgüssen, Münzen, Büchern, Pflanzen, Musikalien, Schauspielern und Schauspielerinnen blieb Göthe's Königthum nunmehr unangefochten.

Die Schauspielerin Karoline Jagemann hatte, seitdem sie des Herzogs „Freundin" geworden, zahlloses kleines Unheil an der Bühne ange-

---

[1] Müffling, Aus meinem Leben. S. 27.
[2] Briefwechsel zwischen Göthe und Reinhard. Stuttgart 1850. S. 43.
[3] Ebdf. S. 44.

richtet, anderen Schauspielerinnen ihre Rollen weggekapert, sie durch ihren Hochmuth verletzt, in alles Mögliche hineingeredet und hineinregiert. Sie wagte sich endlich auch an Göthe, nicht unmittelbar, aber indem sie gegen ihn intriguirte [1].

Den Anlaß bot der bei Göthe sehr beliebte Sänger Morhardt [2], welcher sich Anfangs November weigerte, bei der Oper „Sargino" aufzutreten, die auf zweimaligen herzoglichen Befehl am 5. November gegeben werden sollte. Derselbe brachte am 3. ein medicinisches Attestat bei, daß er zwar nicht krank sei, aber wohl durch eine Heiserkeit am Singen behindert werden könnte. Der Herzog brauste auf und verlangte von Göthe, daß er den Widerspänstigen sofort verabschieden sollte, ohne weitere Gage als die der künftigen Woche. Die Vorschüsse, die er aus der Theaterkasse erhalten, sollten ihm geschenkt sein; aber wenn er die Stadt nicht bis zum 20. verlasse, solle er polizeilich ausgewiesen werden. Göthe wagte es nun, für Morhardt einzutreten, worauf der Herzog zwar den bestehenden Contract mit ihm bis Ostern noch gnädig fortbestehen lassen wollte, aber das Eingehen solcher Contracte ernstlich rügte [3]. „Ein Heimchen," schrieb er an Voigt, „oder sonst ein unangenehmes Insekt kann öfter ein Hauswesen so plagen, daß alle Arbeit bei Seite gesetzt werden muß, um ruhige Nächte den Einwohnern zu verschaffen." Göthe aber ward über die Sache so entrüstet, daß er seinen Austritt aus der Theatercommission begehrte:

---

[1] E. Pasqué, Göthe's Theaterleitung in Weimar. Leipzig 1863. II. 169 —185. „Aus den die Jagemann betreffenden Theilen dieser Briefe geht zur Genüge hervor, wie die Künstlerin, gleich nach ihrem Eintritt in den Weimarer Kreis, verleitet durch ihre künstlerischen, noch mehr durch ihre persönlichen Vorzüge, ihre dadurch erzielten Erfolge, sowie ihre ganz exceptionelle Stellung, Opposition machte, die ihr Widerstrebenden zu entfernen suchte, um bald Alleinherrscherin nach jeder Richtung hin zu sein. Mit den Mitgliedern begann sie, dann kamen ihre nächsten Bühnenvorgesetzten, Regisseur und Kapellmeister, an die Reihe, und endlich brachte sie es durch ihr Gebahren dahin, daß der Schöpfer, die Seele des ganzen Weimarer Theaterwesens, Göthe, voll Überdruß seine Stellung bei der Bühne aufgab, wodurch sie ihr so lang ersehntes Ziel, völlige Alleinherrschaft bei dem Hoftheater, erreichte. Freilich brauchte sie zu letzterem Resultat genau zwanzig volle Jahre, von 1797 bis 1817, aber sie erreichte es, und Göthe muß während dieser Zeit des geheimen Kampfes wohl manches Bittere, Unangenehme erfahren und erduldet haben, wovon der Welt nichts bekannt geworden ist."
[2] Tag- und Jahreshefte. Göthe's Werke [Hempel]. XXVII. 175.
[3] Das Rescript, wie die Briefe und Acten für das Folgende bei O. Jahn, Göthe's Briefe an Voigt. S. 482—532.

24. Göthe vor Napoleon.

„So befinde ich mich in der von allen Seiten gedrängten Lage, nicht den Fürsten, sondern den Wohlwollenden inständigst bitten zu müssen, mich von einem Geschäft zu entbinden, das meinen sonst so wünschenswerthen und dankenswerthen Zustand zur **Hölle** macht. Was mir außerdem obliegt, werde ich mit alter Treue und frischer Lust zu fördern suchen."[1]

Voigt mahnte: „Göthens Opinion ist zu weit ausgedehnt; nicht allein das hiesige Publikum, sondern ganz Deutschland sieht auf ihn. Man wird der Sache, gedruckt und ungedruckt, die fatalsten Auslegungen geben." Hofrath Meyer legte im Auftrage Göthe's Friedensvorschläge vor, worin dieser zwar für das Schauspiel seinen frühern Einfluß sichern wollte, aber zugleich vorschlug, die Operndirection von der Schauspieldirection zu trennen. Dazu ließ Göthe vertraulich versichern, daß „**er keineswegs prätendire, die Mad. Jagemann auf irgend eine Weise zu geniren**, sondern daß ihr, wie bisher, lediglich überlassen bleiben solle, ob oder wie sie auftreten wolle"[2]. Umsonst. Der Herzog erklärte am 30. November rund heraus:

„**Die Theatersache ist von der Art, daß ich platterdings die sogenannte Souverainetät nicht länger existiren lassen will**; kann sich Göthe in ein vernünftiges, natürliches und den hergebrachten Dienstgewohnheiten anpassendes Arrangement fügen, so soll es mir lieb seyn, mit ihm zu thun zu haben, wo nicht, so kann er die Direction ganz aufgeben."[3]

Einen ganzen Monat hatten sich die beiden einstigen Freunde auf diese Weise verbittert; ein zweiter ging nun damit vorüber, daß Göthe ganze Actenstöße über eine neue Organisation der Theatercommission entwarf, der Herzog und Voigt sie durchberiethen, beide Theile sich auf's Unerquicklichste stritten, Göthe (am 18. December) neue Ursache fand, „**höchst verdrießlich und mißtrauisch zu seyn**", und endlich darüber erkrankte[4].

---

[1] O. Jahn a. a. O. S. 485.   [2] Ebdſ. S. 486. 487.

[3] Ebdſ. S. 489. Die Klage des Herzogs über Göthe's „Tyrannei" kehrt in mehreren Billets an Voigt wieder: „Ich bitte den Göthe'schen Unsinn und die ethisch poetisch moralisch politische Einkleidung seiner Herrschsucht, und wie er selbst ausdrückt, Tyrannei .... (?), ohne die Einflüsse der Gemahlin zu benennen" u. ſ. w. .... Ebdſ. S. 72. „Schicken Sie mir Göthe's Exaltationen mit Ihrem Voto wieder. Ich möchte gern meiner Frau die sehr wunderbare Mehnung dieses kleinen Tyrannen lesen lassen" u. ſ. w. Ebdſ. S. 78.

[4] Ebdſ. S. 527. 529. — In den Tag- und Jahresheften sagt Göthe nur: „Gegen Ende des Jahres ergaben sich beim Theater allerlei Mißhelligkeiten, welche zwar, ohne den Gang der Vorstellungen zu unterbrechen, doch den December verkümmerten." Göthe's Werke [Hempel]. XXVII. 184.

„Ew. Durchlaucht," schreibt Voigt, „werden aus der Beylage (die ich Nachmittag 3 Uhr erst erhielt) wahrzunehmen geruhen, daß Göthe wirklich krank ist. Die Theater-Sache scheint so in ihm wiederzuhallen, daß er alles, was er für Angriff auf sein Theater-Leben und -Weben ansieht, sich zu Gemüth nimmt, und darüber an Leib und Geist krank wird. Ich muß gestehen, daß ich aus vielen Ursachen bekümmert über die Sache bin."

„Ich hatte an Göthe (Ew. Durchlaucht Befehl zu Folge) vorläufig gemeldet, daß der Commission der Plan zur Theaterorganisation überlassen werden solle. Darauf schrieb er dieses anliegende Blatt. Er sucht darin seine gänzliche Entlassung, um sich, wie der alte Ziegesar, zur Ruhe zu begeben."

Das war der Welt Lohn dafür, daß Göthe unermüdlich über dreißig Jahre sich der theatralischen Unterhaltung des Hofes von Weimar gewidmet, erst das Liebhabertheater in Gang gebracht, dann die Hofbühne von unbedeutenden Anfängen zu einer der ersten Bühnen von Deutschland herangeschult hatte. Zahllose fröhliche Theaterabende, Schillers Dramen, Götz und Stella, Iphigenie und Tasso — Alles war vergessen um einer herrschsüchtigen Schauspielerin willen, welche zu dem Herzog in einem nichts weniger als rühmlichen Verhältniß stand. Göthe hatte seinen Dienst gethan; er konnte nun gehen, — und er wäre wahrscheinlich um seine Theaterdirection gekommen, wenn es nicht dem persönlichen Einfluß Voigts gelungen wäre, den vollständigen Bruch zwischen dem Herzog und ihm für dießmal noch zu hindern und einen Ausgleich herbeizuführen, den er mit Ehren annehmen konnte. Weder seine unendlich kleinlichen bureaukratischen Theateracten, noch seine empfindlichen Klagen aber stimmen zu Napoleons Urtheil: Voilà un homme! Dazu folterte den tiefgekränkten Dichter die ebenso thörichte als unglückliche Liebe zu einem noch kaum den Kinderschuhen entwachsenen Mädchen, nachdem er eben erst seiner langjährigen Lebensgenossin die bürgerlichen Rechte einer Gattin verschafft hatte. Das alte Weimar war schon halb ausgestorben. Hof, Stadt und Land seufzten unter dem fremden Joch. Göthe's poetische Thätigkeit durchkreuzten prosaische Studien und Sorgen. Ein Drama „Pandora" blieb, wie so vieles Andere, Fragment, ein neuer Roman war erst im Werben, die Farbenlehre zehrte einstweilen die beste Zeit und Kraft auf.

Personen-Register.

A.

Abraham a Santa Clara 230.
Ackermann, Professor der Anatomie 292.
Ackermann, Sophie, Schauspielerin 77.
Albani, Cardinal 347.
b'Alembert 318.
Alexander, Kaiser 374. 375. 378. 381.
Alfarache 178.
Amor, P., Schauspieler 74.
Amor, K., Schauspielerin 74.
Anna Amalia, Herzogin von Sachsen-Weimar 5. 25. 30. 40. 57. 73. 114. 330. 343. 344. 355. 363. 369. 378.
Ariost 9. 23. 205. 310.
Aristoteles 38. 86. 103. 193. 200. 206. 234. 242.
Arnim, Achim v. 372.
Arnim, Fräulein v. 36.
Aubry, Mamsell 115.
Augereau, Marschall 360.
August, Herzog von Gotha 109. 373.
August, Prinz von Gotha 122.
Augustinus, der hl. 106. 305.
Augustus, Kaiser 1.

B.

Babo 80.
Baco 38.
Baggesen, Jens 52. 159.
Balbe, S. I. 23. 170—171. 333.
Balsamo, Joseph, s. Cagliostro.
Barbua, Schauspielerin 368.
Basedow 48.
Batsch, Botaniker 290.
Bahle 310.
Beck, Schauspieler 74. 121.
Becker, Schauspieler 83.
Beil 84.
Bellomo, Schauspieler 73. 74. 79. 80. 81.
Benedict XIV., Papst 347.
Berendis, Freund Windelmanns 344.
Bernhard, Prinz von Sachsen-Weimar 355.
Bernhardi 310.

Berthier, Kriegsminister („Fürst von Neufchâtel") 360. 361.
Bertuch, Friedr. Justin 58. 86. 313. 361.
Bertuch, Sohn 368.
Beurnonville, General 90.
Blücher 115.
Bode, Joh. Heinrich 58. 86. 289.
Böttiger 80. 192. 311. 312.
Boie 209.
Bourbon-Conti, de, Prinz Louis François 317. 318.
Bourbon-Conti, de, Stephanie 316—318.
Bragation, Fürstin 371.
Braunschweig, Herzog von 87. 88. 90. 92. 93. 94. 96. 114. 115. 359.
Brentano, Bettina 309. 370.
Brentano, Clemens 210. 258. 301—306. 310. 311. 314. 372.
Bretzner 84.
Brion, Friederike 15. 83.
Brutus 49.
Buchholz 86.
Bürger 207. 299.
Büttner, Hofrath und Professor 69. 293. 301.
Buff, Lotte 15. 300.
Burke 236.
Burkhardt, Demoiselle 285.
Bury, Friedr., Maler 44.
Byron, Lord 182.

C.

Cäsar 49. 380.
Cagliostro 86. 119. 128.
Calderon 41. 223. 233. 250. 306. 308. 313.
Calonne 97.
Campe, J. P., Jugendschriftsteller 116. 122. 163.
Canova 231.
Carlyle 185.
Caro, E., Philosoph 214.
Carrière (Carriere), Mor. 17. 203.
Carstens, Künstler 231.
Caspers, Schauspielerin 280.

Cassius 49.
Catull 212.
Cellini Benvenuto 96. 192. 203.
Cervantes 9. 178. 310. 315.
Chasot, General 90.
Clairfayt, General 89. 91.
Claudius, Matthias 184. 187. 299. 331.
Constantin, der Große 82.
Constantin, Großfürst 374.
Constantin, Prinz von Sachsen-Weimar 114.
Conz 151.
Corday, Charlotte 321.
Corneillan, Graf 371.
Cornelius, Peter, Maler 222. 231. 342.
Cotta, Buchhändler 134. 144. 145. 150. 255. 344. 347. 374.
Cranz, A. Fr. 105.
Crébillon 9. 310.
Custine 101. 111.

D.

Dalberg, Joh. Friedr. Hugo, Freiherr v., Domcapitular von Trier 24—25. 28.
Dalberg, Karl Theodor, A. M., Freiherr v., Coadjutor von Mainz 179. 263. 374.
Dalberg, Heribert, Freiherr v. 34.
Dante 23. 205. 212. 223. 315.
Danton 93.
Daru 376. 377.
Delorme, Frau 317. 318.
Delph, Helena Dorothea, Handelsjungfer 114.
Demmer, Jos., Schauspieler 74.
Demmer, K. F. W., Schauspielerin 74.
Descartes 38.
Devrient, E. 85.
Diderot 9. 38. 64. 124. 192. 226. 227. 243. 248. 318. 337. 341. 344. 376.
Dittersdorf 80.
Döberlein 40.
Dönhoff, Gräfin 3.
Domaratius, Schauspieler 74.
Dubouquet, General 90.
Düntzer, Heinrich 57. 377.
Dürer 221.
Dürr, A. 283.
Dumouriez, General 80. 92. 93. 94. 96.
Dyk, Buchhändler 163. 164.

E.

Eckermann, J. P. 73. 167. 191. 244. 282.
Egloffstein, v., Hauptmann 312.
Egloffstein, v., Hofmarschall 312.
Egloffstein, v., Hofmarschallin 312.
Eichendorff, v. 183. 306.
Eichhorn, Professor 47.
Eichstädt, Hofrath 323. 361.

Einer, s. Krato.
Einsiedel, v., Kammerherr 68. 86. 88. 312.
Elkan, Jakob, Hofjude 237.
Empedocles 332.
Engel 81. 152.
Ersch, Bibliothekar 293. 318.
Euripides 223. 273. 311.

F.

Fall, J. 304.
Fernow 385.
Feti, Domenico 221.
Fichte 185. 296. 297. 301. 314. 324.
Fielding 9. 178. 310.
Fiesole, Fra Angelico da 146. 211.
Fischer, Gottlob Nathanael 184.
Fischer, Regisseur 74.
Fischer, Frau 74.
Florian 121.
Forster, Georg 71. 88. 117. 120. 184.
Francia 221.
Franke, Dr. 59.
Franke, Konrad, Tischler 291.
Frankenberg, v., Minister zu Gotha 46. 112. 289. 296. 361.
Franz, Kaiser 352.
Franziskus, der hl. 212.
Friedrich II. von Preußen 2. 366. 367.
Friedrich Wilhelm II. 2. 3. 66. 88. 92. 98.
Fritsch, Thomas v., Geheimer Rath 112. 289. 343.
Frommann, Buchhändler 370.
Frommann, Frau 370.
Fürstenberg, Fr. Freiherr v. 102. 104.
Fulda, Fürchtegott 164.

G.

Gall, Dr., Kraniologe 349.
Gallitzin, Amalie Fürstin v. 102—110. 128.
Galvani 332.
Garve 152.
Gazäus Angelinus S. J. 10.
Gelzer 323.
Genast, Schauspieler 74. 78.
Gentz, Hofrath 371.
Gerning, Frankfurter Poet 216.
Gervinus 126. 262. 268.
Giotto 146.
Gleim 116. 164. 167. 299. 329. 334.
Goblet 115.
Godefroy, Friedr. 202.
Göchhausen, Luise v. (Thusnelde) 5. 312. 355. 363.
Göbele L. 323.
Görres, Joseph v. 258. 373.
Göschen, Verleger 45. 51. 130. 140. 155. 255. 269. 344.

Personen-Register.

Göthe, August v. 165. 215. 280. 283. 358. 374.
Göthe, Katharina Elisabeth 88. 101. 114. 215. 210. 374.
Göthe, Joh. Wolfgang v., s. Inhaltsverzeichniß.

Werke:
Abschied, der 208.
Achilleis 230. 265—269. 274. 294.
Alexis und Dora 207. 213.
Amor, der neue 104. 208. 213.
Amyntas 208. 213. 218.
Antworten bei einem geselligen Fragespiel 151. 207.
Aufgeregten, die, ein politisches Drama 111. 122—124. 128. 140. 262.
Bergschloß, das 208.
Berichte über das Bergwerk in Ilmenau 57.
Berlichingen, s. Götz.
Besuch, der 151. 207.
Biedermann, der 207.
Blümlein Wunderschön 208.
Braut, die, von Korinth 208. 213.
Brey, Pater, ein Fastnachtspiel 26.
Bürgergeneral, der 106. 111. 121—122. 128. 132. 140. 197.
Campagne, französische 87—100.
Chinese in Rom, der 207.
Clavigo, ein Trauerspiel 34. 46. 268. 321.
Dauer im Wechsel 208.
Dichtung und Wahrheit 32.
Diderots Versuch über die Malerey, Übersetzung 226.
Edelknabe, der, und die Müllerin 208. 213. 218.
Egmont, ein Trauerspiel 37. 41. 43—44. 46. 83. 84. 119. 161. 202. 246. 288. 304. 324.
Elegien, römische 61. 103. 110. 128. 140. 148. 191. 207. 213. 287. 304.
Empfindungen, verschiedene an einem Platz 151. 207.
Epigramme, venetianische 61. 63—66. 128. 140. 151. 207. 213. 287.
Epilog zu Schillers Glocke 342. 344.
Episteln 213.
Erinnerung 208.
Erste, der 207.
Eugenie (die natürliche Tochter) 318—321. 322. 348. 351.
Euphrosyne, Elegie 83. 208. 213. 218.
Fahrt, glückliche 151. 207.
Farbenlehre 69—72. 108. 128. 160. 165. 236. 304. 347. 384.
Faust, ein Fragment 59. 110. 140. 148. 189. 199. 219. 233. 236. 268. 269—274. 294. 297. 304. 308. 322. 359.

Frankfurter gelehrte Anzeigen (Recensionen) 34.
Freund, der 207.
Frieden, zum ewigen 207.
Frühling, frühzeitiger 208.
Frühlingsorakel 208.
Gatten, die glücklichen 208.
Generalbeichte, die 208. 213.
Geschwister, die, ein Schauspiel 83. 84. 351.
Götz von Berlichingen (Schauspiel) 8. 33. 34. 46. 119. 137. 232. 298. 308. 335—338. 343. 351. 376. 384.
Gott, der, und die Bajadere 208. 213.
Großkophta 81. 83. 84. 119—121. 128. 129. 132. 140. 197.
Heilige und Heiligste, das 207.
Hermann und Dorothea 110. 187. 190—204. 206. 262. 263. 269. 304. 328.
Hochzeitslied 208.
Hofmann, der 207.
Jahre, zum neuen 208.
Jahreshefte, Tag- und 374.
Jahreszeiten, die vier 208.
Jahrmarktsfest, das, zu Plundersweilen 40.
Jery und Bätely 351.
Iphigenie, ein Schauspiel 46. 73. 81. 110. 119. 132. 246. 299. 302. 308. 316. 351. 368. 376. 384.
Junggeselle, der, und der Mühlbach 208. 213. 218.
Kophtische Lieder 129. 151. 207.
Krieg, zum ewigen 207.
Kriegserklärung 208.
Laokoon 226.
Laune, die, des Verliebten 351.
Lebensbeschreibung Benvenuto Cellini's 144—146. 149. 230. 262.
Legende 208.
Leiden des jungen Werther 33. 119. 137. 148. 174. 202. 268. 298. 300. 304. 324. 376. 377.
Leipziger Liederbuch 208.
Lieder, an meine 208.
Loge (Gedichte) 59.
Magisches Netz 208.
Mahomet 275—277.
Mahomet, aus, einige Scenen nach Voltaire, von s. Herausgeber 226.
Meeresstille 151. 207.
Meisters, Wilhelm, Lehrjahre 36. 59. 110. 146. 167. 168—190. 201. 202. 262. 267. 268. 269. 304. 305. 306. 328. 348. 378.
Metamorphose der Pflanzen 108. 208. 213.
Mignon, an 208.
Minister, der 207.

25*

Mitschuldigen, die, ein Lustspiel 120. 351. 368.
Müllerin, der, Verrath 208. 213.
Müllerin, der, Reue 208. 213.
Musageten 208.
Musen und Grazien in der Mark 207.
Musensohn, der 208.
Nachtgesang 208.
Nachtwächter 207.
Nähe des Geliebten 151. 207.
Oberons und Titania's goldene Hochzeit 270.
Paläophron und Neoterpe 208. 226.
Pandora, Fragment (Drama) 384.
Pausias, der neue, und sein Blumenmädchen 208. 213.
Preisaufgabe, dramatische 226.
Prolog zu dem Schauspiel „Alte Zeit" 151.
Propyläen 220—231. 236. 304.
Rameau's Neffe (von Diderot) 344. 347.
Rathsherr, der 207.
Rattenfänger, der 208.
Reineke Fuchs 113. 124—128. 140. 262.
Reise der Söhne Megaprazons, Fragment 128.
Reisejournal, Auszüge aus einem (italienische Reise) 12—13.
Reisenotizen aus der Schweiz 219. 236.
Ritter Curts Brautfahrt 208. 213.
Sänger, der 208.
Sängerwürde (deutscher Parnaß) 208. 213.
Sammler, der, und die Seinigen 226. 230.
Schäfers Klagelied 208.
Schatzgräber, der 208. 213.
Sehnsucht 208.
Selbstbeherrscher, an den 207.
Selbstbetrug 208.
Spinnerin, die 208.
Stanzen 208.
Stella, ein Trauerspiel 46. 351. 384.
Stiftungslied 208.
Tancred 277—279.
Tell, Wilhelm, Plan zu einem Epos 218—219.
Theaterreden 208.
Torquato Tasso, ein Schauspiel 5. 26. 49. 110. 128. 132. 148. 182. 202. 248. 304. 308. 316. 351. 368. 376. 384.
Triumph der Empfindsamkeit, eine dramatische Grille 40.
Trost in Thränen 208.
Übersicht, flüchtige, der Kunst in Deutschland 226.
Ultima ratio 207.
Unterhaltungen deutscher Ausgewanderter 141—144. 149. 197. 262.
Unterschied 207.
Ursachen 207.
Väterlicher Rath 207.
Versuch über die Dichtungen (M. de Staël) 144.
Vorspiel zur Rückkehr der Großfürstin-Erbprinzessin 366.
Wahlverwandtschaften 110. 371.
Wahrheit und Wahrscheinlichkeit der Kunstwerke 226.
Wanderer und Pächterin 208.
Weissagung des Bakis 207. 286
Weltschöpfung 208.
Wer will die Stelle? 207.
Wiedersehen, das 213.
Winckelmann und sein Jahrhundert 344. 347.
Würde der Kleinen 207.
Würdigste, der 207.
Xenien 150. 155—167. 204. 205. 256. 262. 270. 280. 307.
Zauberlehrling, der 208. 213.

Göttling 71.
Götze, Pastor 22.
Gore, Engländer 3. 113.
Gore, Elise 3.
Gotter, Legationssecretär 40. 84. 300.
Gotter, Pauline 374.
Gottschall, Rudolf v. 269. 316. 322.
Gozzi 84. 249.
Graff, Joh. Jak., Schauspieler 77. 241.
Grécourt 38.
Griesbach 40.
Grimm, Herrmann 1. 53. 150.
Großmann 85.
Grunow 302.
Günderode 370.
Günther, Wilh. Christoph, Hofprediger 358.
Guise, Herzog von 334.
Gustav Adolph 133.

H.

Haaren, v. 277.
Hackert, Phil., Landschaftsmaler 221.
Hagedorn 348.
Hagemann 84. 85.
Hagenbach 14.
Haide, Friedr., Schauspieler 78.
Halem, v. 110.
Haller, Albrecht v. 34.
Hamann 14. 103. 327.
Hamilton 310.
Hardenberg, Fürst von, Staatsminister 117.
Hardenberg, Friedr. v., s. Novalis.
Hartmann, Maler 228.
Hartmann, Eduard v. 183.
Haug 151.
Haydn 279.

Haym, R. 149. 303.
Hegel 301.
Heine, Heinrich 214. 274.
Heinrich III. von Frankreich 334.
Heinrich IV. von Frankreich 339.
Heinrich XIII., Fürst von Reuß 60. 352.
Heinse, Romanschriftsteller 300.
Heiße, Gastwirth 291.
Helbig, Hofrath 341.
Hemsterhuys (Hemsterhuis) 102. 103. 106.
Hendrich, v., Commandant 293.
Hennings 117.
Henry, Abbé 360.
Herder, Joh. Gottfr. v. 4. 5. 14—29.
  30. 37. 40. 41. 42. 45. 58. 61. 67.
  86. 95. 133. 134. 140. 147. 151. 154.
  155. 161. 162. 163. 167—172. 228.
  259. 296. 298. 299. 309. 323. 326
  —334. 343. 349. 373.
Herder, Karoline v. 25. 26—28. 277.
  359. 363.
Herder, v., Bergrath 373.
Herschel 332.
Herzberg, preußischer Staatsminister 2.
  63. 66.
Herz, Henriette 302.
Herzlieb, Minchen 370—372.
Hettner, Hermann 246. 298.
Heygendorff, Frau v., s. Jagemann, Karoline.
Heymann, Generalmajor 92.
Heyne, Christian Lebrecht 25. 121.
Hölderlin 151.
Hölty 299. 348.
Hohenheim, Franziska v. 37.
Hohenlohe, Fürst v. 115. 353. 364.
Holberg, Eleutherie (Frau Paulus) 348.
Holtei, Karl v. 280.
Holstein-Augustenburg, Erbprinz von 52.
Homer 109. 154. 156. 163. 184. 195.
  198. 199. 203. 223. 243. 263. 265.
  266. 268. 269. 273. 274. 349. 350.
Horaz 7. 9. 210. 310. 331. 377.
Huber 164.
Hüffer, Hermann 87. 95.
Hufeland, Gottlieb, Professor 40. 58.
  86. 89. 313.
Humboldt, Alex. v. 301. 308.
Humboldt, W. v. 135. 171. 192. 246.
  301. 308.

J.

Jacobi, Friedrich 102. 105. 107. 125.
  300. 329. 349. 372.
Jacobi, Joh. Georg 300.
Jagemann, Bibliothekar 363.
Jagemann, Maler 341.
Jagemann, Karoline (Frau v. Heygendorff) 29. 79. 237. 241. 248. 275.
  278—280. 381—383.
Jakob, L. H., Professor der Philosophie
  151. 152—154. 159. 163.
Jean Paul (Friedrich Richter) 9. 131.
  301. 309. 373.
Jenisch, Daniel, Prediger 164.
Ifsland 80. 83—85. 238. 240. 301. 335.
Imhoff, Amalie v. 312.
Immermann 186.
Johann, König von Sachsen 260.
Joseph II. 65.
Julian der Apostat 214. 305. 345.

K.

Kalb, Charlotte v. 35. 36. 309.
Kalkreuth, General 94.
Kant 14. 19. 38. 122. 149. 151. 247.
  328. 330. 334.
Karl, Herzog von Württemberg 31. 32.
  33. 34. 37.
Karl August, Herzog von Sachsen-Weimar 1—4. 5. 28. 29. 30. 31. 35. 42.
  49. 51—59. 63. 66. 67. 68. 77. 87
  —80. 91. 95. 98. 112—113. 115.
  116. 124. 132. 192. 218. 248. 250.
  252. 255. 256. 275. 278. 293. 294.
  312. 313. 326. 332. 338. 354. 357.
  359. 360. 362. 363. 364. 375. 382.
  383. 384.
Karl Friedrich, Erbprinz von Sachsen-Weimar 57. 236. 327. 343. 355.
Karoline, Prinzessin von Sachsen-Weimar 327. 355.
Katharina von Rußland 337.
Kaufmann, Angelica 27. 42. 221.
Kellermann, General 90. 92. 97.
Kestner, Joh. Christian 86. 300.
Kirms, Franz, Landkammerrath 57. 74.
  76. 77. 78. 79. 232. 236. 237. 238.
  239. 241.
Kleist 348.
Klettenberg, Fräulein v. 177.
Klinger 33. 299.
Klopstock, Friedr. Gottlieb 5. 116. 117.
  164. 167. 195. 299. 300. 330. 334.
Knebel 4. 86. 91. 192. 252. 277. 326.
  353. 363. 365. 367. 374.
Knebel, Henriette v. 355.
Koch, Künstler 231.
Koch, Fräulein, Schauspielerinnen 236
  —237.
Körner, Christ. Gottl. 30. 35. 37. 39.
  42. 47. 50. 138. 155. 161. 162. 205.
  258. 282. 313. 336.
Koppenfels, Fräulein v. 283.
Rosegarten 151.
Kotzebue, August v. 80. 83—84. 85. 252.
  301. 311—313.
Kralo, Schauspieler 74. 76.
Kramer 116.
Kranz, Concertmeister 80. 85.

Kraus, Georg Melchior, Zeichenlehrer 113. 367.
Krusius, Buchhändler 38.
Kurland, Herzogin von 373.

L.

Lafontaine 95—96.
Lannes, Marschall 356.
Lappe 151.
La Roche, Maximiliane v. 369.
Lavater, J. C. 103. 164. 167. 219. 300.
Lazarillo 178.
Leibniz 38.
Leisewitz 83. 84.
Leißring, August 78.
Lengefeld, Frau v. 85.
Lengefeld, Charlotte v., s. Schiller.
Lengefeld, Karoline v. 86.
Lenz 299.
Leonardo da Vinci 145.
Leopold, Kaiser 65.
Le Sage 178.
Lessing, G. E. 6. 8. 14. 16. 17. 35. 75. 84. 86. 163. 164. 167. 298. 330. 331.
Lewes 61. 121.
Ligne, Prinz 371.
Lili, s. Schönemann.
Lind, General 290.
Lober, Hofrath 71. 290. 313.
Lombard, Jos. Wilh., Cabinetssecretär 92. 95. 97.
Longfellow 203.
Lope de Vega 41. 312.
Lotte, s. Buff.
Louis, Prinz von Preußen 353.
Lucchesini, Marquis 92.
Lucian 7. 9. 214. 310.
Lucrez 332.
Luden, Heinrich, Historiker 353.
Ludwig XIV. von Frankreich 1. 124. 339. 340.
Ludwig XV. von Frankreich 141. 179. 317. 319.
Ludwig XVI. von Frankreich 61. 67. 87. 92. 98. 115. 116. 125. 248. 249. 317. 318. 319.
Luise, Herzogin von Sachsen-Weimar 4. 28. 42. 57. 255. 276. 277. 328. 336. 337. 354. 355—360. 378.
Luther, Dr. Martin 22. 273. 330.

M.

Maas, Schauspielerin 291.
Mackenson, Professor 152—154.
Maier 86.
Malcolmi, Schauspieler 74. 76.
Malcolmi, die jüngere (später Madame Wolff) 79.
Malmesbury 115.

Manso, C. F. 151. 154. 163. 164.
Manstein, Adjutant 92. 93.
Manzoni 173.
Marbach, Br. Oswald 59.
Marggraff 29.
Marie Antoinette, Königin von Frankreich 62. 120. 137. 318. 321.
Marie Feodorowna, Czarin 337.
Marie Paulowna, Großfürstin 338. 337. 343. 355. 363. 368.
Martial 191.
Masaccio 225.
Massenbach, Oberst 353.
Matthisson 348.
Mattstedt, Schauspieler 74.
Mazarin, Gräfin 317.
Melanchthon 3.
Mellish (Engländer) 255.
Menander 331.
Mendelssohn 164.
Merck, J. H. 300.
Mereau, Sophie 151.
Meyer, Joh. Heinr., Maler 44. 91. 132. 138. 151. 193. 215. 218—220. 225. 226. 229—231. 236. 283. 285. 294. 310. 324. 328. 341. 344. 345. 383.
Meyer, Dr. Nik. 283—286.
Michaelis, Karoline (Böhmer-Forster-Schlegel-Schelling) 302. 313.
Michel Angelo 23. 41. 146. 202.
Miller, Joh. Martin 33. 299.
Momoro, Frau 115.
Montégut, Emil 168.
Moor, Franz 44.
Morhardt, Sänger 382.
Moritz, Karl Phil. 44. 48. 300.
Moser, Prediger zu Lorch 32.
Moses 202. 203.
Mozart 81. 342.
Müffling, v. 375. 381.
Müller, Friedr. v., Regierungsrath 351. 352. 360. 363. 364. 365.
Müller, Johannes v. 2. 366.
Müller, Wenzel 80.
Murat 357.

N.

Napoleon I. 225. 352. 353. 356. 357. 359. 360. 362. 363. 365—367. 874—380.
Necker, Minister 256. 324.
Neuffer 151.
Neumann, Schauspieler 74.
Neumann, Christiane (Euphrosyne) 81—83. 121. 236.
Neuwinger 101.
Newton 70—72. 99. 100.
Ney, Marschall 356.
Nicolai, Chr. Fr. 122. 151. 155. 163. 164. 167. 298.
Novalis (Friedr. v. Hardenberg) 205. 301—308.

O.

Ohlenschläger 372.
Olsner 117.
Oser, Maler 221.
Opitz 237.
Orleans, Diana v. 317.
Ossian 33.
Overbeck 231.
Overberg 107.
Ovid 157. 205. 346.

P.

Paesiello 80.
Palleske 270.
Paul I. von Rußland 336.
Paulsen 350.
Paulus, H. E. G. 296. 297. 301. 313.
Parmenides 332.
Payne, Thomas 125.
Perikles 1.
Perthes, Friedrich 101.
Perugino 221.
Petrarca 23. 212.
Pfeffel 151.
Philipp „der Großmüthige" von Hessen 3.
Philipp II. von Spanien 39.
Pindar 331.
Plato 38. 103. 107. 156—158.
Plinius 9.
Polygnot, Maler 347.
Posselt 239.
Poussin 221.
Pradier 231.
Properz 157. 191. 212. 346.
Prutz 85. 111.
Pütter 50.

R.

Racine 251. 337. 375.
Rackniz 155.
Rafael 23. 41. 146. 212. 225. 345.
Rambohr 155.
Ramler 167.
Ranke 3. 98.
Rapp, General 357.
Recke, von der, Präsidentin 78.
Redlich, Student 78.
Reichardt, Joh. Friedr., Kapellmeister 158. 159. 162—164. 280.
Reimarus 380.
Reinhard, v., französ. Resident 97. 371. 381.
Reinhold, Bibliothekar 38. 40.
Reinwald 151.
Reiterholm, v. 373.
Reni, Guido 221.
Reumont, A. v. 146.
Riemer, Friedr. Wilh., Dr. 189. 268. 279. 282. 283. 358.

Rietz, Frau Kämmerer 3.
Rosenkranz, Karl 128. 191.
Rousseau, J. J. 33. 37. 38. 102. 103. 118. 124. 175. 184. 197. 248. 317. 318.
Roussieux, Madame de 227.
Rüchel 115.
Rudorf, Sängerin 252. 353.
Rumohr, Felix v., Kunstforscher 230.
Runge, Phil. Otto, Maler 227—230.
Ruysdael 221.

S.

Salomo 110.
Sarbiewski S. J. 23.
Saussure, Naturforscher 70.
Schadow 231.
Schardt, Frau v. 42.
Schelling 71. 236. 296. 297. 298. 301. 302. 313.
Scherer, W. 190.
Scherr, Johannes 80. 111.
Scheuchzer 250.
Schiller, Charlotte v., Frau des Dichters 35. 36. 51. 53. 138. 172. 246. 256. 304. 312. 341. 363.
Schiller, Christophine, Schwester des Dichters 32. 38.
Schiller, Elisabeth Dorothea, Mutter des Dichters 160. 254.
Schiller, Friedrich v. 9. 29. 30—52. 58. 75. 76. 81. 83. 84. 85. 113. 116. 130. 131. 132. 133. 134—157. 168. 171. 172. 177. 183. 190. 192. 193. 194. 198. 199. 200. 202. 204. 205—207. 210. 213. 216. 218. 220. 227. 233 —235. 238—242. 244—261. 264. 265. 269. 272. 273. 274. 277. 278. 282. 296. 298. 299. 301. 304. 306. 308— 313. 316. 319. 322. 324—328. 335 —337. 339—343. 358. 368. 374. 384.
Schiller, Joh. Kaspar, Vater des Dichters 32. 160.
Schiller, Nanette, Schwester des Dichters 160.
Schiller, v., Kreishauptmann, Sohn des Dichters 373.
Schimmelmann, Graf 52.
Schlegel, Aug. Wilh. v. 151. 162. 163. 164. 166. 205. 301—304. 306. 308 —315.
Schlegel, Friedr. v. 161—164. 166. 176. 205. 301—306. 308—314. 373.
Schleiermacher 301. 302.
Schlosser, Rath 109. 114. 297.
Schmidt, Geheimrath 57. 289. 336. 342.
Schnauß, Geheimrath 57. 236.
Schöll, Adolf 73. 168. 362.
Schönemann, Lili 15. 114. 355.
Schopenhauer, Johanna 364. 367. 368.

Schröder, J. L. 85.
Schröter, Corona 77. 81. 168. 169. 343.
Schubart 299.
Schuckmann, preuß. Beamter 51.
Schütz, J. G. 40. 152. 313.
Schulz, Staatsrath 97. 130.
Schulze, Bürgermeister 312.
Schwabe, Karl Lebrecht, Jurist 341.
Schwan, Buchhändler 34.
Schwan, Margaretha 36.
Scott, Walter 173. 182.
Seckendorf, Frau v. 25. 374.
Shakespeare 9. 33. 81. 82. 84. 103. 164.
    182. 193. 223. 233. 234. 241. 242.
    247. 248. 250. 306. 308—310. 314.
    322. 368. 376. 378.
Sieyes 115.
Sömmering 71. 88.
Sokrates 157.
Solms, Fürstin 371.
Sophokles 228. 234. 273. 335.
Soult, Marschall 377.
Spielmann, Baron 68.
Spinoza, Baruch v. 10. 37. 38. 330.
Spitzeder, J. B., Bassist 78.
Staël, Frau v. 144. 192. 215. 256.
    324. 326. 334.
Stahl, Mathematiker 313.
Stark, Hofrath 279.
Stein, Charlotte v. 4. 15. 18. 26. 37.
    42. 56. 61. 98. 103. 130. 138. 168.
    169. 170. 197. 280. 343. 359. 363.
    380. 381.
Stein, Fritz v. 280. 343.
Sterne 9. 310.
Stolberg, Christian, Graf zu 299.
Stolberg, Friedr. Leopold, Graf zu 41.
    101. 116. 155—158. 163. 164. 166.
    167. 258. 299. 331.
Stramberg, Chr. v. 95. 97.
Strauß, David 248. 275.
Suwarow 275.
Swift 9.

T.

Tacitus 188. 380.
Talleyrand 376.
Tasso 23.
Terenz 331.
Textor, Schöffe 101.
Thibaut 374.
Thomas von Aquin, der hl. 75.
Thorwaldsen, Bartel 231.
Thouvenot, Adjutant 92.
Thümmel, Reisebeschreiber 155. 300.
Tieck, Ludwig 205. 244. 301—304. 306
    —308. 310. 315. 316.
Tiedge 373.
Tischbein, Maler 44.
Tizian 211. 221.

Trabitius 293.
Tschudi 250.
Türkheim, Wilhelm v. 355.

U.

Unger, Buchhändler 127. 140. 168. 208.
Urian, s. Claudius.
Urlichs, v. 221.
Uz, J. P. 348.

V.

Vasari 145.
Veit, Bankier 231. 302.
Veit, Dorothea 302. 303. 314.
Veronese, Paolo 221.
Victor, General 356.
Vieweg, Friedr., Buchhändler 192.
Vincent, General 374.
Virgil 205.
Vischer, Fr., Ästhetiker 128. 186. 201.
    212.
Vischer, Wittwe 36.
Vitringa, holländ. Humorist 180.
Vogel 99.
Voß, Schauspieler 78. 241.
Voß, Fr. Marg. (geb. Porth) 78. 79.
Voigt, Christ. Gottlob, Geheimrath und
    Minister 47. 57. 68. 86. 89. 163. 288
    —291. 293—297. 314. 336. 353—
    362. 364. 374. 375. 382—384.
Voltaire 9. 38. 64. 118. 124. 183. 226.
    243. 248. 249. 274. 275. 277. 278.
    279. 310. 314. 318. 339—341. 375
    —378.
Voß, Joh. Heinrich 117. 194. 195. 201.
    207. 300. 324. 331. 334. 373. 374.
Voß, Julie v. 3.
Voß, junior 334—335. 341.
Vulpius, Christiane 4. 28. 61. 63. 79.
    83. 103. 118. 131. 165. 166. 197.
    215. 266. 282—286. 341. 343. 353.
    356—359. 374.
Vulpius, Christian August 30. 79—80.
    85. 181.

W.

Waagen, G. F. 221.
Wackenroder, Wilh. Heinrich 301.
Wagner, Heinrich Leopold 299.
Wagner, Kämmerer 87.
Wall, Anton, s. Heyne.
Wallenstein 183.
Walther von der Vogelweide 210.
Weber 333.
Wedell 215.
Weidner, Ökonom 255.
Werner, Abraham Gottl., Bergrath 373.
Werner, Zacharias 372.

Personen-Register.

Weyland, Cabinetssecretär 91. 114.
Wieland, Christ. Martin I. 5—14. 23.
29. 36. 40. 41. 45. 46. 48. 58. 77.
86. 116. 133. 147. 163. 166. 167.
169. 175. 259. 309. 310. 311. 331.
340. 343. 356. 361. 363. 369. 370.
374. 376. 379. 380. 381.
Wilhelm, Prinz von Preußen 374. 380.
Winckelmann 223. 344. 347.
Wolf, Friedr. Aug., Philologe 71. 151.
154. 155. 163. 268. 344. 349. 350.
Wolfskeel, Fräulein v. 312.
Woltmann 135. 151.
Wolzogen, Wilh. v. 312. 313. 325.
Wolzogen, Frau Henriette v. 35.
Wolzogen, Charlotte v. 36.

Wolzogen (Lengefeld, Beulwitz), Karoline v. 254. 278. 312.
Wranitzky 80.
Wurmser, General 115.

X.

Xenophon 157.

Z.

Zarncke, Friedrich 64.
Zeller 268.
Zelter, Musiker 323. 324. 337. 362. 372.
Ziegesar 374. 384.
Zöllner, Hofprediger 3.
Zschokke 84. 122.

Berichtigungen.

S. 36 Zeile 12 von oben lies „Grécourt" statt „Grecourt".
„ 36 „ 8 „ unten „ „Lengefeld" „ „Lengenfeld".
„ 101 „ 17 „ oben „ „Neuwinger" „ „Newinger".
„ 178 „ 10 „ unten „ „mit Körner" „ „mit Göthe".
„ 196 „ 18 „ oben „ „ausreden" „ „ausrathen".
„ 207 „ 13 „ „ „ „der nächsten" „ „dem nächsten".